V&R

Das Alte Testament Deutsch

Neues Göttinger Bibelwerk

In Verbindung mit Erik Aurelius, Uwe Becker, Walter Beyerlin,
Erhard Gerstenberger, Jan Chr. Gertz, H. W. Hertzberg, Jörg Jeremias,
Otto Kaiser, Matthias Köckert, Christoph Levin, James A. Loader, Arndt
Meinhold, Hans-Peter Müller, Martin Noth, Jürgen van Oorschot, Lothar Perlitt,
Karl-Friedrich Pohlmann, Norman W. Porteous, Gerhard von Rad, Henning Graf
Reventlow, Magne Sæbø, Ludwig Schmidt, Werner H. Schmidt, Georg Steins,
Timo Veijola, Artur Weiser, Claus Westermann, Markus Witte, Ernst Würthwein

herausgegeben von Reinhard Gregor Kratz und Hermann Spieckermann

Teilband 20

Das Buch Jeremia

Vandenhoeck & Ruprecht

Das Buch Jeremia

Kapitel 1–20

Übersetzt und erklärt
von
Werner H. Schmidt

Vandenhoeck & Ruprecht

Bibliografische Information der Deutschen Nationalbibliothek

Die Deutsche Nationalbibliothek verzeichnet diese Publikation in der
Deutschen Nationalbibliografie; detaillierte bibliografische Daten sind
im Internet über http://dnb.d-nb.de abrufbar.

ISBN 978-3-525-51243-2

Inhalt

Vorwort

„Mein Herz ist krank." (8, 18) Jeremia, mit Eigennamen angeredet (1, 11), hat nicht nur die Aufgabe eines Propheten inne, sondern bedenkt sie auch, spricht mit den Erfahrungen die Wirkungen der Botschaft auf sich selbst aus, gibt dem, was ihn bewegt, bis hin zu Zweifeln (15, 18) Ausdruck. Mit seiner symbolisch zu verstehenden Lebensführung (Kap. 16) wie in seinen Widerfahrnissen war Jeremia Zeuge für die von ihm vertretene Wahrheit; Auftrag und Geschick erscheinen lebensgeschichtlich verbunden. Von keinem Propheten ist soviel Persönliches mit so vielen Situationsangaben überliefert.

Schon im Studium habe ich mich mit der Jeremia-Überlieferung beschäftigt. Die einzige Seminararbeit, die ich überhaupt schrieb, war dem Thema „Jeremia und das Deuteronomium", betreut von K. Galling, gewidmet.

H.W. Wolff, der exegetisches Feingefühl mit theologischem Engagement verband, hat dem Assistenten mit der Liebe zu den Schriftpropheten auch Vorbehalte gegenüber deren Deutung als Bußrufer zur Abwendung des angedrohten Unheils[1] mitgegeben. Mein Habilitationsvortrag vor der Fakultät galt der *deuteronomistischen Redaktion* eines Prophetenbuchs.[2] Als ich später die Gelegenheit erhielt, zusammenfassend über Schriftprophetie zu schreiben, begegnete ich W. Thiel (1968), lernte seine Analyse kennen und war sofort überzeugt: Nach Abhebung der Redaktionsschichten zeigt sich die Nähe von Jeremias Botschaft zur Schriftprophetie des 8. Jh.[3]

Die Übernahme der Auslegung geht während meiner Tätigkeit in Marburg/Lahn (1979–1984) auf Anregung durch O. Kaiser zurück. Seitdem habe ich mich in Aufsätzen der Aufgabe der Kommentierung genähert; in ihnen habe ich zudem die – hier oft nur knappe – Darstellung genauer begründet oder vertieft. Vor allem konnte ich mehrere Dissertationen begleiten, weiß mich mit den Promovenden über das Jeremiabuch verbunden: Dr. Nelson Kilpp (Sao Leopoldo/Brasilien), Dr. Axel Graupner, Dr. Jun-Hee Cha, Dr. Judith Pschibille, Dr. Ute Wendel.

Mein herzlicher Dank für viele anregende Gespräche gilt überhaupt den Mitarbeitern und Mitarbeiterinnen: Dr. Holger Delkurt, Christian Justen,

---

[1] H.W. Wolff, Das Thema „Umkehr" in der alttestamentlichen Prophetie, 1951, in: Gesammelte Studien zum Alten Testament, TB 22, 1964, ²1973, 130–150.

[2] Die deuteronomistische Redaktion des Amosbuches. Zu den theologischen Unterschieden zwischen dem Prophetenwort und seinem Sammler: ZAW 77, 1965, 168–193.

[3] Zukunftsgewißheit und Gegenwartskritik, BSt 64, 1973. BThSt 51, 2002, bes. 51 ff. Vgl.u. zur Entstehung des Buches Anm. 248.

Markus Risch, Theda Wolthoff, insbesondere Dr. Gisela Fuchs, die das Manuskript geduldig mit kritischer Zustimmung begleitete.

Ohne den Austausch wäre dieser Auslegungsversuch eines schwierigen Buches so nicht zustande gekommen. Bei der Computer-Darstellung des Textes war mir Frau Magdalene Pusch eine überaus große Hilfe. Freundlicherweise haben sich Frau Dr. G. Fuchs und Frau M. Pusch auch der Mühe des Korrekturlesens unterzogen.

In der gegenwärtigen Forschungslage ist eine Auslegung des Jeremiabuches ein Wagnis. Verschiedenartige „Konzeptionen" mit unterschiedlichem Ausgangspunkt sowie anderer Argumentationsweise stehen nebeneinander – bis zur tiefen Skepsis auch gegenüber einem bisher von kritischer Forschung für zuverlässig gehaltenen Grundbestand der Tradition. Erhebliche Teile vom „Kern" des Jeremiabuches können für „fiktiv" gelten. Ein Konsens ist in weiter Ferne. Die Vielfalt der Forschung – mit einer kaum mehr übersehbaren Fülle einschlägiger Veröffentlichungen – lässt sich hier nicht darstellen.

Die Auslegung, die jede polemische Auseinandersetzung meidet, will auf Zusammenhänge biblischer Überlieferungen oder Texte hinweisen, zumal Verbindungen in der Prophetentradition aufdecken. So besteht die Begründung zu einem erheblichen Teil im Aufweis von Querbezügen – sowohl zur älteren Schriftprophetie als auch innerhalb von Jeremias Verkündigung. Im Vergleich mit der Botschaft anderer Schriftpropheten ergibt sich zugleich Jeremias Eigenart.

Dabei richtet sich die Absicht der Auslegung weniger auf die Frage nach der Entstehung als nach der Intention der Botschaft bzw. des Textes. Hoffentlich kommt dabei noch etwas von der Situation der Anfechtung, in der der Prophet steht, zum Ausdruck, ohne dass Schwerpunkte und Zielsetzung der Redaktion übersehen werden!

Die Auslegung sucht allgemein für Interessierte ohne größere Vorkenntnisse, auch der hebräischen Sprache Nicht-Kundige, verständlich und in der Argumentation möglichst nachvollziehbar zu sein.

Gewichtige Abschnitte, wie die Berufungsgeschichte, die Tempelrede (Kap. 7) oder das sog. Töpfergleichnis (Kap. 18) sind ausführlicher behandelt. Die öfter eingefügten Gliederungen möchten einen raschen Überblick über den Text, seinen Aufbau und seine Eigenart, ermöglichen.

Abgesehen vom Literaturverzeichnis, gelegentlich auch zu Spezialthemen, bringt die Auslegung statt Verweisen auf zusätzliche Sekundärliteratur vielfach für das Verständnis entscheidende Zitate. Sie verdeutlichen zugleich, wem ich Einsichten verdanke.

Im April 2007   Werner H. Schmidt

Literatur zum Jeremiabuch

Das Verzeichnis kann aus der Fülle nur eine kleine Auswahl bieten, nennt bevorzugt auch neuere Literatur, da man von ihr aus zurückfragen kann. Weitere ausführliche Literaturangaben finden sich etwa in den genannten Werken von A. Lange, 2002, C. Maier, 2002 oder G. Fischer, 2005.

1. Einführung und Übersicht

W. Thiel, Jeremia, in: G. Wallis (Hg.), Zwischen Gericht und Heil, 1987, 35-57. S. Herrmann, TRE XVI, 1987, 568-586. R.P. Carroll, Jeremiah, 1989. K. Seybold, Der Prophet Jeremia. Leben und Werk, UTb 416, 1993.

2. Kommentare

K.H. Graf, Der Prophet Jeremia, 1862. F. Hitzig, KEH ³1841, ²1866. K.F. Keil, BCIII/2, 1872. C. von Orelli, KK A/4, ²1877, ³1905. B. Duhm, KHC XI, 1901. F. Giesebrecht, HK III/2, 1884, ²1907. C.H. Cornill, Das Buch Jeremia, 1905. H. Schmidt, SAT II/2-3, ²1923. P. Volz, KAT X, 1922, ²1928, ND 1983. F. Nötscher, HSAT 7, 2, 1934. W. Rudolph, HAT 12, 1947, ³1968. A. Gelin, SBJ, 1951, ²1959. A. Penna, SB, 1952. A. Weiser, ATD 20/1, 1952, 1953, ⁸1981. E.A. Leslie, Jeremiah, 1954. J.P. Hyatt, IntB V, 1956. C. Westermann, SB, 1956. H. Lamparter, BAT 20, 1964. J. Bright, AB 21, 1965, ²1978. A. van Selms, POuT, I, 1972, ²1980, II ²1984, III 1974. E.W. Nicholson, CBC, I 1973, II 1975. J.A. Thompson, NIC, 1980. J. Schreiner, NEB, 1981, 1984. W. McKane, ICC, I 1986, II 1996. R.P. Carroll, OTL, 1986. W.L. Holladay, Hermeneia, I, 1986, II. 1989. S. Herrmann, BK.AT XII/Lfg.1-2, 1986, 1990. R.E. Clements, 1988. W. Brueggemann, ITC, 1988, 1991. P.C. Craigie/P.H. Kelley/J.F. Drinkhard, WBC 26, 1991. D.R. Jones, NCBC, 1992. G.L. Keown/P.J. Scalis/T.G. Smothers, WBC 27, 1995. G. Wanke, ZBK AT I, 1995, II, 2003. J.R. Lundbom, AncB I, 1999, II, 2004. W. Werner, NSK.AT 19/1, 1997. G. Fischer, HThKAT I-II, 2005.

3. Literaturberichte

S. Herrmann, Jeremia. Der Prophet und das Buch, EdF 271, 1990. R.P. Carroll, Arguing about Jeremiah. Recent Studies and the Nature of the Book of Jeremiah, in: Congress-Volume Leuven 1989, VT.S 43, 1991, 222-235. H. Weippert, Vier neue Arbeiten zum Jeremiabuch, BZ 34, 1990, 95-104. W. Thiel, Das Jeremiabuch als Literatur, VF 43, 1998, 76-84 (ders., BZ 37, 1993, 99-102). G. Fischer, Jeremia. Der Stand der theologischen Diskussion, 2007.

4. Zum Text des Jeremiabuches

J. Ziegler, Beiträge zur Ieremias-Septuaginta: Mitteilungen des Septuaginta-Unternehmens VI, 1958. E. Tov, The Jeremiahs Scrolls from Qumran, RdQ 14, 1990, 189–206. H.-J. Stipp, Das masoretische und alexandrinische Sondergut des Jeremiabuches, OBO 136, 1994. F.D. Hubmann, Bemerkungen zur älteren Diskussion um die Unterschiede zwischen MT und G im Jeremiabuch, in: W. Groß (Hg.), Jeremia und die „deuteronomistische Bewegung", BBB 98, 1995, 263–270. K.D. Troyer, Die Septuaginta und die Endgestalt des Alten Testaments, 2004. H.-J. Fabry/D. Böhler (Hg.), Im Brennpunkt: Die Septuaginta. Bd. 3, BWANT 174, 2007, bes. 80 ff.

5. Literarkritik und Redaktionsgeschichte

H. Weippert, Die Prosareden des Jeremiabuches, BZAW 132, 1973. Dies., Der Beitrag außerbiblischer Prophetentexte zum Verständnis der Prosareden des Jeremiabuches, 1981 = Unter Olivenbäumen, AOAT 327, 2006, 423–446. W. Thiel, Die deuteronomistische Redaktion von Jeremia 1–25, WMANT 41, 1973. Ders., Die deuteronomistische Redaktion von Jeremia 26–45, WMANT 52, 1981. I.L. Seeligmann, Die Auffassung von der Prophetie in der deuteronomistischen und chronistischen Geschichtsschreibung mit einem Exkurs über das Buch Jeremia, 1977, in: Gesammelte Studien zur Hebräischen Bibel, FAT 41, 2004, 265–292, bes. 287 ff. C.R. Seitz, Theology in Conflict. Reactions to the Exile in the Book of Jeremiah, BZAW 176, 1989. Ders., Mose als Prophet. Redaktionsthemen und Gesamtstruktur des Jeremiabuches, BZ 34, 1990, 234–245. A. Graupner, Auftrag und Geschick des Propheten Jeremia. Literarische Eigenart, Herkunft und Intention vordeuteronomistischer Prosa im Jeremiabuch, BThSt 15, 1991. H.J. Stipp, Jeremia im Parteienstreit, BBB 82, 1992. Ders., Deuterojeremianische Konkordanz, ATSAT 63, 1998. Ders., Jeremia, der Tempel und die Aristokratie, 2000. K. Schmid, Buchgestalten des Jeremiabuches, WMANT 72, 1996. J. Krispenz, Literarkritik und Stilstatistik im Alten Testament, BZAW 307, 2001. R. Albertz, Die Exilszeit, BE 7, 2001, 231 ff. C. Maier, Jeremia als Lehrer der Tora, FRLANT 196, 2002. E. Otto, Der Pentateuch im Jeremiabuch, ZAR 12, 2006, 245–306. W.H. Schmidt, „Bundesbruch" und „neuer Bund". Spurensuche nach einem inhaltlichen Zusammenhang innerhalb der Redaktion des Jeremiabuches: Mein Haus wird ein Bethaus für alle Völker genannt werden, FS Th. Willi, 2007, 127–132.

6. Aufsatzsammlungen

P.-M. Bogaert (Hg.), Le livre de Jérémie, BEThL 54, 1981, erweitert ²1997. L.G. Perdue/B.W. Kovacs (Hg.), A Prophet to the Nations, 1984. A.H.W. Curtis/T. Römer (Hg.), The Book of Jeremiah and its Reception, BEThL 128, 1997.

7. Zur Situation und zu den „Parteien" zur Zeit Jeremias

Außer den Darstellungen der „Geschichte Israels":
D.J. Reimer, Jeremiah Before the Exile?, in: J. Day (Hg.), In Search of Pre-Exilic Israel, 2004, 207–224. J. Kegler, Prophetische Reden und politische Praxis Jeremias, in: „dass Gerechtigkeit und Friede sich küssen (Ps 85, 11)", BEAT 48, 2001, 46–55. H.J. Stipp (s. o. zu 5.). R. Kessler, Staat (s. u. zu 10.), 168 ff. G. Hentschel, Die Stellung der Beamten zu Jeremia: Die unwiderstehliche Wahrheit. FS A. Meinhold, ABG 23, 2006, 165–179 (Lit.).

8. Zur „geistigen Heimat" Jeremias

G.C. Macholz, Jeremia in der Kontinuität der Prophetie, in: Probleme biblischer Theologie, FS G. von Rad, 1971, 306–334.

9. Zum Traditionszusammenhang mit –

9.1 Hosea

K. Groß, Die literarische Verwandtschaft Jeremias mit Hosea, Diss. Berlin, 1930; Ders., Hoseas Einfluss auf Jeremias Anschauungen, NKZ 42, 1931, 241–256, 327–343. A. Deißler, Das „Echo" der Hosea – Verkündigung im Jeremiabuch, in: Künder des Wortes, FS J. Schreiner, 1982, 61–75. J. Jeremias, Hoseas Einfluss auf das Jeremiabuch – ein traditionsgeschichtliches Problem, 1994, Hosea und Amos, FAT 13, 1996, 122–141 (vgl. 86–103). M. Schulz-Rauch, Hosea und Jeremia. Zur Wirkungsgeschichte des Hoseabuches, CTM A 16, 1996.

9.2 Amos

W. Beyerlin, Reflexe der Amosvisionen im Jeremiabuch, OBO 93, 1989 (dazu W. Thiel, ThLZ 116, 1991, 176–178). J.C. Schmitt, The Virgin of Israel. Referent and Use of the Phrase in Amos and Jeremiah, CBQ 53, 1991, 365–387. J. Pschibille, Hat der Löwe erneut gebrüllt? Sprachliche, formale und inhaltliche Gemeinsamkeiten in der Verkündigung Jeremias und Amos', BThSt 41, 2001.

9.3 Micha

J.-H. Cha, Micha und Jeremia, BBB 107, 1996.

9.4 Jesaja

U. Wendel, Jesaja und Jeremia, BThSt 25, 1995.

9.5 Ezechiel

D. Vieweger, Die literarischen Beziehungen zwischen den Büchern Jeremia und Ezechiel: BEAT 26, 1993. C. Schäfer-Lichtenberger, Überlegungen zum Hintergrund und zur Entstehung von neuen Einsichten in der Prophetie Jeremias und Ezechiels, WuD 23, 1995, 23–42. H. Leene, Blowing the Same Shofar, in: J.C. de Moor (Hg.), The Elusive Prophet, OTS 45, 2001, 175–198 (vgl. OTS 44, 2000, 150–175).

9.6 Deuterojesaja

W. Tannert, Jeremia und Deuterojesaja. Eine Untersuchung zur Frage ihres literarischen und theologischen Zusammenhangs, Diss. masch. Leipzig, 1956; vgl. ders, FS E. Sommerlath, 1960, 25–32. J. Gildingay, God's Prophet, God's Servant. A Study in Jeremiah and Isaih, 1984, 40–55.

9.7 der Weisheit

G. Wanke, Weisheit im Jeremiabuch, in: B. Janowski (Hg.), Weisheit außerhalb der kanonischen Weisheitsschriften, VWGTh 10, 1996, 87–10. H.J. Hermisson, Weisheit im Jeremiabuch, in: Schriftauslegung in der Schrift. FS O.H. Steck, BZAW 300, 2000, 175–191. G. Baumann, Jeremia, die Weisen und die Weisheit, ZAW 114, 2000, 59–79 (Lit.).

9.8 Zusammenfassend zu Jeremias Botschaft:

W.H. Schmidt, Konturen von Jeremias Verkündigung. Ihre Themen und Einheit, in: Gott und Mensch im Dialog. FS O. Kaiser zum 80. Geburtstag, BZAW 345/I, 2004, 541–554. Ders., Zukunftsgewissheit und Lebensbewahrung. Zur Struktur von Jeremias Botschaft, in: Die unwiderstehliche Wahrheit, FS A. Meinhold, ABG 23, 2006, 153–164.

10. Redeformen (vgl. u. zu den Konfessionen)

C. Westermann, Grundformen prophetischer Rede, BEvTh 31, [5]1978. H.J. Boecker, Redeformen des Rechtslebens im AT, WMANT 14, [2]1970. W.A. Brueggemann, Jeremiah's Use of Rhetorical Questions, JBL 92, 1973, 358–374. W.L. Holladay, The Architecture of Jeremiah 1–20, 1976. G. Warmuth, Das Mahnwort, BET 1, 1976. K.A. Tangberg, Die prophetische Mahnrede, FRLANT 143, 1987. W.H Schmidt, „Kann ich nicht mit euch verfahren wie dieser Töpfer?" Disputationsworte im Jeremiabuch, 1994, in: Vielfalt und Einheit alttestamentlichen Glaubens II, 1995, 140–151. Ders., „Geht doch und schaut!" Aufrufe, sich selbst zu überzeugen, im Jeremiabuch: ebd. 128–139.

11. Zu Berufung und Visionen (Jer 1)

R. Kilian, Die prophetischen Berufungsberichte, 1967, in: Studien zu alttestament-lichen Texten und Situationen, SBA 28, 1999, 53–76. L. Schmidt, Die Berufung Jere-mias, TheolViat 13, 1975/6, 186–210. J. Schreiner, Segen für die Völker, 1987, 72–85, 86–107, 108–124. Ders., Der eine Gott Israel, GS III, 1997, 307–318. D. Vieweger, Die Spezifik der Berufungsberichte Jeremias und Ezechiels ..., BZ 32, 1988, 15–34 ff. E. Ruprecht, Ist die Berufung Jeremias „im Jünglingsalter" und seine „Frühverkündi-gung" eine theologische Konstruktion der deuteronomistischen Redaktion des Jeremia-buches?, in: Schöpfung und Befreiung, FS C. Westermann zum 80. Geburtstag, 1989, 79–103 (vgl. auch 104 ff). W.H. Schmidt, Jeremias Berufung, 1993, in: Vielfalt und Ein-heit alttestamentlichen Glaubens II, 1995, 112–127. J. Krispenz, Die Einsetzung des Jeremia. Ambivalenz als Mittel der Sinnkonstruktion, in: Schriftprophetie, FS J. Jere-mias, 2004, 203–219. M. Köckert, Leben in Gottes Gegenwart, FAT 43, 2004, 201 ff.

11.1 Zu Jer 1, 11 ff

F. Horst, Die Visionsschilderungen der alttestamentlichen Propheten, EvTh 20, 1960, 193–205. I.P. Seierstad, Die Offenbarungserlebnisse der Propheten Amos, Jesaja und Jeremia, 1946, [2]1965. J.E. Miller, Dreams and Prophetic Visions, Bib 71, 1990, 401–404. A. Behrens, Prophetische Visionsschilderungen im Alten Testament, AOAT 292, 2002. A. Schart, Die Jeremiavisionen als Fortführung der Amosvisionen, in: Schriftprophetie, FS J. Jeremias, 2004, 185–202.

W. Thiel, Prophet und Prophetenbuch, FS O. Kaiser, BZAW 185, 1989, 231–245 (Lit.). W.H. Schmidt, „Prophetie und Wirklichkeit": Prophetie und geschichtliche Wirklichkeit im alten Israel, FS S. Herrmann, 1991, 348–363. M. Görg, Die „ehernen" Säulen (I Reg 7, 15) und die „eiserne Säule" (Jer 1, 18), 1991, in: Studien zur biblisch-ägyptischen Religionsgeschichte, SBAB 14, 1992, 47–71. G. Fischer, „Ich mache dich ... zur eisernen Säule" (Jer 1, 18), ZKTh 116, 1994, FS A. Gamper, 447–450.

12. Zur sog. Frühzeitverkündigung

W. Schottroff, Jeremia 2, 1–3. Erwägungen zur Methode der Prophetenexegese, 1970, in: Gerechtigkeit lernen, TB 94, 1999, 272–304. C. Levin, Noch einmal: Die Anfänge des Propheten Jeremia, 1981, in: Ders., Fortschreibungen, BZAW 316, 2003, 217–226. R. Albertz, Jer 2–6 und die Frühzeitverkündigung Jeremias, 1982, in: Geschichte und Theologie. BZAW 326, 2003, 209–238. R. Liwak, Der Prophet und die Geschichte, BWANT 121, 1987. D. Böhler, Geschlechterdifferenz und Landbesitz. Strukturunter-suchungen zu Jer 2, 2–4, 2, BBB 98, 1995, 91–127. R. Mosis, Umkehr und Vergebung, 1989, in: GAufs zum AT. FzB 93, 1999, 173–199. C. Hardmeier, Geschichte und Erfahrung in Jer 2–6, EvTh 56, 1996, 3–29. Ders., Realitätssinn und Gottesbezug, BThSt 79, 2006, 89 ff. M.E. Biddle, A Redaction History of Jeremiah 2:1–4:2, AThANT 77, 1990. W.H. Schmidt, Die Anfänge von Jeremias Verkündigung aus dem Rückblick – Spuren der Urrolle?, in: F. Sedlmeier (Hg.), Gottes Wege suchend, FS R. Mosis, Würzburg 2003, 275–291. Th. Krüger, Jahwe und die Götter in Jeremia 2, in: Schriftprophetie. FS J. Jeremias, 2004, 221–231. H.J. Hermisson, „Der Feind aus dem Norden" (Jer 4–6), in: ebd. 233–251.

13. Zur „Tochter Zion" und zum Ehebild

N. Stienstra, YHWH is the Husband of his People, 1993. A Weider, Die Ehemeta-phorik in prophetischer Verkündigung, FzB 71, 1993. H.-J. Hermisson, „Die Frau Zion", in: J. Ruiten/H. Vervenne (Hg.), Studies in the Book of Isaiah, FS W.A.M. Beuken, BETL XXXII, 1997, 19–39. A. Bauer, Gender in the Book of Jeremiah, Studies in Biblical Literature 5, 1998. G. Baumann, Liebe und Gewalt. Die Ehe als Metapher für das Verhältnis JHWH - Israel in den Prophetenbüchern, SBS 185, 2000. M. Wischnowsky, Tochter Zion, WMANT 89, 2001. C. Maier, Tochter Zion im Jeremiabuch: Prophetie in Israel, Das Alte Testament und Moderne 11, 2003, 157–167. M. Häusl, Bilder der Not, HBS 37, 2003. C. Nießen, Schuld, Strafe und Geschlecht, BZ 48, 2004, 86–96.

14. Zur Tempelrede (Jer 7) und zur Kultkritik

M. Rose, Der Ausschließlichkeitsanspruch Jahwes, BWANT 106, 1975. M. Görg, Das Tempelwort in Jer 7, 4, Aegyptiaca-Biblica, ÄgAT 11, 1991, 291–298. A. Lange, Gebotsobservanz statt Opferkult. Zur Kultpolemik in Jer 7, 1–8, 3, in: B. Ego u.a. (Hg.), Gemeinde ohne Tempel, WUNT 118, 1999, 19–35. C. Levin, Das Kinderopfer im Jeremiabuch, in: ders., Fortschreibungen, BZAW 316, 2003, 227–241.

15. Zur Sozialkritik

L. Wisser, Jérémie, critique de la vie sociale. Justice sociale et connaisssance de Dieu dans le livre de Jérémie: Le monde de la Bible, 1982. R. Kessler, Staat und Gesellschaft im vorexilischen Juda, VT.S 47, 1992. W.H. Schmidt, „Sucht, ob ihr einen findet, der Recht übt!" Jeremia als „Prüfer", in: Kriterien der Gerechtigkeit, FS C. Frey, 2003, 30–44.

16. Zu den Symbolhandlungen

G. Fohrer, Die symbolischen Handlungen der Propheten, AThANT 54, 1953, [2]1968. K. Seybold, Die symbolischen Handlungen der alttestamentlichen Propheten, in: G. Benedetti/U. Rauchfleisch (Hg.), Welt der Symbole, 1988, 101–112. D. Stacey, Prophetic Drama in the Old Testament, 1990. J. Krispenz, Leben als Zeichen, EvTh 64, 2004, 51–64.

17. Zu den Konfessionen

W. Baumgartner, Die Klagegedichte des Jeremia, BZAW 32, 1917. G. von Rad, Die Konfessionen Jeremias: Gesammelte Studien zum Alten Testament, TB 48, 1973, 224–235. A.H.J. Gunneweg, Konfession oder Interpretation im Jeremiabuch, 1970, in: Sola Scriptura, I, 1983, 61–82. P. Welten, Leiden und Leidenserfahrung im Buch Jeremia, ZThK 74, 1977, 123–150. F.D. Hubmann, Untersuchungen zu den Konfessionen Jer 11, 18–12, 6 und 15, 10–21, FzB 30, 1978. N. Ittmann, Die Konfessionen Jeremias, WMANT 54, 1981. W. Zimmerli, Frucht der Anfechtung des Propheten, in: Die Botschaft und die Boten, FS H.W. Wolff, 1981, 131–146. F. Ahuis, Der klagende Gerichtsprophet, CTM 12, 1982. R. Brandscheidt, Gotteszorn und Menschenleid, FrThSt 41, 1983, 236 ff. M.S. Smith, The Laments of Jeremiah and their Contexts, SBL MS 42, 1990. H.-J. Hermisson, Jahwes und Jeremias Rechtsstreit, 1987, in: Studien zu Prophetie und Weisheit, FAT 23, 1998, 5–36. K.F. Pohlmann, Die Ferne Gottes, BZAW 179, 1990. D.H. Bak, Klagender Gott – klagender Mensch, BZAW 193, 1991. W.H. Schmidt, Gotteserfahrung und „Ich"bewußtsein im Alten Testament, 1994, in: Vielfalt und Einheit alttestamentlichen Glaubens II, 1995, 112–127. Ders., Jeremias Konfessionen, JBTh 16, 2001, 3–23. G. Fuchs, Die Klage des Propheten, BZ 41, 1997, 212–228, 42, 1998, 19–38. J. Kiss, Die Klage Gottes und des Propheten, WMANT 99, 2003.

18. „Wahre" und „falsche" Prophetie:

J. Jeremias, Kultprophetie und Gerichtsverkündigung in der späten Königszeit Israels, WMANT 35, 1970. Ders., Die Vollmacht des Propheten im Alten Testament, EvTh 31, 1971, 305–322. F.-L. Hossfeld/I. Meyer, Prophet gegen Prophet. Eine Analyse der alttestamentlichen Texte zum Thema: Wahre und falsche Propheten, BiBe 9, 1973. G. Münderlein, Kriterien wahrer und falscher Prophetie, EHS.T 33, 1974, ²1979. H.-J. Hermisson, Kriterien „wahrer" und „falscher" Prophetie im AT, 1995, in: Studien zu Prophetie und Weisheit, FAT 23, 1998, 59–76. T. Veijola, Wahrheit und Intoleranz nach Deuteronomium 13, 1995, in: Moses Erben, BWANT 149, 2000, 109–130. A. Lange, Vom prophetischen Wort zur prophetischen Tradition, FAT 34, 2002. W.H. Schmidt, „Wahrhaftigkeit" und „Wahrheit" bei Jeremia und im Jeremiabuch, in: Schriftprophetie, FS J. Jeremias, 2004, 145–160.

19. Zur Heilsverheißung

S. Böhmer, Heimkehr und neuer Bund, GTA 5, 1976. C. Levin, Die Verheißung des neuen Bundes in ihrem theologiegeschichtlichen Zusammenhang ausgelegt, FRLANT 137, 1985. T. Odashima, Heilsworte im Jeremiabuch, BWANT 125, 1989. N. Kilpp, Niederreißen und Aufbauen. Das Verhältnis von Heilsverheißung zu Unheilsverkündigung bei Jeremia und im Jeremiabuch, BThSt 13, 1990. J. Ferry, Illusions et salut dans la prédication prophétique de Jérémie, BZAW 269, 1999. W.H. Schmidt, Einsicht und Zuspruch. Jeremias Vision und Brief, in: Textarbeit, FS P. Weimar, AOAT 294, 2003, 387–405.

20. Zum Thema Schöpfung

H. Weippert, Schöpfer des Himmels und der Erde, SBS 102, 1981.

Abkürzungen

Ges-K: W. Gesenius/E. Kautzsch, Hebräische Grammatik, [28]1909.
HAL: Hebräisches und aramäisches Lexikon zum Alten Testament, hg. von W. Baum-
    gartner, J.J. Stamm u.a., 1967 ff.
ThWAT: Theologisches Wörterbuch zum Alten Testament I–VIII, 1973 ff.
TUAT: O. Kaiser u.a. (Hg.), Texte aus der Umwelt des Alten Testaments, 1982 ff.
RTAT: W. Beyerlin (Hg.), Religionsgeschichtliches Textbuch zum Alten Testament,
    GAT 1, 1975, [2]1985.

Kommentare werden nur mit Autornamen und Seitenzahl zitiert.

Einleitung

Jeremias Situation und Wirkungsperioden

In den Jahrzehnten vor und nach 600 v. Chr. verlief die Geschichte ungemein bewegt; es war eine Epoche tiefer Umbrüche.[1] „Einen Starken und Gewaltigen Jahwes" hatte im 8. Jh. Jesaja (28, 2) die *assyrische* Großmacht genannt, wegen ihrer Hybris über sie aber auch das *Wehe* (10, 5 ff) ausgerufen. Sie bestimmte weiterhin die Situation in der ersten Hälfte des 7. Jh., verlor in der zweiten Hälfte jedoch an Einfluss, um sich allmählich aufzulösen und schließlich unter den vereinten Angriffen zweier Mächte, der *Meder* aus dem iranischen Raum und der Chaldäer bzw. (Neu-)*Babylonier*, zu zerbrechen.

Die einschneidenden zeitgeschichtlichen Ereignisse sowie die letzten Könige des Südreichs sind für das Verständnis der Botschaft Jeremias von erheblicher Bedeutung. Entsprechend teilt man Jeremias Auftreten, das nach biblischen Angaben grob vier Jahrzehnte (etwa 627–585 v. Chr.) umfasst, üblicherweise in drei oder vier Perioden ein.[2] In der Buchüberschrift (1, 2 f) sind die beiden rechts eingerückten Herrscher vermutlich wegen ihrer kurzen Regierungszeit von nur wenigen Monaten nicht erwähnt:

Josia/Joschija 639/8–609; Reform 622 v. Chr.;
   2Kön 21, 24. 26; 22 f; Jer 1, 2; 36, 2; auch 3, 6; 25, 3

Joahas/Schallum 609, vom Pharao gefangengesetzt
   2Kön 23, 30 ff; Jer 22, 11 f

Jojakim, ursprünglich: Eljakim; 608 bis kurz vor der ersten Einnahme bzw. Übergabe Jerusalems, 598 v. Chr.;
   2Kön 23, 34 ff; Jer 1, 3; 22, 13–19; 26, 1 ff. 20–24; 35, 1; 36, 9. 16 ff; 45, 1 u. a.

Jojachin 597, nach dreimonatiger Regentzeit im Exil;
   2Kön 24, 6 ff; 25, 27 ff; 2Chr 36, 9; Ez 1, 2
   Zwei weitere Namensformen:
   Kurzname Konja Jer 22, 24. 28; 37, 1
   und Jechonja 24, 1; 27, 20; 28, 4; 29, 2.
   Das namenlose Wort 13, 18 f ist wohl an ihn gerichtet.

---

[1] Die folgende Skizze des historischen Rahmens möchte die im Jeremiabuch selbst enthaltenen Hinweise auf den geschichtlichen Verlauf nennen, und zwar hier unabhängig von der Frage, aus welcher Zeit diese Angaben stammen, ob sie vielleicht erst später – mit bestimmter Absicht – eingefügt sind. Vgl. außer den Darstellungen der „Geschichte Israels" D.J. Reimer, Jeremiah Before the Exile?, in: J. Day (Hg.), In Search of Pre-Exilic Israel, 2004, 207–224.

[2] Das Jeremiabuch enthält keine durchgängige, in sich geschlossene Datierung, wohl verstreut einige Angaben. So lässt sich die Zuordnung der Einzelworte oder Szenen zu den Epochen nur grob vornehmen und bleibt mehrfach ungewiss.

Zedekia/Zidkija, ursprünglich Mattanja, 597 bis zur zweiten Eroberung Jerusalems
587/6 v. Chr.;
2 Kön 24, 17 ff; Jer 1, 3; 21, 1–7; 27, 1; 28, 1; 32, 1; 34, 2 ff; 37–39; 52

In der Zeit des Niedergangs assyrischer Vormacht konnte Juda unter dem
König *Josia* aufatmen, die Tributzahlungen einstellen, sich befreien, vielleicht
sogar Teile des ehemaligen Nordreichs, das assyrische Provinz geworden war,
eigenem Einfluss unterstellen.[3]

1. Sog. Frühzeitverkündigung. Regierungszeit Josias
Von Jeremias Berufung bis zu Josias Reform (etwa 627/26–622 v. Chr.)
und darüber hinaus

Nach 1, 2 hat Jeremia „im 13. Jahr des Königs Josia", dem frühesten Datum
des Buches, d. h. 627/26 v. Chr., seine Wirksamkeit begonnen.[4] Die Zeitangabe wird durch den Auftrag, Worte „seit den Tagen Josias" (36, 2) aufzuschreiben, bekräftigt. Diese Daten finden sich nicht in der ältesten Überlieferung. So wird die Angabe bezweifelt; damit ist zugleich Jeremias
Wirksamkeit zur Zeit Josias umstritten. Durchschlagende Gegengründe gibt
es allerdings nicht.[5]
    In die Frühzeit gehört am ehesten der Grundbestand von Kap. 1–6, etwa
die Auseinandersetzung mit den Riten wie dem *Baal*kult und die Ankündigung des Feindes *aus dem Norden*. Jer 2, 14 ff fügt sich gut in die Frühzeit ein.
Verliert die Aussage, Israel sei zum Sklaven geworden (2, 14 f), nicht ihre
Bild- und Überzeugungskraft, wenn die Bedrückung durch Assur bereits aufgehoben ist? Die Worte Jer 2, 16. 18. 36 verweisen auf ein Dreier-Verhältnis
Ägypten-Assur-Juda, damit wohl auf eine Zeit vor der Zerstörung Ninives
612 v. Chr.[6] Jer 2, 28 nennt ausdrücklich Juda.[7] So kann die Darstellung
2, 23 ff in die Regierungszeit Josias vor der Reform gehören. Auch werden
(4, 5 ff) die Babylonier anders als später nicht erwähnt.

---

[3] 2 Kön 23, 15 ff mit der Nachricht (V. 29) von Josias Tod im Norden bei Megiddo. Vgl. viel-
leicht auch die Hinweise auf eine Gebietserweiterung: Dtn 12, 20; 19, 8.
    [4] Streng genommen: das „Wort Jahwes" empfangen. Die Berufung ist nicht eigens genannt; die
Umkehrung der Wortereignisformel (V. 2 gegenüber V. 4) könnte auf sie anspielen.
    [5] „Nichts spricht grundsätzlich gegen" das frühe Datum 627/6 (S. Herrmann, EdF 271, 28 mit
Diskussion anderer Vorschläge).
    [6] Ägypten spielt nach 587/6 wieder eine Rolle: Die Ortsangaben kehren in Jeremias letzter Zeit
(Kap. 42 ff; bes. 43, 7; 44, 1; 46, 14. 19) wieder – allerdings der geänderten Situation entsprechend
ohne die Erwähnung Assurs.
    [7] Der klagende Hinweis auf „die Zahl ... deiner Götter" entspricht dem Vorwurf 3, 1 „viele
Freunde". 2, 27 f redet nicht in jerdtr Ausdrucksweise von in der Vergangenheit verehrten „anderen Göttern", ist im Rückblick allerdings gut als Vorwurf brauchbar. Kap. 11, das mehrfach Prophetenworte als Zitate aufnimmt, wandelt die Anklage mit einer Ergänzung (V. 13) ab.

In die Zeit einer gewissen Freiheit von außenpolitischer Bedrückung fiel (nach 2Kön 22 f) Josias *Reform* (622 v. Chr.). Sie strebte – vielleicht in der Nachfolge der Reform Hiskias (2Kön 18, 4) – zunächst wohl eine Kultreinheit (die Entfernung assyrischer, fremdreligiöser oder als fremd empfundener Elemente[8]) an, führte – auf Grund des gefundenen Gesetzes, vermutlich des Deuteronomiums in seiner älteren Gestalt (bes. Kap. 12, 13 ff) – aber darüber hinaus zur Kulteinheit bzw. Kultzentralisation, beließ so nur Jerusalem als einziges Jahweheiligtum.

Jeremias Stellung zur Reform

Eine *eindeutige* Äußerung gibt es – im älteren Überlieferungsbestand – nicht. Josia (22, 15 f) wird nicht wegen der Reform, sondern wegen *gerechten* sozialen Verhaltens gewürdigt. Insofern lässt sich Jeremias Stellungnahme nur erschließen. Wie ist sein Verhältnis zur Reform, das von der Forschung höchst unterschiedlich angegeben wird, zu bestimmen: Hat er sie unterstützt, hat er als Prophet in Distanz verharrt, schlicht abgewartet, oder hat er die Reform abgelehnt?

Jeremia stimmt im kritischen Urteil über bestimmte Bräuche oder kultisch-rituelle Verhältnisse, die er als Missstände eines *Baal*kults versteht (bes. 2, 23 ff; 3, 2), mit der Reform überein. Kann er insofern – ein Stück weit – mit ihr übereingehen, als sie einen Teil seiner Vorwürfe behebt, nämlich abschafft, was er beklagt und tadelt? Nirgends aber ruft Jeremia zu der Reform auf oder tritt für sie ein, erscheint – in älteren Texten – darum auch nicht als ihr „Wegbereiter".[9]

Besteht bei Ansetzung der sog. Frühzeitverkündigung in die Zeit Josias vor der Reform nicht bis zum Regierungsantritt Jojakims (26, 1) eine zeitliche Lücke von etwa anderthalb Jahrzehnten? Dieser Einwand ist zumindest einzuschränken: Das angenommene *Schweigen* ist nicht so gewiss – aus doppeltem Grund: Zum einen scheinen jene Worte (2, 16. 18. 36), die noch Assur als Macht voraussetzen und Ägypten als Vertrauenshalt benennen, in die letzten Jahre Josias zu fallen.[10] Zum andern gehört die Zusage an das Nordreich (3, 12 f[11] mit dem Grundstock des sog. Trostbüchleins für Ephraim Kap. 30 f) am ehesten in die Epoche Josias. Zudem ist keineswegs grundsätzlich vorauszusetzen, dass der Prophet ununterbrochen tätig war.[12]

Jeremias Worte legen zumindest im Rückblick einen Vorbehalt gegenüber der Reform nahe: Das Gefälle der frühen Sammlung Kap. 1–6 mit dem harten Ergebnis (6, 9 ff. 27 ff) spricht gegen eine Tätigkeit für oder eine Hoffnung auf die Reform. Bald

---

[8] Wie der Symbole der Astralgottheiten 2Kön 23, 5. 11.

[9] Mit Anhängern der Reform aus der Familie Schafans (Jer 26, 24; 36, 10; vgl. 2Kön 22, 8. 12. 14) ist Jeremia gut bekannt. Aus diesem Sachverhalt lässt sich allerdings nicht auf seine Botschaft schließen. Selbst wenn die Reformer ihm nahe standen, er wohl gewisse Intentionen der Reform billigen konnte – eine Zustimmung schlägt sich in seinen Worten nicht nieder. Anders mag jüngere Überlieferung urteilen (vgl. Anm. 14).

[10] Dem entspricht die jüngere (1, 2 aufnehmende) Angabe 25, 3.

[11] Ist die Verheißung 3, 12 f in den Zusammenhang 2–6 eingeschoben, weil sie eben in die Frühzeit gehört? Noch der jüngere Prosazusatz 3, 6 ff verweist auf Josia (u. Anm. 13).

[12] Eine Periode der Zurückhaltung vor neuem Auftritt scheint auch Jesaja (nach 8, 16–18) zu kennen; die wenige Kapitel umfassende Verkündigung Hoseas verteilt sich auf etwa zweieinhalb Jahrzehnte. Vgl. u. zu Jeremias Verkündigung.

nach Josias Tod tritt Jeremia wohl auch gegen Auswirkungen der Reform mit seiner Tempelrede (Jer 7; 26) auf; sie wird verständlicher und ungleich härter, wenn das Jerusalemer Heiligtum eine Aufwertung als einzige Jahwestätte erfuhr. Möglicherweise schließt das allgemein gehaltene Wort über den Missbrauch der Tora (8, 8 f) eine Stellungnahme zum Deuteronomium mit seiner Wirkung ein.

Zudem enthalten zwei *jüngere* Zeugnisse wohl ein kritisches Urteil: Die spätere in „die Tage Josias" datierte Bildrede von den beiden Schwestern Israel und Juda mit dem Vorwurf des Höhenkults (3, 6 ff)[13] kommt zum Ergebnis (V. 10): „Bei alledem ... nicht umgekehrt." Nach der Äußerung der – beim Kult der Himmelskönigin verharrenden – Frauen (44, 17 f) scheint der Niedergang mit der Reform sogar zu beginnen.

Die verschiedenartigen Zeugnisse beziehen rückblickend kritisch Stellung. Ernsthafte Anhaltspunkte für die Annahme, dass sich Jeremias Urteil von Anerkennung zu Ablehnung wandelte, liegen nicht vor. Erklärt sich zugleich das Fehlen einer ausdrücklichen Bezugnahme zur Reform nicht am leichtesten, wenn Jeremia von vornherein zurückhaltend, vielleicht abwartend war?[14]

Eine Auswirkung berichtet wohl Jer 41, 5 mit dem Weg der Pilger aus dem Norden zur Tempel*ruine* in das zerstörte Jerusalem; sie kommen auch aus Schilo, an dessen Heiligtum die Tempelrede (7, 14; 26, 6) erinnert. Die Wallfahrt lässt sich – in ihrem Anlass – leichter verstehen, wenn der Norden in Josias Reform einbezogen war.

Nachwirkungen sind zumal im Konzept der Priesterschrift deutlich; ihr ist die Forderung des Deuteronomiums, nach der das Gottesvolk nur *ein* Heiligtum kennt, selbstverständlich.[15]

Die (Neu-)Babylonier (Nabopolassar, 625–605), die Meder (Kyaxares, 625–585; sie eroberten 614 Assur) und nördliche Bergvölker bezwangen gemeinsam im Jahre *612* die assyrische Hauptstadt *Ninive*.[16] Der Norden und Nordwesten Vorderasiens fiel an die Meder, der Süden und Westen mit Anspruch auf Syrien-Palästina an Babylon. In das Ringen um die Vorherrschaft trat eine weitere, allerdings in dieser Situation weniger starke Macht ein: die *Ägypter*. Der *Pharao* Necho (II.) unternahm im Jahre 609 einen letztlich vergeblichen Versuch, das untergehende assyrische Reich zu stützen. Bei diesem

---

[13] Der Prosatext kann die vorhergehenden Vorwürfe 2, 23 ff; 3, 1 f verallgemeinern; 3, 9 scheint insbesondere 2, 27 abzuwandeln.

[14] Einen anderen Eindruck erweckt der breite (jerdtr) Prosatext Kap. 11: Wird Jeremia mit dem Aufruf „Hört auf die Worte dieses Bundes!" (V. 2. 6) nachträglich zum Förderer des Deuteronomiums und der Reform? Allerdings wird auch diese Mahnung nicht befolgt (V. 8 ff). Nach den pauschalen Urteilen 2 Kön 23, 32. 37; 24, 9. 19 scheinen sich Josias Nachfolger von der Reform abgewandt zu haben.

[15] Das entscheidende Kriterium von J. Wellhausen (Prolegomena zur Geschichte Israels [1878], ⁶1905 = 1927, 35. 37) zur Datierung der Grund- bzw. Priesterschrift lautet: „Im Deuteronomium wird die Einheit des Kultus gefordert, im Priesterkodex wird sie vorausgesetzt." Die Stiftshütte (Ex 24, 15 ff) ist „das einzige legitime Heiligtum der Gemeinde der zwölf Stämme". Entsprechend erzählt die Priesterschrift nicht vom Opfer Noahs Gen 8, 20 f oder der von Mose als Grund des Auszugs genannten Opferfeier in der Wüste Ex 5 ff.

[16] Zwei Jahre später Harran, wohin der letzte Assyrerkönig Assuruballit II., 612–610, geflohen war. „Wehe dir, Blutstadt! ... Verwüstet ist Ninive – wer wird ihr Mitleid bezeugen?" (Nah 3, 1. 7; vgl. Jer 15, 5) Dem späteren Jona-Büchlein ist Ninive Symbol der fremden Weltstadt und Vorbild der Bußbereitschaft.

Zug nach Norden kam *Josia* bei Megiddo ums Leben (2Kön 23, 29 f). Zwar erhob „das Volk des Landes" den Josia-Sohn Joahas zum König,[17] an seiner Stelle setzte der Pharao Necho aber einen anderen Sohn Josias Eljakim unter dem Namen *Jojakim* als Herrscher in Juda ein (2Kön 23, 33 ff). Die ägyptische Oberhoheit hatte jedoch keinen Bestand.

Der *Babylonier* Nabopolassar schickte seinen Sohn *Nebukadnezzar*[18] gegen das ägyptische Heer, das er in der Schlacht bei *Karkemisch* am Euphrat 605 schlug[19] und so die babylonische Vorherrschaft auf Syrien-Palästina ausdehnte. Nach dem Sieg erreichte Nebukadnezzar die Nachricht vom Tod seines Vaters, so dass er eilig nach Babylon zurückkehrte, um den Thron zu besteigen (604–562).

2. *Regierungszeit Jojakims bis zur ersten Einnahme (Übergabe) Jerusalems (etwa 608/7–597 v. Chr.) Jer 7–20; 26; 35 f*

Bei Regierungsantritt Jojakims (Jer 26, 1) tritt Jeremia öffentlich auf – mit der Tempelrede (Jer7). Blieb er zuvor unbehelligt, so gerät er jetzt in erhebliche Konflikte. Er steht in Auseinandersetzung mit der Priesterschaft (Jer 20; 36, 5)[20] wie dem König selbst (22, 1 f. 13 ff), wird bestraft (20, 1 f), entkommt der Todesgefahr (26, 10 ff) und muss sich verstecken (26, 24; 36, 5. 19. 26). Die Reaktion des Königs auf die Verlesung der Urrolle (Jer 36) im Jahre 604 zeigt seine Haltung gegenüber dem Propheten; dieser findet jedoch Unterstützung durch die Familie Schafans.[21]

Der „Feind aus dem Norden" (4, 5 ff nach 1, 13 f) wird in den Babyloniern konkretisiert (vgl. 20, 6 a). Auch die symbolischen Handlungen, mit denen Jeremia seine Botschaft (13; 16; 19) anschaulich bekräftigt, werden auf Babylon zugespitzt (27, 11 f).

Jojakim, der sich zunächst unterworfen hatte (2Kön 24, 1), wagte es, von Nebukadnezzar abzufallen, starb aber. Sein Sohn *Jojachin* konnte nur drei bis vier Monate regieren, ergab sich, als Nebukadnezzar Jerusalem belagerte, und musste bei dieser *ersten Einnahme Jerusalems* 597 mit Königsfamilie, Hofbeamten, Facharbeitern und Offizieren, der waffenfähigen Oberschicht („den oberen Zehntausend") sowie dem Tempel- und Palastschatz in die Verbannung ziehen.[22] An diese Deportierten schreibt Jeremia später den Brief (29, 5–7).

---

[17] 2Kön 23, 30–34; vgl. Jer 22, 10. 11 f.

[18] Auch, dem Babylonischen näher: Nebukadrezzar; nach LXX: Nabukodonosor.

[19] Vgl. Jer 46, 2; 2Kön 24, 1 f. 7. Im folgenden Jahr (604 v. Chr.) wurde Aschkalon erobert.

[20] Vgl. schon 2, 8 u. a.

[21] Vgl. Anm. 9.

[22] 2Kön 24, 8. 10 ff; vgl. Jer 52, 28; Ez 17, 12. Der Einschub Jer 24, 1 b (wie 29, 2) gibt zusammenfassend die Situation wieder: Einerseits steht der Tempel (V. 1 a) noch, andererseits ist (V. 8) vom „Rest Jerusalems" die Rede; dabei gibt es bereits „Verbannte" (V. 5). Unter ihnen war der Prophet Ezechiel/Hesekiel, der – wenn auch im Exil – wie Jeremia den Untergang Jerusalems an-

Nebukadnezzar setzte einen anderen Sohn Josias, Mattanja, als Herrscher ein und nannte ihn *Zedekia / Zidkija* (2Kön 24, 17). Nach einigen Jahren wagte er – gegen alle Einsicht und gegen Jeremias Auskunft und Rat – erneut den Abfall von der Vasallentreue bzw. den Aufstand; *Jerusalem* wurde *zum zweiten Male* belagert[23] und nach anderthalb Jahren im Jahr 587 (oder 586) eingenommen.

3. Die Regierungszeit Zedekias/Zidkijas zwischen der ersten und der zweiten Eroberung Jerusalems (etwa 597–587 v. Chr.) Jer 23–24; 27–29; 32; 34; 37–39.

Die dritte Wirkungsperiode Jeremias ist die Zeit harter Auseinandersetzung mit den sog. *Heils*-Propheten (Jer 27–29) und zunehmender Verfolgung. In diese Epoche fällt auch Jeremias Brief (29, 5–7), in dem er – gegen weiter bestehende oder neu aufkeimende Hoffnungen – den Verbannten zumutet, in der Ferne zu bleiben, und ihnen (entsprechend 24, 5) Heil zuspricht.

Die Auseinandersetzung mit national gesinnten Kreisen führt zu Jeremias Verhaftung und Einkerkerung während der Belagerung Jerusalems (37, 11 ff), aus der er letztlich erst nach Eroberung der Stadt befreit wird (39, 14). Demgegenüber ist das Verhältnis zum König freundlicher, Zedekia selbst erscheint bereit, auf Jeremia zu hören.[24] Dieser beschwört den König, sich der Vorherrschaft der Babylonier zu beugen, so Gottes Geschick anzuerkennen und sich auf die Situation einzustellen.[25] Allerdings fehlt dem König – gegenüber seinen Hofkreisen – die Durchsetzungskraft, Jeremias Einsicht zu folgen.

Die Eroberung Jerusalems hatte einen *vierfach* tiefen Einschnitt zur Folge:

1. den endgültigen Verlust staatlich-politischer Eigenständigkeit (bis zur Makkabäerzeit),
2. das Ende des davidischen Königtums,[26]

---

kündigte. Ez 1, 2 datiert nach der Deportation Jojachins (vgl. 8, 1; 33, 21). Das deuteronomistische Geschichtswerk endet in 2Kön 25, 27–30 (= Jer 52, 31 ff) mit dem Bericht von der Begnadigung Jojachins, der den Rest seines Lebens an der königlichen Tafel verbringen durfte.

[23] Nach Jer 34, 7 können sich von den Städten Judas nur noch Lachisch und Aseka behaupten. Die Ostraka von Lachisch (IV, 10 ff) berichten, die Zeichen von Aseka seien nicht mehr sichtbar. Vgl. K.A.D. Smelik, Historische Dokumente aus dem alten Israel, 1987, 108 ff, bes. 116 ff, TGI, ²1968, Nr. 45; KAI Nr. 192–197; TUAT I/6, 1985, 620–624; J. Renz, Handbuch der althebräischen Epigraphik I, 1995, 405 ff; D.J. Reimer (o. Anm. 1).

[24] Jer 37 f; vgl. 21; 34. „Es bleibt völlig offen, ob Jeremia selbst König Jojakim je zu Gesicht bekam und ihn direkt ansprach (vgl. Jer 36). Hingegen hat Zedekia wiederholt Beamte zu Jeremia geschickt (Jer 37. 38, aber auch 21, 1–7), und es ist einmal hinzugefügt, dass der Prophet sich ungezwungen unter dem Volk bewegte, also jederzeit erreichbar war (Jer 37, 3 f). Bemerkenswert und in solcher Deutlichkeit nirgends wieder bezeugt sind heimliche Empfänge des Propheten im königlichen Palast (37, 17–21; 38, 14–28), die allerdings ruchbar werden konnten; für einen solchen Fall war ein fingiertes Communiqué vorbereitet (38, 24–28)." (S. Herrmann, EdF271, 32).

[25] Vgl. 27, 11 f. Auch gegenüber dem ägyptischen Hilfsheer hält Jeremia (37, 5–8; vgl. 44, 30) an seiner Ankündigung fest.

[26] Trotz der Natanweissagung: 2Sam 7; 23, 5; Ps 89; 132, 17 u.a.; verallgemeinert: Jes 55, 3.

3. die Zerstörung von Tempel, Palast und Stadt,[27] des irdisch-sichtbaren Symbols von Gottes Zusage und Gegenwart,
4. die Deportation der verbliebenen Oberschicht,[28] die Vertreibung aus dem verheißenen Land ins babylonische Exil,
außerdem die Flucht von Teilen der Bevölkerung ins Ausland, so nach Ermordung des Statthalters Gedalja nach Ägypten (Jer 42–44).

Nach der Katastrophe war eine Selbstbesinnung[29] mit dem Nachdenken über die Lebensform nötig.

4. Nach der Zerstörung Jerusalems bis zum Aufenthalt in Ägypten (nach 587 v. Chr.) Jer 40–44

Diese letzte Zeit stellt nur im Blick auf die grundlegend veränderte Situation eine eigenständige Wirkungsperiode dar. Als Jeremia nach Ermordung des in Mizpa amtierenden Statthalters Gedalja[30] – entgegen seiner Einsicht – nach Ägypten verschleppt wird, erneuert er nach der Überlieferung einerseits die schon früh (Jer 2) erhobene Anklage: Hinwendung zu anderen Gottheiten, speziell Verehrung der Himmelskönigin (Jer 44; vgl. 7, 16 ff). Thematisch endet Jeremias Verkündigung ähnlich, wie sie begonnen hat. Andererseits droht Jeremia an, dass man selbst in Ägypten nicht vor Nebukadnezzar gefeit ist, der vielmehr bis dorthin vordringen wird (43, 8 ff) – was um 568/7 v. Chr. auch geschah. Im Land des Nils verlieren sich Jeremias Spuren.

Jeremia als Person

1. Jeremia ist *nicht* wie Jesaja *Jerusalemer* und darum auch nicht von vornherein mit Hofkreisen vertraut. Erst im Verlauf der Geschichte kommt Jeremia mit den Oberen, den Hofbeamten (26, 24; 36, 19 u. a.), wie dem König (21, 11 ff) zusammen und wird von Zedekia um Rat gefragt (Jer 37 ff). So steht Jeremia kaum von Anfang an im gesellschaftlich-politischen Leben seiner Zeit,[31] sondern tritt erst mehr und mehr ins öffentliche Blick-

---

[27] 2Kön 25, 8 f. Trotz der Ziontradition: Ps 46 48; vgl. Jes 8, 9 f; 17, 12 ff u. a.; aber in Übereinstimmung mit der Ankündigung Mi 3, 12; Jer 7, 14; 26, 9. 18. Die Tempelgeräte werden, teils zerschlagen, nach Babel mitgenommen (2Kön 25, 13 ff; vgl. aus früherer Situation Jer 27, 16 ff; auch 28, 2 f). Vermutlich geht auch die Lade bei diesen Ereignissen verloren (vgl. Jer 3, 16 f; Klgl 2, 1).

[28] Vgl. 2Kön 25, 11 f; Jer 52, 29; auch im Jahre 582: V. 30.

[29] Vgl. zumal die Threni/Klagelieder und das deuteronomistische Geschichtswerk.

[30] Vgl. 2Kön 25, 22 ff; Jer 40 f.

[31] In der sog. Frühzeitverkündigung scheint ursprünglich kein Bezug zu Königen gegeben zu sein. Sie werden erst, wie weithin anerkannt ist, in Nachträgen erwähnt: 2, 26 b; 4, 9(f. 11 f. 13); auch 13, 13; 17, 25 f.

feld,[32] gewinnt Beziehungen zu offiziellen Instanzen, wird später in die große Politik hineingezogen.[33]

Jeremia stammt aus *Anatot*, etwa ein bis zwei Wegstunden nordöstlich Jerusalem, zwischen Jerusalem und Bet-El, *im Lande Benjamin*.[34] Auch *Rahels Klage* (31, 15) führt in diese nördliche Gegend.[35] An das Heiligtum von Schilo (7, 14; 26, 9) wird erinnert. Aus der räumlichen Nähe wird die Aufnahme von Traditionen aus dem *Nordreich* verständlich; gut ein Jahrhundert nach dessen Untergang leben sie in Jeremias Botschaft umgestaltet weiter. Jeremia erscheint „am meisten dem Hosea ähnlich, neben dem er der einzige nichtjudäische Prophet ist, von dem wir Schriften haben".[36]

Jeremia ist weniger durch *Jerusalemer* Tradition bestimmt. Lässt sich ähnlich wie bei Micha auf Grund seiner Herkunft vom Lande auch Jeremias – schon früh eingenommene (5, 1 u. ö.) – kritische Haltung zur Hauptstadt verstehen?[37]

2. Die Angabe *von den Priestern* (1, 1) ist im Jeremiabuch singulär. Ist Jeremia mit dem Propheten Ezechiel, dem Priester (Ez 1, 3), zu vergleichen, der in seiner Verkündigung entsprechende Überlieferungen aufgreift? Eine im strengen Sinn priesterliche Tätigkeit Jeremias wird nicht beschrieben.[38] So ist jene Angabe eher auf Jeremias Vater[39] zu beziehen.

Nach 1Kön 2, 26 wurde der Priester Äbjatar, der letzte Nachkomme Elis, von Salomo nach Anatot verbannt. Darum stellt man häufig Überlegungen an, ob Jeremia nicht aus dieser Familie stammt.[40]

Sollte jene Bezeichnung jedoch Jeremia selbst gelten, sollte er als Priester oder eher wie ein (Kult-)Prophet im gottesdienstlichen Ablauf, insbesondere

---

[32] Wird aus diesem Grund von König Josia nach Auffindung des Gesetzes (2Kön 22, 14 ff) die Prophetin Hulda, nicht Jeremia (wie später Jer 37 f), befragt? Er war zu dieser Zeit „noch jung, relativ unbekannt und möglicherweise noch gar nicht in Jerusalem wohnhaft" (W. Thiel I, 58).

[33] Fügen sich diese Angaben und Folgerungen nicht insofern zur Überlieferung der Botschaft, als die (außen-)politische Konkretisierung erst als Folge der in der zweiten Vision (1, 13 f) allgemein ohne Näherbestimmung gewonnenen Einsicht erscheint?

[34] Vgl. außer 1, 1: 11, 21; 32, 7; 37, 12. Der Name des Orts lebt weiter in 'anata. Er lag wohl in oder bei dieser Nachfolgesiedlung (vgl. S. Herrmann 155 ff). „Da Anatot auf der Grenze zwischen dem Ackerbaugebiet und dem steppenartigen Weideland lag und nur wenig Regen erhielt, erklären sich von da aus Jeremias Vorliebe für Bilder vom Wasser und vom Verirren in der Wüste." (G. Fohrer, ThR 20, 1952, 247).

[35] Benjamins Mutter war Rahel (Gen 35, 16 ff). Das Grabmal Rahels liegt an der Grenze zwischen Benjamin und Ephraim bei Rama (1Sam 10, 2; anders später Gen 35, 19).

[36] So zugespitzt B. Duhm, Israels Propheten, ²1922, 244; s. u. zu Jeremias geistiger Heimat.

[37] Vgl. Mi 1, 1.9; 3, 11 mit Jer 7; 26; bes. 26, 18.

[38] „Jeremia war Abkömmling einer priesterlichen Familie [...] Nichts im Jeremiabuch deutet auf den Priesterberuf des Propheten hin oder lässt seine Verwurzelung in priesterlicher Denkweise klar hervortreten." (S. Herrmann 18) „Der Inhalt der Verkündigung Jeremias lässt alles andere als priesterliche Herkunft erwarten." Seine „Stellung gegenüber der Priesterschaft ist von kritischer Schärfe." (W. Thiel I, 53) Vgl. schon Jer 2, 8; zu Jeremias Verkündigung (Abs. 5).

[39] Vgl. Lk 1, 5 ff.

[40] Der Grundstückskauf (Jer 32) bzw. Jeremias Landbesitz spricht nicht gegen einen Priesterberuf (vgl. Am 7, 16 f; 1Kön 2, 26); die Ausübung ist Äbjatar verboten (V. 27). Nach Jos 21, 18 zählt Anatot zu den Levitenstädten; vgl. auch Neh 11, (20.)36.

im Klage- oder Bußgottesdienst (Jer 14 f), aufgetreten sein, dann hat er dort seine Botschaft ausgerichtet; er konnte eine unerwartete, den Hoffnungen der Hörer widersprechende Antwort erteilen.[41]

3. Propheten können ihre Familie in ihre Verkündigung einbeziehen.[42] Jeremia muss zum Zeichen kommenden Unheils *ehe- und kinderlos* bleiben (Jer 16; vgl. 15, 17). So bildet er in seiner Gegenwart vorweg ab, was in Zukunft alle erleben werden: Trauer, Klage, Gericht. Der Auftrag zur Verkündigung bestimmt sein Leben. Kam es zum Bruch mit seiner Familie? Die Überlieferung berichtet von Nachstellungen durch die eigenen Verwandten,[43] dann von Verfolgung, Gefangennahme und Verschleppung nach Ägypten. Dabei fand Jeremia in Baruch, „Schreiber" in der königlichen Verwaltung, einen Helfer, Freund und Leidensgefährten.[44]

Jeremias geistige Heimat

In welchem Überlieferungsraum steht Jeremia, von wem empfängt er Anregungen? Die Erzählung (28, 8) lässt ihn sagen:

> Die Propheten, die vor mir ... gewesen sind von alters her,
> haben über viele Länder ... geweissagt von Krieg, Unheil ...

Sieht sich Jeremia in einem innerprophetischen Zusammenhang?[45] Ob die Aussage auf ihn zurückgeht oder nicht, in jedem Fall gibt sie die Sachlage angemessen wieder. Jeremia steht bereits in einer *Geschichte* der *Schriftprophetie*; er nimmt Einsichten, Motive oder auch Erfahrungen seiner Vorgänger[46]

---

[41] Vgl. die Ortsangaben für die Tempelrede im Tor bzw. Vorhof (7, 2; 26, 2); auch gegenüber dem König Jer 37, 7 ff. Zu Nachwirkungen aus dem Gottesdienst vgl. zur Entstehung des Buches u. S. 40 f.

[42] Nach der Überlieferung erhält Hosea (Kap. 1) von Jahwe den Befehl zur Heirat; seine – wie Jesajas (7, 3; 8, 3) – Kinder werden mit ihren Namen Zeugen der Botschaft. Für Ezechiel (24, 15 ff) gewinnt der Tod seiner Frau Symbolbedeutung.

[43] So Jer 11, 18 ff; 12, 6; vgl. Mk 3, 21.

[44] Jer 32, 12 ff; 36; 43, 3 ff. Vermutlich war er erheblich an der Weitergabe der Jeremiatradition beteiligt; vgl. zur Entstehung des Buches, bes. Anm. 240. Jeremia konnte weitere Unterstützung finden; vgl. zur Situation Anm. 9 und zur Verkündigung zu Anm. 150.

[45] Vgl. Jer 6, 17; auch 23, 13. Schon Hosea weiß von einer Verbindung mit der Prophetie (6, 5; 12, 11. 14).

[46] Nachwirkungen von Amos, vor allem Hosea, auch Micha und Jesaja sind spürbar, sei es direkt oder vermittelt, etwa von Amos über Jesaja. Wie die vielfach erkennbaren Verbindungen zustande kamen, fällt schwerer anzugeben: literarisch oder zugleich (vgl. Jer 26, 18) durch mündliche Überlieferung? Der freie Umgang mit den Motiven erklärt sich leichter, wenn sich Jeremia nicht nur auf einen im Wortlaut festliegenden Textbestand bezieht. Jedenfalls gliedert er sie, umgestaltet, in seine Botschaft ein, wie er auch Elemente der Psalmen in seine Klagen einfügt. Solche Zusammenhänge sind zugleich für die Rückfrage nach Jeremias Worten wichtig. Lassen sich die Verbindungslinien auch umkehren, oder ist das Verhältnis nur in einer Richtung denkbar? Dabei sind prinzipiell die Einflüsse auf den Propheten selbst und später auf die Redaktion oder das Prophetenbuch zu unterscheiden. Vgl. zum Folgenden das Literaturverzeichnis.

auf, wandelt sie ab und spitzt sie in der Beurteilung seiner Situation zu. Schon im 8. Jh. aufgebrochene Fragen können jetzt zum Thema werden, wie die Auseinandersetzung mit der Prophetie; dabei wirken manche Äußerungen, etwa über das „Wort" Gottes, grundsätzlicher. So zeigt sich in der Traditionsaufnahme zugleich ein eigenes Gepräge, in der Abhängigkeit Selbständigkeit. Auf Zusammenhänge kann hier nur beispielhaft hingewiesen werden.

Bereits mit der Überlieferung des ersten Schriftpropheten *Amos* zeigen sich Berührungen. Zumal in der Struktur der *Visionen* nimmt Jeremia Anregungen auf, etwa mit der Frage und Anrede mit Eigennamen: „Was siehst du, Amos bzw. Jeremia?"[47] – einschließlich der harten Einsicht. Allerdings gestaltet Jeremia sein Visionspaar mit der sog. Wortereignisformel und im Bildgehalt eigenständig aus.[48]

Von seiner Frühzeitverkündigung an ist Jeremia, wie man längst beobachtet hat, mit *Hosea* in Einsichten, etwa der Tiefe der Schuld, und der Thematik mit bestimmter Begrifflichkeit verbunden, wie: der Exodus als Grunddatum (2, 6), der Wüstenaufenthalt als Zeit des harmonischen Anfangsverhältnisses (2, 2) und der Abfall im Kulturland (2, 7 f; 3, 19), die Hinwendung zu *Baal* mit der Teilnahme an Riten (2, 23 ff),[49] das Ehe- bzw. Brautbild in verschiedener Ausgestaltung[50] für die Darstellung des Verhältnisses von Gott und Volk mit dem Vorwurf des *Hurens* (3, 1 f), überhaupt die Betonung der Ausschließlichkeit, das Fehlen von Jahwe*erkenntnis* u. a.[51] Insbesondere schließt sich Jeremia in seinen Heilsverheißungen an das Nordreich an Hosea an.[52] Erklären sich die Zusammenhänge aus Jeremias Heimat Anatot (1, 1 u. a.) am Südrand des Nordreichs?[53]

Zum Propheten *Micha* bestehen Beziehungen zumal in zwei Bereichen, der Auseinandersetzung mit der (sog. Heils-)Prophetie[54] und der Unheilsansage über den Jerusalemer Tempel.[55]

Aus *Jesajas* Botschaft nimmt Jeremia etwa das Lied vom Weinberg (Jes 5, 1-7) verkürzt und in der Intention verschärft (Jer 2, 21) auf: Nicht erst

---

[47] Am 7, 8; 8, 1; Jer 1, 11 [.13].

[48] Die Vision 24, 1 a. 2-4. 5*. 8* erinnert etwa mit der Einführung „mich sehen lassen" an Am 7 f; die Unterscheidung zum Guten – zum Bösen könnte Am 9, 4 abwandeln.

[49] Hos 9, 10; 11, 1 f; 13, 1. Der Gottesname Baal findet sich nicht bei Amos, Jesaja, Micha, spielt aber, verbunden mit dem Thema Ausschließlichkeit, in den Überlieferungen von Elia eine erhebliche Rolle (2Kön 1, 6). In der vorliegenden Erzählgestalt von 1Kön 18 ist allgemein von Baal die Rede, hier (V. 19 ff; 2Kön 10, 19) wie bei Jeremia (2, 8; 23, 13. 27) mit der Prophetie verknüpft. Sind in Baal, wenn nur einer Name erwähnt wird, übergreifend verschiedene Götter integriert?

[50] Mit wechselnden Akzenten: Jer 2, 2. 20-24; 3, 1-4 u. a.

[51] Hos 4, 6; 6, 6 u. a. Vgl. außerdem Hos 1, 6 (2, 6) mit Jer 16, 5; Hos 4, 2 mit Jer 7, 9 u. v. a.

[52] Vgl. Hos (2, 16 f;)11, 8; 14, 5 mit Jer 3, 12 „Rufe gen Norden!" und Rahels Klage mit der Heilszusage an Ephraim 31, 3. 15. 18-20.

[53] Nach B. Duhm (250; vgl. XI) „fühlt sich (Jeremia) als halben Nordisraeliten"; s. o. zu Jeremia als Person (Anm. 36).

[54] Vgl. Mi 3, 5-8 und Jer 23, 13. 16 ff mit dem Vorwurf zu „verführen".

[55] Vgl. Mi (1, 9. 12 b) 3, 9-12 mit Jer (6, 1. 6) 7, 4. 9 f. 14; 26, 6.12; dazu die Auslegung zu Jer 7. Mi 3, 12 wird in Jer 26, 17 f zitiert.

die Früchte, die Rebe selbst ist verdorben. Das Thema Verstockung klingt nach.[56] Die Beschreibung des Feindvolkes wird in Jes 5, 26 ff ein Vorbild haben.[57]

Zugleich fällt ein Unterschied auf: Jeremia ist in weit geringerem Maße als Jesaja durch die *Ziontradition* geprägt.[58] Auch die Davidtradition tritt zurück: Trotz der – in ihrer Authentizität zudem umstrittenen – messianischen Weissagung Jer 23, 5 f kann „der Messias in seinem Denken keine große Rolle gespielt haben".[59]

In diesem Zusammenhang stellt sich noch die Frage: Wieweit nimmt Jeremia auch *weisheitliches* Gedankengut[60] auf, um es in seinem Sinn zu verwenden, wieweit deutet umgekehrt weisheitliche Sprache nachträglich Jeremias Verkündigung und gestaltet sie aus?

Lehnt sich Jeremia bereits bei dem Gebrauch des Verbs *er-kennen* (*jd‘*) an Hosea und Jesaja an?[61] Weisheitliche und (schrift-)prophetische Überlieferung können sich durchdringen. Durch *Jesaja* ist die *Verbindung* von *Prophetie* und *Weisheit* vorgegeben, so dass sich Jeremia wiederum an Jesajaworte anschließen kann. Demnach lässt sich ein zweifacher Vorgang beobachten: Unter weisheitlich geprägten Worten ist – zumindest in der Fragestellung – zu unterscheiden zwischen a) zumal Jesajas Erbe weiterführenden Aussagen und b) einer jüngeren Schicht, die jeremianische Worte ausweitet.

Einerseits kann in der Nachfolge von Jesajas Urteil „Israel aber hat keine Einsicht"[62] Jeremia formulieren: „Töricht ist mein Volk, mich kennen sie nicht."[63]

---

[56] Vgl. Jes 6, 9 f mit Jer 5, 21; 6, 10; außerdem Jes 1, 2 f mit Jer 2, 12 f u. a.

[57] Das Kehrversgedicht Jes 9, 7 ff; 5, 25 ff klingt im Zusammenhang mit weiteren Momenten an, wie Gottes „schlagen" (Jer 2, 30; 5, 3), „ausgestreckte Hand" (Jer 6, 12), „Gottes Zorn nicht gewendet" (Jer 2, 35) oder Mangel an Umkehr (Jes 9, 12; Jer 5, 3; 8, 4 f) u. a. Außerdem erinnert „straucheln" (Jer 6, 16) an Jes 8, 14 f; zu Häusern (Jer 6, 12; 5, 27) vgl. Jes 5, 8–10; Mi 2, 1 f; Zeph 1, 13.

[58] Jes 1, 21–26; 6; 8, 18 u. a.; vgl. Jer 7 mit der Auslegung (Anm. 18). Auch Jeremias Heilsweissagungen richten sich nicht auf den Zion (vgl. 29, 5–7; s. zur Verkündigung Abs. 10).

[59] W. Rudolph 147 f mit A1.

[60] Elemente weisheitlicher Tradition finden sich auch außerhalb weisheitlich bestimmter Worte im engeren Sinn, etwa im Vergleich mit der Tierwelt (8, 7) oder in Disputationsworten (s. u. zu den Redeformen).

[61] Vgl. in wechselnder Ausdrucksweise 2, 19. 23; 4, 22; 5, 1. 4 f. 21; 8, 7; 9, 2. 5; 22, 15 f; s. zu Jeremias Verkündigung Abs. 4. Der Prophet zielt mit seiner Botschaft auf Erkenntnis, muss aber feststellen: sie fehlt nicht nur Gruppen, sondern auch dem Volksganzen. Geht die Weisheit vom Unterschied zwischen dem Weisen und dem Toren, dem Gerechten und dem Frevler aus, kann der Prophet das Volk insgesamt schuldig nennen. So kann weisheitliche Einsicht in prophetischem Rahmen verschärft werden. Vgl. etwa Spr 15, 8 gegenüber Jes 1, 2 f. 10 f; 6, 5; Hos 5, 4; Jer 2, 21 f. 32 u. a.; auch innerhalb der Heilszusage 3, (12.) 13.

[62] Jes 1, 3; vgl. 5, 12 f; 6, 9 u. a.; schon Am 3, 10: „Sie verstehen nicht, das Rechte zu tun." Den Mangel an Gotteserkenntnis rügt auch Hosea (4, 6; 5, 4; 6, 6; vgl. 4, 1 u. a.).

[63] 4, 22. Solche weisheitlich geprägten Aussagen bestätigen inhaltlich, was auch in anderen Jeremiaworten (wie 5, 4 f) bezeugt ist, und stehen zugleich in einem innerprophetischen Zusammenhang, gehören darum wohl zu Jeremias – in der Komposition schriftlich bewahrten – Verkündigung. Vgl. die Auslegung zu 5, 21; 6, 10; 8, 4 ff.

Andererseits wird etwa Jeremias Einsicht in „die Sünde Judas", die „auf die Tafeln ihres Herzens" aufgeschrieben ist (17, 1; vgl. 5, 23), zu der grundsätzlichen Aussage (17, 9) ausgestaltet:

> Abgründig ist das Herz über alles und heillos ist es – wer kann er ergründen?[64]

Darf man aus solchen Ergänzungen neben einer deuteronomistischen auf eine – ungleich knappere – *weisheitliche Redaktion* schließen? Absicht der Überarbeitungsschicht ist, die an bestimmte Adressaten ergangene prophetische Botschaft allgemein-menschlich, so zugleich situationsübergreifend, auch für andere, ja alle Zeit zu verstehen.[65]

Ebenfalls durch Jeremias kritische Einsichten angeregt, formulieren jüngere Zusätze die *Erkenntnis* Gottes als Ziel, erhoffen ein verständnisvolles Herz (24, 7) und die Eingabe von Gottes Tora ins menschliche Herz, so dass alle *vom Kleinsten bis zum Größten erkennen* (31, 34).

Nachwirkungen Jeremias finden sich bei Ezechiel[66], Deuterojesaja[67], wohl auch im jüngeren Teil des Prophetengesetzes des Deuteronomiums,[68] vielleicht in der Priesterschrift[69] und in Hiobs Klage.

Jeremias Redeformen

Prophetische Rede ist nicht einförmig, sondern sucht, um Aufmerksamkeit zu wecken und für die vorgetragene Einsicht Anerkennung zu finden, jeweils neue Ansatzpunkte, Überraschungsmomente. Jeremia hat einen lebhaft-bewegten[70], abwechslungsreichen Stil mit einer Vielfalt von Sprachformen,

---

[64] Vgl. noch Jer 23, 18 gegenüber V. 22; auch 9, 22 f (s. dort); 17, 5 ff u. a. Ähnliche Ergänzungen finden sich gelegentlich in anderen Prophetenbüchern; etwa Hos 14, 9.

[65] Die Frage bleibt: „Halten die redaktionellen Zusätze die tiefen Einsichten der sog. Schriftpropheten durch, fügen sich in sie ein, setzen sie so weiterhin voraus oder schränken sie ein? Da die Zusätze weder selbständig entstanden noch überliefert sind, beanspruchen sie wohl auch keine Eigenständigkeit. Lassen sie sich darum für sich lesen? Welchen ‚Stellenwert' hat für die Interpretation dieses Sich-Einfügen in die prophetische Überlieferung?" (W.H. Schmidt, Alttestamentlicher Glaube, [10]2007, 319).

[66] Vgl. etwa die Mahnung zur Furchtlosigkeit wie die Zusage der Unwiderstehlichkeit (Jer 1, 8. 17; Ez [2, 6;] 3, 8 f; s. zu Jer 1, 17 ff Anm. 106); das Bildmotiv „Essen" (Jer 15, 16; Ez 2, 8 ff); das Wächteramt des Propheten (Jer 6, 9. 17. 27; Ez 3, 16 ff; 33); auch im jüngeren Textbereich das Bild von den beiden Schwestern (Jer 3, 6 ff; Ez 23).

[67] Vgl. zu Jer 1 (Anm. 54 f) und zu 1, 11 f. Die Gottesknechtlieder (bes. Jes 49, 1. 5 f; 50, 4 ff) setzen – mit der Erwählung des Knechts vor der Geburt, mit dem universalen Aspekt und dem prophetischen Leiden – die Berufungserzählung Jer 1, 4–9 (ohne V. 10) sowie die Konfessionen voraus und denken die jeremianischen Ansätze weiter (vgl. auch Jer 11, 19; Jes 53, 7). Zusammenhänge finden sich noch in Zusätzen (vgl. Jer 29, 10 ff mit Jes 55, 6 ff).

[68] Dtn 18, 16 ff; vgl. unten zu Jer 1, 5 ff: auch FS C.H.W. Brekelmans, BEThL CXXXIII, 1997, 55–69.

[69] Vgl. zu Jer 1, 5 ff Anm. 56.

[70] Vgl. die Wiedergabe von Szenen mit verschiedenen Stimmen: 6, 1 ff; auch 9, 16 ff.

etwa mit Fragen[71], Imperativen, Bildern[72] oder Zitaten[73]. Die Gestaltung, *Ver-Dichtung* im Prophetenwort erreicht mit der Anschaulichkeit, ja Schönheit der Darstellung zugleich eine Intensivierung, die durch die zusammenfassende Niederschrift noch erhöht wird. Zudem kann bildhafte Rede andeuten, ohne genau zu beschreiben und strikt festzulegen.[74] Als „größten Lyriker des Alten Testaments" hat man Jeremia gepriesen; „aber er war mehr als Lyriker".[75]

Ihm vorgegebene, von ihm weitergeführte Formen sind etwa, im Kern als *Ich-Rede* gefasst, Berufungserzählung (1, 4–9) und Visionen[76] sowie zur öffentlichen Tätigkeit gehörende Symbolhandlungen.[77]

Die sog. Wortereignisformel: *Es geschah/erging das Wort Jahwes zu mir* scheint vielfach ältere, vertrauenswürdig wirkende Überlieferung einzuleiten, findet sich zumal in Selbstberichten, wie schon im Berufungsbericht, im Visionspaar[78] und bei Symbolhandlungen.[79] Demgegenüber hat die Botenformel: *so spricht Jahwe*[80] mit der Angabe des *Absenders*, gelegentlich auch des *Adressaten*, mehr die Situation, in der das Wort an die Hörer weitergegeben wird, im Blick. Die Formel *Ausspruch/Spruch Jahwes*, die bei Jeremia oft begegnet, bekräftigt, sei es in Zwischenstellung (wie 1, 8; 2, 12), in der Mitte des Wortes (wie 2, 9) oder am Schluss, die Rede als Gotteswort.[81]

Nach dem älteren Überlieferungsbestand hielt Jeremia keine predigtartigen, längeren Reden.[82] Allerdings tritt die strenge Form von Zukunftsansage

---

[71] Vgl. schon 2, 5. 11. 14 f. 17 f. 23 f. 28 f. 31 f. 36.

[72] Vgl. etwa 2, 13–15. 20–26. 32. 34; 8, 4; 9, 20 f u.v.a. Die Bilder können in rascher Folge wechseln, so dass sie sich gelegentlich zu überlagern oder zu überschlagen drohen.

[73] Vgl. zu 2, 23 ff. In den Zitaten finden sich auch Ähnlichkeiten, wie: „Wir kommen" (2, 31; 4, 5).

[74] Auffällig etwa in der bildhaften Beschreibung rituellen Verhaltens (2, 23 ff), des namenlosen „Feindes aus dem Norden" (4, 5 ff) oder der Stadt als Frau (4, 30 f).

[75] G. Hölscher, Die Profeten, 1914, 269; vgl. H.J. Hermisson, FS J. Jeremias, 2004, 233 f.

[76] Jer 1, 11 f. 13 f; 24, 1–5. 8; vgl. die Auslegung. Ich-Berichte sind Am 7, 1–8; 8, 1 f; Hos 3, 1–4 oder der Kern von Jes 6;8. Sie gehen am ehesten auf den Propheten selbst zurück, wurden von der Redaktion nicht geschaffen, aber ausgestaltet.

[77] Jer 13; 16; [18;] 19;27 f; 32. Die zusammenhängenden Überlieferungen Kap. 13; 18; 19, die auch Beziehungen zu den Visionen haben, sind ähnlich zu beurteilen; vgl. zur Verkündigung bes. Abs. 6.

[78] Eine Doppelstruktur hat auch 2, 10–13. Manche Worte zeigen einen ähnlichen Aufbau mit (teils verschiedenartigen) wiederkehrenden Elementen wie etwa 5, 17; 8, 4 f; 29, 5–7; auch 4, 23–26.

[79] Vgl. außer 1, 4. 11. 13; 2, 1; bes. 13, 3. 8; 16, 1; 18, 5; 24, 4 u.a. Eine jüngere Sprachgestalt (wie 1, 2; 7, 1 u.a.) wandelt die Wortereignisformel ab; vgl. u. zur Verkündigung Abs. 11; W. Thiel, Könige, BK IX/2, Lief. 1, 2000, 43 f (Lit.).

[80] Jer 2, 2; 4, 27; 6, 6; 16, 3; 5. 9 u.a. „Mit der Botenformel bezeichnen die Propheten sich selbst als Gesandte Gottes und beanspruchen für ihre Worte Authentizität und Autorität." (W. Thiel [s. vor. Anm.] 58 f mit Lit.).

[81] Vgl. R. Rendtorff, Botenformel und Botenspruch, Gesammelte Studien zum Alten Testament, TB 57, 1975, 256–266.

[82] Selbst eine größere Komposition wie 4, 5–6, 30 beruht wohl auf einmal selbständigen Worteinheiten, die bei der Niederschrift zusammengefasst wurden. Ein anderer Eindruck entsteht durch die von der (jerdtr) Redaktion breit ausgestalteten Reden wie Jer 7.

und Begründung, wie sie bei den Schriftpropheten des 8. Jh. begegnet, bei Jeremia eher zurück. Etwa Kap. 2 wiegen klagende Anklagen, später (4, 5 ff) Ankündigungen vor. *Vor Gericht* spielen verschiedenartige Redeformen oder kündigen die Gerichtsverhandlung an, wie „Ich will mit euch rechten."[83] Mit der Gegenüberstellung von Einst und Jetzt (schon 2, 2 f. 4 ff) dient der *Geschichtsrückblick*[84] in kritischer Absicht als Schuldaufweis; zusammengedrängt kann er in Bildrede *Ich – du/ihr aber* (2, 21) anschaulich gegenüberstellen.

Das aus der Totenklage (Jer 22, 18; 34, 5)[85] stammende, bereits von den prophetischen Vorgängern[86] übernommene *Wehe* verwendet Jeremia gegenüber dem König: „*Wehe dem, der sein Haus mit Unrecht baut!*"[87] Ein klagendes „*Ach/Wehe!*" findet sich etwa gegenüber der Stadt: „*Wehe dir, Jerusalem*"[88] wie in der Konfession „*Wehe mir, Mutter!*"[89]

Ist von den Schriftpropheten des 8. Jh. nur gelegentlich ein persönliches Zeugnis wie „*Klagen muss ich und heulen*"[90] überliefert, so greift Jeremia Elemente der *Klage*, teils mit anklagendem Ton, breit auf – als: Klage Gottes[91], des Volkes[92] wie des Propheten selbst: „Mein Herz ist krank."[93] Es finden sich auch Aufforderungen zur Trauer.[94]

Die Form der *rhetorischen Frage*, das sog. Diskussions- oder *Disputationswort*, verrät Auseinandersetzung mit den Hörern; es enthält nicht eigentlich die Verkündigung des Propheten, setzt sie eher einschließlich einer Reaktion voraus und geht auf Einwände gegen seine Botschaft ein. Die Redeform hat anscheinend weisheitlich-rhetorischen Hintergrund, entstammt entweder dem Meinungsstreit des Alltags oder weisheitlicher Schuldisputation[95], wird schon von Amos genutzt.[96] Der Prophet sucht mit den Zeitgenossen und

---

[83] Jer 2, 9 (im Kontext V. 4 ff); vgl. Hos 2, 4 u. a.; dazu H. J. Boecker, Redeformen.

[84] Von Hosea (11, 1 f; 9, 10 ff u. a.) oder Jesaja (9, 7 ff) wohlbekannt.

[85] Vgl. auch 1 Kön 13, 30. Die Übernahme des „Wehe" in die prophetische Verkündigung „soll deutlich machen, dass einem bestimmten menschlichen Verhalten der Keim des Todes bereits innewohnt" (G. Wanke, ZAW 78, 1966, 215–218).

[86] Vgl. etwa Am 5, 18; 6, 1; Mi 2, 1; Jes 5, 8 ff; 28, 1; über Jerusalem: 29, 1; vom Volk 1, 4; 30, 1.

[87] hoj „Wehe" Jer 22, 13; vgl. 23, 1 über „die Hirten".

[88] 'oj „Ach/Wehe" Jer 13, 27. Vgl. die Klage der Tochter Zion „Wehe mir!" 4, 31; dann 10, 19; auch 4, 13; 6, 4; 10, 19 u. a.

[89] Jer 15, 10; vgl. Jes 6, 5; sachlich auch die Fluchworte Jer 20, 14 ff.

[90] Mi 1, 8; vgl. den Exkurs zu den Konfessionen (S. 233 ff).

[91] Vgl. etwa 2, 31 f; 12, 7–13; 15, 5–9; 18, 13–17.

[92] Wie 10, 19–23; von Ephraim: 31, 18 f u. a.; vgl. in späterer Ausgestaltung 14, 7–9. 13. 19. 22. Mehrfach finden sich Doppelfragen, zumal mit anschließendem „Warum" Jer 2, 14. 31; 8, 4 f.(19.)22; 14, 19; 22, 28; vgl. 8, 19; 49, 1; Mal 2, 10; dazu W. A. Brueggemann; W. L. Holladay, Architecture (s. Lit.verz.).

[93] Jer 8, 18–23; vgl. 4, 10. 19–21; 13, 17; 14, 17 f; 23, 9; andeutend schon (1, 6): „Ach, Herr Jahwe"; ausgestaltet in den Konfessionen.

[94] Jer 4, 8; 6, 26; 7, 29; 9, 16 f; vgl. 22, 10. 22 u. a.

[95] Vgl. Hi 8, 11; auch 6, 5 f; 8, 3; 27, 8–10; dann Ex 4, 11; Jes 10, 15 u. a.

[96] Vgl. Am 3, 3–6. 8; 6, 12; 9, 7; später auch Mt 7, 16 u. a.

Gesprächspartnern eine *gemeinsame Einsicht* zu gewinnen. Dabei kann sich über die Frageform hinaus eine zweiteilige Struktur – mit einer gleichsam selbstverständlichen „Basis" und einer unerwarteten „Folgerung" – ergeben, wie:

    a) Vergisst wohl eine Jungfrau ihren Schmuck, eine Braut ihren Gürtel?
    b) Aber mein Volk hat mich vergessen, seit zahllosen Tagen. (Jer 2, 32)[97]

Mahnworte, die – von der Aufforderung zum Hören an – zum Tun oder Lassen aufrufen, kommen aus ursprünglich höchst verschiedenem „Sitz im Leben". Charakteristisch für Jeremia sind Aufrufe an die Hörer, *sich* selbst zu *überzeugen*.[98] Aufforderungen zu kultischen Handlungen können ironisch abgewandelt werden.[99] Es finden sich Nachahmungen der Botenanweisung oder Heroldsinstruktion „Verkündet …!",[100] Aufforderungen zur *Flucht* oder – an Fremde – zum *Kampf* 6, 4.[101] Mit der symbolischen Handlung vom Joch fordert das Deutewort (27, 11 f) auf, sich in Gottes Geschick zu fügen. Worte können die ablehnende Reaktion widerspiegeln; analog zu Jesajas Urteil „In Ruhe liegt euer Heil, aber ihr habt nicht gewollt"[102] fordert Jeremia auf, einen Weg zu beschreiten, der aber nicht begangen wurde:

    „Tretet auf die Wege (von alters) und seht …,
    so werdet ihr Ruhe finden für euer Leben!
    Sie aber sagten: Wir gehen nicht!"[103]

Überhaupt können Prophetenworte von Spott, Zweifel oder Ablehnung berichten.[104] Die Darstellung einer solchen Reaktion wird von der (jerdtr) Redaktion aufgenommen und mannigfach ausgestaltet.[105]

Im Kontext der Zusage von *Heil* erhält das Mahnwort eine neue Aufgabe; es ruft dazu auf, sich auf die Zukunft einzulassen, sie an- und vorwegzuneh-

---

[97] Ähnlich 8, 4 f; 13, 23; 18, 6. 14 f; auch 7, 11; 23, 23 f. 28 f; vgl. W.H. Schmidt, Disputationsworte. Die zweiteilige Form nimmt der Exilsprophet Deuterojesaja (40, 27–31 u. a.) auf.

[98] Jer 2, 10–13; 3, 2; 5, 1; 7, 12; auch 6, 16; 18, 13; 30, 6; dazu W.H. Schmidt, Aufrufe. Zu „Erkennt!" 2, 10 u. a. vgl. zur Verkündigung Abs. 4.

[99] Jer 7, 21; 44, 25 u. a. etwa im Vergleich mit dem Selbst-Aufruf 31, 6; vgl. auch Jer 7, 12; schon Am 4, 4 f; Jes 29, 1 b u. a.

[100] Vgl. in wechselnder Form 4, 5 f. 16; 5, 20; 46, 14; 50, 2; auch Am 3, 9; Jes 40, 9 f; 48, 20; Ps 96, 10; dazu F. Crüsemann, Studien zur Formgeschichte von Hymnus und Danklied, WMANT 32, 1969, 50 f.

[101] Vgl. Jer 4, 6; 6, 1 bzw. 6, 4 mit der Beschreibung einer lebendigen Kampfszene im Wechsel der Redenden (6, 4–6); dazu R. Bach, Die Aufforderungen zur Flucht und zum Kampf im alttestamentlichen Prophetenspruch, WMANT 9, 1962.

[102] Jes 30, 15; vgl. 28, 12; 30, 9; auch die Reaktion der Hörer 5, 19 u. a.

[103] Jer 6, 16 f; vgl. 8, 5 u. a. Die vorhergesagte Reaktion (38, 15) lautet: „Wenn ich dir rate, hörst du doch nicht auf mich."

[104] Vgl. Hos 9, 7; Jes 5, 19; 8, 12; 28, 9. 15; 30, 9–11. 15; 53, 1; Ez 12, 21 ff; Jer 5, 12. 20 f; 6, 10; 17, 15; 20, 18; auch 1, 8; 8, 4 ff.

[105] Vgl. Jer 36, 3. 7. 31; s. zur Entstehung des Buches (S. 37 ff).

men – durch Umkehr.[106] Wie in den Gerichtsansagen hat dabei Gottes Ich-Rede eine tragende Bedeutung: „denn ich bin gnädig".[107] Dabei kann Jeremia einen Zusammenhang zwischen menschlichem Tun und Wirken Gottes aussprechen: „Lass mich umkehren, dass ich umkehre!"[108]

Jeremias Verkündigung
Themen und Einheit

Lässt sich in der Vielfalt der Überlieferung von Jeremias Botschaft mit unterschiedlichen Redeformen aus wechselnden Situationen ein Zusammenklang, mit der inneren Stimmigkeit zugleich eine Eigenart erspüren? Dieser kurze Abriss der Verkündigung des Propheten[109] möchte an einigen wichtigen Themen und Motiven aufzeigen, dass sie sich nicht widerspricht, vielmehr Querbezüge oder Verbindungslinien aufweist.

1. Bevor Jeremia mit dem Auftrag „Rufe, verkündige!" (2, 1) zum Rufer wird, erscheint er als Lauscher und Seher (1, 4–9. 11–14). Was er wahrnimmt und was er weiterzugeben hat, hängen zusammen; Person und Aufgabe sind von vornherein eng verbunden. Die in der zweiten Vision gewonnene Einsicht eines „Unheils von Norden über alle Bewohner des Landes" (1, 14)[110] wird in der Ansage (4, 5 ff, bes. 6, 1) entfaltet: Ein Feindvolk kommt von Norden. Zudem wird die Bestimmung *zum Propheten* (1, 5) weitergeführt (6, 27): *zum Prüfer.*[111]

2. In seiner bildkräftigen, kontrastreichen Sprache fordert Jeremia zum Vergleich mit den Völkern[112] auf; der „Quell lebendigen Wassers" steht selbst gehauenen „rissigen Zisternen, die das Wasser nicht halten" (2, 13) gegenüber. Im Anschluss an Hosea lautet einer seiner frühesten, öfter erhobenen Vorwürfe: Die *Ausschließlichkeit* des Glaubens wird nicht durchgehalten. Die klagende Anklage über die Abwendung wird mit anschaulicher, ja drastischer Darstellung der Teilnahme an – nach prophetischem Urteil mit dem eigenen Glauben unvereinbaren – Riten[113] ausgestaltet.

---

106 Jer 3, 12 f. 22. Diese Struktur ist wohl zuerst bei Jeremia bezeugt; später Jes 44, 21 f; 55, 6 f; vgl. die Aufforderung zu Zuversicht und (Vor-)Freude: 42, 10 ff; 49, 13; Sach 2, 14; 9, 9 f; auch Jes 56, 1; 60, 1 u. a. Auch der Brief an die Exulanten (Jer 29, 5–7) verbindet Aufforderungen mit Zusage von Heil.

107 Jer 3, 12; vgl. 3, 22; 31, 20.

108 Jer 31, 18; vgl. 17, 14; s. zur Verkündigung Abs. 8–9.

109 Vgl. o. zu den Wirkungsperioden und zur Entstehung des Buches (Abs. 1–2).

110 Obwohl die Vision in der Tiefe der Einsicht und der Gestaltung an Am 7 f anknüpft, fehlt anders als dort (mit der Bitte „Vergib doch!" 7, 2 oder Jes 6, 5) der Hinweis auf die Schuld des Volkes.

111 Vgl. zuvor 6, 9 „Nachlese zu halten" „wie ein Winzer".

112 Vgl. 2, 10 ff; auch die Kritik der Außenpolitik 2, 16 ff oder die Ankündigung des „Würgers der Völker" (4, 7). Möglicherweise stammt auch ein Völkerspruch (wie Jer 46) aus Jeremias Frühzeit.

113 Jer 2, 23 ff; 3, 2; vgl. 4, 30; 13, 21. 26 f.

3. In Aufnahme der Sozialkritik prophetischer Vorgänger tritt in Jeremias Worten das Thema *Gerechtigkeit* zwar nicht beherrschend hervor, kehrt aber immer wieder[114] und hat dabei einen eigenen Schwerpunkt: die *Redlichkeit oder Wahrhaftigkeit*[115]. So werden die Zeitgenossen – in einem Gotteswort – zur Prüfung der Bewohner Jerusalems aufgerufen, um sich aus eigener Erfahrung zu vergewissern (5, 1): „Sucht …, ob ihr einen findet, ob einer da ist, der Recht übt, nach Wahrhaftigkeit strebt."[116] Letztlich sagen *alle* die Unwahrheit (9, 2–4); in der Nachfolge Hoseas (12, 4) heißt es mit Anspielung auf den Erzvater Jakob (Jer 9, 3): „Jeder Bruder betrügt." Entsprechend ist das Verhalten untereinander (9, 4): „Ein jeder täuscht den andern." Über das unmittelbar Wahrnehmbare hinaus kommt Jeremia zu einem scharfen Urteil über die Allgemeinheit: „Vom Kleinsten bis zum Größten, sie alle".[117] Ebenfalls im Anschluss an die Hoseatradition (4, 2), mit Anklang an die sog. zweite Tafel des Dekalogs richtet sich der Vorwurf in der Tempelrede (7, 9) an das Volksganze: „stehlen, töten, ehebrechen[118], falsch schwören". Zwar weiß Jeremia in einem für den Angeredeten kritischen Rückblick (22, 13–16) von einer Person, die Recht übte: Josia. Das Lob gilt aber nicht dem lebenden, regierenden König; ihm hält Jeremia entgegen: „Wehe dem, der sein Haus mit Ungerechtigkeit baut!"

4. Solche konkreten, auf das alltägliche Leben mit seinen Erfahrungen bezogenen, allerdings die Gesamtheit umfassenden Aussagen kann Jeremia – in der Nachfolge Jesajas – auch als allgemeinere, weisheitlich geprägte tiefe Einsicht (4, 22) formulieren: „Mich kennen sie nicht, … weise sind sie, Böses zu tun." Überhaupt spielt das Verb *(er)kennen* bei Jeremia seit der Berufungsgeschichte, nach der das Erkanntwerden dem eigenen Erkennen vorausgeht (1, 5 f; vgl. 6, 27), eine nicht unerhebliche Rolle – vom Aufruf „Erkenne! Erkennt!"[119] bis zur Anklage: Die Amtsträger, die Priester (2, 8) oder das Volks-

---

[114] Jer 2, 33 f; 5, 1 f. 4 f. 26 ff; 6, 6. 12 f; 9, 1–7; innerhalb der Tempelrede 7, 9; auch die Kritik am Königtum in der Sammlung 21, 11 ff, bes. 22, 13 ff; 34 u. a.

[115] Vgl. etwa 5, 1; 7, 28; im Gegenüber zu „Trug" 5, 27; 6, 13 = 8, 10; 9, 2. 5. 7; auch 5, 12; 8, 6 u. a. Das Motiv ist durch Hosea (4, 1 f; 9, 2 u. a.) vorgegeben, vielleicht auch angeregt durch die Spruchweisheit („wahrhaftiger Zeuge" Spr 14, 5. 25 gegenüber dem „Lügenzeugen" 12, 17; 19, 5. 9 u. a.) oder, falls es sich um einen älteren Brauch handelt, durch die Einzugs-Tora beim Gottesdienst (Ps 15, 1 f).

[116] Jene Erfahrung, die alle machen sollen oder können, kommt Jeremia selbst mit der Aufgabe des „Prüfers" (6,[9.]27) zu.

[117] Jer 6, 13 = 8, 10. „Ihr alle seid abgefallen" (2, 29; vgl. 3, 20; 5, 11). Nicht nur kleine Leute, auch „die Großen" (5, 4 f). „Keinem tut leid …" (8, 6) „Ein jeder täuscht den andern." (9, 4). Schon bei Jeremias prophetischen Vorgängern findet sich die Einsicht in die Schuld aller (Jes 1, 2 f. 4. 10; 5, 7; 6, 5; 29, 13; Hos 4, 1 f u. v. a.).

[118] Jeremia erhebt (außer 7, 9) mehrfach den Vorwurf des „Ehebruchs": 5, 7; 9, 1; 23, 14. Die bildkräftige Beschreibung „wiehern nach der Frau des Nächsten" (5, 8) steht durch die Wendung „Frau des Nächsten" in Verbindung mit dem zehnten Gebot. Bei diesem Thema kann – wiederum seit Hosea – eine kultkritische Nuance mitklingen: Ehebruch als Metapher für die Abkehr von der Ausschließlichkeit (vgl. die Situationsschilderung 2, 23 ff; 3, 1 ff).

[119] Jer 2,[10.]19. 23; 5, 1; vgl. 3, 2 u. a.

ganze „(er)kennen nicht"[120]. Mit dem Gegenüber „mich erkennen lassen – erkennen" setzen die Konfessionen (11, 18 f) ein und enthalten das Bekenntnis:
„Du kennst (mich)/weißt (es)."[121]

Jeremia sucht Einsicht, weiß aber, dass er sich an Uneinsichtige wendet.
Das Denken und Handeln des Volkes steht eigentlich selbstverständlichem
Verhalten,[122] ja der in gewisser Hinsicht als vorbildlich erscheinenden „Ordnung" der Naturwelt entgegen.[123] Die rechte Ausrichtung fehlt. So erscheint
die Eigenwilligkeit – wie etwa schon Jesaja (1, 2 f; 5, 1-7) – als *un-natürlich*
und widersinnig. Ein Aufruf „Hört doch dies, ihr törichtes und (herzloses,
d. h.) unverständiges Volk!"[124] rechnet mit der Verständnislosigkeit oder Unbelehrbarkeit der Hörer und redet sie doch an. Solche Worte zeigen einerseits
einen Mangel an Einsicht auf, zielen andererseits auf Einsicht in eben diese Situation, heben die Unaufgeschlossenheit, ja Unempfänglichkeit, hervor und
suchen die Wahrnehmungsunfähigkeit doch einprägsam-überzeugend darzustellen. Soll Israel – *paradox*[125] – erkennen, dass es nicht erkennt? Mit der
Spannung zwischen *Nicht-Wollen*[126] und *Nicht-Können*[127] liegen Unwilligkeit
und Unfähigkeit, eigene Absicht und innerer Zwang im Verhalten ineinander.

In der überlieferten Form beginnt Jeremias Verkündigung (2, 2 f. 5 ff) mit
der Gegenüberstellung: Gute Anfänge – verdorben, bildhaft zusammengefasst:

Ich pflanzte dich als edle Rede – wie hast du dich verwandelt …[128]

---

[120] In wechselnder Ausdrucksweise 5, 4 f. 21; 8, 7; 9, 2. 5; auch 4, 22. „Recht und Gerechtigkeit"
zu üben – „heißt nicht das, mich (wahrhaft) zu erkennen?" (22, 15 f) Vgl. o. zur geistigen Heimat.

[121] Jer 12, 3; 15, 15; 17, 16; 18, 23; vgl. 20, 9; auch Ez 37, 3.

[122] Jer 2, 32; 8, 4 ff. Auch rhetorische Fragen zielen auf Zustimmung, Übereinstimmung in der
Erkenntnis; s. o. zu den Redeformen.

[123] Jer 8, 7. Schon die Schriftpropheten des 8. Jh., wie Hosea (5, 4. 6) oder Jesaja (9, 12; 28, 12;
30, 15 u. a.), können in der Buße eine bereits versäumte Gelegenheit sehen. So kann der Bußruf
nicht die Möglichkeit der Abkehr von der Unheilsansage in Aussicht stellen, sondern der Anklage
dienen, dass Israel eben nicht umkehrt (Jer 8, 5; vgl. 2, 19). Von Rechts wegen erscheint Umkehr
unmöglich (3, 1-5).

[124] Jer 5, 21. „Unbeschnittene Ohren, die nicht aufmerken können" (6, 10); auch 5, 3. 23;
2, 19. 30. Hier klingt, allerdings weniger zugespitzt, das jesajanische Thema „Verstockung" (6, 9 f;
29, 9 f) an. Es findet sich auch bei anderen Propheten (Ez 12, 2; vgl. 2, 3 ff; 3, 5 ff; Dt-Jes 43, 8;
42, 18 ff) und noch im Neuen Testament (Mk 4, 11 f par u. a.).

[125] Oder: dialektisch anmutend, insofern Gegensätze miteinander verbunden werden. Kam
Jeremia erst schrittweise auf Grund von Erfahrung zu dieser Einsicht? Seine Verkündigung ist
(nach 36, 1 f) nur gut zwei Jahrzehnte nach Beginn seiner Tätigkeit zusammengefasst bezeugt.
Außerdem kann Jeremia bereits um entsprechende Erfahrungen seiner Vorgänger wissen (vgl.
6, 16 f). Möchte man eine frühe Phase der Klagen und Mahnungen mit der Aufforderung zur Umkehr konstruieren, so widersprechen diesem Versuch sowohl die vorangestellte Vision (1, 13 f) als
auch frühe Aussagen (wie 2, 19. 22). Darum ist eine solche Vorform eher unwahrscheinlich: jedenfalls ist sie, sollte es sie gegeben haben, bei der Niederschrift schon Vergangenheit.

[126] Jer 6, 16 f; 8, 4 f; vgl. 2, 29 f. 32; 5, 1. 3; 6, 11. 13.

[127] Jer 13, 23; vgl. 2, 22; dazu Anm. 16. 21-22.

[128] Das Wort (2, 21) findet V. 22 eine harte Fortsetzung oder Entfaltung. Zu Gottes „Pflanzen"
vgl. 12, 2. Das Thema Schöpfung (1, 5) spielt bei den Schriftpropheten, Jeremias Vorgängern, eine
geringe Rolle (Am 7, 1 u. a.), bei dem Exilspropheten Deuterojesaja eine erhebliche. Zuvor klingt

Die Heilsgeschichte erscheint, vom Ursprung abgesehen, zugleich als *Schuld-geschichte* – und zwar schon früh, „seit zahllosen Tagen" (2, 32), „seit je" (2, 20). Darüber hinaus zieht Jeremia schon in dieser ältesten Wortzusammenstellung – wiederum gemeinsam mit Hosea (5, 4. 6 u. a.) die radikale Folgerung: „Schmutzig bleibt deine Schuld vor mir."[129] „An Böses gewöhnt",[130] erscheint der Mensch nicht mehr veränderbar.[131] In einer solchen Aussage fehlt das geschichtliche Element, das im Bild vom „Sich-Abwenden" steckt; das Böse erscheint hier wie *wurzelhaft*, ist dem Menschen gleichsam *zur zweiten Natur* (W. Rudolph) geworden, die er weder abstreifen kann noch will.

5. Über die Abgrenzung von fremdem Kult oder bestimmten gottesdienstlichen Bräuchen[132] hinaus äußert Jeremia Kritik am *eigenen Kult*, an Priestern und Propheten[133] wie an Opfern[134], erweitert und verschärft in der *Tempelrede*. Ihr Thema, Vertrauen auf Nicht-Vertrauenswürdiges, klingt mit der Einsicht, der Zion biete keinen Schutz, schon zuvor[135] an. Dabei ist gegenüber Michas Ansage des Untergangs des Jerusalemer Tempels[136] die Situation erheblich verschärft:[137] Er ist das einzige verbliebene Heiligtum. Hier spricht Jeremia Gottes *Freiheit* aus – wie ein anderes Mal gegenüber den Heil ansagenden Propheten:

Bin ich (nur) ein Gott aus der Nähe ... und nicht (auch) ein Gott aus der Ferne?[138]

oder auch im Umgang mit seinem Volk. Symbolischen Sinn gewinnt Jeremias Gang zur Werkstatt des Töpfers, der aus einem missratenen Gefäß nach Gutdünken ein anderes formt; die rhetorische Frage tritt Einwänden der Hörer entgegen: „Kann ich nicht wie dieser Töpfer mit euch verfahren?"[139]

---

es bei Jeremia mit den Folgen für die Erhaltung der Schöpfung bzw. die Natur mehrfach an, durchweg im Zusammenhang des Schuldaufweises (2, 7; 3, 2 f; 5, 22. 24; auch 8, 7. 20; 9, 9 u. a.). Passt hierzu nicht der weltweite Horizont (2, 10 ff u. a.)?

[129] Jer 2, 22; vgl. 2, 21. 32; auch 3, 1–5; 12, 8; 17, 1; 30, 12 f; das Verbot der Fürbitte 14, 11; 15, 1 u. a.

[130] Jer 2, 33 (von „deinen Wegen", dem Verhalten); „ihre Zunge an das Lügen gewöhnt" (9, 4); „ihr seid gewohnt, böse zu handeln" (13, 23).

[131] Jer 13, 23; vgl. 17, 1.

[132] Jer 2, 10 ff. 23 ff; 3, 1 f; 5, 7 u. a. bis zur Überlieferung 44, 17 ff; ausgebaut von der späteren Redaktion.

[133] Jer 2, 8; 5, 4 f; 6, 13 f = 8, 10 f; dann 23, 9 ff.

[134] Jer 6, 20 (s. dort); 7, 21 b; auch 11, 15; 14, 12.

[135] Jer 2, 37; 5, 17 bzw. 4, 30 f; 6, 1.

[136] Mi 3, 11 f; Jer 26, 18; vgl. die Auslegung zu Jer 7, 1 ff.

[137] Mit der durch Josias Reform durchgeführten Kulteinheit; vgl. o. zu Jeremias Situation und Wirkungsperioden (S. 3 f).

[138] Jer 23, 23 f. Schon die Frage „Bin ich denn für Israel zur Wüste geworden oder zum finstern Land?" (2, 31) kehrt gleichsam das Bekenntnis der Führung (2, 2 ff) um; vgl. 9, 1. So setzt die Rede von Gottes Ferne, Verborgenheit das Zeugnis von Gottes Nähe, Erschließung oder Offenbarung voraus, kommt von ihm her. Vgl. in der Tempelrede 7, 12. 14; auch 12, 7 f; thematisch Jes 8, 17; 45, 15; auch 5, 12. 19; 22, 11; 28, 21; 29, 14 u. a.

[139] Jer 18, 6; vgl. Am 3, 6 u. a.

6. Die *Symbolhandlungen* – mit den beiden Elementen: Zeichen und deutendem Wort – sagen nichts anderes als die Botschaft überhaupt, aber auf andere Weise: anschaulich, eindringlich, bekräftigend.[140] Ausdrücklich kann in entsprechenden prophetischen Handlungen der Begriff *Zeichen* gebraucht werden.[141] Bei Jeremia nehmen sie insbesondere kommendes Geschehen zeichenhaft vorweg, führen das Ereignis nicht selbst herbei, *setzen* insofern nicht Wirklichkeit, kündigen sie vielmehr an, stellen sie vorab sinnenhaft-wahrnehmbar dar, verbürgen, vergewissern sie, suchen sie aber nicht unmittelbar *wirkmächtig* hervorzubringen. Das angekündigte Geschehen zu verwirklichen liegt in Gottes Hand. Das Deutewort enthält eine (doppelte) Brechung – durch den Vergleich und den Verweis auf Gottes künftige Tat in Ich-Rede:

So zerbreche ich dieses Volk und diese Stadt, *wie* man Töpfergeschirr zerbricht. (19, 11)
　　Ähnlich dem *verdorbenen*, unbrauchbaren (13, 7) Schurz (V. 9):
So werde ich den Stolz Judas und Jerusalems verderben.[142]

In *Herrlichkeit/Stolz* klingt die Begründung[143] mit. Die – wohl vor Zeugen[144] vorgenommene – öffentliche Demonstration will Gottes künftiges Wirken ansagen, auf dessen Befehl sie sich ja auch beruft. So steht das Deutewort sachlich in Übereinstimmung einerseits mit Gottes Zusage, sein Wort auszuführen (1, 11 f), andererseits mit dem Bekenntnis der Konfession (17, 16), Jeremia habe Gott zum Unheil „nicht gedrängt".

Die ersten Gleichnishandlungen (Jer 13; 16; 18;19) nennen noch nicht Babel,[145] bleiben vielmehr allgemein, ohne das „Wie" des Gerichts genauer anzugeben. Über sie geht Jeremia in seiner symbolischen Handlung mit dem *Joch* in doppelter Hinsicht hinaus, nennt zum einen *Babel* und bietet zum andern – im Fall der Unterwerfung unter diese Fremdmacht, des Sich-Fügens in Gottes Geschick – *Lebensbewahrung* an.[146] So stellt Jeremia nicht vor eine

---

[140] Ein zeichenhaftes Geschehen mit deutendem Wort begegnet schon in der – zunächst nicht für die Öffentlichkeit bestimmten – Berufungserzählung mit der Worteingabe (1, 9); vgl. Jes 6, 6 f; auch Gesten mit Wort wie Hi 1, 20 f.

[141] Jes 20, 3; 8, 18; Ez 4, 3; auch 24, 24. 27. So sind prophetische Zeichenhandlungen Jeremia vorgegeben; ohne Wort: 1 Kön 19, 19 ff.

[142] Bild- und Sachhälfte sind im ersten Fall durch „zerbrechen", im zweiten durch „verderben" verbunden. Der Schurz (13, 7) ist „zu nichts mehr zu gebrauchen", die Töpferflasche (19, 11) kann „nicht wieder ganz werden". Der Zustand lässt an die ungenießbar schlechten Feigen (24, 2 f. 8) denken. Auch in dieser Vision ist Gottes Handeln, nicht menschliches Verhalten das Ziel. Vgl. noch 18, 6; 16, 5; formal anders 27, 11 f; 32, 15. Die Erzählungen 43, 8–13 (V. 9: „heimlich") und 51, 59–64 haben einen anderen Charakter.

[143] Sie ist in anderen Symbolhandlungen (wie Hos 1; 3) stärker enthalten oder expliziert, wird im Jeremiabuch vielfach durch die Redaktion entfaltet (vgl. etwa 13, 10).

[144] Vgl. Angaben über Augenzeugen Jes 8, 2; Jer 19, 1. 10. Der Ausführungsbericht kann als selbstverständlich entfallen, wohl weil die Handlung durch Gott geboten oder das Geschehen (wie Jer 16) ohnehin nicht verborgen ist.

[145] Jedoch im Er-Bericht 20, 6 a. Das Eheverbot Kap. 16 gehört eher in frühe Zeit (vgl. 1, 6 f „Ich bin noch zu jung")?

[146] Jer 27, 11; ähnlich V. 12.

Alternative „Unheil oder Heil", ruft nicht zur Abwehr drohender Zukunft, zu Umkehr oder Buße[147] auf, sondern – wie schon mit der Aufforderung zur Flucht (4, 5 f; 6, 1) – zum *Sich-Einstellen* auf das von Gott beschlossene Geschick, zu einem Verhalten *innerhalb* der vom Propheten angesagten Zukunft, wie sie Gott herbeiführen will.

Demnach besteht kein Widerspruch zur vorhergehenden Botschaft. Die Gerichtsansage wird nicht aufgehoben, erhält aber einen anderen Ton oder wird neu entfaltet. Mit der Möglichkeit der Lebensbewahrung im Gericht schlägt das Deutewort (27, 11 f) ein Thema an, das sachlich für den König Zedekia[148] und für die Gruppe[149] aufgenommen wird, sich bis zur Heilszusage (29, 5–7) durchhält. Zudem kann Jeremia *Einzelpersonen* aus dem das Volk treffenden Unheil ausnehmen, so den Äthiopier Ebed Melech (39, 15–18; vgl. 38, 7 ff) und Baruch.[150] Gehört die auf Jeremias Klage ergehende Antwort (15, 19 ff) auf ihre Weise nicht auch in diesen Zusammenhang?

Die härteste Symbolhandlung betrifft Jeremia selbst. Der dreifache Auftrag, keine Familie zu gründen, kein Beileid zu bekunden und festliche Geselligkeit zu meiden, schneidet tief in seine persönliche Lebensführung ein; er soll als einzelner die allen drohende Zukunft zeichenhaft vor-abbilden. Die unmittelbar danebenstehende Konfession *unter dem Druck deiner Hand allein* (15, 17) bestätigt wie ein *Echo* die Vereinsamung. Die *Mitte* dieser Symbolhandlung formuliert in Gottes Ich-Rede (16, 5) scharf:

Ich habe meinen *Schalom*/mein Heil entzogen, die Güte und das Erbarmen,[151]

allerdings mit der Einschränkung (V. 2 f 9): *an diesem Ort.* Das Deutewort vertieft eine bereits zuvor geäußerte Einsicht.

7. Schalom, *Wohl* und *Heil*, auch *Friede*, ist ein in Jeremias Verkündigung festverankertes, zumal in der Auseinandersetzung bedeutsames Stichwort. Ein doppelt überliefertes Wort enthält Jeremias Urteil über Priester und Prophet und zeigt so die Verschiedenartigkeit der Bewertung der Situation:

Den Bruch meines Volkes heilen sie leichthin, indem sie sagen: ‚Heil, Heil' und ist doch *kein Heil*.[152]

---

[147] Vgl. demgegenüber redaktionelle Ergänzungen wie 18, 7 ff; 26, 3; 36, 3. 7 u. a.; dazu u. zur Entstehung des Buches (S. 37 ff).

[148] Jer 34, 2–7; vgl. 37, 3 ff. 17 ff; 38, 17 ff; 21, 10; 32, 28.

[149] Jer 42, 10 f; auch 40, 9.

[150] Jer 45, 1–5 (vgl. 36,4 f. 32). Wird in diesen Fällen das Angebot an alle (4, 5 f u. a.) für einzelne nicht mit Gewissheit ausgesprochen?

[151] Jer 16, 5 (innerhalb von 16, 1–9), wohl im Anschluss an Hoseas Wort (1, 6) „Ich werde mich des Hauses Israel nicht mehr erbarmen" formuliert. Vgl. Stichworte in 6, 14. 26; 22, 10. 18 f u. a.; sachlich 6, 30; 7, 29; auch 14, 10.

[152] Jer 6, 14; leicht abgewandelt 8, 11; vgl. 8, 15; auch die Auslegung zu 6, 13 f. Später (38, 4) wird Jeremia vorgeworfen: „Er sucht für dieses Volk nicht das Heil". Dagegen lautet für den Fall der Unterwerfung unter Babylon das Wort an den König (34, 5): „In Frieden wirst du sterben". Vgl. noch 28, 9; allgemeiner Dtn 18, 21 f. Auch die Ostraka von Lachisch (bes. Nr. 6) sprechen in solcher Situation von „Heil" (s. o. zur Situation Anm. 23).

Jeremia nimmt wahr, was anderen noch verborgen ist: mit dem *Bruch* im Volk (im Einklang mit der Vision 1, 13 f) den Zustand ohne *Heil*, d. h.: *nicht mehr Heil.* So stellt sich, abgesehen von der Anklage im zwischenmenschlichen Bereich, schon früh die Frage nach der *Wahrheit* in der Auseinandersetzung mit den Propheten.[153] Die Heils-Situation, die sie weiterhin für gegeben erachten, für Jeremia aber so nicht mehr besteht, entspricht etwa der Überlieferung, wie sie die Einleitung von Jeremias Verkündigung (2, 2 f), für sich genommen, darstellt: das Volk *heilig für Jahwe,*[154] deshalb schwer antastbar. Grundsätzlich nehmen die sog. Heilspropheten wohl die in der Gegenwart ungebrochene Geltung der – im Pentateuch bewahrten oder mit dem Zion verbundenen – Glaubenstradition[155] an, so mit der Gottesgemeinschaft das Heil des Volkes und können sich darum eine so radikale Unheilsansage nicht denken.

Dass Gottes Wirken die Lebenserfahrungen mit Hellem und Dunklem umgreift, ist wohl altes Glaubenswissen; dass er aber auch gegenüber seinem *Volk* in solchem Ausmaß (wie Jer 1, 14: „über alle Bewohner des Landes") Unheil senden kann, *Freiheit* auch gegenüber der Zusage der Gemeinschaft mit seinem Volk hat, ist wohl erst die – keineswegs selbstverständliche – Einsicht der sog. Schriftpropheten.[156] So gibt es zwar kein *objektives* Wahrheitskriterium, aber einen von außen erkennbaren Unterschied: Die sog. Schriftpropheten stellen – in einer Art Selbst-Kritik des Glaubens – mehr von der Glaubenstradition in Frage, erkennen so die Situation schärfer und können darum im Rückblick zum Wahrheitserweis des Glaubens werden.

8. Schon in der Berufungsgeschichte klingt mit dem durch *Ach* eingeführten Einwand (1, 5 f) die für die Verkündigung wichtige Form der Klage[157] an. Mit der Zusage „Fürchte dich nicht vor ihnen"! (1, 8) wird die Gegnerschaft der Zeitgenossen angedeutet. Sie kommt außer in den Erzählungen in den *Konfessionen* zum Ausdruck. Der Konflikt liegt nicht in Jeremias eigenem Verhalten zu den Mitmenschen begründet (15, 10), ist vielmehr durch seine Aufgabe hervorgerufen. Selbst Gott gegenüber kann er daran erinnern: „Erkenne, dass ich um deinetwillen Schmach trage!"[158] Können die – niedergeschriebenen, für andere zugänglichen – Konfessionen darum nicht auch Jeremias Rechtfertigung dienen?

---

[153] Die Auseinandersetzung mit den (Heils-)Propheten durchzieht die Überlieferung von früh an (2, 8; 5, 13. 30 f; 6, 14; 8, 11 ff; 23, 16 ff; 28 u. a. Jer 5, 13 scheint noch zwischen Zukunft und Gegenwart zu unterscheiden: Wahrheitseinsicht wird schon beansprucht, nämlich die Vollmacht der anderen, der Offenbarungscharakter ihrer Worte bestritten; die Auswirkung, die Bewahrheitung, steht aber noch aus.

[154] Vgl. außer Jer 2, 21 a auch 3, 19; 11, 15 a. 16 a; dazu 12, 7.

[155] Vgl. die mit den Vätern und Mose zusammenhängenden Heilstraditionen (etwa Ex 3) oder Ps 46; 48; Mi 3, 11; Jer 2, 3; 4, 10; 14, 13; 23, 16 f; Ez 13, 10. 16 u. a.

[156] Vgl. zu Jer 1, 13 f. Diese Unterscheidung hat erhebliche Bedeutung für die Auslegung; sie darf Jeremias Einsicht in ihrer Tiefe nicht bei seinen (prophetischen) Gegnern erwarten. Sie sind von einer anderen Grundüberzeugung getragen.

[157] Vgl. o. zu den Redeformen und den Exkurs zu den Konfessionen.

[158] Jer 15, 15; vgl. 17, 16.

Der sie eröffnende Satz „Jahwe ließ mich erkennen, so erkannte ich"
(11, 18) kommt ebenfalls der Darstellung der Berufung (1, 5 f) nahe. Mehrfach
wird ein solcher Vorgang beschrieben, in dem der Prophet zugleich Objekt
und Subjekt, passiv-rezeptiv und aktiv, ist. Handeln Gottes oder Widerfahrnis, Hinnehmen und Tätig-Sein finden sich mit vergleichbarer Struktur in
den Konfessionen wie der Verkündigung:

Heile mich, so dass ich heil werde! (17, 14)
Du hast mich betört, und ich ließ mich betören.[159]

Die – wegen der harten Folgen, die er als Bote auf sich nehmen muss –
schwer erträgliche Situation kann zur tiefen Anfechtung bis zum Hadern mit
Gott, ja zur Anklage Gottes führen. Kann sich Gott für die Heil ansagenden
Propheten oder gar das Volk als ferner Gott erweisen, so muss auch Jeremia
selbst Gottes Verborgenheit erfahren. In Umkehrung seines eindrücklichen
Bildwortes von Gott als dem lebendigem, lebenserhaltendem Quell (2, 13)
kann ihm Gott als im Sommer versiegender „Trugbach, als unzuverlässiges
Gewässer"[160] erscheinen. Erlebt Jeremia nicht mehr Gottes Nähe?[161] Allerdings wird der Zweifel oder die Verzweiflung Gott selbst vorgetragen.[162] Die
Zusage, dass er nicht vor, aber in der Gefahr bewahrt bleibt (1, 8), wird in
der – nach dem vorliegenden Zusammenhang – auf die Konfession ergehenden Antwort[163] bekräftigt:

Wenn du umkehrst, lasse ich dich umkehren
und vor mir (d. h. in meinem Dienst) stehen.

9. Außer in dem an ihn selbst gerichteten Gotteswort hat der Umkehrruf in
Jeremias Botschaft festen Anhalt in den – wohl durch Hoseatradition[164] ange-
regten – Verheißungen für das *Nordreich*, das das Gericht schon erfahren hat
oder noch erlebt. Beide Zusagen ähneln sich in der Struktur, der Verbindung
von Aktiv und Passiv, von menschlichem Tun „umkehren" und Gottes Wirken „umkehren lassen", in Ephraims Klage (31, 18) eher zugespitzt:

Du hast mich gezüchtigt, so dass ich gezüchtigt wurde …
Lass mich umkehren, damit ich umkehre![165]

---

[159] Jer 20, 7 (s. ebd.); vgl. auch 11, 18; 15, 19; 16, 21; 31, 4. 18 f; dann 51, 9; Klgl 5, 21.
[160] 15, 18 (s. ebd.). Die Anklage (2, 13) enthält im Bildgehalt ein zusätzliches Element: Die „rissigen Zisternen" sind selbst gemacht.
[161] Nach der Andeutung von 17, 15 (vgl. 1, 11 f) spielt auch das Ausbleiben der angesagten
Zukunft eine Rolle. In verschiedenen Textbereichen (20, 4. 10 u.a.; vgl. zu 6, 25) findet sich die
Wendung „Grauen ringsum" zur Umschreibung der Ausweglosigkeit des Gerichts.
[162] Die Auseinandersetzung mit Gott findet im Gespräch mit Gott statt. Ohne Anrede an Gott
richtet sich – in Übereinstimmung mit dem „Wehe mir, Mutter" (15, 10) – der Fluch (20, 14 ff) auf
den Tag der Geburt, im Hiobbuch (Kap. 3) allgemein-menschlich aufgenommen. Die Konfessionen enden im vorliegenden Aufbau wie das Buch selbst im Dunkeln.
[163] Jer 15, 19. 20 f; aufgenommen in 1, 18 f; vgl. auch Sach 3, 7.
[164] Vgl. nach Hos 2, 16 f; 11, 8 f: 14, 1. 4; auch Jer 3, 12 f. 22 u.a.
[165] Jer 31, 18.[20]; vgl. 31, 4; auch 3, 12 f; nachträglich abgeschwächt aufgenommen 4, 1.

Der Heilszuspruch (31, 4) zeigt einen ähnlichen Aufbau:

Nochmals baue ich dich, dass du gebaut wirst, Jungfrau Israel

Im Gefolge oder Rahmen der Heilsbotschaft gewinnt das Mahnwort (wie 3, 12 f. 22) eine andere Bedeutung, sich mit der Umkehr in die Zukunft ein-zustimmen oder sich auf sie einzulassen.[166]

10. Eine *neue Einsicht* wird Jeremia durch die *Vision* von den beiden *Kör-ben* mit einerseits sehr guten, andererseits ungenießbar schlechten *Feigen* er-öffnet, die seine Botschaft weder zurücknimmt noch einschränkt, jedoch über die Erkenntnis jener zweiten Vision (1, 13 f) oder die dreigliedrige Sym-bolhandlung (Kap. 16) hinaus führt. Weder handelt es sich um eine Wahl-möglichkeit, eine Alternative, noch wird das Heil von Umkehr abhängig ge-macht. Weiterhin sind alle betroffen. Unheil und Heil sind auf zwei Gruppen verteilt; das neue Heil setzt das Unheil voraus. Denen im Land steht das Un-heil noch bevor. Denjenigen, die das Gericht schon erlebt haben und es im Exil als noch gegenwärtig erfahren, soll *Gutes* zuteil werden. Demnach stel-len die guten Feigen keineswegs unmittelbar die Exilierten dar; nicht sie, ihre Eigenschaften oder ihr Verhalten, werden *gut* genannt. Vielmehr bestimmt Gottes „Ich" die Aussage; *gut* ist die Zukunft in Gottes Absicht (24, 5): „Ich sehe zum Guten an".

Wie schon in der Berufungsgeschichte *Ich weihte dich, setzte dich ein*[167] und in der ersten Vision (1, 12): *Ich wache …* prägt Gottes Ich-Rede[168] vielfältig die Botschaft in Vergangenheit wie Gegenwart und Zukunft, wie beispielhaft angedeutet sei: „Ich will rechten" (2, 9); „Ich pflanzte" … (2, 21); „Ich lasse kommen" … (4, 6); „Ich be-stellte Wächter" (6, 16 f) „Ich höre nicht" (14, 11 f; vgl. 15, 1); „Ich tat/werde tun."[169] Ähnlich künden Deuteworte in den Symbolhandlungen an: „Ich zerbreche" (19, 11; 13, 9), „habe entzogen" (16, 5; vgl. 18, 6). „Kann sich jemand so verbergen, dass ich ihn nicht sehe"?[170] Im Anschluss an Hosea ergeht die Heilszusage an das Nordreich: „Ich bin gnädig".[171]

---

[166] Vgl. den Abschnitt zu den Redeformen, bes. Anm. 106.

[167] Jer 1, 5; vgl. 1, 8 f; 6, 27.

[168] Entscheidende Bedeutung hat Gottes Ich-Rede schon bei den prophetischen Vorgängern: „Ich gehe nicht mehr schonend vorüber" (Am 7, 8; 8, 2), „nehme nicht zurück" (1, 3 ff), „hasse, verschmähe" (5, 21 f; vgl. 3, 2; 5, 17; 6, 8; 8, 10; 9, 4), „zerreiße und gehe davon" (Hos 5, 14; vgl. 1, 6. 9; 2, 13), „zerstöre" (Mi 1, 6), „verhülle meine Augen vor euch, höre nicht mehr" (Jes 1, 15), „räche, läutere, mache wie zuvor" (1, 24–26), „gründe" (28, 16) u. a.

[169] Jer 7, 12. 14; 26, 6; auch 9, 10; 10, 18; 22, 7 u. a.

[170] 23, 24; vgl. 7, 11: „Auch ich kann sehen" u. a.; „zum Heil" 24, 5.

[171] Jer 3, 12; vgl. 3, 22; 31, 20; o. Abs. 9; auch Anm. 138. In der vorliegenden Überlieferungs-gestalt geht Gottes Ich-Rede (2, 2) allen Anklagen und Unheilsansagen voraus: „Ich gedenke dir …" Zwar ist der Zustand der Heilszeit, an den Gott denkt, wie die Fortgang (2, 5 ff) eindeutig zeigt, vergangen: Schon „eure Väter …", Israel „vergisst" (2, 32). Nur die Frage sei gewagt: Ist aber auch Gottes „Gedenken" vergessen? Bleibt es als gesetzter Anfang nicht im Hinter- oder Untergrund als Andeutung einer anderen Ebene? Klingt die Aussage in 31, 20 nach? Vgl. auch DtJes 43, 25; 49, 15.

So vollzieht sich nach der Struktur jener Vision Heil durch das Gericht hindurch, nach oder in ihm. Wiederum zeigt sich Jeremias Verkündigung in sich stimmig.

Das „Gute"[172] ist auslegungsfähig und wird sachlich in Übereinstimmung mit der Vision in einem *Brief* an die Exulanten (29, 5–7) entfaltet.[173] Jeremia betritt den Raum, den die Symbolhandlung Kap. 16 (kein Schalom *an diesem Ort*) offen lässt, gerät dabei aber in Widerspruch zu den Wünschen der Angeredeten. Sie hören, wie die Reaktion (29, 28) zeigt, heraus: „Es dauert noch lange". So enthält die Aufforderung „Baut Häuser …, nehmt Frauen und zeugt Söhne und Töchter"! (29, 5) einen bitteren Beigeschmack; denn sie tritt den Erwartungen der Betroffenen auf baldige Heimkehr und wohl auch der Botschaft von sog. *Heils*propheten[174] entgegen. Zumindest drei Motive lassen sich im Brief unterscheiden:

10.1 Er ist mit dem Aufruf, das Leben im Exil zu gestalten, zugleich Zuspruch, verbindet das Handeln des einzelnen und das Ergehen der Gruppe. Die Aufforderungen ordnen paarweise jeweils ein *Handeln* und dessen *Folge* einander zu, setzen so einen gestörten Zusammenhang in Kraft oder als wieder bestehend voraus: Bauen – Wohnen, Pflanzen – Ernten, Familie gründen.[175]

10.2 Der Brief zielt – in Aufnahme des in seiner Auseinandersetzung bedeutsamem Stichworts[176] – letztlich auf *Schalom*. Dabei ist ein kritischer Aspekt mitzuhören: Schalom ist nicht an *Jeru-schalem* gebunden, an dem Schalom der Tradition nach zuhause ist.[177] Mögen die Adressaten[178] Heil nur im Land erwarten, so gilt für Jeremia: auch weit ab vom Tempel, der zur Zeit des Briefes noch steht. Hier scheint Jeremia sachlich seine in der Tempelrede ausgesprochenen Einsichten – mit der Unterscheidung von Gott und heiligem Ort – vorauszusetzen und weiterzuführen. Gottes Anwesenheit bzw. Wirken wird als entgrenzt wahrgenommen; er ist für Betende auch in der Ferne gegenwärtig – unter fremder Herrschaft und ohne Heiligtum.

---

[172] Vgl. Jer 29, 32; auch 14, 11; 15, 11; 22, 15 u.a.

[173] V. 10–14 legen den konkreten, situationsbezogenen Aufruf V. 5–7 unter den Begriffen „Zukunft und Hoffnung" (V. 11) verallgemeinernd, grundsätzlicher aus.

[174] Vgl. Hananjas Botschaft (28, 2–4; dazu 27, 16), auch Schemajas Brief (29, 25 ff). So wird die nachträglich eingefügte Warnung vor „falscher" oder „Heils-" Prophetie (29, 8 f. 15; vgl. 27, 9 f. 14 ff) einen aktuellen Anlass haben.

[175] Vor dem Hintergrund prophetischer Drohworte, die den Wirkungszusammenhang von Arbeit und Ertrag unterbrechen und die Vergeblichkeit aller Mühe ansagen (wie Jer 6, 12 bzw. 8, 10; vgl. Am 5, 11; Dtn 28, 30. 38–41 u.a.), sowie wohl eigener Erfahrungen der Exilierten erscheinen die alltäglichen, zu erwartenden Lebensvorgänge nicht schlicht selbstverständlich. Jeremia eröffnet wieder eine Perspektive, die zum Handeln ermutigt. Dabei werden die in der Elia- und Elisa-Tradition bezeugten kurzen Heilssprüche, die ein Ende der Alltagssorgen und eine Befriedigung der Grundbedürfnisse des Lebens ankündigen (1Kön 17, 14; 2Kön 4, 43 u.a.), in Jeremias Brief inhaltlich weit überboten.

[176] Vgl. o. Anm. 152 und 154.

[177] Dies deutet der Name an; vgl. Jes 1, 21; auch Ps 85, 11 u.a.

[178] Die Exilierten fühlen sich wohl von Gott fern (vgl. aus späterer Situation Jes 40, 27; 49, 14; Ez 37, 11).

10.3 Gottes *Heil* vollzieht sich zunächst in irdischem Wohl, ist aber für *Transzendentes* hintergründig-offen. Der Brief übergreift das Ergehen der Angeredeten, endet in einem Aufruf zur *Fürbitte* mit abschließender Begründung: „Suchet das Wohl der Stadt … Betet für sie zu Jahwe"! Gerade dieses Motiv erinnert noch einmal an die Situation Jeremias: Er hat Fürbitte mit einem Einsatz für die Feinde[179] geübt, allerdings ein Verbot[180] erfahren. Es ergeht, damit der Prophet Gott nicht mehr in den Arm fällt; darum gilt es nicht mehr nach oder in dem Gericht, in der Situation des Exils. So kann Jeremia seine aufrichtenden Mahnungen eben in der Fürbitte für die Bedrücker enden lassen. Zugespitzt: Mit der Einsicht „Ihr Wohl ist euer Wohl" (29,7) wird eine Grenze aufgebrochen, in und trotz Gegensätzen eine Gemeinsamkeit aufgedeckt, das Ergehen mit dem der Umgebung, das eigene Wohl mit dem Wohl der anderen verbunden.

So stimmt der Aufruf mit Jeremias Botschaft überein, bildet so einen inneren, theologischen Zusammenhang. Heil vollzieht sich – sachlich in Entsprechung zu Hosea[181] – nicht in Königtum oder Tempel; es wird nicht politisch-staatliche Wiederherstellung zugesagt, sondern schlichtes Leben oder schlicht das Leben im gewährten Lebensraum. Ähnlich sagt bei dem noch vor der Katastrophe zeichenhaft vollzogenen Ackerkauf die Verheißung (32,15) für die Zeit nach oder in dem Gericht künftiges Heil auch im Land zu, allerdings – in der Situation wohl mit Absicht – nicht als Anrede, sondern allgemein formuliert:

Man wird in diesem Lande wieder Häuser, Äcker, Weinberge kaufen.

11. In verschiedenen Textbereichen wird das – empfangene und weiterzugebende – Wort zum Thema.[182] Schon Jesaja bezeugt als Ursache des Gerichts: „Ein Wort sandte der Herr gegen Jakob".[183] In der Jeremiaüberlieferung ist die Rede vom *Wort Jahwes* fest verwurzelt, schon durch die einführende Formel: „Es geschah/erging das Wort Jahwes zu mir".[184] Sie bekundet das Ereignishafte: *Wort* und Situation oder Zeit gehören zusammen; Wahrheit begibt und äußert sich im Vollzug. Auch in der Konfession (15,16) begegnet die Verbindung von Wort und Verb geschehen (*hjh*). Wie ein Echo klingt der Einwand (17,15): „Wo ist das Wort Jahwes? Es treffe ein"! So steht die Vergewisserung voran: „Ich wache über meinem Wort, es auszuführen" (1,11 f).[185] *Wort* bildet (nach 18,18) geradezu ein Charakteristikum der Prophetie.

---

[179] Jer 18,20; vgl. 17,16; bei (üblicher) Textänderung unmittelbar vorher 15,11; dazu Gen 20,7; Ex 8,4 ff. 21. 24 ff; 9,27 f; 10,8 f. 16 f; auch Ez 13,5.

[180] Jeremia wird ausdrücklich das fürbittende Eintreten für sein Volk verwehrt (14,11 mit 15,1; vgl. den Exkurs: Zum Verbot der Fürbitte (S. 265 ff).

[181] Hos 3,4 („ohne König …"); vgl. 2,16 f; 11,8 f u. a.

[182] Wie die Verkündigung (etwa Jer 5,14; 6,10); die Konfessionen (15,16. 19; 17,15; 20,8 f); die Auseinandersetzung mit den sog. Heilspropheten (23,28 f) und darüber hinaus (32,8; 36).

[183] Jes 9,7; vgl. 30,2 a; 31,2. Von Gottes „Reden" spricht etwa Am 3,8 u. a.

[184] Vgl. o. zu den Redeformen (Anm. 79).

[185] Vgl. 18,2; 32,8; 34,5; 37,17; auch 6,10 b; Ez 12,25. 28 u. a. Die Darstellung des Buches insgesamt lässt sich als Durchführung jener Ankündigung, als deren Bestätigung oder Erfüllung, verstehen.

„Fanden sich Worte von dir, so verschlang ich sie" (15, 16).[186] Lassen sie sich nicht immer finden? Der enge Zusammenhang von Widerfahrnis und Empfangen ist nicht schlicht selbstverständlich. So wird in dem Auftrag, sich zum Töpfer zu begeben, zwischen Jetzt und Dann unterschieden (18, 2): „Ich will dort meine Worte hören lassen." Obwohl Jeremia Gottes Worte in den Mund gelegt (1, 9; vgl. 15, 19) sind, muss er aktuell in bestimmten Szenen auf das Wort warten (28, 11; 42, 7).[187] Sowenig wie die von ihm angekündigte Zukunft kann Jeremia die Offenbarung, das Ergehen des Wortes, herbeiführen. Zudem können sich die Wirkungen, wohl durch die Reaktion der Hörer, gegen ihn richten (20, 8):

Jahwes Wort wurde mir zum Schimpf und Hohn den ganzen Tag.

Allgemein-grundsätzliche Aussagen über das *Wort* finden sich kaum zufällig gerade bei Jeremia; in der *Auseinandersetzung* spitzen sich Einsichten zu. Während Micha ankündigt, die Propheten werden künftig ohne Inspiration sein (3, 6): „Nacht ohne Gesichte wird kommen", bestätigt Jeremia – grob ein Jahrhundert später – in seiner Gegenwart: Sie empfangen keine Offenbarung, geben nur ihre eigenen Erkenntnisse wieder:

Das Gesicht ihres (eigenen) Herzens verkünden sie.[188]
Sie stehlen einander meine Worte. (23, 30)

Dabei kommt es – weit über die Tradition hinaus – zur Unterscheidung zwischen altbekannten Weisen oder möglichen Wegen der Offenbarung (23, 28):

Der Prophet, der einen Traum hat, erzähle einen Traum.
Wer aber mein Wort hat, der rede mein Wort – wahrheitsgetreu.
Was haben Stroh und Weizen miteinander gemein?

Kraft und Wirksamkeit des Wortes werden mehrfach im bildhaften Vergleich mit dem Feuer veranschaulicht.
Jeremia stellt die angekündigte Gewalt des Gotteswortes „Ich mache meine Worte in deinem Mund – zu Feuer",[189] dessen Wirkmächtigkeit er selbst erfahren musste („wie brennendes Feuer" 20, 9), in einem Disputationswort (23, 29) eindringlich dar:

Ist nicht mein Wort wie Feuer – Spruch Jahwes –
und wie ein Hammer, der Felsen zerschlägt?

---

[186] Jene Bildrede mit der Fortsetzung „Dein ‚Wort' ward mir zur Wonne und Herzensfreude" (15, 16) wird Ezechiel (2, 8–3, 3) zum visionären Erlebnis: Die Buchrolle, die mit Klagen, Ach und Wehe – d. h. den Unheilsankündigungen oder eher deren Wirkungen – beschrieben ist, „wurde in meinem Munde süß wie Honig."

[187] Einerseits gewinnt Jeremia grundsätzliche Einsichten (1, 13 f), andererseits muss er (in der Situation) seine Einzelworte formulieren. So scheint beides zusammenzugehören: Gewissheit und (zumindest gelegentlich) Geduld.

[188] Jer 23, 16; vgl. in Gottes Ich-Rede nicht gesandt (V. 21; auch V. 30 f; schon 5, 13 f).

[189] Jer 5, 14 spitzt die Zusage 1, 9 zu.

Angesichts der Streuung und der – ansatzweise vorliegenden – Reflexion über das Thema hat man nicht ohne Anhalt an der Überlieferung „von einer jeremianischen Theologie des Wortes Gottes" geredet.[190]

Zur Entstehung des Buches

Das Prophetenbuch als Ganzheit zu betrachten und in seinem Werdegang zu verstehen, ist ein wichtiges Anliegen, aber schwieriges Unterfangen. Die komplexe, ja spannungsvolle Buchgestalt wird höchst unterschiedlich erklärt.[191] Lässt sie sich ein Stück weit aus dem eigenen Zeugnis verstehen?

1. Gegenüber anderen Prophetenbüchern bietet das Jeremiabuch für die Rückfrage nach seiner Vorgeschichte zunächst einen ungewöhnlichen Vorteil: Es erzählt selbst in einem sog. Er- oder Fremdbericht, d. h. von Jeremia in 3. Person (Kap. 36), wie es zur Sammlung der ursprünglich nur mündlich vorgetragenen Prophetenworte kam und welche Reaktion die Verlesung auslöste. Mit den genauen Personen- und Ortsangaben[192] scheint die Darstellung Erinnerungen zu bewahren.

> Ähnliche *Er-Berichte* finden sich schon bei Hosea (Kap. 1) oder Jesaja (Kap. 7; 20). Sie können die Situation beschreiben, in der das Wort ergeht, gelegentlich auch Auswirkungen der Verkündigung auf die Person des Propheten aufzeigen (so Am 7, 10 ff mit dem Auftrittsverbot), wie es dann im Jeremiabuch (ab Kap. 20) ausführlich geschieht.[193] Wie Jeremia (36, 2. 28) erhält schon *Jesaja* (8, 1) den Auftrag „Nimm dir ..., schreibe!" Er hat gelegentlich einzelne Worte aufgezeichnet, vielleicht eine oder zwei kleinere Sammlungen aufschreiben lassen (8, 16; 30, 8; auch Hab 2, 2 f). In der sog. Ur- oder Denkschrift (innerhalb von Jes 6, 1–8, 18) finden sich Formbestandteile, die im Jeremiabuch breiter ausgestaltet sind, wie die Verbindung von Ich- (Jes 6; 8) und Er-Bericht (Jes 7), das Element persönlicher Konfession (8, 17; vgl. 22, 4) mit der harten Einsicht in Gottes Verborgenheit (8, 17; vgl. Jer 15, 18; 23, 23 u. a.) oder auch in die Verstocktheit des Volkes (Jes 6, 9 f; vgl. Jer 5, 21; 6, 10).

Nach 36, 1 wird Jeremia zu einem bestimmten Zeitpunkt – im 4. Jahr des Königs Jojakim, d. i. im Jahre 605/4 v. Chr.[194] – nach mehr als zwei Jahrzehnten Wirksamkeit (vgl. 1, 2) aufgetragen, „alle" seit Anfang an ihn ergangenen und

---

[190] U. Mauser, Gottesbild und Menschwerdung, 1971, 83 (im Anschluss an O. Procksch); vgl. ThWAT II, 130 f. Auf Jeremias Einsichten folgen etwa Jes 40, 8; dazu 44, 26; vgl. auch 55, 8 ff mit Jer 29, 10 ff.

[191] Die verschiedenartigen Ansätze und Modelle können hier nicht nachgezeichnet, miteinander verglichen und abgewogen werden; vgl. im Literaturverzeichnis bes. die Forschungsberichte.

[192] Wie zuvor Kap. 20; 26; 28 f.

[193] Die Verfasser sind nicht genannt; teilweise kann man mit Schüler- oder Jünger-Kreisen rechnen, wie sie schon bei Elisa (2Kön 4, 38; 6, 1 u. a.) und Jesaja (8, 16; vgl. 50, 4 f) bezeugt sind.

[194] Das Datum des Diktats bzw. der Verlesung im folgenden Jahr (36, 9) führt in die Zeit nach dem Sieg Nebukadnezars über Ägypten in Karkemisch (605); vgl. Jer 46, 1 f; o. zur Situation (bei Anm. 19).

bisher von ihm verkündeten „Worte"[195] in einer Buchrolle aufzuschreiben. Diese *allgemein* gefasste Aufgabe konkretisiert Jeremia (36, 2. 4) auf eine zuvor nicht festgelegte Weise.[196] Er hat also eine gewisse *Freiheit* eigener Entscheidung oder auch Verantwortung für die Art der Verwirklichung; sie erfolgt durch eine andere Person, nämlich Baruch, „den Schreiber" (V. 4 ff. 26).[197]

Als die Niederschrift nach dreifacher Verlesung verbrannt ist, diktiert Jeremia auf göttlichen Auftrag (V. 27 f) die Rolle aufs neue, lässt den Inhalt nochmals aufschreiben, und (V. 32) „es wurden viele ähnliche *Worte hinzugefügt*". Diese Angabe bietet – ob alt oder jüngerer Zusatz, in der Sache und allgemein genommen – einen Hinweis auf die Bildung des Buchs: Es ist aus einem Grundbestand *gewachsen*.

Außerdem nötigen die Angaben des Jeremiabuches selbst dazu, zwischen Empfang mit Weitergabe des Prophetenwortes einerseits und dessen Niederschrift andererseits zu unterscheiden. Jeremias Verkündigung hat – zwar nicht von vornherein, aber schon bald – gleichsam *zwei* unterschiedliche historische Situationen; so hat man mit einem *doppelten* „Sitz im Leben"[198] zu rechnen:

1. 1 in der – nur zu erschließenden – *mündlichen* Verkündigung

Der einleitende Ich-Bericht enthält den Auftrag: „Geh ..., rede!"[199] sowie die symbolisch bekräftigte Verheißung: „Ich lege meine Worte in deinen Mund"[200] – d. h. zugleich: zur mündlichen Weitergabe. Der Text kann durch Brüche und Neuansätze verraten, dass er aus einmal – nach Bild, Rhythmus, Form, Inhalt und Intention – selbständigen, durch Redeformeln abgrenzbaren, in sich verständlichen *Einzelworten* mit verschiedenartigen späteren Ergänzungen zusammengesetzt ist. In Szenen, die ein unmittelbares Gegenüber bezeugen, kann sich vor Prophetenworten, zum Teil mit ihnen fest verknüpft, eine Aufforderung finden, wie „Höre!" oder „Höret!"[201] Selbst die

[195] Nach dem in 36,2 vorliegenden Text betrifft es „alle Worte" über (gegen?) Israel (LXX: Jerusalem), Juda und alle Völker. In dieser Dreierreihe ist als Adressat „Juda" unverdächtig; „Israel" und „alle Völker" können Zusätze darstellen. Geht der gegebene Text auf die Erweiterung der schriftlichen Überlieferung um Verheißungen an das Nordreich (Kap. 3; 30 f) und um Worte an die Völker (wie gegen Ägypten 46, 2 ff; vgl. 2, 16 ff) zurück?

[196] Ein ähnliches Phänomen, die Differenz zwischen allgemein gehaltener Ankündigung und Ausführung, findet sich in der Szene bei dem Töpfer (Jer 18, 2 gegenüber 18, 3-6) oder beim Ackerkauf (32, 7 gegenüber 32, 8 ff). Vgl. die Auslegung zu 1, 11 f.

[197] Wie der genaue Zeitpunkt ist auch das Ziel nicht näher bestimmt: Gehört zur aufgetragenen Niederschrift (V. 2) nicht – analog zur Verkündigung – wie selbstverständlich die Veröffentlichung (vgl. Jes 8, 1 f) bzw. Verlesung (Jer 36, 5 ff)? Zum Titel „Schreiber" vgl. zu Jer 8, 8 f (Anm. 26).

[198] Der Begriff meint – für die formgeschichtliche Methode – eigentlich soziologisch den (Ursprungs-)Ort einer Redeform oder Gattung, wird hier in weiterem oder blasserem Sinn gebraucht.

[199] Jer 1, 7; vgl. etwa Jes 6, 9; Am 3, 8; 7, 15 f; den Auftrag „Rufe!" Jer 2, 2 u. a.

[200] Vgl. Jer 1, 9 mit 5, 14; auch 15, 16. 19; Ez 2, 7; 3, 4 u. a.

[201] Wie Jer 22, 29; 28, 15; 34, 4; 37, 20 u. a.; schon Am 4, 1; Jes 1, 10 u. a. Die Redaktion oder Komposition hat entsprechende Redeformeln aufgenommen, ausgebaut und sie für die Gestaltung der Texte genutzt (wie Am 3, 1; Hos 4, 1; Mi 1, 2 u. a.). Erst in allgemein anerkannt späten Worten findet sich die Aufforderung: „Lies!" (Jes 29, 11 f), „Lest!" (34, 16).

Niederschrift geht ausdrücklich auf Jeremias zweimaliges mündliches Diktat (36, 4. 32) zurück und wird wiederum vorgelesen.

　1. 2 *schriftlich* zur Aufbewahrung und Verlesung der Rolle

Durch diesen zweiten „Sitz im Leben" erhalten Worte, die bei verschiedenen historischen Gelegenheiten zu unterschiedlichen Adressaten gesprochen sind, insgesamt eine neue Situation, mit ihr eine neue Anrede, so eine weitere Intention. Einzelworte mit wechselnden Redeformen werden miteinander zu einer *Komposition* zusammengestellt, dabei auch – etwa durch Auslassen von ein- oder ausleitenden Rahmenformeln[202] – enger verbunden, insofern gestrafft oder *komprimiert*. Damit bekommt die schriftliche Fassung, öffentlich verlesen, eine größere eindringlich-aufrüttelnde „Wucht"; durch die „Verdichtung" tritt eine gewisse *Verschärfung* ein. Diese Zuspitzung der Verkündigung geht nach der Überlieferung im Ansatz bereits auf Jeremia selbst zurück.

Was ist das *Warum* und *Wozu*, der Anlass oder auch das Ziel, der Niederschrift? Sie ist auf Zukunft[203], aber kaum von vornherein auf mehrere oder gar viele Generationen ausgerichtet, sondern zunächst für die nähere Zukunft, die Zeitgenossen bestimmt.[204] Dabei setzt die schriftliche Fassung Erfahrungen des Propheten, und zwar nach biblischem Zeugnis von mehr als zwei Jahrzehnten, auch mit der ablehnenden Reaktion[205] der Hörer voraus; eben wegen des Widerstands bedarf es ja auch der Wiederherstellung der Rolle. Allerdings erfolgt sie nach Jer 36 eindeutig *vor* der *Erfüllung* der Prophetenworte[206] – in einer Situation, in der sie noch umstritten sind, noch nicht selbstverständlich als „wahr" gelten. So bewirkt die Niederschrift eine *Festlegung* des Propheten, bezeugt das öffentliche Ergehen des Wortes, das „Dass" wie das *Was*. Er setzt sich mit seiner Botschaft – mit der durch die Kritik begründeten Ansage der Zukunft – der Überprüfung oder *Verifikation* aus.[207] Müssen sich umgekehrt die Hörer oder Leser im Rückblick nicht sagen: Wir haben es gewusst oder hätten es wissen können?[208]

---

[202] Abgesehen von der wiederkehrenden Wendung *n^eum* „Ausspruch" Jahwes fehlen Redeformeln weithin. So ist die ursprüngliche Abgrenzung der Worte nicht immer eindeutig zu ermitteln.

[203] „Durch die Niederschrift wird das von den Hörern verachtete Prophetenwort für die Zukunft aufbewahrt und behält seine Bedeutung über den Augenblick der mündlichen Verkündigung hinaus." (H. Haag, ThWAT IV, 392) Vgl. Jes 30, 8.

[204] Selbst der Brief (29, 5-7) an die Exulanten hat ursprünglich wohl nur zwei, erst durch einen Zusatz drei Generationen im Blick.

[205] Vgl. zu den Redeformen Anm. 103 f. Nach Jer 36, 5 ist Jeremia selbst „verhindert", vielleicht wegen der Tempelrede (Kap. 26; vgl. 20, 1 f.).

[206] Vgl. auch Jes 8, 1. Eine Teil-„Erfüllung" scheint die erste Sammlung der „Worte" des ersten Schriftpropheten angeregt zu haben: Die Angabe „zwei Jahre vor dem Erdbeben" (Am 1, 1) sieht dieses Ereignis wohl als Bestätigung seiner Botschaft (vgl. 2, 13; 9, 1) an und gehört vermutlich noch in eine Zeit vor der (5, 27 u. a.) angekündigten Katastrophe des Nordreichs 722 v. Chr.

[207] Vgl. auch die Angabe von Zeugen Jes 8, 2 wie Jer 19, 1 u. a.

[208] Im Vergleich mit dem Urteil der Witwe gegenüber Elia: „Jetzt weiß ich, dass du ein Gottesmann bist" (1Kön 17, 24; vgl. 2Kön 4, 9; auch 5, 8) ist in der vorliegenden Berufungsgeschichte Ezechiels (2, 5) die vorhergesagte Reaktion deutlich eine Verschärfung: Die Hörer sollen (rückblickend) „erkennen, dass ein Prophet unter ihnen war".

Es ist erst die *Folge* der Niederschrift, dass eine die Gegenwart *weit* übergreifende, *ferne* Zukunft erreicht wird. Dabei setzt die Weitergabe, wie jüngere Zusätze im Buch vielfältig bezeugen, voraus, dass die Botschaft einen noch unabgegoltenen *Gehalt* für spätere Generationen hat.[209] Da sie ihre Situation mit Hilfe der Überlieferung deuten, können die Ergänzungen der Autorität des Propheten unterstellt werden.

Querverweise, literarische Zusammenhänge
als Frage nach dem Werdegang des Buches

1. Ein erster Bogen spannt sich von Kap. 1 zu Kap. 6. Deutlich spiegelt sich die *zweite Vision* im Folgenden wider: Das „Unheil von Norden" (1, 13 f) wird in der Ansage (4, 5 ff, bes. 6, 1) entfaltet: Der Feind von Norden kommt. Schon die *Berufungsgeschichte* (1, 4–9) weist verschiedene Zusammenhänge auf: Die Zusage „Ich lege/mache meine Worte in deinem Mund" (1, 9) wird verschärft: „zu Feuer" (5, 14).[210] Sodann stimmen die einleitenden Worte der Verkündigung 2, 1–9 in wichtigen Stichworten mit 1, 4–9 („Jugend/Jugendzeit", „geheiligt/heilig" 1, 5; 2, 3) überein.[211] Volks- wie Individualgeschichte greifen auf die frühesten Anfänge, den Ursprung zurück – allerdings mit verschiedenem Ausgang. Schließlich wird die Mitteilung der Designation zugespitzt: „Zum Propheten ..." (1, 5), ja (6, 27): „Zum Prüfer habe ich dich eingesetzt."

Beschreibt Kap. 1 im Rückblick, was Jeremia empfangen hat, so überliefert Kap. 2 den Auftakt dessen, was er weitergibt. Dabei zeigen sich unterschiedliche Schwerpunkte: In Kap. 2 (–3, 5) ist – mit einer vielgestaltigen klagenden Anklage über Missstände und deren Folgen bis zur Feststellung der Unbußfertigkeit[212] – der Anteil des Schuldaufweises größer, ohne dass die Unheilsankündigung (2, 9. 26. 35–37) fehlt. Dagegen überwiegt bei dem in Unter-

---

[209] Der – im Vergleich mit Prophetenerzählungen hervortretende – Mangel an historischem Rahmen erleichtert die Nachwirkung oder Vergegenwärtigung, die Übertragung auf neue Situationen. Spätere Generationen können – auch bei Angabe der Zeit des Propheten – unmittelbar auf sich beziehen, was ursprünglich (so) nicht für sie gedacht war.

[210] Zu dem Motiv „Feuer" und zum Thema „Wort" (1, 9. 11 f) vgl. den Abschnitt zur Verkündigung (Abs. 11).

[211] Dabei wird jeweils eine Spannung oder gar ein Gegensatz zu anderen angedeutet, des einzelnen zu seinen Zeitgenossen: „Fürchte dich nicht vor ihnen!" (1, 8) und bei dem Volk (2, 3): „Wer immer von ihm aß ..." Sind in dieser Formulierung (2, 3 b) die Völker (vgl. 1, 5) nicht andeutungsweise einbegriffen? Das folgende Wort 2, 10–13 setzt einen weiten Horizont voraus. Der Auftrag zu „gehen" wird wiederaufgenommen (1, 5; 2, 2; vgl. die Folge „gehen – reden" 1, 7 mit 5, 5 „Ich will gehen ..., reden"). Gegenüber Gottes „erkennen" (1, 5 f) wirkt der Vorwurf „nicht (er)kennen" wie ein Gegensatz (2, 8. 19 u. a.; s. zur geistigen Heimat). Vgl. 2, 3 mit 5, 12.

[212] Nach der schon früh ausgesprochenen grundsätzlichen Einsicht in die Tiefe der Schuld (2, 22) finden sich Konkretisierungen, die wie eine Verschärfung erscheinen (wie 3, 1; 5, 1 u. a.).

abschnitte gegliederten Bereich 4, 5–6, 26 die Gerichtsansage.[213] Schon mit
dieser Abfolge ist eine Zuspitzung gegeben.

Überhaupt bilden Kap. 2–6 *einen* großen Zusammenhang mit einem
Achtergewicht. Die Darstellung führt vom liebevollen Anfang (2, 1–3)[214] zum
bitteren Ende (6, 27–30) mit Elementen der Steigerung: Die Situation spitzt
sich im Verlauf der Handlung zu; das andrängende Feindvolk rückt der
Hauptstadt näher. Ruft 4, 5 f zum Aufbruch *nach* Jerusalem auf, so fordert
6, 1 mit ähnlichen Worten zur Flucht *aus* der Stadt auf.[215] Die Schlussverse
von Kap. 2 bereiten zudem 4, 5–6 vor. Das Bild vom „würgenden Löwen"
(2, 30; vgl. 2, 15) wird in der Charakteristik des Feindvolks als „Löwe" und
„Würger der Völker" (4, 7) entfaltet.[216] Die „Verwerfung" der Mächte des
„Vertrauens", Assur und Ägypten (2, 37), wird auf das eigene Volk, zugespitzt (6, 30).[217] Die Aufforderung „Halte Nachlese!"[218] wirkt wie eine Vorbereitung auf die Einsetzung als Prüfer (6, 27 in Verschärfung von 1, 5).
So reicht die Vernetzung von Anfang bis Ende. Die Komposition zielt über
eine Mahnung oder Warnung[219] hinaus auf das nicht unvorbereitete[220] bittere *Ergebnis* der *Prüfung*; 6, 27–30 bildet deutlich den Höhe- und Schlusspunkt.

Gewiss liegt keine fortlaufende, von vornherein in sich geschlossene Rede
vor, jedoch mehr als eine bloße Aneinanderreihung; Sammlung und Gestaltung kommen zusammen. Ursprünglich knappere, teilweise formal wie in-

---

[213] „In Kap. 2 wird vor allem das negativ bewertete Verhalten des Volkes und seiner Repräsentanten beschrieben [...] Nur in den Versen 16. 19. 35–37 ist der Blick nach vorn gerichtet." Dagegen „schlägt in 4, 5 ff gegenüber Kap. 2 das Verhältnis [...] um [...]; der größte Teil des Kapitels
wird der kommenden Gefahr gewidmet." (R. Liwak 312 f).

[214] Der Rückblick „Unheil kam über sie (die Bedränger)" (2, 3) kehrt abgewandelt als Zitat
(5, 12) wieder: „Kein Unheil wird über uns kommen." Auch die Zitate der Tochter Zion sind wohl
aufeinander bezogen (vgl. zu 2, 23 ff).

[215] Die Schilderung „ist von dramatischer Lebendigkeit: kleine Abschnitte, die [...] mitten in
die Kriegsnot hineinführen, zum Teil scheinbar abrupt nebeneinandergestellt, aber doch eine
große Einheit bildend und deutlich auf Steigerung angelegt" (W. Rudolph 32). Eine strenge Szenenfolge ist kaum gegeben.

[216] Vgl. auch 5, 6; ähnlich im Geschichtsrückblick 2, 15. Weitere Wendungen sind gemeinsam,
wie: Gott „schlug" vergeblich, „keine Zucht angenommen": 2, 30; 5, 3(.6). 2, 19 f wird ausgestaltet
in 5, 1–6. Vgl. „Joch zerbrochen": 2, 20; 5, 5; „freveln/Frevel" 2, 8. 29; 5, 6; „fressen" 2. 3. 30;
5, 14. 17; 8, 16 u. a.

[217] Vgl. 7, 29; sachlich vergleichbar 16, 5 u. a. Als Gegenstück zu 2, 2 bildet die kaum überbietbare Aussage 6, 30 den Abschluss. Ist das „Erschrecken" (36, 16; vgl. V. 24) der Hörer nicht die
angemessene Reaktion? Vgl. unten zu Anm. 253 f.

[218] Jer 6, 9 mit der Ablehnung der Stimme der Wächter V. 16 f.

[219] Gelegentlich finden sich – poetische, darum schwerer erkennbare – Zusätze, die Jeremias
Botschaft als Warnung (wie Jer 4, 14 mit Verschärfung in 6, 8) verstehen. Strukturell ähnlich sind
4, 4; 6, 8 und das Motto der Sammlung der Königsworte 22, 11 (vgl. zu 6, 8 und jeweils z.St.). Sie
gehören in eine jüngere Situation, stehen wohl der jerdtr Redaktion (s. u. Abs. 4) nahe. Andere
Zuätze weisen direkter auf „jene" Zeit, die Katastrophe (4, 9 f. 11 f). Reichen sie in eine Zeit vor
ihr zurück, oder sind sie eher später? Deutlich ein (jerdtr) Prosazusatz ist 5, 18 f.

[220] Vgl. 4, 22; 5, 1. 7.9. 14. 21. 29; 6, 10. 16 f.

haltlich aus sich verständliche, wohl zunächst selbständige Einheiten[221] mit wechselnden Redeformen[222], Motiven und Bildern sind zu einem gegliederten Zusammenhang verbunden. Thematische Verwandtschaft wird mit Stichworten angedeutet.[223] Die *Komposition* zielt – einschließlich möglicher aktualisierender Hinwendungen an die Adressaten in neuer Situation – durch die Steigerung auf das Ende hin.

Der Kern von Kap. 1–6[224] bildet wohl die sog. *Urrolle* bzw. ihre Neu- oder Zweitfassung (36, 32). Sie wird (analog Am 1, 1) durch die Überschrift: „Die Worte Jeremias, des Sohnes …" mit Angabe von Beruf und Ort eingeleitet – zur Unterscheidung von anderen Schriftwerken oder auch zur Verlesung durch andere Personen.[225] Die einführende Ich-Rede (1, 4–9. 11–14) dient einerseits als Legitimation[226], lässt andererseits von vornherein das folgende, in Klagen und Zukunftsansagen angesprochene Geschehen durch Gottes „Ich" geprägt sein, so das Schicksal als Geschick verstehen. Mit dem Auftrag „Rufe!" wird zur Botschaft übergeleitet.[227]

Schon die einleitende Erinnerung an die Heilszeit (2, 2 f) sucht einen gemeinsamen Ausgangspunkt für die zu gewinnende Einsicht. Ausdrücklich finden sich mehrfach Aufrufe: „Sieh!", „erkenne!" oder Fragen, die zum Nachdenken anregen wollen und Zustimmung suchen.[228]

---

[221] Keiner Erläuterung bedürftig sind etwa 2, 10–13. 21. 22. 32. Demgegenüber scheint 2, 1–9, anders strukturiert, von vornherein einen Zusammenhang zu bilden, um als Einleitung den Einzelworten voranzustehen.

[222] Ankündigungen (etwa: 4, 5–8. 13. 15 f. 29 ff; 5, 6. 15–17; 6, 1–6. 12. 22–26) und Klagen (wie 4, 19 ff) und verschiedengestaltige Anklagen zur Begründung (wie 5, 1 ff; auch 4, 22 u. a.) wechseln sich ab, hier und da von Nachträgen unterbrochen.

[223] Etwa: „nachgehen, folgen" (Jahwe: 2, 2; kritisch: den Baalen bzw. „Nichts-nutzen": 2, 5. 8. 23. 25), Jahwe „verlassen" (2, 13. 17. 19. 32; vgl. 3, 1; 5, 7 u. a.), „Weg" (2, 17. 23. 33. 36; vgl. 4, 18; 5, 4 f; 6, 27), „Böses/Unheil" (2, 13. 19; vgl. 1, 14; 4, 18. 22). Auch das wichtige Thema Liebschaft/Liebhaber klingt wieder an: 2, 23 ff. 33; 3, 2 und 4, 30. So bilden Kap. 2 (–3, 5) und Kap. 4, 5–6 kaum zwei voneinander unabhängige, auf verschiedene Adressaten bezogene „Einheiten", hängen vielmehr wegen der vielfältigen Berührungspunkte zusammen.

[224] Vermutlich zunächst ohne den recht umfangreichen, in sich differenzierten Zusatz 3, 6–4, 1 f mit der Überleitung 4, 3 f zu 4, 5 ff; er enthält allerdings älteres Gut (3, 12 f. 19 f). Weitere Nachträge haben kaum selbständig existiert, sind eher auf vorgegebene Worte bezogen.

[225] Die vorliegende Überschrift des Buches (1, 1–3) ist durch die spätere Redaktion erweitert zum Überblick über Jeremias Gesamtwirken.

[226] Vgl. Jer 26, 12. Ähnlich wird die Ur- oder Denkschrift Jesajas (6, 1–8. 18) durch den im Ich-Bericht überlieferten Sendungsauftrag eröffnet. Auch Ezechiels Botschaft ist die Berufungsgeschichte (im Kern Ez 1–3) vorangestellt.

[227] Ergeht das beauftragende Wort (2, 1 f) „zu mir: Rufe vor den Ohren Jerusalems!", so scheint sich Jer 36 daran anzuschließen: „zu Jeremia". Gegenüber der Ich-Rede 2, 1 f wird dort von Jeremia in 3. Person gesprochen, und die Wortereignisformel begegnet 36, 1 in abgewandelter, jüngerer Gestalt. Hier wird der Zuhörerraum genannt, in dem Jeremia die Worte „rufen" soll, und ein Objekt fehlt; dort steht eine Schrift bzw. Rolle im Mittelpunkt. So heißt die Formulierung „in den Ohren rufen" hier – zumal nach Kap. 1 (V. 9 Worte im Mund) – „verkündigen", dort (36, 6 ff; vgl. 29, 29) laut, öffentlich „vorlesen" (vgl. HAL 1054 f). Nimmt Kap. 36 in dieser Hinsicht den Selbstbericht (2, 1 f) auf? Das Jeremiabuch, fortlaufend gelesen, lässt an diese Folge denken; zudem ist 36, 2 (o. Anm. 195) gegenüber 2, 1 f erweitert.

[228] Vgl. zur Verkündigung (bei Anm. 122) und zu den Redeformen.

Der Verlauf von Kap. 2–6 (mit 6, 27 ff als Abschluss) entspricht kaum mehr der Absicht exilisch-nachexilischer Redaktion. Sie fragt bald nach Eintreffen des angesagten Unheils nach dem „Warum", der Aufdeckung der Schuld (wie konnte dies geschehen, die prophetische Botschaft überhört werden?) – wohl auch nach der Möglichkeit von Buße und Heil.

2. Das *nächste Stadium* im Überlieferungsvorgang bilden wahrscheinlich weitere *Sammlungen.*

Sie können durch ein gemeinsames Thema verbunden sein, wie ausdrücklich bei den – mit ähnlichen Überschriften versehenen – Worten „Über das Haus der Könige Judas" (21, 11 ff) und „Über die Propheten" (23, 9 ff).[229] An den Kern von Kap. 1–6 schließt sich[230] als Ergänzung vermutlich eine kleinere Sammlung in Kap. 8–9 bzw. 10[231] an.

Die nächste größere Einheit liegt wohl im Grundbestand von Kap. 11–20 vor mit den durch Charakter und Bedeutung hervorgehobenen, einander zugeordneten *Konfessionen.*[232] Schon in ihrer *Einführung* klingt mit der Gegenüberstellung von Erkanntwerden und Erkennen (11, 18) sowie mit dem Thema Gefährdung durch Gegner[233] die *Berufungsgeschichte* an. Erst recht erinnert an sie das *Ende* der Konfessionen (20, 14 ff): Wie der Abschluss von Kap. 6 so schlägt auch das „Wehe" (20, 17 f) einen (zweiten) *Bogen* zur Beru-

---

[229] Vgl. die Gesetze über Ämter einschließlich König und Prophet Dtn 16, 18 ff. Auch das sog. Trostbüchlein für Ephraim (Kap. 30 f im Kern mit Heilsweissagungen für das Nordreich; vgl. 3, 12 f) oder die Völkerworte Jer 46 ff finden sich in einer eigenen Sammlung.

[230] Die Tempelrede Kap. 7 (–8, 3) mit neuer Überschrift hat eine jüngere Sprachgestalt (s. zu Anm. 257), allerdings ähnliche Einsichten; vgl. die Auslegung.

[231] Jer 8, 4 (mit knapper Einführung) –10, 20. 22. 23–25 stellt vermutlich eine eigene, gegenüber Kap. 1–6 jüngere Sammlung dar: a) Ein Wort ist doppelt bezeugt; 8, 10–12 wiederholt 6, 12–15 mit leichten Varianten, wandelt wohl die in 6, 12 ff erhaltene ältere Überlieferung ab. b) In 8, 14 ff zeigen sich auffällig weitgehende Übereinstimmungen mit anderen, älteren Jeremiaworten, jedoch bei Zuspitzung der Situation. Diese aus – hier und da vielleicht bereits gestalteten – Einzelworten gefügte Sammlung (vgl. zu 8, 4 ff; 9, 1 ff) bildet einen gewissen Zusammenhang und gehört eher in spätere Zeit, im Grundbestand aber noch vor Zerstörung der Hauptstadt (vgl. 8, 16 f. 19; 9, 10; 10, 17. 22). Meist wird die Klage der Stadt mit der Anrede an Jerusalem 10, 17 ff mit 9, 18–21 verbunden, gehört also zu Kap. 8–9. Das Gebet 10, 23–25 bildet den Abschluss (s. u. zum Gottesdienst). Außer der umfangreichen Götterbildpolemik 10, 1–16 finden sich weitere Einfügungen (wie 9, 11–15. 22 f. 24 f u.a.). Eine kleinere Wortzusammenstellung scheint auch 13, 15–27 mit einem einleitenden Motto zu bilden.

[232] Sie haben Gemeinsamkeiten sowohl untereinander als auch mit der Verkündigung. Bei der Niederschrift fanden wohl auch gewisse Änderungen oder Erweiterungen statt. Nach H.J. Hermisson (Studien 34) sind die Konfessionen „der Kern einer (vordeuteronomistischen) Sammlung in Jer 10–20, und man hat sie als Grundbestand mit dem dazu passenden Material aus der prophetischen Überlieferung angereichert". Vgl. zur Verkündigung Abs. 7. Die Konfessionen konnten von der Redaktion in größere Zusammenhänge integriert werden (s. etwa zu Jer 18, 18. 19–23 Anm. 56).

[233] Der Zuspruch „Fürchte dich nicht vor ihnen!" (1, 8; bildhaft zugespitzt wiederholt 15, 20 f) mit der Andeutung der Gegnerschaft zu den Zeitgenossen (vgl. 5, 12 f; 6, 10) und der Zusage der Bewahrung in der Gefahr wird im vorliegenden Buch erst zu Beginn der Konfessionen mit der Beschreibung einer entsprechenden Situation – sogar gegenüber Verwandten (11, 21 ff; 12, 6) – aufgenommen. Außer jener bildhaften Verschärfung von 1, 7 in 15, 20 (wegen der Zusammengehörigkeit übernommen in 1, 18) finden sich mehrfach thematisch ähnliche Motive; vgl. 15, 16; 17, 15; 20, 9; auch (in der Jeremiatradition selten:) *qdsch* „heilig" 12, 3 mit 1, 5.

fungserzählung (1, 4–9): „aus dem Mutterschoß hervorkommen" (1, 5; 20, 18). Außerdem nimmt es (20, 16 b) ein Motiv aus der Schilderung des Feindes aus dem Norden (4, 19; 6, 4) auf.[234]

Die Konfessionen sind wohl schon früh mit – sie erläuternden – *Ich-Berichten* verbunden.[235] So bildet die Klage „unter dem Druck deiner Hand allein" (15, 17) mit der Symbolhandlung Kap. 16 einen Sachzusammenhang: Sie kann als Begründung dienen; umgekehrt bestätigt die Auswirkung auf ihn selbst die Jeremia auferlegte Lebensführung. Dabei stehen sich die mit den Konfessionen literarisch verknüpften *Symbolhandlungen* (Kap. 13; 16; 19) in der Intention nahe und nennen Babylon nicht,[236] repräsentieren darum eher ein früheres Stadium. Mit Kap. 20 hört diese Verbindung von Konfessionen und Ich-Berichten auf. So ist hier ein *Einschnitt* gegeben; vermutlich liegt ein *Zwischenstadium* im Wachstum der Jeremia-Überlieferung vor.

3. Auffälligerweise ist in Kap. 20 zugleich eine Verknüpfung mit dem ersten *Er-Bericht*[237] gegeben. Die Erzählung von Jeremias Bestrafung durch den Priester Paschhur (20, 1–6) ist in einen vorgegebenen Zusammenhang „eingehakt", wohl in einen bis Kap. 20 reichenden Grundbestand vor dessen Ende eingefügt. So ist dieser Anfang des Er-Berichts mit der Symbolhandlung (im Ich-Bericht 19, 1–2 a. 10 f) und den Konfessionen (20, 7 ff) verklammert, dabei selbst ohne eigene Einleitung; sie müsste andernfalls verloren gegangen sein. Dieser Sachverhalt erklärt sich am leichtesten, nämlich mit den geringsten Annahmen, wenn die sog. Quelle B, die *Baruchbiographie*[238] keine selbständige „Quelle" bildete.[239]

---

[234] Darüber hinaus finden sich Übereinstimmungen mit Kap. 2–6. So nimmt Jer 20, 8 f Stichworte aus 6, 10 f auf. Sind die Konfessionen auch mit ihrem herben Ende ein Stück weit in Analogie zur Urrolle gestaltet?

[235] Schon in der ersten Konfession sind poetische und prosaische Teile (Ich-Bericht) verbunden. Bedarf die Einleitung 11, 18 f, da weder die Gruppe der Gegner noch der Anlass ihrer Pläne angegeben wird, nicht der Konkretisierung in V. 21 ff? Das legt den Schluss nahe: V. 18 f sind in ihrer schriftlichen Form wohl auf V. 21 bezogen (ähnlich 12, 1 ff auf 12, 6). Darf man generalisieren: Waren die (poetischen) Konfessionen bei der Niederschrift nicht selbständig – vielmehr mit (erläuternden) Ich-Berichten verbunden? Der Weheruf 15, 10 scheint durch die Ankündigung „kinderlos" (15, 7 f) vorbereitet zu werden. So sind (Jeremia-)Worte an motivlich passender Stelle eingefügt.

[236] Anders später die Zeichenhandlung mit dem Joch 27, 11. 12 wie im Er-Bericht 20, 6 a. Die Symbolhandlungen Jer 13 (V. 9); 19 (V. 11) haben eine ähnliche Aussage-Absicht. Kap 13 (V. 7) und der Gang zum Töpfer Kap. 18 (V. 4) sind durch „verdorben" miteinander verbunden (vgl. 24, 2. 8). Kap. 18 und 19 stehen wohl wegen des gemeinsamen Stichworts „Töpfergeschirr" beieinander. Die spätere Redaktion baut sachlich-thematisch vorgegebene Zusammenhänge aus.

[237] Methodisch ist zu fragen: Wie erklärt sich der Unterschied zwischen Ich- und Er-Bericht, warum wechselt der Stil und woher stammt er? Die Form kann kaum gleichgültig sein, sondern bleibt zu beachten.

[238] Kap. 20, 1–6; 26–29; 36–44; 45 (51, 59–64) sind durch solche Fremdberichte bestimmt, scheinen die Ich-Berichte in Kap. 19 und 27 f zu ergänzen.

[239] Im Gespräch mit G. Wanke (Baruchschrift, 1971) legt A. Graupner dar, dass die Fremdberichte nicht literarisch selbständig, vielmehr „erzählende Weiterführungen, Fortschreibungen, eines vordeuteronomistischen Jeremiabuches" sind (Auftrag 184; vgl. 38 f), also bereits den Inhalt der Verkündigung (mit der Urrolle) voraussetzen und an sie anknüpfen.

Diese Erzählungen vom Geschick des „Propheten Jeremia" (20, 2 u. a.)
schildern – entgegen ihrem üblichen Namen – nicht eine Biographie in chro-
nologischem Abriss, eine Lebensgeschichte, beschreiben vielmehr durchweg
die Folgen des prophetischen Auftrags für den Boten, seine zunehmende
Gefährdung und Verfolgung, so Jeremias Leiden auf Grund seiner Verkündigung. Sie setzen in der Zeit Jojakims ein und führen bis zur Flucht nach
Ägypten, stammen so schon aus der Zeit nach Eintritt der Unheilsansagen.
Da sie Einzelheiten überliefern, die wohl aus der näheren Umgebung Jeremias stammen, führt man diese Er-Berichte gerne auf Baruch, Jeremias Vertrauten, zurück.[240]

Insgesamt erklärt sich das Wachstum[241] statt durch Scheidung einst selbständiger Quellen eher als allmähliche *Anreicherung* oder *Fort-schreibung*[242]
der Rolle bzw. des Buches. Zunächst gilt anscheinend der Grundsatz: Ergänzungen sind möglich. Diese Folgerung steht der sog. *Kanonformel* entgegen:
„nichts hinzufügen, nichts wegtun".[243] Sie wird darum aus Rücksichtnahme
auf jene Nachricht (36, 32): „noch viele ähnliche Worte hinzugefügt" von der
jüngeren Redaktion (26, 2) nur halb zitiert: „nichts wegnehmen". So bewahrt
und bezeugt das Jeremiabuch ein Stadium vor der allgemeinen Geltung der
Kanonformel.[244]

4. Wortsammlung, Ich- und Er-Berichte lagen schon vor, als eine umfang-
reiche und tiefgreifende, das Buch weithin prägende *Redaktion* stattfand. Sie
kann einen älteren Grundbestand hier und da so überdecken, dass er sich erst
näherer Betrachtung erschließt.

---

[240] Ist der Erzähler von Jer 36 der erste, der über Jeremia in 3. Person schrieb und mit dem im
Bericht erwähnten Baruch, der ja „Schreiber" ist und an einzelnen Szenen beteiligt ist, identisch?
Die Rückführung der – in ihrer Einheitlichkeit auch bestrittenen – Erzählung auf Baruch hat doppelten Anlass: die Angabe 36, 4 ff und das abschließende Heilswort an ihn Kap. 45, das wie eine
„Unterschrift" wirkt. Zudem werden Jeremia und Baruch von Zeitgenossen gleich behandelt,
müssen ein gemeinsames Schicksal erleben (Jer 43). Dass der Bericht von Baruch in 3. Person
redet, ist nur bei einer angenommenen selbständigen Erzählung ein Einwand. Innerhalb der Jeremiatradition ist die Ich-Rede schon auf Jeremia selbst bezogen vorgegeben, so dass – als deren
Fortschreibung – wohl nur die 3. Person als Darstellungsform bleibt. Kann oder soll man sich
darum vorstellen, dass Baruch über die Urrolle hinaus Worte Jeremias niederschrieb (vgl. 36, 32),
um dann im Er-Stil Jeremias Geschick mitzuteilen, so „fortzuschreiben"?

[241] Mit Absicht begnügt sich die Rekonstruktion mit weiteren Fragen zu dem Entstehungsvor-
gang: Handelt es sich bei dem Kern von Kap. 11–20 in schriftlicher Form überhaupt um eine
ursprünglich eigenständige Sammlung oder von vornherein um eine Erweiterung der sog. Urrolle? Wurden die Er-Berichte später hinzugefügt? Oder handelt es sich letztlich um einen Vorgang: Wurden Kap. 11–20 gemeinsam mit der sog. Baruchbiographie, die durch Einfügung von
20, 1–6 beides integrierte, mit der Urrolle verbunden? Die Ich-Rede in der ersten Konfession
(11, 21–23) und der Er-Bericht haben über die Angabe des Heimatorts Anatot hinaus sprachliche
Gemeinsamkeiten (vgl. die Auslegung zu 11, 18 ff).

[242] „Fort-schreibung" nennt W. Zimmerli (Ezechiel, BK XIII/1, 1969, 106*ff u. a.) die Anreicherung eines schriftlich vorgegebenen Grundbestands, die aktualisierende Weiterarbeit der Pro-
phetenschule und Späterer.

[243] Dtn 13, 1 (bzw. 12, 32); vgl. 4, 2; auch Spr 30, 6; vgl. Koh 3, 14; verschärft: ApkJoh 22, 18 f.

[244] Oder wurde die Regel auf prophetische Überlieferung nicht angewandt? Warum wird die
zweiseitige Kanonformel im Jeremiabuch dann aber so verteilt oder zur Hälfte (26, 2) zitiert?

Eine Kette von Überschriften gliedert das Buch, gestaltet darum seine Struktur erheblich mit: „Das Wort, das von Jahwe an Jeremia geschah."[245] Sie fassen im Rückblick zusammen, verlagern den Ton: Statt des Ereignis-Charakters wird das vorliegende Wort, ähnlich einem Text, betont. Sie gehören der *jeremianisch-deuteronomistischen* (jerdtr) *Redaktion* an. Sie hat *nie selbständig* existiert, sondern schließt sich an die Jeremia-Überlieferung an.[246] So ist zugleich ihre *Eigenart* – etwa gegenüber vergleichbaren Zusätzen im Pentateuch, anderen Prophetenbüchern[247] und dem Deuteronomistischen Geschichtswerk, zumal in den Königsbüchern – gegeben.[248] Durch Aufnahme wie Abwandlung jeremianischer Verkündigung erklären sich innerhalb der weit verzweigten deuteronomistischen Literatur und den Gemeinsamkeiten mit ihr die Eigentümlichkeiten.

Ein Beispiel für die jeremianisch-deuteronomistische Redaktion

Der vorliegende Textbestand von Jer 36 gibt ein weiteres Ziel der Verlesung aller zuvor vorgetragener Worte Jeremias an. Sie will nach V. 3.7 zur *Umkehr* bzw. Buße rufen – um das Gericht abzuwenden, angesichts des göttlichen Zorns Vergebung der Schuld zu erlangen. Ist von solchen Aussagen her die Gesamtverkündigung mit dem Selbstverständnis Jeremias zu deuten? Handelt es sich „um einen letzten Versuch, Israel zur Umkehr zu bewegen und damit Jahwe die Vergebung zu ermöglichen"[249]?

Beide Aussagen (V. 3.7 mit V. 31) gehören einer späteren Bearbeitungsschicht des Prophetenbuches an, geben so die Auffassung einer Zeit nach Verwirklichung von Jeremias Zukunftsansage wieder und entsprechen darum kaum seiner eigenen Intention. Die Ausgrenzung dieser Überarbeitungsschicht hat für das Verständnis der Botschaft

---

[245] Jer 7, 1; 11, 1; 18, 1; 21, 1; vgl. 1, 2 u.a. Sie wandeln die sog. Wortereignisformel „Und es geschah das Wort Jahwes zu mir" (1, 4. 11. 13 u.a.; vgl. zur Verkündigung Abs. 11) ab. So wird zugleich die Abgrenzung von Kap. 1–6 durch die Redaktion bestätigt, als sie entsprechend 1, 2 in 7, 1 eine neue vergleichbare Überschrift setzt. Schon nach W. Rudolph (XIX) gibt im Buch die jerdtr „Quelle C das Hauptgerüst" ab; vielleicht war „der Verfasser der C-Stücke zugleich der Hauptredaktor des Jeremiabuches" (XX; vgl. 127).

[246] Eine Redaktion ist – darf man veranschaulichen – nicht eine Leiste mit Haken, an denen man Textkomplexe wie Bilder aufhängen kann, sondern gleicht eher der Sahneschicht auf einer Obsttorte, die sich, einmal dicker, einmal dünner aufgetragen, deren Gestalt anschmiegt und etwas von deren Geschmack annimmt.

[247] Vgl. W.H. Schmidt, Die deuteronomistische Redaktion des Amosbuches, ZAW 77, 1965, 168–193; auch Exodus, BK II/1, 1988, 135 ff (zu Ex 3). „Solche Zusätze nehmen anscheinend von Moses Berufung ab zu – an ihm hat die deuteronomisch-deuteronomistische Literatur überragendes Interesse." (Ders., Einführung in das Alte Testament, ⁵1995, 58) Auch Jes 1, 4 b; 5, 24 b u.a.

[248] W. Thiels Analyse erscheint mir bisher die präziseste, informationsreichste, in ihrer Begründung zudem durch die sprachlichen Argumente von der jeweiligen Auffassung weithin unabhängig. Allerdings kann man sie – leicht – modifizieren (vgl. ThLZ 126, 2001, 275, Anm. 8). Das Deuteronomium hat selbst in seiner vorliegenden Gestalt einen langwierigen Entstehungsprozess durchlaufen; nur ältere Teile dürfen für den Vergleich mit älteren Schichten des Jeremiabuches herangezogen werden. Im Deuteronomium sind jüngere Ergänzungen nach Jeremia möglich oder gar wahrscheinlich. So ist die literarische Situation komplex.

[249] G. von Rad, TheolAT II⁴, 52. „Die Stelle ist für uns von großer Bedeutung [...], denn sie belehrt uns über das Motiv der ‚schriftstellernden Prophetie'." (W. Rudolph 231).

des Propheten *grundsätzliche* Bedeutung. Darum sollen hier[250] ausnahmsweise einige – allgemein nachvollziehbare – Gründe angeführt werden, auch wenn sie von unterschiedlichem Gewicht sind:

1. V. 3 und 7 fallen nicht nur durch – für eine Analyse weniger aussagekräftige – Einzelwörter, sondern durch *feststehende Wendungen*, wiederkehrende Wortfolgen auf. Die *Tempelrede* enthält einen *fast identischen* Vers (26, 3).[251]
2. Sowohl V. 3 als auch V. 7 stören den Zusammenhang zwischen Auftrag (V. 2 bzw. V. 5) und Ausführung (V. 4 bzw. V. 8; vgl. V. 28 ff). Zudem kommt die Zielbestimmung V. 3 eigentlich zu früh, setzt nämlich die Konkretion von V. 2 durch 4 f voraus. Dabei lassen sich V. 3 und 7 ohne Entstehung einer Lücke oder Zerstörung des Sinns aus dem Kontext herauslösen.[252]
3. Die Reaktion der Hörer besteht nicht in Umkehr. Setzt ihr „Erschrecken" (36, 16; vgl. V. 24) nicht eher eine Unheilsansage voraus, wie sie (V. 29) „Der König von Babel wird gewiss kommen"[253] nachklingt?
4. Vor allem sind die Bußrufe V. 3. 7 nicht ohne die abschließende Feststellung V. 31 zu lesen: Das Volk hat die Möglichkeit nicht genutzt: „Sie hörten nicht."[254]

Demnach fügt die Redaktion – in entscheidenden Situationen – „eine Reflexion über die mögliche Wirksamkeit" des Propheten ein und versteht ihn „als Prediger der Umkehr"[255], der allerdings überhört wurde. Die Redaktion deutet im Rückblick – aus der Betroffenheit von den Geschehnissen, der Anerkennung des erlebten Gerichts – einerseits den Propheten als Bußrufer und bezeugt andererseits den Mangel an Hörbereitschaft.[256] Insofern gelangt die Redaktion zu einem den Erfahrungen des Propheten ähnlichen Ergebnis, ist mit ihm im Schuldaufweis einig.

Neben den knappen Einschüben gibt es umfangreichere *Prosareden* (wie Jer 7; 11),[257] die sich in Sprache, Stil und Gedanken an das Deuteronomium bzw. die ihm nahestehende Literatur anlehnen. Jeremia hat außer den weithin metrisch gefügten, poetisch-rhythmisch geprägten Worten kaum solche, nach Ausdrucksweise wie Intention andersartige Reden gehalten.

Einige mehrfach mit Abwandlungen wiederkehrende, auch gemeinsam mit anderen auftretende Wendungen haben einen Namen erhalten, wie

---

[250] Zur Abhebung der Redaktion vgl. auch die Erwägungen zu Jer 18 (V. 7 ff) und 19; dann zu Jer 24. Die Auslegung kann in dieser Hinsicht sonst weniger umfassend begründen, muss eher pauschal verfahren.

[251] Mit den analogen Wendungen „vielleicht", der Möglichkeit des „Hörens", des „Umkehrens vom bösen Weg" und der „Reue" Jahwes über das geplante Unheil – ist 26, 3 ebenfalls jerdtr. Vgl. zum Bußruf 18, 8 ff; 25, 4 f; 35, 15. 17; auch 7, 3 ff (zu „Zorn und Grimm" 7, 20) u. a.

[252] Zudem wird die Intention von V. 3. 7 bei der Wiederholung der Niederschrift (V. 32), die wohl dem vorliegenden Buch zugrunde liegt, nicht mehr erwähnt.

[253] V. 29–31 fügen ein individuelles Wort an den König hinzu. Die Mahnungen zur Umkehr (V. 3. 7) würden zudem anderen Jeremiaworten (2, 22; 8, 4 f; 13, 23 u. a.) widersprechen. Vgl. o. zur Verkündigung (Abs. 4 mit Anm. 123).

[254] Vgl. (auch mit allgemeiner Bedeutung) 7, 23 ff; 11, 2 ff; 17, 20; 18, 11 f. Zum Anhalt an Jeremia vgl. bes. zu 6, 16 f.

[255] Es handelt sich „um eine verfehlte Möglichkeit der Rettung" (W. Thiel II, 50).

[256] Vgl. im Rückblick auch 2Kön 17, 13; Sach 1, 4 f u. a. Insofern verlagert sich der Ton: Künden die Propheten eine bald bevorstehende Zukunft (Jer 1, 13 f; 4, 5 ff u. a.) an, auf die sich der Angeredete einstellen kann (27, 11; 32, 3 ff; 34, 2 ff u. a.), so erscheinen sie im Nachhinein als diejenigen, die vor der Zukunft vergeblich gewarnt haben.

[257] Prosareden in deuteronomistischer Bearbeitung umfassen etwa Kap. 7–8, 3; 11, 1–14; 18, 1–12 (bes. V. 7 ff); 21, 1–10; 22, 1–5; 25, 1–11(14); 34, 8–22; 35.

die Starrsinnsformel: wandeln „im Starrsinn des (bösen) Herzens",[258] auch verbunden
mit dem Vorwurf des „Nicht-Hörens";
die Unermüdlichkeitsformel, die in verschiedener Gestalt begegnet: Gott hat „immer
wieder geredet" und „seine Knechte, die Propheten gesandt",[259]
die Katastrophenformel: „zum Entsetzen für alle Königreiche …";[260]
oder die Trias „Schwert, Hunger und Pest".[261]
Grundsätzlich lassen sich drei Möglichkeiten unterscheiden: 1. Das Prophetenwort
ist *ergänzt*. Die Abhebung der Überarbeitung gelingt nicht immer eindeutig. 2. Selbst
weitgehend jerdtr Abschnitte brauchen aber nicht ohne jeden *Hintergrund* von Jeremias Botschaft zu sein, auch wenn ein streng abgrenzbarer Wortbestand nicht er-
schließbar ist. Die Redaktion scheint hier eher auf mündlicher Tradition Jeremias[262]
aufzubauen, so dass die redaktionsgeschichtliche in die *überlieferungsgeschichtliche*
Rückfrage übergleitet. 3. Gelegentlich finden sich Worte, die wohl ohne Anhalt an Jeremias Botschaft[263] sind.

Die jerdtr Schicht ist in sich vielfältig – wie die Botschaft des Propheten, die
sie vergegenwärtigt, um mit ihr zugleich die tief gewandelte Situation zu deuten. Die Redaktion umfasst verschiedene *Themen,* fragt nach dem *Warum*
und *Wozu,* umgreift ein Spektrum vom Aufweis der Schuld (zumal der
Fremdgötter-Verehrung), und zwar schon der Väter, bis zur Zukunftserwartung. Das Bekenntnis der Schuld gibt Gott mit seinem Handeln recht, die
Verfasser blicken zurück und hoffnungsvoll nach vorn, schauen im erlebten
Unheil nach Heil aus. Das schon im Anschluss an die Berufungserzählung
von der (jerdtr) Redaktion vorangestellte *Motto* (1, 10) umfasst Unheil sowie
Heil und spricht die Ausweitung auf die Völker aus. Bedacht werden außerdem etwa die Heilsprophetie (29, 8 f u. a.) oder die Schöpfung.[264] Vermutlich
werden damit *aktuelle* Probleme der exilischen oder auch nachexilischen Zeit
angesprochen.
So ist diese Redaktion in sich gestaffelt, gehört in der Ausdrucksweise mit
gewissen Wiederholungen allerdings zusammen, lässt sich auf Grund der
Motive kaum, zumindest nicht eindeutig, in verschiedene literarische Schichten aufteilen. Wichtige Themen, wie Anklage und Heilszusage, hängen auch
sachlich zusammen: Eben wegen der Starrsinnigkeit des Volkes wird ein ver-
ständiges Herz erwartet (24, 7; 31, 31 ff). Allerdings ist diese jerdtr Redaktion

---

[258] Jer 7, 24; 11, 8; 13, 10; 18, 12; auch 3, 17 in der Heilserwartung für die Völker. Vgl. zu den
verschiedenen Wendungen H.-J. Stipp, Deuterojeremianische Konkordanz, 1998.
[259] Jer 7, 13; 11, 7; 25, 3; 32, 33; 35, 14 bzw. 7, 25; 25, 4; 26, 5; 29, 19; 35, 15; 44, 4.
[260] Jer 15, 4; 25, 18 u. a.; Dtn 28, 25. 37; 1Kön 9, 7; 2Kön 22, 19.
[261] Jer 21, 7. 9; 24, 10; 27, 8. 13 u. a.
[262] Vgl. beispielhaft zu Jer 7 (S. 176 f). Gelegentlich nimmt die Redaktion (wie in 7, 18. 21. 28 f
u. a.) im vorliegenden Kontext auffällige Einzelworte auf, die formal wie inhaltlich Querbezüge zu
anderen Jeremiaworten aufweisen, so dass die Herkunft von Jeremia nicht mit ausreichenden
Gründen in Zweifel gezogen werden kann. Unbekannt bleibt aber, wie diese Worte zuvor (nur
mündlich oder in einer losen Sammlung?) überliefert wurden. Vgl. auch 14, 11(f); 15, 1 u. a.
[263] Vgl. Jer 17, 19 ff.
[264] Jer 27, 5; 32, 17 im Gebet; vgl. 10, 11 f. 16; 31, 35.

kaum in einem einzigen Akt entstanden, stammt nicht von einer Person, ist eher als Wachstums-Prozess aus einer bearbeitenden *Schule* zu verstehen.

Wagt man einen schematisch vereinfachenden Erklärungsversuch, dann wären bei der schriftlichen Überlieferung *drei grundlegende Vorgänge* zu unterscheiden:
I.   die Urrolle
II. als deren Ergänzung
     a. weitere Sammlungen von Worten, teils zusammen mit Ich-Berichten
     b. den mit ihnen verbundenen Er-Bericht
III. die jerdtr Schicht

Darüber hinaus finden sich weitere, für die Buchgestalt kaum mehr tragende, aber als eingefügte bedeutsame Bestandteile; zumindest *vier* Größen sind noch zu nennen:
     1. *weisheitlich*-verallgemeinernde Zusätze[265]
Sie deuten Jeremias Einsichten oder Erfahrungen – in besonderer Weise über die Situation hinaus – ins Allgemein-Menschliche.
     2. Ergänzungen wohl aus dem *Gottesdienst*
In Prophetenbüchern wirken manche Zusätze wie ein Echo der Gemeinde auf das Prophetenwort.[266]
     In die Jeremiaüberlieferung sind *Schuldbekenntnisse* eines „Wir" gestreut (3, 25; 8, 14 b. 15; 14, 19 f). Ist dies nur ein literarisch-redaktioneller Vorgang? Er hat eher einen gottesdienstlichen Hintergrund. So bezeugt das Buch – nachträglich im Rückblick – die Wirkung Jeremias auf die Hörer in der Selbst-Einsicht bzw. Schuld-Einsicht, insofern gegen Jeremias eigene Einsicht (8, 4 ff u. a.) in die Unverbesserlichkeit.
     Die Ergänzungen finden sich teilweise in Kompositionen, die sich als Verlauf erklären lassen. Die Struktur von Jer 3, 21 ff ist nach Aufbau und Sprache wohl dem Gottesdienst entlehnt wie auch die vorliegende ausgestaltete Form von Jer 14 f. Hier deutet sich eine exilisch-nachexilische *Bußfeier* an – sei es unmittelbar oder eher im Hintergrund, nur als literarische Nachwirkung bzw. Nachahmung. „Flehen" und Schuldbekenntnis in exilischer Situation beschreibt das Gebet (1Kön 8, 47 ff). Bei dem Exilspropheten (Jes 40, 27 ff u. a.) ist ähnlich die Struktur Klage – Heilszusage bezeugt.[267]
     Aus dem Gottesdienst stammt vielleicht das Gebet des Volkes mit Begründung und Bitten in der Anrede an Gott (Jer 10, 23–25), vermutlich auch die hymnische Aufforderung zum Lob (20, 13 vor dem „Wehe" 20, 14 ff), die die zugespitzten Aussagen der Konfessionen in das Reden der Gemeinde eingliedert. Ähnlich bildet das Vertrauensbekenntnis der Gemeinde (17, 12 f) als Ergänzung fast ein Gegenstück zu den Konfessionen.

---

[265] Vgl. Jer 17, 5 ff. 9; 9, 22 f; 23, 18; dazu den Abschnitt zur geistigen Heimat (S. 12).

[266] Wie etwa die Doxologien im Amosbuch (Am 4, 13; 5, 8 f; 9, 5 f; vgl. Hos 12, 6; Jes 12 u. a.) wohl aus dem Gottesdienst stammen, so findet sich in Prophetenbüchern hier und da ein „Wir" (Jes 1, 9; 2, 5; Mi 4, 5 u. a.). Es lässt sich verstehen als Antwort der Gemeinde. Die Verlesung der Prophetenworte ist später (Lk 4, 15 ff) direkt bezeugt. Vgl. o. zu Jeremia als Person (S. 8).

[267] Vgl. Jes 63, 7 ff–64 u. a.

Wird im Gottesdienst auch eine Heilserwartung ausgesprochen? Die Folge von Gebet, Vertrauensaussage und Gotteswort mit der Verheißung für die Völker (16, 19–21) und ihrem erhofften Bekenntnis (V. 19 b; V. 21 gegenüber 10, 25) erinnert an eine liturgische Form. Darf man in diesem Zusammenhang noch das Bekenntnis (16,14 f; 23, 7 f) nennen?

3. jüngere, gelegentlich umfangreichere sog. *post-dtr* Nachträge, wie die Götzenpolemik (Jer 10)[268]

4. die *Völkersprüche* (Kap. 46 ff)

Sind sie ursprünglich der Becherhandlung (25, 15–38; so LXX) zugeordnet? Da sie nicht, zumindest nicht in gleichem Ausmaß, die jerdtr Überarbeitung aufweisen, gehören sie kaum zum ursprünglichen Bestand, führten eher ein Sonderdasein.[269]

Gewiss war das Buch bis zu seiner vorliegenden „endgültigen" Gestalt, wie die griechische Übersetzung oder Qumranhandschriften zeigen, noch über lange Zeit veränderbar, lag in verschiedenen Fassungen vor oder ist gewachsen.

Gehört die *griechische* Übersetzung mehr zur Wirkungsgeschichte, oder stellt sie ein frühes Zeugnis dar? Das Verhältnis des nicht unerheblich kürzeren griechischen Textes (LXX) zu dem hebräischen, masoretischen Langtext bildet eine viel diskutierte Frage. Strafft die griechische Fassung? Oder bezeugt sie umgekehrt eine ältere Wachstumsstufe, die masoretische Fassung eine jüngere Ausgestaltung der Überlieferung? Nicht selten wird der LXX-Text auf Grund von Qumranhandschriften (4QJer^b) vorgezogen.

Es gibt einerseits Texte, an denen die LXX den hebräischen Wortlaut abwandelt.[270] Andererseits gibt es Belege, an denen das Zeugnis der LXX den Vorzug verdient, den Vorrang beanspruchen kann.[271] So wird man am ehesten dem Grundsatz folgen, jeweils im Einzelfall zu vergleichen und abzuwägen.[272]

Diese für die Entstehung des Jeremia*buches* wichtige Frage ist allerdings für die Rückfrage nach Jeremias Verkündigung weniger erheblich.

---

[268] Hierzu gehören etwa auch die der Sprache des Exilspropheten Deuterojesaja nahestehenden Heilsweissagungen (wie Jer 31, 35–37. 38–40). Nur die Frage sei gestellt: Gibt es zwischen jerdtr Redaktion und post-dtr Ergänzungen einen Bruch oder eher einen allmählichen Übergang?

[269] Strittig ist: Sind sie von Kap. 25, so LXX, später (erst post-dtr) umgestellt oder eher vom Anhang Kap. 46 ff von LXX nach Kap. 25 eingeordnet? Oder sind, zugespitzt formuliert, die Völkerworte gar aus einer Absicht von der jerdtr Redaktion übergangen?

[270] Gegenüber den drei einleitenden, jeweils sinnvollen Wendungen 2, 1 f verkürzt die LXX und konzipiert wohl im Anschluss an 2, 1 in 7, 1 aus ursprünglich mehreren Einheiten eine fortlaufende Rede.

[271] Wie Jer 19, 1.

[272] Man wird „bei textkritischen Problemen nicht einem pauschalen Vor-Urteil folgen dürfen, sondern jede Variante unvoreingenommen für sich prüfen müssen" (W. Thiel, BZ 42, 1998, 122). Vgl. die Darstellung bei G. Fischer I, 39 ff. 377.

Jer 1
als Legitimation und vor-andeutende Zusammenfassung von Jeremias Botschaft

Kap. 1 will als Einheit verstanden werden. Nach der Überschrift in 3. Person stellt es in Ich-Berichten die Berufung und mit dem Visionspaar ein Hauptthema (V. 13 f) der Verkündigung Jeremias voran, nimmt sie auf diese Weise andeutend vorweg. Zugleich umreißt V. 10 mit seiner polaren Struktur die folgende Gesamtbotschaft von Unheil und Heil. So ist im vorliegenden, allerdings nachträglich ausgestalteten Kontext die Unheilsansage (V. 14) in die zweiseitige Botschaft „einreißen – aufbauen" eingegliedert oder gar von vornherein auf die Heilszusage bezogen.

Kap. 1 gliedert sich thematisch wie formal übersichtlich in *fünf* Einzelabschnitte; dabei bildet die gleichbleibende sog. Wortereignisformel „es geschah/erging das Wort Jahwes an mich" (1, 4. 11. 13; 2, 1) eine Hilfe.

V. 1–3	Überschrift
V. 4–9. 10	Der eigentliche Berufungsbericht
V. 11–12	Die erste Vision: Mandelzweig
V. 13–14	Die zweite Vision: Der dampfende Kessel
V. 15. 16	Erläuterungen dieser Vision
V. 17–19	Sendungswort – in Aufnahme der Antwort auf die Konfession (15, 20)

Allein das abschließende Sendungswort hebt sich nicht von dem Vorhergehenden, nur dem Folgenden durch eine entsprechende Einleitungsformel (2, 1) ab. V. 15–19 stellen wohl insgesamt sekundäre – vielleicht auf verschiedenen Ebenen gewachsene – Erweiterungen der Berufungs- und Visionsberichte dar.

Zwar stammt die Gesamtdarstellung einschließlich der ausführlichen Überschrift gewiss nicht von Jeremia, vielmehr von einer vermutlich mehrschichtigen Redaktion; jedoch kann sie vorgegebenes Gut ausgestalten. Wieweit geht der Grundbestand – bei Entstehung der Urrolle (Jer 36) – auf Jeremia selbst zurück? Mit der Folge Berufung – Visionen – Verkündigung gehören Jer 1–6 sachlich zusammen; zudem verbindet die Wortereignisformel Kap. 1 mit Kap. 2.

Obwohl Kap. 1 als zusammenhängende Komposition erscheint, weist es Unebenheiten auf: Nach der Berufung „ergeht das Wort" bei der zweiten Vision eigentlich zum dritten Male; die Wendung „zum zweiten Male" (V. 13) spricht für eine gewisse Selbständigkeit des Visionspaars. Außerdem bleiben trotz sachlicher Nähe von 1, 9 zu 1, 11 f feine Unterschiede – so der Plural „meine Worte" (1, 9; 5, 14; 18, 2) gegenüber dem Singular „mein Wort"

(1, 12). Sie bestätigen, dass die Berufungserzählung V. 4–9 kaum von vornherein mit den beiden Visionen verbunden war. Inwiefern steht sie dennoch *sachlich* mit Recht am Anfang der Verkündigung und gehört in den Kontext?

Die Überschrift 1, 1–3

1 Die Worte Jeremias, des Sohnes Hilkias, von den Priestern zu Anatot im Lande Benjamin,
2 an den das Wort Jahwes erging zur Zeit Josias, des Sohnes Amons, des Königs von Juda, im 13. Jahr seiner Regierung
3 und weiterhin zur Zeit Jojakims, des Sohnes Josias, des Königs von Juda, bis zum Ende des 11. Jahres Zedekias, des Sohnes Josias, des Königs von Juda, bis zur Wegführung der Jerusalemer im 5. Monat.

Die Überschrift gibt Auskunft über Jeremias Herkunft und seine Zeit der Wirksamkeit, verbindet dabei – nachträglich – *zwei Formen.* Eine nennt in Anlehnung an weisheitliche Überlieferung[1] den Autor analog zu: „Worte des Amos" (Am 1, 1).[2] Der Prophet wird für seine „Worte" selbst verantwortlich gemacht.[3]

Zu der dreiteiligen Angabe: Eigenname – Herkunft – Stand bzw. Beruf tritt bei Jeremia der Name des Vaters hinzu.[4] In V. 1 verbirgt sich vermutlich die Überschrift der Urrolle „Die Worte Jeremias", mit der sie von anderen Schriften unterschieden wird.

Die zweite Form (V. 2 f) hebt den göttlichen Ursprung hervor.[5] Sie ist hier nicht selbständig, sondern auf die erste bezogen, allem Anschein nach die

---

[1] Wie Spr 30, 1: „Worte Agurs", mit Angabe der Herkunft „aus Massa"; auch mit Titel: 31, 1 „König von …".

[2] Mit Amos beginnt innerhalb der Prophetie eine andere, selbständige Überlieferungsweise, die sog. Schriftprophetie. Nach der Zeitangabe „zwei Jahre vor dem Erdbeben" (Am 1, 1), die in ihm eine Verwirklichung des angekündigten Erdbebens (2, 13; 9, 1) sieht, scheint eine Sammlung von Amosworten noch vor dem Untergang des Nordreichs (722 v. Chr.) erfolgt zu sein. Außerdem verweist die Überschrift „Worte des Amos" (1, 1) noch nicht explizit auf göttlichen Ursprung (wie Hos 1, 1 f; Mi 1, 1 u. a.), scheint insofern wiederum auf die Anfänge der Schriftprophetie zu deuten. Analog zu Sammlungen der Spruchweisheit wurden „die Worte des Amos" zusammengestellt – dieser Struktur entsprechen: „Die Worte (kaum: Geschehnisse) Jeremias".

[3] Die sog. Botenformel (s. o. zu den Redeformen bei Anm. 80) wird im Vorwurf des Priesters (Am 7, 11) abgewandelt zu: „So spricht Amos". Vgl. Jer 26, 11 u. a.

[4] In beiden Fällen mag man erwägen, ob die Berufsangabe seit je hinzugehört. Besteht für ihre Ausscheidung jedoch genügend Anhalt? Vgl. o. zur Person, Situation und Entstehung des Buches.

[5] Die Prophetenworte (V. 1) „sollen unmissverständlich als Jahwewort gekennzeichnet werden". Unausgesprochen kann darin eine „Reflexion" enthalten sein, „die das Phänomen der falschen, d. h. nicht Jahwegewirkten Prophetie kennt und ihm Rechnung trägt" (W. Thiel I, 51).

spätere. Die Datierungsweise (V. 3) entspricht dem (dtr) Sprachgebrauch in den Königsbüchern – mit der Regierungszeit des judäischen Königs, eingeleitet durch „in den Tagen von" und fortgeführt durch die genealogische Angabe „Sohn des" mit angehängtem Vaternamen.[6]

Demnach wird man schon in der Überschrift gegenüber der älteren Tradition eine ergänzende, exilische oder auch nachexilische Überarbeitung anzunehmen haben.[7] Diese jerdtr Redaktion erweitert die Überschrift zum Überblick über das Gesamtwirken (seit Beginn, nicht der Berufung im engeren Sinn).

Dabei kommt ein Unterschied zum Ausdruck: In den einzelnen „Worten Jeremias" (V. 1) äußert sich „das Wort Jahwes" (V. 2). Die vielgestaltige Botschaft wird grundsätzlich als Einheit gesehen: in der Weitergabe der Prophetenworte (Plural) das Gotteswort (Singular). Mit ihren zwei Aspekten bezeugt die vorliegende Überschrift Ursprung und Zeitbezug des Wortes, das durch den Propheten in einer bestimmten Situation ergeht.[8]

Jeremias Berufung 1, 4–9. 10

4 Es erging das Wort Jahwes an mich:
5 „Ehe ich dich im Mutterleib bildete, erkannte ich dich,
ehe du aus dem Schoße hervorgingst, weihte ich dich –
zum Völkerpropheten bestimmte ich dich."
6 Da sagte ich: „Ach, Herr Jahwe,
ich verstehe nicht zu reden;
denn ich bin (noch zu) jung."
7 Da entgegnete Jahwe mir:
„Sage nicht: ich bin noch zu jung,
sondern gehe, zu wem ich dich auch immer sende,
und rede, was ich dir auch immer gebiete.

---

[6] Auch wandelt V. 2 die sog. Wortereignisformel (V. 4. 11. 13) ab. Eine neue ähnliche (jerdtr) Überschrift findet sich 7, 1; so werden zunächst Kap. 1–6 zusammengefasst. Aber es wird auch darüber hinaus gegriffen (vgl. zu V. 3 b 2Kön 25, 8). Der Bericht über die Wirksamkeit nach der Zerstörung (Jer 40–44) wird durch eine eigene Überschrift (40, 1) eingeleitet.

[7] Sie ähnelt Überschriften anderer Prophetenbücher, so dass man – nach Erfüllung der prophetischen Gerichtsankündigungen – in exilisch-nachexilischer Zeit einen Kreis von Sammlern und Bearbeitern verschiedener prophetischer Überlieferungen vermuten kann.

[8] K. Koch (in: Verbindungslinien, FS W.H. Schmidt, 2000, 175) formuliert: Die Überschrift sucht „eine doppelte Urheberschaft für die Botschaft festzuhalten, nämlich Jahwe als causa prima und einen durch geheime Erfahrungen ausgezeichneten Menschen als causa secunda, und das im Blick auf einen kollektiven Adressatenkreis".

8 Fürchte dich nicht vor ihnen;
denn ich bin mit dir,
dich zu erretten" – ist der Spruch Jahwes.
9 Da streckte Jahwe seine Hand aus
und ‚berührte'⁹ meinen Mund,
und Jahwe sprach zu mir:
„Hiermit lege ich meine Worte in deinen Mund.

10 Siehe, ich beauftrage dich heute
über die Völker und die Königreiche,
auszureißen und einzureißen,
zu verderben und zu zerstören,
zu bauen und zu pflanzen."

Der knappe, hintergründige und wirkungsgeschichtlich bedeutsame Text ist
von Gegensätzen durchzogen, wie persönlich – öffentlich, innerlich – weltweit, passiv/rezeptiv – sich abwehrend äußern, Ursprung – Zukunft, Anfeindungen – Zusage.

Das Erkanntwerden durch Gott geht dem Erkennen des Menschen voraus.
Jeremia ist bestimmt und weiß sich dann bestimmt, bevor er selbst bestimmt.
Über ihn ist entschieden, bevor er sich entscheiden und zustimmen kann;
so erfährt er seine eigene Wahl als ihm entnommen und ihm vorgegeben.
Seine Beauftragung ergeht vor und mit seinem Dasein.[10] Sie prägt später,
wie das Buch erzählt, seine Lebensweise. Dabei zielt die individuelle Berufung auf eine weit ausgreifende Wirklichkeit (V. 5), und die Gebundenheit
äußert sich zugleich (V. 8) in der Freiheit gegenüber der Auffassung der Zeitgenossen.

Was ist die Intention einer solchen umfangreichen Berufungserzählung?
Wie sich Amos (7, 15) im Rahmen der Auseinandersetzung mit dem Priester
auf seine Beauftragung bezieht: „Jahwe hat mich hinter der Herde weg-
genommen …", so äußert Jeremia (26, 12) in einer Verteidigungssituation:
„Jahwe hat mich gesandt."[11] Entsprechend verweist der Prophet mit dem Berufungsbericht auf den von ihm erfahrenen Zwang. Die „Sendung" (1, 7 u. a.)
gibt ihm zugleich eine Sonderstellung, wohl auch innerhalb der üblichen
Institutionen. Er wird nicht in einem öffentlich vollzogenen Akt eingesetzt,

---

⁹ Der hebräische Text punktiert *ngᶜ hi* „ließ berühren" (ist gemeint: durch „seine Hand"?). Vgl.
unten zum Vergleich mit Jes 6; auch Ex 4, 25.

¹⁰ Mit den Worten B. Duhms (5): „Jeremia ist, bevor er existierte, ein Gedanke Gottes gewe-
sen, hat im Geiste Gottes präexistiert, ist von ihm zu einer großen Aufgabe besonders geschaf-
fen … Hat Jer ein solches Bewusstsein mit sich herumgetragen, so hat er einen ganz anderen
Boden unter den Füßen gehabt, als alle anderen Menschen. Ihm war, wenigstens für seine eigene
Person, das Rätsel des Daseins gelöst." B. Duhm fügt hinzu: „Aber dafür war ihm auch die naive
Lebenslust der gewöhnlich Sterblichen versagt."

¹¹ Vgl. die Bestreitung: „nicht gesandt" (Jer 23, 21. 32; Ez 13, 6); zur Sache auch die Konfessionen.

hat darum kein ihm von der Gesellschaft von vornherein zugesprochenes „Amt",[12] insofern auch keine von vornherein anerkannte Stellung.[13]

Durch die Berufungserzählung kann sich der Prophet gegenüber möglichen Zweifeln wehren. So dient sie der Rechtfertigung oder Beglaubigung des prophetischen Auftritts. Könnte die Berufungserzählung darüber hinaus nicht Ätiologie – Anfang und Begründung – der Verkündigung sein? Allerdings wird hier (V. 4–9) die Situation des Propheten mit dem Widerstand, den er erfährt (V. 8), nur angedeutet; der *Inhalt* der Botschaft ist der zweiten Vision (V. 13 f) vorbehalten.

Prophetische Berufung – unvermittelt[14] und ungewünscht – ist weder mystische Erfahrung noch Ekstase, vollzieht sich also nicht bei Verlust des Selbst- oder auch Zeitbewusstseins, vielmehr hier wie bei den Visionen in Rede und Gegenrede. Eine Entwicklung zeichnet diese Berufungsgeschichte nicht.[15] Persönlich-Individuelles kommt nur im Blick auf die Beauftragung zu Wort.[16] Zwar ergeht sie nicht in der Öffentlichkeit; jedoch lässt der *Bericht* einen kleineren oder größeren Kreis, letztlich die Öffentlichkeit, teilhaben.

Dass ein einzelner sich gegen das Gotteswort sträubt, aber überwunden wird, ist kein einmaliges Geschehen. Zumal die Erzählung von Moses Berufung (Ex 3, 10 ff; ausgestaltet 4, 10 ff), dann die je verschiedenen Berichte von Gideon (Ri 6, 11 ff) sowie Saul (1Sam 9 f) sind im Aufbau ähnlich, weisen auch wörtliche Berührungen untereinander auf. Diesem sog. *Berufungsformular* ist eine Abfolge von *vier Gliedern* gemeinsam; entsprechend enthält der Text nach der Einleitungsformel, die den Ereignis- und Anredecharakter des Wortes betont (V. 4), vier Sinnteile:

1. Auftrag V. 5 (vgl. Ex 3, 10; Ri 6, 14), hier zugespitzt:
   Mitteilung vorgeburtlicher Designation
2. Einwand V. 6 (vgl. Ex 3, 11; 4, 10; 6, 12. 30; Ri 6, 15; 1Sam 9, 21)
   mit klagendem Element „Ach, Herr"
   Hinweis auf die eigene Unwürdigkeit und
   Einsicht in die Schwierigkeit bzw.
   Undurchführbarkeit der Aufgabe

---

[12] Jeremia bzw. allgemein der sog. Schriftprophet ist weder von der Gesellschaft „bestellt" noch etwa vom König mit seiner Aufgabe betraut. Die Situation mag bei den sog. Kultpropheten anders sein (vgl. 29, 26 oder die vielleicht von ihnen gesprochenen Gottesworte in Ich-Rede wie Ps 2, 7 u. a.). Nach Mi 3, 5. 11 (vgl. Jes 29, 10) scheinen die Propheten neben den „Häuptern" und Priestern zu den Angesehenen in der Gesellschaft zu zählen. Auch sonst können einige Angaben ein Abhängigkeitsverhältnis des Propheten andeuten, wie „der Seher Davids" 2Sam 24, 11; „seine (deine) Propheten" 1Kön 22, 5 ff. 23; auch 18, 19 f; die Meldung des Geschehens an den Hof Am 7, 10 f; dazu u. Anm. 46.

[13] Muss er darum allgemeine Anerkennung erst suchen? Vgl. o. zur Person mit Anm. 32.

[14] Anders bei Elisa 1Kön 19, 19 ff; vgl. 2Kön 2 (V. 9); auch Num 11, 16 f. 25 ff.

[15] Die beiden Visionspaare Am 7, 1–8; 8, 1 f deuten einen „Weg" an, den Amos (vgl. 3, 8) geführt wurde; seine Einsicht nimmt Jer 1, 13 f auf.

[16] Der Zusammenhang von Individualität und Sendung wird in den Konfessionen vertieft dargestellt.

3. Abweisung des Einwands, Bestätigung der Sendung   V. 7 f
   (vgl. Ex 3, 12; Ri 6, 16)
   Keine Entpflichtung, sondern Behaftung bei der Aufgabe
   mit Zusicherung des Beistands, Gottes „Mit-Sein"
4. Zeichen[17] der Bekräftigung V. 9
   (vgl. Ex 3, 12; Ri 6, 17 ff; 1 Sam 10, 2 ff)
   Symbolischer Akt   V. 9 a
   Deutung der Handlung im begleitenden Wort: V. 9 b
   Zeichenhafte Worteingabe
   Nachträgliche Erläuterung   V. 10
   Zusammenfassung der Botschaft
   Der Prophet als Beauftragter
   für Gottes zweiseitiges, universales Wirken

Wieweit gibt der Bericht V. 4–9 persönliches Erlebnis wieder, wieweit ist er literarische Gestaltung? Wirkt der traditionelle Aufbau nicht konventionell-formelhaft? Eine *literarische* Abhängigkeit etwa von Ex 3 ist nicht erkennbar. Kaum weniger *formal vorgeprägt und* zugleich *eigenartig* sind die Visionsberichte 1, 11–14 (vgl. 24, 1–5. 8) wie auch die Symbolhandlungen oder die Konfessionen. Schon der Einwand erlaubt Eigenes zum Ausdruck zu bringen; erst recht spricht sich in der Abwandlung der Gattung Besonderes aus. Neben oder in dem Typischen zeigen V. 4 ff individuelle oder gar singuläre Züge, so (statt der Vorordnung in Ex 3) die Nachordnung des visionären Elements V. 9 und vor allem das Ernennungswort V. 5, das dem Auftrag die Mitteilung über die längst geschehene vorgeburtliche Berufung voranstellt.

Der Berufungsbericht V. 4–9 ist mit den von Jeremia bewahrten Überlieferungen verbunden, zeigt so eine Kohärenz mit seiner Verkündigung und erklärt sich insgesamt kaum aus der exilischen oder nachexilischen Epoche.

1. Für die Exilszeit und die Redaktion des Prophetenbuchs charakteristische Themen fehlen: Israels Schuld am Geschehen wird nicht erwähnt. Warum wird Jeremia nicht mit dem Bußruf beauftragt, der dann vom Volk überhört wird?[18]

In der Regel wird ein Ich-Bericht von der Redaktion nicht geschaffen, nur ausgestaltet.[19] Außerdem enthält Jer 1 in tragenden Aussagen (V. 4. 5 a. 6. 7 abα. 8. 9 a) keine jüngeren (jerdtr) Sprachelemente, die sich eher auf Text*teile* konzentrieren.[20]

Zwei Anklänge an das *Prophetengesetz* Dtn 18, 9–22, und zwar nicht an dessen Kern, sondern erst an die jüngere Erweiterung (V. 16 ff), finden sich jeweils in Gottesworten: Die Wendung „Ich lege meine Worte in deinen

---

[17] Das Wort „Zeichen" findet sich etwa Ex 3, 12; 4, 8; Ri 6, 17; Jes 8, 18 u.a.; s.o. zur Verkündigung (Abs. 6).

[18] Vgl. Jer 18, 11 f; 26, 3; 36, 3. 7; Sach 1, 4 u.a.; s.o. zur Entstehung des Buches (Abs. 4).

[19] Vgl. Jer 1, 15. 16 ff nach 1, 11–14; 18, 7 ff nach 18, 2–6 u.a.

[20] Zudem findet sich die einleitende Wortereignisformel (V. 4) öfter in alt wirkenden Überlieferungen, wie Jer 13, 3. 8; 16, 1; 18, 5 u.a.; s.o. zu den Redeformen.

Mund" (vgl. Dtn 18, 18) ist als Deutung der zeichenhaften Mundberührung (Jer 1, 9) nötig und wird durch die verschärfende Wiederaufnahme in Gottes Ich-Rede (5, 14) bestätigt: „Siehe, ich lege/mache meine Worte in deinem Mund zu Feuer." Die eher entbehrliche Formulierung „Alles, was ich dir gebiete, sollst du reden" ist durch den Parallelismus (1, 7 b) geschützt.[21]

Mit beiden Wendungen bietet Jer 1 einen stärker in sich geschlossenen Text; sie widersprechen inhaltlich der Absicht von Jeremias Verkündigung nicht, werden ihr vielmehr gerecht. So ist sachlich kein genügender Anlass für Zweifel am vorliegenden Wortlaut gegeben; der Grundbestand (V. 4–9) bildet literarisch wohl eine Einheit.

2. Die vorgeburtliche Bestimmung (V. 5 a) wie die Widerrede (V. 7) gegen Jeremias Einwand entsprechen dem von ihm erfahrenen Zwang, der schließlich das ganze Leben prägt (Jer 16). Auch passt die Angabe „junger Mann" (V. 6) zum Verbot der Familiengründung.[22]

Die Ernennung „Zum Propheten ... habe ich dich eingesetzt" (V. 5) wird in sprachlicher Aufnahme dieser Gottesrede – schon im Rahmen früher Überlieferung – zur Aufgabenstellung zugespitzt (6, 27): „Zum Prüfer habe ich dich eingesetzt."[23] Die Wendung findet sich später in Gottes Antwort auf die Konfession (15, 20; vgl. 1, 18; ähnlich 3, 19): „Ich setze/mache dich für dieses Volk zur ehernen, unbezwingbaren Mauer." Andere Aussagen wirken wie ein Echo. Jeremia soll als Gottes Sprecher „wie mein Mund" (15, 19; vgl. 15, 16; auch Ex 4, 15 f) auftreten. Bezieht sich der Vergleich auf Jer 1, 9 zurück?[24] Die Designation „Ich habe dich erkannt" (1, 5) kann in dem Gebet „Du, Jahwe, kennst mich" (12, 3; vgl. 15, 15; 17, 16) nachklingen.[25] Schlägt der Todeswunsch im „Mutterleib" (20, 17 f) als Abschluss der Konfessionen nicht einen Bogen zu 1, 5 zurück?

In dem Wort, das die Verkündigung eröffnet (2, 1–9), kehren wichtige Stichwörter oder Motive (wie „geheiligt/heilig"; „jung/Jugendzeit") wieder. Diese Gemeinsamkeiten sind kaum zufällig. Volk und Person werden parallel gesehen: Die Anfänge des Volkes werden analog zu dem eigenen Ursprung dargestellt und – zumindest im vorliegenden Zusammenhang – auch umgekehrt. Anscheinend bilden beide Texte, die Berufungserzählung (1, 4–9) und die Einleitung der Botschaft (2, 1–9) trotz verschiedener Struktur einen Zu-

---

[21] Außerdem ist sie gegenüber der Parallele Dtn 18, 18 in zweiter Person formuliert und wird auch Ex 7, 2 (P) bezeugt. Die Erweiterung des Prophetengesetzes Dtn 18, 16–22 könnte Erfahrungen Jeremias widerspiegeln; (vgl. S. 12 Anm. 68).

[22] Nach S. Herrmann (49) könnte „der Einwand Jeremias [...] auf eine zuverlässige Rückerinnerung an seinen Status im Augenblick der Berufung zurückgehen". Ähnlich nimmt L. Schmidt (ThViat 13, 1975/76, 207) an, „dass Jeremia tatsächlich relativ jung war, als er mit seiner prophetischen Wirksamkeit begann."

[23] Vgl. die Auslegung zu 6, 27 ff mit Anm. 107.

[24] Nach Jer 36, 4 (vgl. V. 6. 17 f. 27. 32) schreibt Baruch die Rolle wiederum „nach Jeremias Mund", d. h. seinem Diktat.

[25] Vgl. noch 11, 18. Gelegentlich finden sich „Erinnerungen" an den Offenbarungsempfang: Jer 15, 6; 20, 7 f; auch 11, 18.

sammenhang.[26] Sind sie etwa gleichzeitig formuliert und dabei jeweils ihrem Komplex vorangestellt?

3. Der Berufungsbericht enthält in der Abwehr „Ach, Herr Jahwe"[27] ein Moment der Klage und mit der Antwort „Fürchte dich nicht; denn ..." ein Element des sog. Heilsorakels (1, 8), greift damit ansatzweise Redeformen auf, wie sie später ähnlich in Jeremias Klagen und Konfessionen zur Ausgestaltung kommen. Was hier angedeutet ist, wird dort ausgeführt. Die Beistandszusage „Ich bin mit dir, dich zu retten" (1, 8) wird wiederum von der Antwort auf die Konfession (15, 20 f) aufgenommen und entfaltet. Darüber hinaus bezeugen Erzählungen, wie sich in den wechselnden Lebens- und Leidenssituationen Jeremias die Verheißung der Rettung aus der Not bewahrheitet.

4. Die mögliche „Furcht vor" den Angeredeten, die Auseinandersetzungen ahnen lässt, sowie der Zuspruch, Jeremia in der Gefahr zu „retten", führen in die Situation eines Unheilsboten (entsprechend 1, 13 f). Die Aufforderung „Fürchte dich nicht!" kann einerseits zurückblicken auf die Erfahrungen prophetischer Vorgänger – die Ablehnung durch die Zeitgenossen, ja die Anfeindung erscheint wie selbstverständlich[28] –, andererseits auf Jeremias eigene, eher härtere Erfahrungen vorausblicken.

5. Ohne nähere Angabe des Inhalts der Verkündigung bleibt die Berufungserzählung V. 4–9 überraschend allgemein.[29] Bedarf sie darum nicht der Fortsetzung, einer Explikation? Die Bekräftigung der Sendung (V. 7 f) wird sachlich in der ersten Vision, die eine Vergewisserung enthält, aufgenommen; die zweite Vision bestimmt, was hier ausgespart bleibt.

Die verschiedenen Beobachtungen erklären sich am ehesten, wenn die – als Bericht über ein früheres Ereignis gestaltete – Berufungserzählung im Kontext der Urrolle niedergeschrieben oder auf sie zugeschrieben ist.[30]

Die Darstellung der Vollmacht des Propheten wird breit ausgestaltet im *Nachtrag* V. 10, der (anders als V. 5. 7) nicht im Parallelismus membrorum konstruiert ist, dabei eine überraschende Aussage wagt. Dieses Gotteswort umschreibt schon bei Jeremias Berufung – über das in der folgenden zweiten Vision (1, 13 f) ausgesprochene Unheil[31] hinaus – die *gesamte* Verkündigung:

---

[26] „Heilig" nimmt für den Propheten in Anspruch, was 2, 2 vom Volk bei seinem Ursprung insgesamt gesagt ist. Die Frühgeschichte des Volkes wird ähnlich Jeremias Vorgeschichte gezeichnet; nur vollzieht sich bei Jeremia die Indienstnahme, beim Volk folgt die Ablehnung.

[27] 1, 6; vgl. Ri 6, 22; Jer 4, 10; 14, 13 u. a. Auch das Motiv der Erschaffung des einzelnen begegnet in der Klage (u. Anm. 58).

[28] Vgl. Am 7, 10 ff; Hos 9, 7; Jes 5, 18 f u. a.

[29] In dieser Hinsicht wie in der Betonung des Gotteswortes stimmt sie mit der ersten Vision überein; vgl. zu 1, 11 f; auch 11, 18 u. a.

[30] Das Visionspaar könnte älter sein. Zumal die zweite Vision (1, 13 f) gehört mit der Entfaltung 4, 5 ff gewiss zur festen alten Tradition. Wurde die Berufungserzählung erst für die Urrolle – in ihrer erweiterten Form (36, 32) – verfasst?

[31] Entsprechend tritt Jeremia in der Anrede an Jerusalem und Juda zunächst – mit klagender Anklage – als Unheilsbote auf; anscheinend verkündet er aber schon früh den Bewohnern des ein Jahrhundert zuvor zerstörten Nordreichs Heil (3, 12 f; 30 f).

V. 10 betrifft a) im Anschluss an V. 5 *Völker* und Königreiche, umfasst b) *Unheil und Heil*, und erscheint dabei c) situationsübergreifend wie allgemeingrundsätzlich.

> V. 10 ist in der Begrifflichkeit – in Substantiven „Volk", „Königreich" wie Verben – und als Gottes Ich-Rede zumal mit 18, 7 ff verbunden: Das Deutewort, das Jeremias Besuch beim Töpfer mit dessen symbolisch genommenen Handeln beschließt (18, 6), wird später redaktionell so ausgestaltet, dass die unterschiedliche menschliche Antwort in Gottes Handeln ausdrücklich einbezogen ist. Beide Texte gehören wohl derselben (jerdtr) Redaktionsschicht an. Die variable, bis zu sechs Glieder umfassende *Reihe* „ausreißen, einreißen – vertilgen, zerstören – aufbauen, einpflanzen" findet sich in Jeremias Frühzeit noch nicht, erscheint später in sekundären Partien.[32] Die Aussage hat Anhalt an Jeremias Botschaft (Gottes „Pflanzen" schon 2, 21). Überhaupt bietet V. 10 kein im strengen Sinn eigenständiges Konzept im Buch, sondern sucht mit der Verbindung Unheil und Heil Jeremias Verkündigung (wie 3, 12 f; 24, 5; 29, 5–7; 32, 15) aufzunehmen. Auch sprachlich ist die Reihe wohl im Anschluss an ein Jeremiawort, die an Baruch gerichtete göttliche Ich-Rede (45, 4), gestaltet.

Jes 6 und Jer 1 – ein Vergleich

Die Berufung durch ein *Zwiegespräch* unterscheidet sich von der Berufung durch eine *Thronratvision*.[33] Jesajas Vision – mit himmlischem Chor und der auf die Entsündigung folgenden Bereitschaftserklärung „Sende mich!" – ist anders strukturiert als die Einzelbegegnung Jer 1 mit Einspruch und Beistandszusicherung. So treten gewisse Eigenarten von Jer 1 (V. 4–9. 10) gegenüber Jes 6 (V. 1–11. 12 f) hervor, wie sich bei allen Unterschieden auch Gemeinsamkeiten zeigen.

> 1. Jes 6 ist wie Jer 1 ein *Ich*-Bericht – Jes 6 zu Anfang der ältesten Sammlung[34], Jer 1 am Eingang des Buches. Beide sind in *Prosa* verfasst, können aber jeweils im Parallelismus gegliederte, *rhythmisch* gefügte *Gottesworte* enthalten (wie Jes 6, 7. 9 f; Jer 1, 5. 7 b). In beiden Fällen finden sich die charakteristischen Termini „*gehen, senden*" (Jes 6, 8 f; Jer 1, 7).
> 2. Wie wohl bereits Amos[35] wird Jesaja durch eine *Vision* berufen, die auf eine Audition (Jes 6, 8 ff) zuläuft. In Jer 1, 4–9 liegt eine *Audition* vor, die abschließend ein *visionäres* Element als symbolische Handlung (V. 9) enthält.

---

[32] Vgl. 24, 6; 31, 28; 42, 10; auch 12, 14 f. 17 u. a. „Diese Weise zu reden, formelhaft wie umfassend, theologisch gefüllt wie konzentriert, vor allen Dingen aber prinzipiell-allgemeingültig, ist eines der Charakteristika" der dtrjer Redaktion; für sie „typisch ist die Reflexion" (W. Thiel I, 71).

[33] Jes 6; 40; Ez 1; vgl. 1 Kön 22, 19 ff; Sach 1, 7 ff; Hi 1 f.

[34] Der sog. Denk- oder Urschrift Jes 6, 1 (mit einer genauen, der ältesten Datierung im Buch) – 8, 18, nachträglich erweitert bis 9, 6. Vgl. o. zur Entstehung des Buches (Abs. 1).

[35] Gegenüber dem Viererzyklus Am 7 f (o. Anm. 15) bildet die anders aufgebaute, literarisch abgesondert überlieferte Vision Am 9, 1 sachlich eine Folge oder Erläuterung des Zielworts 8, 2. Diese Form wird Jes 6 weitergeführt.

Schon Ezechiels Berufungserzählung Ez 1–3 verbindet Elemente von Jes 6 und Jer 1.[36] Auch Jes 40 (V. 1–8), wohl die Berufungserzählung des Exilspropheten Deuterojesaja, scheint Strukturen von Jes 6[37] mit Grundaussagen von Jer 1 f zu verknüpfen: sowohl mit dem Zusammenhang von Berufung und Zusage der Wirksamkeit bzw. Beständigkeit des göttlichen „Wortes" (Jer 1, 9. 12; Jes 40, 8) als auch mit dem Auftrag zu „rufen/verkündigen"[38]. So werden prophetische Traditionen zusammengedacht und für die neue Situation abgewandelt.

Wie Jesajas Schuldbekenntnis „Wehe mir" (6, 5) zeigt, das er für sich und stellvertretend für sein Volk ausspricht, ist er von sich aus unfähig, in den himmlischen Chor einzustimmen; durch die Entsühnung wird er befähigt. Zwar bildet man gerne einen Gegensatz: Jesaja stellt sich freiwillig zur Verfügung: „Hier bin ich, sende mich!" (6, 8), während Jeremia (1, 6) zögert.[39] Allerdings kann sich Jesaja bereit erklären, weil er bereitet ist.

Wird er damit auf Gottes Seite gezogen, zum Boten, der Gottes Wort weitergeben kann, so wird Jeremia durch die Designation schon bei seiner Erschaffung *geheiligt*, für die Aufgabe bereitet; was zuvor beschlossen ist, wird jetzt auch zeichenhaft ausgesprochen. Mit der vorgeburtlichen Bestimmung geht Jer 1 über die prophetische Erfahrung des Zwangs[40] hinaus.

Durch die Symbolhandlung herausgenommen, steht Jesaja ein Stück weit außerhalb der Gemeinschaft – entsprechend Jeremia, allerdings auf andere Weise. Indem der Prophet von der Gesellschaft unterschieden wird, kann er ihr gegenübertreten, ihr mit scharfem Blick begegnen, seine Welt mit anderen Augen betrachten.

3. In beiden Berufungsberichten findet sich eine ähnliche *symbolische* Handlung – allerdings mit verschiedenem Sinn. Die *Berührung des Mundes*, ein Akt zeichenhafter Nähe Gottes, vollzieht sich an Jesaja (6, 7) durch einen Seraphen zur Reinigung, Entsündigung oder Befähigung, so als Voraussetzung der Sendung, an Jeremia durch Gott selbst zur Worteingabe, so zur Vergewisserung, ja Bevollmächtigung.

Die im Zwiegespräch von Gott und Jeremia auffällige Form „er ließ berühren"[41] kann sich eben aus der entsprechenden Verbform in der Szene der Seraphen (Jes 6, 7) erklären, so dass der Zusammenhang beider Texte empfunden wäre. Denkt auch Jer 1, 9 (MT) an eine „Berührung" durch einen himmlischen Boten? So gelesen, hebt die Aussage einerseits Gottes Transzendenz hervor und deutet andererseits an, dass Jeremia in Gottes „Rat gestanden" hat (Jer 23, [18.]22).

4. Die Vision Jes 6 (V. 11) sagt Unheil an; erst der fast allgemein als Nachtrag beurteilte Schluss (V. 13 bβ im Zusatz V. 12 f; vgl. V. 10 bβ) blickt über das Gericht hinaus. Ähnlich sind in Jer 1, 4 ff *Unheil und Heil* in einem Zusatz (V. 10) verknüpft.

---

[36] Ez 2 f weisen mit der Über- bzw. Eingabe des Gotteswortes in einer eigenen Handlung und der Ermahnung zur Furchtlosigkeit Anklänge an Jeremias Berufungsbericht und mehr noch an seine Konfessionen (bes. 15, 16) auf.

[37] Vgl. die Szene im himmlischen Hofrat und Motive bzw. Stichworte wie „Ehre/Herrlichkeit" oder „Stimme". Das Verb *qr'* „rufen" beschreibt Jes 6 (V. 3) die Stimme bzw. den Gesang der Seraphen, noch nicht die Tätigkeit des Propheten.

[38] *qr'* Jer 2, 2; Jes 40, 6; aufgenommen Sach 1, 14. 17.

[39] Für manche Exegeten, wie W. Rudolph (6 f), deutet sich hier ein charakteristischer Unterschied zu Jesaja an: „Bei Jer keine freudige Zuversicht, sondern Bangen und Zagen – ein erster Beweis für seine schüchterne, zurückhaltende Natur, der alles Aussichheraustreten, alles Aufsehen zuwider ist."

[40] Vgl. Am 3, 8; Jes 8, 11; auch Jer 15, 17 u. a.

[41] Vgl. o. Anm. 9.

So ist durch die in beiden Texten ergänzte Heilszusage bezeugt: Das Gericht zielt auf Heil; Gott reißt nieder und baut auf.

5. Bezieht sich Jesajas Beauftragung zunächst auf „dieses Volk" (6, 9 f), nämlich das Südreich, obwohl seine Worte erheblich weiter ausgreifen, so ist Jeremias Aufgabenbereich (1, 5) von vornherein umfassender: Vor ihm wird kein anderer als „Prophet für/in Bezug auf die *Völker*" (1, 5) berufen.

Stellen die vorgeburtliche Bestimmung wie die universale Ausweitung des Aufgabenbereichs nicht eine Steigerung dar? Beide Besonderheiten erklären sich durch Aufnahme von Traditionszügen aus dem – altorientalischen – *Königtum*: die Erwählung im „Mutterleib"[42] wie die Bedeutung „für die Völker".[43] Diese Überlieferungselemente stellen den Geltungsbereich des dem Propheten in den Mund gelegten Gotteswortes heraus. Gleicht insofern, im Blick auf den Ursprung wie die Reichweite, der selbst machtlose Wortführer nicht dem König?

Jesaja erhält nicht den Titel *„Prophet"*, sondern scheint ihn eher zu meiden und sich als „Seher" zu verstehen.[44] Über Hosea wird polemisch-ironisch geurteilt (9, 7): „Ein Narr ist der Prophet, verrückt der Mann des Geistes." Den Titel „Prophet", der Jeremia (1, 5 b) zugesprochen wird, gebraucht er – in seinen eigenen Worten – von sich selbst nicht,[45] tritt vielmehr (2, 8 u. ö.) in Gegensatz zu den „Propheten".[46] Bedarf die Mitteilung über die Vorherbestimmung V. 5 a allerdings nicht einer Angabe des „Wozu"?[47] Durch die Erläuterung „für die Völker" erhält der Titel „Prophet" zudem eine andere Dimension. Die sog. Baruczählung benutzt ihn für Jeremia,[48] selbst im Gegenüber zu Hananja.[49]

Der sprachliche Unterschied zwischen „für" die Völker (V. 5) und „auf/über" (V. 10) mit Hinzufügung der „Königreiche" weist auf einen Bedeutungswechsel hin. So scheint diese jüngere redaktionelle Zusammenfassung eher zu verschärfen.[50]

Die Beauftragung „für die Völker" kann in einem weiteren Sinn die Völker einbeziehen. Immerhin wendet sich Jeremia nicht nur an das Südreich (2, 2), sondern auch an das Nordreich (Kap. 3; 31, 2 ff. 15 ff). Zudem hat er die ge-

---

[42] Die Vorstellung göttlicher Erwählung des Herrschers vor der Geburt hat eine altorientalische, zumal ägyptische, im Alten Testament allerdings so nicht belegte Vorgeschichte.

[43] Parallel erscheint noch der Einwand (1 Kön 3, 7): „Ich bin noch zu jung."

[44] Jes 6, 1; 30, 10; auch 1, 1; 29, 10; dazu 28, 7 u. a.; ähnlich schon Amos (7, 12. 14; gegenüber dem Verbum 3, 8 erscheint das Substantiv erst in jüngeren Zusätzen: 2, 11 f; 3, 7). Allerdings wird Jesajas Frau „Prophetin" (8, 3) genannt.

[45] Vgl. aber das Verb 26, 12; auch 28, 8; dazu 2, 30.

[46] Nach Jer 29, 26 sind Propheten dem Priester untergeordnet (ähnlich 20, 1 f; vgl. Anm. 12). Meidet Jeremia aus solchen Gründen eine missverständliche Bezeichnung? Vgl. o. zur Person.

[47] Ohne V. 5 b erfährt Jeremia gar nicht ausdrücklich, was auf ihn zukommt, für welche Aufgabe er gottunmittelbar berufen ist. Setzt der Einwand (V. 6) aber nicht die Ahnung dessen voraus, was ihm bevorsteht?

[48] Jer 36, 8; vgl. 20, 2; 29, 1 u. a.

[49] Jer 28, 5 ff. Findet die Erzählung, die Jeremia mit seinen Gegnern unter einem Begriff zusammenfasst, für diesen Sprachgebrauch an 1, 5 b oder 2, 30 Anhalt?

[50] „Aus dem Propheten, dessen Verkündigung für Völker gültig […] sein soll, ist einer geworden, der einen Auftrag über die Völker […] auszuführen hat" (W. Thiel I, 69). Jer 46, 1 „Prophet über die Völker" (vgl. 25, 13; auch 28, 8) scheint 1, 5 b abzuwandeln und damit zu bestätigen, dass 1, 5 b älter ist. Zur gelegentlichen Verwendung des Begriffs *goj* für das eigene Volk vgl. Jer 5, 9. 29.

samtpolitische Situation (2, 16 ff. 36) im Blick und stellt seine Botschaft schon früh in einen *umfassenden Horizont*: „Geht doch hinüber zu den Inseln …!" (2, 10 f)[51] Selbst die Anrede greift in einen weiten Raum aus: „Hört, ihr Völker …, höre, Erde!"[52] Vor allem kündet Jeremia den „Würger der Völker" (4, 7), den Feind „aus dem Norden" (4, 5 ff im Anschluss an 1, 14) an.[53]

Die Besonderheiten von V. 4 ff – mit der Verflechtung von königlichen und prophetischen Zügen – klingen in der Wirkungsgeschichte, zumal bei dem Exilspropheten Deuterojesaja, nach. Erscheint Jeremia – im Rückblick – nicht wie ein Vorläufer des *Gottesknechts*? Dieser nimmt die vorgeburtliche Bestimmung sowie die universale Reichweite der Botschaft auf („für die Völker": Jes 42, 1).[54] Dabei wird der durch Jer 1, 5 vorgegebene Motivzusammenhang – Berufung vom Mutterleib für die Völker – bei dem Gottesknecht Jes 49, 1. 6 um ein drittes Motiv erweitert, nämlich zugespitzt auf das Heil, so von Paulus[55] aufgenommen. Auch wird die Designation „Ich setze dich zum Propheten für die Völker" (Jer 1, 5) bei dem Gottesknecht gesteigert: „Ich setze dich zum Licht der Völker" (Jes 49, 6) und ausgestaltet.[56]

Das Gotteswort (V. 5) setzt nicht mit einem Auftrag („Geh!" Ex 3, 10), sondern einer feststellenden Aussage ein, die die vorgeburtliche Bestimmung mitteilt und vergegenwärtigt. In der Stunde der „Berufung wird lediglich aktiviert, was Jahwe längst über Jeremia beschlossen hatte, ohne dass dieser bisher darum wußte".[57] Für den Propheten sind Dasein und Aufgabe nahezu identisch, so dass die Unterscheidung von Amt und Person kaum möglich erscheint: Er ist für seinen Auftrag geschaffen[58] und ausgesondert; umgekehrt

---

[51] Jeremia kann sich damit seinerseits an Amos oder das Amosbuch (6, 2; vgl. 3, 9) und an Jesaja anschließen: „Erstarrt ihr Himmel!" (2, 12 nach Jes 1, 2 f).

[52] Jer 6, 18 f; vgl. auch 4, 16 (mit derselben Präposition wie 1, 5 b) „Meldet den Völkern"; 18, 13 „Fragt doch unter den Völkern"; auch 3, 19; dann 36, 2.

[53] Hat sich Jeremia in seiner Frühzeit eigens, unmittelbar an die Völker gewandt? Immerhin nennt die Einleitung des Wortes über Ägypten 46, 1 f ein 36, 1 entsprechendes Datum. So kann in die Zeit der Entstehung der Urrolle auch direkt ein Wort über Völker fallen. Schon bei Jeremias Vorgängern finden sich Worte über Völker (Am 1, 3 ff u. a.). Jedenfalls später wendet er sich ausdrücklich an die Völker, etwa in der – an Jesaja (18; 20) erinnernden – Szene Jer 27.

[54] Vgl. Jes 42, 4; 49, 1 („Hört, ihr Inseln!"); 52, 13 ff u. a.; auch die Erweiterung Ez 2, 3.

[55] Im Rückblick von Gal 1, 15 f kann sich Paulus auf diesen Motivzusammenhang stützen: a) die Berufung vom Mutterleib b) zur Verkündigung c) für die Völker d) zum Heil.

[56] Auch in der Priesterschrift scheint bei der Amtseinsetzung Aarons als Moses „Prophet" Ex 7, 1 f der Berufungsbericht Jeremias nachzuklingen – mit: (1.) dem Titel „Prophet", (2.) dem deklarativen „Ich setze dich ein" (Jer 1, 5) und (3.) dem Auftrag: „Du sollst reden alles, was ich dir befehle" (1, 7 wie Ex 7, 2). Die zweiseitige Aufgabenbestimmung (im Zusatz Jer 1, 10) fehlt hier schon aus sachlichen Gründen: Moses bzw. Aarons Amt kann weder gegenüber Israel noch gegenüber dem Pharao sein, auszureißen und zu pflanzen. Wirkt aber die Ausrichtung der Prophetie auf die Völker (Jer 1, 5) in der Wendung zum Pharao nach?

[57] „Es geht nicht um die jetzt vorgenommene Beauftragung, sondern um die Designation." (L. Schmidt, ThViat 13, 1975/76, 191 mit Anm. 10) Allgemein: Ps 139, 16; Hi 10, 8 ff; auch Ri 13, 5. 7.

[58] Der Rückbezug auf die Erschaffung des einzelnen begegnet bald darauf in prophetischer Anklage 2, 27 f, findet sich etwa im Klagelied oder in der Weisheitsliteratur (Ps 22, 10 f: „vom Mut-

dient sein ganzes Leben „nur dem einen göttlichen Zweck, dass er Prophet sei".[59] Die Vorherbestimmung ist Ausdruck der „Gefangennahme"[60] des Propheten; die Unausweichlichkeit des Gefordertseins entspricht der ihm (Kap. 16) auferlegten Lebensführung wie dem Zeugnis der Konfessionen (bes. 15,17; 20,7 f).

Mit dem Einspruch, den Jeremia (V. 6) erhebt, bleibt er nicht passiv-rezeptiv, äußert sich vielmehr selbst. Seine Antwort, mit der er sich dem Auftrag zu entziehen sucht,[61] argumentiert allerdings von seiner Gegenwart her und damit gegenüber der vorgeburtlichen, so nicht mehr hintergehbaren Erwählung zeitlich zu kurz. Der Einspruch enthält auch kein grundsätzliches *Nein*, sondern nur ein *Noch-nicht*. Er sucht jene Einheit von Amt und Person aufzubrechen, das Persönliche geltend zu machen; hier deutet sich der Konflikt an, der die Konfessionen durchzieht.

Die Widerrede enthält zwei miteinander zusammenhängende Momente: das Bekenntnis zur eigenen *Unwürdigkeit* und die Einsicht in die *Schwierigkeit* der Aufgabe. Die Jugend, zugleich Zeichen der Unerfahrenheit, verbindet sich mit oder äußert sich in einem Mangel an Redegewandtheit.[62] Dabei klingt vermutlich ein rechtlicher Aspekt mit: Jeremia fehlt mit der Fähigkeit noch die Möglichkeit, die Reife und Mündigkeit, in der Versammlung der Vollbürger aufzutreten und zu reden, damit die nötige Autorität. Allerdings hat das Eingeständnis hier einen spezifischen Sinn; V. 6 setzt V. 5 b voraus: Der Beauftragte hat ein Vorverständnis von seinem *Beruf*, kann – schon von der Geschichte der Prophetie her – wissen: Entscheidend für den Propheten ist das Reden. Die spätere Klage „Ich kann nicht schweigen" (4,19), nämlich vor Kummer, klingt wie eine Umkehrung des Einwands „Ich kann nicht reden" (1,6).

Beide in der Aussonderung (V. 5) verborgenen Elemente, Beauftragung und Zuwendung, werden in der Gottesrede (V. 7.8) entfaltet; erst sie enthält einen Befehl, jeweils als Verneinung („Sage nicht!", „Fürchte dich nicht!") mit Folge. Worauf die Designation V. 5 zielt, führt V. 7 aus, bleibt mit Sendung und Redeauftrag aber allgemein.

---

terleib an"; vgl. Ps 139,13 ff; 119,73; auch 94,9; Spr 17,5; 20,12; 22,2; Gen 2,7.19; Hi 10,8; 33,4; Eigennamen wie Jo-natan „Jahwe hat gegeben" u. a.), ist hier durch ein königliches Motiv (o. Anm. 42) weitergeführt. Vgl. Hoseas Deutung der Überlieferung vom Erzvater (12,4 „im Mutterschoß").

[59] W. Rudolph 5; vgl. o. Anm. 10.

[60] Sowohl „erkennen" im Sinne von „ausgrenzend ausersehen" als auch „heiligen" meinen „aussondern, herausnehmen, weihen", nicht „sündlos machen", insofern auch nicht eine moralische Qualität, eine zu erwerbende Eigenschaft oder Tugend des Propheten.

[61] Wie Mose einwendet: „Ich bin kein beredter Mann" (Ex 4,10), so sträubt sich Jeremia (1,6): „Ich verstehe nicht zu reden." Die Formulierung „nicht (er)kennen/verstehen" schließt sich an Gottes „Erkennen" (*jd‘* V. 5; s. o. zur geistigen Heimat mit Anm. 62 f) an. Moses Antwort „Sende, wen du senden willst!" (Ex 4,13 gegenüber 3,11; 4,10) verschärft den Einwand, erst recht Jona (1,2 f; vgl. 4,2) mit Auftragsverweigerung und Flucht.

[62] Vgl. einerseits 1 Kön 3,7; andererseits Ex 4,10; 6,12.30; auch Hi 32,6 ff. „Ach" will klagend abwehren (vgl. 2 Kön 3,10; 6,5.15; auch Ri 6,22; Jer 4,10; 14,13; 32,17).

Dem Widerspruch begegnet Gott, indem er den Berufenen nicht aus der Verpflichtung entlässt, ihn vielmehr bei seiner Aufgabe behaftet, dabei Bedrohung, Verfolgung und Leiden nicht ausschließt. Dennoch wird die Weigerung nicht beiseitegeschoben, eher aufgenommen: Gott mutet dem Beauftragten nicht zu, auf die eigenen Fähigkeiten zu vertrauen, lässt ihn nicht allein, sichert ihm vielmehr seine Anwesenheit und seinen Beistand zu,[63] bewahrt so nicht *vor*, jedoch *in* der Gefahr. Damit gibt das Gotteswort den Grund an, der dem Menschen die Übernahme der Aufgabe und die Überwindung oder das Aushalten der Angst ermöglicht. Das Buch beschreibt entsprechende Situationen.

So erfährt Jeremia seine Berufung als *Zumutung* auf doppelte Weise – zum einen als Überforderung, die sein Widerstreben zur Folge hat, zum andern als Ermutigung. Die Aufgabe fällt ihm schwer – spricht dies nicht für seine Einsicht und die Erkenntnis der Situation?

Erst zum Abschluss des Gesprächs, das Jeremia zum Boten bevollmächtigt, findet sich (V. 9) ein visionäres Element, das die Beziehung zwischen göttlich-himmlischer und menschlicher Sphäre „handgreiflich" werden lässt; das Reden auf Befehl (V. 7 b) wird als „Eingeben" sinnfällig erläutert. Zur Bestätigung des Auftrags vollzieht Gott oder lässt vollziehen eine – nicht nur hörbare, sondern jetzt sichtbare – zeichenhafte Handlung. Sie bedarf, da Riten und Symbole ihrem Wesen nach mehrdeutig sind, des erläuternden Wortes.[64]

Die Beauftragung zielt (wie V. 7) deutlich auf *mündliche* Verkündigung.[65] Der Inhalt des Wortes wird dem Propheten erst später (1, 13 f) oder jeweils in der Situation (vgl. 18, 2) zuteil. Dann aber kann sich das „eingegebene Wort" in seiner Intention kundtun (5, 14). Im Rückblick von den Auseinandersetzungen mit den sog. Heilspropheten her ist so auch ein Unterschied gegeben (23, 21. 32).

Im Nachtrag V. 10, der V. 5 entfaltet, scheint der Prophet nicht nur zum Sprecher, vielmehr insofern zum Statthalter oder gar „Stellvertreter Gottes auf Erden"[66] zu werden, als Gottes souveränes Wirken auf den Boten, der Gottes Handeln ankündigt, übertragen wird. Der Prophet erhält im Auftrag Anteil an Gottes Vollmacht. Die später mehrfach anklingende Reihe V. 10 bildet – sachlich mit Recht im Anschluss an die Berufungserzählung zu Anfang des Buches – das zusammenfassende *Motto* der (dtrjer) *Redaktion*. Es umspannt die zweiseitige, Drohung und Verheißung umfassende Verkündigung Jeremias. Das Geschick der Völkerwelt ist auf den einen Gott bezogen. In vielfältigen bekenntnishaften Sätzen, die paarweise entgegenstehende Erfah-

---

[63] Der Anrede „Ach, Herr Jahwe", die an ein Klagelied denken lässt, begegnet Gott mit der Grundform des sog. Heilsorakels (vgl. 1Sam 1, 12 ff; s. u. zu Jer 15, 19 ff mit Anm. 138) bzw. der Heilszusage „Fürchte dich nicht!" und der sog. Beistandserklärung „Ich bin mit dir!" (Ex 3, 12 u. a.).

[64] Vgl. Jes 6, 6 f; Ex 24, 8; Hi 1, 20 f u. a.

[65] Anders ergeht bei Mohammeds Berufung (Sure 96, 1–5) der Auftrag „Lies!" Vgl. Jes 29, 11 f; s. o. zur Entstehung des Buches Anm. 201.

[66] B. Duhm 10. Vorsichtiger formuliert: Jeremia erscheint als Amtsträger.

rungen einander zuordnen, zerstörende und schöpferisch-belebende Elemente umgreifen, kann das AT Gottes Wirken sprachlich verdichten (1 Sam 2, 6 f; Ps 104, 29 f; Ez 17, 24 u. a.) In der Vision Ez 37, 4 ff ergeht das Wort des Schöpfers im Prophetenmund. Hier wird die Macht über die Geschichte in des Propheten „Mund gelegt" (V. 9). Das im Handlungsgang verborgene Geschehen wird aufgedeckt, bevor es im Folgenden entfaltet wird. So sind Gotteswort bzw. prophetische Verkündigung und geschichtliche Wirkung verbunden.

Jeremia tritt in Autorität auf; trotzdem muss er aktuell in bestimmten Szenen auf Gottes Wort warten.[67] So ist analog zur Berufung die Worteingabe wohl ein für allemal oder grundsätzlich, gibt Jeremia prophetische Gewissheit, kann allerdings in wechselnden Situationen je neu erfolgen. Ähnlich gewinnt er einerseits grundsätzliche Einsichten (1, 13 f), die er andererseits in Einzelworten selbst gestaltet. Erschließt sich von der Berufungsgeschichte her nicht dieser doppelte Aspekt – Jeremias Verkündigung in Gebundenheit und Freiheit, in der Befolgung des Auftrags und in eigener Verantwortung wie persönlicher Betroffenheit?

Wie die Beauftragung so ist Gottes Zusage: in Gefahr „mit dir" auf Kommendes ausgerichtet. Jeremia soll seine Aufgabe in Zuversicht übernehmen. Dieses Zukunftselement entfalten beide Visionen, in denen das Gespräch Gott-Prophet weitergeht.

Das Visionspaar
Jer 1, 11–14

11 Es erging das Wort Jahwes an mich:
    „Was siehst du, Jeremia?"
    Ich antwortete: „Einen Wacholder-
        (wörtlich: Mandelbaum-)zweig[68] sehe ich."
12 Da sagte Jahwe zu mir:
    „Du hast recht gesehen.
    Fürwahr, ich wache über die Ausführung meines Wortes."
13 Es erging das Wort Jahwes ein zweites Mal an mich:
    „Was siehst du?"
    Ich antwortete: „Einen siedenden Kessel[69] sehe ich,

---

[67] Vgl. Jer 28, 11 f; 42, 7.

[68] Das hebräische Wort für den (früh blühenden) „Mandelbaum" klingt an „wachen" (V. 12) an, was sich im Deutschen schwer wiedergeben lässt (in der revidierten Luther-Übersetzung: „erwachender Zweig").

[69] Wörtlich: ein angeblasener, angefachter Kessel; d. h.: Da unter dem Kessel Feuer angefacht ist, kocht bzw. dampft er (W. Rudolph 8).

dessen Oberfläche (Vorderseite[70])
von Norden (geneigt) ist."
14 Da sagte Jahwe zu mir:
„Von Norden her wird das Unheil entfesselt[71]
über alle Bewohner des Landes.""

Da der Berufungsbericht mit Elementen einer Vision, der symbolischen
Mundberührung, abschließt (V. 9[f]), vollzieht sich der Übergang zum
Visionspaar (V. 11 f. 13 f) leicht. In diesem Zusammenhang dient es der Bestätigung und Konkretion des an Jeremia ergangenen Auftrags.
    Sachlich stehen der visionäre Teil der Berufungserzählung und die erste
Vision in einem Wechselverhältnis zueinander: Gottes Wort begegnet in
des Propheten „Mund" – besteht es auch in der Wirklichkeit? Umgekehrt
sagt die Vision nicht ausdrücklich, dass es sich bei dem Wort Gottes, dessen
Zuverlässigkeit bekräftigt wird, um das dem Propheten anvertraute Wort
handelt. Deutet sich schon im Zuspruch „Fürchte dich nicht vor ihnen!"
(1, 8) die Erfahrung der Gegnerschaft an, so erfährt Jeremia mit der Zusage,
dass Gott sein Wort durchführt (1, 11 f), eine Vergewisserung. Außerdem
bedarf es nach der Beauftragung (V. 4–9), die den Inhalt von Jeremias Verkündigung nur auffällig allgemein angibt, eines Umrisses der Botschaft.
In dem jüngeren (dtrjer) *Motto* (V. 10) sind „Einreißen" und „Bauen", Un-
heils- und Heilsansage eng aufeinander bezogen. Dagegen kündet die zweite
Vision einseitig Unheil an, zudem nicht für die Völker (V. 10), vielmehr für
das „Land".
    Eine Vision wendet sich zunächst nicht an Dritte. Durch die Niederschrift
mit der Verlesung gewinnt die „an mich", den Propheten persönlich ergangene Offenbarung, die wie die Berufung die Gemeinschaft („alle" V. 14) betrifft, zugleich Öffentlichkeit. Im vorliegenden Kontext des *Buches* bezieht
sich die Zusage, dass Gott über die Ausführung seines Wortes „wacht"
(V. 12), auf die *gesamte* Verkündigung Jeremias, insbesondere seine Zukunftsansagen, so dass die erste Vision von ihrem Inhalt her mit Recht am Anfang
steht. Sie gibt die Deutekategorie vor, unter der das Buch gelesen werden
soll. Aus dem Rückblick des Exils wird die Zusage der Wirksamkeit ein
Zeugnis für die Erfüllung des Prophetenworts.
    Obwohl sich Kap. 1 durch die sog. Wortereignisformel (V. 4. 11. 13) in drei
Abschnitte gliedert (o. S. 42), lautet die Einführung V. 13: „Es geschah
das Wort Jahwes an mich zum *zweiten* Male".[72] Demnach wurden die Visio-

---

[70] Vgl. Sach 5, 8 („Mund", d. h. „Öffnung" des Gefäßes). Der Kessel ist auf den Betrachter zu
geneigt.
[71] Wörtlich: „eröffnet" – im Hebräischen wohl ein Wortspiel mit „angefacht" (V. 13).
[72] Die blassere Übersetzung „wiederum", „nochmals", „weiter" o. ä. stellt eine – durch die
Komposition von Jer 1 nahegelegte – Abschwächung dar. Erst recht setzt die Annahme einer
(etwa durch die Redaktion erfolgten) nachträglichen Umstellung bzw. Vertauschung beider Visionen erhebliche Eingriffe in den Text voraus.

nen als Paar für sich gezählt.[73] Vermutlich bildete es einmal eine eigenständige Einheit, der bei der Niederschrift der Berufungsbericht vorangestellt
wurde.

Wäre die umgekehrte Reihenfolge beider Visionen nicht schlüssiger, da das
„Wort" dann inhaltlich bestimmt wäre?[74] In der literarischen Darstellung jedenfalls gehören die Visionen seit je zusammen: Beide weisen eine *gemeinsame Struktur* auf. Dabei fehlen innerhalb der zweiten Vision bei der Anrede
sowohl der Eigenname (nur V. 11: „ …, Jeremia?") als auch die Bestätigung
der Wahrnehmung (nur V. 12: „ … recht gesehen").[75] So sind die – als Widerfahrnis ja nicht unmittelbar zugänglichen – Visionen in ihrem Aufbau wie ihrer Abfolge aufeinander bezogen; in dem Gesamtgefälle bildet die zweite formal wie inhaltlich das Ziel.

Die Visionen des Jeremiabuches (einschließlich 24, 1–5. 8) stehen in einer
Geschichte; Jeremia nimmt Einsichten oder Erfahrungen seiner Vorgänger
auf.[76] Es besteht eine Formverwandtschaft mit den älteren Visionen des
Amos sowie mit den späteren ebenfalls knappen Nachtgesichten Sacharjas.
Dabei hat sich eine „katechetische Stilform" (P. Volz) mit *Frage* und *Antwort*
ausgebildet; so vollzieht sich das Geschehen *bewusst*. Nach der einführenden
Wortereignisformel findet sich eine Abfolge von *drei* Gliedern:

a) Gesprächseröffnende Frage Jahwes,
   sog. Vergewisserungsfrage: „Was siehst du?"[77]
b) Antwort des Propheten in Ich-Rede
   mit Bezeichnung des Gegenstands[78]
c) Antwort Jahwes in zwei Teilen:
   Bestätigung: „Du hast recht gesehen!" (nur V. 12)
   und Deutung (V. 12. 14)

Nach dem Wortlaut antwortet die Vision nicht auf ein Problem Jeremias.
Vielmehr liegt die Initiative – ähnlich wie etwa in Amos' Visionen (7, 1 u. a.)
oder in Jeremias Berufungserzählung – bei Gott; er löst das Geschehen aus.
Dabei ist die Darstellungsform für den Verlauf wesentlich, da die einleitende
Frage (V. 11) zur *Aussprache* des Gegenstands führt. Das folgende Deutewort
(V. 12) schließt nicht eigentlich an den geschauten Gegenstand an, versteht

---

[73] Auch sonst findet sich Paarbildung. Etwa das Wort 2, 10 f. 12 f hat zwei parallel gebaute Aufforderungen, zeigt so Doppelstruktur mit dem Schwergewicht am Schluss.

[74] Die sich einstellenden Bedenken äußert bereits B. Duhm (11): „Was ist nun mit diesem
‚Wort' gemeint? Das kann man weder aus dem Vorhergehenden noch aus der Vision selber entnehmen; nur der weiß es, der auch das Folgende, der überhaupt den Inhalt des Buches Jeremia
kennt; Jeremia selber hätte es […] durchaus (noch) nicht wissen können."

[75] Eine Straffung der Sprachgestalt ist anderweitig ähnlich bezeugt (etwa Hos 1, 3. 6.8).

[76] Vgl. o. zur geistigen Heimat.

[77] V. 11. 13; nur in V. 11 wie 24, 3 mit Anrede: „Jeremia". Vgl. Am 7, 8; 8, 2; Sach 4, 2; 5, 2; ähnlich Ex 4, 2.

[78] Vgl. Sach 5, 2 (4, 2); nur Gegenstand: Am 7, 8; 8, 2. Der Visionsinhalt wird anders als Am 7 f
nachgestellt.

ihn auch nicht symbolisch; vielmehr wird das Geschaute durch die Antwort in Sprache überführt, das *Bild* zum Namen. Erst so wird das Wortspiel möglich.

Trotz der Anlehnung zumal an Amos' zweites Visionspaar in der Gestaltung – als Selbstbericht mit Dialog einschließlich einzelner Redewendungen – bewahren Jeremias Visionen ihre Eigenständigkeit, wie mit oder in den Gemeinsamkeiten die Abwandlungen oder Besonderheiten zeigen. Schon die (statt „So ließ der Herr Jahwe mich schauen: Siehe") andere Einführung durch die sog. Wortereignisformel bildet eine charakteristische Prägung.[79] Erst recht ist der Inhalt des Geschauten anderer Art, insofern unableitbar oder gar einmalig.

Zum prophetischen Auftrag scheint von vornherein, wie schon der Einwand (V. 6) andeutet, die Auseinandersetzung mit Zweifel oder Anfechtung zu gehören, die (später) in den sog. Konfessionen breit entfaltet wird. Dabei schimmert durch die erste Vision durch, dass das dem Propheten aufgetragene Wort über die Gegenwart hinausgreift: Das „Wort", über dessen Ausführung Gott „wacht" (V. 12), kann seinem Gehalt nach nur auf Zukunft ausgerichtet sein.[80] Eben darum ist es dem Verdacht der Illusion ausgesetzt und bedarf der Vergewisserung.

Weil Jeremia in der Nachfolge früherer Schriftpropheten steht, stellen sich bereits zuvor aufgebrochene Fragen. Schon Jesaja trifft der Spott der Zeitgenossen, weil sich seine Zukunftsansage (noch) nicht verwirklicht. Sein „Wehe" gilt denen, „die sagen: Es beeile sich, es komme rasch sein Werk ...; es nahe, treffe (doch) ein ...!"[81] Recht dicht vor der Katastrophe muss sich Ezechiel gegen einen ähnlichen Einwand (12, 25) wehren: „Die Tage ziehen sich in die Länge."[82] So ist die Frage nach der Wirksamkeit des Prophetenwortes, das ja nicht in ferne Zeit ausweicht, sondern eine in Bälde bevorstehende, die Gegenwart bedrängende Zukunft ansagt, vorgezeichnet. Die Verkündigung des Propheten ist durch die jedermann vor Augen stehende Wirklichkeit nicht ausreichend gedeckt, erscheint nicht allgemein überzeugend. Er lebt in der Spannung zwischen Ankündigung und Ereignis, zwischen der im Wort vorweggenommenen Zukunft und deren Eintreffen.

Wie die Berufungsgeschichte mit dem Einwand „Ach" und dem Hinweis auf die Gegnerschaft (V. 6. 8) spätere Erfahrungen andeutend vorwegnimmt, so ist

---

[79] Vgl. o. zu Jer 1, 4 ff Anm. 20.

[80] Im strengen Sinne ist das Wort nicht selbst-wirksam (vgl. Gen 1, 3; Ps 33, 6. 9; Jes 55, 10 f u. a.); vielmehr führt Gott es aus, verbindet Wort und Tat. Diese Unterscheidung findet sich ähnlich in Jeremias Symbolhandlungen, welche die Zukunft nur ansagen, sie Gott überlassen (vgl. etwa 19, 11 a).

[81] Jes 5, 19; vgl. die in 28, 9; 30, 9 f. 11. 15 f spürbare Reaktion der Hörer; auch 8, 12 f; die Auslegung zu Jer 17, 15 u. a.

[82] Wie Ezechiel zugesagt wird: „Was ich rede, wird geschehen" (12, 25. 28), so soll Jeremia „die Gewissheit bekommen, dass Gott sein Wort ... gewissenhaft ausführt" – der Zeitpunkt des Einschreitens bleibt offen. Auf diese Weise wird der Prophet zugleich „gestärkt" (S. Herrmann 74), was in der Intention mit der im Berufungsbericht ergehenden Beistandszusicherung „Ich bin mit dir" (1, 8) übereinstimmt.

diese grundsätzliche Aussage über das Jeremia aufgetragene Wort (V. 12) vorangestellt. Wie er schon vor seiner Geburt „erkannt" wird (V. 5), längst bevor
er einwilligen kann, so richtet sich die Vision vorweg gegen – schon auf Grund
der bisherigen Geschichte, damit der Eigenart der Prophetie – zu erwartende,
von Jeremia selbst (hier) noch nicht geäußerte Zweifel. Allerdings sind wie die
Berufungsgeschichte so auch die Visionen aus der Rückschau aufgezeichnet;
zur Zeit der Niederschrift hat Jeremia selbst[83] bereits entsprechende Erfahrungen machen müssen, die sich in der Darstellung verbergen können.

Die erste Vision spricht generell von „meinem Wort". Finden sich für eine
solche allgemeine Vorwegnahme des „Wortes" mit nachträglicher Konkretion
vergleichbare Phänomene? Der Weg in das Haus des Töpfers wird dem Propheten mit der ebenfalls in göttlicher Ich-Rede formulierten Ankündigung
(18, 2) aufgetragen: „Dort will ich meine Worte hören lassen." Die Bedeutung
erschließt sich erst im Verlauf des Geschehens. Ähnlich erfährt Jeremia während der Belagerung Jerusalems (32, 6 f) nur, dass sein Vetter ihn zum Kauf
des Ackers auffordern wird; der tiefe, heilvolle Sinn des Unternehmens
(32, 15) tut sich erst später auf.[84] So steht die hier gegebene Aufgliederung
zwischen dem vorweg ergehenden Wort und seiner inhaltlichen Bestimmung
innerhalb der Überlieferung nicht allein da.[85]

Das „Wort" erfährt in der unmittelbar folgenden Vision eine inhaltliche
Füllung oder auch Zuspitzung. Dabei bleibt auf andere Weise allerdings eine
Allgemeinheit erhalten. Das vom Propheten geschaute Bild ist in Einzelzügen
nicht ganz klar: anscheinend ein Kessel, der auf dem Feuer steht und aus dem
wegen seiner Neigung von „Norden" her Dampf auf den Zuschauer zu-
strömt. Eindeutig ist jedoch das Wort, das zum ersten Male den Inhalt der
Verkündigung umreißt.

Mit der Tiefe der gewonnenen Einsicht steht Jeremia in der Reihe seiner
prophetischen Vorgänger[86]:

1. Es droht *Unheil*, und zwar *nur* Unheil. Es erscheint wie eine sich auf-
tuende, hereinbrechende Macht.
2. Es trifft – nicht nur den König oder die Oberschicht, sondern – „*alle*
Bewohner des Landes", d.h. (trotz V. 10) nicht der Erde, sondern nach
dem erläuternden Kontext (V. 15) das Südreich, Jerusalem und Juda.[87] Das

---

[83] Nach biblischer Überlieferung (1, 2; 36, 1 f) mehr als zwei Jahrzehnte.

[84] Auch der allgemeine Auftrag, „alle Worte" in einer Buchrolle aufzuschreiben (36, 2), wird in
der Art und Weise der Niederschrift später (V. 4 ff) entfaltet; zudem stellt sich die Bedeutung des
Vorgangs erst im Handlungsverlauf heraus. Vom „Wort" Gottes kann ohne nähere Bestimmung
des Inhalts gesprochen werden (23, 28 f; in den Konfessionen: 15, 16; 17, 15; 20, 8 u. a.). Vgl. o. zur
Verkündigung, Abs. 11.

[85] Die Berufungsszene mit der Zusage „Das Wort unseres Gottes bleibt in Ewigkeit" (Jes 40, 8)
scheint Jer 1, 11 f weiterzuführen; vgl. o. zu Jer 1, 4 ff bei Anm. 37 f.

[86] Vgl. zur Ankündigung eines dem Volksganzen bevorstehenden Unheils etwa Am 8, 2;
Hos 1, 6. 9; Jes 5, 13; 8, 6 f u. a.; ansatzweise die Vision „Ich sah ganz Israel zerstreut"
(1 Kön 22, 17); auch u. die Auslegung zu Jer 6, 14 f.

[87] „Bewohner des Landes" wird 6, 12 aufgenommen, „alle" in 6, 11–13 umschrieben; vgl. 5, 1 u. a.

Gericht hat nicht nur partielle, sondern nationale, aber noch nicht universale Bedeutung.[88]

3. Die Unheilsansage ergeht zunächst ohne *nähere* Begründung, ohne ausgeführtes „Warum".[89] Ähnlich fehlt in Amos' oder Jesajas Vision eine eigene
Motivation, auch wenn die Schuld des Volkes vorausgesetzt wird.[90] Hat
der Prophet darum die Freiheit, in seiner Verkündigung diese Begründung
selbst darzulegen und so auf verschiedene Weise (etwa 2,10 ff; 5,1 ff) zu
konkretisieren?

4. Die Unheilsansage ergeht *allgemein*, ohne geschichtlich-konkrete Näherbestimmung des „Wie".[91] Schon bei der zuvor angekündigten Ausführung
des Wortes (V. 12) bleibt das „Wie" offen. Auch ein fester Zeitpunkt, das
genaue „Wann", wird nicht genannt; Jeremia kündet eine andringende,
aber keine fixierte Zukunft an. So wird die Verborgenheit des künftigen
Geschehens nur ein Stück weit gelüftet.

5. Aus der Vision nimmt das Deutewort V. 14 außer einer Wortassonanz die
Angabe *Norden* auf. Sie wird wiederum von der breit ausgestalteten Ankündigung eines Feindvolks (4,5–6) aufgegriffen. Einleitend bestimmt
Gottes Ich-Rede „Unheil führe ich herbei von Norden" (4,6) dieses Unheil, was innerhalb der Vision selbstverständlich ist, ausdrücklich als Geschick oder Gottes Werk,[92] um es als Kriegsgeschehen, sprachlich abwan-
delnd, zu erläutern: „Unheil erhebt sich von Norden her" (6,1), „ein Volk
kommt aus dem Land des Nordens" (6,22).[93] Was Jeremia wahrnimmt
und in allgemeiner Form als Einsicht empfängt, gibt er entfaltend weiter.

Ein *Wenn – dann*, eine Einschränkung, Bedingung oder Möglichkeit der
Rücknahme der Zukunftsansage ist nicht ausgesprochen; möchte man nicht
eine entscheidende Intention in den Wortlaut eintragen, geben weder die
Berufungserzählung noch die Visionen Anlass, Jeremia als Bußrufer zu verstehen.

Die trotz der Anlehnung an Vorläufer offenkundige Eigenart, die enge Verknüpfung beider Visionen sowie ihre Eingebundenheit in die – sie entfal-

---

[88] Jeremias Verkündigung „ergeht nicht in erster Linie an einzelne, sondern an die Nation, ja an
die Völker: er ist Volksprophet wie Amos oder Jesaja, und wenn er sich an einen einzelnen wendet
(den König von Juda oder Chananja u.a.), so aus Gründen, die die Allgemeinheit angehen"
(W. Rudolph 6).

[89] V. 16 gehört zur nachträglichen Erweiterung.

[90] In der Bitte „Vergib doch!" (Am 7,2) oder im Schuldbekenntnis für sich selbst und stellvertretend für das Volk (Jes 6,5). Obwohl Jeremias Vision 1,13 f an Am 7 f anknüpft, bleibt sie ohne
Hinweis auf die Schuld des Volkes.

[91] Wiederum ähnlich erfährt Amos über das „Wie" zunächst nichts (8,2), lässt es sogar in man-
chen seiner Worte (wie 5,2) unbestimmt. Gegenüber Jer 1,13 f stellt V. 15 bereits eine Erweiterung
dar.

[92] Anders als das Deutewort 1,12 ist V. 14 unpersönlich formuliert; trotzdem hat, wie die Einführung klarstellt, Gott die Initiative.

[93] Vgl. noch 10,22. Die Bestimmung eines von Norden andringenden Unheils könnte an geschichtliche Erinnerungen oder prophetische Erwartungen anschließen, wie Jes 2,12–17 (vgl.
Jes 5,25 ff zu Jer 4,5 ff); auch Mi 1,5 ff.

tende – Botschaft Jeremias, zumal aus der Frühzeit, sprechen für die Zuverlässigkeit und „Ursprünglichkeit" der Überlieferung, legen nahe, in ihnen
„älteste Erinnerungen Jeremias"[94] zu suchen. Der dialogisch gefasste Selbstbericht geht – ähnlich dem Grundbestand der Berufungsgeschichte oder der
Überlieferungen von den Symbolhandlungen – am ehesten auf Jeremia selbst
zurück. Das Paar, zumal die zweite Vision, öffnet ihm eine Dimension, erschließt ihm in solchem Horizont die Situation, so dass er sie jetzt mit kritischem Blick anders als seine Zeitgenossen sieht, und bildet wohl auch den
Anstoß für seine Verkündigung.[95]

Erläuterung
Jer 1, 15–16

15 Denn siehe, ich rufe alle Sippen der Reiche des Nordens[96] – spricht
Jahwe –, dass sie kommen und jeweils ihren Thron aufstellen dicht vor den
Toren Jerusalems und gegen alle seine Mauern ringsum und gegen alle
Städte Judas.
16 Dann werde ich über sie das Urteil[97] sprechen wegen all ihrer Bosheit,
dass sie mich verlassen, anderen Göttern (Rauch-)Opfer dargebracht und
die Machwerke ihrer Hände angebetet haben."

Beide prosaischen Verse gehen über die enge Formgemeinschaft von V. 11 f. 13 f
und deren Aussage hinaus, sind gegenüber den knappen Deuteworten breiter
gestaltet. V. 15 knüpft mit dem thematischen Stichwort „Norden"[98] an die
zweite Vision an. V. 16 nimmt aus V. 14 den Begriff $r^c h$ auf, allerdings in der
Bedeutung „Bosheit" statt „Unheil"[99] und lehnt sich, zugleich begründend,
an V. 15 an. Beide Verse sind durch Gottes Ich-Rede verbunden, die aber
nicht mehr „zu mir" (V. 11. 13), an den Propheten, sondern allgemein ergeht.
Die späteren Erweiterungen V. 15 ff sind vermutlich mehrschichtig, kaum in
einem Vorgang hinzugefügt.

---

[94] S. Herrmann 74; vgl. 50: „Vielleicht kommen wir mit diesen beiden Visionen […] den se-
herischen Erfahrungen des historischen Jeremia am nächsten."
[95] Die folgende Botschaft widerspricht, vorsichtig formuliert, der Vision 1, 13 f nicht – in den
klagenden Anklagen bis zu radikalen Einsichten (wie 2, 5. 21 f. 32) oder Gerichtsansagen (2, 9 bis
6, 27 ff). Möchte man erwägen, ob Jeremia schon vor der (zweiten) Vision verkündet hat, so steht
jedenfalls der Aufbau der Schrift gewordenen Überlieferung, die Anordnung im Buch, dieser Annahme entgegen. Vgl. o. zur Verkündigung Anm. 125.
[96] Knapper 25, 9: „Sippen des Nordens".
[97] Wörtlich: „mein Urteil".
[98] sowie der Wurzel *ptḥ* „sich öffnen" (V. 14) bzw. „Eingang" (V. 15).
[99] Vgl. 18, 8. 11 u. a.

V. 15 ist mit Gottes Aussage in Ich-Rede und Folge (in 3. Ps. Pl.) in sich zweiteilig und stellt eine Erläuterung der Zukunftsansage dar. Eine historische Situation[100] schimmert durch, auch wenn sie nicht konkret bestimmt wird und ungenannt bleibt, welches Volk das Gericht vollzieht.

In dreifacher Hinsicht lässt sich eine Intention der Ergänzung erkennen:

1. Das drohende Unheil (V. 14) führt, wie die Ich-Rede (V. 15 a. 16 a) hervorhebt, Gott selbst als Strafgericht herbei. Die vom Propheten erfahrene und anzusagende Zukunft versteht sich nicht als neutrales Fatum, sondern als Schickung Gottes; der Urheber ist, wie die vorhergehenden Zwiegespräche zeigen, anredbar.

2. Was V. 14 andeutet, entfaltet V. 15 als militärische Invasion von „Norden" bis Jerusalem und den judäischen Städten. „Mit der Errichtung des Thrones fremder Mächte werden die Belagerung und Eroberung Jerusalems angekündigt, von den aufgerichteten Thronen aus werden fremde Könige die Unterwerfung der Stadt sowie die Überbringung der Beute in Empfang nehmen. Da der Thron den Herrscher selbst repräsentiert, ist mit dem Errichten des Thrones auf fremdem Gebiet die Präsenz des Herrschers signalisiert"; zugleich werden „Herrschafts- und Besitzansprüche geltend gemacht".[101] Fremde Völker, die Jahwe nicht verehren, von ihm nichts wissen, treten als seine Gerichtshelfer, sein Werkzeug, auf.[102]

3. Mit der Zweiteilung von Zukunftsankündigung und Anklage fügt V. 16 der Unheilsansage eine Begründung bei. Nicht der in der Geschichte wirkende Gott verdient einen Vorwurf: Die *Schuld* wird bei dem *Volk* gesucht, und zwar im Fremdgötterkult und in der Bilderverehrung,[103] der Anbetung des Werks der Hände, d. h. in der Übertretung des ersten und zweiten Gebots.

---

[100] Wie erklärt sich der verallgemeinernde Plural „alle" Völker bzw. „Reiche", der der Generalisierung „alle Städte" entspricht? Zieht V. 15 rückblickend verschiedene einschneidende Ereignisse, die Belagerungssituationen von 701, 597 und 587/6 v. Chr., zusammen? Oder ist an (babylonische) Hilfstruppen gedacht? Vgl. Jer 25, 9; 34, 1; 35, 11.

[101] M. Metzger, Schöpfung, Thron und Herrlichkeit, BThSt 57, 2003, 119. Steht die Situation von Jer 25, 9 vor Augen? Vgl. auch 43, 10; 49, 38.

[102] Teils indirekt schon Am 5, 27; 6, 14 u. a., Jesaja von den Assyrern (7, 18 f; 10, 5 ff u. a.), noch Deuterojesaja (44, 28 f) von Kyros.

[103] So nach einer (jer)dtr Grundeinsicht. Gehört V. 15 darum einer vor-dtr Redaktion an?

Das Sendungswort
Jer 1, 17–19

17 Du aber, gürte deine Hüften
    tritt auf und sage ihnen alles, was ich dir gebiete.
    Erschrick nicht vor ihnen,
    damit ich dich nicht vor ihnen in Schrecken versetze!
18 Ich aber, ich mache dich heute zur befestigten Stadt,
    zur eisernen Säule[104] und zur ehernen Mauer[105]
    gegenüber dem ganzen Land,
    für die Könige Judas und seine Beamten,
    für seine Priester und das Volk des Landes.
19 Sie werden gegen dich kämpfen,
    aber dich nicht überwältigen;
    denn ich bin mit dir – Spruch Jahwes –, dich zu retten.

Das abschließende Sendungswort ist dreiteilig:

a) Einleitende Aufforderung mit Mahnung „Du aber, gürte …"
   und Warnung „Erschrick nicht vor ihnen" (V. 17)
b) Heilszusage in Gottes Ich-Rede „Ich mache dich …" (V. 18)
c) Entfaltung (in 3. Ps.) „Sie mögen kämpfen,
   werden aber nicht obsiegen." (V. 19)

Es greift in einzelnen Wendungen – über die Visionen hinweg – einerseits auf
den Auftrag bei der *Berufung* (V. 7 f) mit leichten Abwandlungen zurück:
„Rede zu ihnen alles, was ich dir gebiete!" (V. 17 nach V. 7); „denn ich bin mit
dir, dich zu erretten …" (V. 19 b nach V. 8); „erschrick nicht/fürchte dich
nicht vor ihnen".[106] Anderseits greift das Sendungswort (V. 18) auf die der
Konfession folgende *Antwort* (15, 20) vor und wandelt sie ab, fügt zur Mauer
die Festung hinzu. So denkt es zwei entscheidende, Jeremia als Person betreffende Aussagen zusammen, bezieht beide aufeinander. Damit vereint Kap. 1,
was Jeremia zuteil wurde und was ihn, wie die drei Bilder (V. 18) veranschaulichen, ausmachen soll: Standfestigkeit in der drohenden Gefahr auf Grund
der – hier bekräftigten – Zusage.

---

[104] LXX lässt das Bildwort „eiserne Säule" weg. „Störte" es das zusammenhängende „Bild der
Stadt und ihrer Mauer" (S. Herrmann 42 mit Überlegungen zur Herkunft der Bilder; vgl.
Lit.verz.)?
[105] Im Hebräischen Plural, wohl im Sinne von „Gemäuer".
[106] V. 17 b ähnlich V. 8 b; vgl. 17, 18. Die Mahnung zur Furchtlosigkeit wie die Zusage der Unwiderstehlichkeit (Jer 1, 8. 17) nimmt die ausgestaltete Darstellung von Ezechiels Berufung Ez 1–3
auf (3, 8 f; vgl. 2, 6).

Die Eröffnung von Jeremias Botschaft
Jer 2, 1–9

1 Es erging das Wort Jahwes an mich so:
2 Geh und rufe vor den Ohren Jerusalems aus:
So spricht Jahwe:
„Ich gedenke[1] dir (zugute) der Zuneigung
deiner Jugendzeit,
der Liebe deiner Brautzeit –
wie du mir nachfolgtest in der Wüste,
im unbesäbaren Land.
3 Heilig war Israel Jahwe,
sein Erstlingsertrag:
Alle, die von ihm aßen, machten sich schuldig,
Unheil kam über sie" – ist der Ausspruch Jahwes.
4 Hört das Wort Jahwes, Haus Jakob
und all ihr Geschlechter des Hauses Israel!
5 So spricht Jahwe:
„Was fanden eure Väter Unrechtes an mir,
dass sie sich von mir entfernten
und dem Nichtigen nachfolgten,
so selbst dem Nichts verfielen?"
6 Statt zu fragen: „Wo ist Jahwe,
der uns aus dem Land Ägypten geführt,
in der Wüste geleitet hat,
im wasserlosen und schluchtenreichen Land,
im trockenen und finsteren Land,
im Land, das niemand durchzieht
und in dem kein Mensch wohnt?"
7 Dabei brachte ich euch in das fruchtbare Land,
seine Früchte und Güter zu genießen.
Kaum hineingekommen, verunreinigt ihr mein Land,
mein Eigentum machtet ihr zum Gräuel.

---

[1] Das hebräische Perfekt lässt sich präsentisch „Ich gedenke" oder präterital „Ich gedachte" übersetzen. Das Perfekt mit Gottes „Ich" hat wie bei der Einsetzung des Propheten (1, 5; 6, 27) wohl Gegenwartsbedeutung. Reicht das „Gedenken" bis in die Gegenwart (vgl. Anm. 19), so ist der Inhalt des „Gedenkens", die Situation gegenseitiger Verbundenheit, jedenfalls Vergangenheit (V. 5 ff).

8 Die Priester fragten nicht: „Wo ist Jahwe?",
   die Hüter der Tora (der Weisung)
      kannten mich nicht,
   die Hirten lehnten sich auf gegen mich,[2]
   die Propheten weissagten im (Namen des) Baal[3]
   und liefen den Nichtsnutzen nach.
9 Darum muss ich noch mit euch rechten – Spruch Jahwes –,
   rechten mit euren Kindeskindern.

Nachdem Kap. 1 Jeremia als Horcher und Seher vorgestellt hat, führt Kap. 2 ihn als Rufer ein. Auf die Darstellung dessen, was er wahrnimmt und empfängt, folgt nach dem Übergang mit Redeauftrag (2, 1) die Angabe dessen, was er weitergibt oder öffentlich weiterzugeben hat. Schon zuvor bleibt Jeremia keineswegs nur rezeptiv oder gar nur passiv, sondern ist auch im Vorgang des Vernehmens tätig – vor allem durch seinen Einwand (1, 6) oder die Antworten auf ihm persönlich gestellte Fragen (1, 11. 13). Zudem ist im Rahmen dessen, was ihm widerfährt, mit dem Auftrag „Rede …!" oder den „in deinen Mund" gelegten „Worten" (1, 7. 9) ein Vorverweis auf Weiterzugebendes enthalten. So ist beides, Empfangen wie Sich-Äußern, ineinander verwoben.

Mit Gottes Heilszusage „Ich gedenke deiner Jugendtreue" wird Jeremias Botschaft eröffnet. Kann das Wort, für sich genommen, überhaupt *authentisch* sein? Es wird Jeremia vielfach abgesprochen. In der Tat fügt es sich, wenn man es als Einzelwort (2, 1–3 gegenüber 2, 4–13) und als gegenwärtig uneingeschränkt gültige Zusage versteht, schwerlich in seiner Verkündigung ein, scheint der unmittelbar vorhergehenden Vision (1, 13 f) wie den folgenden Klagen, Anklagen oder Unheilsansagen zu widersprechen und ist so selbst mit seinen Verheißungen[4] kaum verträglich.

Der Zusammenhang von V. 1–9 drängt sich nicht auf den ersten Blick auf. Mit dem Übergang von der heilvollen Vergangenheit (V. 2 f) zur Anklage (V. 5 f) wechselt die Person vom Singular in den Plural und enthält vor dem Vorwurf der Wende im Verhalten des Volkes mit dem Aufmerksamkeitsruf „Hört das Wort Jahwes!" (V. 4) eine feierliche Einführung. Ist nach dem Teil, bei dem man Zustimmung erwarten kann, besondere Achtsamkeit gefordert und angebracht? Aus der Erinnerung, die von Gott als „Ich", vom Volk als „Du" und dann in 3. Person spricht, wird die direkte Anrede im unmittelbaren Gegenüber (2. Ps. Pl.). V. 1–9 bilden eine *dreigliedrige* Einheit mit V. 9 als abschließender Zuspitzung:

---

[2] Das Verb (Hos 7, 13; Jes 1, 2), in V. 29 in Bezug auf das Volk aufgenommen, wird auch übersetzt: „brechen mit", „sich abwenden von", „abfallen von" oder „untreu werden".

[3] „Im Baal" lässt sich auch „durch den Baal" oder „mit dem Baal" (vgl. 23, 13[.27]) wiedergeben. Die Wendung hat wohl einen distanzierenden, wenn nicht verächtlichen Ton („durch Lüge" 5, 31; vgl. 20, 6; 23, 14. 26 ff u. a.); oben wurde eine neutrale Übersetzung gewählt.

[4] Sie sagen Heil nach oder in dem Gericht an, sei es gegenüber dem Nordreich, wie Jer 3, 12 f (vgl. 31, 2 ff. 15 ff), oder gegenüber Juda-Jerusalem wie 24, 5; 29, 5–7; 32, 15. Vgl. o. zu Jeremias Verkündigung (bes. Abs. 9 f).

I.   V. 1–3 Redeauftrag
     Heilvolle Vergangenheit (in der Frühzeit)
II. V. 4–8 Klagende Anklage in Vergangenheit und Gegenwart
     von Volk und Amtsträgern
     V. 4 Aufmerksamkeitsruf
     V. 5–8 Anklage
     V. 5–6 Frage an Väter (V. 5) und Israel (V. 6)
        5 b Wohl Zusatz
     V. 6. 7 a Gottes Heilstat in der Geschichte
     Führung und Landnahme
     7 b Israels Abkehr (Entweihung)
     V. 8 Vorwurf an Priester, Propheten u. a.
     Untreue der Amtsleute
III. V. 9 Folgerung – für die Zukunft:
     Anklageerhebung, Gottes Rechts-Streit (r i b)

So beziehen sich aufeinander: (I.) verlorene enge Gemeinsamkeit, (II.) Schuld und (III.) künftiges Gericht. Wie zuvor vom Heil (V. 2 f) sind über die Repräsentanten (V. 8) hinaus *alle* (V. 6. 9) betroffen – entsprechend der Vision (1, 13 f). Demnach hat Jeremia von vornherein beides im Blick: Gruppen und das Volk insgesamt; sein Gesamturteil bestätigt sich in der Differenzierung und umgekehrt (5, 1 ff u. a.).

Jene drei Elemente finden sich, wenn auch in anderer Reihenfolge, schon Am 2: Schuld (V. 6–8), heilvolle Vergangenheit (V. 9; ausgestaltet V. 10–12) und Gericht (V. 13 f). Hosea kommt in Form und Sprache Jer 2 näher. Die Gegenüberstellung von Vergangenheit und Gegenwart, der zweiphasige Rückblick mit Stichworten wie „Wüste" – „Väter" – „Baal", ist durch Hosea[5] vorgegeben, auch der Rechtsstreit zwischen Gott und Volk.[6]

Die ausführliche, dreiteilige Einleitung umfasst a) die Wortereignisformel, die das Ergehen („zu mir") bzw. den Empfang des Gotteswortes festhält, b) den Auftrag zu „rufen"[7] bzw. zu verkündigen und c) die Botenformel „So spricht Jahwe" zur Angabe des eigentlichen „Absenders". Die Einführung nennt zudem („vor den Ohren Jerusalems") den öffentlichen Raum oder den Hörerkreis, vor den Jeremia treten soll. Auch wenn die Wortereignisformel an Kap. 1 anschließt,[8] verrät die Rahmung zugleich das Neue: Das

---

[5] Hos 9, 10; vgl. 11, 1–4; auch 13, 1. „Der Kontrast zwischen glückendem und durch Baal zerbrochenem Gottesverhältnis ist zum Kontrast zwischen Gottes Liebe und Israels Verwerfung Gottes zugunsten ‚der Baale' zugespitzt worden." „In dieser typologischen Geschichtsschau repräsentierten der Auszug aus Ägypten Jahwes Erwählungshandeln, die Zeit der Not in der Wüste mit der Angewiesenheit Israels auf die Fürsorge Jahwes die ideale Gottesgemeinschaft, die Zeit des Kulturlands dagegen die Verwerfung Jahwes durch Israel." (J. Jeremias, FAT 13, 93. 95).

[6] Hos 4, 1; 12, 3. Vgl. außerdem Jes 1, 21–26; 3, 13; 5, 1–6 u. a.

[7] Der zweiteilige Auftrag „Geh und rufe" ist im Wortlaut eher ungewöhnlich (ähnlich 3, 12), in seiner Struktur (mit zwei Verben: Infinitiv absolutus und 2. Person) aber charakteristisch für Jeremia (13, 1; auch 18, 2 u. a.).

[8] Die dort dreimal begegnende Einführung „das Wort Jahwes geschah/erging zu mir" (1, 4. 11. 13) kehrt dann erst 13, 3. 8 u. a. wieder. Die Fortsetzung „ … folgendermaßen" führt den Wortlaut ein. Die LXX verkürzt die – sinnvolle – dreigliedrige Struktur von 2, 1 f stark.

angeredete „Du" ist anschließend nicht mehr der Prophet, sondern das
Volksganze.

Zwischen beiden Absätzen I und II (bes. V. 5 f) besteht ein innerer Zusammenhang:

a) V. 2 b und 6 b formulieren jeweils in eher traditionell-üblicher sowie parallel in bildreich-individueller Ausdrucksweise und wechseln dabei sprachlich untereinander
    ab: „in der Wüste" wird erläutert durch „im ... (unbesäbaren/wasserlosen) Land".[9]
    Das Stichwort wird später (V. 31) von der Metapher Gott als „Wüste" verschärft
    aufgenommen.
b) Verweist V. 2 auf Israels Ursprung, die „Jugendzeit", so beginnt V. 5 ähnlich mit
    früheren Generationen, den „Vätern" der Angesprochenen. Mit dem Ausdruck
    „Väter" werden allgemein wie bildhaft die Generationen zusammengefasst, die
    Zeiten überbrückt; so wird eine Verbindung zur Gegenwart gezogen.
c) „Zuneigung" und „Nachfolge" (V. 2) bilden einen Gegensatz zum „Sich-Entfernen" (V. 5). Der Abwendung entspricht eine Hinwendung zu anderen; dabei
    wird das – schon von Hosea in ähnlichem Motivzusammenhang – verwendete Verb
    „gehen nach" aufgenommen.[10]
d) Mit dem Spiel von „Ernte, Ertrag" wird „essen" sowohl bildhaft (V. 3) als auch unbildlich-real[11] gebraucht.

Der Schluss V. 9 nimmt nach dem die Folgerung ziehenden „Darum" das
„Ich" Gottes wieder auf. So erhält mit dem III. Abschnitt das Ganze ein Ziel,
nach der Anklage ein in die Zukunft, nämlich auf das bevorstehende Gericht
weisendes Element.

Hat Teil I, eigenständig genommen, überhaupt eine für die Hörer ausgesprochene Intention? Sie wird erst im Zusammenhang deutlich. So leitet V. 4
kein selbständiges Wort ein,[12] vielmehr – durch den einführenden Höraufruf[13]
verstärkt – betont den Umbruch vom *Pro* zum *Contra*, von Gottes Gedenken
an das Heil zur klagenden Anschuldigung.

Dabei scheint die Komposition 2, 1–9 Themen und Stichworte aus 2, 10 ff aufzugreifen, wie „lieben" (V. 2. 25 b. 33), „hinterhergehen/nachfolgen" (V. 2. 5. 25), „Wüste"
(V. 2. 6. 24; zugespitzt V. 31), „essen" (s. o.), „Braut(zeit)" (V. 2. 32), „verunreinigen" (V. 7. 23; vgl. sachlich 3, 1 f), auch „Jugend" (V. 2; 3, 4). Charakteristisch, beinahe tonangebend ist das vielfache „nicht".[14]

---

[9] So findet sich neben Geläufigerem, Üblichem jeweils Besonderes oder gar Einmaliges
(R. Liwak, 159. 162). Eher traditionelle Sprache (wie „aus Ägypten herausführen" o. ä.) begegnet
bei Jeremia nur im Halbvers; die andere Hälfte ist jeweils bildhaft ausgestaltet.

[10] Jer 2, 2 b. 5 b. 8 b; vgl. „gehen lassen/führen" V. 6 b; bei Hosea: 2, 7. 15; 5, 11; auch 11, 10.

[11] V. 7; vgl. V. 30; 5, 14. 17.

[12] Nach W. Schottroff (Gerechtigkeit 299) spricht „wegen der engen Bezogenheit [...] alle
Wahrscheinlichkeit dafür, dass dieser Spruch (Jer 2, 1–3) von vornherein auf Jer 2, 4 ff hin konzipiert worden" ist. „Im Zusammenhang von Jer 2, 4 ff haben die Rekurse auf die Vergangenheit den
Sinn, Jahwes früheres Handeln an Israel als unanfechtbar darzutun und auf diesem Hintergrund
vielmehr Israels Fehlhandeln als ungerechtfertigt, ja unbegreiflich darzustellen." (298).

[13] Ist V. 4 a im Anschluss an Am 3, 1; Hos 4, 1; auch Mi 3, 1. 9 formuliert? Ein ähnlicher, gegenüber V. 4 verschärfter Aufruf findet sich Jer 5, 21.

[14] Jer 2, 6. 8. 11. 13. 20. 23 f. 27. 31 b.

Sind V. 1–9 im Anschluss an solche Motive in vorgegebenen Einzelworten, so an Elemente früherer Verkündigung, als *zusammenfassende Einleitung* konzipiert? Dieser Abschnitt ist mit seinem *grundsätzlichen*, ferne Vergangenheit und Zukunft, Heil wie Unheil umgreifenden Charakter wohl eigens für diesen Ort gestaltet, bildet einen Grundbestandteil der schriftlichen Komposition und wird im vorliegenden Kontext V. 10 ff entfaltet. Hier meint man den doppelten „Sitz im Leben"[15] in der Verkündigung Jeremias, mündlich wie schriftlich, noch nachempfinden zu können. Die Nachricht von der Entstehung der Rolle (36,2) wird an diesen Auftakt der Verkündigung (2,1) erinnern.[16]

Die in V. 1–9 getroffene Aussage ist später – etwa nach der situativ-konkreten Angabe 2,16 f oder schärferen Urteilen wie 2,22; 3,1; 5,1; 6,27 ff – kaum mehr angemessen und denkbar, würde dort jedenfalls eine Intention verlieren, mit der einleitenden Erinnerung an die Gemeinschaft Zustimmung zu suchen, um so auch mit den anklagenden wie drohenden Folgerungen zu überzeugen.

V. 1–9 eröffnen Jeremias Verkündigung überhaupt. Darum klingen vorweg Einsichten und Themen an, die später ausgeführt werden, etwa der Verlust des Heils.[17] Der Aufweis der Schuld des Volksganzen – in Vergangenheit und Gegenwart – wie der tragenden Kreise, die Auseinandersetzung mit ihnen (V. 8) hat zusammenfassenden Charakter. Die Zukunfts- bzw. Gerichtsansage ist als Ankündigung des Rechtsstreits eher zurückhaltend und auffällig allgemein gefaßt.[18]

Jer 2,1–9 und Jeremias Berufung (1,4–9)

Auffälligerweise zeigt 2,1–9 trotz anderem Thema und anderer Form Berührungen nicht mit dem Visionspaar (1,11–14), sondern der Berufungserzählung.

Wichtige Stichwörter oder Motive kehren wieder: a) Jeweils wird bis zum Ursprung der Einzelperson wie des Volkes, zur Früh- oder gar Vorzeit der Existenz zurückgegriffen. b) Anders als die Visionen beginnt wie die Berufung (1,5.9) so auch die

---

[15] Der Begriff „Sitz im Leben" meint eigentlich einen Ort im sozialen, nicht im individuellen Leben, wird insofern übertragen-bildhaft verwendet.

[16] Jer 2,1 f wird „einleitend eine Verkündigungssituation beschrieben, die den Hintergrund wohl für Jer 2–6 bilden soll. [...] Augenscheinlich soll ganz bewusst die Verlesung der Buchrolle nach Jer 36 mit den Sprüchen von Jer 2–6 in Zusammenhang gebracht werden, so dass der Eindruck entsteht, dass die Jeremiasprüche von Kap. 2–6 den Inhalt dieser Buchrolle bilden." (G. Wanke 34) Allerdings bestehen erhebliche Unterschiede (s.o. zur Entstehung des Buches Anm. 227) In dieser Hinsicht scheint Kap. 36 den Selbstbericht (2,1 f) aufzunehmen.

[17] 2,21; vgl. 4,10; 6,13 f = 8,10 f u.a.

[18] Der jüngere Text Jer 4,(11–)12 könnte 2,9 aufnehmen.

Verkündigung (2, 2) mit Gottes „Ich"[19] – mit tiefer Absicht, da mit ihm das Entscheidende zum Verständnis des Folgenden ausgesagt wird. c) Diese grundlegende Beziehung wird eigens hervorgehoben: Wie das Volk in der Jugend „heilig" für Jahwe war, so wurde Jeremia von Jahwe „geheiligt" (qdsch 1, 5; 2, 3). d) Anders als das Volk erfährt Jeremia von dieser Verbindung – sachlich notwendig – erst in der „Jugend": Eben der Wortstamm (n'r) „jung" bzw. „Jugendzeit" ist gemeinsam.[20] e) Dabei wird jeweils eine Spannung oder gar ein Gegensatz zu anderen angedeutet, des einzelnen zu seinen Zeitgenossen: „Fürchte dich nicht vor ihnen!" (1, 8) und bei dem Volk (2, 3): „Wer immer von ihm aß …"[21] f) Der Auftrag zu „gehen" wird wiederaufgenommen.[22] g) Gottes „Erkennen" (1, 5 f) steht die Anklage gegenüber: Die Amtsträger, die Priester, „(er)kennen nicht"[23]. Zugleich geht Kap. 2 mit dem Thema der Entfernung von Gott erheblich gegenüber Kap. 1 hinaus[24]; eine Ferne des Propheten von Gott klingt erst in anderer Form in den Konfessionen (bes. 15, 18) an.

Die Erinnerung an den heilvollen Ursprung V. 2 aβ.b–3[25] ist ähnlich dem *Geschichtsrückblick* gestaltet, wie er unmittelbar darauf (V. 7) „Ich führte …" oder (V. 21) „Ich pflanzte dich" begegnet. Hier ist die Struktur jedoch komplexer; Gottes Tat wird ausgestaltet zu *beidseitigem* Verhalten: Gottes und des Volkes. Damit wird vorgegebene prophetische Überlieferung, Hoseas Botschaft, abgewandelt: Gott verweist nicht auf seine Fürsorge: „Als Israel *jung* war, gewann *ich* es *lieb*",[26] „*gedenkt*" vielmehr der „*Liebe*" Israels in seiner „*Jugend*". So wird die Zuwendung oder Anhänglichkeit[27] des Volkes zugestanden – allerdings nur in der Vergangenheit, d. h. vom Folgenden her geurteilt: als vergangen. Im Zusammenhang ist die Aussage auf Kontrast ausgerichtet; einst und jetzt werden gegenübergestellt.[28] Die Zeit ungebrochener Gemeinschaft zwischen Gott und Volk dient hier nicht als Urbild heilvoller Zukunft, sondern tritt der Gegenwart entgegen; der Umbruch beginnt allerdings längst vor der lebenden Generation schon bei den „*Vätern*".

---

[19] Jeweils mit einem Verb in einem ins Präsens wirkenden Perfekt (vgl. S. Herrmann 58. 112).

[20] 1, 7; 2, 2; vgl. 3, 4; schon Hos 11, 1.

[21] Sind hier (2, 3 b) die Völker (vgl. 1, 5) andeutungsweise einbegriffen? Das folgende Wort 2, 10–13 setzt einen weiten Horizont voraus.

[22] 1, 5; 2, 2. Vgl. die Folge „gehen – reden" (1, 7) mit 5, 5 „Ich will gehen …, reden".

[23] 2, 8; vgl. vom Volksganzen V. 19(.23); 4, 22; 5,(4 f.)21.

[24] Aus diesem sachlichen Grund besteht die Gemeinsamkeit mit 1, 4–9 in höherem Maße bei der Vergegenwärtigung der Heilszeit 2, 1–3; dieser Teil weist zudem eine weniger geläufige Sprache und Motivik auf.

[25] Im Übergang von V. 2 zu V. 3 mit dem Wechsel zum Bild der Erstlinge wird deutlich, dass verschiedene Motive literarische Einheitlichkeit noch nicht ausschließen, zumal die Intention bestehen bleibt.

[26] Hos 11, 1; vgl. 2, 17 („wie zur Zeit ihrer Jugend"); 10, 11. Demgegenüber wissen verschiedene Erzählungen im Pentateuch von Israels „Murren" in der Wüste (Ex 17 u. a.).

[27] Nach H.J. Stoebe (THAT II, 615) meint *chesed* angesichts der Parallele „Liebe" der Brautzeit nicht eigentlich die „Treue", sondern das ungeteilte, „schrankenlose Vertrauen, die Herzenshingabe".

[28] Wie etwa Jes 1, 21; bildhaft 1, 2 f; 5, 1 ff. Die durch Gottes Heilssetzung erschaffenen guten Anfänge sind verdorben; vgl. andeutungsweise Am 2, 9 im Kontext (o. vor Anm. 5); in der Handlungsfolge ähnlich Gen 2 f; auch Gen 1 und 6 (P) u. a.

Nach V. 5 ff erhebt Israel einen Vorwurf gegenüber Gott; der Prophet kehrt die Argumentation um. Die Erinnerung an die Zeit der Harmonie, also auch der Zuneigung des Volkes, ist im Kontext angemessen, da so eine Wende im Verhalten des *Volkes* ausgesagt werden kann. Es hat die Verbundenheit aufgegeben – aber Gott?

Heißt Vergangenheit schlicht: „gewesen", „nicht mehr", „vorbei"? *„Gedenken"* meint nicht nur historische Erinnerung, sondern Vergegenwärtigung, Eingedenk-Sein, Sich-Vorhalten. So behält *Gottes* „Gedenken"[29] eine bleibende, weiterwirkende Bedeutung. Die Aussage enthält verschiedene Momente: Zum einen bedarf es angesichts der angekündigten Begegnung mit Gott als Richter (V. 9) der Erinnerung an anfänglich heilvolle Geschichte, um aufzuzeigen: „Eigentlich" will Gott anderes; grundlegend ist sein Heilswille. Zum andern steht Gottes „Gedenken" in einem gegensätzlichen Zusammenhang: Das Volk hat „vergessen" (V. 32), die Zuständigen sowie das Volk „kennen nicht" (V. 8; 4, 22); Gott selbst hat nicht vergessen. Zudem wird innerhalb der Wortsammlung eine Spannung zwischen dem „Gedenken" und dem harten Urteil aufgebaut: Gott „hat verworfen".[30] Von vornherein werden in Jeremias Verkündigung die Zeiten durch Gottes „Ich" überbrückt, im Wechsel eine „Identität" in Gott hervorgehoben. Auch nach der Abkehr des Volkes (V. 5 ff) ermöglicht die – betont an den Anfang gesetzte – Darstellung der Vergangenheit als gegenseitiger Verbundenheit zumindest die Frage: Bleibt Gottes „Gedenken" – im Hinter- oder Untergrund der Anklagen und Unheilsansagen – als Andeutung eines anderen Horizonts, als eine für die Angeredeten zunächst verborgene Möglichkeit des Heilswillens in der Gerichtsansage?[31]

Der Abschnitt mit bildhaftem Rückblick (V. 2 f), der a) mit Jeremias Sprache verwoben ist, nimmt b) wie andere Teile seiner Verkündigung, zumal in seiner Frühzeit, die Botschaft Hoseas charakteristisch auf, um sie abzuwandeln, steht c) nicht isoliert, war wohl nie selbständig, ist vielmehr von vornherein auf den folgenden Absatz bezogen, hat insofern einen kritischen Aspekt. Dieser kommt wohl auch im Metrum zum Ausdruck, das dem Klagelied, der Qina, entspricht. So besteht für eine *„Unechtheits"*erklärung kein – ausreichender – Grund.

Das von Hosea (1, 2; 2, 4 ff) aufgenommene *Bild* der *Ehe* für das Verhältnis zwischen Gott und Volk scheint Jeremia (V. 2) eher noch ein wenig zuzuspitzen: Nur die *Brautzeit* erscheint einträchtig.[32] Ist die Frau[33] nicht schon untreu geworden?

---

[29] Gottes „Gedenken" kann Fürsorge einschließen, führt etwa die Wende in Noahs Geschick herbei (Gen 8, 1). „Er ist eingedenk, dass wir Staub (d. h. vergänglich) sind" (Ps 103, 14; vgl. 8, 5; Ex 2, 24; 6, 5 u. a.). Vgl. in der Bitte „Gedenke!" (Jer 15, 15; 18, 20).

[30] Jer 6, 30; vgl. 7, 29; 16, 5 u. a.

[31] Vgl. 2, 21; 11, 15; 12, 7; auch 31, 3.

[32] Vgl. Hos 2, 17 „wie in den Tagen der Jugend"; Jer 2, 32.

[33] Jer 3, 1 ff; vgl. 2, 23 ff.

V. 3 geht erläuternd oder entfaltend zur Rede von Jahwe und Israel in die 3. Person über.[34] „Der Erstlingsertrag steht dem Menschen nicht zu, er gehört dem göttlichen Urheber",[35] so Israel diesem Gott allein. Die Zugehörigkeit wird im Rückblick auf den Ursprung wie bei der Einzelperson, Jeremia selbst (1, 5), so auch bei dem Volk[36] als „heilig" bestimmt. Es geht in den V. 2 f „verwendeten Bildern um den Gedanken der Ausschließlichkeit. Sie bestimmte das Verhältnis zwischen Jahwe und Israel in der Frühzeit."[37] Es durfte von außen nicht angetastet werden: Wer es tat, machte sich schuldig und erlitt seine Strafe (V. 3 b). Die Darstellung, die innerhalb der Gottesrede den Zusammenhang von Tun und Ergehen hervorhebt: „Unheil kam über sie (die Bedränger)" kehrt abgewandelt als Zitat der Betroffenen[38] wieder: „Kein Unheil wird über uns kommen."[39]

Angesichts von Gottes Fürsorge und Israels ursprünglichem Verhalten ist der bald einsetzende Umschwung (V. 5 ff) schwer begreiflich, ja unerklärbar. Die V. 2 f geschilderte Vergangenheit bleibt wohl auch als Einwand gegen Jeremias Botschaft bestehen; die sog. Heilspropheten vollziehen diesen harten Umschwung nicht nach oder bestreiten den von Jeremia beklagten Umbruch mit seiner generellen Anklage und halten so faktisch an der Gegenwartsgeltung von V. 2 f fest.[40]

Trotz Gegensatz geht der Rückblick in die Geschichte mit dem Grundgedanken, dem Leitwort „Nachgehen, Nachfolgen", weiter. Es handelt sich (V. 5 ff) um *vor*gerichtliche Auseinandersetzungen, die zur Anrufung des Gerichts (V. 9) führen; Gott tritt als Angeklagter wie als Ankläger auf. Das Gotteswort setzt mit einer Frage (V. 5 f) ein, welche die Situation eines Sich-Verteidigenden (vgl. Gen 31, 36) widerspiegelt: „Was fanden eure Väter Unrechtes an mir …?" Gott selbst ist beschuldigt und weist eine Anschuldigung zurück. Der Vorwurf, den Israel vielleicht durch sein Verhalten wie sein Wort

---

[34] Dieser Übergang von Gottes- zur Prophetenrede findet sich öfter; vgl. im Brief 29, 5–7; Jes 40, 1 f u. a.

[35] S. Herrmann 115. „Dass der Ertrag heilig ist [...], für andere unantastbar (V. 3 b) wird, ist in der Zuspitzung auf Israel eine Besonderheit im AT" (R. Liwak, 153). Vgl. Lev 22, 10.

[36] Vgl. Dtn 18, 13 u. a.

[37] Jeremia bietet auf, „was zu Israels Gunsten gesagt werden kann, und dazu gehört [...] die Erinnerung an die ‚ideale' Frühzeit [...] Die Schuld des Volkes stellt sich dem Propheten so umfassend dar, dass er zur Verteidigung des Volkes keine Anhaltspunkte in seiner Gegenwart findet. Es bedarf des Rückblicks in die Vergangenheit mit ihrem ungetrübten Verhältnis zwischen Jahwe und Israel." (H.J. Boecker, Redeformen 181 f) Formal liegt – wie im Folgenden – eine Verteidigungsrede Gottes vor, in der er auf Israels ordnungsgemäßes Verhalten in der Vergangenheit hinweist und für sich selbst jeden Vorwurf abwehrt. In 2, 9 hat die – in V. 5 ff zunächst vorgerichtliche – „Appellationsrede des Angeschuldigten vor der Ankündigung, gegen die Beschuldiger offizielle Anklage zu erheben, ihren Abschluss gefunden" (54).

[38] Jer 5, 12; vgl. 23, 17. Das entsprechende Zitat Mi 3, 11 ist auf die Ziontradition (vgl. Ps 46; 48) bezogen, steht insofern in anderem Zusammenhang. Vgl. auch Num 23, 21.

[39] Den Einschnitt am Ende von V. 3 markiert zudem die Formel „(Aus-)Spruch Jahwes"; sie findet sich nicht nur am Schluss, auch in Zwischenstellung (wie V. 12) oder in der Mitte des Wortes (wie V. 9).

[40] Vgl. 6, 14 f; 28, 2 f; auch 23, 23 u. a.

(vgl. 2, 23; Hos 2, 6) erhebt, scheint sich auf mangelnde Fürsorge durch Jahwe zu beziehen. Auch der Begriff „Unrecht" (V. 5; vgl. Lev 19, 15) gehört zum Rechtsbereich.

Jeremia greift weit über die gegenwärtige Generation zurück. Die *Väter* meinen nicht die Erzväter, sondern die Vorfahren in der auf den Wüstenaufenthalt folgenden Epoche im Land.[41] Das lebende Geschlecht wird als schuldhaft angesprochen, die Geschichte der Schuld des Volkes aber zurückverfolgt, ja verschärft herausgestellt: „seit je" (2, 20. 32).

V. 5 ist in der vorliegenden, nachträglich erweiterten Form (etwa wie V. 13) zweigliedrig gestaltet: Zur Abwendung (V. 5 a) kommt eine Zuwendung zu anderen („nachfolgen" wie V. 2. 8).

V. 5 b fügt eine Einsicht hinzu: Noch vor Gottes Urteil (V. 9) werden die Folgen dieses Handelns festgestellt, und in 2 Kön 17, 15 findet sich eine wörtliche Parallele.[42] Sachlich kommt die in dieser Ergänzung ausgesprochene Überzeugung allerdings Jeremias Auffassung nahe: Die Gottheiten sind „Nichts-Nutze", die nicht zu helfen vermögen (V. 8 b; vgl. V. 11 ff. 27 f). In der Hinwendung zu ihnen zieht man sich das Schicksal zu: Substantiv und Verb, Aktiv und Passiv, Tun und Ergehen bzw. Erleiden entsprechen sich.

Von der abweisenden Frage geht V. 6 zur Gegenbeschuldigung über: Weder das Volk – mit den *Vätern* zugleich die gegenwärtige Generation – noch die Priester, wie V. 8 im wörtlichen Anschluss an V. 6 ausführt, „fragen: Wo ist Jahwe?"[43] Gemeint ist wohl (vgl. V. 28): Wo ist Gott gegenwärtig/wirksam?

Jahwe ist keine schuldhafte Unterlassung vorzuwerfen; im Gegenteil – er hat sich als Retter und Helfer in der Not bewährt, wie die Geschichte erweist. Mit dieser Intention zitieren V. 6–7 a *drei* – im Wechsel von mehr traditioneller und individuell-bildhafter Sprache gestaltete – *Themen* des „heilsgeschichtlichen *Credo*", damit die Wohltaten Gottes:

   a) Herausführung aus Ägypten
   b) Führung in der Wüste
   c) Hineinführung ins (fruchtbare) Kulturland

Die Wüste – ohne Leute, die sie durchziehen oder sich in ihr aufhalten[44] – wird kontrastvoll ausgemalt: Gott bewährte sich im zerklüfteten und unwirtlichen Land, in dem Israel von sich aus nicht lebensfähig, „auf Jahwe ange-

---

[41] Vgl. in jüngeren Texten 3, 24; 14, 20.

[42] V. 5 b ist ein jerdtr Zusatz, der – wie öfter, ja mit einem typischen Thema – den Vorwurf des Götzendienstes erhebt (W. Thiel I, 80 f) er „setzt Jahwes Urteil über Israels Handeln voraus und beschreibt dessen Folgen" (S. Herrmann 119). Der Wortstamm *hbl* „Hauch" findet sich auch sonst in Nachträgen (8, 19; 14, 22; 16, 19 f; vgl. 23, 16 a).

[43] Die Frage (V. 6. 8. 28; vgl. 17, 15 vom Wort Gottes) begegnet in verschiedener Form ähnlich (2 Kön 2, 14; 18, 34; Jes 36, 19; Joel 2, 17 u. a.), auch schon im Namen I-sebel „Wo ist der Fürst?" P. Volz (18) nimmt sogar „eine Formel der Kultsprache" an, mit der man das „Eingreifen" der Gottheit herbeiwünschte. Vgl. die Nachwirkung des Namens Beelzebul Mk 3, 22; Mt 10, 25 u. a.

[44] Das Motiv „ohne Bewohner" kehrt in verschiedenen Wendungen mehrfach wieder: 2, 6. 15; 4, 7. 25. 29; bes. 6, 8 ähnlich: „nicht bewohnbares Land". Vgl. ähnlich schon Jes 6, 11; 5, 9 u. a.

wiesen war"[45], als Helfer und schenkte ein fruchtbares Gartenland (vgl.
5, 17). Dabei bleibt es für Gott: „mein Land, mein Eigentum", das „meinem
Volk" (2, 11. 13) anvertraut ist.

V. 7 a ist ein eindrücklicher Beleg, dass im AT der Erntedank nicht primär
vom Bekenntnis zum Schöpfer, sondern von Gottes Führung in der Geschichte her begründet wird.[46] So behält die frühe Vergangenheit bleibende
Gegenwartsbedeutung. Grob verallgemeinert: *Natur* und Geschichte bilden
keinen Gegensatz; *Natur* wird keineswegs ausgegliedert, vielmehr vom Glauben her erschlossen. Sie wird als Gabe Gottes, der sich in der Geschichte als
Bewahrer und Befreier erwies, verstanden.

Allerdings wird der Zusammenhang von Gabe und Geber nicht erkannt
oder in Einstellung und Verhalten nicht festgehalten; der Ertrag wird anderen
gedankt. Wie 2, 2 f insgesamt vorweg so hat 2, 7 eine ähnliche Aufgabe, an
Gottes Heil zu erinnern.

Mit der Gegenüberstellung V. 7 (vgl. V. 21) wird der Vorwurf verstärkt, die
Undankbarkeit veranschaulicht: „*Ich* ließ euch hineinkommen – *ihr aber*
kamt, um zu entweihen". „Verunreinigen", „Gräuel/Abscheu" meinen mit
dem Glauben Unvereinbares.[47] Das *Wie* des Verhaltens wird hier nicht beschrieben; die Konkretisierung erfolgt V. 20 ff. Die Erinnerung an die (noch)
heilvolle Vergangenheit „Ich führte/brachte euch" schlägt später in die Ansage drohender Zukunft um: „Siehe, ich bringe Unheil …"[48]

Durch die aufgenommene Frage: Wo ist bzw. wirkt Jahwe? hängt V. 8 mit
V. 6 zusammen; was zunächst beim Volk beklagt wird, wird dann bei Priestern aufgewiesen. Nach der – rahmenden – Anklage über das Volk gibt V. 8
Hauptgruppen der (tragenden) Oberschicht, vier oder eher drei Stände, an.
Die Stellungnahme wirkt wie ein zusammenfassendes Urteil[49] zu den *Ämtern*
und nimmt so in gedrängter Kürze entscheidende Themen aus Jeremias Verkündigung – wie die später ausgeführte Auseinandersetzung mit Priestern
und Propheten – vorweg.

Gegenüber ähnlichen Reihen, wie sie sich in jüngeren Texten[50] finden, ist
die Zusammenstellung der *Ämter* ungewöhnlich: a) Könige werden nicht,
zumindest nicht ausdrücklich, genannt, b) die „Hirten" sind erwähnt, und
c) „Handhaber der Tora" begegnen nur hier.

Angeführt sind zunächst die *Priester*, die nicht nach Jahwe fragen, dann diejenigen, die die „*Tora*/Weisung" „anfassen", „handhaben", mit ihr „umgehen"

---

[45] Israel konnte „nicht anders, als sich ganz auf Jahwe verlassen. In der Wüste hatte Israel
nichts: Jahwe allein war Ursprung und Ziel." So P. Diepold, Israels Land, BWANT 95, 1972,
110 ff, bes. 116.
[46] Vgl. Hos 2, 7. 10 (bzw. 2, 5. 8); ausgeführt im Bekenntnis Dtn 26, 1 ff u. a.
[47] Vgl. 6, 15; 8, 12 „Gräuel tun/verüben"; dann in jüngerer Sprachgestalt 7, 10; 16, 18; 32, 35;
44, 4. 22; zuvor Jes 1, 13.
[48] Jer 4, 6; 5, 15; 6, 19. „Frucht essen" findet sich im Zuspruch des Briefes 29, 5 wieder, Karmel
„Fruchtland" 4, 26.
[49] Vgl. die Gegenüberstellung der „Geringen" und der „Großen" 5, 4 f u. a.
[50] Vgl. unten zu den Zusätzen 2, 26 b; 4, 9; auch 8, 1 u. a.

sollen, aber Jahwe nicht „kennen". Die „Tora/Weisung" ist – wie für die Eltern (Spr 4, 1 ff) – charakteristisch für die Priester[51]. Dabei steht Jeremia mit seiner Kritik am Priester einschließlich dessen Tora bereits in prophetischer Tradition.[52] So bezeichnet „Hüter" kaum eine eigene, selbständige Gruppe, eher sind beide Vorwürfe auf Priester zu beziehen, wie abschließend die Propheten zweifach (im Parallelismus) gekennzeichnet werden. Ob die Tora mündlich oder schriftlich ergeht, lässt sich hier kaum eindeutig unterscheiden und entscheiden; beides bildet wohl auch keinen Gegensatz.[53] Wegen ihrer Allgemeinheit ist die Anklage schwer zu konkretisieren: Priester, die eigentlich die Tora vermitteln sollten, kennen sie nicht.

Die „Hirten" sind die politischen Führer und Beamten.[54] Die Kritik an Priestern und *Propheten* gemeinsam ist wiederum durch Jeremias Vorgänger[55] vorgegeben; beide werden bei ihm auch sonst zusammen angeführt.[56] Die Propheten weissagen statt im Auftrag Jahwes und unter Berufung auf seinen Namen vielmehr mit Baal. Damit „folgen" sie den „Nichtsnutzen" „nach" – das Verb kehrt im Gegensatz zur treuen „Nachfolge" in der Wüste (V. 2) und Gottes „Führung" (V. 6) wieder.

Dabei fällt der Name des Gottes, mit dem sich nach biblischer Überlieferung schon Elia und Hosea – ein, zwei Jahrhunderte zuvor[57] – auseinandersetzen: *Baal* „Herr" ist der aus der Umwelt wie dem AT wohlbekannte „Herr" der Fruchtbarkeit. Das Thema könnte, wenn auch nur indirekt, im Zusammenhang (V. 7) nachklingen: Wer ist Geber der Güter des Landes? In der Umwelt gilt Baal Schamaim „Herr des Himmels" als Gottheit, die „Seher" inspiriert[58], und die Karmelgeschichte erzählt von Propheten Baals.[59] Hier wirkt der Sprachgebrauch „durch den Baal" (vgl. 23, 13[.27]) allerdings allgemeiner, wenn nicht pauschal oder stereotyp. Vielleicht ist im Gebrauch von „Baal" aber zwischen Ein- und Mehrzahl zu unterscheiden: Klingt der

---

[51] Jer 18, 18; Ez 7, 26; 22, 26; Hag 2, 11 u. a.

[52] Hos 4, 6; vgl. 8, 12; Mi 3, 11 (Priester „lehren", d. h. mit dem entsprechenden Verb: „geben Tora/Weisung"); auch Jes 1, 10.

[53] Jer 8, 8 f weist, allerdings mit der Verbindung „Tora Jahwes", durch die Angabe der „Schreiber" deutlich auf schriftliche „Tora" hin (vgl. Dtn 17, 18; auch Hos 8, 12; Jes 10, 1 f u. a.), und könnte mit „Weisen", „Schreiber" außerdem andere Zusammenhänge im Blick haben (vgl. die Auslegung).

[54] „Hirten" wie Jer 10, 21; 12, 10; 23, 1 ff; Ez 34 u. a. Die Könige, die später in einer Wortzusammenstellung (21, 11 ff) eigens bedacht werden, sind hier, d. h. innerhalb dieser frühen Sammlung, erst in nachträglichen Texten (2, 26 b; 4, 9) ausdrücklich erwähnt. Hat die sog. Frühzeitverkündigung das Königshaus noch nicht eingeschlossen?

[55] Jes 28, 7; Mi 3, 11; vgl. Zeph 3, 4; auch Am 7, 10 ff.

[56] Jer 5, 31; 6, 13. Sowohl die Verbindung von Priester und Prophet (23, 11) als auch der Vorwurf „Weissagen im (Namen des) Baal" (23, 13) klingen in der Sammlung „Über die Propheten" (23, 9 ff) nach. Vgl. auch 4, 9; 5, 13; 14, 18; 26.

[57] Baal gehört, wie die Überlieferung Elias und Hoseas zeigt, ursprünglich in das Nordreich (vgl. Jer 23, 13). Vom Baalkult ist in Jerusalem erst später die Rede (2Kön 21, 3; 23, 4; vgl. 11, 18; Zeph 1, 4); er scheint sich von Nord nach Süd ausgebreitet zu haben.

[58] Nach der Inschrift Zakirs/Zakkurs von Hamat (KAI 202; RTAT 249; TUAT I/5, 627).

[59] 1Kön 18, 19 ff; vgl. 2Kön 1, (2.)6.

Singular „durch den Baal" formelhaft, findet sich der Plural „Baale" (V. 23) in
einem mehr die Situation beschreibenden Kontext.[60]

Das AT bestreitet weniger die Existenz als das Vermögen, nicht die Wirklichkeit, sondern die Wirksamkeit, zumindest mit der Wirklichkeit die Wirksamkeit der Götter: Sie „nützen nichts" (V. 8 b. 11 b).

Nach dem Blick in die Vergangenheit und die Gegenwart zieht V. 9 mit
„Darum" und (über V. 8 hinweg) der Rückkehr zur 2. Person die Folgerung
in der Ankündigung der Anklageerhebung gegen Israel, weist auf Künftiges
voraus: Gott eröffnet den „Rechtsstreit"[61]. Wie der Rückblick bis zu den
„Vätern" geht, so greift der Vorblick über die Lebenden („euch" wie V. 7) hi-
naus zu kommenden Generationen. Fasst man den Wortlaut streng, sind drei
Generationen genannt. Sind von tiefen geschichtlichen Einschnitten nicht
Söhne und Enkel mitbetroffen?[62]

Aufforderung zum Vergleich der Religionen
in kritischer Absicht
Jer 2, 10–13

10 Fürwahr, geht doch hinüber
    zu den Inseln der Kittäer (d.h. nach Westen)
    und seht
    oder sendet nach Kedar (d.h. nach Osten)
    und merkt wohl auf und seht zu,
    ob jemals so etwas geschehen ist!
11 Hat je ein Volk seine Götter vertauscht?
    Dabei sind sie gar keine Götter!
    Mein Volk aber hat die Herrlichkeit (seines Gottes)
    vertauscht
    gegen einen Nichtsnutz.
12 Entsetzt euch, ihr Himmel deshalb
    und erschauert, erzittert gar sehr – Spruch Jahwes;

---

[60] „Der Baal' ist ein qualitativer Begriff", urteilt B. Duhm (20), fügt aber näherbestimmend
hinzu: „die lokalen, autochthonen Numina Palästinas". „Unter Baal versteht Jer [...] nicht bloß
den kanaanäischen Gott in seinen verschiedenen Ausprägungen [...], sondern auch die kanaani-
tisch verseuchte Jahwereligion; mochten diese Propheten sich immerhin Jahwepropheten nennen,
für Jer sind sie es nicht." (W. Rudolph 16 f). Vgl. zu V. 23 ff (Anm. 125 f).

[61] *rib* „Rechtsstreit, Gerichtsverfahren"; vgl. 2Sam 15, 2. 4; Jer 11, 20; 20, 12; auch 15, 10; o. Anm. 6.

[62] Die Angabe ist nicht näher bestimmt – eine Möglichkeit: eine Generation bis zur Katastrophe, zwei im Exil. Später werden in der älteren Fassung des Briefs an die Exilierten 29, 5–7 zwei,
im vorliegenden, erweiterten Text drei Generationen erwähnt. Vgl. im Rückblick das Sprichwort
Jer 31, 29; Ez 18, 2.

13 denn zweifaches Unrecht beging mein Volk:
   Mich verließen sie,
   den Quell lebendigen Wassers,
   um sich Zisternen zu hauen,
   rissige Zisternen,
   die das Wasser nicht halten.

In plastisch-bildhafter Rede wird der Vorwurf, Jahwe verlassen (V. 5 a) und sich anderen („Göttern") zugewendet zu haben, wiederaufgenommen, das im Stichwort „Nichts-Nutze" (V. 8) enthaltene Thema entfaltet. Das Wort wirkt im vorliegenden Zusammenhang nach der wohlbegründeten Zukunftsankündigung wie ein Anhang: Bedarf es für die Anrufung des Gerichts (V. 9) nach der Anklage (V. 5 ff) weiterer Argumente? Mit der Begründung („denn") liegt zugleich eine Bekräftigung oder Bestätigung („fürwahr") vor.[63]
    Mit den Imperativen hat V. 10 ff gegenüber V. 2–9 einen anderen Charakter und eigenes Gewicht. V. 10–13 bilden ein leicht abgrenzbares, vermutlich von Jesaja, der Amostradition und Hosea beeinflusstes, aus sich verständliches, wohl ehemals selbständiges Einzelwort. Es hat eine *Doppelstruktur*[64] mit – wohl seit je zusammengehörigen – zwei Aufforderungen (V. 10. 12) und zwei Anklagen (in 3. Person: V. 11. 13). Die Formel „Spruch Jahwes" (V. 12) bekräftigt in Zwischenstellung die Rede als Gotteswort. Über ferne Völker (V. 10) greift erst die zweite Aufforderung auf den Kosmos (V. 12) aus; wird das Forum ausgeweitet, so wird auch der Vorwurf stärker ausgemalt. V. 11 a enthält zunächst eine um Zustimmung ringende Frage vor der folgenden Behauptung oder Beurteilung (V. 11 b); sie wird bei bildhafter Ausgestaltung der Anklage V. 13 („zweifach", selbst hergestellt) eher verschärft.
    Ein Aufruf, zu anderen Völkern zu ziehen, um zu vergleichen, findet sich schon in der Amosüberlieferung.[65] Ähnlich wie das Jesajawort (1, 2 f) mit „Hört, ihr Himmel!" den Schuldaufweis des Volkes eröffnet, erscheint hier (V. 12) der Himmel als Forum – wiederum im Gegenüber von Gott und dem Verhalten des Volkes.[66] Vor weltweitem Horizont stellt das Jeremiawort die Einmaligkeit des Vorgangs heraus, ja spitzt die Aussage eher zu – über den Aufmerksamkeitsruf „Hört!" hinaus: *„Entsetzt* euch, ihr Himmel!" und im Schuldaufweis über das *„zweifach"* Böse.
    Erinnert der universale Horizont nicht an die Berufung zum „Propheten für die Völker"(1, 5)? Die Völkerwelt ist zwar nicht angeredet, aber einbezogen (vgl. 2, 3 b). Israels Geschichte spielt sich vor kosmischem Hintergrund

---

[63] Ähnlich sind an anderer Stelle, wie V. 20. 22, wohl ehemals selbständige Worte durch das verbindende, überleitende *ki* „denn" angeschlossen und so in den Zusammenhang eingefügt; es ist öfter doppeldeutig: begründend „denn" oder vergewissernd „fürwahr".

[64] Vgl. das Visionspaar Jer 1, 11 f. 13 f.

[65] Am 6, 2; vgl. 3, 9; auch Jes 18, 2.

[66] Der Jes 1, 3 folgende weisheitlich gefärbte Tiervergleich mit der Feststellung mangelnder Einsicht des Volkes findet bei Jeremia in anderen Worten (4, 22; 8, 7; vgl. 5, 4; 9, 2. 5 u. a.) einen Widerhall.

ab. Der Himmel, damit das Weltganze, nimmt Anteil, sei es als Zuschauer
oder als Zeuge und Gerichtsforum. Eigentlich ist gewiss der Redende, Gott
selbst, Richter (V. 9).

Aufrufe, sich selbst zu überzeugen, finden sich mehrfach bei Jeremia.[67]
Hier fordern sie – kaum nur ironisch – zum Religionsvergleich in West und
Ost[68] auf, um die Einzigartigkeit, ja Widersinnigkeit des Abfalls von Jahwe im
Bild darzustellen. Insofern ist der Vergleich der Religionen keine – erst von
der heutzutage nach der Aufklärung betriebenen Religionsgeschichte – dem
AT aufgezwungene, seinem Wesen völlig fremde Fragestellung, sondern ihm
wenigstens ansatzweise[69] bekannt. Intention des Religionsvergleichs ist hier
allerdings keineswegs eine wertneutrale, „objektive" Beobachtung von Sach-
verhalten, sondern im Gegenteil mit der bildhaften Darstellung der enga-
gierte Aufweis der Übertretung des Ausschließlichkeitsanspruchs des Glaubens, der Widersinnigkeit des Abfalls vom wahren und darum letztlich eben
unvergleichlichen Gott.

Ein „Monotheismus" ist hier im strengen Sinn nicht belegt; er hat zwei
Aspekte, außer der Affirmation eine Negation: ausschließliche Hinwendung
zu dem einen Gott und grundsätzliche Leugnung der Existenz anderer Götter. Nach 2Kön 1 bestreitet *Elia* nicht die Existenz des fremden Gottes, nicht
einmal dessen Bedeutung an seinem Ort oder für ein anderes Volk; „in
Israel" (1,[3.]6; 1Kön 18, 36) aber ist die Wendung zu einem anderen Gott
ausgeschlossen: Jahwe ist allein Nothelfer, zuständig für Krankheit und Heilung, Tod und Leben. Die sog. Schriftpropheten übernehmen und bezeugen
die Ausschließlichkeit, Amos implizit, Hosea ausdrücklich.[70] Jesaja (2, 17)
kennt die Erwartung „Jahwe allein an jenem Tag." In Jer 2, 10 ff liegt eine Vorform der eindeutig monotheistischen oder monotheistisch klingenden Aussagen bei dem Exilspropheten Deuterojesaja[71] oder der späteren umfassenden
Darstellung Jer 10 vor.

Der – gegenüber dem eigenen Volk erhobene – Vorwurf des *Vertauschens*
setzt die Ausschließlichkeit des Glaubens voraus. Kennen und betreiben an-

---

[67] Vgl. Jer 3, 2; 5, 1; bes. 18, 13 u.a.; s. o. die Einleitung zu Redeformen.

[68] Die Kittäer, ursprünglich Bewohner Zyperns, dann verallgemeinert, stehen für den Westen,
Kedar, ein Stamm in der syrisch-arabischen Wüste, für den Osten.

[69] Schon dem alten Orient sind sog. Unvergleichlichkeitsaussagen mit formelhaften Wendungen „Wer ist wie/gleich?" (Ps 89, 7 ff u.a.; vgl. den Namen Micha-el), vertraut, die zum Vergleich
zwischen Göttern auffordern. Das Bekenntnis zur Überlegenheit oder Unübertrefflichkeit des jeweiligen Gottes kann im Alten Testament so zugespitzt werden, dass die Redewendung – in Konsequenz der Ausschließlichkeit des Glaubens – die Analogielosigkeit bzw. Einzigkeit (2Sam 7, 22;
Ps 18, 32) oder auch – im Sinne des Bilderverbots – die Unvorstellbarkeit (vgl. Dtn 4, 12 ff. 32 ff;
auch Jes 40, 18 ff; Jer 10 u.a.) des einen Gottes auszusprechen vermag.

[70] Hos 13, 4; vgl. 12, 10; dazu 1, 2; 3, 1 u. a. Das – jüngere – Dekaloggebot (Ex 20, 3; Dtn 5, 7)
enthält als Folge der Zusage „dein Gott" die Forderung ungeteilter Zuwendung gebündelt und zugespitzt, jedoch nicht jenes zweite Element, die Bestreitung der Existenz anderer Götter. Vgl. unten zu Jer 2, 27 f.

[71] Jes 43, 10; 44, 6 (vgl. Dtn 4, 35. 39; 32, 39 u.a.); auch bei ihm heißt es von den Göttern aber
noch (Jes 41, 24): „Euer Tun ist ‚nichts'." Vgl. Röm 1, 23; 1Kor 8, 5 f.

dere Völker nicht auch, was hier nur Israel vorgehalten wird? Mit Vorbehalt darf man vielleicht erläutern: Andere Völker mögen ihre eigenen mit anderen Göttern identifizieren, *tauschen* damit aber nicht.

Gegenüber dem lebendig-frischen Quellwasser wird das Gegenbild doppelt oder gar dreifach eingeschränkt: Es handelt sich a) nur um Zisternen, die b) ausgehauen, damit selbstgemacht, dazu c) noch rissig sind, also um einen ganz und gar untauglichen Ersatz.[72]

Wie Jeremia in der Gegenüberstellung zur fremden Religion Hoseas Einsichten aufnimmt, scheint im Wortlaut „Ehre vertauschen" Hosea (4, 7)[73] nachzuklingen. KABOD „Schwere, Gewicht, Ehre, Herrlichkeit, Majestät" steht (V. 11) dem „Nichts-Nutz" bzw. „Nicht-Gott" gegenüber. So geht es um die Erkenntnis oder das Bekenntnis der Wirkungslosigkeit der Götter (vgl. V[5 b.]8 b), von denen überhaupt nur allgemein-andeutend gesprochen wird. Vertrauen verdient nur der eine, der Leben gibt. Diese Einsicht wird nicht gesetzlich-fordernd erhoben, sondern bildhaft aufgewiesen und zugleich klagend-anklagend vorgetragen.

Innerhalb des jüngeren Zusatzes 17, 12 f wird im Anschluss an 2, 13 das Bildwort „Quelle lebendigen Wassers", ohne dass der kritische Ton vergessen ist, in eine Vertrauensaussage, die Anrede an die „Hoffnung Israels", übertragen (vgl. Ps 36, 10). Allerdings kann Jeremia in der Anfechtung (15, 18) den Bildgehalt auch in Zweifel ziehen: „wie ein Trugbach".

In seiner Anschaulichkeit ist 2, 10 ff ein für alttestamentliches Gottesverständnis wichtiger Text. Das entsprechende Bekenntnis zum „lebendigen Gott" verbindet Altes und Neues Testament, bezeugt so in der Diskontinuität Identität.[74]

---

[72] „Während also die Heiden bei aller Torheit ihres Götzenglaubens doch wenigstens ihren Göttern treu blieben, bringt Israel einen so wahnwitzigen Tausch fertig, dass darob selbst die Natur erschauern muss [...] Den ganzen Widersinn dieses Verhaltens stellt Jer [...] unter dem berühmten Bild [...] dar: wer wird, wenn er Durst hat, einem frisch sprudelnden Quell den Rücken kehren und das abgestandene Wasser einer zudem durchlässigen Zisterne vorziehen? So aber hat es Israel gemacht." (W. Rudolph 17).

[73] In beiden Fällen (Hos 4, 7; Jer 7, 11; auch Ps 106, 20), handelt es sich um eine der „Verbesserungen der Schreiber"; vgl. H. Bauer/P. Leander, Historische Grammatik der hebräischen Sprache, 1922. 1965, 76 f; C. McCarthy, The Tiqqune Sopherim, OBO 36, 1981, 97 ff.

[74] Das Bekenntnis wird im Alten (1Sam 17, 26. 36; Ps 42, 3. 9; vgl. 36, 10 u. a.) wie im Neuen Testament (1Thess 1, 9 u. a.) ausgesprochen.

Kleiner Exkurs
„Israel" als Anrede an Jerusalem und Juda

Mit dem einleitenden Auftrag „Rufe zu Ohren/verkündige öffentlich Jerusalem!" ist Jer 2 in der gegebenen Form zweifellos auf das *Südreich*, d. h. die Tradition Israels auf Juda und Jerusalem, bezogen.[75] Selbst bei dem Verweis auf die Geschichte des Nordreichs (wie 2, 14 f) sind zumindest im vorliegenden Kontext die Bewohner des Südreichs die eigentlichen Adressaten.

Wurden damit ehemals dem *Nordreich* Israel, seinen Zuständen und seinem Schicksal, geltende Worte (mit der Anrede 2, 4 ff) durch Unterordnung unter die Überschrift (2, 1 f) auf Jerusalem und das Südreich umgedeutet? Die Frage kann nur sein, ob die Worte vor der vorliegenden Gestalt – d. h. wohl: vor der Sammlung und Niederschrift in der *mündlichen* Überlieferung – nicht ursprünglich an das Nordreich gerichtet waren.

a) Die Heils- oder Gründungstradition, zumal von der Rettung aus Ägypten, erzählt von „Israel". Außerdem ist der Bezug auf „Israel" von der prophetischen Gestalt der Glaubenstradition Jeremia vorgegeben, da er sich an Hosea anlehnt.

b) Die Übertragung des Namens „Israel" auf das Südreich begegnet sowohl *vor* Jeremia als auch *nach* ihm. Sie findet sich bereits ein Jahrhundert zuvor bei Micha.[76] Zumindest nach der Zerstörung des Nordreichs gingen „Israel" und „Jakob", die beiden Ehrennamen des Ahnherrn Jakob-Israel, an das Südreich Juda über.[77] Nach Jeremia redet der Exilsprophet Deuterojesaja die Exilierten aus Juda wie selbstverständlich mit den Namen „Jakob, Israel" (Jes 40, 27 u. a.) an.

c) Wenn „Israel" *nur* auf das Nordreich bezogen wird, bedarf es, auch abgesehen von der Einführung (2, 2), der Literarkritik. Verschiedene Hinweise auf die Situation des Südreichs 2, 16. 18. 28. 36 müssten als Zusätze ausgeschieden werden.[78]

d) Bezieht man 2, 4 ff (–4, 3) auf das Nordreich, so würden sich Kap. 2 und 4, 5 ff an verschiedene Adressaten richten. Allerdings finden sich Querbezüge.[79]

e) Der im jüngeren Prosatext 3, 6–11 vorgenommene Vergleich von Israel und Juda wird am ehesten verständlich, wenn sich das Urteil 3, 1–5 auf das Südreich bezieht und der Heilszusage an das Nordreich 3, 12 f gegenübergestellt wird. Der Zwischenabschnitt antwortet auf die Frage: Wie ist die unterschiedliche Behandlung gerechtfertigt?

f) Auch sachlich-theologisch erheben sich Fragen:

1. Kap. 2 deutet innerhalb der umfangreichen Anklage die Gerichtsankündigung nur in allgemeiner Form (2, 9 u. a.) an; sie ist im vorliegenden Zusammenhang auf Juda bezogen.

Lässt sich die Deutung von „Israel" auf das Nordreich, die nach dem Zusammenbruch von 722 v. Chr. die Ankündigung eines wiederholten, weiteren Gerichts bedeuten

---

[75] Entsprechend dem Redeauftrag (2, 2) wird der Name „Israel" 2, 3 eindeutig auf Jerusalem angewandt. Vgl. auch 5, 15. 20; 6, 9; 18, 6. 13 u. a.

[76] Mi 3, 1. 8 f; vgl. 5, 1 u. a.

[77] Vgl. dazu L. Rost, Israel bei den Propheten, BWANT IV. 19, 1937 bes. 109; zum Thema des Exkurses: H. W. Hertzberg, Jeremia und das Nordreich Israel, 1952: Beiträge zur Traditionsgeschichte und Theologie des Alten Testaments, 1962, 91–100; W. Thiel I, 212 f; R. Albertz, BZAW 326, 209–238; R. Liwak, bes. 172 f.

[78] Vgl. die Auslegung, bes. S. 83 zu 2, 16 f.

[79] Schon 2, 1–3 und 2, 4. 5 ff sind – sprachlich – miteinander verbunden. Vgl. etwa 2, 20 mit 5, 5; o. zur Entstehung des Buches (S. 31 ff) und die Auslegung.

würde, mit diesen zumindest umstrittenen Texten ausreichend begründen? Wo findet sich sonst bei Jeremia ein Schuldaufweis gegenüber dem Nordreich? Zudem blieben solche Anklagen ohne Folgen, ohne Strafansage. W. Rudolph (228) urteilt wohl mit Recht: „Unheilsweissagungen Jeremias gegen das Nordreich" sind „nicht bekannt".

Gewiss klingen Erfahrungen Hoseas mit dem Nordreich bei Jeremia nach; seine in Kap. 2 gesammelten Anklagen gelten schon vor der vorliegenden Fassung in der mündlichen Überlieferung eher dem Südreich.[80]

2. Wie verhielte sich ein solcher Schuldaufweis (mit Gerichtsankündigung) zu dem ausdrücklich gen Norden gewandten, mit der Heilszusage begründeten Umkehrruf 3, 12 f? Der Heilszuspruch an das Nordreich ist eindeutig.[81]

Keine Lehre aus der Geschichte
Jer 2, 14–19

14   Ist Israel ein Sklave oder leibeigen geboren[82]?
     Warum wurde es zur Beute?
15   Über ihm brüllen[83] Löwen,
     erhoben ihre Stimme.
     Sie[84] machten sein Land zur Wüste,
     seine Städte wurden verheert, ohne Bewohner.
16   Auch die Bewohner von Noph[85] und Tachpan(ch)es
     werden dir den Schädel abweiden.
17   Hast du dir dies nicht selbst bereitet,
     da du Jahwe, deinen Gott, verließest?[86]
18   Nun, was hast du nach Ägypten zu laufen
     um Wasser des Schichor[87] zu trinken?

---

[80] Versteht man „Israel" als „gesamtisraelitisch", kann der Unterschied gering sein: „Dabei soll selbstverständlich nicht ausgeschlossen werden, dass das ideale Gesamtisrael faktisch identisch ist mit dem, was an ‚Israel' noch vorhanden ist, etwa mit Juda oder mit nachexilischen Judäern." So R. Mosis, GAufs.FzB 93, 181, Anm. 14.

[81] Vgl. o. zur Verkündigung Jeremias Abs. 8.

[82] Oder: „ein im Haus geborener Knecht". Hier könnte die Bildrede von Israel als Sohn Gottes (Hos 11, 1 f) abgewandelt sein; vgl. zu Jer 3, 19.

[83] Die Übersetzung (nur hier Impf.) behält den Wechsel der Tempora bei, obwohl die beiden parallelen Vershälften wohl zeitgleich zu verstehen sind. Insgesamt scheint V. 14 einen Zustand darzustellen, der in der Vergangenheit (mit der Besetzung und Zerstörung) begann und (mit der Fremdherrschaft) noch andauert.

[84] Die Löwen, d. h. die Feinde.

[85] Memphis. Tachpanes bzw. Tachpanches ist eine ägyptische Grenzfestung; vgl. M. Görg, BN 27, 1999, 24–30.

[86] Die sich anschließende, in der LXX fehlende Angabe „zur Zeit dessen, der dich auf dem Weg führte" stellt eine Dittographie der einleitenden Worte von V. 18 dar.

[87] „Wasser des Horus", ein Nilarm oder See (HAL 1369 f); vgl. Jes 23, 3.

Was hast du nach Assur zu laufen,
um Wasser des Stromes[88] zu trinken?
19 Deine Bosheit züchtigt dich,
und deine Treulosigkeiten weisen dich zurecht.
Erkenne doch und sieh,
bös und bitter ist es, dass du Jahwe verlassen hast
und dich nicht ‚mit Zittern an mich gewendet hast'[89] –
ist der Spruch des Herrn, Jahwe Zebaots.

Mit der Doppelfrage, die V. 14 f – im Stil des Disputationswortes mit klagendem Unterton – umgreift, liegt ein Neueinsatz vor. Der stilistisch zusammenhängende Abschnitt[90] ist mit seinem Bilderreichtum nicht leicht zu verstehen, für die Datierung der Verkündigung Jeremias aber wichtig.

Wie schon der einleitende Abschnitt V. 2 ff enthält V. 14 ff einen geschichtlichen Rückblick, allerdings nicht mehr in die Frühzeit, sondern zunächst wohl in die Zeit des 8. Jahrhunderts, d. h. der Wirksamkeit der prophetischen Vorgänger Amos, Hosea oder Jesaja, und dann mit Anspielung auf die zeitgenössische Situation in Jeremias Gegenwart. So werden verschiedene Zeiten überbrückt, wie im Zeitraffer[91] zusammengezogen.

Von der Abkehr von Jahwe bzw. dem Verhalten zu fremden Gottheiten geht das Thema zur Politik über. Die in V. 3 angedeutete Gefährdung wird ausgeführt: War in der Frühzeit Israel als Jahwes Eigentum von ihm beschützt, so änderte sich dies – der Botschaft jener Propheten entsprechend –

---

[88] D. h. des Euphrat; vgl. Jes 7, 20.

[89] So die wohl ältere, von Peschitta und Vetus Latina belegte Textgestalt mit (dem Kontext entsprechend) Verb in der 2. Ps. Sg. f. im Anschluss an Hos 3, 5. Der masoretische Text bietet: „und kein Zittern/keine Furcht vor mir bei dir ist". Vgl. W. Rudolph 18; HAL 871 f; ThWAT VI, 556. Der Grundbestand von Hos 3, 5 (ohne „und David, ihren König" sowie „am Ende der Tage") mit dem Wechsel von Unheil zu Heil, der Ankündigung der Umkehr nach dem Gericht, wird Jer 2, 19 vorausgesetzt. „Offensichtlich verbindet schon der junge Jeremia Hos 3, 5 mit Hoseas Sprachgebrauch aus Hos 11 und 14" (J. Jeremias, FAT 13, 76; vgl. ATD 24/1, 57), nämlich mit dem Stichwort *meschuba* „Abkehr, Abtrünnigkeit", das dann in Abwandlungen (*schub* „zurückkehren") zum Leitwort in Kap. 3 wird. Eine Nachwirkung findet sich auch Mi 7, 17.

[90] „Von Vers zu Vers wechseln Bilder und Begriffe […] Auffallend ist der Stil rhetorischer Fragen in V. 14. 17. 18, auf die in V. 17 und 19 die gleichlautende Antwort gegeben wird, die das Grundübel aller Fehlentwicklungen zusammenfassend bezeichnet: Israel hat seinen Gott verlassen. Diese Feststellung verbindet das ganze Stück V. 14–19 mit dem vorausgegangenen Abschnitt." (S. Herrmann 128).

[91] Jeremia hat „Israel/Juda hier nicht in seiner bloß zeitgenössischen Gestalt vor Augen […], sondern als die einheitliche, alle Generationen umgreifende Größe. Sie kann sich zeitlich differenzieren, beispielsweise in Väter und Söhne, aber sie ist doch eins (ähnlich Jer 2, 1 ff). So, als auf die Summe des Geschicks Israels, kann der Prophet auf die geschichtlichen Erfahrungen des vorhergehenden Jahrhunderts zurückgreifen, Ereignisse, die – wie der Untergang des Nordreichs – in ihren Wirkungen ja noch andauern. Solche Gesamtbeurteilungen Israels begegnen zuvor vor allem bei Hosea, und in dessen Tradition treffen wir Jeremia hier an; auch mit dem Hinweis auf die Schaukelpolitik zwischen Ägypten und Assur (vgl. Hos 12, 2)." (H.-J. Hermisson, KuD 27, 1981/2, 103).

völlig. Schon Hosea kann Abfall bzw. „Hurerei" sowohl religiös als auch
politisch verstehen;[92] die Kritik am Vertrauen auf Ägypten (vgl. V. 36 f) ist
durch Jesaja[93] vorgegeben. So führt Jeremia unter anderen zeitpolitischen
Verhältnissen Einsichten seiner Vorgänger weiter.

Mit der Gegenüberstellung Freier – Abhängiger setzt V. 14 den Verlust der
staatlichen Selbständigkeit Israels voraus. Die Feinde fielen wie Raubtiere
über Israel her; es wurde zur Beute, politisch abhängig. Das schon bei den
prophetischen Vorgängern[94] bezeugte Bild vom Löwen begegnet mehrfach
bei Jeremia in verschiedener Sprachgestalt.[95]

Ist „Israel" als Nordreich (mit der Katastrophe von 722 v. Chr.) oder zugleich als Südreich (mit dem einschneidenden Ereignis von 701 v. Chr.) gemeint?[96] Ein Entweder – Oder ist hier kaum angemessen. Offenkundig wird
die Überlieferung „Israels", des Nordreichs, im vorliegenden Kontext auf die
Situation des Südreichs zugeführt.[97] Die Anspielung auf das Dreiecksverhält-
nis Ägypten–Assur–Juda spricht für Jeremias Frühzeit, in der Assur noch als
politische Macht auftreten konnte.[98] Bild und Frage verlieren ihre Eindrück-
lichkeit und Folgerichtigkeit, wenn die Abhängigkeit aufgehoben ist.[99] Zudem wird Babylon (noch) nicht genannt.

---

[92] Vgl. etwa Hos 4, 10 ff; 5, 3 f mit 7, 8 ff; 8, 8 ff.

[93] Jes 30, 1–3; 31, 1–3 u. a.; vgl. auch Ez 17.

[94] Vgl. Am 3, 4; im Zusammenhang der Kritik an der Bündnispolitik Hos 5, 14; insbesondere
Jes 5, 29 im Bild vom Feindvolk für den Untergang des Nordreichs durch die Assyrer 722 v. Chr.
(ähnlich Jes 7, 18 f).

[95] Vgl. 2, 30; 4, 7; 5, 6; 12, 8 u. a.

[96] Jeremia bezieht sich wahrscheinlich „auf die Katastrophen des 8. Jahrhunderts [...]: das
Nordreich fiel den Assyrern zum Opfer, ein Teil der Bewohner musste in die Verbannung; als 701
Sanherib heranzog, machte die Verwüstung des Landes und der Städte auch vor Juda nicht halt –
es wurde ‚zur schaurigen Öde, seine Städte zerstört, von Menschen bloß'. Seit dieser Zeit war das
Land ein Vasall der Assyrer." Vgl. Jes 1, 4–8. „Jer 2, 14 f scheint aus der frühesten Zeit Jeremias zu
stammen und ist vielleicht noch zu Lebzeiten Assurbanipals abgefasst: das assyrische Joch ist
noch nicht abgeworfen." (so P. Diepold [Anm. 45 zu 2, 1 ff] 122 mit Anm. 1).

[97] Diese Verknüpfung mit der politischen Lage des Südreichs (2, 16. 18; vgl. V. 36) bietet, abgesehen von der beschriebenen Situation, von sich aus – aus stilistischen oder literarkritischen
Gründen – keinen ausreichenden Anstoß, um die Worte aus dem Zusammenhang herauszulösen.
Außerdem können sich in der sog. Urrolle Erfahrungen bis zu Anfang der Zeit Jojakims nieder-
schlagen; vgl. 36, 1; o. zur Entstehung des Buches (S. 30).

[98] „Die ausdrückliche Nennung Assurs setzt voraus, dass seine Macht noch nicht gebrochen
war, der Spruch also vor das Jahr 612 (Untergang Ninives) fällt" in eine Situation, in der „die
Ägypter von neuem nach Syrien und Mesopotamien ausgriffen". Wegen der „relativ konkreten
Angaben in 2, 16. 18 eröffnet sich die Möglichkeit, hier dem authentischen Wort Jeremias und sei-
ner Intention sehr nahe zu kommen" – mit der Stellungnahme zu „falschem Vertrauen auf außen-
politische Konstellationen". „Schwerlich anders lässt sich dieser Spruch deuten, als dass er es mit
Juda zu tun hat. Es muss sich um einen politisch handlungsfähigen Staat handeln, und dies war
Israel, das Nordreich, längst nicht mehr. Betrachtet man V. 16 und 18 als noch unter der Über-
schrift von V. 14 stehend, so muss dort dieses Israel ambivalent auch auf Juda bezogen werden.
Das spricht gegen die These, dass von der Überschrift von 2, 4 ab Kap. 2 ganz und gar auf das
Nordreich Israel ziele und dieses allein angesprochen sei." (S. Herrmann 134 ff).

[99] Ägypten (mit den genannten Orten) spielt in Jeremias Spätzeit wieder eine Rolle – allerdings
in einer Situation, die nicht mehr mit Assur verbunden ist. Die – untergegangene – assyrische

In der – ab V. 16 zu einer weiblichen Gestalt gesprochenen – Argumentation wechseln sich konkretere (V. 16. 18) mit allgemeinen (V. 17. 19) Aussagen ab. So wird das „Warum" (V. 14) verschieden beantwortet, dann in Zuspitzung der Frage V. 17 auf die Einsicht V. 19 als das – im Kontext von Kap. 2 vorläufige – Ziel zugeführt.

Die ausschließliche Bindung an Jahwe beansprucht nicht nur im kultisch-religiösen, sondern auch im politischen Raum Beachtung. Mit der Bündnispolitik vollzieht sich ein „Verlassen" Jahwes; das aus V. 13 vertraute Stichwort bringt gleich zweimal (V. 17. 19) das Grundübel auf einen Nenner.

V. 19 ruft zur Schuldeinsicht auf. Unheil sollte „belehren", Einsicht schaffen. Hier klingen weisheitliche Sprache und Tradition in erheblich verschärfter Form nach.[100] Die Hinwendung zu Fremden bringt das Gegenteil des Erhofften: Das Böse, Schuld und Unheil zugleich, erscheint als „die treibende Kraft"[101]. Nach dem Vorwurf hat das Volk nicht „zitternd", nicht wirklich bewegt[102], bei Gott Zuflucht (vgl. 2, 37) gesucht. Im Rückblick aus exilisch-nachexilischer Zeit erkennen die Klagelieder (4, 17; vgl. 5, 6) die Anklage der Propheten mit Anschluss an deren Sprache als berechtigt an: „Von unserer Warte hielten wir Ausschau nach einem Volk – das nicht hilft."

Gute Anfänge verdorben – untilgbare Schuld
Jer 2, 20–22

20 Fürwahr seit je ‚hast du'[103] dein Joch zerbrochen,
   deine Stricke zerrissen.
   Du hast gesagt:
   „Ich will nicht dienen!",
      sondern auf jedem hohen Hügel und
      unter jedem grünen Baum
      legtest du dich als Dirne hin.
21 Dabei hatte ich dich eingepflanzt als edle Rebe,
   ganz echtes Gewächs –
   aber wie hast du dich verwandelt
   in ‚faule Reben' eines entarteten Weinstocks!

Macht wird nicht mehr erwähnt. So ist Jer 2, 16. 18. 36 f von Jer 42 ff (bes. 43, 7; 44, 1; vgl. 46, 14 ff) kaum erklärbar.

[100] Vgl. 3, 13; 5, 3; auch die Auslegung zu 2, 30; etwa gegenüber Spr 10, 17; 12, 1; 15, 5; 19, 19 u. a.

[101] Die „Bündnisse werden auf Juda zurückfallen", bringen statt erwünschter Sicherheit vielmehr den Untergang (R.D. Branson, ThWAT III, 692).

[102] Vgl. 36, 16 „sich fürchten", erschrocken oder erschüttert sein.

[103] Vgl. Jer 2, 33; dazu BHS.

**22 Auch wenn du dich mit Lauge wüschest,
viel Seife für dich gebrauchtest,
schmutzig bleibt deine Schuld vor mir –
ist der Spruch des Herrn Jahwe.**

V. 20–28 bilden eine Untereinheit. Etwa V. 21 und 22 sind – mit dem Wechsel
des Bildes – jeweils in sich verständliche, wohl ehemals selbständige Worte,
die aber in eine Komposition eingeordnet sind. Sie ist gegliedert durch Zitate,
wie sie schon bei Hosea (2, 7) begegnen, als Anklage dienen und sich aufeinander beziehen (s. zu V. 23).

V. 20 redet – ähnlich wie schon Hosea[104] – mit dem „Du" (fem.) die Stadt
Jerusalem (V. 2), das Land oder Volk, etwa „die Tochter meines Volks" (4, 11;
6, 26), an; V. 21 erinnert ja an die Geschichte des Volkes.

Das – vom arbeitenden *Rind* stammende – Bild vom „Zerbrechen des
Jochs" und „Zerreißen der Stricke" wird später (5, 5) aufgenommen. Wie
schon für Hosea[105] gleicht Israel für Jeremia einem störrischen Rind, das – als
widerspenstiges Haustier – nicht zum Pflügen taugt, seine Aufgabe nicht erfüllt, seinen Dienst nicht verrichtet. Das Bild wird im Selbstzitat gedeutet:
Das Volk sagt sich von Bindungen an Gott los, gibt die Abhängigkeit auf,
proklamiert die Ungebundenheit, Freiheit.

Dabei wird der Ungehorsam Israels wie zuvor mit dem Rückblick auf die
„Väter" (V. 5) bis in die frühe Zeit („seit je"; vgl. 2, 32 „seit zahllosen Tagen")
zurückverfolgt.

> In den poetischen, metrisch gefügten Text ist ein *prosaischer* (jerdtr) *Zusatz* V. 20 b
> eingefügt, der Jeremias Wort erläutert, den Vorwurf im Selbstzitat konkretisiert und
> dabei in Vorwegnahme von V. 23 ff weiterführt. Spricht dieses nur von Weigerung,
> so der Zusatz von Unzucht im Sinne von Abfall.
>
> Die Ortsbestimmung „auf jedem hohen Hügel und unter jedem grünen Baum",
> die sich mehrfach[106] findet, spielt – wohl im Anschluss an Hoseas Anklage (4, 13) –
> auf rituelle Handlungen oder kultische Bräuche an.

Das folgende Bild von Israel als Rebe oder *Weinstock* (V. 21) ist ebenfalls
Hosea[107] geläufig; ein anderer Zusammenhang liegt jedoch näher, nämlich
mit dem Weinberglied (Jes 5, 1–7). V. 21 bietet ein auffälliges Beispiel für die
Anknüpfung Jeremias an Jesajas Botschaft, die er eigenständig abwandelt.[108]
Beide Male handelt es sich um einen auf den Kern reduzierten, in Gleichnis-
form oder Bildrede ausgestalteten Geschichtsrückblick mit der Struktur:
„ich – du aber", der Gegenüberstellung von Gottes heilvollem Handeln und
dem abwegigen Verhalten des Volkes.

---

[104] In der 3. Person fem. Hos 2, 4 ff, in der Anrede im umstrittenen Wort V. 18; vgl. Hos 1, 2; 3, 1.

[105] Hos 4, 16; 11, 4; vgl. 10, 11: williges Rind, gelehrige Kuh.

[106] Entsprechend 1 Kön 14, 23; 2 Kön 17, 10, ähnlich auch Dtn 12, 2; 2 Kön 16, 4; vgl. Jer 3, 6. 13;
17, 2.

[107] 10, 1; vgl. 14, 8; Ps 80, 9 ff; auch Jer 8, 13.

[108] Sie klingt verschiedentlich in Jer 2–6 nach; vgl. o. zur geistigen Heimat (S. 11).

In der Gemeinsamkeit der Worte zeigt sich zugleich der Unterschied: Der Weinberg, „mit Edelreben bepflanzt" (Jes 5, 2), wird von Jeremia in die Gottesrede überführt: „Ich habe dich als Edelrebe gepflanzt."[109] Andere Motive (zumal das Thema Recht Jes 5, 7) werden nicht übernommen; so wird die Bildrede auf das Gottesverhältnis, die Aussage der Entfremdung,[110] zugespitzt. „Wahres, edles, echtes" Gewächs – diese *Wahrheit* hat sich verkehrt, erscheint als verlorene Vergangenheit.

Die Gegenüberstellung hat zugleich einen theologischen Grund: Wie die älteren Propheten in ihren Bildworten hält Jeremia daran fest, dass das Böse nicht vom Ursprung des Volkes her gegeben ist; wie sie geht Jeremia von lichten Anfängen, angemessener: von der vorgängigen Zuwendung Gottes oder dem guten, von Gott geschaffenen Anfang,[111] aus, um sie von der Gegenwart um so krasser abzuheben. Das Böse ist selbst – wider alle Erwartung – erworben.

Den bildhaft ausgestalteten Geschichtsrückblick, nach dem Israel trotz Gottes Fürsorge scheitert, verschärft Jeremia deutlich: Die verdorbene Ranke bezeichnet *radikale* – zwar nicht wurzelhafte, aber tiefe – Schuldverfallenheit. Ezechiel (Ez 15) führt das Bild nochmals weiter, gestaltet es breit aus und spitzt es zu.[112]

Die Bildrede lässt sich wie andere Worte in Kap. 2 als klagende Anklage verstehen; eine Hoffnung auf Besserung oder ein Aufruf zur Buße wird aber nicht ausgesprochen, ja wird eigentlich durch die folgende Aussage ausgeschlossen.

Bei Wechsel des Bildes hat V. 22 eine ähnliche Aussage-Absicht: Wie die Rebe faul, so ist die Schuld untilgbar. Damit zieht V. 22 eine über vorhergehende Ausführungen hinausgreifende, aber für Jeremia charakteristische Folgerung. Bisher hatte er in Klagen und Anklagen den Abfall des Volkes (bes. V. 13) dargelegt, Einsicht in diese Schuld verlangt (V. 19). Jetzt stellt er, sei es zuspitzend oder erläuternd, fest, dass diese Schuld nicht mehr abwaschbar[113] ist – jedenfalls nicht durch Reinigungen,[114] nicht durch Handlungen des Volkes, aus eigenem Vermögen.

---

[109] Demnach gestaltet Jeremia keinen im Wortlaut festen Text um; bezieht er sich nur auf Überlieferung? Jedenfalls zeigt sich in diesem Umgang mit der (prophetischen) Überlieferung zugleich Jeremias Eigenart.

[110] „Die Edelrebe hat sich verwandelt in ein Gewächs fremder Art, ein Vorgang wider alle Natur. So hat es sich seinem Gott entfremdet, der es nicht wiedererkennt." (S. Herrmann 141).

[111] „Ich fand" (Hos 9, 10), „gewann lieb" (11, 1), „zog groß" (Jes 1, 2), „brachte" (Jer 2, 7), „pflanzte" (V. 21). Vgl. auch Jes 1, 21 u. a. Ähnlich ist die Grundstruktur in Gen 2–3 f (J) oder Gen 1 und 6 (P).

[112] Ezechiel geht in seinen Bildreden und Geschichtsrückblicken (15 f; 20; 23) noch einen Schritt weiter, um ein „totales Verdikt über Israels gesamte Geschichte von ihren ersten Anfängen her" (W. Zimmerli, BK XIII/1, 88*) auszusprechen.

[113] Falls die Formulierung „als Schmutzfleck haften bleiben" (HAL 480 b) auch Blutschuld einbezieht, klingt bereits das Motiv von V. 30. 34 an.

[114] Vgl. Ps 51, 4; Spr 16, 6; Hi 9, 30; dazu Lev 12; 14 f. Jer 4, 14 ist wohl Zusatz. Ist Jer 2, 22 nach Jes 1, 16 verschärft?

Liebe zu den Fremden
Jer 2, 23–28

23 Wie kannst du sagen:
  „Ich habe mich nicht verunreinigt,
  bin den Baalen nicht nachgelaufen."?
  Sieh deinen Weg (dein Treiben) im Tal,
  erkenne, was du getan hast –
  (wie) eine schnelle Kamelstute,
  die kreuz und quer ihre Wege läuft.
24 Sie ‚bricht aus in die Wüste‘[115];
  in ‚ihrer‘ Brunst[116] schnappt sie nach Luft,
  ihre Gier – wer mag sie zurückbringen (stillen)?
  Alle, die nach ihr suchen, brauchen nicht zu ermüden,
  in ihrer Brunstzeit[117] treffen sie sie.
25 Halte deine Füße ab von der Barfüßigkeit
  und deine Kehle vom Durst!
  Du aber sagst: „Umsonst, nein;
  denn ich liebe die Fremden, ihnen will ich nachlaufen."
26 Wie ein Dieb beschämt ist, wenn er ertappt wird,
  so muss sich das Haus Israel schämen[118] –
    sie, ihre Könige, ihre Beamten,
    ihre Priester und ihre Propheten –,
27 die da sagen zum Holz[119]:
  ‚Mein Vater bist du‘
  und zum Stein:
  ‚Du hast mich geboren.‘[120]

---

[115] MT enthält V. 24 a ein anderes, im Kontext weniger passendes Bild: „ein Wildesel, der an die Wüste gewöhnt ist". Es lässt sich mit leichten Änderungen im Konsonantentext korrigieren (L. Köhler, Kleine Lichter, 1945, 45 ff; HAL 905), so dass die Einheit des Bildes (von der Kamelin) gewahrt bleibt.

[116] Wörtlich: „Im Verlangen/Begehren der (ihrer) Seele", d. h. der Lebensgier.

[117] Wörtlich: „in ihrem Monat".

[118] Das Verb hat zugleich den Aspekt „zuschanden werden" (HAL 112); vgl. Jer 6, 15 (= 8, 12); auch 2, 36. In der vorliegenden Form bezieht es die Beschreibung der Oberschicht V. 26 b ein, die einen Einschub darstellt (vgl. Anm. 18); V. 27 „die sagen" schließt über diese Aufzählung hinweg an „Haus Israel" V. 26 a an.

[119] Möglich wäre auch die Übersetzung: Baum (wie 2, 20; vgl. Anm. 135 f).

[120] Die uneindeutige Überlieferung des Verbs würde auch die Übersetzung erlauben: „Du hast mich (uns) gezeugt." Dann wäre einheitlich von der Vaterrolle die Rede (vgl. Ps 2, 7; von der Mutter: Jer 15, 10; 20, 14). Allerdings ist das Personalpronomen „Du" (wie auch das Substantiv „Stein") feminin. Der Plural „uns" lässt sich als Angleichung an V. 27 b (sowie die Rede-Einführung) erklären.

Mir kehren sie den Rücken zu und nicht das Antlitz;
zur Zeit ihrer Not aber sagen sie:
,Steh auf und hilf uns!'
28 Wo sind denn deine Götter, die du dir gemacht hast?
Sie mögen aufstehen, ob sie dir helfen
in der Zeit deiner Not!
Denn (wie) die Zahl deiner Städte
ist die Zahl deiner Götter, Juda.[121]

In anstößigen Bildern stellen V. 23–25 das Treiben Israels dar. Um die gleichsam naturgemäße Gebundenheit des Volkes in seinem Verhalten – etwa seine
Unbesonnenheit, Triebhaftigkeit, seine Sprunghaftigkeit wie auch die Ausrichtung auf das eine Ziel – zu veranschaulichen, greift Jeremia zu Tierver-
gleichen, wie sie schon der Weisheit bekannt sind (vgl. Jer 8, 7), hier aber erheblich verschärft werden: die brünstige Kamelstute (ähnlich 5, 6 f; vgl. 3, 2).
    Zusammenfassend ergeht 2, 7 die Anklage: „Ihr verunreinigt mein
Land", die von den Betroffenen in Ich-Rede (V. 23) bestritten wird. Wie äußert oder vollzieht sich nach prophetischem Urteil dieses „Entweihen"?
    Trotz Bilderreichtum kann die Ausdrucksweise „dein Weg im Tal", „was
du *getan* hast" kaum nur metaphorisch sein, sondern hat auch reale Anteile:
in sexuellem Verhalten. Sonst bliebe die drastische Darstellung unverständlich. Wie wäre die Argumentation für die Angeredeten ohne solche Handlungen überzeugend? Sie erschiene nur übertrieben, ja anstößig und abwegig;
die zeitgenössischen Hörer könnten leicht eine Abwehrhaltung einnehmen –
mit einem Zitat (2, 23. 35) wie: „Ich nicht".

Allerdings bleibt der Hintergrund schwer aufhellbar; die Überlieferung bietet nur
Splitter oder Andeutungen. Sie kennzeichnet das Verhalten auch als: „versündigen"
(2, 35), „entweihen" (3, 1 f), „hinterher gehen/nachlaufen" (2, 23. 25; vgl. 2, 33;
5, 8), „lieben/Liebe" (2, 25. 33; vgl. 4, 30: „Liebhaber"), „huren", „beschlafen lassen" (3, 1 f; vgl. die Ergänzungen 2, 20 b; 3, 6. 8). Der Angabe „jeder, der sucht, findet leicht" (2, 24) entspricht sachlich: „mit vielen Freunden gehurt" (3, 1 f; vgl. das
allgemeine Urteil 7, 9).
    Mit dem Ausdruck „Huren" ist ein Stichwort oder Motiv einschließlich der pro-
phetischen Beurteilung durch die Botschaft Hoseas[122] vorgegeben. Die Anklage:
„sie wiehern nach der Frau des Nächsten" (5, 8) bezieht sich eindeutig auf „Ehebrechen" (5, 7; 7, 9; 9, 1; 23, 10). Die kritische Darstellung 2, 23 ff wird so aber kaum

---

[121] Die LXX ergänzt 2, 28 im Anschluss an 11, 13 mit leichten Abweichungen: „gemäß der
Zahl der Durchgänge (vgl. 11, 13 MT: Gassen) Jerusalems opferten sie dem Baal" (bzw. 11, 13:
„errichteten sie sich Höhenheiligtümer, um Baal zu opfern)." Diese Angabe ist in 2, 28 kaum
ursprünglich.

[122] Vgl. die Darstellung Hos 4, 11 ff; dazu 2, 4 ff; auch 1, 2; 3, 1; 10, 8 u.a. Hier begegnen sowohl der Name Baal (2, 15; 9, 10; 11, 2; 13, 1 u.a.) als auch das Thema Fruchtbarkeit (2, 4 ff u.a.).
Hoseas Anklage (4, 11 ff) lässt sich kaum anders verstehen, als dass die Kulthöhen mit Bäumen
Stätten nicht nur von Opfern, sondern auch von Sexualriten sind, die vermutlich Fruchtbarkeit zu
erzielen suchen, sich allerdings nicht näher bestimmen lassen. Vgl. zu Jer 5, 7 (Anm. 28).

ausreichend verständlich, weist eher auf Prostitution. Vermutlich enthält der Vorwurf des „Hurens" – eben von Hosea her – zugleich eine Anspielung auf kultisch-rituelle Vorgänge. Jedoch sind hier, schon durch die stark bildhafte Beschreibung, deutlich Grenzen des Wissens gegeben.

Einige Worte sprechen allgemein ohne Näherbestimmung von der Hinwendung zu „Nicht-Göttern", „Nichts-Nutzen" (2, 11; vgl. V. 28), „Fremden" (V. 25). Was verbirgt sich in ihnen? In einer Aufzählung lassen sich verschiedene, im Jeremiabuch erwähnte Möglichkeiten nennen – im unmittelbaren Umfeld des Textes: a) Baal (V. 8) bzw. Baale (V. 23)[123], b) Stein und Holz als Kultsymbole (V. 27; vgl. 3, 9; Ez 20, 32), im weiteren Kontext: c) die Himmelskönigin (Jer 7, 17 ff; 44, 15 ff), d) Tophet (mit dem Kinderritus 7, 30 ff u. a.), e) in einem späten Text: „die Zeichen am Himmel", die Sterne (10, 2). Wieweit gehört, was diese Aufstellung auseinander hält, weil es im Jeremiabuch nicht gemeinsam erwähnt wird, sachlich zusammen? Hier und da könnten Verbindungen untereinander bestehen.[124]

Erscheint die Formulierung „durch Baal" (V. 8) auch blaß-generell,[125] so wirkt der Plural „Baale" im hiesigen Kontext weniger allgemein, eher konkreter, situationsbezogen. Versteht man auch „Baale" als allgemeine Bezeichnung für Fremdgötter, dann wird im näheren Umfeld überhaupt kein Gottesname mehr genannt. Nach der Beschreibung der „Hurerei" scheint es zumindest auch um Regen (3, 2 f; vgl. 5, 24) zu gehen. Baal gilt in der Umwelt (Ugarit) als Spender des Regens (vgl. 1Kön 17 f); so hängt dieser Name traditionell mit dem Thema Fruchtbarkeit zusammen.[126]

Zitate
der „Tochter Zion" bzw. des Volkes (2, 20 ff)

Vier Zitate mit einer Rede-Einführung in 2. Ps. Sg. Fem. („Tochter Zion") und folgendem Selbst-Bekenntnis, das im *Ich*-Stil die Einstellung oder das Verhalten Jerusalems bzw. des Volkes ausspricht, umrahmen zwei Zitate mit Einführung in 3. Ps. Pl.[127] Gehören diese beiden anders strukturierten Zitate

---

[123] Schon Hosea spricht sowohl im Singular (9, 10; 13, 1) als auch in der Mehrzahl von Baalen (2, 15. 19; 11, 2) oder von „Liebhabern" (2, 7 ff). Überhaupt ist ein Teil jener oben angegebenen Kennzeichen des Verhaltens des Volkes (wie „hinterhergehen", „lieben", „huren") schon bei ihm bezeugt.

[124] Vgl. aus dem Rückblick 2Kön 21, 3; 23, 4 f.

[125] Zwischen dem Gebrauch „durch Baal" im Singular (V. 8; vgl. 23, 13. 27), den man formelhaft, chiffrenhaft oder schematisch nennen könnte, und hier im Plural ist wohl zu unterscheiden; vgl. den Plural „viele Freunde" (3, 1); auch o. zu 2, 1 ff mit Anm. 60.

[126] Ist auch das Bild der Ehe Gott – Göttin von Baal entliehen? Das Alte Testament überträgt es auf das Verhältnis Gott – Volk; Jeremia (3, 1; vgl. 2, 2[.32] u. a.) kann es von Hosea (1, 2; 2, 4 ff) übernehmen. So wird es entmythisiert und zugleich kritisch umgebogen: es stellt die gestörte, wenn nicht verlorene Gemeinschaft zwischen Gott und Volk dar. Gegenüber dem Ursprung ist das Bild doppelt gebrochen. Vgl. zu Jer 3, 6 ff.

[127] Ptz. bzw. „sie sprechen" V. 27. 31; zumal V. 27 einen anderen Charakter hat. Vgl. auch V. 6. 8.

in den Zusammenhang der *Ich*-Reden? Sie werden hier – eingerückt – mitgenannt.

Ich-Zitate als Selbst-Bekenntnis

Aufkündigung des „Dienstes" vor Gott:
„Ich will nicht dienen." (2, 20; vgl. 5, 5; 6, 17)

Leugnung der Beziehung zu anderen Gottheiten:
„Ich habe mich nicht verunreinigt, bin … nicht nachgelaufen." (2, 23;
vgl. 8, 6; Spr 20, 9)

Offenes Eingeständnis der Zuneigung zu anderen:
„Ich liebe die Fremden, will ihnen nachlaufen." (2, 25;
vgl. Hos 2, 7: „Ich will meinen Liebhabern nachlaufen")

Zitate in anderer Form
Erklärung der Verbundenheit mit fremden Kultsymbolen
mit Anrede an die Gottheit:
„Mein Vater bist du …" und „Hilf uns!" (2, 27)

Ablehnung der Rückkehr im „Wir"-Stil:
„Wir kommen nicht mehr zu dir" (2, 31;
vgl. 6, 16: „Wir wollen nicht gehen.")

Trotzdem:
Mangelndes Eingeständnis
(angesichts der Folgenlosigkeit der Taten, des Ausbleibens des „Zorns";
vgl. 5, 12)
Bekräftigung der Behauptung (vgl. 2, 23):
„Ich bin unschuldig" (2, 35)
und anschließende Gerichtsansage:
„Wegen deines Redens …" (2, 35; vgl. 5, 14)

Die Reihung ist kaum zufällig. Zumindest jene vier *Ich*-Aussagen bilden eine zusammenhängende Folge mit der Tendenz der Steigerung. Die Angeredeten überführen sich in ihren Regungen – von der Weigerung über die Leugnung zum offenen Geständnis – mehr und mehr selbst; den Schluss oder das Ziel bildet die mit dem Zitat begründete Strafansage.

Auch wenn die Zitate gegensätzlich klingen[128], bleibt ihre Intention aus der Sicht des Propheten gleich; ihm dienen sie – wie schon Hosea[129] – als Vorwurf. Zudem können sie wie in „nachlaufen/hinterher gehen" (V. 23. 25; vgl. V. 2. 5. 8) oder „verunreinigen" (V. 23; vgl. V. 7) ein Stichwort aus der Umgebung aufnehmen. So enthalten die Zitate deutlich Jeremias Urteil, sind den Angeredeten *in den Mund gelegt* und sollen ihre innere Absicht, die in ihrem Verhalten zutage tritt, enthüllen.

---

[128] Spiegeln V. 23. 25 eventuell verschiedene Positionen von Gruppen – im Gegenüber zu Jeremia – wider?

[129] „Sie sprach: Ich will meinen Liebhabern nachlaufen." (Hos 2, 7 bzw. 2, 5).

Die Zitate sind eingeflochten zwischen andere Aussagen,[130] entsprechen mit ihrer Einführung der besonderen Anrede an Jerusalem (2, 2) und gehören darum wohl zu der Deutung, die die – ehemals selbständigen – Einzelworte bei der Niederschrift erhalten haben. Vermutlich bei dieser Gelegenheit sind sie gestaltet und eingefügt.

V. 26–28 (ohne 26 b) scheinen seit je einen Zusammenhang zu bilden. V. 26 a greift im Bild einen – wiederkehrenden – Sachverhalt aus dem Leben auf: Der entdeckte Dieb steht mit seiner Tat in der Öffentlichkeit da, ist beschämt und wird zuschanden; das Verb enthält beide Aspekte, den mehr „subjektiven" wie „objektiven", die persönliche Betroffenheit wie das Geschehen.[131] Wie der Dieb wird sich das „Haus Israel" darstellen.

V. 26 b bezieht in einem Zusatz[132] die das Volk insgesamt treffende Ansage in einer Aufzählung von vier – leitenden wie Auskunft gebenden – Ämtern insbesondere auf die Oberschicht.[133] Im Rahmen des vorliegenden Textzusammenhangs handelt es sich eher um eine Zuspitzung als um eine Einschränkung.

Die schon zuvor (V. 11. 13) gestellte Frage: Was bedeuten Götter? wird V. 27 f – eher in der Form: Was wünscht, erhofft man sich von der Gottheit? – aufgenommen und so der allgemeine Vorwurf, Jahwe „verlassen" (V. 13. 17. 19) zu haben, konkretisiert oder illustriert.

Der kleine Absatz hat im Jeremiabuch bereits eine mehrfache Wirkungsgeschichte. Zum einen greift der Prosa-Abschnitt 3, 6 ff das Motiv von Holz und Stein (mit Vertauschung beider Phänomene V. 9) auf. Zum andern nimmt das (jerdtr) Kap. 11 gemeinsam mit anderen Texten im Schlussabschnitt (V. 12 f) auch 2, 27 f auf; dabei findet sich einerseits eine Erweiterung[134], andererseits fehlen die bildhaften Aussagen von Vater und Geburt. So bleibt Kap. 11 im Vorwurf deutlich allgemeiner; entsprechend ist nicht mehr von „deinen Göttern" (2, 28), sondern „den Göttern" (11, 12) die Rede. Dies gilt zum dritten ähnlich für den Ausbau des Schuldaufweises im jüngeren (jerdtr) Abschnitt Jer 32, 30–35, der sich ebenfalls (V. 33) 2, 27(.30) anschließt. Die Anklage der Verletzung der Ausschließlichkeit durch Hinwendung zu anderen Größen bildet wohl den Anlass für die Übernahme durch den dtr. Kreis, dessen Denken im Thema Fremdgötterverehrung einen Schwerpunkt hat. So sind V. 27 f im Rückblick zwar gut als Vorwurf brauchbar, sind aber kaum erst aus der Situation des Exils oder späterer Zeit entworfen, blicken nach dem Wortlaut auch

---

[130] Mit den Zitaten wird „ein in sich selbständiges und also wohl auch älteres Überlieferungsgut [...] interpretiert" (S. Herrmann, in: Le livre de Jérémie, 209); sie haben „erweiternde und kommentierende Funktion, und zwar mit deutlichem Bezug zum Fremdkult" (ders., BK XII/2, 140).

[131] Vgl. etwa Mi 3, 7.

[132] Es handelt sich um eine sog. Identifikationsglosse; vgl. zu der viergliedrigen Reihe (in jüngeren Texten): 4, 9; 8, 1; 32, 32; außerdem 1, 18; 13, 13; sachlich ähnlich auch Jes 9, 14; 29, 10. Vgl. demgegenüber in Jeremias Worten 2, 8; 5, 31; 6, 13 f u. a. In seiner Frühzeit scheint Jeremias Kritik den König noch nicht explizit einbezogen zu haben; vgl. Anm. 54 zu 2, 1 ff. Ist 2, 26 b Vorandeutung auf 4, 9?

[133] „Mit dem König und den hohen Beamten bilden Priester und Propheten im Buch Jeremia die Oberschicht des Volkes." (J. Jeremias, THAT II, 10). Vgl. auch Mi 3; Dtn 17 f.

[134] Vgl. Anm. 121.

nicht in die Vergangenheit zurück. Es spricht – absichtlich vorsichtig formuliert – nichts dagegen, hier eine Überlieferung aus der Zeit vor Josias Reform mit der Kultzentralisation zu finden. Eine weitere, vierte Nachwirkung ist wohl im Wehewort Hab 2, 19 zu spüren.

„Holz" und „Stein" bilden kaum nur den Stoff oder das Material[135], sondern stellen eher Gegenstände dar, und zwar kultischer Art.[136] Sie werden angeredet, gelten darum wohl als Symbole für Numina oder als Erscheinungsformen göttlicher Wesen, die sich so zeigen und sich äußern können.

Werden Hausgötter angerufen?[137] Auf Lokalnumina oder Ortsgottheiten deuten etwa die Angabe (V. 28 b): „so viel Städte, so viel Götter", im Kontext die Aufforderung „Hebe deine Augen auf zu den Höhen …" (3, 2), zudem die jüngere Anklage (2, 20 u. a.) „auf jedem hohen Hügel und unter jedem grünen Baum". In diesen Zusammenhang fügt sich auch die Mehrzahl „Baale" (2, 23), falls sie sich auf verschiedene lokale Erscheinungen oder auf eine – nach prophetischem Urteil – verfremdete („baalisierte") Gestalt des Jahwekults[138] an seinen verschiedenen Stätten bezieht.

Hängen die Symbole – bei dem Thema Geburt – mit der Gewährung von Fruchtbarkeit zusammen?[139] Sind „Holz und Stein" als Baum und Massebe zu verstehen? Sind, was allgemein als „Baale" (2, 23) und „die Fremden" (V. 25) angedeutet wird, als Holz und Stein (V. 27) näher erfasst? Ob sie mit Aschera (Kultpfahl?) und Massebe[140] identifiziert werden können, bleibt unsicher, zumal dem „Holz" die Vaterrolle zufällt. Götternamen werden hier nicht genannt. Wieweit handelt es sich – nach dem Selbstverständnis der Teilnehmer – überhaupt um eigenständige Gottheiten?

Dieser Kult ist nur im Rahmen prophetischer Kritik bezeugt, die vielleicht zuspitzt. Die Anklage „deine Götter, die du dir gemacht hast" versteht die Symbole als Götter oder Götterbilder. Halten die Teilnehmer den Kult aber mit dem Jahweglauben für vereinbar? Das Verhältnis dieser Symbole (göttlicher Wesen) zu Jahwe bleibt offen: Werden sie – zugleich – als Erscheinungsformen Jahwes, vorsichtiger formuliert: als noch der Jahweverehrung zugehörig, empfunden?[141] Gilt der Kult überhaupt einer fremden Gottheit

---

[135] Dtn 4, 28; 28, 36. 64; Jes 40, 20; 44, 13 ff; Jer 10, 3. 8 u. a. Hier handelt es sich eher um späteren Sprachgebrauch. Anders als etwa Jer 10, 3 „Holz aus dem Wald" führt „Holz" 2, 27 (wie 3, 9; Hab 2, 19) den Artikel.

[136] Weitere wiederkehrende Belege im Jeremiabuch zu „Holz/Baum", nämlich „unter jedem grünen Baum" (2, 20 b; 3, 6. 13; 17, 2), gehören der (dtrjer) Redaktion an, bilden darum eine nachträgliche Deutung. Vielleicht nur entfernt vergleichbar sind (heilige) Bäume (Gen 12, 6; 13, 18 u. a.). Zu steinernen Masseben vgl. Gen 28, 18 ff; 35, 14 u. a.

[137] „Man kann an die Hausgötter denken, von denen das natürliche Leben abgeleitet wird." (P. Volz 28)

[138] Die Gottesrede Hos 2, 18 kündigt an: „Du sollst mich nicht mehr mein Baal nennen." Vgl. auch Eigennamen wie Beal-ja „Baal/Herr ist Jahwe" (1Chr 12, 6).

[139] Vgl. Jer 3, 2 f; zu einer ähnlichen Vorstellung (petra genetrix?) auch Jes 51, 1.

[140] Vgl. Dtn 16, 21 f; auch Ri 6, 26; 2Kön 3, 2; 10, 26 f.

[141] Vgl. etwa die hintergründige Formulierung 1Kön 12, 28: „Siehe deine Götter/dein Gott"; ähnlich Ex 32, 4. 8.

am eigenen Ort, nicht eher Jahwe etwa in einer der Baalreligion angenäherten Gestalt? Hier bleiben kaum eindeutig beantwortbare Fragen.

Trotz der Einführung einer Mehrzahl von Sprechern folgen individuelle Aussagen – wie einer Einzelperson: „*Mein* Vater", „*mich* geboren".[142] Sucht der einzelne hier seine eigene Herkunft, den *Ursprung* des je persönlichen Lebens? Jedenfalls kommt nur dieser Aspekt zum Ausdruck: Das angerufene Wesen erscheint nur als Schöpfer des individuellen Lebens, nicht der Welt.[143] Dabei geht es nicht allein um die Herleitung des eigenen Daseins; vielmehr enthält die Anrede auch eine vertrauensvolle Hinwendung: „*mein* Vater".[144]

Diesen individuellen Aussagen steht in Aufnahme der in Psalmen überlieferten Gebetssprache[145] die Bitte der Gruppe oder des Volkes gegenüber: „Hilf *uns*!" Jedenfalls für Jeremia besteht im Verhalten der Sprecher ein Widerspruch: Es gilt, sowohl als Einzelperson als auch in Zeiten der Not mit der Gemeinschaft diesen einen Gott anzurufen. Steht die Anklage (2, 27) im Kontext nicht auch Jeremias Berufung (1, 5): „Im Mutterleib bildete ich dich" entgegen?

Nach biblischer Überlieferung (1Sam 1) wendet sich Hanna als Einzelperson – wie selbstverständlich – an Jahwe im Tempel. Ein Gegenbeispiel berichtet 2Kön 1. Diese Hinwendung einer Einzelperson, des Königs, an eine eindeutig fremde Gottheit in der Not ist allerdings nur mit prophetischer Kritik überliefert – nicht in einem Mahnwort, sondern in einer Anklage (V[3.]6): das Urteil setzt, um nachvollziehbar zu sein, bei dem Betroffenen das Wissen um den Verstoß gegen den Jahweglauben voraus. Wohl in dieser prophetischen Tradition steht *Hosea*.[146] Er geht in der Kritik am „Holz"[147] Jeremia voraus, so dass dieser auch hier in der Nachfolge Hoseas steht, dessen Einsichten weiterführt.

---

[142] „Jeremia wirft den Israeliten eine Inkonsequenz vor: Auf der einen Seite wenden sie sich mit ihren Vertrauensäußerungen an fremde Götter, auf der anderen Seite flehen sie bei den großen Katastrophen zu Jahwe." „Der einzelne Israelit konnte sich offensichtlich in seinen privaten Gebetsanliegen an die Lokalnumina wenden, obgleich er bei den offiziellen Fastentagen, die aus Anlass großer Volksnöte ausgerufen wurden, ganz selbstverständlich Jahwe um Rettung anrief." „Es ist sehr wahrscheinlich, dass die Betroffenen selbst diesen Widerspruch gar nicht empfanden […] und dass erst der Prophet die Unvereinbarkeit von Beidem aufreißt." So R. Albertz, Weltschöpfung und Menschenschöpfung, CTM A 3, 1974, 153.

[143] Anders etwa Gen 14, 18 ff.

[144] Vgl. die Vertrauensäußerung Ps 22, 10 f und die Anrede „Vater", die hier nicht für Jahwe ausgesprochen wird (Jer 3, 19; 31, 9; Dtn 32, 6; Jes 45, 10; 63, 16; 64, 7; Mal 2, 10 u. a.). Am nächsten kommt die Aussage „Fels, der dich gezeugt", „Gott, der dich geboren hat" (Dtn 32, 18). Diese vielleicht mythische Vorstellung wird im Kontext durch 32, 6 und das Bild vom „Fels" als Zufluchtstätte (32, 15. 37; vgl. Ps 89, 27; Jes 17, 10) gedeutet. Das Alte Testament übt in Gottesaussagen gegenüber der Vorstellung von Zeugung Zurückhaltung (vgl. Jes 1, 2 f; Hos 11, 1 f; Umdeutung durch „heute" Ps 2, 7; auch Ps 110, 3 LXX u. a.).

[145] Bitten wie „Steh auf, hilf!" (Ps 7, 2. 9; 44, 27; 74, 22; 82, 8 u. a.) sind verbunden, auf ein „Wir" (Ps 106, 47) bezogen. Vgl. die Gebetsanrede an eine fremde Gottheit 1Kön 18, 26.

[146] Hosea beruft sich auf frühere Propheten (6, 5; 12, 11. 14), proklamiert nicht (nur) die Ausschließlichkeit (13, 4 u. a.), sondern klagt an, dass sie nicht eingehalten wurde (2, 4 ff; vgl. 1, 2; 3, 1 u. a.), wendet sich (anders als Elia nach 2Kön 1) vielleicht gegen einen „baalisierten" Jahweglauben.

[147] Hos 4, 12 f, auch in der Kritik am „Stein" bzw. in der Zukunftsansage, wenn Jer 2, 27 etwas den steinernen Masseben Entsprechendes meint: Hos 3, 4; 10, 1 f. Hoseas Kritik klingt wohl noch im Verbot des Deuteronomiums (16, 22) nach.

Durchschaut anders als das Volk – im Anschluss an Hosea – erst Jeremia die Situation als Missbrauch und Abwendung? Er zumindest weiß zu unterscheiden, sieht tiefer. Für ihn steht das Treiben eindeutig im Widerspruch zum Jahweglauben. Götter „machen"[148] schließt sich an das Bild „sich Zisternen hauen" (2, 13) an, das bereits das Moment des Sich-Herstellens enthält.[149] Auch Jeremia proklamiert die Ausschließlichkeit nicht, sondern klagt an, dass sie gebrochen wurde.

V. 28 wechselt von der 3. in die 2. Person über; die Gebetsanrede „Du" an Holz und Stein (V. 27) wird aufgenommen und zugespitzt zur Anrede an die Betenden. V. 28 zieht die Folgerung und bereitet mit der Wendung an die Hörer V. 29 vor.

Angesichts der Schuld Bekenntnis der Unschuld
Verwerfung der Vertrauensmächte
Jer 2, 29–37

29 Wozu führt ihr gegen mich einen Rechtsstreit?
   Ihr alle habt mit mir gebrochen –
   Spruch Jahwes.
30 Vergeblich schlug ich eure Söhne,
   Zucht nahmen sie nicht an.
   Euer Schwert fraß eure Propheten –
   einem reißenden Löwen gleich.
31 Das Geschlecht seid ihr – seht das Wort Jahwes!
   Bin ich denn für Israel zur Wüste geworden,
   oder zum finstern Land?
   Warum hat mein Volk gesagt:
   „Wir schweifen frei. Wir kommen nicht mehr zu dir."?
32 Vergisst wohl eine Jungfrau ihren Schmuck,
   eine Braut ihren Gürtel?
   Mein Volk aber hat mich vergessen –
   seit zahllosen Tagen.

---

[148] Die Wendung erinnert an das Bilderverbot, das in zwei Fassungen „Bild machen" (Ex 20, 4; vgl. Hos 13, 2 u. a.) und „Götter machen" (Ex 20, 23; 34, 17 u. a.) überliefert ist; die zweite scheint eine Einheit von erstem und zweitem Gebot eingegangen zu sein.

[149] V. 28 nimmt a) die Frage „Wo" V. 6. 8 auf (eine einleitende Frage ähnlich V. 23 u. a.), schließt sich b) mit Hauptstichwörtern („zur Zeit der Not", „aufstehen", „helfen") zurückfragend-kritisch V. 27 b an, wird c) 11, 13 erweitert. Der Ausdruck V. 28 b „Zahl" kehrt d) V. 32 wieder. So lässt sich kaum erweisen, dass V. 28 (oder V. 28 b) einen Zusatz bildet.

33 Wie gut richtest du deinen Weg ein, Liebe zu suchen.
   Darum ‚hast du'[150] auch an Bosheiten deine Wege gewöhnt:
34 Sogar an deinen Säumen[151] findet man das Blut
      unschuldiger Armer.
   Nicht beim Einbruch hast du sie ergriffen,
   sondern wegen all dessen.[152]
35 Doch du sprichst: „Gewiss, ich bin unschuldig;
   fürwahr, sein Zorn hat sich von mir gewandt."
   Siehe, ich gehe ins Gericht mit dir, weil du sagst:
   „Ich habe nicht gesündigt."
36 Wie gar ‚leicht nimmst du es',
   deinen Weg zu wechseln.
   Auch von Ägypten wirst du beschämt,
   wie du von Assur beschämt wurdest.
37 Auch von da wirst du herauskommen,
   die Hände über dem Kopf;
   denn Jahwe hat verworfen,
   denen du vertrautest;
   du hast kein Glück mit ihnen.

V. 29–37 bilden nochmals eine locker gefügte Einheit mit Unterabschnitten.
Sie ist in Thema wie Stichworten („Weg" V. 23. 33; „lieben, Liebe" V. 25. 33),
erst recht durch die Zitate (bes. V. 33) mit dem Vorhergehenden (zumal
V. 20 ff) verbunden. So stehen wiederum aus sich verständliche, möglicherweise einmal selbständige Worte (wie V. 32) und übergreifende Elemente nebeneinander und fügen sich zu einer Komposition.
    Die einleitende Frage kehrt die Ankündigung eines künftigen Rechtsstreits
Gottes mit dem Volk (V. 9) um, stellt den bereits bestehenden Rechtsstreit
des Volkes gegen Gott fest: „Alle" sind „abgefallen" oder haben sich „aufge-
lehnt" – beide Übersetzungen mit verschiedenen Nuancen sind möglich.[153]
Gott ist „zugleich Angeklagter und Richter".[154] Mit dieser allgemeinen Aussage hat V. 29 b eine *doppelte* Aufgabe oder ist nach zwei Seiten ausgerichtet,
wirkt einerseits wie eine rückblickende Zusammenfassung des Hauptthemas

---

[150] Vgl. Jer 2, 20; dazu BHS.
[151] Die Lesung „an deinen Händen" (LXX u. a.) ist eine Erleichterung (vgl. V. 37 „deine
Hände").
[152] Der Schluss (V. 34 bβ) ist unklar; auch die Lesung „sondern auf jeder Terebinthe" (LXX) ergibt kaum einen verständlicheren Sinn. Dieser Versteil bot wohl eine Erläuterung zur vorhergehenden Vershälfte, wie sie S. Herrmann (102) mit seiner „hypothetischen" Übertragung umschreibt: „sondern bei allen möglichen Gelegenheiten".
[153] Das schon den Propheten des 8. Jahrhunderts (Am 4, 4; Hos 7, 13; Jes 1, 2; vgl. Mi 1, 5 u. a.)
vertraute Verb begegnet bereits Jer 2, 8 (vgl. dort Anm. 2). Das entsprechende Substantiv findet
sich 5, 6.
[154] H. J. Boecker, Redeformen 98. Gottes „Verteidigungsrede" geht über in die Anklage der Abkehr von ihm; der Prophet bringt „im Namen Jahwes Verteidigung und Anklage vor" (99).

von Kap. 2, das mehrfach die Schuld des Volkes insgesamt in wechselnden Wendungen herausstellt, und eröffnet zugleich den Schlussabschnitt.[155]

Der Gedanke der „Zucht" oder „Erziehung" des Volkes durch von Gott gesandtes Leid findet sich V. 30; die Zurechtweisung bleibt vergeblich. Gottes „Schlag" ohne Wirkung – diese Einsicht sprach zuvor schon Jesajas Kehrversgedicht aus.[156] Beide Motive: die Erfahrung von Gottes „Schlagen", ohne „Zucht anzunehmen", greift später 5, 3 auf und scheint sie zu entfalten. Es handelt sich jeweils um Aussagen über die Vergangenheit.[157] So bildet *Erziehung* durch Gott wohl einen Aspekt, nicht aber das Ziel von Jeremias Botschaft insgesamt oder prophetischer Verkündigung überhaupt.

Das „Schwert fraß eure Propheten" – Verfolgung ist mehrfach bezeugt;[158] von der Tötung des Propheten Uria „durch das Schwert" berichtet das Jeremiabuch (26, 23) später.[159] Allgemein nimmt V. 34 das Motiv des Totschlags wieder auf.

„Das Geschlecht seid ihr – seht das Wort Jahwes an!" ist wohl Zusatz. V. 31 aα vollzieht im Anschluss an Jeremias Sprache[160] (wie V. 26 b) eine *Identifikation* – hier aber mit dem *Geschlecht* insgesamt, mit allen in späterer Zeit. Anders als die umgebenden Ich-Worte (V. 29 f. 31 aβb) redet V. 31α von Gott in 3. Person wie die Einführung (2, 4): „Hört das Wort Jahwes!" Ihr gegenüber (vgl. 2, 2: „Rufe!") scheint die Aufforderung „Seht …!" mit der Wahrnehmung statt durch das Ohr vielmehr durch das Auge die Schriftlichkeit der Überlieferung hervorzuheben. „Der Schreiber fand, dass die Worte im Text (V. 29 f oder auch V. 31) auch auf seine Zeitgenossen haargenau zutreffen."[161] So bezeugt diese Ergänzung die Lesung und Vergegenwärtigung des Textes, die aktuelle Zuspitzung des Prophetenwortes auf eine spätere Generation.

Die Frage (V. 31 aβ), die (ähnlich V. 14) eine Fragenreihe eröffnet, setzt bereits Jeremias Verkündigung einschließlich einer Entgegnung der Hörer voraus. Die Gottesrede ist spannungsreich: „Ich zur Wüste" – für „mein Volk" und wirkt wie eine Umkehrung der einleitenden Worte: Gott führte in der

---

[155] „Diese Zeile steht für sich themaartig voraus, die vier folgenden Strophen bringen die Begründung im einzelnen." (W. Rudolph 22).

[156] Jes 9, 7 ff, bes. V. 12 (mit 5, 25): „Das Volk wandte sich nicht um zu dem, der es schlug." Vgl. o. zur geistigen Heimat (S. 11).

[157] „Wenn Jahwe in der Vergangenheit Leiden schickte, geschah es nur zur Züchtigung, d.h. zur Erziehung seines Volkes; aber freilich, es war umsonst." (W. Rudolph 22) Vgl. auch Hos 2, 8 ff.

[158] Hos 9, 7; Am 7, 10 ff; vgl. Jes 5, 18 f; 30, 10; Mi 2, 6 f u.a.; im Leben Jeremias selbst: 11, 18 f; 18, 18 ff; 20, 1 ff. 10 u. a.

[159] V. 30 „wird ein bestimmtes, aktuelles oder überliefertes Ereignis im Auge haben […] Möglicherweise denkt Jeremia an die ihm neben anderen Traditionen des Nordreichs bekannt gewordene Stelle 1 Kön 19, 14." (so O.H. Steck, Israel und das gewaltsame Geschick der Propheten, WMANT 23, 1967, 60 f, Anm. 3). Vgl. die Überlieferung 1 Kön 18, 4. 13. Das AT erzählt allgemein aus der Zeit Manasses, der „Jerusalem mit dem Blut Unschuldiger füllte" (2 Kön 24, 4; 21, 16). Vgl. noch Neh 9, 26 bis zu Mt 5, 12; 21, 35; 22, 6; 23, 31. 37. Übrigens gibt V. 30 b sprachlich keinen Anstoß, um ihn als Zusatz zu betrachten.

[160] „Geschlecht meines Zorns" (7, 29); „seht!" (2, 10[.19]), „Wort Jahwes" (2, 1. 4 u.a.).

[161] B. Duhm 31. Es handelt sich um die „Bemerkung eines Lesers […], der das geschriebene Jahwewort auf die jetzt lebende Generation bezieht" (J. Schreiner 23).

Wüste, im düstern, unzugänglichen, so lebensfeindlichen Land (V. 6), und
verschärft: Erweist sich Gott selbst als dunkle Wüste? Nach dem Bild vom
Leben spendenden Quell (V. 13) wird hier in der Ich-Rede Gottes Finsternis
oder Verborgenheit ausgesprochen, allerdings nur als Frage geäußert, als
Möglichkeit gedacht; später wird sie von Jeremia selbst erfahren und mit
einem anderen Bild (15, 18) beklagt, wie er den Propheten Gottes Ferne
(23, 23) ankündigt. Hier wird sie für das Volk bestritten, vielmehr Gottes
Nähe bezeugt.[162] Sie wird jedoch verkannt oder ausgeschlagen.

Die Antwort „Wir kommen nicht mehr zu dir" (V. 31 b) wirkt wie die Negation eines Aufrufs zur Wallfahrt, sich zum Heiligtum zu begeben.[163] Das
Selbstbekenntnis steht im Zusammenhang mit den vorhergehenden Zitaten
(vgl. zu V. 23), zieht die Folgerung aus dem Eingeständnis der Liebe zu Fremden (V. 25).[164] Sie bedeutet Abwendung von Jahwe, wie im Folgenden entfaltet wird.

Nach der einleitenden Erinnerung an die „Liebe deiner Brautzeit" (V. 2) ist
das – allgemeine, aus sich verständliche – Bild (V. 32) kaum zufällig gewählt.
Sachlich steht der Satz in Übereinstimmung mit dem Kontext: Wie sich V. 21
(oder 8, 7) eines Bildes aus der Natur bedient, um das „Unnatürliche" auszu-
sagen, so greift V. 32 ein Bild aus der Kultur, ja dem höchst persönlichen
menschlichen Zusammenleben auf, um das nicht zu erwartende Ereignis, das
Unbegreifbare oder Unverständliche doch anschaulich, verständlich zu machen.[165] Auch die Zeitangabe „seit zahllosen Tagen" entspricht dem zuvor bereits Ausgeführten: seit den „Vätern" (V. 5) oder „seit jeher" (V. 20).

Der Absatz V. 33–35[166] verbindet gleich drei Themen: a) die Abkehr von
Jahwe (V. 33 a), nach einem allgemeineren Übergang b) soziale wie rechtliche
Vergehen (V. 33 b–34) und c) das religiöse Selbstbewusstsein des Volkes
(V. 35 a) vor der Gerichtsansage (V. 35 b).

V. 33 a nimmt das Thema der Hinwendung zu „Fremden" oder des damit
zusammenhängenden Verhaltens (V. 23 ff) wieder auf: „Gutes tun" im Blick
auf „Liebe/Liebschaft suchen"[167] – hier klingt wohl ein ironischer Ton mit.[168]
Die Fähigkeit, „Gutes zu tun", kann dem Volk sogar (4, 22; 13, 23) abgesprochen werden.

---

[162] Überhaupt kommt die Rede von Gottes Verborgenheit (Jes 8, 17; 45, 15; auch 28, 21; 29, 14)
vom Zeugnis von Gottes Erschließung und Nähe her.

[163] „Kommt nach Bethel!" Am 4, 4; vgl. 5, 5; Hos 4, 15; Ps 95, 1. 6; 100, 2. 4; 132, 7; sachlich
auch 122, 1; 1Sam 11, 14; Jer 31, 6; Jes 2, 3; Mi 4, 2; Sach 8, 21; Hos 6, 1. Vgl. Anm. 116 zu 3, 22.

[164] Mit einer entsprechenden Äußerung „Wir wollen nicht gehen" lehnt das Volk das Angebot
6, 16 f ab.

[165] Vgl. die Paradoxie 8, 4 ff; auch 4, 22; 5, 21; 6, 10 u. a.

[166] V. 35 nimmt aus V. 34 „unschuldig sein" auf.

[167] „Liebe suchen" nimmt V. 25 b „Ich liebe" auf; vgl. 4, 30; demgegenüber 5, 1: „Wahrheit suchen" u. a.

[168] Die eindrückliche Wendung ist mit der Verbindung von „gut machen" und „Weg" wohl das
Vorbild der mehrfach begegnenden redaktionellen (jerdtr) Ausdrucksweise: „Macht gut euren
Weg!", d. h. „Bessert euren Wandel!" Dabei ändert sich die Intention von der Anklage zur Mah-
nung (vgl. Anm. 35 zu 7, 3. 5).

Zwar hat Kap. 2 im Vorwurf der Abwendung von Gott seinen Schwerpunkt, spielt mit Aufnahme des Stichworts „Böse/Bosheit"[169] aber auch auf
das sozialkritische Thema an (V. 33 b–34), das später (wie 5, 26 ff; 6, 6 f;
9, 1 ff) ausgeführt wird. Am „unschuldigen Armen" wird Gewalt geübt.[170]
Die Tötung erfolgte weder in Notwehr[171] noch auf Grund eines strafwürdigen
Verbrechens, sondern aus Willkür, insofern widerrechtlich und wohl unent-
schuldbar. So schwerwiegende soziale Vergehen erscheinen nicht nur als Ein-
zelvorkommnisse. Von vornherein ist mit einzelnen Taten ein Gesamtverhalten im Blick; an „Bosheiten" hat man sich „gewöhnt"[172].
Der sozialkritische Schuldaufweis steht somit in Zusammenhang mit der
Kritik an der Abkehr von dem einen Gott. Beide Ebenen – vor Gott und mit
den Menschen – gehören zusammen. Schon hier (wie 5, 20 ff) findet sich,
bildhaft mit dem Dekalog gesprochen, die Verbindung von I. und II. Tafel,
von Ausschließlichkeit des Glaubens und zwischenmenschlichem Ethos.
Scheinen, zugespitzt formuliert, aus der Voraussetzung, sich Fremden zuzu-
wenden, nicht die sozialen Verstöße zu folgen („darum" V. 33 b)?
Den schwerwiegenden Vorwürfen begegnet das Volk mit ausgeprägtem
Selbstbewusstsein. Die Kennzeichnung der Opfer als „unschuldig" (V. 34)
nimmt es (V. 35) für sich selbst in Anspruch[173], beharrt (mit V. 23) trotz seinem Geständnis (V. 25) auf seiner Unschuld. Die Begründung mit der Formulierung, Gottes „Zorn" habe „sich gewendet", erscheint im Mund des Volkes nochmals wie eine Aufnahme von Jesajas Kehrversgedicht[174] und
Umkehrung seiner Einsicht. Die Äußerung weist implizit oder indirekt auf
eine frühere Zeit zurück, in der Gott seinem Volk zürnte,[175] und betont die
derzeit ungetrübte Beziehung zwischen Gott und Volk.
Aus Jeremias Sicht steht das Zitat dagegen in Übereinstimmung mit Jesajas
Urteil. Überhaupt ist die Aussage (V. 35) insofern innerhalb des Jeremia-

---

[169] Es dient – im Rahmen des Schuldaufweises – als Bindeglied zwischen verschiedenen Themen, sowohl im Singular (2, 19; 6, 7; 8, 6; 9, 2 u. a.) als auch im Plural (2, 13; 3, 5). Dann sind die
jeweils im Kontext genannten bösen Taten gemeint. Vgl. 5, 28 u. a.

[170] Vgl. zur Anklage wegen „Blut(taten)" Hos 4, 2. Jes 1, 15 f ist doppelsinnig: Blut von Opfer
und Untaten. Auch Jer 22, 17.

[171] Nach einer Rechtssatzung des Bundesbuches (Ex 22, 1 f) ist, wer einen – in der Nacht – er-
tappten Dieb erschlägt, ohne Blutschuld, da der Bestohlene in Notwehr handelte, sein Eigentum
und möglicherweise sein Leben schützen möchte. Der Vergleich mit dem Dieb schließt an 2, 26 a
an.

[172] Vgl. 9, 4; 13, 23; auch 9, 12 f; 12, 16; ähnlich „fließen über" 5, 28.

[173] Das Verb hat zugleich den Sinn „straflos bleiben" (25, 29 u. a.). Sein „schuldlos sein' ersieht
Israel an dem ‚straflos geblieben sein'" (G. Warmuth, ThWAT V, 594). Weil Jahwe auf die ‚Taten
keine Strafe folgen ließ …, nahm man sie leicht, aber wegen dieser Leichtfertigkeit wird Jahwe sie
zur Rechenschaft ziehen." (W. Rudolph 23).

[174] Jes 9, 11. 16. 20; 5, 25; auch 10, 4; dazu oben Anm. 156. Handelt es sich auch um Aufnahme
der Heilszusage Hos 14, 5 b?

[175] Sind die Ereignisse gemeint, die zum Untergang des Nordreichs (722 v. Chr.) führten? Vgl.
die Frage „Wird er ewig zürnen?" (3, 5).

buches ungewöhnlich, als sie – eben im Zitat des Volkes – in positiver Formulierung von „Wendung" des göttlichen Zornes[176] spricht.

Sie halten – trotz der Hinwendung zu anderen und den genannten Taten – an ihrer Unschuld fest und sind überzeugt, dass ihre Beziehung zu Gott intakt sei. So spricht aus dem Zitat – nach der kritischen Auffassung des Propheten – religiöse Selbstgewissheit.[177] Gegen solche Selbstsicherheit wendet sich Jeremia etwa auch in der Tempelrede.

Dabei übergreift die Selbst-Aussage, die ein individuelles Schuldbekenntnis[178] verneint aufnimmt, die unmittelbar zuvor genannten Sachverhalte, um die Reihe der Zitate zu beenden. Weil das Verhalten wegen der ausbleibenden Folgen bestritten, insofern die Sünde geleugnet wird, folgt abschließend eine Gerichtsankündigung – ähnlich 2, 9, wenn auch mit anderen Worten.[179]

Abschließend nehmen V. 36 f die Hinweise auf die politische Lage V. 16. 18 auf. Sind dort beide Mächte als gleichwertig nebeneinander genannt, so scheint hier die Situation fortgeschritten zu sein.[180] Zwar lässt sich dieses Wort nicht auf das Jahr genau datieren; es liegt jedoch nahe, an die kurze Zwischenzeit ägyptischer Herrschaft bei zunehmendem Niedergang Assurs zu denken – vor der Vormachtstellung Babylons, die nicht oder noch nicht genannt ist.

V. 37 b deutet, im Kontext gelesen, vorweg auf eine härtere Einsicht: „Verwerfen" bezieht sich hier auf die Mächte „deines Vertrauens",[181] später (6, 30; vgl. 7, 29) auf das eigene Volk, Israel selbst. So entspricht der Schluss von Kap. 2 dem Ende von Kap. 6, das durch Zuspitzung auf die Angeredeten jedoch erheblich verschärft. Wie Jesaja (31, 3; vgl. 30, 2 f) den Sturz von Beschützer und Beschütztem ansagt, so folgt hier die Drohung gegenüber denen, die bei falschen Mächten Vertrauen suchen.

Seinen Schuldaufweis, seine Sicht der Situation des Volkes, kann Jeremia an verschiedenen Aspekten und Themen veranschaulichen; in ihnen verbirgt sich letztlich ein gemeinsamer Vorwurf: „die bewusste Zurücksetzung Jahwes, der auf allen Lebensgebieten der alleinige Herr zu sein beansprucht."[182] Dabei geht es, wie nicht nur der Schlussvers bezeugt, um Vertrauen.

---

[176] Anders Jer 4, 8 (.26); 23, 20 u. a. Erinnert sie damit sachlich an die Auskünfte der sog. Heilspropheten (wie 6, 14; 28, 2–4 u. a.)?

[177] Nach H. Weippert (Prosareden 62) drückt V. 35 mit anderen Aussagen (wie 5, 12 f; 6, 14 a) „eine starke Heilsgewissheit" aus; diesen „Hoffnungen des Volkes" begegnet Jeremia mit einer unmittelbar widersprechenden Gerichtsansage.

[178] „Ich habe gesündigt" wie Ps 41, 5; 51, 6; verneint: 2Sam 24, 17; auch Lk 15, 21.

[179] Vor anderem Horizont, nämlich angesichts des zugesagten Heils, lautet die Folge für das Nordreich (3, 12 f) anders; jedoch bleibt die Intention insofern gleich, als sich die Auswirkung ergibt: „Nur erkenne deine Schuld!" Vgl. zugespitzt Ps 32.

[180] „Die assyrische Zeit, die in V. 18 noch Gegenwart war, liegt hier allem nach schon zurück." (W. Rudolph 23).

[181] So in Anlehnung an Psalmensprache (wie Ps 40, 5; 65, 6; vgl. Spr 14, 26; Jer 17, 7). Zum Schluss von V. 37 vgl. die im Erzählverlauf vorläufige, im Wortlaut profan klingende Auskunft „Du wirst Glück haben" (1Kön 22, 12–15 gegenüber V. 17 ff).

[182] W. Rudolph 23.

Rückkehr von Rechts wegen ausgeschlossen
Jer 3, 1–5

1 Folgendermaßen[1]: Wenn ein Mann seine Frau entlässt
und sie von ihm geht
und einem anderen Mann zueigen wird –
kann ‚sie' dann wieder zu ‚ihm' zurückkehren?[2]
Würde da nicht völlig entweiht jenes Land[3]?
Du, die du mit vielen Freunden[4] gehurt hast,
solltest du da zu mir zurückkehren dürfen? Spruch Jahwes.
2 Erhebe deine Augen zu den Anhöhen und sieh:
Wo bist du nicht geschändet worden?
An den Wegen sitzend, wartetest du auf sie
wie ein Araber in der Wüste.
Du entweihtest das Land
mit deiner Hurerei und deiner Schlechtigkeit.
3 Da wurden die Regenschauer zurückgehalten,
und der Spätregen traf nicht ein.
Du aber hattest die Stirn einer Hure,
wolltest dich nicht schämen.
4 Riefst ‚du'[5] mir nicht eben noch zu:
‚Mein Vater, Vertrauter meiner Jugend bist du!
5 Wird er wohl ewig zürnen
oder auf immer nachtragen?'
Siehe, so redetest ‚du',
    tatest das Böse und hast es vermocht.

---

[1] Vielleicht „Rest einer Einleitungsformel" (W. Rudolph 24).

[2] Üblicherweise wird der Text mit LXX in der oben angegebenen Form korrigiert. So erscheint die Rück- oder Umkehr der Frau bzw. des Volkes unmöglich. Der masoretische Text ist wohl unter Einfluss des Dtn 24,4 belegten Ehe(scheidungs)-Gesetzes entstanden, so dass V. 1 a dem Recht gemäß lautet. V. 1 bβ bedenkt aber die Wiederzuwendung der Frau, nicht des Mannes, d. h. des Volkes zu Gott. So liegt die Änderung nahe (für sie spricht auch V. 2 b). Der masoretische Text, der die Bildrede auf Gott bezieht: „Kann er dann zu ihr zurückkehren?", ist allerdings schärfer (vgl. etwa 2,37; 6,30; 7,29). Auch gibt diese Formulierung im Kontext einen tiefen Sinn: Gott kann dem Recht nach nicht zurück – nur aus Gnade, wie 3,12 bezeugt.

[3] Die LXX (Vulg.) bleibt mit „jene Frau" im Bild, MT geht bereits in die Auflösung des Bildes über (vgl. 3, 2.9; auch 2,7).

[4] D. h. Liebhabern; HAL 1169 mit Verweis auf Hos 3,1; Jer 3,20: „Liebling, Buhle".

[5] Vgl. zur 2. Person V. 4 f BHS; o. zu 2,20.33.

Kap. 3 (–4, 2. 3 f) mit seinen Besonderheiten und Spannungen vereint mehrere Abschnitte mit Elementen aus unterschiedlichen Situationen. In den Rahmen von Kap. 2–6, eine Zusammenfassung der (frühen) Verkündigung Jeremias, wird – nachträglich – Jeremias Heilsbotschaft (für das Nordreich 3, 12 f) eingefügt.⁶ Anschließend wird jenes Heilswort ausgelegt (3, 14 ff), das Thema breit entfaltet.

Heil, das in der Vergangenheit (2, 2 f) bestand, wird in Kap. 3 für die Zukunft verheißen. Der Schuldaufweis durch den Propheten (2, 5 ff) wird zum Schuldbekenntnis der Betroffenen (3, 21 ff). Von der Umkehrunwilligkeit oder gar -unmöglichkeit (2, 21 f. 32; 3, 1) führt der Weg über die Aufforderung zur Umkehr (3, 12. 14) bis zur Zusage der Heilung der Umkehrunfähigkeit (3, 22).

Die einleitende Einheit 3, 1–5 erfüllt im vorliegenden Kontext eine Doppelaufgabe, scheint mit dem Grundthema *schub* „Rück-" oder „*Umkehr*" eine neue, spannungsvolle Komposition zu eröffnen. Jedoch führt der Abschnitt sachlich Kap. 2 weiter. Das Leitwort „zurück-, umkehren" begegnet als *meschuba* „Abkehr" schon 2, 19.⁷ Aus der Erinnerung an die Heilszeit 2, 2 f findet sich das Stichwort „Jugend/zeit" wieder (3, 4; 2, 2; vgl. 1, 6); „Weggehen" (3, 1) spricht das Gegenteil des „Nach-gehens" (2, 2 u. a.) aus. Das Bild der Braut (2, 2.[.32]) wird durch das Ehebild fortgeführt. Überhaupt knüpft 3, 1–5 mit verschiedenen Stichworten wie Motiven an Kap. 2 an⁸ und zieht zugespitzt die Folgerung. Der Abschnitt gliedert sich:

I. V. 1   Disputationswort
           mit *drei* rhetorischen Fragen:
           1 aα Rechtsfall, Gesetzestext als Frage
           1 aβ Begründung als Frage mit Übertragung auf das Land
           1 b Konsequenz: Gerichtsansage als Frage –
           mit Übergang in Anrede (2. Ps.)

II. V. 2–5   Anklage
           V. 2 Aufruf an die Hörer, sich selbst zu überzeugen
                V. 2 begründet das Urteil (V. 1) „Land entweiht"
           V. 3 Erzählender Rückblick:
                Folgen in der Natur (vgl. 5, 24 f) und Reaktion
           V. 4 Anrufung mit Frage V. 5 a
           V. 5 b führt V. 2 weiter bis zur Feststellung:
                Der Zustand ist unverändert

---

⁶ Erscheint 3, 1 die Rück- oder Umkehr unmöglich, so wird im Heilswort 3, 12 (vgl. 3, 22; 4, 1) zu ihr aufgefordert. Zugleich kann 3, 12 mit der Wendung „(nicht) ewig zürnen" an 3, 5 anknüpfen.

⁷ Vgl. auch den Einwand im Zitat (2, 35): Gottes „Zorn hat sich umgekehrt/gewendet" und 3, 19.

⁸ Vgl. etwa noch „Sieh!" (2, 19. 23); „Weg" (2, 18 u. a.), „Bosheit" (3, 2 wie 2, 19 u. a.); „Böses tun" (2, 13; 3, 5 b); „mein Vater" (2, 27; 3, 4); „Land verunreinigen" bzw. „entweihen" (2, 7; 3, 1 f. 9); sich vielen anbieten (3, 1; 2, 23 ff).

3, 1–5 nennt nicht eigens den *Adressaten*. Wäre das Wort an Israel, das Nordreich, gerichtet, würde es einen – recht schroffen – Gegensatz zu 3, 12 bilden.
Zudem steht das Nordreich nach der jüngeren vergleichenden Deutung 3, 6 ff
besser da. Darum wendet sich das Wort eher an das *Südreich*. Das entspricht
dem vorliegenden Rahmen (2, 2 f) mit der (in 2, 16 ff. 36) beschriebenen Situation; zuletzt (2, 28) ist Juda ausdrücklich genannt. So bildet die Gegenüberstellung von Israel und Juda (3, 6–10. 11) einen Übergang; der Vergleich
bedenkt, warum Süd- und Nordreich unterschiedliches Geschick haben.
    Deutlich ist der Sinn des Wortes V. 1–5. Die tiefe Einsicht in die Schuld des
Volkes wird durchgehalten. Die Umkehrunfähigkeit, die schon zuvor bildhaft (2, 22) dargestellt ist, wird – nach der Ankündigung des Rechtsstreits
(2, 9) – jetzt mit Worten des Rechts formuliert, so zugespitzt. Jeremia führt
das von Hosea übernommene Ehebild radikal kritisch[9] auf Grund damaligen
Eherechts weiter. Gemäß dem Dtn 24, 1 ff belegten kasuistischen Rechtssatz,
der einzigen, im AT erhaltenen Bestimmung über Scheidung, gilt: Nach
Auflösung einer Ehe und Wiederheirat ist eine Rückkehr in die erste Ehe unmöglich.[10] Die gesetzliche Regelung wird hier (3, 1) in eine andere Redeform
überführt: Stört das Prosazitat nicht die sonst rhythmische Gestalt? Jedenfalls wird die Rechtsbestimmung als *Frage* formuliert – im Stil des *Disputationswortes*.[11] Es könnte sich aus mündlicher Rede erklären, in der Jeremia
bereits auf Einwände antwortet, mit seinen Hörern ein Streitgespräch führt;
er lässt sich auf sie ein, sucht sie von ihrem Wissensstand aus zu neuen, ihnen
noch nicht vertrauten Einsichten zu führen.
    Jer 3, 1 ist einer der (wenigen) poetischen Texte mit älterem, auf Jeremia
zurückgehendem Wortlaut, in dem offenkundig Beziehungen zum Deuteronomium bestehen. Liegt hier ein unverdächtiges Beispiel dafür vor, dass
Jeremia das Deuteronomium kennt? Allerdings kann Dtn 24, 1 ff bereits be-
stehendes, nur hier kodifiziertes und bewahrtes Recht aufnehmen.[12]

---

[9] Jeremia geht noch über Hosea „hinaus, wenn er herausstellt, dass die Rückkehr nicht einmal
mehr eine rechtliche Möglichkeit ist nach Jahwes Recht". Bei Änderung des hebräischen Textes
(o. Anm. 2) gilt: „Nach Jahwes Recht darf nicht einmal mehr die Umkehr stattfinden, selbst wenn
das Volk sie unternehmen wollte. Das Volk, das seinen ersten Herrn verlassen hat, kann nicht von
sich aus neu mit ihm anfangen." So H.W. Wolff, Das Thema „Umkehr" in der alttestamentlichen
Prophetie, 1951, GSt zum AT, TB 22, 1964, 140 f.
[10] „3, 1 ff ist nur sinnvoll, wenn der Mann die von ihm geschiedene Frau, war diese inzwischen
wiederum von einem (anderen) Mann geschieden oder durch den Tod des zweiten Mannes wieder
frei geworden, normalerweise nicht wieder heiraten durfte." (H. Schulz, Das Todesrecht im AT,
BZAW 114, 1969, 26) Nach zweimaliger Scheidung der Frau bzw. Tod des zweiten Mannes ist für
sie nicht eine dritte Ehe ausgeschlossen, wohl aber die Wiederholung der ersten Ehe; diese Scheidung lässt sich nicht rückgängig machen. Galt die Bestimmung in alter Zeit noch nicht, oder
wurde sie wegen besonderer Umstände nach 2Sam 3, 13–16 nicht eingehalten?
[11] Gottes einleitende Fragen (V. 1 f) und die Frage des Volkes (V. 5) erscheinen wie ein Rahmen. Schon zuvor sind Jeremias Worte mehrfach (2, 11. 14. 17 f u. a.) in eine zum Nachdenken anregende, auf Zustimmung ausgerichtete Frage gekleidet. Vgl. o. zu den Redeformen.
[12] „Die beiden Texte sind in ihrer Formulierung so unterschiedlich, dass ihre inhaltliche Übereinstimmung sich zur Genüge erklärt, wenn sie beide auf altes Gewohnheitsrecht zurückgehen."
(J. Scharbert, in: Le livre de Jérémie 45 mit Lit.).

Vom Rechtssatz gelangt Jeremia zur Anwendung oder Übertragung mit Hilfe der Argumentation nach dem Schluss „Kal wachomer" bzw. a minori ad maius, d.h. vom Leichteren zum Schwereren: Wenn schon eine geschiedene und wiederverheiratete Frau nicht mehr die Möglichkeit hat, zu ihrem früheren Gatten zurückzukehren, wie wenig ist es dann Israel möglich, das nicht nur einen zweiten Mann hat, sondern „mit vielen Liebhabern" Hurerei treibt?

Das Land bezeugt – durch die „Anhöhen"[13], d.h. die Höhenheiligtümer, die vermutlich mit kultisch-rituellen Vorgängen verbunden sind – die Hurerei mit vielen „*Freunden*". Gemeint sind wohl „die Baale" (2,23); unter diesem Namen könnte sich auch eine Umschreibung für die Verbindung von Jahwe- und Baal-Kult verbergen.

Nach wechselndem Bild gebärdet sich Israel wie eine Dirne, die am Wege wartet,[14] oder wie ein – räuberischer – Araber oder Beduine.

Heißt schon zuvor die Wüste „das nicht besäbare Land" (2,2) und wird an Gottes Führung in ein fruchtbares Land mit seinen Gaben erinnert (2,7), so antwortet Jahwe auf die „Entweihung" mit Entzug der Segnungen[15] dieses Landes: „der Regen, das für Aussaat und Wachsen der Frucht lebensnotwendige Element, wird zurückgehalten; der Spätregen, ohne den das Getreide im April und im Mai nicht zur Reife gelangen kann, bleibt aus. Hungersnot ist die Folge." Das Volk appelliert zwar an Gott, „ist aber nicht bereit, seinen Worten Taten folgen zu lassen".[16]

Die zweifache, an vorhergehende Worte erinnernde Anrede (V.4) scheint sich auf der Bildebene – Ursprung und gleichaltrige Generation – zu widersprechen: „Mein Vater" knüpft an die 2,27 bezeugte Situation an: „die da sagen zum Baum ‚Du bist mein Vater'".[17] „Vertrauter der Jugendzeit, Jugendfreund" führt das Ehebild entsprechend 2,2 in die frühe Zeit der Verbundenheit, der ursprünglichen Beziehung oder der ersten Liebe, zurück (vgl. Spr 2,17). Die zwei unterschiedlichen Metaphern haben insofern eine gemeinsame Intention, als sie sich auf ungetrübte Anfänge berufen – ein vom Propheten kritisch beurteilter Rückblick. Außerdem passen beide als schmeichelnde Anrede zusammen.

Ähnlich wie schon nach dem Urteil Hoseas (Kap. 2) bewirkt dieser Kult gerade nicht die erhoffte Fruchtbarkeit des Landes – im Gegenteil. Die „Frau Israel" ändert jedoch nicht das Verhalten, pocht vielmehr auf die Liebe der Vergangenheit. Mit den Worten B. Duhms (35): „Die Frechheit der Hure besteht darin, dass sie mit fremden Männern hurt und dennoch ihrem Ehemann

---

13 Vgl. Anm. 85 zu 3,21; zum Thema schon Hos 4,13; 3,1 und oben zu Jer 2,23 ff.

14 Vgl. Gen 38,14; Ez 16,25; Spr 7,12.

15 Vgl. Jer 5,24 f (mit Anm. 70); bes. 14,1 ff; auch 8,19 f; 12,4.

16 P. Diepold (s. zu 2,1 ff, Anm. 45) 123.

17 Diese mit der folgenden schwer vereinbare Anrede wird gerne als Zusatz aus 3,19 angesehen (3,20 geht ebenfalls in die nächste Generation über). Sollte, wie die Verbindung der Worte andeuten könnte, der Vater als Ursprung zugleich Bezugsperson der Jugendzeit sein? Eher handelt es sich um zwei Bezugsebenen; „mein Vater" lässt sich aus dem Vater–Sohn/Tochter-Verhältnis verstehen (vgl. 3,14.19.22; 4,22; 31,20; auch Hos 11,1 u.a.).

mit Kosenamen schmeichelt, als ob nichts geschehen wäre." Trotz der Strafe geht Israel nicht beschämt in sich, sondern behält eine „Hurenstirn".[18]

Das Wort läuft nicht in einer Mahnung oder Warnung aus. Hier wird nicht zur Umkehr gerufen, wohl aber Einsicht geweckt: Die Rechtslage ist eindeutig. Bezieht man den Text auf die Frau, ist ihr bzw. dem Volk kein Weg zu Gott mehr offen. Erscheint die Umkehr nach V. 1 rechtlich unmöglich, so ist sie nach V. 3 faktisch nicht gegeben. Das Volk scheint beim Bösen zu verharren, wie der Schlusssatz V. 5 b bestätigt: „Du brachtest es fertig".

Bezieht man mit dem hebräischen Wortlaut die einleitende Aussage (V. 1 a) auf Gott, ist ihm dem Recht nach die Rückwendung nicht möglich. Es bleibt der Weg aus Gnade; so wirkt im Textzusammenhang 3, 12 wie eine Gegenaussage.

Die beiden Schwestern
Israel und Juda im Vergleich
Jer 3, 6–10. 11

6 Und Jahwe sprach zu mir in den Tagen des Königs Josia: Hast du gesehen, was die Abtrünnige, Israel, getan hat? Sie ging auf jeden hohen Berg und unter jeden grünen Baum und ‚hurte' dort.
7 Da dachte ich: „Nachdem sie dies alles getan hat, wird sie zu mir zurückkehren." Jedoch ist sie nicht zurückgekehrt. Das sah die Treulose, ihre Schwester Juda.
8 Auch sah ‚sie', dass ich Israel, die Abtrünnige, eben deshalb, weil sie die Ehe gebrochen hat, entließ und ihr ihren Scheidebrief gab. Doch ihre Schwester Juda erschrak nicht, ging vielmehr hin und trieb selbst Hurerei.
9 Durch ihr leichtfertiges Huren ‚entweihte'[19] sie das Land; denn sie trieb Ehebruch mit dem Stein und dem Holz.
10 Selbst bei alledem ist ihre Schwester Juda, die Treulose, nicht mit ihrem ganzen Herzen zu mir zurückgekehrt, sondern nur zum Schein – ist der Spruch Jahwes.
11 Und Jahwe sprach zu mir: Die Abtrünnige, Israel, erwies sich gerechter als die Treulose, Juda.

---

[18] Das Bild von der harten „Stirn" könnte bei Ezechiel (3, 7) nachwirken; vgl. W. Zimmerli, BK XIII/1, 80.

[19] MT ähnlich wie V. 1: „sie wurde entweiht (mit dem Land)", lies *hi* (HAL 322 a). V. 9 lässt sich auch wiedergeben: „So geschah es durch die Leichtfertigkeit (vgl. HAL 1029 a) ihres Hurens, dass …".

Auf die das Eherecht zitierende Anklage (3, 1–5) folgt ein als Ich-Bericht gestalteter Prosa-Abschnitt (V. 6–10. 11). Er vergleicht das Nordreich Israel und das Südreich Juda zugunsten des ersteren miteinander: „Treulosigkeit Juda" ist noch schuldiger als „Abtrünnigkeit Israel".

Das Verhältnis Gott – Göttin war schon durch den Propheten Hosea a) auf das Verhältnis Gott – Volk bildhaft umgedeutet[20], b) durch die Ansage der Untreue des Volkes „gebrochen", so von Jeremia (3, 1) übernommen worden. Hier kommen neue Züge hinzu: c) Der Geschichte des Nord- und Südreichs entsprechend treten *zwei* Frauen auf; sie tragen d) *Namen*, und e) ihr Verhalten wird beschrieben. „Die beiden Reiche erscheinen als Personen, als Schwestern und haben wie die Kinder einer Familie auch ihre Namen; Israel heißt Meschuba, Juda Bagoda; als Namen propria ohne Artikel."[21] So wird das Bild der Ehe überraschend ausgestaltet, allerdings nicht eigentlich als Verhältnis von Ehefrauen,[22] sondern eben von Schwestern. Sie werden beide des Treubruchs beschuldigt, wenn auch f) in *unterschiedlichem* Maße. Erscheinen in älteren Texten beide Völker oder Reiche in Schuld und Gericht gleich,[23] so werden sie hier verschieden beurteilt. Vorbild für die Gegenüberstellung mit Betonung der Schuld des Südreichs ist vielleicht Jeremias eigenes Wort 23, 13 f.

V. 6–11 setzen nach einer Einleitung mit Datum „in den Tagen des Königs Josia" neu ein und weisen als *Gottesrede an den Propheten* (V. 6. 11: „Jahwe sprach zu mir") eine auffällige Form auf. Das persönliche Wort soll den folgenden öffentlich weiterzugebenden „Spruch Jahwes" (V. 12 f) verständlich machen.

Der – in seiner *Authentizität*, d. h. der Rückführbarkeit auf Jeremia, höchst umstrittene – Abschnitt schlägt eine Brücke, knüpft einerseits an Kap. 2 einschließlich 3, 1–5 an, bereitet andererseits 3, 12 f vor. Das Thema *Hurerei* wie deren Folge *Entweihung des Landes* (V. 1 f. 9; vgl. 2, 7), entscheidende Stichworte „zurück-, umkehren"[24] und „entlassen" (V. 1. 8)[25] sind diesem Kontext entnommen. Das Treiben mit Holz und Stein (V. 9 b) wird der Anklage 2, 27 entstammen.[26] Der Name „Meschuba/Abtrünnigkeit Israel" (3, 6. 8.11) für das Nordreich ist vorgegeben (vorbereitet 2, 19; ausdrücklich 3, 12). Die

---

[20] Vgl. auch die Darstellung Israels als Frau Am 5, 2.

[21] P. Volz 44. Schon Hoseas (1, 4. 6.9) und Jesajas (7, 3; 8, 3) Kinder tragen der Botschaft des Propheten entsprechende Eigennamen.

[22] Wird die Darstellung von zwei Ehefrauen Jahwes, auch wenn das Bild nur gebrochen (vgl. Anm. 126 zu 2, 23 ff) genutzt wird, aus kritischem Impuls gemieden?

[23] „Stein des Anstoßes und Fels des Strauchelns für beide Häuser Israels" Jes 8, 14; vgl. das Kehrversgedicht 9, 7 ff; 5, 25 ff; Hos 5, 12. 14; 6, 4; Mi 1, 5; in der vorliegenden Textgestalt auch Am 6, 1; Hos 5, 5; 6, 10 f; 12, 1 u. a.

[24] 3, 1. 7. 10; auch 5, 3.

[25] Mit Aufnahme des Terminus „Scheidebrief" (V. 8 wie Dtn 24, 1), also wohl im engeren Anschluss an das Deuteronomium; vgl. Jes 50, 1; thematisch auch Mi 1, 14; Mal 2, 10 ff.

[26] Mit Umkehrung der Folge Stein – Holz; vgl. oben die Auslegung zu Jer 2, 23 ff; auch Hos 4, 12.

Parallelbildung „Bagoda/Treulosigkeit Juda" (V. 7 f. 10) für das Südreich ist
wohl durch 3, 20 angeregt.[27] So scheint der Prosatext 3, 6 ff sowohl 3, 12 als
auch 3, 19 f vorauszusetzen.

Eine thematisch ähnliche allegorische Darstellung findet sich bei *Ezechiel* (23). Sollten beide Vergleiche unabhängig voneinander sein? Jedenfalls setzt der hiesige Abschnitt kaum Ez 23 voraus; eher scheint Ezechiel umgekehrt die Gegenüberstellung
der beiden Schwestern Israel und Juda aufzunehmen und abzuwandeln: Er gestaltet
sie a) aus, verschärft b) die Scheidung zur Todesstrafe und versteht dabei c) „huren"
politisch.[28]

Der Abschnitt zwischen zwei sich inhaltlich scheinbar widersprechenden
Jeremiaworten (3, 1–5 und 3, 12 f) stellt sich der Frage: Wie verhalten sich
Unmöglichkeit der Umkehr (3, 1) und Aufruf zur Umkehr (3, 12 f), Unheilsansage (gegenüber dem Südreich) und Heilsansage (gegenüber dem Nordreich) zueinander? So ist der Absatz – aus der Sicht des Redaktors – gleichsam *notwendig*; er *muss* gedacht werden, um in der Spannweite von Jeremias
Botschaft Zusammenhang und Einheit aufzudecken. Der Verfasser[29] versetzt
sich in Jeremias Situation, um zwei – scheinbar schwer zu vereinbarende, sich
allerdings an verschiedene Adressaten richtende – Jeremiaworte miteinander
zu verbinden.[30]

Vermutlich ist der Abschnitt 3, 6 ff gemeinsam mit 3, 12 f in den Zusammenhang Kap. 2–6 eingefügt.[31] Die Absicht ist noch erkennbar: 3, 12 f ist als

---

[27] Darüber hinaus hat dieser Name Anhalt an Jeremias Anklage: „Treulos gehandelt (*bgd*)
hat ...". Jer 5, 11; vgl. 9, 1; 12, 1; auch die Anrede an Jakob, Juda 5, 20. Zu „ehebrechen" (3, 9) vgl.
5, 7; auch 7, 9; Hos 3, 1; 4, 2. 13 f u. a.

[28] Die inneralttestamentliche Traditionsgeschichte liegt „an dieser Stelle überraschend offen".
„Die Rede von Israel als der untreuen Frau Jahwes ist erstmals von Hosea in die prophetische Verkündigung hereingenommen und entschlossen vergeschichtlicht worden." Sie ist von Jer 3, 6 ff
„unbefangen auf die beiden Teilreiche, die je in einer Frauengestalt verkörpert wurden, übertragen
worden. Dabei erhielten die Frauengestalten auch schon feste, als kennzeichnende Beinamen [...]
Alle Züge der Götterhochzeit, in der es um Zeugung und Fruchtbarkeit geht, sind hier restlos ver-
drängt durch die Anschauung von der vollen Menschlichkeit der beiden Frauen, die im Bereich
geschöpflicher Verantwortung auf ihre Schuld hin angeredet [...] werden." Ezechiel malt dieses
Bild „in der ihm eigenen Gründlichkeit (analog Ez 16; 34)" aus. Dabei steht in Ez 23 „nicht mehr
wie in Hos 2, Jer 3 und Ez 16 die Buhlerei mit den kanaanäischen Landesbaalen vor Augen, sondern die politische Fremdländerei der beiden Landesteile." „Huren" ist hier „unverkennbar schon
zu einer sehr festen Begrifflichkeit geworden". Durch die „Härtung des Bildes auf dem Weg von
Jer 3, 6 ff zu Ez 23" wird „aus der Scheidung von der ‚Meschuba Israel' (Jer 3, 8) [...] die Tötung"
für beide Frauengestalten. So W. Zimmerli, BK XIII/I, 539; vgl. 344.

[29] Der Absatz zeigt eher „wenig Diktion" der jerdtr Redaktion (W. Thiel I, 89): „auf jedem Hügel, unter jedem Baum" (V. 6 b; vgl. zu 2, 20 b), „mit ganzem Herzen" (V. 10). Literarisch lassen
sich diese Bestandteile kaum ausscheiden. Sachlich stimmt die Anklage, nicht umgekehrt zu sein,
mit Jeremia und der jerdtr Redaktion überein. Nimmt sie hier zugleich an 23, 13 f anschließende
Überlieferung auf? So könnte sich das Verhältnis zu Ez 23 erklären.

[30] Gewiss sucht der Verfasser aus Jeremias Sicht und in seinem Sinne zu schreiben. Für Jeremia selbst ist die Einheit der Botschaft auch anders gegeben; vgl. o. zur Verkündigung und zu
3, 12 f.

[31] Dafür sprechen die überleitende, verbindende Intention sowie die gleichlautende Einführung V. 6 und 11. „In V. 11 wird nach der neuen Einleitungsformel in der Jahwerede das Resümé

Kontrast oder Ergänzung 3, 1–5 zugeordnet; 3, 6 ff bildet das Zwischen- oder Übergangsstück.

Insofern das Nordreich Israel – von seinem Kult – nicht umkehrte,[32] heißt es die personifizierte „Abtrünnigkeit". Das Südreich Juda ahmte das Treiben der Schwester nach (V. 7 b), erlebte, wie Gott Israel wegen Ehebruchs die Scheidungsurkunde ausstellte (V. 8 a; ausdrücklich nur für das Nordreich), also die Gemeinschaft aufkündigte,[33] wurde dadurch aber nicht bewegt und aufgeschreckt, trieb es vielmehr genauso.

Die Gegenüberstellung der beiden Schwestern, üblicherweise komparativisch „gerechter als …" übersetzt, sagt, wörtlich genommen, eigentlich mehr: Israel ist „gerecht im Unterschied zu /im Vergleich mit" Juda, d. h. zumindest: weniger schuldig, gegenüber Juda so gut wie unschuldig.[34] Allerdings erwächst aus dem Vergleich für Israel kein Anrecht.

Warum hat Israel einen Vorzug? Zwei Gründe liegen nahe. Zum einen: „Judas Schuld ist deswegen größer, weil Juda an Ephraims Geschick die Folge der Sünde hätte erkennen können."[35] Das Schicksal der Schwester hätte sprechen sollen, hat jedoch nichts bewirkt. Das „Vorbild" war zwar Juda vor Augen („sie sah" V. 7 f), wurde aber nicht eigentlich wahrgenommen.

Zum andern: Juda ist nicht ungeteilt, vielmehr „mit Lüge", zum Schein oder zur Täuschung, umgekehrt (V. 10). Ist dies Verhalten nicht schlimmer als nicht umzukehren (V. 7)?

Dabei stellt sich – unabhängig von der *Authentizität* – die Frage: Warum ist das Wort „in den Tagen des Königs *Josia*"[36] datiert? Die allgemeine, nicht näher bestimmte Zeitangabe (V. 6) bietet sich für eine Aussage, die zwischen Nord- und Südreich vermittelt, deshalb an, weil Josia für kurze Zeit das Südreich wohl mit Teilen des Nordreichs[37] verbinden konnte und der Rückblick zugleich ein Urteil über die Josiazeit ermöglicht. Es fällt keineswegs lobend,[38] sondern recht kritisch aus; und es liegt nahe, hier auch eine Reaktion auf Josias Reform zu finden. Das nüchterne, ja harte Urteil (V. 10) scheint sie einzubeziehen. Darf man die Aussage so verstehen: Ist Juda umgekehrt, aber nicht von Herzen? Die Reform selbst wird, genau genommen, nicht kritisch

---

der vorangegangenen Erörterung gezogen, woran sich in 12 mit dem Redebefehl die Umrahmung des Spruches anschließt. Dieser Tatbestand weist darauf hin, dass es sich in 6–13 doch um eine Einheit handelt, die sich freilich um einen vorgegebenen Spruch (12 aβ. 13) gruppiert." (W. Thiel I, 85). Jer 3, 14 ff (–4, 4) gestaltet 3, 12 f aus.

[32] V. 7 a; vgl. schon Jes 9, 12; Hos 5, 4 u. a.

[33] Vgl. Hos 1, 6. 9 u. a.

[34] Vgl. die ähnliche Formulierung im Gleichnis vom Pharisäer und Zöllner Luk 18, 14: Dieser ging gerechtfertigt in sein Haus vor jenem.

[35] P. Volz 45.

[36] Vgl. 1, 2; 36, 2.

[37] Vgl. 2Kön 23, 15 ff.

[38] Im Vergleich mit dem Nachfolger heißt es im Jeremiawort 22, 15 f von Josia: „Er übte Recht und Gerechtigkeit."

gewertet, vielmehr fehlte ihr die eigentlich nötige Wirkung. Ja mehr: die Umkehr erfolgte nur „zum Schein".[39]

Im Nachhinein wird diese Einschätzung in etwa Jeremias Einsicht entsprechen.[40]

Verheißung für das Nordreich
Jer 3, 12f

12 Geh und rufe diese Worte gen Norden und sage:
„Kehre um, du Abtrünnige, Israel, – Spruch Jahwes –
ich blicke nicht (mehr) ungnädig[41] auf euch;
denn gnädig bin ich, – Spruch Jahwes –
trage nicht ewig nach.
13 Nur erkenne deine Schuld,
dass du dich auflehntest
gegen Jahwe, deinen Gott,
und an die Fremden ‚deine Liebe' verschwendetest[42]
– unter jedem üppigen Baum!
Aber auf meine Stimme habt ihr nicht gehört" –
Spruch Jahwes.

Innerhalb des umstrittenen Prosa-Abschnitts 3, 6–18 ist nach dem vergleichenden Urteil über mangelnde Umkehr von Nord- und Südreich (V. 6–11) ein metrisch gefasster, wohl auf Jeremia zurückgehender Spruch (V. 12 f) erhalten.[43] Er wird (nach einer Ergänzung in V. 13 b) mit einer Aufforderung an das Südreich (V. 14–17) in Prosa entfaltet und endet (V. 18) in einer beide Reiche umfassenden Verheißung.[44] Der Spruch ist im wesentlichen viergliedrig:

---

[39] Kann der – nachträglich erhobene – Vorwurf der Heuchelei die Reform einbeziehen? Die Katastrophe zeigt doch, dass die Reform das Schlimmste nicht verhinderte, so für das zu erleidende Geschick der Stadt und des Volkes letztlich „unwirksam" war. Dagegen hat die Forderung von Dtn 12 bzw. die Reform in der Geistes- und Glaubensgeschichte wohl große Auswirkung, da seit der Priesterschrift ein Heiligtum als selbstverständlich gilt. Vgl. auch Jer 41, 5 und 44, 17 f.

[40] Vgl. bald nach Josias Tod die Tempelrede (Jer 7; 26, 1); dazu o. zu Jeremias Situation und Wirkungsperioden (o. S. 3 f).

[41] Wörtlich: „lasse mein Angesicht nicht fallen".

[42] Wörtlich: „an die Fremden deine Wege ausbreitetest". Vgl. HAL 871 a.

[43] Das Wort stammt wohl aus der Frühzeit Jeremias – vielleicht während der Regierung Josias/ Joschijas, der sich um die Wiedergewinnung des Nordens bemühte. Vgl. o. zur Situation (mit Anm. 11) und S. 107 ff.

[44] So wird, grob geurteilt, in den Rahmen von Jeremias Anklage und Unheilsansage (2–3, 5. 19 f; 4, 5 ff) eine Heilserwartung eingefügt. Vgl. zu 3, 6 ff.

a) Mahnung: „Kehre um!" mit anklagender Anrede (V. 12 aα)
b) Unbedingte Verheißung: „Ich blicke nicht mehr …" (V. 12 aβ)
c) Begründung: „denn ich bin gnädig" (V. 12 b)
d) Entfaltung der Mahnung im Prophetenwort (Jahwe in 3. Ps.; V. 13):
   1. Folge „Nur erkenne …!"
   2. Konkretisierung des Bußrufs

Das Wort umspannt von vornherein einen Gegensatz, ruft zu etwas auf, was die Angeredete, wie die Charakterisierung oder der Name „Abtrünnige" zeigt, nicht vollbringen will oder kann. Sie ist keineswegs schuldlos oder willig.[45] Das Wort wendet sich an das rund ein Jahrhundert zuvor zerstörte Nordreich, an die dort verbliebene Bevölkerung. So erfolgt diese Heilszusage offenkundig nach dem Gericht oder noch in der entsprechenden Situation, sagt denen, die das Unheil schon erlitten haben oder noch von ihm bedrängt sind, neues Leben zu. Nahm Jeremia, im Grenzbereich zum Nordreich Israel geboren, nicht an ihm oder vielmehr an der Bevölkerung in besonderem Maße Anteil?[46] Nach der (an 2, 2 erinnernden) Einführung „Geh und rufe!" soll Jeremia von Süden, etwa von seinem nahe liegenden Heimatort, nach Norden rufen.

Das einleitende Verb *schub*, mit dem der Eigenname Meschuba „Abtrünnige, Unbußfertige"[47] zusammenhängt, ist doppeldeutig, meint „zurück-" wie „umkehren".[48] Sowohl dieser Name als auch der entfaltende Aufruf „Erkenne deine Schuld!" sprechen für das Verständnis als „Umkehr". Zudem nimmt Jeremia eine von Hosea für das Nordreich Israel vorgedachte Einsicht auf: Weil Gott nicht mehr zürnt, ist Umkehr möglich.

Gottes gnädige Zuwendung ist der Grund für die Umkehr; menschliches Verhalten ist nicht Voraussetzung, sondern Folge.[49] Über die Feststellung des Mangels oder gar der Unmöglichkeit der Umkehr[50] hinaus findet sich hier

---

[45] Vgl. 5, 11 (.20 f); 23, 13 f; ausgeführt 3, 6 ff. Vgl. o. den Exkurs „Israel" als Anrede an Jerusalem und Juda (S. 80 f).

[46] Es zeigt sich ähnlich in den Kernstücken des sog. Heilsbüchleins für Ephraim (Kap. 30 f; bes. 31, 3. 20). Vgl. o. zur Person (S. 8).

[47] Das wohl im Anschluss an Hoseatradition (11, 7; 14, 5) gewählte Wort begegnet schon Jer 2, 19; vgl. 5, 6; 8, 5 (auch Jes 9, 12). Ein wenig holzschnittartig vergröbert: Hatte sich am Nordreich 722 v. Chr. die Unheilsansage erfüllt, so greift Jeremia die noch ungedeckte Heilsverheißung Hoseas „Ich will meinen glühenden Zorn nicht vollstrecken" (11, 8 f) auf. Vgl. zum Stichwort außerdem 3, 22; 14, 7; als Eigenname noch 3. 6. 8. 11; als Kennzeichen der Redaktion (etwa 18, 7–10) s. o. zur Entstehung des Buches, Abs. 4.

[48] Klingt außer der Mahnung zur Buße zugleich die Zusage der Heimkehr an, und schließt das Wort gar die nördlich der Nachbarländer in den assyrischen Raum verschleppte Bevölkerung (vgl. 2 Kön 17, 23) ein? Auch im Brief an die Exulanten bleibt Jeremia (29, 5–7) in dieser Hinsicht zurückhaltend. Entsprechende Verheißungen (wie 29, 10. 14) sind jüngere Erweiterungen (anders Jes 40, 10; 48, 20 u. a.).

[49] „Das zugesagte Heil ist die Voraussetzung, die Begründung für die Bekehrung. Das Mahnwort ist als Einladung eindeutig vom Heilsspruch her bestimmt." (H.W. Wolff, GSt 144).

[50] Vgl. Jer 2, 19 und oben zu 3, 1(–5); auch 8, 4 f; sachlich 2, 22; 13, 23 u. a.

der Bußruf bei Jeremia selbst[51], allerdings nicht zur Vermeidung bzw. Abwehr des angedrohten Unheils, vielmehr im Horizont der Verheißung. Der Bußruf fordert auf, sich auf das zugesagte Heil einzulassen, sich auf es einzustimmen.

Selbst die Erkenntnis der eigenen Schuld (V. 13) erscheint erst als Folge der Heilszusage. So ergibt sich auch kein Widerspruch zu Jeremias Verkündigung. Mit der Schuld ist Gottes Freiheit und Vergebungsbereitschaft anzuerkennen. Schaut die Verheißung „Ich blicke nicht mehr …" in die jetzt anbrechende Zukunft, so wirkt die Begründung mit einer „Eigenschaft", einem „Wesenszug" Gottes wie eine grundsätzliche, gegenwärtig gültige Aussage: Jahwe ist *gnädig*.

Liegt hier über das ausgesagte Wirken Gottes in Vergangenheit und Zukunft hinaus oder vielmehr mit ihm – in der Erkenntnis einer „Eigenschaft" Gottes – eine Einsicht Jeremias vor?[52] Möglicherweise sind entsprechende mehrgliedrige Bekenntnisformulierungen[53] jünger, und hier findet sich ein früher Beleg. Dieselbe, hier wohl zum ersten Mal bezeugte Struktur – vorwegnehmendes Sich-Einlassen auf Gottes künftiges Heil – begegnet später vielfach.[54]

Verheißungen: Zion als Ziel und Gottes Thron
Jer 3, 14–18

14 Kehrt um, abtrünnige Söhne, – Spruch Jahwes –; denn ich bin Herr über euch, und ich werde euch holen, einen aus einer Stadt und zwei aus einer Sippe, und bringe euch nach Zion.
15 Dann gebe ich euch Hirten nach meinem Herzen, und sie werden euch weiden mit Erkenntnis und Verstehen.

---

[51] Jeremia erfährt das von ihm für das Nordreich ausgesprochene Heilsangebot (vgl. 31, 18) – später – ähnlich in der Antwort 15, 19 auf die Konfession für sich selbst.

[52] S. Herrmann (Heilserwartungen 225) deutet die Aussage als neuen theologischen Erkenntnisschritt: „Diese hier von V. 12 b. 13 a ausgesprochenen grundlegenden Einsichten finden sich in so prägnanter Form nicht bei Jeremia. Das Wissen um Jahwes begrenzten Zorn gegenüber seiner unbegrenzten Gnade ist ein solch tiefgreifender ‚erkenntnistheoretischer' Schritt [...] Die klassische Prophetie der vorjeremianischen Zeit, deren Heilserwartungen spärlich genug sind, wusste nur vom Heil in selbständigen Heilssprüchen eigener Gattung; sie ließ nicht tiefer blicken in das Warum des Gesinnungswandels Gottes. Heil und Rettung strahlten unvermittelt als die andere Möglichkeit Gottes auf. Anders bei Jeremia. Er weiß den Umschwung der Dinge zu ergründen, er sucht ihn zumindest zu begründen."

[53] Ex 34, 6 f; Ps 103, 8; Jon 4, 2 u. a. Neben Jer 3, 12 f bietet 15, 15 ein Element.

[54] Vgl. mit verschiedenen Nuancen 3, 22; Jes 42, 10 ff; 44, 21 f; 49, 13; 55, 6 f; 56, 1; Sach 2, 10 (bzw. 2, 14); 9, 9 f; ähnlich Mk 1, 15; Matth 3, 2; 4, 17 u. a. Sach 10, 6 ff nimmt anscheinend Jer 3, 12 f auf.

16 Und es wird geschehen, wenn ihr euch im Land mehrt und fruchtbar
seid in jenen Tagen – Spruch Jahwes –, wird man nicht mehr sagen: „Die
Bundeslade Jahwes", und sie wird niemandem mehr in den Sinn[55] kommen,
und man wird ihrer nicht mehr gedenken, sie nicht mehr suchen, und sie
wird nicht wiederhergestellt werden.
17 In jener Zeit wird man Jerusalem nennen: „Thron Jahwes", und alle Völker werden sich dahin versammeln zum Namen Jahwes nach Jerusalem. Sie
werden nicht mehr der Verstocktheit ihres bösen Herzens folgen.
18 In jenen Tagen wird das Haus Juda mit dem Haus Israel (gemeinsam)
gehen und sie werden miteinander aus dem Land des Nordens in das Land
kommen, das ich euren Vätern zum Erbteil gegeben habe.

Die in Prosa gefassten, jüngeren Erweiterungen V. 14 ff entfalten die Heilsansage an das Nordreich V. 12 f, indem sie das Südreich Juda[56] in die Erwartung einbeziehen. Sie bedenken die bleibende, ja gesteigerte Bedeutung Jerusalems – als Sammelpunkt, Zentrum der Hinwendung zu Jahwe, und als sein
Königs-Sitz. Der Abschnitt, der mit dem Vergleich beider Reiche (V. 6 ff) ein-
setzt, hier die erhoffte Zukunft mit verschiedenen Motiven ausgestaltet, endet (V. 18) in einer beide Reiche umfassenden Verheißung. So wirkt er in sich
abgerundet und scheint trotz der vielleicht aus verschiedenen Zeiten stammenden Neueinsätze einen Zusammenhang – vom beide verbindenden
Schuldaufweis zur gemeinsamen Heilszukunft – zu bilden.
    Die V. 14 einleitende Aufforderung schließt an V. 12 an. Die Anrede wird
hier (wie V. 22) im Plural weitergeführt. Dabei wird auch die Kennzeichnung
„abtrünnig"[57] übernommen; das kritische Urteil bleibt (wie V. 12 f) in der
Heilszusage erhalten. Das Gegenteil zur Abkehr oder Unwilligkeit ist hier
zugleich Rückkehr – nach Jerusalem.[58] Im Aufruf zu eigenem Handeln mit
der Zusage von Gottes „Holen, Bringen" bilden göttliches und menschliches
Tun ein Mit- oder gar Ineinander.[59] Statt „denn ich bin gnädig" (V. 12) lautet
die Begründung: „denn ich erweise mich als/bin Herr".[60]
    Die Staffelung „eins – zwei" wird verschieden gedeutet. Führt Gott – zu-
nächst nur – Einzelpersonen[61] ans Ziel, oder ist die Aussage bildhaft-exem-
plarisch gemeint? Gottes „Herr-Sein" wirkt sich weiter darin aus, dass er

[55] Wörtlich: auf (in) das Herz aufsteigen.
[56] Vgl. 3, 22. Zu Jeremias Heilserwartung für das Südreich (bes. 32, 15) s. o. zur Verkündigung
Abs. 10.
[57] Vgl. nach 2, 19: „Meschuba/Abtrünnigkeit" 3, 6. 8.11 f; bes. 3, 22; auch (umstritten) 31, 22.
[58] „Dabei scheinen sich innerer Weg der Umkehr und äußerer geographischer Weg der Rückkehr zu mischen." (G. Fischer 193).
[59] Ähnlich o. zur Verkündigung (S. 23).
[60] Innerhalb des Jeremiabuchs (2, 8; 7, 9 u. a.) ist das Verb *b'l* „sich als Herr erweisen", das in
der Zusage 31, 32 wiederkehrt (dort als Antwort auf die Anklage, hier verheißend), kaum ohne
den Gegensatz zu Baal (allgemeiner: ohne Abgrenzung zu Fremdgöttern) zu verstehen. Das Verb
kann auch die Bedeutung „Eheherr" einschließen (vgl. Gen 20, 3; Dtn 24, 1 u. a.).
[61] Heimkehr „nur eines Teils, für den der Zion ausreicht" (W. Rudolph 29 im Anschluss an
P. Volz 46).

„Hirten", Anführer, nach seinem „Herzen" bzw. Sinn gibt, die seinem Willen
entsprechen und Einsicht zeigen. Im Kontext des Buches erscheint die Verheißung wie eine Vorandeutung auf die Ankündigung von Jer 23 (V. 4); dort
steht sie im Gegensatz zu den Königen – bildet er unausgesprochen auch hier
den Hintergrund?[62]

V. 16–18 enthalten in dreifacher Hinsicht eine Steigerung: a) Aus wenigen (V. 14)
werden viele (V. 16).[63] b) Bleibt das „Woher" des Aufbruchs (aus der Diaspora?) zunächst ungenannt (V. 14), so wird es jetzt bestimmt: aus der Ferne, von „Norden"
(V. 18; d. h. der Herkunft des Feindvolks; vgl. 4, 6; 6, 22). c) Jerusalem wird – weit
über Einzelpersonen hinaus – Sammelort für Völker (V. 17)[64] und beide „Häuser"
(V. 18).

V. 16 wird am ehesten verständlich, wenn bei der Katastrophe 587/6 v. Chr.
auch der Verlust der Lade zu beklagen war.[65] Dabei findet sich von V. 16 zu
V. 17 nochmals eine Steigerung oder Erweiterung; Vergangenheit und eine die
Situation verändernde Zukunft treten gegenüber: nicht mehr – vielmehr
dann.[66] Statt des Kultsymbols, eines wesentlichen Elements des Tempels,
oder auch des Heiligtums überhaupt (17, 12) wird der Zion insgesamt, die
ganze Stadt, ausgezeichnet; ihr kommt der Ehrenname „Thron Jahwes" zu.[67]
„Während mit der Lade die Gegenwart Jahwes für Israel gegeben war, wird
der Zion als Thron Jahwes Mittelpunkt einer Zuwendung der Völker zu
Jahwe sein."[68]
In dieser Erwartung kommt ein Umbruch in der Geschichte des Glaubens
zum Ausdruck. Gab es Überlegungen zur Wiederherstellung der Lade?
Hier wird mehrfach, gleich fünfmal, ein „Nein" ausgesprochen. Was Erschei-
nungsform oder Repräsentanz der Gegenwart Gottes war, ging nicht nur
verloren, sondern erscheint als entbehrlich – auf Dauer.[69] Die Aussage ähnelt

---

[62] Vgl. Jer 22, 16; auch die Erwartung 23, 5.
[63] Ähnlich priesterschriftlicher Darstellung mit anderer Folge der Verben Gen 1, 28; 9, 1 u. a.;
vgl. Ez 36, 11. Hier besteht eine weitere Gemeinsamkeit mit Jer 23 (V. 3).
[64] Der Zion erscheint auch 31, 6. 12; 50, 5 als Ziel; vgl. zumal die Wallfahrt der Völker (Jes 2, 2;
Mi 4, 2) zum Zion; dazu Jer 2, 31 (Anm. 163).
[65] Vgl. die Nachrichten über die Geräte zur Ausstattung des Tempels 2Kön 25, 9. 13–17;
Jer 27, 16 ff; 28, 2 f (s. o. zur Situation Anm. 27). Die Lade wird auch Esr 5, 13–15; vgl. 1, 7–11 nicht
erwähnt. Spiegelt sich ihr Verlust noch Klgl 2, 1 (vgl. Ps 132, 6 f) wider? Jedenfalls gab es sie im
wiederaufgebauten Tempel nicht mehr. „In der altorientalischen Religionsgeschichte findet sich
[…] kein weiteres Beispiel dafür, dass ein zentrales Kultobjekt verloren ging und nicht ersetzt
wurde, aber der Kult der betreffenden Gottheit dennoch weiter gepflegt wurde." (C. Schäfer-
Lichtenberger, „Sie wird nicht wiederhergestellt werden". Anmerkungen zum Verlust der Lade,
Mincha, FS R. Rendtorff, 2000, 229–241, bes. 231).
[66] Ähnliche Gegenüberstellungen: 23, 7 f (= 16, 14 f); auch 31, 29 f. 34.
[67] Andere Ehrennamen der Stadt finden sich Jer 33, 16; Jes 62, 2. 4.12; Ez 48, 35.
[68] M. Metzger, Königsthron und Gottesthron, AOAT 15/1, 1985, 358. Vgl. Jer 14, 21; 17, 12
(s. dort Anm. 44); auch Ps 93, 2; 99, 2; 9, 12 u. a. P. Volz (48) formuliert: „Bald kommt die Zeit, da
man keine Lade mehr braucht, denn Gott selbst wird mitten unter den Menschen in Jerusalem
wohnen." Vgl. Apk 21, 22.
[69] Zu „nicht mehr gedenken" und „ins Herz aufsteigen" vgl. Jes 65, 17; auch Jer 51, 50; zu Gottes „Namen" (in der Tempelrede 7, 11 ff) vgl. Jes 60, 9.

insofern Einsichten Jeremias, als nach der Tempelrede (7; 26) Gott nicht an eine heilige Stätte gebunden ist (vgl. 29,5-7). Diese Verheißung gibt die Verbundenheit Gottes mit der Lade auf; allerdings bleibt hier Gottes Gegenwart auf den Ort, einen weiten Raum, bezogen. Das auf Jeremia zurückgeführte Wort zeigt, dass er selbst bei diesem – eher Gottes Gegenwart im Kult betreffenden – Thema als Autorität gilt. Gewann er sie durch den Verlauf der Geschichte, die seiner Botschaft Recht gab?

V. 18 kehrt abschließend zur Anrede zurück. Indem die Zusage 3, 12 f auf beide Reiche ausgedehnt wird, wird wie in einem Bogen zurückgelenkt, so die Gemeinsamkeit betont.[70] Außer dem Bezug zu Jer 23 findet sich schon durch das Verb *b'l* „Herr sein" auch ein Zusammenhang mit der Verheißung 31, 31 ff, die ebenfalls beide Reiche umfasst, aber inhaltlich erheblich weiter führt, indem sie einen Zustand erhofft, in dem Übereinstimmung mit Gottes Willen – über die „Hirten" hinaus – für alle erwartet wird.

Die reich beschenkte, treulose Tochter
Jer 3, 19 f

19 Dabei hatte ich gedacht:
„Wie will ich dich unter die Söhne versetzen[71]
und dir ein liebliches Land geben,
das herrlichste Erbe unter den Völkern!"
und gemeint: „‚Mein Vater' würdest du[72] mich rufen
und dich nicht von mir abwenden."
20 Doch wie eine Frau ihres Freundes[73] wegen treulos wird,
so seid ihr mir treulos geworden, ihr vom Haus Israel.
Spruch Jahwes.

Als geschichtlicher Rückblick in kritischer Absicht erinnert das Wort an eine zweigliedrige Aussage mit der Gegenüberstellung von Gottes Handeln und Abfall des Sohnes oder Volkes[74], ist hier allerdings dreiteilig aufgebaut, fügt nämlich als Folgerung ein Zwischenelement ein: die Anrufung Gottes als Vater. Verweist Gottes Ich-Rede zu Anfang[75] auf seine Heilstaten, so bildet

---

[70] V. 18 stellt sich „nicht nur als abrundende Klammer zum ganzen Zusammenhang" dar, sondern mit einem Wortanklang („als Erbe geben" V. 18 „Erbe" V. 19) „als Bindeglied" zum Folgenden.

[71] „Ich stelle dich (im Erben) wie einen Sohn" (HAL 1377 a).

[72] So Qere. Das Ktib geht schon hier wie V. 20 b in die 2. Ps. Plural über.

[73] Vgl. Anm. 4 zu 3, 1.

[74] Wie Hos 11, 1 f; vgl. Jer 2, 21; ausgeführt 2, 2 ff.

[75] Wie etwa 2, 2. 21; vgl. 1, 5.

die Wendung zur Anrede in den Plural (2. Ps. Plural wie 2, 29) den kritischen Abschluss und das Ziel.[76]

Das Wort steht, obwohl es durch den weitgehend prosaisch gefassten Teil V. 6–18 abgetrennt ist, motivlich Kap. 2–3, 5 nahe. Das Land (2, 15; 3, 2 f) in seiner Schönheit (2, 7 u. a.) oder das „Erbe" (2, 7) wird gepriesen. Stichworte wie „(mein) Vater" (2, 27; 3, 4) und „Freund" (3, 1; vgl. 2, 23 ff. 33) kehren wieder. Gott erscheint zugleich als Urheber und gleichaltriger Vertrauter; so wird das Gottesverhältnis (wie in 3, 4) mit Bildworten aus zwei Generationen umschrieben. Die Einsicht in mangelnde Umkehr (2, 19; 3, 1) wird aufgenommen, der Vergleich mit den Völkern (2, 10 ff) zugespitzt weitergeführt.[77] V. 19 f gehören wohl zum älteren Kern der Überlieferung. Der allgemein gehaltene Spruch wirkt wie eine Zusammenfassung und enthält durch die Charakteristik des Landes gegenüber vorhergehenden vergleichbaren Aussagen eine Steigerung. Der Prosatext 3, 6 ff scheint 3, 19 f vorauszusetzen.[78]

Die Söhne meinen hier nicht das Volk. Wie schon zuvor und später wird es durch die Frau repräsentiert. Ohne eine Anrede (wie „Tochter") zu wiederholen, wendet sich das Wort an eine Adressatin. V. 20 bedient sich, allerdings mit der Unterscheidung von Bild- und Sachhälfte, eines ähnlichen Vergleichs.

Das Wort hebt die Sonderstellung Israels hervor; es erhält einen doppelten Vorzug: a) Gott hat dem Brauch entgegen die Tochter den Söhnen gleichgesetzt. Dass sie erbberechtigt ist, scheint keineswegs immer selbstverständlich, vielmehr ungewöhnlich oder erst in späterer Zeit möglich zu sein.[79]

b) Darüber hinaus wird Israel mit herausragend schönem Land beschenkt. Das der Tochter zugefallene Erbteil ist eine Zierde[80], herrlichster[81] Anteil.

Aus der besonderen Gabe Gottes folgt seine Erwartung. Die erhoffte[82] Reaktion des Volkes: Anerkennung Gottes, vertrauensvolle Zuwendung zu ihm als Vater, bleibt aber aus. Dem empfangenen Heil steht das Verhalten des Volkes gegenüber; die Abkehr erscheint schwer verständlich, höchst verwunderlich.[83]

---

[76] Vgl. *bgd* „treulos sein" wie 5, 11; 9, 1.

[77] Klingt Dtn 32, 8 f nach? In dieser wohl alten Tradition sind „Eljon"/Gott, „Völker", „Erbe" verbunden; dort begegnet auch, allerdings in anderer Verbindung, „Söhne".

[78] Der Name Bagoda „Treulose" für das Südreich Juda (3, 7 ff; vgl. dort Anm. 27) ist wohl 3, 20 entnommen. Spricht er umgekehrt nicht dafür, dass der Kontext die direkte Anrede V. 20 b auf das Südreich bezieht?

[79] Vgl. Num 27 (V. 8); 36; Jos 17, 3 ff; Hi 42, 15; auch 2Kön 8, 3. 5 f; Rut 4, 3. 5.

[80] Vgl. Dtn 8, 7 ff. „Zierde" wird sprichwörtlich für das Land (Ez 20, 6. 15), die Stadt oder das Heiligtum (Dan 8, 9; 11, 16. 41 u. a.). Im Kontext steht das ursprünglich liebliche Land im Gegensatz zur nunmehr entweihten Erde (2, 7; 3, 1. 2. 9).

[81] Die Verbindung mit dem Plural desselben Wortes drückt – wie etwa „Lied der Lieder" (Hld 1, 1) – den Superlativ aus.

[82] Vgl. im bildhaften Geschichtsrückblick des Weinberglieds (Jes 5, 2. 7): „er hoffte".

[83] Vgl. zumal Jer 8, 4 ff.

Schuldbekenntnis und Heilszusage
Jer 3, 21–4, 1 f. 3 f

21 Horch[84], auf den kahlen Höhen[85] hört man
flehentliches Weinen der Söhne Israels;
denn sie haben ihren Weg verkehrt,
Jahwe, ihren Gott vergessen.

22 a „Kehrt um, ihr abtrünnigen Söhne,
ich heile eure Abtrünnigkeiten!"

22 b „Siehe, da sind wir, wir kommen zu dir;
denn du bist Jahwe, unser Gott.

23 Fürwahr, trügerisch (klingt es) von den Hügeln.
Getöse ist auf den Bergen.[86]
Fürwahr, nur bei Jahwe, unserem Gott
ist das Heil[87] Israels.

24 Der Schandgott[88] aber
verzehrte die Mühen[89] unserer Väter
von unser Jugend an,
ihre Schafe und Rinder, ihre Söhne und ihre Töchter.

25 Betten wir uns in unsere Schande,
und unsere Schmach muss uns decken;
denn gegen Jahwe, unseren Gott, haben wir gefehlt,
wir und unsere Väter, von unserer Jugend an
bis auf diesen Tag

---

[84] Die Einleitung lässt sich wörtlich übersetzen: „Eine Stimme – man hört sie". Zu „Horch!"
vgl. den nahe verwandten Text 31, 15 (dazu 30, 5); auch 10, 22; 50, 28; Jes 40, 3. 6; 52, 8; Zeph 1, 14;
vielleicht Jer 4, 15 u. a. (HAL 1015 a). In der Folgezeile ist es möglich, unverbunden wiederzugeben: „ein Flehen, ein Weinen".

[85] Das Wort ist in seiner Bedeutung umstritten. Mit K. Elliger (ZAW 83, 1971, 317–329; BK
XI/1, 1978, 163–165; vgl. HAL 1502 f): nackte, baumlose Erhebung; auch Ort des Fremdgötter-
dienstes (Jer 3, 2); dürre Hügel (4, 11; 14, 6). Etwas anders W. McKane, Mélanges bibliques …,
AOAT 212, 1981, 319–335: offene Wüste.

[86] Vgl. BHS. Oder: ‚Getöse' der Berge. Wörtlich wohl: Getöse sind die Berge.

[87] Oder: die Rettung.

[88] Boschet „Schande/Schandgott" ersetzt gelegentlich den ursprünglichen Namen oder Titel
Baal „Herr", wie etwa der Vergleich des Namens Isch-boschet (2 Sam 2, 8 u. a.) mit Isch-baal
(1 Chr 8, 33) zeigt. Aus Rücksicht auf die Verheißung „Ich entferne die Namen der Baale aus ihrem
Mund" (Hos 2, 19 bzw. 2, 17) sowie das Gebot Ex 23, 13 (Jos 23, 7) wird der Gottesname Baal gemieden und geändert. Allerdings ist dies keineswegs durchgängig der Fall. In jeremianischen wie
späteren Texten blieb er mehrfach erhalten (vgl. o. zu 2, 8. 23). Der jüngere Text Jer 11, 13 (wie
schon Hos 9, 10) nennt Baal und Boschet nebeneinander. Das Wort ist hier durch das Bekenntnis
„Wir betten uns in Schande" (3, 25; schon 2, 26; auch 20, 18; 31, 19) im Kontext verankert. So wird
Boschet „Schande/Schandgott" nicht erst nachträglich den Fremdgott oder einen ähnlichen Kult
bezeichnen.

[89] D. h. den mühevoll errungenen Erwerb.

und haben nicht gehört auf die Stimme Jahwes,
     unseres Gottes."
4, 1   „Wenn du umkehrst, Israel – Spruch Jahwes –,
       kannst[90] du zu mir umkehren (zurückkehren).
       Und wenn du deine Scheusale vor mir entfernst,
       brauchst du nicht zu flüchten.[91]
2   Schwörst du dann: ,So wahr Jahwe lebt'
       in Wahrheit (Treue), Recht und Gerechtigkeit,
       dann werden sich Völker in ihm segnen
       und in ihm sich rühmen."
3   Ja, so hat Jahwe gesprochen
       zu den Männern Judas und Jerusalems:
       „Brecht euch einen Neubruch
       und säet nicht unter die Dornen!
4   Beschneidet euch für Jahwe
       und entfernt die Vorhaut eures Herzens,
       Männer Judas und Einwohner Jerusalems!
       Sonst fährt mein Zorn wie Feuer aus
       und brennt und lässt sich nicht löschen –
       wegen der Bosheit eurer Taten."

Der Text lebt vom Gegensatz zu den vorausgehenden Abschnitten: Die zuvor mit ihrem Treiben als lebendig beschriebenen Höhen[92] erscheinen oder
sind kahl. Die Uneinsichtigkeit des Volkes mit der ausdrücklichen Leugnung
der Abkehr vom wahren Gott: „Ich habe mich nicht verunreinigt, bin den
Baalen nicht nachgelaufen" (2, 23) wandelt sich zum Vertrauens- und Schuldbekenntnis (3, 22 b–25), als fände der bisher überhörte Aufruf „Erkenne,
schau hin!" (2, 23; 3, 2) nun Gehör. Das „Vergessen" (2, 32) wird als „verkehrte" (3, 21) Ausrichtung des Lebens wahrgenommen. So ändert sich völlig
die Stellungnahme zum eigenen Verhalten – bis zum „Weinen".
     Wieweit kommt hier prophetische Schau oder vielmehr Audition zu Wort?
Legt Jeremia – der Text zunächst aus seiner Sicht betrachtet – das Vertrauens-
und Schuldbekenntnis dem Volk in den Mund[93], nimmt es so in prophetischem Vorgriff auf die Zukunft hoffnungsvoll vorweg? Oder wieweit spricht
sich hier rückblickende Einsicht aus? Zwei Beobachtungen (a, b) sind für das
Verständnis des Abschnitts entscheidend:

---

[90] Oder: darfst du. Die Aufteilung von 4, 1 f in Vorder- und Nachsatz, Protasis und Apodosis
wird auch anders vollzogen.
[91] Mit leichter Änderung (W. Rudolph u. a.) lässt sich „von meinem Angesicht/vor mir" zum Folgenden ziehen: „Und wenn du deine Scheusale entfernst, brauchst du nicht vor mir zu flüchten."
[92] Jer 3, 2; vgl. 2, 20. 23 ff; auch 22, 20.
[93] Es wird „in 3, 22 bff (vgl. 31, 18 f; Hos 14, 3 f) ein ideales Bußgebet dem Volk in den Mund
gelegt, wie es Jeremia von ihm erhofft, aber kaum erwartet; zu Lebzeiten Jeremias hat Israel es
nicht mehr gesprochen und daher die ihm verheißene Jahwe-Antwort (4, 1 ff) auch nicht erhalten." (J. Jeremias, Kultprophetie 163).

a) Der Text verbindet *verschiedene Redeformen* mit *Personenwechsel*, wie: Gotteswort, Klage, Schuldbekenntnis, Vertrauensaussage, Mahnwort. Außerdem steht die Klage (mit Ausdrücken wie „Stimme des Weinens", „Flehen", „Schande", „Schmach" u. a.) wie die Vertrauensbekundung der Sprache der *Psalmen* nahe, zumal den Klageliedern mit ihrem Hilferuf zu Gott.[94]

So kann man den Text (3, 21–4, 2), der wohl im Anschluss an Kultsprache die Möglichkeit der Umkehr beschreibt, als *prophetische Liturgie*[95] bezeichnen. Es handelt sich um eine Wechselrede zwischen Gott (3, 22 a; 4, 1 f) und Volk (3, 22 b–25) mit einer Einleitung (V. 21). Sie wird vermutlich von einem Propheten gesprochen, zumal V. 21 b eine Anklage enthält; allerdings hat er hier nicht dieselbe Aufgabe wie der Sprecher des Gotteswortes. So liegt ein komplexer Aufbau vor:

I. 3, 21 Einleitende Situationsbeschreibung. Hörbericht:
    Klage mit – zusammenfassender – Anklage
    „Jahwe, ihr Gott" in 3. Person
    wohl durch einen prophetischen Sprecher

II. 3, 22 a Gotteswort (im Anschluss an Hos 14, 5)
    Einladung im Impt. Plural (vgl. 3, 12 f)
    Aufruf mit Heilszusage

III. 3, 22 b–25 Antwort des Volkes:
    V. 22 b als Antwort auf V. 22 a mit Vertrauensbekenntnis
    „Unser Gott" V. 22 f. 25
    V. 23–25 Schuldbekenntnis einer „Wir"-Gruppe
    V. 23 b in Aufnahme von V. 22 b Vertrauensaussage (vgl. 14, 22)
    entsprechend einem Volksklagelied

IV. 4, 1–2 Gottes Antwort:
    Zusage der Erhörung, Heilsorakel
    V. 1 a allgemein (vgl. 15, 19; 31, 18)
    mit zweifacher inhaltlicher Entfaltung –
    zur Ausschließlichkeit, Ganzheit des Verhaltens:
    (a) V. 1 b Entfernung der „Scheusale", der Fremdgötter
    (b) V. 2 Aufrichtiger Schwur bei dem wahren Gott

    Anhang mit Überleitung zu 4, 5 ff
    Auslegung des Gottesworts:
    4, 3–4 Mahnung – bedingte Drohung (vgl. 6, 8; 21, 12)
    Neubruch und
    innere Wandlung durch Herzensbeschneidung

Hier findet sich im kleinen, was bei der Gesamtkomposition Jer 14 f als Buß-ritus im großen folgt.

---

[94] Ps 6, 9; 28, 2. 6; 69, 7 f u. a.; vgl. Jer 9, 9 u. a.
[95] Vgl. H. Gunkel/J. Begrich, Einleitung in die Psalmen, 1933, 137 f. 407 ff; „Bußgebet für die Zukunft" (132), „Bußliturgie" (A. Weiser 32) u. a. Vgl. ausführlich zu Jer 14 f.

b) Der Abschnitt V. 21 ff weist auffällig vielfältige und enge sprachliche *Berührungen* mit anderen Worten, sowohl im näheren Kontext als auch mit der Sammlung der Heilsworte Kap. 30 f, auf:

1. V. 21 ff entfalten das vorausgehende Jeremiawort 3, 12 f mit seiner Struktur Umkehrruf – Gnadenzusage – Schuldhinweis. Wird dort schon an die Heilszusage Hos 14, 5 angeknüpft[96], so wird sie hier (3, 22 a) wörtlich aufgenommen.
2. Jer 3, 21 b greift den zuvor ausgesprochenen Schuldaufweis des Propheten auf. Überhaupt kehren thematisch gefüllte Stichworte wieder, wie „Weg" (bildhaft: 2, 23. 33; 3, 2; mehr allgemein: 2, 36), „vergessen" (2, 32; vgl. 2, 19), „Jugend" (2, 2; 3, 4), „Schande" (2, 26; vgl. 20, 11. 18; 31, 19), auch die hintergründige Ortsangabe: „Höhen" (3, 2).
3. Jer 3, 21 ff läuft zu einem erheblichen Teil parallel zu dem konkreter gefassten Text 31, 15–17. 18–20[97] und scheint insbesondere von ihm aus gestaltet zu sein.
4. Dort (31, 19) ist das Wort „Schande" vorgegeben. Es wird – zugleich mit Anschluss an 2, 26 – im Schuldbekenntnis „Wir betten uns in Schande" (3, 25) aufgenommen und bot wohl den Anlass für das Wortspiel bei der Benennung des Fremdgottes (Baal oder eines ähnlichen Kults) als Boschet „Schande/Schandgott" (V. 24). Die Bezeichnung, die hier ursprünglich sein wird, enthält ein abwertendes Urteil.[98]
5. Jer 4, 1 scheint die Jeremia in der Antwort auf die Konfession (15, 19) selbst gegebene und entsprechend dem Nordreich Ephraim (31, 18) geltende Zusage auf Israel zu übertragen.
6. Gelegentlich wird mit mehreren Zusätzen aus anderen Worten gerechnet (so 3, 24 b auf Grund der Übereinstimmung mit 5, 17 u. a.).[99] Jedoch bieten die Aussagen in einem Gesamtrahmen, der sich an andere Texte anschließt, keinen Anstoß; solche Bezüge entsprechen einer Tendenz des Abschnitts.
7. Die 4, 2 erwartete „Ausweitung des Heils auf die Völker bei rechter Umkehr Israels ist sonst bei Jeremia nicht anzutreffen."[100]
8. Das von einem „Wir" gesprochene Schuldbekenntnis (V. 25 b jerdtr?) ähnelt späteren Texten.[101]

Verschiedene Spuren in den Prophetenbüchern lassen sich verstehen als Echo auf die prophetische Botschaft im *Gottesdienst*, als Antwort der Gemeinde.[102] Auf die in der Situation des Exils bleibende Möglichkeit der Hinwendung zu Gott mit Umkehr, flehentlichem Gebet und Sündenbekenntnis verweist das Gebet 1 Kön 8, 46 ff.[103] So deutet sich in der Struktur von Jer 3, 21 ff – sei es unmittelbar oder mittelbar im Hintergrund, faktisch oder nur perspektiv, als

---

[96] Vgl. auch Jer 2, 35 (dort Anm. 174).
[97] Bis hin zum Wortlaut: „Stimme/Horch" – „hören" – „weinen" – „Söhne" – Botenformel – Schuldbekenntnis – jeweils in Vorder- und Nachsatz „zurück-/umkehren" – „Schande", „Schmach"; Rückverweis auf die „Jugend" – Vertrauensbekenntnis als Begründung in derselben besonderen Gestalt: „denn du bist Jahwe mein/unser Gott".
[98] Es findet sich noch nicht bei Jeremia (2, 5. 10–14 u. a.; aber Hos 9, 10).
[99] W. Rudolph (28 zu V. 25 b) spricht von „liturgische(r) Ausweitung".
[100] N. Kilpp, Niederreißen 169 f.
[101] Vgl. Esr 9, 6 f. 13; Neh 9, 32 ff; Dan 9, 8 ff.
[102] Vgl. o. zur Entstehung des Buches (S. 40).
[103] Auch bei dem Exilspropheten Dt Jes (40, 27 ff u. a.) ist ähnlich die Struktur Klage – Heilszusage bezeugt. Vgl. Jes 63, 7–64 u. a.; dazu unten zu Jer 14 f.

Hoffnung – eine exilisch-nachexilische Bußfeier an, in der die „Wir"-Gruppe in enger Anlehnung an Hosea und Jeremia und zugleich in jüngerer Sprache ihre Schuld bekennt und Vergebung zugesagt wird. Wieweit spiegelt der Textaufbau den Verlauf des Gottesdienstes wider? In ihm mögen die Worte gesprochen sein; die 4, 1 f angekündigte Wende steht jedenfalls noch bevor.

Aus dem Rückblick oder auch aus dem gottesdienstlichen Rahmen erklärt sich zugleich – gegenüber Jeremias bildreichen Worten – eine gewisse *Allgemeinheit* der Sprache, etwa (gegenüber 2, 23. 26) in der Feststellung „Wege verkehrt" oder dem Bekenntnis der „Sünden". An die „Höhen" (mit ihrem Treiben) wird nur erinnert. Die Situation, in der geklagt wird, wird nicht näher geschildert.

So lässt sich das Textgefüge (3, 21–4, 2 im Rahmen von 3, 19 f; 4, 3 f) mit einem Sitz im Leben und einer Intention *einheitlich* verstehen. Es befindet sich mit Absicht an dieser Stelle, beschließt die Kap. 2 f umgreifende klagende Anklage sowie die vom Thema *schub* „zurück-, umkehren" geprägte Komposition vor der 4, 5 ff einsetzenden Zukunfts- oder Gerichtsansage.

Da der Abschnitt bei der Aufnahme von 31, 15 ff „Ephraim" durch Israel ersetzt, scheint er an Gesamtisrael[104] zu denken. Dafür spricht auch die zu vermutende exilisch-nachexilische Situation, zumal in einer Heilszusage.

In Thema wie Situation greift die einleitende Schilderung V. 21 auf V. 2 zurück, um den Umschwung zu skizzieren. Das prophetische „Hörwiderfahrnis"[105] enthält zugleich ein begründendes Urteil: Auf den Hügeln, den kultischen Stätten, ertönt klagend-flehentliches „Weinen".[106] „Gedenken" ist ein Wesensmoment des Glaubens[107], so „vergessen" (schon 2, 32) ein „verkehrter" Weg.

Was V. 21 b im Urteil eines Dritten (in 3. Ps.) feststellt, wird später (V. 22 b–25) vom „Wir" als Schuld-Einsicht und -Bekenntnis aufgenommen. Zuvor (V. 22 a) ergeht in direkter Anrede im Gotteswort eine Einladung in Form des Mahnworts oder Bußrufs. Das Wort ist über Aufforderung oder Ermunterung hinaus zugleich Ermöglichung.

Der anklagende Ton (3, 20) klingt nicht nur im Urteil (V. 21 b) an; auch die einladende Heilsankündigung hält mit der Anrede „abtrünnige Söhne" (V. 22 a) den Schuldhinweis durch. Erst auf sie (die Zusage) *folgt* – durch sie angeregt, herbeigeführt – die Selbsteinsicht in Klage und Bekenntnis: Das „Wir" (1. Ps. Pl. in V. 22 b) nimmt nicht nur die Anrede (V. 22 a) auf, sondern auch jene klagende Anklage als Vertrauens- und Schuldbekenntnis. Dieses findet wiederum eine Antwort (4, 1 f).

---

[104] Vgl. o. den Exkurs: „Israel" als Anrede an Jerusalem und Juda (S. 80 f).

[105] G. Wanke 55.

[106] Liegt darin zugleich ironische Abwandlung eines im (fremden) Kult praktizierten Ritus (Ez 8, 14; vgl. Ps 126, 6) und Umdeutung des entsprechenden Stichworts vor? Sollte es ein kultisch-rituelles Weinen gegeben haben, wird aus ihm – im schärfsten Gegensatz – ein Klagen über die eigene Gottvergessenheit.

[107] Ex 12, 14; Dtn 16; 26; Ps 111, 4 u. a.

Israel erscheint nicht mehr (wie zuletzt V. 19 f) als Frau, vielmehr – wie
dort im Vergleich: „unter die Söhne versetzt" – im Plural als „Söhne", später
(4, 1 f) in maskuliner Anrede. Indem das Volk als „Söhne" angesprochen
wird, sind beide Aspekte verbunden: die einzelnen in der Gemeinschaft. Ihre
Charakterisierung als ungehorsam, auf Abwegen, ist sachlich durch Hosea
oder Jesaja[108] vorgegeben.

Die Spannung zwischen der Unwilligkeit oder gar Unfähigkeit des Volkes
zur Umkehr[109] einerseits, und Gottes Heilswille, der eben diese Widerspens-
tigkeit zu wandeln bereit ist, andererseits, findet sich schon in der unter Hoseas Namen weitergegebenen Überlieferung. Dort ergibt sich aus dem Zusammenhang, dass Gottes Zusage: „Ich heile ihre Abtrünnigkeit"[110] sachlich
dem Umkehrruf (14, 2) vorausgeht und die Umkehrbereitschaft bewirkt.[111]
Auch hier (3, 22 a) ist die Buße nicht Voraussetzung, Vorbedingung der
Heilszusage. Vielmehr wird die „Eigenschaft", der Zustand der Abwendung,
an die in der Anrede erinnert wird, ausdrücklich als „Objekt" in die Verheißung hineingenommen. Die Anrede an die „abtrünnigen" Söhne wird vom
Heilswort als „Abtrünnigkeit" bzw. „Umkehrunwilligkeit" (jeweils mit der
Wurzel *schub* „umkehren") aufgenommen. So erneuert der Text in späterer,
anderer Situation die Heilsverkündigung Hoseas, scheint sie im direkten Zuspruch (2. statt 3. Ps.) eher zuzuspitzen.

Das Wort möchte einen neuen Weg aufweisen, damit er beschritten werden
kann, zielt auf ein Sich-Einlassen auf Heil. Gott selbst *schafft* die – nicht ohne
weiteres gegebene[112] – Möglichkeit oder Bereitschaft der Wende, „heilt"[113]
selbst. Was zuvor (3, 1) rechtlich ausgeschlossen erscheint, wird nun eröffnet.
Diese Aussage kommt Luthers These[114] nahe: „Amor Dei non invenit, sed
creat suum diligibile."

Der Verheißung 3, 22 a ist die ganze Einheit zugeordnet. Zeitlich wie sachlich geht das Gotteswort dem Schuldbekenntnis des Volkes voraus.[115] Der

---

[108] Hos 2, 6; Jes 1, 2. 4; 30, 1. 9; vgl. Jer 3, 14; 4, 22; o. zur geistigen Heimat (S. 10 f).

[109] Hos 5, 4; 6, 4: 11, 7; vgl. 7, 2. 11. 13 ff; 8, 3 u. a.

[110] Hos 14, 5 mit der Fortsetzung: „liebe sie aus freien Stücken". Wohl in Aufnahme und Weiterführung von Hos 11, 8: „Mein Herz kehrt sich gegen mich" (vgl. *meschuba* 11, 7; Jer 2, 19).

[111] J. Jeremias (ATD 24/1, 1983, 169) betont, dass Hos 14, 2 ff „als ganzes […] Einladung Gottes
zur Umkehr ist, […] die mit der Verheißung Gottes in V. 5–9 begründet wird. Sachlich und zeitlich geht also das Gotteswort in V. 5–9 dem Bußgebet Israels voraus […] V. 5–9 sind nicht Verheißung Gottes für den Fall, dass Israel das Bußgebet spricht, sondern […] beinhalten den festliegenden und bedingungslosen Heilswillen Gottes, aufgrund dessen Israel nun zur (vorher
unmöglichen) Rückkehr zu Gott aufgefordert werden kann."

[112] Jer 2, 22(.29. 32 f); auch 8, 4–7; 13, 23 u. a.

[113] Vgl. 30, 17; „heilen" auch 6, 14; 8, 11. 15. 22; 14, 19; 19. 11; 30, 13; 33, 6; 46, 11; 51, 8 f. Vgl.
ähnlich Ez 11, 19; 36, 26; dann Jer 24, 7; 31, 33 f u. a.

[114] These 28 der Heidelberger Disputation von 1518 (WA 1, 365).

[115] Die Bußliturgie beginnt „mit einem Jahwewort, das dem Sündenbekenntnis vorangeht und
sich an Israel richtet. Im Ablauf des Bußgeschehens hat also nicht Israel das erste Wort, sondern
Jahwe. Von ihm geht die Initiative aus, und nicht von Israel, das etwa aufgrund einer tieferen
Selbsterkenntnis sich zur Umkehr entschließen würde." (R. Mosis, GAufs 187).

Einladung folgt die Antwort der Gemeinde („Wir" V. 22 b–25) mit ihrer neu gewonnenen Einsicht. Entgegen dem Zitat (2, 31): „Wir kommen nicht mehr zu dir" nehmen die Hörer das Angebot an (3, 22 b): „Hier sind wir; wir kommen zu dir". Klingt in dem Wortlaut ein Bekenntnis der Wallfahrer[116] nach? Die Begründung gibt die Anrede: „Du bist Jahwe unser Gott."[117]

V. 23–25 führen das Buß„lied" der Gemeinde so weiter, dass über das erneut (V. 23 b) ausgesprochene Vertrauen zu „unserem Gott" hinaus auch klagend die Not – die leidvollen Folgen des Baalkults (V. 23 a. 24) – und die Schuld (V. 25) zur Sprache kommen. Der Gegensatz „Jahwe allein Helfer" (Hos 13, 4) – Baal ist als Hoseas Einsicht vorgegeben[118] und deutet sich schon Jer 2 (V. 8. 23) an.

Die – wohl dem Volk in den Mund gelegte, vielleicht auch rückblickend erkannte – Klage bringt die gewandelte Auffassung zum Ausdruck: Der Höhenkult ist Trug. Baal gab nicht die Fruchtbarkeit des Landes, sondern nahm sie. Raubte er durch den kultischen Aufwand, die Opfer, das Vätererbe? Oder versteckt sich mehr in dem Vorwurf, etwa die Einbuße des Familienethos?[119]

Die Bildsprache – sich wie mit einer Decke mit Schmach bedecken – lehnt sich an eine Gebärdehandlung oder einen Ritus an, sich bei Fasten oder Trauer auf die Erde zu legen.[120]

Dabei greift die Klage im Anschluss an Hoseas (12, 4 u. a.) und Jeremias Einsichten weit über die Gegenwart hinaus, bezieht die Vergangenheit „seit jeher" (Jer 2, 20) ein; der Rückgriff auf die *„Jugend"* (2, 2; vgl. 3, 4; 22, 21) wie die *„Väter"* (2, 5)[121] findet sich schon zuvor. Frühere und gegenwärtige Generationen werden im Schuldbekenntnis zusammengeschlossen.[122]

---

[116] Mit einem – vielleicht gesungenen – gemeinsamen Aufruf wie „Wir wollen zum Haus Jahwes gehen" scheinen sich die Wallfahrer auf den Weg zu begeben (Jer 31, 6; Ps 122, 1; Jes 2, 3; Mi 4, 2; Sach 8, 21). Vgl. Anm. 163 zu Jer 2, 31.

[117] Vgl. 31, 18; auch das – formal freilich anders gefügte – Bekenntnis Dtn 6, 4; Jos 24, 17; Ps 105, 7.

[118] „Das Bekenntnis zu Jahwe allein gehört [...] unablösbar zu dem Bekenntnis der Umkehr (Hos 14, 3 f; Jer 3, 22 f; 31, 18)" (H.W. Wolff, GSt 145). Vgl. schon 2Kön 1.

[119] Hos 4, 11–14; vgl. die Anspielungen Jer 2, 20. 23. 33. 36; 3, 2. Kann bei „Söhnen und Töchtern" auch an den Ritus auf der Tophet-Höhe (Jer 7, 31; 19, 5) gedacht sein? Baal „gab nicht, wie erwartet, Fruchtbarkeit des Landes, der Tiere und Menschen, sondern, zum Teil im Aufwand des verkehrten Kultes und in der Zerstörung menschlicher Beziehungen, hat er noch genommen, was man mühsam gewonnen hatte. [...] Das Ergebnis des Baaldienstes ist Schmach und Schande, Minderung der Existenz." (J. Schreiner 31).

[120] Vgl. 2Sam 12, 16; 13, 31; auch Ez 8, 14. „Sie wollen sich auf die Erde legen ..., die Schande als Bett und die Beschämung als Bettdecke benutzen. Das Bild weist auf den Brauch an Buß- und Fastentagen hin." (B. Duhm 44) „Zur Darstellung der Not und zum Zeichen der Trauer schläft man auf der bloßen Erde [...] So sieht sich das Volk der Lebensgüter beraubt; es muss sozusagen mit Schmach und Schande auskommen." (J. Schreiner 31) Man kann von „Beschreibung der Gebärde als Bildersprache" sprechen (T. Odashima 202 A 153).

[121] Vgl. Jer 9, 13; 16, 11 f; 31, 32; 44, 17; Ez 20, 4; Ps 106, 6 u. a.

[122] Hier „stehen die ‚Väter' für alle vergangenen Generationen, und in diesem Sündenbekenntnis schließt Israel seine ganze bisherige Geschichte in eine einzige Sünden- und Sündergeschichte zusammen." Die Söhne wollen nicht „sich selbst mit dem Hinweis auf die Väter entschuldigen [...] Sie beschwören die Väter und deren Schuld deswegen herauf, weil sie und ihre Väter, weil ihre Väter und sie sich in gleicher Weise gegen Jahwe vergangen haben." (R. Mosis, GAufs 190).

Im Anschluss an V. 22 nimmt 4, 1 f erläuternd das Thema Umkehr auf. Ist die Verheißung hier an drei Bedingungen geknüpft? Die zweite und dritte Bedingung sind nicht zusätzliche Erfordernisse, sondern Aspekte der ersten. Sie entfalten die Ausschließlichkeit und Intensität der „Umkehr" (V. 1 a), konkretisieren oder bestimmen ihre Gestalt – nach zwei Seiten:

a) abgrenzend-negativ als Abwendung von Fremdgöttern, Entfernung der „Scheusale" (V. 1 b)
b) und identifizierend-positiv als wahrhaftige Hinwendung zu dem einen Gott (V. 2 a). Schwören vollzieht sich unter Anrufung des Namens und „Lebens" Gottes, bedeutet darum zugleich: sich auf ihn einlassen, sich ihm anvertrauen und dies bezeugen.[123] So kehrt diese Erwartung den Vorwurf 5, 2 um.

Die erhoffte Umkehr (4, 1) ist Bedingung und Verheißung zugleich, erscheint nach der voraufgehenden Heilszusage (3,[12.]22 a) als deren Ausführung, so als Angebot göttlicher Gnade. Die hier im Textzusammenhang erkennbare Intention wird in Jeremias eigenen Aussagen (15, 19; 31, 18) unmittelbar als Spannung zwischen menschlichem Tun „umkehren" und Gottes Wirken, der „umkehren lässt", ausgesprochen. Diese von Jeremia formulierte Einsicht wird hier übernommen,[124] allerdings in gemilderter, abgeschwächter Form. Bei fortlaufender Lektüre des Buches nehmen jene Aussagen dagegen 4, 1 zuspitzend auf.

Wenn sich die Angesprochenen aufrichtig, in Treue und rechtem Verhalten, auf Gott einlassen, erscheinen sie vorbildhaft (V. 2 b), locken andere. Völker werden sich „in ihm" segnen,[125] d. h. wohl mit Bezug auf Israel ihr Wohl und Heil von Gott erwarten und ihn preisen.

Nach von außen erkennbaren Handlungen der Umkehr zielt V. 4 auf die innere Umwandlung des Menschen; insgesamt (V. 1–4) kann man hier „ein Kompendium radikaler Umkehr"[126] finden. Mit eigener Einführung und in anderer Form (Impt. Pl.) setzen V. 3 f neu ein,[127] schließen sich so nur lose an. Dem Anhang, der vermutlich einen jüngeren Nachtrag darstellt, kommt eine Doppelaufgabe zu: Einerseits führt er mit anderen Bildelementen das Thema

---

[123] „4, 2 bringt aus dtn Geist (Dtn 6, 13; 10, 20) ein Beispiel dazu bei, was echte Umkehr ist und bewirkt. Der Eid ist nicht nur ein Bekenntnis zu Gott durch Ausrufen seines Namens, sondern er macht auch die Existenz des Schwörenden völlig von dem abhängig, den er als Zeugen [...] anruft." (J. Schreiner 32)

[124] Die Heilszusage „Wenn du umkehrst ..., kannst bzw. darfst du umkehren" „klingt fast wie eine Antwort auf die" – von Gott vorgesprochene – „Bitte Ephraims: ‚Lass mich umkehren, damit ich umkehren kann' (31, 18)" (A. Graupner, ThWAT VII, 1151). Vgl. mit entsprechender Struktur: 17, 14; 31, 4 u. a. (dazu o. S. 23 f).

[125] Vgl. Gen [12, 3; 18, 18;] 22, 18; 26, 4; Ps 72, 17.

[126] H.-J. Fabry, ThWAT IV, 447.

[127] In 4, 3 f wird eine „besondere Mahnung [...] hinzugefügt, die durch die neue Einleitung, die besondere Adresse und die Anrede im Plural als ein selbständiger Spruch sich ausweist." (A. Weiser 34).

weiter und leitet von der Heilsansage (3, 22 ff) zu Aufruf und Gerichtsansage (4, 5 ff) über, ja vermittelt zwischen beidem. Andererseits geben V. 3 f vorweg allgemein eine Deutung des Folgenden.

Das erste, von Hos 10, 12 beeinflusste Bild ist dem Ackerbau entnommen: neuen Boden urbar zu machen,[128] nicht zwischen Unkraut zu säen[129] meint einen Neubeginn.

Das zweite Bild überträgt – vielleicht in Weiterführung und Zuspitzung von Jeremias Metapher vom unbeschnittenen Ohr 6, 10 (vgl. 5, 21) – den Ritus der Beschneidung auf das Herz des Menschen.[130] Sie meint ungeteilte Hinwendung mit Vernunft, Willen, Empfindung zu Gott.[131] Ausdrücklich ist jeder einzelne angesprochen. Gesinnung und Verhalten sollen übereinstimmen, so dass die „Bosheit der Taten"[132] unmöglich ist.

Wie den Königsworten eine gleich strukturierte Warnung[133] voransteht, so ist hier V. 4 den unmittelbar folgenden Ankündigungen des Feindvolks vorgeordnet. Dabei erfolgt allerdings eine Verschiebung der Intention von der Ansage der Zukunft, auf die sich die Angeredeten einstellen sollen (4, 5 ff), zur bedingten Warnung oder Drohung für den Fall der Unbußfertigkeit. Das Gericht wäre abwendbar.

Die Voranstellung von V. 3 f lässt sich als zweiseitiger Vorgang verstehen: Jeremias Worte erhalten und behalten – über die zeitgeschichtliche Situation hinaus – allgemeine Bedeutung, werden (mit der Mahnung) ins Grundsätzliche erhoben. Umgekehrt läuft V. 4 auf V. 5 ff zu: Zeigt die Warnung, von dieser Fortsetzung im Rückblick betrachtet, nicht den Ungehorsam in seiner Tiefe („Herz") auf und begründet so das Recht der sogleich angekündigten Strafe?

---

[128] „Neubruch, erstmals umgebrochener Acker" (HAL 658).

[129] Vgl. Mk 4, 7. 18; Mt 13, 7. 22.

[130] Wie Dtn 10, 16; 30, 6. Von einer Vorhaut des Herzens spricht auch Jer 9, 24 f. Vgl. die auf das Herz gerichteten Erwartungen 24, 7; 31, 33; Ez 18, 31; 36, 26; auch Lev 26, 41; Ez 44, 7. 9. „Unbeschnitten an den Lippen" meint: im Reden unbeholfen (Ex 6, 12. 30).

[131] „Beschneidung für Jahwe bezeichnet eben die Zugehörigkeit zu diesem Gott." Sie „bedingt freilich auch die ‚Entfernung der Vorhaut des Herzens', Beschneidung ist erst dann ‚für Jahwe', wenn sie die Beschneidung des Herzens einschließt." (H.-J. Hermisson, Sprache und Ritus im altisraelitischen Kult, WMANT 19, 1965, 73).

[132] Die Verbindung „Bosheit der Taten" (V. 4 b) ist eine in der jerdtr Redaktion wiederkehrende Wendung (21, 12 [hier Zusatz, da nicht in der LXX?]; 23, 2. 22 u. ö.; Dtn 28, 20). Entspricht die Anrede an die Einzelnen – „Mann Judas und Bewohner Jerusalems" (Jer 11, 2. 9; 2 Kön 23, 2 u. a.) – nicht der Betonung der „Innerlichkeit"?

[133] Jer 4, 4 und 21, 12; auch 6, 8 sind viergliedrig; vgl. Anm. 16 zu 6, 8.

Kleiner Exkurs
Der Feind aus dem Norden

In Entfaltung und Erläuterung der *zweiten* Vision (1, 13 f), die das Unheil *„von Norden"* herannahen sieht, erwartet Jeremia Jer 4, 5–6, 26 ein Feindvolk „aus dem Norden". Seine Übermacht wird lebendig-anschaulich ausgemalt, sein Name aber nicht angegeben. Dieser Sachverhalt tritt im Vergleich mit 2, 16 f. 36 f um so deutlicher hervor, als dort bereits auf eine politische Situation angespielt wird.

Gewisse Vorformen mit teils ähnlichen Vorstellungen begegnen schon bei den älteren sog. Schriftpropheten. Jahwe ist nicht nur Herr und Richter von Israels Nachbarvölkern (Am 1 f u. a.), sondern erscheint auch als Urheber des politischen Wirkens der Völker; sie können im Auftrag Jahwes das Gericht an Israel vollstrecken. Amos (6, 14) kündet ein Volk an, ohne dessen Namen zu erwähnen.[134] Jesaja sieht in der assyrischen Großmacht ein Werkzeug Jahwes, kann sie namentlich (wie 8, 4; 10, 5) erwähnen; allerdings gibt Jesaja gerade in dem Abschnitt (5, 25 ff)[135], der Jeremias Darstellung *thematisch-motivlich* am engsten verwandt ist, ja wie ein Vorläufer erscheint, keinen Namen an. Die Eigenarten des Fremdvolkes (Herkunft aus der Ferne, Schnelligkeit, Unermüdlichkeit, Unbesiegbarkeit) sind auffällig ähnlich.[136]

Der Feind kommt a) aus der Ferne[137], aus dem Norden[138], b) mit unbekannter, unverständlicher Sprache[139], c) in Windeseile[140], handelt d) schonungslos[141], zieht e) heran auf Pferden bzw. Wagen[142], f) belagert bzw. zerstört Städte.[143] Das unwiderstehliche Volk überfällt plötzlich, um zu verwüsten.[144]

Ein Hauptziel der Forschung war, den in diesen sog. *„Skythenliedern"* (B. Duhm)[145] geschilderten Feind historisch zu bestimmen. Doch fand keiner der verschiedenen Identifikationsvorschläge – auch Meder u. a. – unbestritten allgemeine Anerkennung. Immerhin scheiden wegen der anderen Himmelsrichtung etwa die Ägypter aus.

---

[134] Er sagt eine Verbannung „über Damaskus hinaus" (Am 5, 27; vgl. 3, 11; 4, 3; 6, 2; 9, 4) an.

[135] Jes 5, 25–30 bildet wohl die Schlussstrophe des Kehrversgedichts 9, 7–20. Als „ein Starker und Gewaltiger für den Herrn" kann Assur gelten (28, 2; vgl. 8, 7: „die großen und starken Wasser des Euphratstroms"). Nach der Ankündigung des Jahwetages 2, 12–17 scheint die Theophanie (mit Gewittersturm und Erdbeben) von Norden nach Süden über Palästina herzufahren.

[136] Vgl. o. zur geistigen Heimat (S. 10 f).

[137] Jer 4, 16; 5, 15; 6, 22; vgl. Jes 5, 26; 10, 3; Hab 1, 8 u. a.

[138] Jer 4, 6; 6, 1. 22; vgl. 1, 14; 10, 22; 13, 20; in den Völkersprüchen 46, 20. 24; 47, 2 u. a.

[139] Jer 5, 15; vgl. Jes 28, 11 u. a.

[140] Jer 4, 13. 20; 6, 26; vgl. Jes 5, 26 u. a.

[141] Jer 6, 23; vgl. Jo 2, 3 ff; Dtn 28, 49 f.

[142] Jer 4, 13. 29; 6, 23; vgl. 8, 16; 51, 27; Jes 5, 28 u. a.

[143] Jer 4, 16; 5, 17; 6, 4 ff. 23; vgl. Jes [5, 9; 6, 11;] 14, 31 u. a.

[144] Weitere mögliche Kennzeichen sind etwa: Das Volk ist alt (Jer 5, 15), erscheint „wie das Meer" (6, 23). Traditionsgeschichtlich sind möglicherweise die Ankündigung des Feindes einerseits und die Herkunft aus dem Norden (vielleicht mit einer Anspielung auf den Götterberg im Norden, den Zaphon; dazu Jes 14, 13; Ps 48, 3) andererseits zu unterscheiden. Später wird die Tradition ausgestaltet (Jes 13 f; auch Apk 20, 8).

[145] Die Skythen, „ein seiner kriegerischen Fähigkeiten gerühmtes Reitervolk, nomadisierten im 7.–1. Jh. v. Chr. in den Steppen nö. des Schwarzen Meeres, von wo sie wiederholt nach Mesopotamien eindrangen" (H.-J. Stipp, Skythen, NBL III, 2001, 621). Den einzigen, wohl historisch übertreibenden Beleg für einen Skytheneinfall bietet Herodot (I, 105 f). Erst später ist der Ortsnamen „Skytho-polis" (Beth-Sean) bezeugt. Jer 4, 13 werden auch Streitwagen genannt.

Es gibt jeweils Gründe für eine mögliche Identifizierung und Einwände; es findet sich Ähnlichkeit, aber nicht Eindeutigkeit. Die Eigenschaften des Volkes aus dem Norden sind zu allgemein, um eine konkrete Gleichsetzung zu erlauben. Beschrieben werden nicht für ein bestimmtes Volk spezifisch charakteristische Züge. Eher werden vorgegebene Motive breiter ausgestaltet, auch mit Elementen der Klage verbunden.

Je näher man die Entstehung der einschlägigen Texte bei der Niederschrift im Jahr 605 (Jer 36, 1 f) ansetzt, desto eher sind sogleich die *Babylonier* gemeint. Warum nennt sie Jeremia aber nicht, falls er sie von vornherein vor Augen hat? Warum sollte der Name ausgelassen oder gestrichen, die Identifikation verschwiegen oder rückgängig gemacht, der konkrete Situationsbezug nachträglich aufgehoben worden sein? Darum hat man die Namenlosigkeit wohl ernst zu nehmen.[146] Ist die Darstellung zunächst noch nicht auf ein bestimmtes Volk zugespitzt? Am ehesten handelt es sich um Worte aus der Frühzeit, die bei Gelegenheit näher rückender – babylonischer – Gefahr gesammelt, im Rahmen der Urrolle zusammengestellt wurden.

In der erhaltenen Überlieferung wird die Erwartung, das bevorstehende Gericht, zunehmend konkretisiert oder zeitgeschichtlich spezifiziert: Die anfänglich unbestimmt-allgemeine Andeutung (1, 14) wird vor allem als Krieg durch ein nahendes Feindvolk (4, 5 ff) ausgemalt; später werden genauer die Babylonier genannt.[147] Jüngere Schichten des Buches nehmen diese Identifikation auf oder können gar Nebukadnezar erwähnen.[148]

Nachwirkungen der Erwartung finden sich vor allem in der Gog-Perikope Ez 38 f und bei Joel.[149]

---

[146] „Jeremia will gar keinen bestimmten, politisch genau fassbaren Feind beschreiben. Er hat von Jahwe die Kunde bekommen, dass eine Kriegsmacht von Norden hereinbreche. Mehr weiß er nicht und will er nicht wissen." So urteilt P. Volz, Der Prophet Jeremia, ²1928, 58.

[147] Wohl zuerst in der Zeichenhandlung 27, 11 f und im Er-Bericht 20, 6. Für die spätere Zeit gilt: „Dass Jeremia die Erfüllung seiner Weissagungen von dem Feind aus dem Norden in dem Erscheinen der Chaldäer gesehen hat, das steht außer Frage" (F. Wilke, Das Skythenproblem im Jeremiabuch, FS R. Kittel, BWAT 13, 1913, 254).

[148] Nach 20, 4 vgl. 21, 2. 4; 25, 9(ff); 27, 5 f; 43, 10 u. a.

[149] Joel 2, 3 ff. Übereinstimmungen bestehen auch mit Hab 1, 6 ff, bes. V. 8; Dtn 28, 49 f.

Aufruf zur Flucht
Jer 4, 5–8

5 Verkündet es in Juda,
und in Jerusalem lasst es hören …[1],
stoßt ins Horn[2] im Land
und ruft laut und sagt:
„Sammelt euch!
Hinein in die festen Städte!
6 Stellt ein Signal[3] auf: zum Zion!
Flüchtet, bleibt nicht stehen!
Denn Unheil bringe ich von Norden
und großen Zusammenbruch."
7 Aufgestiegen ist der Löwe aus seinem Dickicht,
der Würger der Völker ist aufgebrochen,
aufgestiegen von seinem Ort,
dein Land zur Wüste zu machen.
Deine Städte werden verheert.
so dass niemand mehr dort wohnt.[4]
8 Darum gürtet Trauergewänder um,
wehklagt und heult:
„Nicht hat sich von uns gewendet
die Zornesglut Jahwes!"

In Kap. 4 folgt auf die beiden Ankündigungen V. 5–8 und V. 13. 15–17 die auf
sie bezogene Klage des Propheten V. 19–22. So ergibt sich ein sinnvoller Aufbau, wohl (V. 9 f. 11 f. 14) erweitert durch Nachträge.

V. 5–6 a   Anweisung an Boten
V. 6 b   Begründung und Inhalt in Gottes Ich-Rede
V. 7   Bildhafte Entfaltung der Unheilsansage in 3. Ps.
V. 8   Aufruf zur Klage

---

[1] Der Auftrag „und sagt" ist wohl Vorwegnahme der entsprechenden Wendung (V. 5 b) vor
dem eigentlichen Inhalt der Rede.
[2] Gegenüber dem „Horn" ist die Trompete (Hos 5, 8 u. a.) ein langes metallenes Musikinstru-
ment mit Schalltrichter; vgl. HAL 331 a. 1343 f und u. Anm. 8.
[3] Vgl. Jes 5, 26; Jer 50, 2; 5, 12. 27 u. a.; „Signalstange (aufrichten)"; dazu HAL 662 f; BRL².
77–79.
[4] Der Schlusssatz ist Aufnahme und Bestätigung von 2, 15.

Der Abschnitt versetzt in Unruhe, wird eröffnet in einer – vom Propheten nachgeahmten – Anweisung an Boten oder Herolde[5] mit einer dichten Folge von Befehlen und deren Begründung. Die Aufrufe, aus den Dörfern auf dem Land in die festen Städte, zumal nach Jerusalem, zu fliehen, zielen auf die Ankündigung (V. 6 b). Sie nennt den Anlass, nimmt dabei die Einsicht „Unheil von Norden" (1, 14) auf, konkretisiert sie als Krieg durch einen Feind „von Norden", spitzt aber noch nicht auf ein einziges, bestimmtes Volk mit Namen zu. Wird die Einsicht in der Vision *empfangen*, so wird sie hier *weitergegeben*. Ist das künftige Ereignis dort neutrisch formuliert und wird nur durch den Erzählrahmen als Gottes Geschick ausgewiesen, so ist der Auftraggeber hier ausdrücklich Urheber. Gottes *Ich-Rede* „Ich bringe" klingt wie eine Umkehrung des heilvollen Wirkens „Ich brachte"[6]. Die Satzkonstruktion (mit Partizip) verweist auf die unmittelbar bevorstehende Zukunft: das Geschehen tritt bald, ohne großen Zeitverlust, ein. Die Gefahr ist nahe; der Feind ist bereits aufgebrochen. Dabei fällt ein für die folgende Darstellung entscheidendes Stichwort: „Bruch/Zusammenbruch"[7].

Das Aufmerksamkeit weckende Horn dient – ähnlich dem Wächter – als Signal, um vor Kriegsgefahr zu warnen.[8] Die Propheten können die Rolle der Wächter übernehmen, deren Schall und Ruf allerdings überhört wird.[9]

Die Warnung gewährt nicht die Möglichkeit, durch Umkehr das angekündigte Gericht abzuwenden, den andrängenden Feind abzuwehren. Vielmehr liegt ein Aufruf vor, sich mit dem eigenen Verhalten auf die – unbedingt angesagte – Zukunft einzustellen. Das kommende Geschehen selbst gilt als nicht aufhebbar. Allerdings sollen sich die Betroffenen ihm durch Flucht entziehen; sie kann Rettung, Lebensbewahrung bringen.

Diese „aktuelle Naherwartung" wird später noch verschärft: Auch der Zion erweist sich angesichts des vordringenden Feindes nicht als Schutz.[10]

Das Bild vom Löwen begegnet in verschiedener Ausdrucksmöglichkeit schon bei Jeremias prophetischen Vorgängern.[11] Hier wird das Bild vom „würgenden (bzw. reißenden)" Löwen (Jer 2, 30) entfaltet. Nach der vorliegenden Überlieferung beginnt der „Prophet für die Völker" (1, 5) seine Kla-

---

[5] Ähnlich 5, 20; vgl. zu den Redeformen (Anm. 100) und unten Anm. 8. Deuterojesaja (48, 20; vgl. 41, 23 u. a.) scheint die Redeweise aufzunehmen und weiterzuführen.

[6] Vgl. 4, 6; 5, 15 gegenüber 2, 7; in jüngeren Texten wie 11, 11 ähnlich; vgl. auch 6, 19; dann 3, 14 u. a.

[7] Vgl. 4, 20; 6, 1. 14 u. a.; im klagenden Rückblick: Klgl 2, 11. 13; 3, 47 f; 4, 10.

[8] Jer 4, 5. 19. 21; 6, 1; vom Wächter 6, 17; Hos 8, 1; Am 3, 6; Neh 4, 12. 14. „Die Anlässe für den Gebrauch des Instrumentes sind im wesentlichen den Bereichen Krieg, Krönung und Kult zuzuordnen. Es wird ein Signalton gegeben." In Krisenzeiten sind „mit dem Klang [...] in erster Linie Krieg, Kriegsgeschehen und Gefahr" verbunden (C. Körting, Der Schall des Schofar, BZAW 285, 1999, 157 f).

[9] Vgl. Jer 6, 16 f mit der Auslegung.

[10] Vgl. schon 4, 31. Im Fortgang nimmt 6, 1 in mehreren Stichworten 4, 5 f auf. Gegenüber der Aufforderung „Bleibt nicht stehen!" vgl. Ex 14, 13.

[11] Vgl. zu Jer 2, 15 (Anm. 94 f).

gen vor universalem Horizont (2, 10 ff) und seine ausführliche Zukunftsansage mit der Ankündigung des „Würgers der Völker" (4, 7).[12]
    Der der Unheilsankündigung (V. 6 b. 7) folgende Aufruf zur Klage (V. 8)
bestätigt und bekräftigt die Nähe und Gewissheit des Kommenden – jetzt
schon besteht Anlass zur Trauer. Entgegen der Selbsteinschätzung der Betroffenen (2, 35) hat sich Gottes Zorn noch nicht „gewendet".

„Getäuscht" – angesichts des Gerichts
Jer 4, 9 f. 11 f

9   An jenem Tag wird es geschehen – Spruch Jahwes,
     vergehen wird der Mut des Königs
     und der Mut der Beamten,
     die Priester werden schaudern
     und die Propheten erstarren.
10 Und ich sprach[13]: „Ach, Herr Jahwe,
     schwer hast du getäuscht – dieses Volk und Jerusalem",
     indem du sagtest: „Heil wird euch widerfahren",
     nun geht das Schwert an die Kehle.
11 Zu jener Zeit wird man sagen
      zu diesem Volk und zu Jerusalem:
     Ein Glutwind von den Höhen[14] aus der Wüste
     (fällt) auf die Tochter meines Volkes –
     nicht zum Worfeln und nicht zum Reinigen,
12 sondern ein ‚heftiger' Wind kommt auf mein Geheiß.[15]
     Nun spreche ich selbst ihnen das Urteil.

Die beiden, „an jenem Tag, zu jener Zeit" eingeführten Worte V. 9 f. 11 f mit der
gemeinsamen Bezeichnung „dieses Volk und Jerusalem" gehören zusammen.
Ähnliche Einleitungsformeln deuten auch in anderem Zusammenhang eine
jüngere Textgestalt an.[16] Auf „jene" Zukunft verweisend, setzen sie – gegenüber der bedrängend aktuellen Ankündigung (4, 5 ff) – eine Differenz oder
Distanz zwischen Zukunft und Gegenwart voraus, greifen auf „jenen" Tag vor.

---

[12] Vgl. „zur Wüste/Öde machen" 2, 15; 4, 7; auch 18, 16 u. a.
[13] So MT gegenüber LXX: „sie werden sprechen"; vgl. Anm. 24.
[14] „Ein Glutwind kahler Höhen" (HAL 1503).
[15] Der hebräische – vielleicht durch Dittographie erweiterte – Text bedeutet wohl: „Ein Wind
heftiger als jene". Zum Dativ vgl. etwa Mi 5, 1: „Er wird mir hervorgehen", d. h. auf meinen Auftrag hin.
[16] Vgl. Jer 30, 8 bzw. (wie 4, 11) 3, 17; 8, 1; 31, 1; ähnlich „in jenen Tagen" 3, 16; 5, 18; „in jenen
Tagen und zu jener Zeit" 33, 15; 50, 4. 20.

V. 9 beschreibt mit der „Reaktion der Verantwortlichen"[17] die Folgen des
V. 5–8 angesagten Geschehens. Dabei knüpft V. 9 mit einer ähnlichen Gliederung der Oberschicht an den Einschub 2, 26 b[18] an und mag im Blick auf jene
Aufzählung, etwa als die der Anklage entsprechende Gerichtsansage, hier
eingefügt sein. Die Worte bilden einen Nachtrag auf Grund der Erfahrungen
der Katastrophe, sind eine Weise, im voraus die Situation des Zusammenbruchs zu bedenken. Einerseits die Ankündigung des „Zornes" Gottes (V. 8),
der sich auch als Sturm ereignen kann, andererseits die Gewitterszene (V. 13)
scheinen der Auslöser für die zwischen sie eingeschobenen Ergänzungen
(V. 9–12) zu sein. Das „Herz des Königs" wie der Beamten „geht zugrunde",
d. h. der Mut sinkt,[19] Priester und Propheten sind tief bestürzt.

V. 10 ist ein hintergründiger, allerdings verschieden lesbarer Text. Schalom
„Heil" bildet ein wiederkehrendes Stichwort, zumal in der Auseinandersetzung
mit den sog. Heilspropheten. Es umschreibt deren Botschaft und deutet zugleich deren – sowohl für Jeremia als auch den Verlauf der Ereignisse – verhäng-
nisvolle Wirkung an.[20] Die Verkennung der Situation wird hier bildhaft in einem
krassen Gegensatz dargestellt: Das Schwert sitzt an der Kehle[21], geht ans Leben.

Im Grunde bestehen *zwei* Möglichkeiten, den Satz zu verstehen:

a) Ist der Text mit der griechischen Übersetzung auf die Oberen, zumal
die (Heils-)Propheten zu beziehen?[22] Was sie hier sagen, ist zweifellos nicht
in ihrem Sinn, widerspricht ihrer – auf der Glaubenstradition beruhenden –
Botschaft und ihrem Selbstverständnis, dass Gott seinem Volk heilvoll zuge-
wandt ist.[23] Dass sie eingestehen: „Gott, du hast – uns (?) – getäuscht", ist
überhaupt nur *nach* der Katastrophe verständlich. Die Bedeutung des Verses
wäre dann: Die Propheten werden lernen müssen, über sich selbst zu urteilen: Sind wir durch unsere Botschaft nicht am Zusammenbruch beteiligt?

b) Oder klagt Jeremia[24], Gott habe „getäuscht"? Spiegelt das Urteil Jeremias Einsicht wider?

Worauf kann sich die „Täuschung" in der – sei es auch vorgestellten –
Situation vor der Katastrophe beziehen? *Sachlich* gilt eigentlich in beiden
Fällen: „Getäuscht" konnte man werden entweder durch eine Heils-, zumal
die Ziontradition[25], oder in Übereinstimmung mit ihr direkt durch die Heils-

---

[17] G. Wanke 60.

[18] Vgl. auch 1, 18; 8, 1; 32, 32 u. a.; anders 2, 8.

[19] Vgl. die Situation Jes 7, 2; „Herz des Königs" auch Spr 21, 1; 25, 3; dazu Anm. 132 zu Jer 2, 26.

[20] Vgl. zu 6, 14 f; auch 23, 17; o. zu Jeremias Verkündigung (bes. S. 21 f).

[21] Zu *npsch* „Kehle, Hals" vgl. Jes 5, 14; Jon 2, 6 u. a.

[22] So wird „den führenden Kreisen Jerusalems, vorab den Propheten, das Wort in den Mund gelegt." (F. J. Stendebach, ThWAT VIII, 34 f) Dann steht 4, 9 f gleichsam zwischen 2, 26 b und 6, 14.

[23] Vgl. 6, 14 (= 8, 11) und o. zu Jeremias Verkündigung, bes. Abs. 10.

[24] Die hebräische Fassung „Ich sprach" bildet die lectio ardua, insofern difficilior, die sachlich härtere, anstößigere und im Kontext schwierigere Lesart. Außerdem wird sie durch die – vermutlich im Anschluss an 4, 10 formulierte – Ich-Rede 14, 13(f) bestätigt. Stellt der LXX-Text (3. Ps. Pl.) nicht eine Erleichterung dar? Sie ließe sich aus dem Rückblick nach der Katastrophe – d. h. nach der Verifikation von Jeremias Zukunftsansage – leicht erklären.

[25] Vgl. Ps 46; 48; Mi 3, 11; Jer 5, 12 (23, 17): „Kein Unheil wird über uns kommen." Vgl. zu Jer 7.

propheten. Sie „führen" nicht nur das „Volk irre" (Mi 3, 5), sondern werden getäuscht.[26] Später urteilt Jeremia (23, 21 f. 30 ff) über die Propheten anders: sie sind „nicht gesandt", müssen darum Gottes „Worte stehlen".

Hier ist das Volk,[27] später ist Jeremia selbst betroffen. Lässt sich innerhalb der vorliegenden Überlieferung der hebräische Text (von 4, 10) darum nicht wie ein Vorläufer, eine Vorandeutung auf das Zeugnis der Konfessionen (15, 18) lesen? Gott kann dem Propheten als „Trugbach" erscheinen.

Dem vom Meer kommenden Westwind steht (V. 11 f) der „Wüstenwind"[28] gegenüber, der als Glutwind zur bildhaft-anschaulichen Darstellung des Gerichts wird. „Das strafende Handeln Gottes wird unter dem Bild des verheerenden heißen Windes angesagt, der sich über der östlichen Wüste erhitzt hat und die Vegetation vernichtend trifft. Es ist kein sanfter Wind, wie er zum Trennen der Getreidekörner von der Spreu gebraucht wird, sondern ein Sturm."[29]

Den Abschluss bildet Gottes Ich-Rede; die allgemeine Wendung „das Urteil sprechen"[30] wirkt wie eine Erläuterung von 2, 9. Die Beschreibung des Gerichts als Sturm an dieser Stelle mag durch die Unheilsankündigung 4, 13 angeregt sein, bietet jedenfalls eine gute Überleitung zu ihr.

Das näher rückende Feindvolk
Jer 4, 13–18

13 Sieh, wie Wolken steigt er[31] auf,
   wie Sturmwind seine Wagen,
   schneller als Adler seine Rosse.
   „Wehe uns, wir sind verloren[32]!"

14 Wasche von Bosheit dein Herz, Jerusalem,
   dass du gerettet wirst!
   Bis wann sollen in deiner Mitte
   deine Frevelgedanken[33] wohnen?

---

[26] Vgl. die Eingabe des Geistes in der Vision 1 Kön 22, 19 ff. Jeremia erscheint in der Ich-Rede 4, 10 ähnlich als Prophet, der die anderen, seine Gegenspieler, durchschaut.

[27] Vgl. Jes 8, 17 vom „sich verbergenden Gott"; auch die Aussage über die Verstocktheit 6, 9 f; 29, 9 f; abgeschwächt aufgenommen Jer 5, 21; 6, 10.

[28] Jer 13, 24; auch 18, 17; Hos 13, 15; Hi 1, 19; zu dem (wie) durch einen Sturm vollzogenen Gericht: Jer 23, 19; 25, 32; 30, 23 f; Jes 29, 6 u. a.

[29] J. Schreiner 35.

[30] Ähnlich in Gottes Ich-Rede Jer 1, 16; vgl. auch 39, 5; 52, 9; in anderer Bedeutung 12, 1.

[31] „Er" bezieht sich zurück auf den wie ein Löwe aufbrechenden „Würger der Völker" (V. 7).

[32] Wörtlich: „verwüstet/verheert". Die Wurzel spielt im Kontext eine Rolle (4, 20. 30; auch 6, 26; 10, 20; vgl. das Zitat 20, 8).

[33] Die besondere Wendung „unheilvolle/frevlerische Gedanken" spielt an auf „Unheil" V. 15, ist wohl von dort angeregt (zu „Gedanken" vgl. 6, 19 u. a.).

15 Ja, horch[34], man meldet aus Dan
     und lässt Unheil hören vom Gebirge Ephraim.
16 Macht es ‚Juda‘[35] kund,
     lasst hören über Jerusalem:
     ‚Feinde‘[36] kommen aus fernem Land,
     erheben gegen Judas Städte ihr (Kriegs-)Geschrei.
17 Wie Feldhüter haben sie es[37] allseits umstellt;
     denn widerspenstig war es gegen mich. Spruch Jahwes.
18 Dein Wandel und deine Taten haben dir dies eingebracht.
     Deine Bosheit ist es, dass es so bitter ist
     und dich bis ins Herz trifft.

V. 13 knüpft – über V. 9–12 hinweg – an V. 7 f an, ja wirkt wie eine Entfaltung: Mit einem anderen zupackendem Bild schließt V. 13 a sachlich an V. 7 an. V. 13 b führt das Zitat V. 8 b weiter; die bedrückende Selbsterkenntnis „Wehe uns!" wird den Betroffenen in den Mund gelegt. Der „Würger der Völker", der V. 7 als Löwe aufbricht, erscheint als bedrängende Macht. Das Nahen des Feindes „ist dem Aufziehen eines Sommergewitters gleich. Seine Streitwagen eilen heran wie ein Sturm und seine Pferde sind schneller als ein Adler."[38] Wie alle drei Vergleiche anschaulich darstellen, ist angesichts der Schnelligkeit und Unbezwingbarkeit des Feindvolkes ein Entrinnen unmöglich. Es bleibt (wie V. 31) nur der Klageschrei.

Während V. 13 – über V. 14 hinweg – in V. 15–17 eine Fortsetzung findet, entspricht der Mahnung V. 14 die Feststellung V. 18. V. 14 bildet einen *Zusatz*, der a) zwischen den thematisch-motivlichen Zusammenhang V. 13. 15 eingefügt ist, dabei b) die scharfe Aussage 2, 22 abwandelt, sachlich aber im Gegensatz zu ihr steht.[39] Durch die eingeschobene Mahnung wird die angesagte sich bereits ereignende, bedrängende Zukunft in eine bedingte verwandelt,[40] so die Möglichkeit der Abwendung und (im Rückblick) die Schuld betont. Wie der Kontext (V. 17 b. 18) zeigt,[41] wird die Warnung nicht vernommen, vielmehr in den Wind geschlagen.

---

[34] Ebenso möglich: „Eine Stimme kündet …"; vgl. Jes 40, 3. 6; auch 52, 7 f. *qol* „Stimme" nimmt wortspielartig *qll* „schneller sein" (V. 13 b) auf.

[35] Der vorliegende hebräische Text „den Völkern: siehe" denkt wohl an die umliegenden Völker (vgl. etwa 27, 3; eine Aufforderung wie 2, 10; auch 1, 5; 3, 19 u. a.; dazu Jes 20). Ursprünglich mag „Juda" angesprochen sein; ein anderer Vorschlag lautet (im Anschluss an 6, 1) „Benjamin".

[36] „Wächter" (in Anlehnung an das Bild V. 17).

[37] Nach V. 16 entweder Juda oder Jerusalem.

[38] G. Wanke 62.

[39] Die Warnung 6, 8 – wiederum Abwandlung eines älteren Wortes (2, 19) und ebenso eine Ergänzung – wirkt wie eine Weiterführung, ja Steigerung. Vgl. – auch zum Charakter des „Droh"worts – die Auslegung zu 6, 8.

[40] „Dieser erbauliche Vers gehört dem Jeremia nicht. Jerusalem […] soll gerettet werden können, wenn es sein Herz vom Bösen rein wäscht und die verderblichen Gedanken – welche? – nicht länger in seiner Mitte duldet. Aber der Feind ist ja schon im Anzug begriffen! Wie kann man in einem solchen Augenblicke sagen: bis wie lange […]" (B. Duhm 51).

[41] Die Warnung steht im Kontext von 4, 22; 5, 3 und gegenüber der skeptischen Mahnung 5, 21.

Im Bereich der Wahrnehmung wird das Sehen (V. 13) ergänzt durch das Hören (V. 15). Ähnlich dem einleitenden Wort 4, 5 wird hier eine Botschaft weitergegeben. Sie schreitet von Norden nach Süden fort, zeigt den Weg des vorrückenden Unheils. Der Feind „aus der Ferne" kommt von Dan, hat schon Ephraim erreicht, ja dringt (V. 17) bis zu den Grenzen von Juda oder der Hauptstadt selbst vor und schließt das Gebiet „ein, lückenlos, wie die Zelte der Feldhüter um das ihnen anvertraute Fruchtfeld herum aufgeschlagen wird".[42] Wie schon die knappe Gottesrede V. 6 b verweist V. 17 b auf den eigentlichen Urheber.

V. 18 legt V. 17 b aus.[43] Die als Gottesrede ergehende Begründung V. 17 b erfährt in V. 18 a) durch die Anrede eine Zuspitzung, ist b) mit Kap. 2 durch entscheidende Stichworte wie „deine Bosheit" oder „Wege"[44], verknüpft und hält dabei die Einsicht von Kap. 2 durch. Außerdem ist V. 18 c) durch Aussagen wie 4, 22 und zumal 5, 21 gestützt.

Unruhe des Herzens
Jer 4, 19–22

19 O mein Leib, o mein Leib, ich muss mich winden[45],
meine Herzenswände!
Unruhig ist mein Herz.
Ich kann nicht schweigen.
Denn den Schall des Horns „hörst du"[46], meine Seele,
den Lärm des Krieges.
20 ‚Zusammenbruch über Zusammenbruch' ruft man[47];
denn das ganze Land ist verheert.
Plötzlich sind verwüstet meine Zelte,
im Nu meine Behausungen.
21 Wie lange noch sehe ich das Panier,
höre ich den Schall des Horns?

---

[42] W. Rudolph 33.
[43] Bildet V. 18 als Entfaltung eine jüngere Erweiterung von V. 17 b, so dass V. 14 und V. 18 zugleich zugesetzt sein können? Eher ist V. 14 mit Blick auf V(17 b-)18 hinzugefügt.
[44] „Ansicht des Propheten, der die Wege seines Volkes durchweg negativ beurteilt (2, 33; 3, 13. 21; 4, 18; 22, 21)" (W. Thiel I, 165). Jeremia sprach das Gut-Tun „dem Volk als offene Möglichkeit grundsätzlich ab" (ebd. 108) zu 4, 22; 13, 23.
[45] Vgl. HAL (285.) 298. (389). V. 31 scheint das Bild weiterzuführen: „Wie eine Kreißende". Im übertragenen Gebrauch können Wehenschmerzen bis ins Körperliche reichende Angstzustände, das Ausgeliefert-Sein, beschreiben (Jes 13, 8; 26, 17; vgl. Jer 30, 5 f u.a.). „Brausend/unruhig" vgl. Jer 31, 20; vom Meer: 5, 22; 6, 23; 31, 35.
[46] Vgl. BHS; Ges-K § 44 h.
[47] Möglich ist auch die Übersetzung „Zusammenbruch stößt/kommt auf Zusammenbruch". Eher liegt ein Zitat vor, der Schrei der Betroffenen; ähnlich 6, 7; vgl. 4, 31; auch 20, 8 u. a.

22 Ja (Denn), dumm ist mein Volk, mich kennen sie nicht.
   Törichte Söhne sind sie,
   und uneinsichtig sind sie.
   Weise sind sie, Böses zu tun,
   doch Gutes zu tun verstehen sie nicht.

V. 19–21 nehmen die V. 5 f. 15 f beschriebene Situation auf. Das Thema vom
heranrückenden Feind mit seinen Motiven Hörnerschall[48], Signal, Kriegs-
lärm und den Stichworten „Zusammenbruch", „verheeren" ist hier in die
Klage eingebaut.[49]
Schon im „Ach" der Berufungsgeschichte (1, 6) klingt ein Klagelaut an.[50]
Wie eine Umkehrung des Einwands „Ich kann nicht reden" (1, 6) erscheint
hier (4, 19) das Eingeständnis „Ich kann nicht still sein/schweigen". Das
„Nicht-Reden-Können" verwandelt sich angesichts des künftigen Unheils in
ein „Nicht-Schweigen-Können" oder „Reden-Müssen". Auf die dreigliedrige
Klage (I. V. 19 a Klageruf, II. V. 19 b–20 Notschilderung, III. V. 21 Frage nach
der Dauer) bildet das Gotteswort V. 22 keine direkte Antwort[51], erscheint
aber wie eine Reaktion: Der Anlass für die Klage besteht weiter; die Verkündigung wie die Klage werden nicht gehört.
Ruft Jeremia (V. 8) andere zur Trauer auf, so bekundet er hier, dass das
künftige Geschehen ihn selbst nicht unbewegt lässt, die von ihm auszurich-
tende Botschaft eine Wirkung auf ihn selbst ausübt, ihn tief erschüttert oder
vielmehr ihn in Unruhe und Aufruhr versetzt.[52] Klingen die Worte im Kontext des Buches darum nicht wie eine Vorandeutung oder Vorbereitung auf
die Konfessionen, welche das Persönliche weit stärker entfalten?
„Meine Zelte" bezeugt Jeremias Verbundenheit mit seinem Volk[53] wie
„Söhne" (V. 22) Gottes Verbundenheit noch mit dem unklugen Volk. „Die
Klage endet mit der verzweifelten Frage, wie lange der Prophet diesen Widerfahrnissen noch ausgeliefert ist, wie lange er noch von den visionären und
auditionären Erlebnissen im Zusammenhang mit seiner Unheilsverkündigung bedrängt wird."[54]

---

[48] Zum Schofar „Horn" vgl. zu 4, 5 ff Anm. 8.

[49] Im Kontext wie von der Ausdrucksweise („meine Eingeweide/mein Inneres") her liegt es näher, das klagende „Ich" statt auf die Stadt Jerusalem (vgl. 10, 19 f vom Volk oder von der Stadt) auf
den Propheten zu beziehen (vgl. 8, 18–23).

[50] Bei Jesaja (22, 4; vgl. V. 12) oder Micha (1, 8) finden sich Andeutungen oder Ansätze für
die prophetische Klage, die sich als Vorläufer oder Vorbilder für Jeremias Klage verstehen lassen;
vgl. o. zu den Redeformen (S. 14, 234).

[51] Vgl. zu Jer 15, 19 ff.

[52] „Der Prophet hört's und sieht's ganz körperlich: flatternde Fahnen … und umgestürzte Zelte
und Kampflärm und schmetternde Trompeten. Und da krampft es ihm das Herz zusammen, dass
er laut aufschreien muss." (W. Rudolph 33) Betont die Bezeichnung „Zelte" für die „Wohnstätten"
(30, 18; vgl. Klgl 2, 4) das Instabile, schnell Abbaufähige, Zerbrechliche, leicht Zerstörbare?

[53] Möglich wäre auch eine Klage des Volkes, Landes oder der Stadt in Jeremias Mund (vgl.
Anm. 49).

[54] G. Wanke 64.

V. 22 ist aus sich verständlich, lässt sich selbständig – als Einzelwort – lesen
und sticht durch weisheitliche Ausdrucksweise ab. Für die Aussage bildete Jesaja (1, 2 f. 16; 5, 20 f) mit entsprechenden Stichworten wie „Söhne", „nicht
verstehen", „gut – böse (tun)" ein Vorbild. Die Eingliederung weisheitlicher
Sprache in die prophetische Verkündigung erlaubt, generell zu urteilen; was
auch sonst (Jer 2, 7. 11 u. a.) vielfach bezeugt ist. Die Charakteristik des Volkes als „töricht" ist noch in dem stärker in den Kontext integrierten Wort
5, 21 belegt. Das Thema Gottes„erkenntnis" ist – in der Nachfolge Hoseas
sowie Jesajas – auch für Jeremia bedeutsam.[55] Indem „Gutes zu tun" bestritten wird, wirkt V. 22 wie ein Vorläufer der in 13, 23 ausgesprochenen härte-
ren Einsicht, die über die Feststellung der Gegebenheit hinaus auch die Fähigkeit dazu abspricht.

In Umkehrung weisheitlicher Intention wird die Klugheit mit bösem Handeln verbunden. Liegt in der Aussage ein ironischer Unterton? Die Geschick-
lichkeit besteht eben darin, Böses zu vollführen. Sachlich bildet diese kritische Einsicht eine Voraussetzung für die jüngere im Buch ausgesprochene
Verheißung.[56]

Finsterer Himmel und öde Erde
Jer 4, 23–26. 27 f

23 Ich schaute die Erde, und siehe: wüst und öde,
    und zum Himmel: er war ohne sein Licht.
24 Ich schaute die Berge, und siehe: sie bebten,
    und alle Hügel, sie schwankten.
25 Ich schaute, und siehe: da war kein Mensch,
    und alle Vögel, sie waren entflohen.
26 Ich schaute, und siehe: das Gartenland war Wüste[57],
    und alle seine Städte, sie waren zerstört –
    vor Jahwe, vor der Glut seines Zorns.

V. 23–26 wirken auffällig, wenn nicht fremdartig. Über die Erkenntnis „das
ganze Land verheert" (V. 20) hinaus geben sie eine ins Universale ausgreif-
fende Darstellung des „Zusammenbruchs" (V. 20), bildhafte Schilderung des
Chaos. In Ausweitung des „Ich sehe" (V. 21) bieten sie eine persönliche Schau
des Propheten, die durch das anschließende Gotteswort V. 27 f bestätigt wird.

---

[55] Vgl. Jer 2, 8; 5, 4 f; 8, 7; 9, 2. 5; 22, 15 f u. a.; s. o. zur geistigen Heimat (S. 11).
[56] Jer 24, 7; 31, 33.
[57] Wörtlich: die Wüste.

Sie ist von den als Widerfahrnis im Dialog (1, 11–14) dargestellten Visionen deutlich unterschieden.

Die Schau wird vielfach als *apokalyptisch* und sekundär angesehen.[58] Allerdings fehlen einerseits noch manche Eigenarten der Apokalyptik; andererseits haben gewisse Züge oder Stichworte Anhalt am Kontext, etwa im weltweiten Ausblick (2, 12; 6, 18 f), der Erwähnung des Karmel als Fruchtland[59] oder im Motiv „ohne Bewohner"[60]. Die Schau hat eine Art Gegenstück in der Audition „Ich hörte" (V. 31)[61] und stellt dar, was die „Zornesglut Jahwes" (V. 8. 26) bedeuten kann.

Eine nicht mehr lebensfähige Situation, der Verlust des Lebensraums, wird „mythisch" beschrieben: der Rückfall in den chaotischen Vorschöpfungszustand[62], ins „Tohuwabohu"[63], ins „Nichtige"[64], die Finsternis[65], das Schwanken der festen Berge und Hügel[66], die Leere ohne Lebewesen, ohne den Menschen und sogar die Vögel[67], die Verheerung der Städte. Chaos herrscht weltweit und im Land.

Das kosmische Bild wird nicht um seiner selbst willen entworfen. Vielmehr wird das Mythisch-Universale wieder hingeführt zur Kultur, zugespitzt auf Land und Stadt. Wie etwa Amos' zweite Vision (7, 4) von der „großen Flut" auf das „Ackerfeld" zielt oder in der Erwartung (Jes 2, 12–17) der Weg von der „Natur" zur „Kultur" führt, so verläuft er hier vom weltweiten Horizont auf Historisch-Politisches, die menschliche Umgebung, gegenwärtiges Leben, so auf den Ort des redenden „Ich" zu.

Verweist die Einheit abschließend auf Gottes „Zorn", so wird (in Übereinstimmung mit V. 6. 12) das gesamte Geschehen als Jahwes Gericht verstanden; es kommt auf sein Geheiß, wie V. 27 f bekräftigen.

---

[58] „Es ist die Sprache der Apokalyptik. [...] Ein apokalyptisches Gemüt, angeregt durch Jer's Dichtung, fügte die Worte hier ein und weitete den auf die unmittelbare Zukunft und auf Juda bezüglichen Spruch zu einer kosmischen Weissagung aus." P. Volz' (51) Urteil wird oft ähnlich nachgesprochen.

[59] Jer 2, 7 im Gegenüber zur Wüste 2, 2. 6. 31.

[60] In wechselnder Sprache: Jer 2,(6.)15; 4, 7. 29 b.

[61] Eine Kette, mehrfache Wiederholung des gleichlautenden Verbs findet sich auch zu Anfang von 5, 17. Zu dem (V. 24–26) den zweiten Halbvers einführenden „und alle" vgl. Jes 2, 12–17.

[62] Vgl. Gen 2, 5; Ps 90, 2; Spr 8, 22 ff; auch Hi 26, 7 u. a.

[63] „Gemeint ist mehr als das Unbewohnbare: die totale Umkehrung des jetzt Bestehenden. Sie auszudrücken verwendet man Bilder der Wüste und Einöde, die aber nicht als positiv bestimmt werden, sondern als Gegensatz zur vorhandenen Ordnung gelten." (W.H. Schmidt, Die Schöpfungsgeschichte der Priesterschrift, WMANT 17, ³1974, 79 mit Anm. 3).

[64] Die LXX gibt Tohuwabohu mit einem Wort „nichts" wieder. So vermutet man gelegentlich, dass *wabohu* nach Gen 1, 2 ergänzt ist. Gemeinsam ist auch die Finsternis, Lichtlosigkeit, allerdings nicht das Beben. Gen 1 nimmt, zumal in V. 2, Tradition auf. Ist Jer 4, 23 ff von Gen 1 (Priesterschrift) abhängig, oder bezeugen beide Texte eine gemeinsame Überlieferung?

[65] Auch die Bileam-Inschrift von Tell Deir Alla (vermutlich aus dem 8./7. Jh. v. Chr.) spricht – wohl als Erwartung – von „Finsternis und nicht Lichtglanz" (M. Weippert, Jahwe und die anderen Götter, FAT 18, 1997, 131 ff, bes. 160. 168; vgl. TUAT II/1, 138 ff, bes. 141).

[66] Vgl. Nah 1, 5.

[67] Das Motiv „Vögel des Himmels geflohen" (4, 25) wird später (9, 9) aufgenommen. Wirkt umgekehrt 4, 23–25 nicht wie eine Ausgestaltung der Totenklage 9, 9? Vgl. noch 12, 4.

V. 27 f

27 Denn so spricht Jahwe:
   Wüste wird das ganze Land,
   und ich bereite ‚ihm‘[68] ein Ende.
28 Darüber trauert die Erde,
   und der Himmel oben verfinstert sich.
   Ich habe es gesagt, und es reut mich nicht;
   ja, ich habe es beschlossen und nehme es nicht zurück.[69]

Dem *Ichwort* des Propheten V. 23–26 ist das Gotteswort nachgestellt. Der Rückbezug ist mit dem Gegenüber von Himmel und Erde, Motiven der Dunkelheit und der Verwüstung deutlich.

Jene Schau scheint V. 27 nach dem hebräischen Text zumindest einzuschränken, wenn er ihr nicht sogar widerspricht. Ist er nachträglich hinzugesetzt? V. 27 f gehören zusammen und bilden als vorgegeben den Ausgang für die textlich geringfügige, sachlich tiefgreifende Überarbeitung – zur Abschwächung des Umfangs des Gerichts durch Einfügung eines „nicht".[70]

Allerdings fügt sich die Aussage in dieser Form (nach V. 23–26) vor der Bekräftigung „Ich nehme nicht zurück" (V. 28 b) schwer in den Zusammenhang ein. V. 28 bezeugt „die Gewissheit, mit der das vom Propheten angekündigte Gericht eintrifft".[71] Die Zuverlässigkeit des Gotteswortes betont schon die erste Vision.[72] – Wie in der Einheit V. 23–26 wird das den Himmel einschließende Unheil V. 27 f durch die Verbindung mit V. 29 ff zum geschichtlichen Raum hingeführt: Ziel ist letztlich Juda – Jerusalem.

Durch die Korrektur wird die Aussage von einer Begründung der Gerichtsansage innerhalb des Buches zum – sie eingrenzenden – Heilswort.[73] Im Nachhinein entspricht die Änderung dem Verlauf der Geschichte und dem dann möglichen Selbstverständnis: „In deiner großen Barmherzigkeit machtest du es nicht gar aus mit ihnen."[74]

---

[68] Der hebräische Text bezeugt: „Ich will (ihm) nicht ein Ende machen". Vgl. zu Anm. 70.

[69] Zur Einführung von V. 28 b vgl. BHS. Die Reihung der Verben folgt der LXX.

[70] Eine entsprechende Überarbeitung wird in 4, 27; 5, 10 zumeist angenommen. Findet diese Textänderung (in 4, 27 nur ein Buchstabe) auf Grund des eindeutig als Zusatz erkennbaren Prosatextes 5, 18(f) statt? Vgl. auch 30, 11 gegenüber 9, 15; 14, 12; 24, 10; 44, 27; außerdem 10, 24. Zu Jeremias Heilserwartung vgl. o. zur Verkündigung (bes. S. 23 ff).

[71] Die „Ankündigung durch den Propheten" wird mit Gottes „(Unheils-)Plan identifiziert" (J. Jeremias, Die Reue Gottes, BThSt 31, ²1997, 50 f).

[72] Vgl. zu 1, 11 f; auch Am 1, 3 ff; Jes 31, 2 u. a.

[73] Die Änderung schafft zugleich eine Verknüpfung oder Vermittlung mit dem folgenden Wort, das trotz der (V. 23–26 ausgesprochenen) Totalität eine Möglichkeit der Flucht (V. 29) voraussetzt. Sachlich ist die Einschränkung ähnlich der Hoffnung auf einen „Rest" (vgl. etwa Jes 1, 9 gegenüber 1, 8; auch 6, 13 gegenüber 6, 11 u. a.).

[74] Neh 9, 31; vgl. Jer 5, 18; 30, 11.

Liebhaber trachten der Schönen nach dem Leben
Jer 4, 29–31

29 Vor dem Ruf ‚Reiter und Bogenschützen!‘[75]
   flüchtet das ganze ‚Land‘[76].
   Sie gingen hinein ‚in Höhlen,
   versteckten sich‘[77] in Dickichten
   und stiegen auf Felsen.
   ‚Jede‘ Stadt[78] ist verlassen,
   und niemand wohnt mehr darin.
30 Du aber[79], was machst du,
   dass du dich in Scharlach[80] kleidest,
   dass du Goldschmuck anlegst,
   dass du deine Augen mit Schminke größer gestaltest[81]?
   Umsonst machst du dich schön.
   Die Liebhaber verschmähen dich,
   trachten nach deinem Leben.
31 Denn Geschrei wie einer Kreißenden höre ich,
   ‚Wehgeschrei‘[82] wie von einer Erstgebärenden,
   die Stimme der Tochter Zion,
   die nach Atem ringt,
   die ihre Hände ausbreitet:
   „Wehe mir, erschöpft bin ich;
   mein Leben erliegt den Mördern!“

Die Beschreibung der Not schließt - über 4, 23–26. 27 f hinweg - an die Ankündigung 4, 5–8. 13. 15–17 oder auch die Klage 4, 19–21 an und führt auf ein bitteres Ende hin.

---

[75] Ebenso möglich ist die Übersetzung: Vor dem Lärm von (koll.) Reitern und Bogenschützen. Zur „Stimme“, die „kundtut“ vgl. V. 15 (auch V. 5; 10, 22) und zur Form des Zitats V. 20 (mit Anm. 47). „Reiter und Bogenschützen“ sind indeterminiert. Bei der oben vorgezogenen Übersetzung besteht, da die Nachricht mit dem angstvollen Ruf doch wohl dem eigentlichen Kriegslärm vorauseilt, mehr Zeit zur Fluchtmöglichkeit.
[76] So LXX; MT bezeugt „die ganze Stadt“ (vgl. V. 29 b).
[77] So LXX. Die Worte fielen durch Homoioteleuton aus (vgl. W. Rudolph).
[78] Nicht: „Die ganze Stadt“, wie V. 29 b „in ihnen“ („darin“) zeigt. Diese Lesart denkt wohl an Jerusalem, das V. 31 noch seine Stimme erhebt.
[79] Die Anrede „Verwüsteter“ ist nicht feminin, fehlt in der LXX und greift in der Sache vor, nimmt das Ergebnis vorweg. Vgl. 4, 13 (Anm. 32); 4, 20; auch 6, 26 „Der Verwüster“.
[80] Karmesin: Ein aus einer Schildlaus gewonnener, intensiv roter Farbstoff und das mit ihm gefärbte kostbare Gewand (K.-M. Beyse, ThWAT VIII, 340–342; HAL 1480 f).
[81] Wörtlich: „aufreißest“; vgl. Anm. 86.
[82] Vgl. BHS.

Die Aufforderung zur Flucht, um das Leben zu retten (4, 5 f), ergeht hier in einem weiter fortgeschrittenen Stadium und wirkt zugleich wie eine Vorandeutung auf die Anweisung 6, 1 („aus Jerusalem"). „Der warnende Ruf ‚Reiter und Bogenschützen' hat die panische Flucht der Menschen zur Folge, die sich in unwegsames Gelände zu retten versuchen, so dass die Städte leer und verlassen sind."[83]

Nach dem Land[84] ist die Hauptstadt selbst betroffen. Eingeführt mit der vorwurfsvollen Frage „Was machst du?", wird das Thema Liebhaber[85] aufgegriffen, mit neuen Motiven ausgestaltet und zugespitzt. Aus dem „Suchen nach Liebe" (2, 33) wird ein „Suchen/Trachten" nach dem Leben (4, 30). Jerusalem erscheint (V. 30) als Frau, die sich mit kostbaren Gewändern kleidet, Schmuck anlegt und sich „mit Schminke die Augen unterlegt" mit der Absicht, „dass die Augen durch das Umranden mit Schminke ‚aufgerissen', d. h. vergrößert werden", doch wohl „um die heranrückenden Feinde zu betören".[86] Die Wirklichkeit ist in einer solchen Darstellung des Verhaltens bildhaft-metaphorisch verdichtet. Sachlich wird sie die Schönheit Jerusalems,[87] die Begehrlichkeit für Feindvölker meinen. Das Bemühen der Frau (bzw. Stadt) wird nicht belohnt, findet keine Gegenliebe – im Gegenteil. Der Ausgang ist eindeutig, der Schluss hart; die Wirkung bleibt aus: „Umsonst".

Der Vergleich mit dem Geburtsvorgang[88] mit Angstzuständen, die Inneres wie Leiblich-Körperliches umgreifen, sich in Stöhnen und Lauten äußern, beschreibt „das Überfallartige, das Ergriffenwerden", unausweichlich Ausgeliefertsein.[89] Der Schrei selbst kommt aus anderer Not, aus Verzweiflung in höchster Bedrängnis: „Wehe mir!", „meine Seele, mein Leben" in Mörderhand (vgl. 6, 26). So wird der Untergang der Stadt oder ihrer Bewohner (erstmals) angedeutet. Die Zerstörung der Stadt, hier nicht berichtet, steht noch bevor.

Der gesamte Abschnitt (4, 5 ff) endet mit einer im Zitat unterstellten, in der Zukunft erwarteten, so vorweggenommenen Selbst-Einsicht. Mit dieser lebhaften Ausmalung auswegloser Not sucht der Prophet zu überzeugen. Wiewiet kann er aber zur Einsicht verhelfen (4, 22; 5, 21. 23)?

---

[83] G. Wanke 66. „Und niemand ..." bildet ein ähnlich wiederkehrendes Motiv (2, 6. 15; 4, 7 u. a.).

[84] Jer 4, 7. 16. 20. 27. 29.

[85] Jer 2, 23 ff; 3, 1 f „viele Freunde". Die Kennzeichnung „huren" (3, 1) fehlt hier – vielleicht ein Hinweis, dass die Situation anders ist.

[86] W. Thiel, ThWAT VII, 194 f; vgl. HAL 1070 a; außerdem 2Kön 9, 30. Die Hinwendung zu Fremdmächten scheint hier nicht die Suche nach politischen Bündnispartnern (wie 2, 16 ff. 36) zu meinen. Vgl. auch 30, 14.

[87] Vgl. Ps 48, 3; 50, 2; Klgl 2, 15 u. a.

[88] Er findet sich sprachlich in verschiedenen Wendungen, noch 6, 24; 13, 21; 22, 23; 30, 6; 48, 41; 49, 22. 24; 50, 43; auch Ps 48, 7 u. a.

[89] A. Baumann, ThWAT II, 900 f. Vgl. Jer 4, 19.

Gründliche Prüfung
Jer 5, 1–11

1 Durchstreift die Gassen Jerusalems,
seht doch und merkt auf,
und sucht auf ihren Plätzen,
ob ihr einen findet,
ob einer da ist, der Recht übt,
nach Wahrhaftigkeit strebt,
so will ich ihr vergeben.[1]
2 Wenn sie auch „So wahr Jahwe lebt" sagen,
schwören sie darum (doch)[2] einen Meineid.
3 Jahwe, sind deine Augen
nicht vielmehr auf Wahrhaftigkeit ausgerichtet?
Du hast sie geschlagen, sie empfanden aber nichts.
‚Sie alle'[3] weigerten sich, Zucht anzunehmen;
sie machten ihre Gesichter härter als Fels,
weigerten sich umzukehren.
4 Da dachte ich: Nur die Geringen, sie handeln töricht;
denn sie kennen den Weg Jahwes,
das Recht ihres Gottes nicht.
5 Ich will einmal zu den Großen gehen,
um mit ihnen zu reden;
denn sie kennen den Weg Jahwes,
das Recht ihres Gottes.
Jedoch haben sie ebenso[4] das Joch zerbrochen,
die Stricke zerrissen.

---

[1] Der Schlusssatz V. 1 b wird gelegentlich, kaum zu Recht, als Zufügung angesehen, die den Zusammenhang mit V. 2 unterbricht und V. 7 vorwegnimmt; die Intention der Einheit insgesamt ist davon kaum berührt. Da sich „Ich vergebe" nicht auf den Propheten beziehen kann, ist das Wort jedenfalls in der vorliegenden Form Gottesrede, auch wenn es nicht eigens ausgesagt ist. Die LXX bezeugt oder fügt nach V. 1 erläuternd hinzu: „Spruch Jahwes". Bei Streichung von V. 1 b lässt sich V. 1 a wie V. 2 ff als Prophetenwort verstehen; als Gotteswort hat es eine schärfere Intention.

[2] Statt „darum (doch)" mit Konjektur: „fürwahr".

[3] Der hebräische Text setzt die Rede von Gottes Handeln fort: „Du hast sie aufgerieben/vernichtet" – eine Lesart, die nach der Katastrophe verständlich ist und vielleicht auf dem ähnlichen Konsonantenbestand „sie alle" basiert.

[4] Wörtlich: „zusammen", hier im Sinne von „gleichfalls"; vgl. 6, 11 „zugleich".

6 Darum schlägt sie der Löwe aus dem Wald,
  der Wolf der Steppe[5] überwältigt sie
  der Panther lauert an ihren Städten,
  wer immer dort herauskommt, wird zerrissen;
  denn zahlreich sind ihre Frevel
  und vielfältig ihre Abtrünnigkeiten.
7 Weshalb sollte ich dir vergeben?
  Deine Söhne haben mich verlassen
  und bei Nicht-Göttern geschworen.
  Ich ließ sie satt werden[6],
  sie aber trieben Ehebruch
  und waren ‚Gäste‘[7] im Hurenhaus.
8 Feiste, geile[8] Hengste sind sie geworden,
  ein jeder wiehert nach der Frau des Nächsten.
9 Sollte ich diese[9] nicht zur Verantwortung ziehen – Spruch Jahwes –
  oder ich[10] an einem Volk wie diesem nicht Rache nehmen?
10 Ersteigt ihre Rebhänge und vernichtet sie
   und macht ganze Arbeit![11]
   Beseitigt ihre Ranken;
   denn Jahwe gehören sie nicht.
11 Ja, sie haben mir gänzlich die Treue gebrochen,
   das Haus Israel und das Haus Juda –
   Spruch Jahwes.

Kap. 5 trägt ein Stück weit die Begründung für die in 4, 5 ff breiter ausgestaltete Zukunftsankündigung nach, führt die dort allgemein zusammengefasste Schuld „Gutes zu tun verstehen sie nicht" (4, 22; vgl. 4, 18) aus und nimmt dabei ein in Kap. 2 (V. 33 f) nur anklingendes Thema vertieft auf. Der einleitende Aufruf, sich selbst umzuschauen, ergeht ähnlich der Aufforderung „Erkenn und sieh!" (2, 19 f) oder auch wie hier im Plural (2, 10) „Geht, seht!" Die Gottesrede gleitet in ein Prophetenwort über:

---

[5] Vgl. 2, 6 „im wasserlosen … Land".
[6] Vgl. sachlich 2, 8; 5, 24; auch 44, 17. Die Lesung „Ich schwor" scheint an 5, 2 anzuschließen.
[7] Ist die Lesung des masoretischen Textes „sich Einschnitte machen" statt „sich als Gast aufhalten" durch 16, 6; 41, 5 beeinflusst?
[8] Der Sinn der beiden – in der Ableitung unsicheren – Wörter ist im Zusammenhang deutlich (W. Rudolph), s. dazu den Vergleich 2, 23 f.
[9] Statt „diese" auf die Personen zu beziehen (vgl. 6, 15), lässt sich auch übersetzen: „Sollte ich dies nicht (an ihnen) ahnden?" Vgl. 5, 29; 9, 8.
[10] Wörtlich: „meine Seele" (vgl. Anm. 32).
[11] Wie in 4, 27 ist nachträglich – zur Korrektur – ein „nicht" eingefügt, so die Gerichtsansage eingeschränkt, wohl auf Grund des eindeutig als Zusatz erkennbaren Prosatextes 5, 18(f), jedenfalls im Zusammenhang mit ihm. Vgl. auch 30, 11.

I. Gottesrede
V. 1   Aufforderung an die Hörer, sich selbst zu überzeugen

II. Prophetenwort V. 2–5
V. 2   Anklage: Meineid
V. 3 a   Anrede an Gott
          Rhetorische Frage ähnlich dem Disputationswort
          hier in 2. Person – zur Bekräftigung
V. 3 b   Feststellung der Reaktion:
          Trotz Schlägen kein Lerneffekt
V. 4 f   Unterscheidung: „Geringe" – „Große"
          Aber ergebnislos

III. Zukunftsansage
V. 6 a   Gerichtsankündigung in 3. Person
          Eher Prophetenwort –
          so auf Gottes Ich-Rede V. 7. 9 hin offen.
V. 6 b   Begründung (vgl. 2, 19)

Der – in der vorliegenden Form als Gotteswort formulierte – eindringliche
Aufruf zur Prüfung der Bewohner Jerusalems auf öffentlichen Räumen, Gassen und Plätzen, ist weniger ein Angebot, die Gerichtsdrohung aufzuheben,
als ein Ringen um Einsicht: „Seht euch selbst um, beobachtet genau!" Die
Zeitgenossen sollen sich vergewissern, ob die – zuvor schon – vom Propheten erhobene Anklage situationsgemäß ist, in eigener Erfahrung seine Wahrnehmung und sein Urteil bestätigen. Wer bemüht sich im Bereich des Rechts
um Wahrheit? Die Antwort auf die Frage wäre „niemand". Die Suche bleibt
erfolglos.[12]

Schon in Amos' erster Vision (7, 2) findet sich die Bitte an Gott „Vergib
doch!", die aber nicht gewährt wird. Die Aussage „Verzeihen, Vergeben" in
Gottes Ich-Rede (Jer 5, 1. 7) wird in der jüngeren Verheißung vom „neuen
Bund" aufgenommen.[13]

Kommen die Zuhörer jener Aufforderung nicht nach? Statt ihrer übernimmt der Prophet selbst (V. 2) die ihm später ausdrücklich (6, 27) übertra-
gene Aufgabe. Er findet „falsch Schwörende"; Gottes Name wird für Lüge
und Betrug angerufen – nach dem Kontext im Raum des Rechts (V. 1. 4 f). So
enthält der Meineid eine theologische wie eine soziale Dimension, verbindet
Verhalten zu Gott und zum Nächsten; die zwischenmenschliche Ebene ist
zugleich „vor Gott".[14] Selbst bei der Anrufung Gottes, der Berufung auf sein
„Leben" oder „lebendiges" Wirken wird die Wahrheit verstellt.[15]

---

[12] Im – für den Angeredeten kritischen – Rückblick weiß Jeremia von einer Person, die zwar
nicht „gerecht" genannt wird, aber „Recht und Gerechtigkeit geübt" hat: Josia (22, 15). In der Gegenwart sind die Verhältnisse allerdings anders. Vgl. auch Ez 18, 5; Mi 6, 8.

[13] Jer 31, 34. Anders als das innerhalb der Anklage an Jerusalem ergehende Wort (5, 1 ff) lautet
Jeremias Zusage an das Nordreich „ich bin gnädig" (3, 12; vgl. 31, 20; aufgenommen 3, 22).

[14] Vgl. außerhalb der Prophetie Spr 14, 31; 17, 5; 23, 10 f; Gen 39, 9; Ex 22, 8 f u.v.a.

[15] „Nach einen wahrhaftigen Menschen hatte Jahwe gefragt, die Menschen, die Jer(emia) vor-
fand, logen selbst dann, wenn sie die Wahrheit mit einem Eid beschworen. Nach einem, der recht

V. 1–3 bilden einen Zusammenhang: Im Gegensatz zu „Wahrheit suchen"
(V. 1) steht die Lüge im Schwur (V. 2). Über diese Anklage greift „Aussein auf
Wahrheit" (V. 3 a) auf das entscheidende Stichwort (aus V. 1) zurück.[16]
Der Frage (V. 3 a), die bei den Hörern oder Lesern Einsicht zu wecken
sucht, ähneln pointierte Aussagen, nach denen Gott zwischenmenschliche
Vorgänge keineswegs übersieht. Etwa innerhalb der Tempelrede stehen sich
Frage und Antwort (7, 11) gegenüber: „in euren Augen" – auch „ich sehe",
oder in der Auseinandersetzung mit den Propheten regt die Frage (23, 23 f)
zum Nachdenken an: Kann sich jemand so verbergen, „dass ich ihn nicht
sehe"?[17] Überhaupt ist Wahrhaftigkeit ein Jeremia bewegendes Thema.[18]
Dass schicksalhafte, genauer durch Gott herbeigeführte „Schläge" keine
Reaktion auslösten, stellt – ebenfalls rückblickend – schon Jesaja[19] fest, dessen Einsicht Jeremia wohl aufgreift. Der Schlag, der nicht zur Besinnung
führt, folgenlos bleibt, bestätigt: Das Volk ist ohne Wahrnehmung, empfin-
dungslos, stumpf (5, 21. 23). Der Prophet muss allgemein feststellen: „sie
weigern sich, Zucht anzunehmen", „weigern sich umzukehren".[20]
Daraufhin versucht der Prophet innerhalb der Gesellschaft zu unterscheiden, eine Zweiteilung vorzunehmen (V. 4 f): „Nur die Geringen, sie handeln
töricht." Lassen ihnen, den „kleinen" Leuten, Alltagssorgen, mühevolle
Arbeit oder bedrückende Lasten nicht die Zeit, den „Weg" oder „das Recht
Gottes zu kennen"? Der Prophet muss jedoch erfahren: Auch „die Großen"[21]
verstehen nicht. „Gemeinsam" oder in gleicher Weise haben sie – in Aufnahme der Wendung von 2, 20 – „das Joch zerbrochen, die Bande zerrissen".[22]
Schon der einleitende Rückblick (2, 8) hatte geurteilt: Die Priester oder „die

---

tut, hatte Jahwe gefragt, aber bei den Leuten, denen der Prophet begegnete, hatten nicht einmal
Schicksalsschläge geholfen" (W. Rudolph 37). Sie bleiben halsstarrig (4, 22; 5, 21. 23).

[16] Zudem schließt V. 3 a an die Anrufung Jahwes im Schwur (V. 2) an. Ohne V. 3 a fehlt V. 3 b
der Vokativ in der Anrede.

[17] Ähnlich lautet das Gotteswort (24, 5) in der Vision für die Verbannten: „Ich sehe … zum
Guten an." Auch der Handwerker stellt her, „wie es recht ist in den Augen des Töpfers" (18, 4).
Vgl. o. zu den Redeformen (S. 14 f).

[18] Vgl. etwa 9, 2; o. zur Verkündigung (Anm. 115). „Wer … die Wahrheit redet von Herzen."
(Ps 15, 1 f; vgl. Spr 14, 5. 25 u. a.).

[19] Jes 9, 12; vgl. Spr 23, 35.

[20] Vgl. Jer 8, 5; 9, 5; ähnlich 3, 3; auch Hos 5, 4; 11, 5.

[21] Die Gegenüberstellung „Geringe/Kleine" – „Große", die mehrfach (6, 13; 8, 10 u. a.) ähnlich
begegnet, erscheint nicht spezifisch-detailgenau, erschwert darum eine nähere Bestimmung: Die
Gruppe der „Großen" (vgl. Mi 3, 1 „Häupter", „Führer") ist wohl „nicht zu eng aufzufassen.
Auch Priester, Propheten, Weise, Starke, Reiche oder der König selbst, von denen Jeremia das
‚Kennen' JHWHs erwartet (2, 8; 9, 23; 22, 16), können zu ihnen gehören." (R. Kessler, Staat 70)
Vgl. zu Jer 2, 8 (Anm. 54).26 (Anm. 132).

[22] Wird dort weit in die Vergangenheit zurückgeblickt (2, 20 „seit je"), so beziehen sich die beiden Wendungen hier – im Zuge der vorläufigen Argumentation vor der Folgerung – auf einen Teil
der Bevölkerung, die „Großen". Im Kontext nimmt „Joch" „den Weg Jahwes, das Recht ihres Gottes" auf, meint noch nicht – wie in der Symbolhandlung Jer 27 f – die (nach Gottes Willen) politische Unterwerfung unter Babylon. „Joch", „Fesseln", hier Metapher, werden dort zum Zeichen
(27, 2 „Stricke und Jochstangen").

Hüter der Tora kannten mich nicht". Jene Unterscheidung im Volk (V. 4 f) erwies sich demnach als vorläufig, letztlich nicht möglich; wie zuvor schon „Ihr alle" (2, 29) heißt es auch im Folgenden „sie alle" (6, 13). Die Wirklichkeitserfahrung widerspricht – zumindest Jeremias Auffassung nach – nicht der ihm in der Vision, die sich auf „alle Bewohner des Landes" bezieht (1, 13 f), eröffneten und von ihm weitergegebenen[23] Zukunftseinsicht einschließlich deren Begründung (5, 7): „Wie könnte ich angesichts dessen dir vergeben?"

„Weg Jahwes" bzw. „Recht/Ordnung Gottes" (V. 4 f) sind nicht näher bestimmt; vom Textzusammenhang deutlich ist aber, dass sie soziale Implikationen enthalten und als „Recht Gottes" also wieder theologische und zwischenmenschliche Aspekte umfassen (vgl. zu 5, 20 ff).

Der mit „Darum" eröffnete Folgesatz V. 6 schließt an V. 3 „Du hast geschlagen" an; nur vollzieht sich der „Schlag" durch – letztlich von Gott beauftragte[24] – Wirkmächte. Betroffen sind allgemeiner die Städte. Der schon aus dem Geschichtsrückblick (2, 15) bekannte, in die Zukunftsansage aufgenommene Vergleich des Feindvolkes mit einem Löwen (4, 7) wird hier mit verschiedenen wilden, reißenden Tieren, die ergreifen, wessen sie habhaft werden, anschaulich weitergeführt.[25] Vollzieht sich ein Kriegsgeschehen nicht ähnlich – ohne Unterscheidung unter den Opfern?[26]

Die abschließende Begründung mit dem *allgemeinen* Schuldaufweis lehnt sich an ein Amoswort (5, 12) an, mit dem es in der Sprache („zahlreich", „Frevel", „vielfältig") wie in der Intention erhebliche Gemeinsamkeiten aufweist. Sie sind mit einem der Hoseatradition (11, 7; 14, 5) entnommenen, Jeremia (2, 19; 3, 12) vertrauten Stichwort „Abtrünnigkeit" verbunden; an diesem Beispiel bestätigt sich, dass Überlieferungen und Einsichten der sog. Schriftpropheten in Jeremiaworten zusammenfließen.

Insgesamt bietet diese fast szenische Darstellung eine eindrückliche Bestätigung für Jeremias Einsicht. Letztlich sind die zur Wahrnehmung und Prüfung Aufgerufenen selbst die Geprüften.[27]

V. 7–9 bilden mit V. 1–6 – zumindest im vorliegenden Kontext – eine Komposition: V. 7 greift a) „Ich vergebe" (V. 1) auf. Dabei handelt es sich kaum nur um eine zufällig gegebene Übereinstimmung, vielmehr um eine Aussage-Absicht. Das Thema „Schwur", „Eid" V. 2 wird b) zugespitzt aufgenommen; der Meineid bei Jahwe wird zum Eid bei fremden, genauer bei „Nicht-Göttern". Wie V. 1 ff schließen c) auch V. 7–9 an Kap. 2 an, nehmen entscheidende Stichwörter wie „Nicht-Götter" (2, 11), „verlassen" (2, 13. 17. 19) oder „Söhne" (2, 30) auf. Der drastische Vorwurf der Geilheit ist gegenüber dem Bild von 2, 23 ff abgewandelt, allerdings auf ähnlich scharfe

---

[23] Vgl. 2, 9. 16. 26. 35 ff; 4, 5 ff; 5, 6. 14. 15 ff; 6, 1 u. a.

[24] „Unheil bringe ich" (4, 6; vgl. 5, 15; auch 5, 1. 7. 9. 29).

[25] Vgl. den Panther parallel zum Löwen Hos 13, 7; auch das Bildwort Jer 13, 23 (bei Textkonjektur 4, 16).

[26] Vgl. Jer 39. Die Angabe „jeder, der herauskommt" mit dem Bild von den wilden Tieren scheint schon die belagerte Stadt (wie 6, 6) im Blick zu haben: Machen sie ein Entweichen unmöglich?

[27] Ein weiterer Aufruf (6, 9 f), wie ein Winzer Nachlese zu halten, nach übriggebliebenen Trauben zu suchen, erbringt kein anderes Ergebnis: „Sie können nicht hören."

Weise dargestellt. V. 6 enthält d) die Gerichtsankündigung nur in 3. Person – zumindest nicht ausdrücklich Gottesrede, eher Prophetenwort – und ist so wohl auf Gottes Ich-Rede V. 9 hin offen.

Wie schon Hosea (2, 4 f) unterscheidet V. 7 zwischen der Frau und den Söhnen. Bei Hosea (4, 12 ff) sind außerdem bereits die beiden Vorwürfe „Ehebrechen" und „Huren" verbunden; dabei scheinen in seiner Situation kultisch-rituelle Vorgänge hinzuzugehören, auch wenn sie sich kaum näher beschreiben lassen.[28]

Der Vorwurf des „Ehebrechens", den Jeremia mehrfach[29] erhebt, entspricht dem siebten Gebot des Dekalogs. Die bildkräftige Aussage „wiehern nach der Frau des Nächsten" steht mit der Intention sowie durch die Wendung „Frau des Nächsten" in Verbindung mit dem zehnten Gebot.[30] Der Tiervergleich veranschaulicht das Natürlich-Triebhafte, Zügellos-Unbeherrschte des Verhaltens. Wieder ergibt sich kein klares Bild der Situation: Meint das „Haus der Hure" (5, 7) etwas anderes als die Kulthöhe (vgl. 2, 20 b) oder „Anhöhe" (3, 2)? Eher handelt es sich um verschiedene Bezeichnungen desselben Phänomens.

Jedenfalls ist nicht nur die zwischenmenschliche Ebene betroffen; auch Zusammenhänge mit der sog. ersten Tafel des Dekalogs sind gegeben: Steht die Anklage des Meineids V. 2 dem dritten Gebot, dem Verbot des Namensmissbrauchs, nahe, so ist bei Aufnahme des Themas hier insbesondere die im ersten Gebot geforderte Ausschließlichkeit angesprochen. Vorweg werden das „Verlassen" des einen Gottes und der Schwur zu „Nicht-Göttern" genannt; die Anspielung „Ich sättigte" erinnert an das Thema Fruchtbarkeit.[31] Diese Skizze mit der Nennung „deiner Söhne" (V. 7) zielt – wie thematisch vergleichbare Aussagen Jeremias (7, 9; 9, 1 f) – auf alle, das „Volk" (V. 9).

Die *Fragen* in Gottesaussagen (V. 7. 9), auch der Gerichtsansage[32], die einem Disputationswort (wie 18, 6) ähneln, suchen noch Einverständnis, Zustimmung zu der Folgerung. Im Verlauf der Komposition von Kap. 1 bzw. 2–6 spitzt sich allerdings die Argumentation bis zu dem Ziel (6, 27 ff) zu.

---

[28] Immerhin finden sich mehrfach Andeutungen: a) Hos 4, 11 ff (V. 12: „Geist der Hurerei") beschreibt die Szene zusammen mit Opferhandlungen. b) Die „Hurenzeichen" im „Gesicht" oder „Ehebruchsmale zwischen ihren Brüsten" (2, 4; vgl. 2, 14) beziehen sich wohl auf sichtbare, äußerlich erkennbare Zeichen. c) Schließlich werden (2, 13 ff) „Feste", „Tage der Baale" erwähnt.

[29] Außer 5, 7 auch 7, 9; 9, 1; 23, 14.

[30] Während Ex 20, 17 das Verbot „die Frau des Nächsten zu begehren" der – bereits im 8. Jh. bei Micha (2, 2) bezeugten – Formulierung „das Haus begehren" nachordnet, so die Ehefrau noch zum „Haus" (einschließlich Haushalt, Familie) zu zählen scheint, gibt ihr Dtn 5, 21 eine herausgehobene Stellung vorweg. Diese Unterscheidung wird im Laufe der Zeit eher verfeinert oder vertieft (Spr 6, 25: „in deinem Herzen"; Hi 31, 1. 9). Vgl. auch zu Jer 7, 9.

[31] Ausführlicher 3, 2 f; 5, 24. Darf man von 2, 8. 23 her urteilen, vollzieht sich der Eid unter Anrufung Baals.

[32] V. 9. 29. „Heimsuchen/ahnden" findet sich schon bei Hosea (1, 4; 2, 15; 8, 13; 9, 9; 12, 3; auch Am 3, 2. 14; dazu Ex 32, 34; vgl. Jes 10, 12), „mich rächen" ähnlich Jes 1, 24. „Meine Seele" (V. 9 b), d. h. Gottes „Ich", deutet innere Beteiligung und Anteilnahme an.

V. 10 f gehören noch zu V. 1–9; erst V. 12 setzt eindeutig mit einem neuen Thema ein. Im Zusammenhang entfaltet V. 10 in 3. Ps. die Zukunftsansage V. 9 und erläutert direkter, was zuvor (V. 6) bildhaft gesagt ist. V. 11 kann lose an V. 10 b anschließen, kehrt aber zur Gottesrede zurück und wirkt wie eine Bekräftigung von V. 7.

Die Angeredeten werden (V. 10) nicht genannt; gemeint ist (V. 6) das Fremdvolk. Es wird aufgerufen zum Kampf, im Bild: den Weinberg[33] zu zerstören. Wie V. 10 b bezieht sich V. 11 unmittelbar auf Jahwe: In der Nachfolge Hoseas (5, 7; 6, 7) ergeht der allgemeine Vorwurf: Alle handeln oder sind „treulos" (V. 11), und zwar[34] gegenüber *beiden* „Häusern", Israel und Juda. Ist dabei an die 2, 10 ff im Bild ausgemalte Ausschließlichkeit gedacht? „Treulosigkeit" (*bgd*) kann allerdings soziales Verhalten einbeziehen, was sachlich dem Kontext (5, 1 ff) entspricht.[35] In ihm erscheint der Schlusssatz (V. 11) als zusammenfassendes Urteil.

Propheten als „Luft"
Jer 5, 12–14

12 Sie haben Jahwe verleugnet
und gesagt: „Ein Nichts ist er[36],
auch kommt kein Unheil über uns,
Schwert und Hunger erleben wir nicht."
13 Doch die Propheten werden sich als Luft erweisen[37],
das Gotteswort[38] ist nicht in ihnen.
So wird es ihnen ergehen:
14 Darum – so spricht Jahwe, der Gott Zebaots –:
Weil ihr[39] dieses Wort geredet habt,
siehe, so mache ich meine Worte in deinem Mund zu Feuer
und dieses Volk zu Brennholzstücken,
und es wird sie verzehren.

---

[33] Vgl. zu 2, 21; auch 6, 9.

[34] Wie Jes 8, 14 u. a.; vgl. Jer 5, 20.

[35] Jer 9, 1; 12, 1. 6. Schließt sich 5, 11 an den Prosatext 3, 6 ff (mit diesem Verb V. 8. 11) an? Zwar bietet er einen ähnlichen Rückblick in die Vergangenheit, fasst aber nicht Israel und Juda zusammen, unterscheidet vielmehr (wie 23, 13 f) zwischen Nord- und Südreich, vergleicht und bewertet. So knüpft 5, 11 eher an das wohl ältere Zeugnis 3, 20 an.

[36] „Nicht-er" lässt sich verschieden übersetzen, etwa „Mit ihm ist's nichts" (W. Rudolph 38 f), auch neutrisch, wie: „Nicht das/so". Gemeint ist wohl: Er ist nicht wirksam/nicht da.

[37] Oder: „werden zu Luft"; vgl. Anm. 45 f.

[38] Vgl. HAL 204 a; dazu sachlich V. 14. Ist der Konsonantentext ursprünglich zu lesen: „das Wort"?

[39] Die Anrede „ihr" (so MT) wendet sich an die Allgemeinheit, als stimme das Volk den Propheten zu, und bewahrt wohl die ältere Lesart bzw. ursprüngliche Situation, sei es der mündlichen Verkündigung oder innerhalb der Sammlung (vgl. 2, 4 f. 7. 9 u. a.) Von den Propheten spricht V. 13 in 3. Ps.; V. 14 b geht die Anrede distanzierend über in die 3. Ps.: „dieses Volk da". So vereinheitlicht (nach dem Vorschlag von W. Rudolph) die 3. Ps. in V. 14 a, ist darum eher eine Erleichterung.

Das Wort wird unterschiedlich ausgelegt – je nach dem Verständnis oder der Zuordnung des mittleren Verses. Sollte er noch zum Zitat der Leugner von Gottes Wirken gehören, würde sich die Rede (V. 12 f) gegen eine Botschaft richten, die Unheil ankündigt. Dann läge am ehesten eine Bestreitung der Botschaft Jeremias vor.[40] Der Text wird leichter verständlich, wenn V. 13 bereits die Antwort auf das Zitat V. 12 eröffnet.

Das Wort schließt an die Jeremias Verkündigung zusammenfassend vorangestellte Einleitung (2, 1–9) an: Die Kritik an den Propheten klingt a) schon 2, 8 an. Der Vorwurf, Jahwe und sein Wirken „verleugnet" zu haben, ist b) verknüpft mit einem Zitat, das Selbstsicherheit spiegelt und so – nach Jeremias Urteil – eine Selbsttäuschung enthält: „Auch kommt kein Unheil über uns" (5, 12). Die Wendung „Unheil kommt" findet sich schon im Rückblick auf die anfängliche Heilszeit 2, 3.[41] Die als Gotteswort formulierte Unheilsansage über das Volk V. 14 nimmt c) das Deutewort der bei Jeremias Berufung vollzogenen symbolischen Handlung (1, 9) „Ich lege/mache meine Worte in deinem Mund" auf und erweitert es um die Zielangabe „zu Feuer".[42]

Inhaltlich V. 12 ähnliche Aussagen sind in jüngeren Texten, mehrfach bezeugt. Der Verständige „fragt nach Gott"; nur „der Tor spricht in seinem Herzen: Es ist kein Gott" bekennt der Psalmist.[43] Wo im Alten Testament solche Zweifel aufkommen, entstammen sie eher einem „praktischen" als einem „theoretischen" Atheismus, beziehen sich mit der Existenz zugleich auf die Wirksamkeit Gottes im menschlichen Leben: „Er ahndet nicht", „tut weder Gutes noch Böses".[44]

Das Drohwort V. 13 wird hintergründig verständlich, wenn sich die Propheten auf den „Geist"[45] berufen; eben so wird ihnen mit einem Wortspiel (*ruªch*

---

[40] Vgl. Jes 5, 19; Ez 12, 21 ff u. a.

[41] So ist das Zitat im Kontext verankert, steht nach dem Wortlaut in Übereinstimmung, sachlich aber im Gegensatz zu 2, 3 b, da es sich dort (vor 2, 4 ff) allein auf die Vergangenheit bezieht. Darf man es konkret insbesondere mit der Ziontradition (Mi 3, 11 f; dazu Ps 46, 6; Jer 14, 9; 21, 13) verbinden? Die Heilspropheten sagen die Unverletzbarkeit des Zion an, während Jeremia den Untergang der Stadt Jerusalem und des Tempels androht (Jer 7; 26). Bestreitet das Zitat zugleich Jeremias Naherwartung der sich in der Gegenwart bereits abzeichnenden, drohenden Zukunft (das Feindvolk „kommt" Jer 6, 22. 26)? Vgl. schon Am 8, 2; auch Jer 14, 13; 23, 17. Die Fortsetzung des Zitats „Schwert und Hunger erleben wir nicht" (5, 12 b) enthält noch nicht die drei- oder mehrgliedrige redaktionelle (jerdtr) Reihe.

[42] Dieses Motiv begegnet ähnlich auch sonst in Jeremias Überlieferung, jeweils im Zusammenhang mit Gottes Wort: „wie Feuer" 23, 29 und in der Konfession 20, 9 „wie brennendes Feuer".

[43] (Im Wortlaut anders:) Ps 14, 1 f; vgl. Spr 19, 3.

[44] Ps 10, 4. 11 bzw. Zeph 1, 12; vgl. Mal 2, 17; 3, 14 f; Ps 73.

[45] Der Prophet kann, wie etwa der gegenüber Hosea (9, 7) erhobene Vorwurf „Verrückt ist der Mann des Geistes" zeigt, als durch den Geist bewegt gelten (vgl. 2 Kön 9, 11; Jer 29, 26; zuvor: 1 Sam 10, 6 ff; 19, 20 ff; später die Kritik Sach 13, 2). Die sog. Schriftpropheten des 8. und 7. Jh. – mit Ausnahme Ezechiels (Ez 3, 12. 14; 11, 1; 37, 1 u. a.) – berufen sich auffälligerweise nicht auf den „Geist" (die Erwähnung in Mi 3, 8 ist wohl Zusatz). Meiden sie, in die Nähe zu ekstatischer Prophetie (vgl. Ez 13, 3) zu geraten? Die Schriftpropheten verweisen auf Gottes „Hand" (Jes 8, 11), „Reden" oder „Wort" (Am 3, 8; Jes 9, 7 u. a.), zumal Jeremia (1, 4. 9. 11 f u. a.) wie hier.

„Geist" = „Wind/Luft")[46] die Wirkungslosigkeit bzw. das Ergehen angesagt. Dabei wird anscheinend zwischen Zukunft und Gegenwart unterschieden: „Die Propheten *werden* zu Luft, das Gotteswort *ist* nicht in ihnen …"

So verstanden, fügt sich das Wort gut in Jeremias Situation, in der die Wahrheit noch strittig ist, ein: (a) Wahrheitseinsicht wird – wie in der folgenden Äußerung (6, 13 f) zum Thema – schon in der Gegenwart beansprucht. Bestritten wird die Vollmacht der anderen Propheten, der Offenbarungscharakter, die Inspiration ihrer Worte: Gottes Wort „ist nicht in ihnen". (b) Die Auswirkung, die Bewahrheitung, steht aber noch aus.

Der Text erinnert einerseits an Michas Auseinandersetzung mit den Propheten (Mi 3, 5–8).[47] Die Gegenwartsaussage (sie sind ohne Wortempfang) wirkt wie eine Bestätigung oder Verwirklichung der Ankündigung Michas (3, 6): „Nacht ohne Gesichte wird kommen." Die Einheit erscheint andererseits wie eine Vorandeutung des Streits mit den sog. Heilspropheten (Jer 23, 9 ff), stimmt dabei mit den dort (23, 16. 21 ff) ausgesprochenen Urteilen überein; umgekehrt entfaltet jene Sammlung die hiesige Aussage.

Das bedrohliche Feindvolk
Jer 5, 15–17. 18 f

15 Siehe, ich lasse über euch kommen ein Volk aus der Ferne,
   Haus Israel – Spruch Jahwes,
   ein ausdauerndes[48] Volk ist es, ein uraltes Volk,
   ein Volk, dessen Sprache du nicht kennst,
   und, was es redet, vernimmst (d.h. verstehst) du nicht.
16 Sein Köcher ist wie ein geöffnetes Grab;
   sie alle sind Helden.
17 Es wird fressen deine Ernte und dein Brot,
   fressen werden sie[49] deine Söhne und deine Töchter,
   fressen wird es deine Schafe und deine Rinder,
   fressen wird es deinen Weinstock und deinen Feigenbaum,
   zerstören wird es deine befestigten Städte,
   auf die du vertraust, mit dem Schwert.

---

[46] Das hebräische Wort „spielt hier mit den Bedeutungen ‚Geist' und ‚Wind'" (W. Rudolph 39).

[47] Voran steht Mi 3, 5 ähnlich Jer 5, 12 a eine zusammenfassende Beurteilung. Die Auseinandersetzung zielt ebenfalls auf eine Aussage über das Volk (Mi 3, 8). Die nähere Umgebung (3, 11) „Kein Unheil kommt" entspricht dem als Anklage genutzten Zitat Jer 5, 12 b.

[48] Wörtlich: „beständiges", „dauerhaftes".

[49] Vom kollektiven „Volk" wird nur hier, wo „essen" nicht mit Nahrungsmitteln verbunden ist, in den Plural gewechselt; er ist vorbereitet durch „sie alle" (V. 16). Erwartet man die Steigerung nicht eher am Schluss der Reihe?

18 Aber auch in jenen Tagen, Spruch Jahwes, werde ich euch nicht ein (gänzliches) Ende bereiten.
19 Und es soll geschehen, wenn ihr sagt: „Weshalb hat Jahwe, unser Gott, uns all dies angetan?", so sollst du ihnen sagen: „Wie ihr mich verlassen und fremden Göttern in eurem Land gedient habt, so werdet ihr Fremden dienen in einem Land, das nicht euch gehört."

Mit der Ankündigung des höchst bedrohlichen Feindvolkes führt das Wort das (seit 4, 5) mehrfach angeklungene Thema – ohne strenge Szenenfolge – fort. Darüber hinaus reicht die Verbindung zu den Einleitungsworten der Verkündigung zurück. Gottes heilvollem „Ich brachte" (2, 7) steht gegenüber die Ansage unheilvollem Geschehens (4, 6): „Ich werde bringen/kommen lassen". Sie wird hier überschriftartig aufgenommen, so von vornherein der Urheber hervorgehoben. Eine weitere Umkehrung findet sich: Wird in der frühen Vergangenheit (2, 3) der Täter „Wer von ihm aß" für schuldig erklärt und bestraft, so ist das „Essen" hier künftige Tat, wird als Vorgang ausgestaltet und verschärft. Durch dieses Verb „verzehren/fressen" (V. 17) sowie die Ankündigung „Siehe, ich" (V. 15) ist das Wort außerdem im näheren Kontext mit V. 14 verbunden und scheint mit dem Stichwortanschluss zugleich eine Absicht zu verfolgen: V. 15 ff „illustrieren", „was es bedeutet, wenn Jahwe seine Worte im Munde des Propheten zu Feuer macht."[50]

V. 15 f   Gerichtsansage im Gotteswort „Siehe, ich ..."
          Beschreibung des Fremdvolkes
V. 17   Entfaltung: Folgen für die Angeredeten
V. 18 f   Nachträgliche Erweiterung in Prosa
          Einschränkung und Begründung im Frage-Antwort-Stil

Das Fremdvolk, dessen Beschreibung durch Jesajas Botschaft[51] angeregt ist, trägt bedrückend-unheimliche Züge:

a) „aus der Ferne"[52]
b) „beständig", d.h. wohl „ausdauernd", nicht erlahmend
c) wie räumlich so auch zeitlich aus der Ferne: uralt
d) mit unbekannter Sprache, unverständlich.

Solche Eigenschaften sind Zeichen der Unüberwindbarkeit, die Widerstand aussichtslos erscheinen lässt. Dabei wird weiterhin kein Volk mit Namen genannt, der Feind (noch) nicht identifiziert.

---

[50] R. Liwak 259. „Auffällig sind die Imperfektformen in V. 15 bβ"; sie „erwarten eine Konfrontation", kündigen Kommendes an. Dagegen liegen in V. 18 f „die als bevorstehend geschilderten Ereignisse zurück" (ebd. 262 f). Das Perfekt V. 19 verweist auf das, was Gott „gemacht hat".

[51] Vgl. Jes 5, 25 ff, bes. V. 26; 28, 11 (dazu Hab 1, 8); s. o. zur geistigen Heimat (S. 10 f. 124).

[52] Vgl. „aus fernem Land" (4, 16), Volk „von den Grenzen der Erde" (6, 22).

Der Köcher, in dem scharfe, todbringende Pfeile stecken, kann als Bild für die Waffe dienen.[53] Die harten Auswirkungen des Geschehens, in ihrer Intensität durch das viermalige „Fressen" angezeigt, betreffen das Leben insgesamt, die Lebensweise wie den Lebensraum.[54] Wie zuvor (2, 37) den Fremdmächten so gilt den „befestigten Städten" (wie 4, 5) hier das verfehlte, darum enttäuschte Vertrauen. Sie bieten nicht den erhofften Schutz. „Vertrauen, sich verlassen auf" bezieht sich gemäß der Psalmensprache (Ps 13, 6 u. a.) eigentlich auf Gott, wird schon von Jesaja (30, 2 f; 31, 1) auf politische Macht umgedeutet und so kritisch verwendet.

In seiner knappen, bildhaften Aussagekraft scheint der Text eindrucksvoll gewesen zu sein; er wird im jüngeren Bestand des Deuteronomiums[55] aufgenommen und selbst interpretiert. V. 18 f, ein (jerdtr) Zusatz in Prosa mit eigener Einleitungsformel[56], blicken, auch wenn sie als Zukunftserwartung aus Jeremias Situation gestaltet sind,[57] zurück und haben eine doppelte Intention:

V. 18 ist faktisch – wohl auf Grund der Erfahrung im Exil – eine Einschränkung[58] der vorhergehenden Ansage weitreichender Zerstörung. Die Frage nach künftigem Heil wird hier (anders als etwa 3, 18) nicht ausdrücklich oder nur zaghaft-zurückhaltend gestellt, eher nur Bewahrung, Weiterleben nach der Katastrophe zugestanden und als Gottes Wille und Wirken anerkannt: Er hält in seinem Strafhandeln ein, begrenzt das Gericht.

V. 19 trägt die zuvor (V. 15–17) nicht erwähnte Begründung nach, greift dabei Jeremias Vorwurf des Abfalls zu Fremdgöttern mit dem Stichwort „verlassen" (2, 13 u. a.), insgesamt aber in anderer Sprachgestalt, auf. Schuld und Strafe werden in einer gewissen Entsprechung „wie – so" dargestellt.[59] Eingeleitet wird die Aussage im Mund der Betroffenen als Frage nach dem „Warum?" oder „Weshalb". In dieser katechetischen Stilform von Frage und Antwort[60] gestaltet sich ein Stück Glaubenslehre.

---

[53] Im Vergleich Jes 49, 2; auch Ps 127, 4 f. Oder erscheint hier, da die Pfeile nicht erwähnt sind, der leere Köcher wie ein Grab für die Toten – ähnlich einem Schlund, der verschlingt?

[54] „Sowohl die Menschen als auch das, was sie zum Leben brauchen – der Ertrag des Feldes, die Früchte der Bäume und der Ertrag der Nutztierhaltung – fallen dem Untergang ebenso anheim wie die befestigten Städte, von denen man sich Schutz erhofft." (G. Wanke 73) Zu der V. 17 so weitreichend ausgemalten, vom Krieg betroffenen „Ganzheit" vgl. 6, 11. 21. 26; auch 9, 20; 11, 22; 16, 3 f; 18, 21 u. a.

[55] V. 15–17 werden in Prosa von Dtn 28, 49–53, einem durchweg als exilisch-nachexilisch geltenden Text, wohl auch auf Grund der eingetretenen Situation breiter ausgestaltet.

[56] Wie 3, 16. 18; ähnlich 4, 9. 11.

[57] Vgl. unten zu 11, 1–14.

[58] V. 18 schließt sich mit der Bestreitung vollständiger Vernichtung an 5, 10 an; vermutlich ist der Zusatz V. 18 eher umgekehrt der Anlass für jene Korrektur. Vgl. zu 4, 27; auch 30, 11; 46, 28; dazu Ez 20, 17; Neh 9, 31.

[59] „Dem Dienst ausländischer Götter entspricht als Folge die Dienstbarkeit der Judäer im fremden Land." (W. Thiel I, 99).

[60] Ähnlich als Frage von Fremdvölkern 22, 8 f u. a. Die Form erinnert zudem an die (wiederum katechetischen) sog. Kinderfragen Ex 12, 26; Dtn 6, 20 ff u. a.

Aufruf an ein törichtes Volk
Jer 5, 20–29

20 Verkündigt dies im Haus Jakob,
   lasst es hören in Juda!
21 Hört doch dies, ihr törichtes Volk ohne Verstand[61];
   Augen haben sie und sehen nicht,
   Ohren haben sie und hören nicht.
22 Mich solltet ihr nicht fürchten – Spruch Jahwes –
   oder vor mir nicht erzittern,
   der ich dem Meer den Sand als Grenze setzte,
   als ewige Schranke, die es nicht überschreiten soll?
   Mag es[62] auch toben, es erreicht nichts;
   mögen seine Wellen auch tosen,
      sie überschreiten sie nicht.
23 Dieses Volk aber hat ein trotziges
      und widerspenstiges Herz;
   sie wandten sich ab und gingen (davon).
24 Sie sagten nicht in ihrem Herzen[63]:
   „Wir wollen Jahwe, unseren Gott, fürchten,
   der den Regen, den Früh- wie den Spätregen, gibt
      zu seiner Zeit,
   der die[64] Erntefristen für uns einhält.
25 Eure Verschuldungen haben dies gestört,
   und eure Sünden haben euch das Gute entzogen.
26 Denn unter meinem Volk finden sich Frevler:
   Man lauert, wie sich Vogelsteller ducken,
   sie stellen ‚Fallen‘[65] auf, Menschen fangen sie.
27 Wie ein Korb (Käfig) voll von Vögeln ist,
   so sind ihre Häuser voll von Betrug.
   Darum sind sie groß und reich geworden,

---

[61] Wörtlich: „und ohne Herz“. Die folgende 3. Person wirkt wie V. 23 „dieses Volk da“ distanzierend.

[62] Im Hebräischen bezieht sich der Plural der Verben auf ein sinngemäß hinzuzudenkendes Subjekt „die Wasser“ (vgl. 46, 7 f), oder die unmittelbar danach genannten „Wellen, Wogen“ wirken auf die Darstellung ein.

[63] Klingt in dem Wortlaut (gemeint ist: „zu sich selbst“) ein Urteil wie Jes 29, 13 nach? Jedenfalls spielt das „Herz“ im Kontext (V. 21. 23) eine entscheidende Rolle.

[64] „Wochen“ in der Einleitung von V. 24 b ist wohl Dittographie eines Teils der letzten beiden vorhergehenden Wörter.

[65] Das Wort meint „auf der Bildebene die Falle des Vogelstellers“, ist aber „gewählt, um die Sache selbst, nämlich die ausweglose Lage, in die die Armen durch die Reichen geraten sind, zu verdeutlichen“: Verderben (J. Conrad, ThWAT VII, 1233–1245, bes. 1244; vgl. 1198).

28 sind fett geworden, sind dick (glatt) geworden.
    Sie fließen über von Dingen des Bösen.
    Recht schaffen sie nicht:
    das Recht der Waise, dass sie es zum Erfolg brächten,
    und das Recht der Armen[66] führen sie nicht herbei.
29 Sollte ich diese[67] nicht zur Verantwortung ziehen –
    Spruch Jahwes –
    oder an einem Volk wie diesem nicht Rache nehmen?

Der einleitende Aufruf nimmt die Aufforderung vor der ersten Ankündigung des Feindes aus dem Norden (4, 5) wie die Anrede „Haus Jakob" (2, 4)[68] auf, um einen neuen Abschnitt zu eröffnen. Juda wird, wie der Parallelismus zeigt, als „Haus Jakob", d. h. Israel (vgl. Gen 32, 28), angesprochen. Der Ehrenname ist auf das Südreich übergegangen.[69] Nach der Angabe „zu den Ohren Jerusalems" (2, 2) wendet sich die in der vorliegenden Form verschriftete Verkündigung an das Südreich; insofern entspricht die Folge „Haus Jakob" – Juda dem Duktus. Sachlich kann der Abschnitt an vorhergehende Ausführungen sowohl mit dem Thema Natur,[70] genauer von Schuld und Folgen in der Natur (3, 2 f),[71] als auch mit der Sozialkritik (2, 34) anknüpfen.
Die grob zweigliedrige Gottesrede 5, 20–29 enthält eine ausführliche Anklage. Sie stellt zunächst (V. 21–24) allgemein die Schuld des „törichten, unverständigen" Volkes insgesamt (V. 21. 23; vgl. 4, 22; 6, 10) gegenüber dem Schöpfer dar, den Mangel an Gottesfurcht (V. 22. 24; vgl. 2, 19). Dabei wird die Kennzeichnung des Volkes V. 21 in V. 23 eher verschärfend vom „Nicht-Wahrnehmen" zum „Sich-Abwenden" weitergeführt. Den Themenzusam-

---

[66] Die LXX bezeugt „Witwen" statt „Arme", gleicht so an die üblichere Verbindung „Waise und Witwe" bzw. „Witwe und Waise" an (Dtn 27, 19; Jer 7, 6; 22, 3 u. a.).

[67] Vgl. 5, 9 (Anm. 9); 9, 8.

[68] Ähnlich „Haus Israel" 5, 11. 15; vgl. die Deutung des Namens Jakob 9, 3. „V. 20 mit seiner vagen und neben 21 a überflüssigen Anrede dürfte ein (nach 4, 5 gebildeter) Zusatz sein, um anzuzeigen, dass das Folgende nicht dem exilierten (V. 19), sondern dem noch in Juda ansässigen Volk gilt." (W. Rudolph 41) Allerdings ist die Aufforderung in den Kontext eingebunden und wird in vergleichbaren Wendungen von Deuterojesaja aufgenommen (bes. 48, 20; auch 41, 22 f u. a.). Wurde sie (wie auch 2, 4) bei der Niederschrift hinzugefügt, bei der wohl erst die Komposition 5, 20–29 gebildet wurde?

[69] Vgl. o. Exkurs zu Israel und Juda (S. 80 f).

[70] Schon der vorweg zusammenfassende Geschichtsrückblick „Ich brachte euch in das fruchtbare Land, seine Früchte und Güter zu genießen" (2, 7) verweist auf den Spender und deutet „das Gute" (5, 25) an. Daran erinnert die Gottesrede 5, 7 „Ich sättigte". Hat nicht bereits Amos' erste Vision (7, 1 f) ein Verhängnis in der Natur im Zusammenhang mit der Schuld des Volkes im Blick? Auch Jes 28, 23 ff, ebenfalls mit einem Höraufruf eingeleitet, bedenkt die Ordnung in der Natur. Gott „lässt regnen" (Gen 2, 5; 7, 4; 19, 24; Ex 9, 18. 23; 16, 4), und Elia kündigt in einem Schwur „So wahr Jahwe, der Gott Israels, lebt" eine Zeit ohne „Tau und Regen" an (1 Kön 17, 1; dazu 18, 41 ff; auch Am 4, 7 ff u. a.). Vgl. o. zur Verkündigung (Anm. 48).

[71] Die Worte „Spätregen" wie „zurückhalten", „entziehen" (3, 3 mnᶜ hi „vorenthalten werden", „ausbleiben"; vgl. 2, 25) kehren hier (V. 24 f) wieder.

menhang (Natur, Gottesfurcht) von V. 22 greift V. 24 auf; so folgt in der Darstellung auf die fernere Erscheinung am Rand des Landes (Meer) die nähere, das Leben bestimmende (Regen). Der zweite Teil V. 26–28 entfaltet den allgemeinen Vorwurf in einer konkreten sozialen Anklage gegenüber einer Gruppe, den „Frevlern in meinem Volk"; sie verhalten sich gegenüber den Mitmenschen gemeinschaftswidrig (V. 26–28) und stellen sich damit auch gegen Gott. Ähnlich wie in den sog. zwei Tafeln des Dekalogs sind Verhalten gegenüber Gott und dem Nächsten verbunden. Beide Abschnitte enthalten Aussagen über das „Volk" (V. 21. 23 f. 26) in 3. Person,[72] sind durch das Verb „überschreiten, überbieten" (V. 22. 28), Beziehungen zum Bereich der Natur (Meer, Regen V. 22. 24; Bild vom Vogel V. 26 f) sowie den Gegensatz zwischen „dem Guten" (V. 25) und „bösen Dingen" (V. 28) verbunden. Den Schluss bildet die mit einer als Frage formulierten, wiederum an „ein Volk" gerichteten Gerichtsansage (V. 29; vgl. V. 9). Sollten beide Absätze nicht ursprünglich zusammengehören, sind sie jedenfalls bei der Niederschrift zu einer Komposition[73] mit gemeinsamer Intention gestaltet.

Der Höraufruf (V. 21) erscheint paradox und bringt mit seiner eigenartigen Mahnung die Situation des Propheten zugespitzt zum Ausdruck, rechnet mit der Verständnislosigkeit oder Unbelehrbarkeit (5, 3) der Hörer und redet sie doch an. Die Propheten müssen die Erfahrung machen, nicht gehört zu werden. Jeremia kann insbesondere Jesajas Einsichten aufnehmen, die nicht nur die Verblendung des Pharaos, eines Fremden, oder Israels ersten Königs Saul, sondern des eigenen Volkes aussagen.

Im Wortfeld stimmt V. 21 mit dem an Jesaja ergehenden sog. Verstockungsauftrag (Jes 6, 9 f) nicht unerheblich überein: Wie sich dort innerhalb der Anrede an den Propheten der pluralische Aufruf „Hört!" an das Volk wendet, so leitet Jeremia hier seine Aussage ein. Jeweils werden erwähnt: „das Volk", die Sinnesorgane: „Augen", „Ohren", dazu im Inneren das „Herz" als Sitz des „Verstandes" oder der „Vernunft", der Mangel an Wahrnehmung: „nicht sehen/hören". Kann Jesaja (1, 10) Aufmerksamkeitsruf „Hört!" und Charakteristik der Zeitgenossen als „Volk von Gomorrha" verbinden,[74] so ruft Jeremia ähnlich Uneinsichtige auf.[75] Die neben den äußeren Wahrnehmungsorganen das Innere betreffende Aussage „ohne Herz/Einsicht" wird (V. 23) weitergeführt: „ein störrisches, trotziges Herz".[76] Allerdings erscheint die Charakterisierung Israels als blind und taub hier insofern weniger zu-

---

[72] Der – gleichsam programmatisch – einleitende V. 21 mischt die Anrede (V. 21 a wie V. 22. 25) mit der distanzierenden 3. Person (V. 21 b wie V. 23 f).

[73] Zum Aufbau vgl. W.L. Holladay 194 ff: zum Stil der Frage o. zu den Redeformen (S. 14 f).

[74] Dem sog. Verstockungsaufruf entsprechende Aussagen finden sich als klagende Anklage: „sie sehen nicht" (Jes 5, 12), „mein Volk versteht nicht" (1, 3). Darum schließen sich, wie die Verkündigung des Propheten bezeugt und ausführt, Nicht-Wollen (1, 2 f. 5; 28, 12; 30, 9. 15 u.a.) und Nicht-Können (6, 9 f; 29, 9 f) nicht gegenseitig aus, liegen eher ineinander. Die Tatsächlichkeit oder Feststellung des Nicht-Hörens oder Nicht-Wollens lässt sich auch als Folge oder Wirkung der Verstockung begreifen, die menschliches Entscheiden einbezieht.

[75] Vgl. sachlich ähnlich 8, 4 ff.

[76] Vgl. auch 4, 22; dazu 2, 19. 30; 6, 17; s. o. zur geistigen Heimat (Abs. 4).

gespitzt, als der Ungehorsam nicht (wie Jes 29, 10; 6, 10) unmittelbar als von Gott gewirkt ausgesagt wird, insofern jedoch ähnlich, als die Spannung zwischen Unwilligkeit und Unfähigkeit wieder auftritt.[77]

Schöpfung vollzieht sich (nach V. 22. 24) durch Gottes Eingreifen, „indem er Nicht-Zusammengehöriges voneinander trennt und in ein räumliches Nebeneinander und zeitliches Nacheinander einteilt". In der Darstellung gehören die Begrenzung des Meeres und die periodisch wiederkehrenden Regenfälle insofern sachlich zusammen, als sich nach der Trennung der Wasser vom Land die Frage stellt, „von woher das Wasser kommen soll, das die Erde benötigt, um die auf ihr Lebenden ernähren zu können".[78] Auf diese Weise sind zugleich Schöpfung und Erhaltung verbunden.

Die Scheidung von Wasser und Festland (Gen 1, 9 f) kann (V. 22) so anschaulich ausgesagt werden, dass Gott „eine Grenze setzt", die das Meer „nicht überschreiten" soll.[79] Damit erhalten Wasser und Land jeweils ihren Ort, und das Land als eigentlicher Lebensbereich des Menschen wird abgesteckt.

Spricht Jer 8, 7 bei Naturvorgängen von der „Ordnung Jahwes", so wird ebenfalls der grundlegende Wechsel der „Zeit" bzw. der „Zeiten" bedacht. Dabei geht es nicht darum, von der Natur auf den Urheber zu schließen, eher den Schöpfer in seinen Werken wahrzunehmen. Allerdings wird dem Volk nicht eigentlich vorgeworfen, in der Schöpfung, ihrer Gliederung und ihren Gaben, den Urheber nicht zu erkennen; eher gelten diese Gegebenheiten als – zeichenhafter – Machterweis Gottes, dem es mit Ehrfurcht gegenüberzutreten gilt.[80] Dabei wird das Thema Schöpfung (V. 22) unter dem Aspekt der Erhaltung (V. 24), so mit Ausrichtung auf die Gegenwart und die Angeredeten, aufgenommen. Das Wort „Satzung", das (V. 22) eine „Grenze" bezeichnet, bedeutet hier im Plural[81] „von Gott gesetzte (Natur-)Ordnungen". Gott gibt den Regen „zu seiner Zeit" wie die festen Zeiten für die Ernte, die Gott gewährt (V. 24 b) – mit dem Ziel: „Du gibst Speise zu seiner Zeit."[82] Spricht sich in der Formulierung zugleich ein Vorbehalt von Gottes Freiheit aus?

Das „Abweichen" vom Weg (V. 23) oder die Schuld (V. 25) wird nicht näher bestimmt oder konkreter entfaltet. Der weitere Kontext bietet vielleicht eine Hilfe. Wird hier der zuvor erhobene Vorwurf des Abfalls zu Fremdgöttern[83]

---

[77] Vgl. o. zur Verkündigung (S. 18). Die Kennzeichnung „Augen haben sie und sehen nicht, Ohren haben sie und hören nicht" (V. 21; vgl. Jes 6, 10; Dtn 29, 3) wird später auf fremde Götter bzw. Götzenbilder übertragen (Ps 115, 5 f; 135, 16 f; vgl.Jes 44, 18 ff), findet sich sachlich ähnlich in der jüngeren polemischen Darstellung Jer 10, 3 ff.

[78] H. Weippert, Schöpfer 18. 20.

[79] Vgl. Ps 104, 9; Spr 8, 29; Hi 38, 10.

[80] V. 24 setzt die aus Kap. 2 (V. 20. 23 ff. 31; 3, 4 u. a.) vertraute Form der Zitate, die für den Propheten eine Selbst-Anklage enthalten, fort und berührt sich mit Dtn 11, 14.

[81] V. 24 („Fristen"); vgl. 33, 25; auch 31, 36; Hi 28, 26; 38, 33; Zitat von G. Liedke, THAT I, 630.

[82] Ps 145, 15; 104, 27; vgl. 65, 10–14; 136, 25; 147, 8 f; auch die Bitte um Brot im Vaterunser Mt 6, 11.

[83] Jer 2, 11. 13. 23 ff; 3, 1 f – mit Erwähnung des Namens Baal (2, 8. 23), der mit Fruchtbarkeit bzw. Regen verbunden sein kann.

aufrechterhalten? Der späte Text Jer 10, 2 ff deutet – wohl im Anschluss an Jer 2; 5, 22 ff u. a. – den „Weg" und die „Gesetze" der Völker auf die „Zeichen des Himmels".[84]

Die „Frevler"[85] verhalten sich wie Vogelsteller, die in einem Versteck lauern, um allerdings nicht Vögel, sondern Menschen zu „fangen". D. h. ohne Bild: Zahlungsunfähige Personen werden in Schuldknechtschaft gebracht, so dass sie ihre persönliche Freiheit verlieren, in Abhängigkeit geraten.[86]

Wie der Vogelfänger – so lautet ein ähnlicher Vergleich – bei seinen Streifzügen Körbe mit Vögeln füllt, so füllen die „Frevler" ihre Häuser mit Trug.[87] Zur Freiheitsberaubung kommt trügerische Aneignung des Besitzes. Indem sie andere in Abhängigkeit bringen, gewinnen sie selbst Größe bzw. Einfluss und Reichtum.[88] Die Wirkung zeigt sich in einem Zustand. Der Genuss zu Unrecht erworbener Güter hat die „Frevler" dick und fett gemacht,[89] was wohl doppelsinnig ist: wohlgenährt wie im sozialen Verhalten unempfindlich. Sie „fließen", „strömen" über „von Dingen des Bösen", überschreiten – anders als das Meer, dem eine Grenze gesetzt ist (V. 22) – jegliches Maß.

Die Waisen gehören zu den schutzbedürftigen Gliedern der Gesellschaft; wie schon Jesaja[90] nennt sie Jeremia eigens. Seine Sozialkritik schließt – ähnlich der seiner Vorgänger[91] – eine Kritik des Rechtsmissbrauchs ein. Beide stehen in engem Zusammenhang; bei den geschilderten Vergehen wurden geltende Schutzbestimmungen außer Acht gelassen oder verdreht. Diese Darstellung steht in einem Rahmen, der das Volksganze (V. 20–25. 29) betrifft. Die als Frage gestaltete Gerichtsansage (V. 9.29) will Einsicht wecken, erhält im Verlauf der auf 6, 27 ff zulaufenden Darstellung aber eine eindeutige Antwort.

---

[84] Vgl. in ebenfalls jüngeren Texten Jer 8, 2; 31, 35 f; 33, 25 f.

[85] Im Gegenüber zum „Gerechten" bezeichnet „Frevler" einen Menschen, „der das Leben seiner Volksgenossen bedroht" (C. van Leeuwen, THAT II, 813–818, bes. 814). Zum Vogelsteller vgl. Hos 9, 8.

[86] Vgl. außer Ex 21, 1 ff; Dtn 15, 12 ff; 1Sam 22, 2; 25, 10; zumal 2Kön 4, 1; Jer 34, 8 ff; dazu Spr 6, 1–5; Mi 3, 2; 7, 2; Jes 10, 2.

[87] „Ein jeder … strebt nach unrechtmäßigem Gewinn" (6, 13 a = 8, 10 a). Vgl. Jes 3, 14; zu Häusern (mit Betrug) vgl. Zeph 1, 13; dazu Jes 5, 8–10; Mi 2, 1 f; 6, 9 ff. Wie sich der „Betrug" (vgl. 9, 5. 7), durch den Reichtum erworben wird, vollzieht, bleibt offen, etwa durch Worte (9, 7; vgl. 5, 1 f; 8, 6; 9, 2; Spr 12, 17. 22; Ps 15, 2 f), beim Handel, sei es durch Fälschen von Maßen, Waagen und Gewichten oder durch verbotene Wucherzinsen (vgl. Am 8, 4–6; Hos 12, 8; Mi 6, 10–12; Spr 11, 1; 20, 23 u. a.).

[88] „Groß/wohlhabend werden" meint zugleich „das eigenmächtige, unrechtmäßige, überhebliche Geltendmachen und zu-Wirkung-Bringen einer Größe, die Überlegenheit über andere verschafft" (R. Mosis, ThWAT I, 928–956, bes. 940); vgl. Sach 12, 7. R. Kessler möchte differenzieren: „die wirtschaftlich Reichen und die auf Grund ihrer Stellung im öffentlichen Leben ‚Großen'" (Staat 73); „Ursache für das Groß- und Reichwerden ist die ökonomische Gewalt (V. 26 f), die Rechtsbeugung ist erst die Folge." (121; vgl. 126) Vom „Fangen" an sind jedenfalls alle beschriebenen Vorgänge Unrecht.

[89] Vgl. Neh 9, 25.

[90] Jes 1, 17. 23; 10, 2; vgl. Ex 22, 21; Spr 23, 10; Hi 29, 12; Ps 10, 14. 18 u. a.

[91] Vgl. etwa Am 2, 8; 5, 12; Mi 3, 11; Jes 1, 23 u. a.

Aufruf zur Flucht aus Jerusalem
Jer 6, 1–8

1 Flüchtet, Benjaminiten, hinaus aus Jerusalem,
in Tekoa stoßt ins Horn,
über Bet-Kerem richtet ein Signal[1] auf;
denn Unheil droht von Norden und großer Zusammenbruch!
2 ‚Ist einer lieblichen Aue gleich‘[2] die Tochter Zion?
3 Zu ihr kommen Hirten und ihre Herden,
schlagen ringsum gegen sie Zelte auf,
weiden ein jeder seinen Teil.
4 „Heiligt gegen sie den Krieg,
auf, lasst uns hinaufziehen am Mittag!
Weh uns, schon neigt sich der Tag,
schon strecken sich die Abendschatten.
5 Auf, lasst uns hinaufziehen in der Nacht
und ihre Paläste zerstören!"
6 Denn so spricht Jahwe Zebaot:
„Fällt ‚ihre‘ Bäume,
schüttet einen Belagerungswall gegen Jerusalem auf!
Sie ist die Stadt, von der (durch Prüfung), festgestellt ist‘:
Alles in ihr ist Unterdrückung.
7 Wie ein Brunnen sein Wasser quellen lässt,
so lässt sie ihre Bosheit quellen,
‚Gewalttat und Bedrückung‘ hört man in ihr,
vor meinem Angesicht sind beständig Wunden und Schläge."

8 Lass dich belehren, Jerusalem,
damit meine Seele sich dir nicht entfremde,
damit ich dich nicht zur Wüste mache,
zum Land, das nicht bewohnt ist.

In Kap. 6 sind wieder kleinere Abschnitte mit – ergänzenden – Einzelworten in den Zusammenhang eingebunden. Er umfasst zunächst V. 1–8; denn V. 8 scheint mit den Konsonanten *tqʿ* bei Wechsel des Verbs (hier: „sich abwen-

---

[1] Das Wort begegnet als „Rauchzeichen" (vgl. Ri 20, 38. 40) auch im Ostrakon 4 von Lachisch; vgl. K.A.D. Smelik 116 ff; HAE I/1, 422; II/1, 226.
[2] Der Wortlaut „Die (oder Du) Schöne und Verzärtelte" mit einem Verb, das Gottes (V. 6 a vorwegnehmende) Handlung bedeuten könnte: „ich zerstöre", ist schwer verständlich; vgl. W. Rudolph; T. Kronholm, ThWAT VI, 231.

den, losreißen") auf das Wortspiel „in Tekoa ins Horn blasen (*tq*' V. 1: vgl.
V. 3)" anzuspielen. Zwar verlagert sich V. 6 f das Thema; V. 6 a setzt aber
V. 1–5 fort, und V. 6 b–7 führen die Begründung aus. Dabei geht die Prophe-
ten- in Gottesrede über:

V. 1   Aufruf zur Flucht aus der Stadt. Alarm
        V. 1 b Begründung
V. 2–3 Bildhafte Situationsschilderung
V. 4–5 Aufforderung zum Angriff. Zitat der Feinde
        (Ausgestaltung der allgemeinen Ankündigung V. 1 b)
V. 6–8 Gottesrede
        V. 6 a Aufruf zur Belagerung
        V. 6 b–7 Anklage als Begründung
            mit V. 7 Vergleich
V. 8   Warnung – wohl Zusatz (vgl. 4, 4. 14)

Der Aufruf 6, 1 schließt mit mehreren Stichworten – einschließlich der Herkunftsangabe „von Norden" (1, 14) – an die Einführung 4, 5 f an. Allerdings
ist die Situation fortgeschritten und hat sich verschärft; der Feind ist näher
gerückt. War dort „die Aufforderung an die bedrohte Landbevölkerung
ergangen, nach Zion zu fliehen, so werden Menschen, die in Jerusalem
Zuflucht gesucht haben, nun angewiesen, die Stadt zu verlassen"; sie bietet
„unmittelbar angegriffen" „keinen Schutz mehr".[3] In der Nennung der Angeredeten zeigt Jeremia mit den Bewohnern seiner Heimat Benjamin[4] seine
Verbundenheit (vgl. 3, 12). Der „große Zusammenbruch", wie es im Anschluss an 4,5 f(.20) heißt, steht bevor. Weiterhin wird ein Name des Bedrän-
gervolks nicht genannt.
    Entsprechend verläuft der Fluchtweg von der Hauptstadt Richtung Süden;
Tekoa, Amos' Heimat (1, 1), liegt südlich, Bet Kerem vielleicht aber nördlich
von Bethlehem. Befestigte Städte gewähren keine Sicherheit. Das „Unheil"
(6, 1) selbst ist nicht mehr aufzuhalten; die Belagerung (V. 6) steht unmittelbar bevor. Die einleitende Mahnung bietet mit der Fluchtmöglichkeit wieder
Rettung des Lebens an.
    Das friedvoll erscheinende Bild (V. 2–3 a) schlägt um; die lagernden Hir-
ten stellen sich als Belagerer heraus.[5] „V. 2 f schildern die Einschließung
der Stadt durch die Feinde: als ob Zion eine lustige Aue wäre, die von weit-
her die Hirten mit ihren Herden herbeizieht, haben die Feinde ringsum ihre
Zelte aufgeschlagen [...] und schicken sich an, jeder seinen Teil abzuwei-

---

[3] J. Schreiner 48. Kap. 4 zeigt, „wie der feindliche Angriff nach der Verwüstung des Landes zuletzt die Hauptstadt erreicht" und schließt (4, 31) mit „dem Aufschrei der entsetzten Tochter Zion,
die nun, wo es zu spät ist, ihr Schicksal erkennt". „Kap. 6 hat es nun nur noch mit Jerusalem selbst
zu tun. [...] Jerusalems Fall ist sicher, deshalb gibt es nur noch Flucht nach dem Süden." „Angeredet sind die Benjaminiten", d.h. Jeremias „Landsleute", wohl „die in die Stadt geflüchtete Landbevölkerung" (W. Rudolph 43).
[4] Jer 1, 1; 32, 7; 37, 11 ff; s. o. zu Jeremia als Person (S. 8).
[5] Kann die Ankündigung von Herden nach Jerusalem an das drohende Bild als Weide
(Jes 32, 14; vgl. 5,[14.]17; ähnlich schon Mi 3, 12; zitiert Jer 26, 18) anknüpfen?

den. […] V. 4 f malen mit den Worten des Feindes selbst seine Angriffslust; jede Tageszeit ist ihnen recht, wenn's nur zum Sturm kommt […] Und Jahwe? Wird er nicht […] seine heilige Stadt schützen? Im Gegenteil (V. 6 a): er feuert die Feinde noch an."[6] Der Feind aus dem Norden handelt (entsprechend 4, 6 b) in Gottes Auftrag. Ja, er selbst ruft zur Belagerung auf (6, 6 a).

Über die Beschreibung des Landes (2, 7; 3, 19) hinaus kann sich die Charakteristik „Schöne" sachlich an die Darstellung der Stadt bzw. des Landes als Liebhaberin[7] anschließen. „Tochter Zion" erinnert an den Schrei der Bedrückten (4, 31).

Aus dem Heerlager scheinen Stimmen herüberzutönen. Der Selbst-Aufruf des Feindvolks zum Angriff am Mittag (V. 4 a) wird, wenn der Tag zur Neige geht, die Schatten länger werden (V. 4 b), am Abend (V. 5), wiederholt – ein Zeugnis des Kampfeseifers. Die Bäume der Umgebung dienen der Belagerung;[8] ein Wall schließt die Stadt ein.

Die Begründung V. 6 f führt das Thema Sozialkritik[9] weiter. Dem prophetischen Urteil erscheint die Stadt voll Gewalt und Leid. Auch wenn sich Misshandlung und Leid auf verschiedene Seiten verteilen,[10] wird die Stadt insgesamt als schuldig verstanden, wie sie insgesamt von Feinden bedrängt wird.[11]

Auf die Ankündigung bedrängender Nähe des Unheils (V. 1–5) mit der radikalen Anklage (V. 6 f) folgt überraschend eine *Warnung*. Gewährt sie noch eine Frist, die zuvor kaum gegeben war?[12]

Von der Anrede an die heranstürmenden Feinde, die über die Hauptstadt (in 3. Ps. V. 6 f wie V. 1) spricht, wechselt V. 8 zur Anrede (2. Ps.) an Jerusalem mit einer dreiteiligen Drohung. Die Warnung scheint aus dem Kontext erwachsen zu sein, ihm vorgegebene Motive oder Stichworte – teils mit Tonverlagerung – zu entnehmen. Das Thema „Belehrung" oder „Züchtigung" (*jsr*) klingt schon zuvor an, allerdings als Feststellung: „Bosheit züchtigt" (2, 19), „keine Zucht annehmen"[13], hier als Imperativ. Das Motiv der Unbewohnbarkeit begegnet in verschiedener Gestalt[14],

---

[6] W. Rudolph 43.

[7] Jer 2, 23 ff. 33; bes. 4, 30; vgl. Ps 48, 3; auch die Kritik an Jerusalemerinnen Jes 3, 16 ff; 32, 9 ff.

[8] Vgl. Dtn 20, 19 f mit dem Ausschluss von Fruchtbäumen.

[9] Jer 2, 33 f; vgl. „Bedrückung" 22, 17; auch Am 3, 9; sachlich die Ausführung Jer 5, 1 ff. 26–28; 9, 2–5.

[10] V. 7 differenziert „explizit nach der Seite der Täter und der Opfer, indem ersten ‚Gewalt und Unterdrückung', letzteren dagegen ‚Wunden und Schläge' zuzuordnen sind" (R. Kessler, Staat 74). Das Wortpaar „Gewalttat und Bedrückung" ist wohl als Zitat aufzufassen; es gibt den Inhalt eines Hilfeschreis des Leidenden wieder, der „gehört" wird. Vgl. 20, 8; Am 3, 10; Hi 19, 7; Ez 45, 9; Hab 1, 3; 2, 17 u. a.

[11] „Jerusalem ist so total verdorben, dass es zu gar nichts anderem fähig ist, als unablässig Böses hervorzubringen, wie eben eine Quelle unablässig frisches Wasser hervorsprudelt." (G. Wanke 79) Vgl. Jes 1, 21–23 u. a.

[12] Die Warnung „setzt noch eine kurze Frist – doch wohl zur Änderung und Umkehr –, damit Jahwe sich nicht endgültig von Jerusalem, das er liebt, losreißen muss und es zur verlassenen Einöde wird." (G. Wanke 79).

[13] Jer 2, 30; 5, 3; auch 31, 18 u. a.

[14] Jer 2, 2 b. 6. 15; vgl. 4, 29 u. a.

ähnlich „Wüste/Öde"[15]. 6,8 ist wegen der Anspielung auf 6,1.3 (*tq'*) wohl eben für diesen näheren Zusammenhang formuliert.

In der Struktur ähnelt 6,8 dem voraufgehenden Aufruf 4,4 sowie dem jüngeren Motto über der Sammlung der Königsworte 21,12[16] und stellt wie jene Sätze wohl eine *Einfügung* dar. Im Zusammenhang wirkt 6,8 wie eine Weiterführung, ja Steigerung der (ebenfalls nachträglichen) Mahnung 4,14. Beide nehmen ein vorgegebenes Jeremiawort auf und wandeln es charakteristisch ab.[17] Die Drohung, Gottes „Seele"[18] werde sich entfremden, könnte auf 15,1 „keine Seele (d.h. kein Herz) für dieses Volk" hinführen, umgekehrt 15,1 die hiesige Aussage bestätigen. Bestehen solche Bezüge, dann setzt die Warnung schon größere Zusammenhänge voraus.

Inwiefern weicht V.8 von V.1 ff ab? Jeremia ist die Zukunft gewiss (1,13 f; 4,6 b; 6,1 b u.a.); er fordert auf, sich auf sie einzustellen (4,5–6 a; 6,1 a u.a.).[19] Aus dem Zusammenhang gelöst und für sich betrachtet, kennt die Warnung (wie 4,4.14) eine Möglichkeit der Abwehr des Unheils; es erscheint abwendbar. Wird Jeremias Einsicht darum der geschichtlichen Situation nicht in tieferem Sinn gerecht?

Unabhängig von der Frage nach der Herkunft von V.8 ist die Bedeutung im Kontext: Die bald (V.10) folgende Feststellung der Wahrnehmungsunfähigkeit der Angeredeten zeigt, dass die Warnung überhört wird. Dient von dieser Reaktion her V.8 darum nicht zugleich dem Schuldaufweis?[20] Eine entsprechende Intention bestätigt der weitere Verlauf der auf 6,27 ff hinführenden Komposition.[21]

---

[15] Vgl. Jer 4,27; 9,10; 10,22; auch 4,7; 12,10 f; 22,6 u.a.

[16] Die drei in die Verkündigung eingestreuten Warnworte (4,4; 6,8; 21,12) zeigen einen vergleichbaren viergliedrigen Aufbau: a) Imperativ Plural bzw. Anrede an die Hauptstadt, b) Konjunktion *pn* „damit nicht", c) Gottesrede d) mit ähnlicher Härte der Drohung (in 4,4; 21,12: „niemand löscht"; hier: „nicht mehr bewohnbar" (6,8; dazu 2,6.15; 4,7.29). Vgl. noch Jer 10,24; 1,17; 38,19; Am 5,6.

[17] Wie 6,8 eine Abwandlung von 2,19, so ist 4,14 wohl Umgestaltung von 2,22.

[18] Wie Jer 5,9.20; 9,8; auch Am 6,8; Jes 1,14.

[19] Vgl. o. zu Jeremias Verkündigung (bes. S. 21).

[20] Sollte hier, um mit B. Duhm (67) zu urteilen, doch „der echte Jeremia" reden, er hat „schwerlich geglaubt, dass dieser [...] Appell an das Herz des Volkes noch einen Erfolg haben werde"; denn seine sog. Skythenlieder „lassen kaum den Gedanken aufkommen, dass das Unheil noch abgewendet werden könne." „Die Mahnung ergeht zu einem Zeitpunkt, zu dem sich die Unheilsdrohung von V.8 b bereits erfüllt. Indem Jahwe Jerusalem die unbeachtet gebliebene Mahnung vorhält, wirft er der Stadt ihren Ungehorsam vor." (G. Warmuth, Mahnwort 121 f).

[21] Im Wortlaut der Mahnung ist der Gedanke, dass sich die Katastrophe nicht wiederholen soll, nicht enthalten und ist in diesem Duktus auch kaum zu erwarten. Dies schließt nicht aus, dass man die Überlieferung des Propheten, die ja nicht aus Archivgründen, sondern auch wegen der fortgeltenden Bedeutung für spätere Zeit, die jeweilige Gegenwart, bewahrt wird, „aktualisiert", auf eine andere Situation bezogen hat.

Jeremia wie ein Winzer
Jer 6, 9–15

9   So spricht Jahwe Zebaot:
    „‚Halte‘[22] genau Nachlese wie an der Rebe am Rest Israels,
    leg deine Hand wie ein Winzer an die Ranken!"
10 Zu wem soll ich reden,
    und wen soll ich vermahnen[23], dass sie es hören?
    Siehe, ihr Ohr trägt eine Vorhaut,
    dass sie nichts vernehmen können.
    Siehe, das Wort Jahwes ist ihnen zum Spott geworden,
    sie haben kein Gefallen an ihm.
11 Ich aber[24] bin erfüllt mit der Zornesglut Jahwes,
    mühe mich[25], sie zurückzuhalten.
    Gieß sie aus auf das Kind auf der Gasse
    und zugleich auf den Kreis der jungen Männer;
    denn Mann samt Frau werden gefangen genommen,
    der Greis mit dem Hochbetagten[26].
12 Ihre Häuser gehen an andere über, Felder, Frauen zumal;
    denn ich recke meine Hand aus
    wider die Bewohner des Landes. – Spruch Jahwes.
13 Ja, vom Kleinsten bis zum Größten
    sind sie alle auf Gewinn aus.
    Vom Propheten bis zum Priester
    üben sie alle Trug.
14 Den Bruch meines Volkes heilen sie leichthin,
    indem sie sagen: ‚Heil, Heil‘ und ist doch kein Heil.
15 Sie ziehen Schande auf sich[27],
    weil sie Gräuel verübt haben.
    Doch Scham kennen sie nicht,
    von Beschämung[28] wissen sie nichts.

---

[22] Der Plural (wie im Aufruf zur Prüfung 5, 1; vgl. auch 6, 1) ist angesichts des Parallelismus V. 9 b, auch V. 10 a (vgl. die Beauftragung 6, 27) kaum ursprünglich. Sind in die plurale Aufforderung im Sinne von 5, 1 andere einbezogen?

[23] Das Verb (ʿwd hi), meist „warnen" wiedergegeben (vgl. 11, 7), bedeutet etwa „einschärfen" (HAL 751). Die Übersetzung möchte den Unterschied zu dem 6, 8 gebrauchten Verb „warnen" wahren. In Ps 50, 7; 81, 9 klingt wohl prophetische Rede nach.

[24] Die analog zu Mi 3, 8 vorgeschlagene Änderung verstärkt nur die ohnehin gegebene Intention.

[25] So (wie 20, 9) HAL 847. Möglich auch: „Ich bin müde ...".

[26] Ähnlich dem vorhergehenden Gegensatzpaar lässt sich bei graphisch erklärbarem Ausfall eines „nicht" annehmen (W. Rudolph): „der Greis samt dem, dessen Tage noch ‚nicht‘ voll sind".

[27] So H. Seebass, ThWAT I, 579 f. Oder: „beschämt dastehen" (HAL 112).

[28] Vgl. Jer 8, 12; 3, 3; HAL 457.

Darum werden sie fallen unter den Fallenden;
zur Zeit, da ich sie heimsuche, werden sie stürzen –
spricht Jahwe.

V. 9–15 bilden eine gegliederte Einheit mit einem Zwiegespräch zwischen
Gott und Jeremia. Nach der einleitenden Aufforderung wiederholt sich die
Struktur (von Anklage und Gerichtsansage); im ersten Teil ist deutlicher (ab
V. 11 aβ) Gott der Sprecher:

V. 9	Auftrag Gottes an Jeremia
	A)
V. 10–11 aα	Antwort Jeremias
	V. 10 Anklage
	V. 11 f Gerichtsansage
	V. 11 aα wie 10 aα „Ich" des Propheten
V. 11 aβ–12 a	Antwort Gottes
V. 12 b	Tat Gottes
	B)
V. 13–15 bα	Anklage
V. 15 bβ	Gerichtsansage

V. 9 nimmt ein ähnliches Motiv wie 5, 1 „Seht nach!" auf – mit entsprechen-
dem Ergebnis. Wie die dort Angesprochenen „suchen" sollen, so wird hier
Jeremia beauftragt, nochmals sorgfältig nachzuschauen. Was blieb bei den
bisher vorgenommenen Beobachtungen, zuletzt in der Feststellung von
„Gewalt" (6, 6 f), unbemerkt? Möglich und angebracht ist am Weinstock die
Nachlese nach bisher übersehenen, übrig gebliebenen Trauben. Jeremia soll
sich verhalten „wie ein Weingärtner, der noch einmal Rebe um Rebe, Blatt
um Blatt umdreht, um zu sehen, ob ihm beim Ernten nicht doch eine Traube
entgangen ist".[29]
    Die, für sich genommen, auffällige Wendung „Rest Israels" erklärt sich aus
diesem bildhaften Zusammenhang und bezieht sich auf Juda.[30] Von der Ernte
ist die Vorstellung der Nachlese vertraut.[31] Bleibt bei dieser Suche nach Früchten[32] das Ergebnis offen? Zwar wird es innerhalb des Bildes (anders als etwa
Jes 5, 7) nicht unmittelbar ausgesprochen. Schon V. 10 zeigt aber deutlich genug: Es ist – wie bei der Nachforschung zuvor – kein Erfolg zu erwarten.
    Lässt die Abfolge vom Auftrag (V. 9) zur Feststellung des Unwillens der
Hörer (V. 10) nicht an die spätere Gestalt von Moses Berufungsgeschichte mit

---

[29] W. Rudolph 44.
[30] Im Rückblick erscheint die Bezeichnung hintergründig.
[31] Vgl. das Verbot, aus Rücksicht auf Benachteiligte Nachlese zu halten (Lev 19, 9 f; 23, 22;
Dtn 24, 21; dazu Jes 17, 6; Rut 2, 3 ff). Klingt darüber hinaus wie bei dem ähnlichen Bild vom
Weinstock Jer 2, 21 auch hier prophetische Überlieferung, Jesajas Weinberglied (5, 1–7), nach, das
ausdrücklich auf die Feststellung des Misserfolgs zuläuft? Mi 7, 1 enthält wohl eine Nachwirkung
von Jer 6, 9.
[32] Vgl. Jes 5, 2. 4; auch Jer 8, 13; 17, 8 (bzw. Ps 1, 3); Mt 7, 16.

einem entsprechenden Einwand denken?[33] Die Frage V. 10 beschreibt die
Situation im Gegenüber von Prophet und Hörer („Reden" – „Hören"/
„Ohr").[34] Das Organ ist vorhanden, bleibt jedoch unzugänglich-versperrt.
Die „Nachlese" erbringt: die Unbelehrbarkeit. V. 10 ähnelt darin 5, 21.[35]
Das Bild will wohl beides zugleich ausdrücken: Unwille und Unfähigkeit.
Solche Worte stellen den Mangel an Einsicht, die Unaufgeschlossenheit, ja
Unempfänglichkeit, heraus und suchen die Wahrnehmungsunfähigkeit doch
bildhaft-eindrücklich, einprägsam-überzeugend darzustellen.

Das „Wort Jahwes" findet „keinen Gefallen", wird „verschmäht"[36], abgelehnt. Der Begriff in der Verbindung mit „Schmähung/Spott" kehrt in der
Konfession (20, 8 f) wieder. „Ich mühe mich" zu ertragen bezieht sich dort
allgemeiner eben auf das „Wort Jahwes"; so kommt die Wirkung auf Jeremia
selbst zum Ausdruck.

Der Schuldaufweis V. 10 mit seiner Bildsprache wird durch eine Ich-Aussage eingeleitet und läuft wieder auf eine Ich-Aussage zu. Der Prophet ist
nach Mi 3, 8 zur Anklage des Volkes mit „Kraft, Recht … erfüllt", hier „zorn-
erfüllt", allerdings nicht mit seinem eigenen, sondern mit Gottes Zorn. Der
Unterschied ist hervorzuheben: Das Gericht, das der Prophet ankündigt,
führt er nicht selbst herbei, verweist vielmehr auf Gott.[37] Konnte der Prophet – ähnlich wie mit der Fürbitte[38] – Gottes Zorn „zurückhalten"? Diese
Möglichkeit ist ihm jetzt nicht mehr gegeben.

V. 11 beschreibt die Folgen, die Härte und die Not des Krieges. Das Gericht betrifft „alle", wie das Deutewort der zweiten Vision (1, 14) ankündigt;
an sie erinnert auch die Bezeichnung „die Bewohner des Landes" (6, 12 b).
Der Schuldaufweis (V. 13) bestätigt ausdrücklich: „Alle" sind schuldig; die
Angabe „vom Kleinsten bis zum Größten" umgreift mit den äußeren Polen
das Ganze. Dem entspricht die Ausmalung V. 11, indem wohl (vgl. 51, 22)
vier Altersstufen unterschieden werden: Kind – Jüngling – Mann/Frau –
Alte. Übergreifen einschneidende geschichtliche Ereignisse, wie sie hier angekündigt werden[39], nicht die Generationen?

---

[33] Vgl. die Darstellung der Reaktion des Volkes innerhalb der Priesterschrift Ex 6, 9. 12(.30);
auch 4, 1. „Nach der von Mose weitergegebenen eindringlichen, unbedingten Heilszusage ist
Israels Antwort um so verwunderlicher; die – eigentlich zu erwartende, freudige, dankbare – Zu-
stimmung bleibt aus: ‚Sie hörten nicht.'" (W.H. Schmidt, Exodus, BK II/1, 1988, 288; vgl. 126)
Ex 6, 12 ist ähnlich als Frage formuliert. Die Priesterschrift nimmt verschiedentlich prophetische
Einsichten auf.

[34] Setzt das Wort nicht Verkünden (vgl. 2, 2) oder Vorlesen (36, 6 u. a.) voraus? 5, 21 nennt
beide Sinne, Auge und Ohr.

[35] Zur Auslegung vgl. die Auslegung zu 5, 20 f; zur Sache 5, 3; 4, 22; 6, 16 f; 8, 4 ff u. a.; zugespitzt: 13, 23; auch 2, 19. 30 u. a.

[36] Es ist ihnen zum „Spott", „Hohn" geworden; d.h. „sie verspotten", „verschmähen" es.
„Die Bedeutung des Substantivs ḥerpah variiert je nach der sich aus dem Kontext ergebenden Aus-
sagerichtung." (E. Kutsch, ThWAT III, 227).

[37] Vgl. Jer 2, 9; 4, 6; 16, 5; 19, 10 f u. v. a.

[38] Vgl. einleitend zur Verkündigung, (S. 26. 265 ff).

[39] Vgl. etwa Am 7, 17; zu den „Häusern" vgl. zu 5, 27 (Anm. 87).

Gottes „ausgestreckte Hand" erinnert wie auch die Ankündigung zu
„straucheln" und zu „fallen" an Jesajas Botschaft.[40]

Der – für das Verständnis des Unterschieds zwischen Jeremia und den Propheten bedeutsame – Text V. 13 f verbindet ethisch-soziale Anschuldigungen
mit einer radikalen Einsicht, enthält so zwei Ebenen oder Dimensionen, eine
der Wahrnehmung zugängliche und eine „tiefere", hintergründige, nämlich
eine allgemeine, wie grundsätzlich wirkende Deutung der Situation.

Das Wort V. 12–14 ist doppelt bezeugt, wird, leicht abgewandelt, 8, 10 f
wiederholt. Ist ein Text vom anderen literarisch abhängig? Ist das Wort von
dort hier übernommen? Eher liegen zwei Fassungen derselben Überlieferung
vor. Gegenüber dem Kern von Kap. 1–6, wohl der sog. Urrolle, stellen
Kap. 8–9 ursprünglich eine eigene, jüngere Sammlung dar.[41] Anscheinend bezeugt 6, 13 f die ältere Fassung.

(1) Werden nach V. 11 Mann und Frau „gefangen genommen", so sind die Frauen
    V. 12 eigens als besonders betroffen genannt; sie werden bei Einmarsch der feind-
    lichen Truppen anderen zuteil, wie die Felder den Eroberern zufallen.[42] Die 6, 12
    gegebene Folge Häuser mit Feldern und Frauen ändert 8, 10 f durch Voranstellung
    der Frauen ab. Ähnlich wird gegenüber dem 10. Gebot des Dekalogs Ex 20, 17 in
    der Fassung Dtn 5, 21 die Frau vorgeordnet.[43]
(2) Nach der Gerichtsansage in 3. Ps. (6, 11 b. 12 a) wird (V. 12 b) betont: Dies ist Got-
    tes Tat. So unterscheidet 6, 12 f explizit zwischen ihr und den Ereignissen als
    Folge. In der Parallelfassung fehlt 6, 12 b, ist sachlich auch nicht erforderlich, da
    8, 10 in der 1. Person formuliert ist; so sind Gottes Wille und Geschehen enger
    miteinander verbunden.
(3) Gegenüber „Bruch meines Volkes" (6, 14) ist „Bruch der Tochter meines Volkes"
    (8, 11) eher eine Erweiterung, die (an 4, 11. 31) angleicht.

Die Anklage, die vom Allgemeinen auf das Besondere, vom Volksganzen auf
Prophet und Priester (vgl. 5, 31) zuläuft, dann zumal wohl die Propheten im
Blick hat, lautet auf Gewinnstreben[44] und Trug. Da nur die kritische Stellung-
nahme Jeremias vorliegt, stellt sich die allerdings schwer zu beantwortende
Frage: Wieweit entspricht der Vorwurf dem Selbstverständnis der Handeln-
den? Wie beurteilen sie selbst ihr Tun? „Trug" kann direkt die Absicht der
Handelnden sein; ihr Verhalten kann aber zugleich in Jeremias Augen „Trug"
bedeuten oder bewirken.[45]

---

[40] Im Kehrversgedicht Jes 9, 11; 5, 25; „straucheln" (Jer 6, 15. 21; auch Hos 4, 5) und „fallen" an
Jes 8, 14 f; vgl. o. zur geistigen Heimat (Anm. 57).

[41] Vgl. o. zur Entstehung des Buches (Anm. 231).

[42] Vgl. Am 7, 16 f; Gen 34, 29; Ri 5, 30; Num 14, 3; 31, 9; Dtn 21, 10 ff.

[43] Vgl. zu 5, 8 (Anm. 30).

[44] Vgl. Ez 22, 12 f. 27; Hab 2, 9.

[45] „Täuschung des Volkes durch falsche Weissagung zum Zweck betrügerischen Gelderwerbs"
fasst A. Klopfenstein (Lüge 128) zusammen und hält ausdrücklich fest (397 A 539): „bewusster
Betrug". W. Rudolph (45) zieht statt „persönliche Lügenhaftigkeit" vor: „sie erkennen die Zeichen der Zeit nicht". Verdient nicht ein Verständnis Vorrang, dass nicht nur subjektive Verirrun-
gen, bewusste Vorteilnahme, sondern dabei auch mangelnde Erkenntnis der Situation annehmen
kann? Einzelfälle von Gier und Betrug (vgl. Mi 3, 5) fehlen gewiss nicht. Ist diese Wirklichkeit

Vor allem: Sehen Prophet und Priester den Zustand der Gesellschaft, den „Bruch", so tief wie Jeremia? „Bruch" ist transparent, meint hier wohl – innenpolitisch – den schon bestehenden Schaden, die Zerrissenheit des Volkes, sonst bei Jeremia die – von außen – kommende Bedrohung.[46] Priester wie Propheten nehmen den das Volk durchziehenden „Bruch" kaum in diesem Ausmaß, erst recht nicht die „heillose" Grundsituation so wie Jeremia wahr. Gewährt der Kult nicht weiterhin die Möglichkeit der Gemeinschaft mit Gott oder bezeugt sie?[47] Das Urteil „sie heilen den Bruch", zumal durch ihre Auskünfte, beschreibt wiederum nicht ungebrochen oder unmittelbar ihre Absicht, vielmehr die Wirkung ihrer Tätigkeit in Jeremias Sicht, wie die Beifügung „leichthin" nachdrücklich zeigt.[48] Sie verkennen die Situation, die sich ihm in ihrer Tiefe erschlossen hat; auch haben sie nicht seine Ahnung oder Gewissheit drohender Zukunft.[49]

Über die Bewertung „leichthin" hinaus kommt Jeremias Stellungnahme zumindest auf zweifache Weise zur Geltung: Schon der Einbezug „aller", „vom Kleinsten bis zum Größten", ebenso bei der Gruppe von Priester und Prophet „ein jeder", geht über das der Erfahrung unmittelbar Zugängliche hinaus und entspricht darin der „alle Bewohner" betreffenden Vision (1, 13 f). Die generelle Weite wird in der Wendung „mein Volk"[50] aufgenommen.

Gegenüber dem, was vor Augen steht, nimmt Jeremia einen den anderen noch verborgenen „Sachverhalt" wahr: mit dem „Bruch" im Volk den Zustand ohne „Heil", was wiederum mit der durch die Vision (1, 13 f) eröffneten Einsicht übereinstimmt. Die grundsätzlich erscheinende Feststellung lässt sich von anderen Worten her erläutern: „nicht mehr Heil"[51].

---

aber so generell, so dass sie alle umgreift: „ein jeder"? Wie lange ist ein solches Verhalten aller möglich, ohne dass es vom „Volk" durchschaut wird?

[46] „Der ‚Zusammenbruch meines Volkes' (4, 6. 20; 6, 1; vgl. 8, 21; 10, 19; 14, 17 u. a.; Am 6, 6) […] hängt wohl mit dem zerrütteten Zustand der Gesellschaft innerlich zusammen, den Jeremia oft mit den Stichworten ‚Lüge' und ‚Ehebruch' oder hier mit der rücksichtslosen Vorteilnahme auf Kosten der anderen kennzeichnet. Aber der Terminus selbst bezeichnet überall den nun folgenden, von Jahwe verfügten Zusammenbruch der Gesellschaft, also wiederum den Inhalt der Unheilsbotschaft." (H. J. Hermisson, Studien 71). Worin der „Bruch" besteht, wie die Zerrissenheit aussieht, bleibt hier unbestimmt (vgl. aber 2, 34 f; 5, 1 ff; 7, 9; 9, 2 ff u. a.).

[47] Dabei braucht es sich nach Auffassung von Prophet und Priester „nur" um die eigentliche Aufgabe des Gottesdienstes, nicht um „Manipulation" zu handeln. Vgl. auch die Auslegung zur Tempelrede Jer 7.

[48] Ähnlich bildet Michas Vorwurf „Sie verführen mein Volk" (3, 5) sein vorweg übergreifendes Urteil über die Propheten.

[49] Wie Jer 1, 13 f; 4, 5 ff; 6, 1 ff u. ö. ausgesprochen ist. So sollte eine Auslegung, welche die Heilspropheten zu verstehen sucht, ihnen einerseits möglichst nicht unredliche Beweggründe unterstellen, andererseits bei ihnen nicht Jeremias Einsichten in die Situation voraussetzen.

[50] Nach der zwischen V. 12 und 13 stehenden Formel „Spruch Jahwes" handelt es sich (wie etwa 2, 11. 13) um Gottesrede. Da V. 13 f zugleich als Prophetenrede verständlich sind, klingt Jeremias Solidarität mit seinem Volk mit.

[51] Bildhaft in der Gottesrede: „Ich pflanzte – du aber" (Jer 2, 21; vgl. den Übergang von 2, 2 f zu 2, 5 ff), ausdrücklich 16, 5. Vgl. o. zur Verkündigung (bes. S. 21 f).

„Schalom/Heil" bildet vermutlich nicht nur unmittelbar den Wortlaut[52] als den Gehalt der Botschaft der Propheten; sie geben heilvolle Auskunft. Dabei ist „Heil" zugleich die Voraussetzung bzw. Vorgegebenheit wie die beabsichtigte Wirkung.

Die Annahme uneingeschränkter Fortgeltung dieser Glaubens-Tradition ist Jeremia verloren gegangen.[53] Seine Feststellung „es ist kein Heil" ist für die Propheten nicht nachsprechbar. Demnach besteht die Differenz in Jeremias anderer Einsicht in die Grundsituation, so in der Grundüberzeugung.

Eine Anklage des ganzen Volkes[54] scheinen sie nicht geübt zu haben; erst recht kennen sie nicht eine Unheilsansage über das eigene Volk.[55] Beides ist den sog. Schriftpropheten seit Amos vorbehalten. Einerseits ist die Bezeichnung „Heilspropheten" irreführend, da sie Einzelpersonen oder Gruppen auch Unheil ansagen können;[56] andererseits heißen jene Propheten nicht ohne Recht so, da sie – mit der Glaubenstradition, wie sie im Pentateuch bewahrt oder mit dem Zion verbunden ist – das Heil des Volkes voraussetzen.

So sind ihre Auskünfte – für Jeremia – eine Verkennung der Situation und erscheinen insofern als „trügerisch",[57] als „leichtfertig". Offenbar verlangt Jeremia von ihnen mehr, als sie von sich aus tun – über ihre übliche Aufgabe hinaus eben die Anklage des ganzen Volkes?[58] Sie hätten gleichsam seine Aufgabe übernehmen sollen.[59]

Indem die LXX „Pseudoprophet" (V. 13) übersetzt, blickt sie über Jeremias Situation, in der die Bewahrheitung noch aussteht, hinaus – zurück aus einer Situation, in der über *wahr* und *falsch* schon entschieden ist.

---

[52] Vgl. 1Sam 1, 17; Ri 6, 23; auch Jes 52, 7 u. a.

[53] Vgl. die Fortsetzung Jer 2, 4–9; ähnlich Jer 7; schon 1, 13 f; auch Mi 3, 11 f.

[54] Michas Auseinandersetzung (Mi 3, 5–8) zielt auf die Aussage: „Jakob seine Verfehlung, Israel seine Sünde vorzuhalten"; vgl. Jer 2, 10–13. 20 ff. 32 ff; 4, 22; 5, 21 u. a.

[55] Vgl. Am 8,1 f; Hos 1, 6. 9 u. v. a.

[56] Verständlich wird die Auseinandersetzung von Mi 3, 5–8 her; vgl. V. 5 b: „Wer ihnen nichts … gibt, dem erklären sie den Krieg"; dazu J. Jeremias, Kultprophetie, bes. 176 ff. 192 f; ders., Die Vollmacht des Propheten im AT, EvTh 31, 1971, 305–322, bes. 314 ff; W.H. Schmidt, Zukunftsgewißheit und Gegenwartskritik, 1973, BThSt 51, ²2002, 111 ff.

[57] M.A. Klopfenstein (Lüge 128) bestimmt „Trug" genauer als „Treubruch", „Treulosigkeit"; dann liegt in dem Begriff um so mehr eine Bewertung. V. 15 scheint ihr Verhalten darüber hinaus zugleich als „Gräuel, Abfall" zu charakterisieren.

[58] „Nach V. 14 verkünden die falschen Propheten ,Heil', während es doch ihre Aufgabe wäre, den ,Schaden' […] aufzudecken und Anklage zu erheben. Weil sie dem Volk diesen echten Dienst schuldig bleiben, werden sie ,unter den Fallenden fallen', d. h. in den Untergang des Volkes mit hineingezogen." (M.A. Klopfenstein, Scham und Schande nach dem Alten Testament, AthANT 62, 1972, 67) Sie haben es versäumt, „es nicht verstanden, Anklage zu erheben" (144; so die Übersetzung von V. 15).

[59] Im Rückblick (Klgl 2, 14) wird diese Sicht der sog. Schriftpropheten bestätigt.

Verweigerung des rechten Weges
Jer 6, 16–21

16 So spricht Jahwe:
   „‚Tretet auf die Wege und schaut
   und fragt nach den Pfaden der Vorzeit,
   welches der Weg des Guten (zum Glück) ist, und den geht,
   so werdet ihr Ruhe finden für euer Leben!‘
   Sie aber sagten: ‚Wir gehen nicht!‘
17 Ich bestellte Wächter über euch[60]:
   ‚Hört auf den Schall des Horns!‘
   Sie aber sagten: ‚Wir hören nicht!‘“

18 Darum hört, ihr Völker
   – und erkenne, Gemeinde, was in ihnen ist –[61]!
19 Höre Erde, siehe ich bringe Unheil über dieses Volk
   als die Frucht ihres Denkens;
   denn auf meine Worte merkten sie nicht,
   und meine Weisung verachteten sie.

20 Was soll ich mit Weihrauch, der aus Saba kommt,
   und mit köstlichem Würzrohr aus fernem Lande?
   Eure Brandopfer sind mir nicht wohlgefällig
   und eure Schlachtopfer nicht angenehm.
21 Darum – so spricht Jahwe – siehe ich lege diesem Volk
   Hindernisse (Anstöße),
   so dass sie darüber stolpern,
   Väter und Söhne zumal,
   einer wie der andere[62] gehen zugrunde.

V. 16–21 bilden einen durch die Botenformel eingeleiteten, von Mahnung zur
Gerichtsansage führenden Zusammenhang.

V. 16 f   Gotteswort mit direkter Anrede
          Anklage: Zweimal Aufruf und Zurückweisung
V. 18 f   Wohl Einschub in (jerdtr) Prosa
          Vor weltweitem Auditorium
          Erläuterung des Vorwurfs

---

[60] Obwohl V. 17 anders als V. 16 mit Gottes „Ich" beginnt, gehen beide Verse parallel von der
Anrede in die 3. Person über, vielleicht des Selbstzitats wegen.

[61] Der einleitende Aufruf ist textlich schwierig, in V. 18 b gestört. Mit der vorliegenden Fassung
scheint im universalen Rahmen „die nachexilische Jahwegemeinde zur besonderen Beachtung dieses Geschehens aufgefordert" zu werden (G. Wanke 83), zur „Anerkennung des Gerichtshandelns
Gottes gegen das vorexilische Gottesvolk" (C. Maier 316). Eine mögliche Änderung des Textes ist
(W. Rudolph im Anschluss an 1Kön 11, 25): „und ‚wisset wohl‘, was ich ihnen ‚antun‘ will."

[62] „Ein Bewohner wie sein Nachbar"; vgl. 9, 3 f.

V. 20   Kultkritik. Gotteswort (wie V. 16 f)
          mit Übergang in Anrede
V. 21   Unheilsansage

Das Wort V. 16 f scheint sich mit dem Thema („Ruhe") wie der Gegenüberstellung von Angebot und Ablehnung insbesondere Jesajas Einsicht (30, 15)
anzuschließen: „In Ruhe liegt euer Heil, aber ihr habt nicht gewollt."[63]
Die Heilsmöglichkeit wurde vom Volk nicht genutzt. Das Hauptstichwort
„Weg", zugleich „Wandel", ist seit Kap. 2 vertraut.[64] Solche Aufrufe begegnen öfter, zuletzt 5, 1.[65] Die Paarbildung erinnert an 2, 10–13. Die Rückbesin-
nung in der zweigliedrigen Struktur ähnelt den geschichtlichen Rückblicken
mit der Gegenüberstellung „Einst – Jetzt".[66] Die Form des Selbstzitats, auch
mit der Antwort „Nein", wird schon zuvor verwendet (2, 25. 31). Zudem
sind entsprechende Erfahrungen auch sonst bezeugt.[67]
     Einleitend verweist die Mahnung für die mögliche Gestaltung von Gegen-
wart oder Zukunft nicht auf Neues, sondern zurück – mit „den Pfaden
der Vorzeit" wohl auf Israels Frühgeschichte (vgl. 2, 2 ff). War „der Weg am
Anfang der Geschichte der richtige Weg", so steht ihm „der vor dem Volk liegende Weg" gegenüber; „beides zusammen versinnbildlicht also Herkunft
und Zukunft".[68] Die „Wege" scheinen mit der geschichtlichen Führung die
Willensbekundung einzuschließen; sie wurden allerdings nicht eingeschlagen.[69] Das Mahnwort, „direkt mit der Feststellung des Ungehorsams zu einer
Aussageeinheit verbunden", gewinnt hier die Aufgabe, „zu benennen, was
Israel zu tun versäumt hat" und dient damit als Schuldaufweis.[70] Möchte man
diese Berufung auf den in der Vergangenheit gelegten Maßstab „fundamenta-
listisch" nennen, so ist diese Art von Rückgriff auf das „Fundament", den
Ursprung oder die Frühform in der Geschichte allerdings selbst-kritisch.
So wenig wie „Weg" wird „Ruhe(platz)" erläutert oder entfaltet. Gemeint ist
wohl ein ungestört-friedliches, heilvolles Leben.[71]
     V. 17 schaut auf Gottes Handeln im weiteren Verlauf der Geschichte durch
prophetische Personen.[72] Aufgabe des „Spähers" oder „Wächters" ist: „Aus-

---

[63] „Sie wollten nicht hören." (Jes 28, 12; 30, 9 u. a.).
[64] Vgl. 2, 36 („Weg wechseln"); bes. 5, 4 f; zum Rückgriff auf die Vorzeit (ʿolam „ewig" 2, 20;
3, 5; 5, 15), zu einem ähnlichen Zusammenhang „suchen – finden" 2, 24; auch 5, 23; 18, 15; 22, 21.
[65] Vgl. Jer 2, 10 u. a.; s. o. zu den Redeformen.
[66] Mit der Gegenüberstellung „Ich – ihr" schon 2, 21; knapp auch 2, 32; ausführlich 2, 2 f. 5 ff;
schon Hos 11, 1 f u. a.
[67] Jer 3, 3; 5, 3; 8, 4 f. 7; 38, 15 u. a.
[68] R. Liwak, 284.
[69] Vgl. 2, 8 ff. 25. 29 ff. „Jeremias eigenes Programm ist dabei durchaus nicht revolutionär oder
durch unerhörte Neuartigkeit überraschend; im Gegenteil: er hat empfohlen, nach den ‚Pfaden der
Vorzeit' zu fragen und zuzusehen, welches der rechte Weg zum Guten und zur eigenen Befriedigung
ist. Aber dieser Weg ist nicht eingeschlagen worden." (S. Herrmann, Heilserwartungen 226).
[70] G. Warmuth, Mahnwort 170; vgl. 156. Die beiden Mahnworte, erhalten „die Funktion eines
Geschichtsrückblicks, dessen Inhalt eine Anklage ist" (K.A. Tangberg, Mahnrede 91).
[71] Vgl. einerseits Jer 2, 3. 6 f, andererseits die Heilserwartung 29, 5–7; 32, 15; 42, 10. „Wohl"
und „Heil" bilden keinen Gegensatz (vgl. 29, 7). V. 16 ist mit Jes 30, 15 Anregung für Mt 11, 29.
[72] Vgl. Hos 6, 5; 12, 11. 14; Jer 2, 30; 5, 12 f; noch Jes 29, 10; auch 1 Kön 19, 14 u. a.

schauhalten in gespannter Erwartung eines bestimmten Ereignisses", um „wichtige Vorkommnisse, z.B. die Annäherung von Boten oder Feinden, zu melden",[73] aufzurufen oder Alarm zu geben, damit man sich auf Kommendes einstellen kann. Demgemäß versteht Jeremia das Amt des „Wächters", wie der Alarmruf mit Aufforderung zur Flucht angesichts des heranrückenden Feindes zeigt.[74]

„Die Propheten haben wie die Späher die Aufgabe, das Volk vor drohenden Gefahren zu warnen."[75] Allerdings hat das Wort „warnen" recht verschiedene Bedeutung. Es kann zum einen auf etwas, was zur Kenntnis gegeben wird, aufmerksam machen, auf einen Gegenstand oder ein Ereignis hinweisen, angesichts einer Gefahr dazu auffordern, sich vorzusehen. „Warnen" heißt zum andern ermahnen, dass etwas nicht eintritt, das befürchtete Ereignis verhütet oder abgewendet wird.[76] So verstanden hat die prophetische Aufgabe einen anderen Sinn bekommen.

Die (jerdtr) Redaktion des Buches nimmt die V. 16f vorliegende Struktur von Mahnung mit Reaktion der Ablehnung, der Feststellung des „Nicht-Hörens", auf und baut sie aus.[77] Dabei wird eine Tonverlagerung spürbar: Die Zukunft erscheint abhängig vom möglichen Verhalten, so dass bei Befolgung der Aufforderung, d.h. bei Umkehr, das Unheil nicht einzutreten braucht; weithin wird damit allerdings eine vertane Möglichkeit aufgezeigt.

Der Ablehnung durch das Volk tritt der Aufruf zu weltweiter Aufmerksamkeit entgegen, richtet sich an fremde Völker, ja die Erde.[78] V. 18f ziehen – noch vor der Unheilsankündigung V. 21 – aus der Anklage die Folge. Allerdings bleibt die Zukunftsansage blass. Die Anklage wiederholt den Vorwurf und konkretisiert zugleich die – allgemein gebliebenen – „Wege" als „Worte" bzw. „Tora/Weisung".[79] Zumindest V. 19b, eher aber V. 18f insgesamt stellen einen Nachtrag dar. Die Jeremiaworte V. 16f. 20f sind hier durch einen (jerdtr) Einschub ergänzt, der jeremianische Motive aufnimmt[80] und zugleich näher zu bestimmen sucht.

---

[73] G. Steins, ThWAT VI, 1089f. Vgl. 2Kön 9,17ff; erfreuliche Botschaft: 2Sam 18,24ff; Jes 52,8.

[74] Jer 4,5ff; vgl. 4,19ff; 6,1; auch die Auslegung zu 6,8.

[75] G. Steins, ThWAT VI, 1089f. Vgl. Hos 5,8; 8,1; 9,8; Hab 2,1; Jes 21,6ff; zum Horn auch Jes 18,3; Jer 42,14; dazu Anm. 8 zu Jer 4,5ff. Stellt Ez 33,2–6 die übliche Aufgabe des Wächters dar, so deuten eher jüngere Abschnitte (33,7–9: 3,17ff) die Rolle um – in doppelter Weise: a) individuell b) auf den Bußruf. „In V. 7–9 wird das Bild mit wichtigen Modifikationen auf den Auftrag Ezechiels bezogen", „individualistisch umgedeutet" (G. Steins, ThWAT VI, 1091).

[76] Einen ähnlichen Bedeutungsspielraum hat das Wort „drohen": Einerseits etwa ein „drohendes", d.h. bevorstehendes, Gewitter – andererseits „jemandem drohen", um etwas zu vermeiden.

[77] Vgl. Jer 7,23ff; auch 18,7f. 12 u.a.; o. zur Entstehung des Buches Abs. 4.

[78] Nach dem vorliegenden Text (vgl. Anm. 2) sollen die Völker „hören", vernehmen, die Gemeinde aber „(an)erkennen".

[79] Ähnlich lautende Vorwürfe, Gottes „Tora verworfen" zu haben, finden sich auch sonst, so Am 2,4 und Jes (1,4b;) 5,24b (dazu EvTh 37, 1977, 266 Anm. 26). Vgl. 2Kön 17,15; außerdem Jer 9,12; 16,11 u.a. Wie hier wird das „Gute" Hos 8,3 durch den Zusatz 8,1b näher bestimmt (so J. Jeremias, ATD 24/1, 1983, 102ff). Beziehen sich „meine Worte" (Jer 6,19; vgl. 1,9) auf die Propheten als Wächter?

[80] Der Zusatz bleibt Jeremias Sprache nahe, etwa in dem weltweiten Horizont (Jer 2,10. 12) oder in der Gottesrede: „Ich lasse kommen/bringe" (4,6) gegenüber „Siehe (mit Ptz.), ich bringe Unheil über euch" (11,11; 19.3.15; 2Kön 21,12; 22,16; vgl. Jer 11,23; 23,12; 32,42 u.a.), aber (mit anderem Objekt) 5,15; ähnlich 6,21. „Aufmerken" (V. 19b) wie V. 10. 17.

Im poetischen Text findet sich V. 20 eine Opferkritik, mit der der Prophet –
nach dem vorliegenden Kontext – einen auf seine Anklage möglichen Einwand der Hörer „Wir dienen Gott doch mit den feinsten Gaben" abzuweisen
scheint. Zwar bildet V. 20 (nach V. 16 f vor der Gerichtsansage V. 21) eine weitere Begründung; die Ablehnung erfolgt jedoch nicht durch das Volk, vielmehr durch Gott („Ich"). Darum ist in ihr über den Schuldaufweis hinaus
zugleich ein drohendes Element enthalten. Das Wort ist aus sich verständlich, lässt sich selbständig lesen; war es – in mündlicher Form – einmal eigenständig?
    V. 20 wirkt wie ein Vorläufer oder im vorliegenden Kontext gar wie eine
Vorbereitung auf die Tempelrede mit ihren verschiedenen Themen einschließlich der Opferkritik (7, 21; vgl. 14, 12). Schon zuvor findet sich Kritik
an Priestern und Propheten.[81]
    Jeremia tritt damit wieder in die Spuren seiner prophetischen Vorgänger,
für die Opferkritik ein festes Thema ist, so bei Amos (5, 21 ff), Hosea (2, 13;
3, 4; 6, 6 u. a.) oder Jesaja (1, 10 ff), später auch bei Deuterojesaja (43, 23 ff)
und den Psalmen.[82] Schon die (ältere) Spruchweisheit kennt die Gegenüberstellung von Kult und Ethos: Gerechtigkeit ist besser als Opfer.[83] Diese Tradition wird von den Propheten im Rahmen ihrer Botschaft tiefer, allgemein-
grundsätzlicher bedacht.

Grob lässt sich die Eigenart prophetischer Opferkritik in Aufnahme und Abwandlung darstellen:
    „Ihr bringt Lahmes und Krankes … als Opfergabe dar. Sollte ich es wohlgefällig an-
nehmen?" In der Frage[84] kommt die Aufgabe des Priesters zum Ausdruck, einem Opfer, das fehlerhaft ist und darum nicht vorschriftsgemäß dargebracht werden kann, die
Anerkennung im Namen Gottes zu verweigern. Der Prophet sieht a) von Mängeln
der Tiere ganz ab, spricht b) auffälligerweise vom Plural[85], wandelt priesterliche Sprache c) in Gottes Ich-Rede[86] um. Die Verbindung „Brand- und Schlachtopfer"[87] nennt
die wichtigsten Opferarten und fasst so zusammen. Auch in den Suffixen der zweiten
Person „eure Opfer" kann sich ein distanzierendes Moment verbergen.

Selbst feinste, kostbare Gaben – Weihrauch und Gewürzrohr aus Südarabien[88] – können das Tun von Gottes Willen nicht ersetzen oder das drohende

---

[81] Jer 2, 8; 6, 13 f; vgl. 5, 4 f.

[82] In den (eher jüngeren) Psalmen zeigen sich (zumindest auch) Nachwirkungen prophetischer
Kritik. Lieder können als Opfer verstanden werden (Ps 40, 7–9; 50, 7–15; 51, 18 f; 69, 31 f).

[83] Spr 21, 3; vgl. 17, 1; 21, 27; 28, 9.

[84] Mal 1, 13; vgl. den charakteristischen Terminus „wohlgefällig ansehen/annehmen" in priesterlichen Texten (Lev 7, 18; 19, 7; 22, 23 ff; auch Spr 15, 8 u. a.).

[85] Jer 6, 20; 7, 21; 14, 12; schon Am 4, 4 f; 5, 22; Hos 8, 13; Jes 1, 11; auch 43, 23.

[86] Am 5, 22; Hos 6, 6; Jes 1, 11; Jer 6, 20; 14, 11 f; auch Mi 6, 7; Mal 1, 10. 13; Ps 51, 18.

[87] Hos 6, 6; 8, 13; vgl. Mi 6, 6; Jes 43, 23. Das Brand- oder Ganzopfer wird, wiederum grob
geurteilt, eher bei öffentlichen, feierlichen Anlässen, kaum von Einzelpersonen dargebracht. Das
Schlachtopfer wird als Gemeinschaftsopfer eher innerhalb eines Kreises geladener Gäste als Mahl
veranstaltet; vgl. die Auslegung zu 7, 21.

[88] Vgl. P. Heger, The Development of incense Cult in Israel: BZAW 294, 1997; zum „Rohr" als
importierter Opfergabe, ThWAT VII, 71 ff, bes. 74.

Gericht nicht abwenden. Nochmals im Anschluss an Jesajas Botschaft[89] wird es als Werk Gottes angesagt.

Über die Tätigkeit des Wächters hinaus wird Jeremias Aufgabe im Fortgang weiter zugespitzt – als „Prüfer" (6, 27 ff).

„Der Verwüster kommt"
Jer 6, 22–26

22 So spricht Jahwe:
   Siehe, ein Volk kommt aus dem Land des Nordens,
   eine große Nation erhebt sich
      vom entlegensten Ende[90] der Erde.
23 Bogen und Sichelschwert führen sie,
   grausam ist es und erbarmungslos.
   Ihr Lärm gleicht dem Tosen des Meeres,
   und auf Rossen reiten sie.
   Gerüstet wie ein Mann zum Krieg gegen dich,
      Tochter Zion.
24 Wir hörten Kunde von ihm –
   da erschlafften unsere Hände.
   Angst ergriff uns, Wehen wie bei einer Gebärenden.
25 Begib dich nicht hinaus aufs Feld,
   geh nicht auf dem Weg;
   denn da ist das Schwert des Feindes –
   Grauen ringsum!
26 Tochter meines Volkes, gürte das Sacktuch
   und wälze dich im Staub!
   Halte Trauerklage wie um den einzigen Sohn,
      bittere Wehklage;
   denn plötzlich kommt der Verwüster über uns!

Die – ab 4, 5 ff in mehreren Einheiten vorgetragene – Ankündigung des Feindes aus dem Norden endet hier. Wieder (wie V. 16) führt die Botenformel (V. 22) einen Abschnitt ein – mit Wechsel des Sprechers: Die „Tochter Zion" (V. 23 b) kommt im „Wir" (V. 24. 26 b) selbst zu Wort und wird als „Du" (V. 25 f, 2. Ps. fem.) angeredet.

---

[89] Jes 8, 12–15; auch 31, 3; vgl. Jer 6, 15 (mit Anm. 40); 8, 12; 9, 21.
[90] Wörtlich: „von den Enden".

I.   V. 22 f   Unheilsansage
               mit Schilderung des Feindvolks (vgl. 4, 13)
II. V. 24   Wirkung auf die Betroffenen: „Wir" (wie V. 26 b)
               Element einer Volksklage
III. V. 25 f   Aufrufe
               Negativ: „Zieh nicht hinaus!"
               Positiv: „Klage!"
     V. 26 b   Begründung: „über uns" (vgl. V. 24)

     V. 22–24   wiederholen sich abgewandelt in 50, 41–43.[91]

Die Darstellung setzt nochmals neu ein: „Ein Volk kommt" wirkt wie erläu-
ternde Fortführung von 4, 6: Gott „bringt/lässt kommen". Die Klage „Der
Verwüster[92] kommt" (V. 26) nimmt den Anfang (V. 22) wieder auf, so dass
die Einheit in sich geschlossen ist. Wie eine Entfaltung von 4, 13 wirkt die
Angabe der Bewaffnung. Das Feindvolk bleibt weiter namenlos. Dabei
scheint sich dessen Beschreibung im Rahmen von Jesajas Kehrversgedicht
(„ohne Erbarmen" Jes 9, 16) an die abschließende Ankündigung des Volkes
aus der Ferne von den „Enden der Erde" (Jes 5, 26[-29]) anzuschließen.[93]
Überhaupt klingen bereits zuvor genannte Motive[94] wieder an, werden eher
verschärft – über die Charakteristik „erbarmungslos" hinaus mit den beiden
Schlussversen: „Grauen ringsum", „Trauer um den einzigen". Da sich der
Angriff sogleich (V. 23 b) auf den Zion richtet, sich die Einheit auf ihn konzentriert, bildet sie sachlich einen Höhepunkt und steht absichtlich am
Schluss.
   Das dem anbrandenden Meer vergleichbare Feindvolk mit seiner Bewaffnung (Bogen und Krummschwert) und Reiterei macht in seiner bedrückenden Überlegenheit ängstlich-wehrlos. Vor Entsetzen erschlaffen die Hände.
Ein Kampf wäre ohnehin aussichtslos. Der Aufruf „Zieh nicht aus!"[95] unterscheidet zwischen der Stadt und den Bewohnern. Gegenüber der Aufforderung zur Flucht (4, 5; 6, 1) sagt er inhaltlich das Gegenteil, spiegelt so die zugespitzte Situation wider, die ein Verlassen der Stadt nicht mehr ratsam
erscheinen lässt, scheint aber weiterhin auf Lebensrettung zu zielen. Allerdings geht das Wort dunkel aus.

---

[91] Dort ist der Text statt auf die „Tochter Zion" ausdrücklich auf die „Tochter Babel" bezogen,
allerdings nicht als Handelnde, sondern als von dem namenlosen Volk aus dem Norden Betroffene. Die Angst des Volkes (6, 24) wird zur Angst des babylonischen Königs (50, 43).

[92] Der Name „Der Verwüster" für den „Würger der Völker" (4, 7) ist vorbereitet durch das
Verb „verwüsten" (4, 13. 20), ebenfalls (4, 20) mit der Bestimmung „plötzlich" (im vorliegenden
Text noch „Verwüsteter" 4, 30). Vgl. auch 5, 6; 9, 18; 10, 20.

[93] Der Text weist leichte Berührungen mit Ps 48 auf (bes. „Wehen(schmerzen) wie eine Gebä-
rende" (V. 7). Die Tradition der älteren Zionspsalmen steht auch im Hintergrund von Jer 7 (s. die
Auslegung dort).

[94] Jer 4, 7. 13. 16. 19; 5, 15; 6, 3 f; auch 10, 22.

[95] Er kann dem Tagewerk vor den Toren der Stadt gelten (vgl. im Segen „Ausgang und Eingang" Ps 121, 8; dazu 104, 23). Sollte er auch das Ausrücken zur Kampfhandlung (Ri 9, 38 f u. a.)
meinen, so wird sie hier ausgeschlossen, was wiederum der Aufforderung zur Flucht entspricht.

„*Grauen ringsum*" (6, 25) beschreibt in zusammenfassender Knappheit die
Ausweglosigkeit der von allen Seiten hereinbrechenden Bedrängnis. Die Wendung kehrt leitwortartig mehrfach wieder, scheint in der Konfession (20, 10)
die Botschaft Jeremias zu kennzeichnen, wird im Er-Bericht auf Paschchur
(20, 4) angewandt und von Fremdvölkersprüchen[96] aufgenommen.[97]

Von den verschiedenen Trauerriten[98] werden hier zwei erwähnt: wie zuvor
(4, 8) das Umgürten mit dem Sack(tuch), außerdem das Wälzen im Staub.[99]
Dabei verbinden sich (wie etwa Hi 1, 20 f) Ritus und Wort; es spricht aus,
was der Ritus symbolisch darstellt.[100]

Selbst gegenüber der Klage der Mutter um ihre Kinder (vgl. 31, 15) ist die
„Trauer um den einzigen"[101] in ihrer Hoffnungslosigkeit eine besonders „bittere Klage".[102] Die Einheit endet (ähnlich 4, 31) in einem Verzweiflungsruf.

Einsetzung zum Prüfer
Jer 6, 27–30

27 Zum Prüfer habe ich dich bestellt in meinem Volk[103],
     damit du ihren Weg erkennst und prüfst.
28 Sie alle sind widerspenstig[104], üben Verleumdung[105],
     sie alle handeln verderbt.
29 Es schnaubte der Blasebalg,
     ‚vom Feuer unversehrt'[106] blieb das Blei.

---

[96] Jer 46, 4 f; 49, 29; vgl. 48, 17; 49, 5.

[97] „Die Formel bezeichnet den Schrecken, der von einer Gefahr, aus der es keinen Ausweg gibt,
verursacht wird." (G. López, ThWAT V, 1986, 736) „Die Wendung ‚Grauen ringsum' stammt aus
dem Abschluss der Frühzeitverkündigung Jeremias (6,25) und umschreibt die Radikalität des angedrohten Gerichts: Das Unheil wird von allen Seiten hereinbrechen." (A. Graupner, Auftrag 36).

[98] Vgl. Jer 4, 8; 16, 6 f; auch 9, 9. 17. 19.

[99] Vgl. Jer 25, 34; Mi 1, 10.

[100] Vgl. auch Jer 1, 9 (ebd. zu Anm. 64).

[101] Vgl. Am 8, 10; Sach 12, 10.

[102] In der Sache erinnert sie an die mehrfach auf verschiedene Weise ausgesprochene Ganzheit,
wie 8, 16; 9, 10. 20 u. a.

[103] Die folgende Bestimmung „als eine Festung" ist eine Ergänzung (aus 1, 18), die die Kraft zur
Abwehr von Anfeindungen oder die Unüberwindbarkeit des Propheten bildhaft (vgl. 15, 20) darstellt.

[104] Wohl durch Dittographie entstand eine Art Superlativ: „die Abweichenden der Widerspens-
tigen" (vgl. Ges-K § 133 i). Vgl. zum Folgenden („Verleumdung") Jer 9, 3.

[105] „Kupfer/Bronze und Eisen (sind sie)" ist wohl ein Zusatz, der das Volk im Gegenüber zu
Gold oder (vgl. V. 30) Silber als weniger wertvolles, unedles Metall bezeichnet. Vgl. Ez 22, 18–20;
dazu H.J. Fabry, ThWAT V, 405.

[106] Der nicht leicht verständliche Versteil wird verschieden gedeutet; möglich auch: „aufge-
braucht". Vgl. HAL 89; B. Kedar-Kopfstein, ThWAT VIII, 691.

Vergeblich hat man eindringlich geschmolzen:
Die Bösen ließen sich nicht ausscheiden.[107]
‚Verworfenes Silber' nennt man sie;
denn Jahwe hat sie verworfen.

Nach der Berufung erhält Jeremia nochmals eine Aufgabe, zumindest eine
Erweiterung oder Zuspitzung seines Auftrags. In Aufnahme des Einset-
zungsworts (1, 5), das ihm die Vorherbestimmung mitteilt und ihn so zugleich bindet: „Zum Propheten ... habe ich dich eingesetzt", wird Jeremia
(V. 27) mit einer entsprechenden Wendung ein zweites Mal ein „Amt" anvertraut: „Zum Prüfer habe ich dich eingesetzt."[108] Im Titel kommt die Unterscheidung von der Gesellschaft verschärft zum Ausdruck; der Prophet *im*
Volk steht ihm als „Prüfer" zugleich *gegenüber.*

Diese Beauftragung ergeht nicht ohne Vorbereitung. *Sachlich* begegnet ein
Prüfverfahren schon zuvor in diesem Überlieferungskomplex. Die erfolglose
Läuterung steigert im Bild, was mit der vergeblichen Suche nach einem Gerechten (5, 1): „ob ihr einen findet, ob einer da ist, der Recht übt" angedeutet
oder bereits ausgesagt ist. Wozu dort Jeremia die Zeitgenossen auffordert,
scheint ihm hier selbst zuzufallen. Aus der Anrede an die Hörer wird seine
eigene Einsetzung zu dieser Aufgabe. Die Tätigkeit des Winzers, Nachlese zu
halten,[109] wie das Amt des „Wächters", Alarm zu geben (6, 17), bleibt im
Fortgang vorläufig. So ergibt sich im näheren Kontext eine Weiterführung
oder Zuspitzung der Aufgaben zur Rolle des „Prüfers". *Sprachlich* ist der
mehrfach wiederkehrende Ausdruck „prüfen" (*bhn*) im Jeremiabuch verwurzelt.[110] Bezieht sich die Prüfung durch *Gott* auf Herz und Nieren, das verborgene Innere, die geheimen Regungen, so bei Jeremia mehr auf das Äußere,
das rechte Handeln, allerdings auch auf Motive der Taten.

Nach der Überlieferung wird *Ezechiel*, der mit dem Titel „Wächter" wohl Jeremia
(6, 17) aufnimmt, ebenfalls zweimal bestellt, oder seine Amtseinsetzung wird bestätigt und erweitert. Wenn nicht unmittelbar ein Zusammenhang, dann besteht zumindest eine Ähnlichkeit oder Parallelität.[111]

---

[107] „Der Prophet Jeremia ist wie ein Metallschmelzer, der durch Erhitzen das genuine Metall
von den Schlacken zu scheiden wünscht; aber ‚die Verunreinigungen ließen sich nicht ausscheiden, weil sonst nichts übrig bliebe'" (T. Kronholm, ThWAT V, 721).

[108] Die Korrespondenz der beiden Worte steht in Kap. 1–6 nicht allein; s. o. zur Entstehung des
Buches (S. 31 ff). Vgl. Jes 49, 6.

[109] Vgl. die Auslegung zu 6, 9 f.

[110] In Gottes Ich-Rede Jer 9, 6; als Partizip: „der Herz und Nieren prüft" 11,20; 17, 10; ähnlich
12, 3; 20, 12. Diese, der Psalmen-Sprache (7, 10 u. a.) entsprechende oder ihr wohl entnommene
Aussage ist schon in Klageliedern auf Einzelpersonen bezogen, hier auf Jeremia übertragen.

[111] Ez 3, 17–19; 33, bes. V. 7–9. „Neben der Bericht von der Berufung am Anfang" tritt „eine
zweite, neuartige Indienstnahme durch Jahwe" (W. Zimmerli, Ezechiel, BSt 62, 1972, 148 f; dazu
BK XIII/2, 1969, 801) – eben dieses Phänomen findet sich schon bei Jeremia. Vgl. auch vom Exils-
Propheten Jes 40, 1–8 und vom Gottesknecht 49, 1–6, falls sich beide Texte auf dieselbe Person beziehen. Innerhalb von Jes 49, 5 f ist nochmals eine Erweiterung des Auftrags gegeben.

Der Schmelzvorgang ist ähnlich schon bei Jesaja, allerdings für die Stadt Jerusalem,[112] bezeugt, wird bei Jeremia auf das Volk angewendet und verschärft. Die Guten lassen sich nicht herausfinden.[113] Schon zuvor sind „sie alle" (V. 28) von dem Schuldaufweis wie der Gerichtsansage erfasst: „vom Kleinsten bis zum Größten".[114]

Auch im weiteren Zusammenhang bietet V. 30 eine Steigerung: Bezieht sich das „Verwerfen" zunächst (2, 37) auf die „Mächte deines Vertrauens", dann bildlich auf die Liebhaber, die die Schönheit der Tochter Zion verschmähen (4, 30), so hier auf das eigene Volk.[115] Sollte die Niederschrift der sog. Frühzeitverkündigung nicht nur sachlich, sondern auch zeitlich geordnet sein, ergibt sich die Einsicht: „Mit dieser trostlosen Feststellung schließt der erste Teil der Wirksamkeit Jer's."[116] Zumindest literarisch durch die Textfolge bildet diese erschütternde Folgerung den Schluss. Sie wird aus der Erwählung wegen des Verhaltens gezogen, ist kein Urteil von außen, erwächst vielmehr aus der Selbstkritik des Glaubens. Ist es darum nicht nur selbstkritisch nachsprechbar?

---

[112] Jes 1, 22. 25. Man gewann Silber aus silberhaltigem Bleiglanz; misslang der Schmelzprozess, entstand Bleiglätte, d. h. Bleioxyd, das sich nicht mehr vom Silber trennen ließ (L. Köhler, ThZ 3, 1947, 232–234). Vgl. Spr 17, 3; Ps 66, 10; Sach 13, 9; zum Schmied Jer 10, 9. 14 u. a.; dazu HAL 989 f; ThWAT VI, 1133–1188; RA VIII, 96–119.

[113] Das Bild gewinnt „dadurch, dass von der Fruchtlosigkeit des Läuterungsprozesses gesprochen wird, einen ganz anderen Aspekt [...] Aber, mag auch der Blasebalg noch so sehr schnauben, und man noch so lange schmelzen, der Erfolg bleibt aus, die Bösen lassen sich nicht aus dem Volke ausscheiden, woraus der Prophet die erschütternde Gewißheit gewinnt, dass Jahwe sein Volk verworfen hat, gerade so, wie man verunreinigtes Silber, das nicht mehr geläutert werden kann, verwerfen muss." (R. Mayer, Die biblische Vorstellung vom Weltenbrand, 1956, 93 f). „Die Schlechten, die die Schlacke repräsentieren, lassen sich nicht abtrennen, im Bild gesprochen: vom Metall bleibt nichts übrig, oder noch einmal anders gewendet: es gibt keine Guten. Deshalb muss Jahwe allesamt verwerfen." (R. Liwak 292).

[114] Jer 6, 13; vgl. 5, 4 f. 11; 6, 11 u. a.

[115] In der Komposition der Tempelrede wiederholt: 7, 29; vgl. 4, 8 b; auch 16, 5 u. a.; vgl. zur Verkündigung – Gibt es eine Aufnahme oder gar Korrektur – nach der Erfahrung des Gerichts – in der anderen Situation des Exils in der Botschaft des Exilspropheten (Jes 41, 9; 48, 10)?

[116] W. Rudolph 51. Nach B. Duhm (73) „fasst Jeremia die Erfahrungen [...] zusammen". Ähnlich wird vielfach geurteilt.

Jeremias Tempelkritik
Jer 7, 1–15

1 Das Wort, das an Jeremia von Jahwe erging:
2 Stell dich in das Tor des Hauses Jahwes und rufe dort dieses Wort aus
und sage: Hört das Wort Jahwes, all ihr Judäer, die ihr durch diese Tore
kommt, um Jahwe zu anzubeten. 3 So spricht Jahwe Zebaoth, der Gott Israels: Bessert euren Wandel[1] und eure Taten, dann will ich euch an diesem
Ort wohnen lassen.[2] 4 Vertraut nicht auf die Lügenworte[3]: ‚Der Tempel Jahwes, der Tempel Jahwes, der Tempel Jahwes ist dies!' 5 Wenn ihr euren
Wandel und eure Taten wirklich bessert und untereinander[4] wirklich Recht
übt, 6 Fremdling, Waise und Witwe nicht bedrückt, kein unschuldiges Blut
an diesem Ort vergießt und nicht anderen Göttern nachlauft, euch zum
Unheil, 7 dann will ich euch an diesem Ort wohnen lassen[5], in dem Land,
das ich euren Vätern gegeben habe von Ewigkeit zu Ewigkeit.[6]
8 Siehe, ihr vertraut auf die Lügenworte, die nichts nützen.
9 Nicht wahr: stehlen, töten, ehebrechen, falsch schwören,
dem Baal opfern und anderen Göttern nachlaufen, die ihr nicht kennt[7].
10 Dann kommt ihr, tretet vor mich in dieses Haus, über dem mein Name
genannt ist, und sagt: ‚Wir sind geborgen!'[8], um alle diese Gräuel (weiter)
zu tun. 11 Ist denn dieses Haus, über dem mein Name genannt ist, in euren Augen eine Räuberhöhle geworden? Aber auch ich kann sehen – ist der
Spruch Jahwes. 12 Geht doch zu meiner Stätte in Schilo, wo ich zu Anfang
meinen Namen wohnen ließ, und seht, was ich ihr wegen der Bosheit meines Volkes Israel (an)getan habe! 13 Und nun, weil ihr alle diese Taten
getan habt – Spruch Jahwes – und obwohl ich unermüdlich zu euch geredet
habe, ihr aber nicht gehört habt, und obwohl ich euch gerufen habe, ihr

---

[1] Wörtlich (auch V. 5): „eure Wege"; vgl. „Wege" 2,(23.)33; dazu Anm. 35.

[2] Stattdessen bieten – dem hebräischen Schriftbild (Konsonantentext) möglich – eine griechische und die lateinische Übersetzung: „Dann werde (bleibe) ich bei euch wohnen." Diese bedingte Zusage der Gegenwart Gottes bildet eher die ursprüngliche Fassung (vgl. Jes 8, 18: „der auf
dem Berg Zion wohnt").

[3] Dem Wortlaut geht eine Einführung („um zu sagen") voran, etwa: „indem ihr sprecht" oder
„folgendermaßen" (vgl. HAL 64).

[4] Wörtlich: „zwischen einem Mann und seinem Nächsten".

[5] Vgl. Anm. 2.

[6] D. h.: auf Dauer, vgl. 17, 25.

[7] Im Sinne von: „die euch nichts angehen", zu denen ihr (eigentlich) in keiner Beziehung steht;
vgl. 19, 4.

[8] Wörtlich: gerettet.

aber nicht geantwortet habt,   14 so werde ich diesem Haus, über dem mein
Name genannt ist, auf das ihr vertraut, und dem Ort, den ich euch und euren Vätern gegeben habe, (an)tun, wie ich Schilo getan habe.   15 Ich werde
euch von meinem Angesicht verstoßen, so wie ich alle eure Brüder, das
ganze Geschlecht[9] Ephraims, verstoßen habe.

Für Jeremias Tempelrede wichtige Motive klingen schon zuvor an, wie die
Kritik an Priestern oder am Kult[10] und das Vertrauen auf Nicht-Vertrauenswürdiges.[11] Ähnlich Kap. 2–6 läuft Kap. 7(–8, 3) auf die Ankündigung des
Gerichts zu, das in seinen Bildern breit ausgemalt ist. Die Frage: Was gibt
Hilfe? stellte sich (2, 13. 27 f). Vor allem ist bereits die Erkenntnis ausgesprochen: Der Zion bietet keinen Schutz (4, 31; 6, 1).[12] Diese Einsicht wird jetzt –
zu einer neuen Zeit (26, 1) – auf den Tempel übertragen; er kann als Ort unrechten Vertrauens erscheinen. Die Frage „Was gibt Schutz?" kann man das
„Leitmotiv" (P. Volz) der Tempelrede nennen; dem Wortlaut (V. 4. 8.14) näher wäre: Was verdient „Vertrauen"?
    Sie ist *zweimal erzählt*. Der Anlass ist gleich: Der Kernsatz droht dem
Jerusalemer Heiligtum dasselbe Schicksal wie dem Heiligtum zu Schilo an
(7, 14; 26, 6. 9). Der Ort, an dem die Rede gehalten wird, ist ähnlich: der Vorhof (26, 2) bzw. das Tor des Tempels.[13] Die Gestalt der Überlieferung ist jedoch verschieden: Jer 7 gibt die Worte in breiter, predigtartiger Ausführung
wieder, während Kap. 26 nach knapper Fassung der Rede die Folgen für Jeremia, sein Geschick, darstellt. Wie Kap. 1 „Persönliches" zusammenbindet,
so stellt die (jerdtr) Redaktion in Kap. 7 entscheidende Themen der Verkündigung, zumal der Kultkritik, zusammen.[14] Die Rede enthält mehrere thematisch gegliederte Abschnitte, die ähnlich dem einleitenden Hauptteil einzelne
Worte (in V. 18. 21. 28 f) aus der Jeremiaüberlieferung aufnehmen.

I.   7, 1–15   Die Tempelrede (vgl. 26, 1–10)
            a) V. 1 Einleitung (bis 8, 3)
               Überschriftartige Einführung als „Wort" Gottes
               (vgl. 11, 1; 18, 1; 30, 1 u. a.)
               V. 2 Auftrag mit Ortsangabe
               Anrede: „Höret!" und Adressat

---

[9] Wörtlich: „Samen/Nachkommenschaft". „Verstoßen", wörtlich: „wegwerfen"; vgl. 2Kön
17, 20; 24, 20; ähnlich Jer 23, 39; auch Ps 51, 13; 71, 9.
[10] Jer 2, 8; 5, 4 f; 6, 13 f. 20; vgl. zu Jeremias Verkündigung Abs. 5.
[11] Jer 2, 37; 5, 17; vgl. 4, 30.
[12] Ist Kap. 7 aus solchen Gründen der Übereinstimmung hier eingefügt?
[13] Jer 7, 2; vgl. 36, 10; Ps 24, 7 ff; 118, 19 ff. Die (jerdtr) Redaktion nennt auch sonst das Tor
(Jer 17, 19 f).
[14] „Das ganze Kapitel ist etwa wie die Bergpredigt nach Matthäus zu beurteilen. Der Verfasser
ist der Ansicht gewesen, dass diese Rede die eigentliche Rede des Propheten gewesen ist, worin er
die Summe seiner ganzen Verkündigung gegeben hat." (S. Mowinckel, Zur Komposition, 1914, 7)
„Eine Art Summe der Verkündigung Jeremias", die „die wichtigsten Themen […], vor allem die
Anklage des Gottesdienstes", bietet (W. Thiel I, 133. 225).

b) V. 3–4 Nach Botenspruchformel
thematisch vorangestellt:
(Positiv) Mahnung „Bessert euch!"
Folge: bedingte Heilszusage
(Negativ) Warnung „Vertraut nicht!"
c) V. 5–7 Entfaltung und Verstärkung der Forderung
mit bedingter Heilszusage
d) V. 8–11. 12. 13–15 Doppelte Anklage mit Urteil
V. 8   Aufnahme von V. 4
V. 9   Verhalten entgegen dem Dekalog
V. 10   Selbsttäuschung
V. 11   Verstärkende Frage. Disputationswort
V. 12   Aufforderung zu eigener Wahrnehmung
Vergleich mit dem Schicksal Schilos
V. 13   Allgemein zusammenfassende Anklage: Ungehorsam
mit unbedingter Gerichtsansage:
V. 14   Urteil über den Tempel
V. 15   Urteil über das Volk

II.   V. 16–20   Verehrung der Himmelskönigin (vgl. 44, 15–19)
III.   V. 21–29   Opfer-Kritik (vgl. 6, 20; 14, 12)
IV.   V. 30 ff   Thophet-Polemik (vgl. 19, 5–9. 11 f; 32, 34 f)
mit
V. 27 f Feststellung des Nicht-Hörens
V. 32–8, 3 Abschließende Gerichtsansage[15]

Grob kann man in der Tempelrede einen mehr mahnend-warnenden (V. 3–7) von einem eher entschieden festlegenden Teil V. 9–15 (bes. V. 13 ff) unterscheiden. Die ihr zugrundeliegenden Worte Jeremias lassen sich nach Kriterien herausschälen, die in zwei Richtungen gehen: Zum einen werden (in einer kritischen Reduktion) sprachlich erkennbare jerdtr Redewendungen ausgeschieden. Dabei hat gegenüber dem Geläufigen oder Allgemeinen das Eigenartige oder gar Einmalige eher Anspruch auf Ursprünglichkeit. Zum andern ist (in einer Art „Querprobe") zu prüfen, ob der so gewonnene Grundbestand a) sachlich zusammengehört und b) mit der übrigen, wahrscheinlich „authentischen" Verkündigung Jeremias übereinstimmt. Auf diese Weise ergibt sich keine festabgrenzbare, fortlaufende Rede, wohl aber ein *Überlieferungskern*, der etwa umfasst:

V. 4   Vertraut nicht auf die Lügenworte:
,Der Tempel Jahwes, der Tempel Jahwes,
der Tempel Jahwes ist dies!'
(V. 8 a   Siehe, ihr vertraut auf die Lügenworte)
V. 9 a   Nicht wahr:
stehlen, töten, ehebrechen, falsch schwören,
V. 10 a   dann kommt ihr und tretet vor mich in dieses Haus
und sagt: ,Wir sind geborgen!'

---

[15] S. Mowinckel ([s. vor. Anm.] 34 f) weist auf die – für jerdtr konzipierte Reden (wie Jer 11; 25, 1–11) – typische dreigliedrige Disposition von Kap. 7 hin: a) Aufforderung zur Buße und Bekehrung, b) Feststellung der Unbußfertigkeit, c) Strafandrohung als Folge.

V. 11   ,Ist denn dieses Haus in euren Augen eine
         Räuberhöhle geworden? Aber auch ich kann sehen,
         Spruch Jahwes.
V. 12   Geht doch zu meiner Stätte in Schilo
         und seht, was ich ihr (an)getan habe!
V. 14   So werde ich diesem Haus, auf das ihr vertraut,
         (an)tun, wie ich Schilo getan habe.'

Dieser Redekern[16] enthält wie manche Worte Jeremias (2, 20 ff u. a.) zwei Zitate, die
das Selbstverständnis der Angeredeten wiedergeben (V. 4. 10); ihnen stellt er seine
Botschaft entgegen, die mehrere Formen verbindet:
V. 4   Warnung und V(8 a.)9 a Anklage (vgl. Hos 4, 2)
V. 11   Zweiteiliges Disputationswort mit Frage und Folgerung
         (wie 18, 6; 23, 23 f)
V. 12   Ironischer Aufruf zur Wallfahrt[17]
         mit geschichtlichem Rückblick
V. 14   Folgerung: Unbedingte Zukunftsansage (vgl. 26, 6. 9)

Mit seinen Einsichten steht Jeremia bereits in einer *Geschichte* prophetischer
Kult-, ja *Tempelkritik;* grob lässt sich ein „Dreischritt" unterscheiden: In Weiterführung a) der Kritik von Amos (4, 4; 5, 5; 9, 1) und Hosea (10, 2. 8; 12, 12
u. a.) an den Nordreichheiligtümern überträgt b) Micha die Kritik auf den
Zion (3, 11 f; zitiert Jer 26, 18).[18] In seiner Nachfolge äußert sich c) Jeremia gegen den Tempel. Allerdings ist die Situation – nach biblischem Bericht[19] – erheblich verschärft durch Josias Kultzentralisation, die das Jerusalemer zum
einzigen Heiligtum erhob.
    Das Zitat „Wir sind geborgen" (V. 10) ähnelt einem Vertrauenslied des
Volkes. Faktisch wendet sich der Prophet gegen die in den sog. Zionspsalmen (wie Ps 46; 48) bewahrte Tradition. Sie preisen mit Gott zugleich
den *Ort*, an dem Gott „wohnt" (vgl. Jes 8, 14), können mit dem Vertrauen
in Gott das Vertrauen in die Unverletzbarkeit der Stadt verbinden: „Gott
ist in ihr. Sie wankt nicht" (Ps 46, 6).[20] Als Folge oder Auswirkung von Gottes Anwesenheit am Heiligtum scheint die Uneinnehmbarkeit, der Schutz,
gewährleistet zu sein. Müssen die Propheten nicht einer solchen Tradition

---

[16] Soweit man ein entsprechendes Verfahren übt, bestimmt man den Grundbestand im wesentlichen ähnlich. Etwa der dreifache „Tempel"-Ruf, die Verschärfung der Dekalogtradition, der Vorwurf „Räuberhöhle" oder die Gerichtsansage im Vergleich mit Schilo bilden kaum nachträglich
erfundene Traditionselemente.
[17] Vgl. Am 4, 4; o. Anm. 163 zu Jer 2, 31. Ähnlich ist der folgende ironische Aufruf zum Opfern
7, 21. V. 12 fordert zugleich zur Selbsterfahrung auf (wie 2, 10; 5, 1 u. a.).
[18] Auch Jesaja bezieht die Stadt und ihre Bewohner ein. Er kann denen den Untergang andro-
hen, die – wohl im Anschluss an die Ziontradition – meinen, „mit dem Tode einen Bund geschlossen zu haben: Die wogende Geißel wird nicht über uns kommen!" (28, 14 f. 18 f; vgl. 29, 1; 32, 14;
auch 3, 8. 16 ff; 5, 14. 17; 22, 1–14).
[19] 2Kön 22 f. Die Tempelrede fand nach Jer 26, 1 bald nach Josias Tod statt; s. o. zur Situation.
[20] Ist darin auch eine Konsequenz der Verschonung der Stadt im Jahre 701 v. Chr. zu
sehen?

widersprechen? Gott ist gegenüber dem Ort frei; diese Einsicht spricht auch Ezechiel[21] aus.[22]

Dem – nach seinem Urteil – falschen Vertrauen[23] auf die bergende Schutzmacht des Tempels begegnet Jeremia mit der *sozialethischen* Anklage und der Ankündigung des Gerichts. Er verweist auf das Alltagsleben im zwischenmenschlichen Miteinander, auch außerhalb des Kults. Dabei nimmt er (V. 9) die schon *weisheitliche* (Spr 21, 3 u. a.), von den Propheten verschärfte, miteinander verknüpfte *Kult- und Rechtskritik* auf.[24] Die Propheten stimmen mit den Rechtsbestimmungen im Geist überein, aber nur höchst selten und lose im Wortlaut. Die Diskrepanz zwischen der Berufung auf den Tempel und dem Verhalten Israels zeigt V. 9 im Anschluss an zusammenfassende Worte Hoseas oder seiner Tradenten auf. Mit seinem dreifachen Vorwurf, „zu stehlen, zu töten und die Ehe zu brechen" scheint Jeremia Hos 4, 2 in veränderter Reihenfolge aufzunehmen – *nahe* den Forderungen des *Dekalogs*. Jedoch ist unsicher, ob Hosea und Jeremia den Dekalog frei zitieren[25] oder nicht eher eine Vorform[26] bezeugen. Vermutlich handelt es sich bei dieser – einschließlich des Meineids („falsch schwören") auch viergliedrigen – Aufzählung um eine ältere *Verbotsreihe*[27], die der Dekalog aufgreift.

In der Reihung der Themen und der Objektlosigkeit der Verben[28] sind beide Propheten mit dem Dekalog verbunden, in der Intention aber unterschieden. Er will künftigem Fehlverhalten vorbeugen, vor Schuld bewahren. Hier liegt eine *Anklage* vor, die nicht nur einzelne, sondern *alle* bei der Schuld behaften will. Die grob den Geboten der sog. II. Tafel entsprechende Reihe dient beiden Propheten – mit Blick auf Vergangenheit und Gegenwart – als *allgemeiner* Schuldaufweis.

Dem ganzen Volk, „Klein und Groß", wird Übertretung vorgeworfen.[29] Auch wenn die Verben „stehlen" und „töten" bei Jeremia sonst keine Rolle

---

[21] In Kap. 1–3. Mit seinen Bildreden überbietet Ezechiel eher noch seine Vorgänger in seinen Klagen über die „Stadt der Blutschuld" (22, 2 f; 24, 6; vgl. 15; 16, 3 ff) und kündigt ihr in Zeichenhandlungen und Visionen (4 f; 8–11 u. a.) das Gericht an, bei dem der Tempel nicht verschont bleibt (24, 21. 25): „Siehe, ich entweihe mein Heiligtum, den Hort eures Stolzes".

[22] In M. Luthers Nach- und Umdichtung von Ps 46 „Ein feste Burg ist unser Gott" (EG 362) fehlt – wie in Aufnahme prophetischer Kritik – das Vertrauen auf die Gottesstadt.

[23] Vgl. „auf Trug vertrauen" Jer 13, 25; auch 28, 15; 29, 31.

[24] In Verbindung mit der Gerichtsansage: Am 5, 21–24. 27; vgl. Jes 1, 10–17 u. a. Die Zusammengehörigkeit von Gottesdienst und Alltagsethos ist auch in – in ihrem Alter schwer bestimmbaren – Ps 15; 24 u. a. bezeugt.

[25] Wie später Paulus Röm 13, 9; vgl. Lk 18, 20.

[26] In seiner vorliegenden Endgestalt scheint der Dekalog erst später entstanden und auch aus der bei den Propheten anklingenden Überlieferung erwachsen zu sein. Bei ihnen sind Einzelgebote (wie Hos 13, 2. 4; Mi 2, 2) sowie Gebotsreihen (Hos 4, 2) bezeugt.

[27] Vgl. Lev 19, 11 f; Sach 5, 3 f; Hi 24, 14 f; Mal 3, 5; Ps 50, 18 f. Das Verbot des Meineids wird in allgemeinerer Form vom dritten Gebot, Gottes Namen nicht zu missbrauchen, aufgenommen.

[28] Gegenüber der älteren Tradition Ex 21, 12. 15–17. Sind in der Prophetie zum ersten Male die Verben ohne Objekt bezeugt, so das Gebot verallgemeinert?

[29] Jer 6, 13 wie etwa 5, 1 ff; 9, 2 ff u. a.

spielen, deckt er den Sachverhalt auf;[30] „ehebrechen" ist bei ihm – wie schon bei Hosea (3, 1; 4, 13 f; 7, 4) – mehrfach Thema.[31]

Die zweifache Wiederholung des Rufes „Der Tempel Jahwes, der Tempel Jahwes, der Tempel Jahwe ist das" mag Ausdruck der Inbrunst sein, der Betonung oder auch der Beschwörung dienen.[32] Jeremia schilt den Tempel eine „Räuberhöhle" (V. 11), in der sich die Täter verbergen: „Der Sinn des ganzen Satzes ist nicht der, dass der Tempel eine Höhle wäre, von der aus die Räuber ihr Raubzüge machen [...] Sondern: indem sie, die Bösen, in den Tempel kommen und meinen, durch den Tempel vor jedem nationalen Unglück sicher zu sein, machen sie den Tempel zu einem ‚Verschlupf von Räubern'."[33]

Im Vergleich mit dem zerstörten Heiligtum in Schilo[34] droht Jeremia dem Jerusalemer Tempel den Untergang an. Ob der Volksglaube Gegenwart Gottes und Tempel zu eng verbindet, vielleicht gar in eins setzt? Jeremia scheint an Grundfesten des Glaubens zu rütteln, so dass er in Todesgefahr (Kap. 26) gerät, unterscheidet aber aus Glauben: Gottes Anwesenheit bedeutet nicht Sicherheit. Gott kann und wird sein Heiligtum im Stich lassen! So stellt Jeremia seine Einsicht und Gewissheit jenem Sicherheitsgefühl entgegen.

Demgegenüber verlagert die (jerdtr) *Redaktion* den Ton: Sie stellt Jeremias Warnung und Anklage die Mahnung „Bessert euren Wandel!" (V. 3)[35] mit bedingter Heilszusage (V. 5–7) voran. Erkennt der Prophet die Schuld hier im zwischenmenschlichen Bereich (V. 9 a), so erweitert oder verstärkt die Redaktion einerseits dieses Thema: Recht üben, sozial Schwache nicht unterdrücken,[36] kein unschuldiges Blut vergießen (V. 5 f). Andererseits fügt sie die Intention der I. Tafel des Dekalogs als Vorwurf der Fremdgötterverehrung in allgemeinerer, wiederkehrender Sprache hinzu: „dem Baal opfern, anderen

---

[30] Vgl. „Blut Unschuldiger" 2, 34; auch 5, 27 f u. a. Jeremia kann eine ähnliche Intention mit Begriffen „Recht, Gerechtigkeit" umschreiben (22, 15).

[31] Jer 5, 7 verbunden mit (5, 2. 7): Lüge „schwören"; auch 9, 1; vgl. die Bilder 2, 23 ff; 3, 2 u. a.; dazu o.

[32] Vgl. das dreimal „heilig" im Tempel Jes 6, 3; dreimal „Land" Jer 22, 29; die Doppelung „mir hat geträumt" 23, 25.

[33] P. Volz 91 f. Steht die Vorstellung im Hintergrund, dass der Tempel für den von Blutrache flüchtenden Totschläger, der unbeabsichtigt gehandelt hatte, als Asyl diente? Vgl. 1 Kön 1, 50; 2, 28; Ex 21, 13 f; Am 3, 14.

[34] Es ist strittig, „ob die in Jer 7, 12. 14; 26, 6. 9 erwähnte Zerstörung im Gefolge der Ereignisse von 1 Sam 4 geschah oder auf ein zeitlich näher liegendes Ereignis der Assyrerzeit zu beziehen ist" (S. Kreuzer, Schilo, NBL III, 2001, 474–476; vgl. W. Dietrich, Samuel, BK VIII/1, 1, 2003, 36 f). Wäre der Vergleich mit einem zeitnahen Ereignis nicht erheblich eindrücklicher? Das feindliche Volk wird hier nicht genannt; die Zerstörung des Heiligtums gilt als Werk Gottes – wie in der Vergangenheit so auch in Zukunft.

[35] Der Aufruf „Macht gut eure Wege!", mit der die Predigt beginnt (V. 3. 5; ähnlich in ebenfalls jüngeren Absätzen 18, 11; 26, 13; 35, 15), knüpft wohl an Jeremias Anklage 2, 33 (vgl. 4, 18) an, in der sich die Verbindung von „gut machen" und „Weg" findet, um sie in eine Mahnung umzuwandeln. Vgl. demgegenüber 2, 22; 4, 22; 13, 23 u. a.

[36] Vgl. Ex 22, 20 f; 23, 6 ff; Dtn 24, 17 f; 27, 19; Lev 19, 33 f; Jes 1, 17. 23; bes. (jerdtr) Jer 22, 3.

Göttern folgen".[37] Diese Ergänzung steht sachlich Jeremia aber insofern nahe, als er selbst in anderen Zusammenhängen (2,10 ff u. a.) auf die Ausschließlichkeit verweist.[38]

Die (jerdtr) Redaktion steht deuteronomistischen Kreisen nahe, die den Tempel schätzen (vgl. 1 Kön 8); sie konnten das harte Urteil über den Tempel mit der Ankündigung von dessen Untergang kaum erfinden, Jeremias Worte nach ihrer *Bestätigung* – die Zerstörung des Tempels erscheint wie eine Erfüllung seiner Ankündigung – jedoch weitergeben.[39] Zudem scheint das Wort gegen den Tempel (V. 14) – auf Grund der späteren geschichtlichen Wirklichkeit – auf die Androhung der Zerstörung der *Stadt* und der *Exilierung* aus dem Land ausgeweitet zu sein.[40] „Ort" wird doppelsinnig für Tempel und Stadt gebraucht und wird als „Gabe" verstanden.[41]

Die Redaktion begründet die prophetische Gerichtsansage ausführlicher, letztlich mit dem Ungehorsam des Volkes (V. 24. 26 f), das auf Mahnungen (V. 3. 5 ff. 23) nicht hört. Wird so nicht das Ergehen des Tempels und der Stadt verständlich?

Ist die Einsicht, dass Gott nicht an den Tempel oder den Ort gebunden ist, auch in der Ferne ohne Heiligtum gegenwärtig sein kann, nicht die Voraussetzung für die Zusage neuen Lebens im Brief an die Exilierten 29, 5–7? Hier scheint Jeremia – sachlich – seine mit der Tempelrede gewonnenen oder in ihr ausgesprochenen Einsichten weiterzuführen.[42]

Diese Rede eröffnet die kommenden Konflikte.[43] Es handelt sich um eine *Religionskritik*, die aus dem eigenen Glauben erwächst, von innen, nicht von außen kommt, nicht an fremden Kulten geübt wird, sondern „Fundamente",

---

[37] V. 6. 9; vgl. V. 19 u. ö. Die Redaktion sieht einen Hauptgrund der Katastrophe in der Nichteinhaltung des Ersten Gebots.

[38] Auch der ergänzte Hinweis auf den Rechtsschutz bzw. die Fürsorge für „Fremdling, Witwe, Waise" (Ex 22, 20 f; Dtn 24, 17 f; 27, 19; vgl. Lev 19, 33 f; Jes 1, 17. 23) entspricht sachlich Jeremias in anderem Zusammenhang (5, 28; vgl. 22, 13 ff u. a.) ausgesprochener Anklage, auch wenn der Personenkreis so nicht genannt wird.

[39] „Der öfters erhobene Einwand", dass die dtr Kreise bei ihrer „Hochschätzung des Tempels diese Tempelpolemik nicht hätten weiter überliefern können, verkennt die Sprache der Tatsachen; daraus, dass der Tempel tatsächlich 587 in Schutt und Asche sank und Jer also recht behielt, lernten diese Männer, dass Jer wirklich Gottes Willen verkündet hatte" (W. Rudolph 531). Sie erblickten „ihre Aufgabe ja gerade in einer theologischen Interpretation der Katastrophe" (W. Thiel I, 104). Vgl. 2 Kön 23, 27.

[40] Jer 7, 3. 7. 14 f; 26, 6. 9. 11 f; vgl. 2 Kön 23, 27; o. Anm. 9. Wie im Anschluss an den Hinweis auf das (etwa 30 km) nördlich Jerusalem gelegene Silo nennt 7, 15 Nord- und Südreich. Wirkt die Gerichtsansage im Kontext nicht wie eine Antwort auf die Israel und Juda umfassende Anklage 5, 11?

[41] V. 14 erinnert an die Heilsgeschichte: „euch und euren Vätern gegeben" (vgl. 25, 5; 35, 15). Zu der Wendung „über dem mein Name ausgerufen ist" (V. 10 f. 14. 30) vgl. zu 15, 16.

[42] Vgl. unten zu Kap. 16 den Vergleich mit Jer 29.

[43] Nach dem Markus-Evangelium nimmt Jesus die Tempelkritik auf (Mk 13, 2; vgl. 14, 58; 15, 29; auch die Zeichenhandlung 11, 15–18; dann Joh 2, 19; Apg 6, 11. 13 ff u. a.). Sie scheint neben Irrlehre oder Blasphemie ein Grund für seine Verurteilung gewesen zu sein.

Grundlagen des eigenen Glaubens eben aus diesem Glauben – auf Grund eines anderen Gottesverständnisses – in Zweifel zieht. Auf die innere Religionskritik folgt im nächsten Abschnitt die äußere.

Das zweite Thema
Gegen den Kult der Himmelskönigin
Jer 7, 16–20 (vgl. 44, 15–19)

16 Du aber, bete nicht für dieses Volk und erhebe nicht für sie flehentliches Gebet[44] und dringe nicht in mich; denn ich erhöre dich nicht. 17 Siehst du nicht, was sie in den Städten Judas und den Gassen Jerusalems treiben? 18 Die Kinder[45] sammeln Holz, die Väter zünden das Feuer an, und die Frauen kneten den Teig, um Kuchen für die Himmelskönigin[46] zu backen. Auch spendet man Trankopfer für andere Götter, um mich zu kränken. 19 Kränken sie denn mich – Spruch Jahwes –, nicht vielmehr sich selbst zu ihrer eigenen Schande[47]. 20 Darum so spricht der Herr Jahwe: Siehe, mein Zorn und mein Grimm ergießt sich über diesen Ort, über Menschen und über Tiere, über die Bäume des Feldes und über die Früchte des Bodens, und er brennt unauslöschlich.

War die Tempelrede nach der Einführung (V. 1 in 3. Person) und kurzer Anrede „Du" (V. 2 a) in den Plural „Ihr" übergegangen, so kehrt V. 16 zum „Du", zur Anrede an Jeremia, zurück. Der Abschnitt 7, 16–20 stimmt im Thema bis in die Ausdrucksweise hinein mit der letzten überlieferten Predigt Jeremias in Ägypten (44,15–19) nach der Zerstörung Jerusalems überein. Der Kern der Überlieferung vom Kult der Himmelskönigin ist in V. 18 enthalten, der (ähnlich etwa dem Brief 29, 5–7) einen gewissen Parallelismus erkennen lässt:

> „Die Kinder sammeln Holz,
> die Väter zünden das Feuer an,
>   (das Eigentliche:)
> und die Frauen kneten den Teig,
>   um (Opfer-)Kuchen für die Himmelskönigin zu backen."

„Bei der Praktik handelt es sich um eine Angelegenheit der *Familie* (Söhne, Väter, Frauen); von den Priestern ist nicht die Rede. Die eigentliche Aufgabe bei diesem Brauch kommt den Frauen zu (das wird durch Jer 44, 19 bekräf-

---

[44] Wörtlich: Klageschrei und Gebet.
[45] „Söhne" kann die Töchter einschließen; vgl. Gen 3, 16; HAL 132.
[46] Vgl. HAL 561 f; auch 444 zum „Opferkuchen".
[47] Wörtlich: zur Schande/Beschämung ihres Angesichts.

tigt), Kinder und Väter leisten nur ‚Handlangerdienste'; der pater familias hat
hier nicht die dominierende Rolle wie sonst bei kultischen Begehungen der
israelitischen Familie."[48] Die „Königin des Himmels" trägt keinen Namen.
Vermutlich ist sie die (babylonisch-)assyrische Ischtar, die Göttin des Venus-
sterns.[49] Oder handelt es sich zugleich um einen einheimischen Kult? Vorstellungen ähnlicher Gottheiten können sich miteinander verbunden haben;
so bleibt der Name vielleicht nicht zufällig ungenannt.

Das Thema ist jedenfalls die Alleinverehrung, als Anspruch wie als Vorwurf der Übertretung. Die Ausschließlichkeit des Glaubens war, wie das Alte
Testament vielfältig erzählt und Jeremias Verkündigung früh (2, 10 ff) beklagt, keine allgemeine Wirklichkeit. Hier soll der Glaube an Jahwe nicht ersetzt, jedoch ergänzt werden – um die Verehrung der Himmelskönigin. Mit
dem ihr geweihten Backwerk,[50] erwarteten sie Nahrung und Wohlstand von
ihr. Wird damit aber nicht Gottes Zuständigkeit und Macht eingeschränkt?

Jeremias Auseinandersetzung mit dem Kult der Himmelskönigin weitet die
jerdtr Redaktion im Rückblick aus dem Exil – für ihre Intention charakteristisch – aus, indem sie in doppelter Hinsicht verallgemeinert: Der Kult vollzog
sich zum einen generell „in den Städten Judas und den Gassen Jerusalems"
(7, 17), von jedermann (44, 1 ff. 21), und galt zum andern nicht nur jener einen
Göttin, sondern – wiederum allgemein – „anderen Göttern".[51]

Dieser allgemeine Vorwurf begründet das harte *Verbot* der *Fürbitte* (7, 16;
11, 14), das seinen Ursprung wohl in der Volksklage 14, 11 hat. Kann sich der
Prophet gleichsam in beide *Richtungen* wenden, vom Volk als Fürsprecher an
Gott und von Gott in der Weitergabe des Gotteswortes an das Volk,[52] so sagt
das Verbot angesichts der Verfehlung die Unabwendbarkeit des Gerichts aus.

---

[48] „Beide Wahrnehmungen legen nahe, dass es sich bei dieser Praktik nicht um eine offizielle
Angelegenheit (des Tempels und des Königtums) handelt, sondern dass vielmehr an die einfache-
ren Volksschichten zu denken ist, die von der Zurüstung bis zur Durchführung im Rahmen der
Familie für ihre kultische Verrichtung selbst Hand anlegen müssen." (M. Rose, Ausschließlichkeitsanspruch 253; vgl. 261).

[49] In der Zeit assyrischer Abhängigkeit, zumal in dem letzten Drittel des 8. Jh. und der ersten
Hälfte des 7. Jh., sind anscheinend assyrische Kulte nach Juda eingewandert oder wurden geför-
dert. Vgl. zum Gestirnkult den Zusatz Am 5, 26 mit 2Kön 17, 30; 21, 3–5; 23, 5. 11 f; Jer 8, 2;
19, 13; Zeph 1, 5; Dtn 4, 19 u. a.; auch das Lied vom „Sohn der Morgenröte" Jes 14, 12 ff. Vgl. unten zu Jer 10, 2.

[50] Vgl. außer Jer 44, 17 ff auch Hos 3, 1; 2Sam 6, 19; 13, 6 ff.

[51] Jer 7, 18 b; 44, 3 ff. Die jerdtr Redaktion hat das überlieferte Jeremiawort „auf den Götzendienst überhaupt bezogen, d. h. die geschilderte Tätigkeit als ein Exempel für den Götzendienst
der Judäer überhaupt aufgefasst und interpretiert" (Thiel 121; vgl. II, 74).

[52] Vgl. o. zu Jeremias Verkündigung (Abs. 10. 3 ff) und zu Jer 14 (Anm. 23–24).

Das dritte Thema
Die Opferkritik Jer 7, 21–29

21 So spricht Jahwe Zebaot[53], der Gott Israels: „Eure Brandopfer fügt[54] zu euren Schlachtopfern – und esst (dies) Fleisch." 22 Denn ich habe euren Vätern am Tag, als ich sie herausführte[55] aus dem Land Ägypten, nichts gesagt und nichts geboten über Brandopfer und Schlachtopfer, 23 sondern dieses Wort habe ich ihnen geboten: Hört auf meine Stimme, so werde ich euer Gott sein, und ihr sollt mein Volk sein, und ihr sollt wandeln auf dem ganzen Weg, den ich euch gebiete, damit es euch gut gehe." 24 Sie aber haben nicht gehört und nicht ihr Ohr geneigt und sind nach den (eigenen) Plänen[56] in der Verstocktheit ihres bösen Herzens gewandelt, haben (mir) den Rücken zugekehrt, nicht das Antlitz. 25 Von dem Tag an, an dem eure Väter aus dem Land Ägypten auszogen, (blieb es so) bis heute; ich habe alle meine Knechte, die Propheten, unermüdlich[57] zu euch gesandt. 26 Sie haben nicht auf mich gehört und ihr Ohr nicht geneigt, ihren Nacken verhärtet, schlimmer gehandelt als ihre Väter. 27 Du aber sollst alle diese Worte zu ihnen reden, obwohl sie nicht auf dich hören, und du sollst zu ihnen rufen, obwohl sie dir nicht antworten. 28 Sage zu ihnen: Dies ist das Volk, das nicht auf die Stimme Jahwes, ihres Gottes, gehört und Zurechtweisung nicht angenommen hat. Die Wahrhaftigkeit (Treue) ist dahin, aus ihrem Mund verschwunden. 29 Schneide[58] dein langes Haar ab und wirf es weg, stimme Klage an auf den Anhöhen[59]; denn verworfen hat Jahwe und verstoßen das Geschlecht seines Zorns!

Anders als der vorangehende (7, 16 ff) handelt dieser Abschnitt „nicht von einem illegitimen Kult, sondern vom legitimen Jahweopfer",[60] wendet sich wie die Tempelrede (V. 1–15) dem eigenen regulären Kult zu oder kehrt zu ihrem Anliegen zurück. Entspricht die Aussage ihr nicht auch sachlich? Sind V. 16–20 an Jeremia adressiert, so richtet sich dieser Absatz in Gottesrede wieder direkt an das Volk. Er reicht von der Botenformel bis (analog den vorigen Abschnitten V. 14 f. 20) zur Unheilsansage:

---

[53] Die LXX liest lediglich die sog. Botenformel „So spricht Jahwe" und hat damit vielleicht den ursprünglichen Text bewahrt (vgl. 7, 3).

[54] Die Übersetzung „nehmt weg" (*sph* Jer 12, 4) ist weniger wahrscheinlich (vgl. Jes 29, 1), zudem nur mühsam von Dtn 12, 13–15 her zu verstehen.

[55] Lies mit Qere „mein Herausführen" anstelle von „Herausführen" (Ketib).

[56] Vgl. Ps 81, 13.

[57] „Tag" ist Dittographie. Vgl. Jer 11, 4; 25, 4 u. a.; o. zur Entstehung des Buches (Anm. 259).

[58] Die Anrede (im Hebräischen femin.) richtet sich nicht an den Propheten, sondern das Volk; vgl. zu Anm. 70.

[59] Vgl. Anm. 13 zu Jer 3, 2.

[60] W. Rudolph 56.

V. 21   Nach Botenformel: Opfertora
V. 22–28 a   Schuldaufweis
               V. 22–24 Ungehorsam der Väter
               gegenüber Gottes Willen (V. 23)
               Geschichtsrückblick als Begründung (vgl. 7, 7. 15)
               V. 25–28 a Ungehorsam bis in die Gegenwart
V. 28 b–29   Gerichtswort
               V. 28 b Anklage
               V. 29 a Aufforderung zur Totenklage
               V. 29 b Unheilsansage

Im Prosatext nimmt die (jerdtr) Redaktion wieder sowohl in dem nach Stil
und Inhalt auffälligen V. 21 b als auch V. 28 b. 29 jeremianische Überlieferung
auf und baut sie weitläufig aus. Wie sich Motive der Tempelkritik schon zuvor finden, wird auch dieses Thema bereits vorher (6, 20) angeschlagen:
„Eure Brandopfer", „eure Schlachtopfer".[61] Die Imperative ahmen den Rede-
stil des Kultpersonals nach, etwa der Priester, die zu Wallfahrt und Opfer aufrufen. Der abgewandelten Aufforderung zur Wallfahrt V. 12 „Geht …!" ähnelt in der Form wie im Thema, auch mit dem ironischen Unterton V. 21 b:

„Fügt nur eure Brandopfer zu euren Schlachtopfern
und esst (dies) Fleisch!"

In der Einsicht oder auch im Wortlaut „Schlachtopfer schlachten sie und essen Fleisch" (Hos 8, 13) wie in der Gestaltung (zumal Jes 29, 1: „Fügt Jahr an
Jahr!") kann sich das Wort an prophetische Vorgänger anschließen.[62]
    Die Aussage (V. 21 b) wird verständlich, wenn man sich den Grundunter-
schied beider Hauptopferarten vor Augen hält: Das Brand- oder Ganzopfer
wird als ganzes auf dem Altar dargebracht; das Schlacht- ist ein Gemeinschaftsopfer, das als Mahl veranstaltet wird und Gemeinschaft zwischen Gott
und Mensch sowie den Teilnehmern untereinander stiften oder bezeugen
soll. Jeremia setzt Brand- und Schlachtopfer gleich, fordert dazu auf, das
Fleisch insgesamt selbst zu behalten. „Jahwe verzichtet auf seinen Anteil am
Opfer, stellt ihn den Opferteilnehmern zum Mahl zur Verfügung."[63]
    Von den vielfältigen Sinngebungen und Deutungsmöglichkeiten der Op-
fer – etwa Zeichen der Ehrerbietung, Hingabe, Dankbarkeit, Versöhnung
u. a. – sowie vom Anlass oder von der Intention der Darbringung ist auffälligerweise hier wie durchweg in prophetischer Kritik keine Rede. Ist sie darum nicht auch ein Stück weit unabhängig von der Motivation der Opfern-
den? Jedenfalls sollte man nicht den Wunsch, das Wohlwollen der Gottheit
zu erringen (*do ut des*), oder magische Vorstellungen, nach denen das Opfer

---

61 Vgl. Jer 14, 12; auch 11, 15; schon Am 5, 21 f; Hos 3, 4; 6, 6; bes. 8, 13; Jes 1, 11; 43, 22 f u. a.;
dazu die Auslegung von 6, 20; zum Folgenden Anm. 163 zu 2, 31 und Anm. 17 zu 7, 12.
62 Vgl. o. zu Redeformen (Anm. 99).
63 W. Thiel I, 122. „Hier aber sagt Jahwe, sie sollen nur auch noch das Fleisch der Brandopfer
essen: er legt keinen Wert darauf." (W. Rudolph 56).

aus sich, *ex opere operato*, wirken soll, eintragen. Kommt es statt auf den äußeren Vorgang eher auf die innere Einstellung, die Gesinnung[64], an? Kult und alltägliche Lebensführung stimmen nicht überein (vgl. 7, 9). Innerhalb von Jer 7 (V. 12. 14) hat die Opferkritik als Begründung wie Entfaltung der Gerichtsansage ihren Ort: Mit dem Jerusalemer Tempel geht auch die Opferdarbringung zu Ende. Das Opfer bezeugt Zugang zu Gott oder Gemeinschaft mit Gott. Wird mit der Ablehnung nicht (wie 7, 4) ein Gefühl der Zugehörigkeit, Geborgenheit oder gar Sicherheit aufgehoben?

Ähnlich wie im Amosbuch (5, 25) „Habt ihr mir Schlacht- und Speiseopfer dargebracht in der Wüste, 40 Jahre lang?" fügt die Redaktion hier (V. 22) einen kritischen geschichtlichen Rückblick hinzu: Jahwe hat den Vätern bei der Herausführung aus Ägypten in Bezug auf Brand- oder Schlachtopfer „nichts gesagt" und „nichts geboten".[65] Dieses Urteil ist in seiner Schärfe nur mühsam oder eingeschränkt mit biblischer Tradition[66] vereinbar – im wörtlichen Sinne eher Jer 7, 22 als Am 5, 22. Sucht die hiesige Aussage mehr der Pentateuchtradition (Ex 5 ff) zu entsprechen? Zwar brachten Israels Vorfahren Opfer dar, sachlich scheint der Zusatz aber eine tiefe – nur im Rahmen der Anklage (V. 23 ff) formulierte – Einsicht zu enthalten: Wenn Opfer nicht von vornherein zum Glauben gehören, können sie für ihn keine grundlegende Bedeutung haben.[67] Auf diese Weise wird die prophetische Kritik mit anderer, geschichtlicher Begründung durchgehalten oder weitergeführt.

V. 28 b. 29 nehmen wieder ein Jeremiawort auf:

Die Wahrhaftigkeit (Treue) ist dahin,
aus ihrem Mund verschwunden.
Schneide dein langes Haar ab und wirf es weg,
stimme Klage an auf den Anhöhen;
denn verworfen hat Jahwe
und verstoßen das Geschlecht seines Zorns!

---

[64] „Weil dieses Volk sich mit seinem Munde naht, mit seinen Lippen mich ehrt, sein Herz aber fern von mir ist" (Jes 29, 13 f; zitiert Mt 15, 8 f). Vgl. Jer 17, 1; auch 2, 22. In Jeremias Heilserwartungen (wie 32, 15; etwa gegenüber Hananjas Ankündigung 28, 2 f) kommen Opfer nicht vor.

[65] Vgl. 14, 14; auch 23, 21. Der folgende Abschnitt (7, 31) scheint die Gottesaussage zuzuspitzen: „und nicht in mein Herz/meinen Sinn gekommen".

[66] Ex 5, 3 von Schlachtopfern. Das Gotteswort mit der Auszugsforderung nennt das Fest, nicht direkt das Opfer, als Ziel (5, 1). Das Angebot des Pharaos „Opfert im Land!" (Ex 8, 21) lehnt Mose ab (8, 22 f bzw. 8, 25 ff). Vgl. 10, 25 f; 18, 12; dann 22, 19; auch Gen 31, 54; 46, 1 u. a. Das Passa wird ursprünglich wohl nicht als Opfer verstanden (vgl. Ex 12, 21). Nach der jüngeren Tradition der Priesterschrift sind Opfer erst am Sinai möglich. Ist V. 22 ähnlich eingeschränkt zu verstehen: Hat Gott bei der Herausführung aus Ägypten keine Opfer geboten – erst am Sinai?

[67] Versteckt sich in der kritischen Einsicht, dass es, zumal zu Anfang des Gottesverhältnisses (vgl. bildhaft 13, 11), eine Zeit ohne Opfer gab, auch eine Möglichkeit für das Exil: ein Gottesdienst ohne Opfer? Eine Antwort auf die Frage kann sich nicht unmittelbar auf diesen Text stützen; vgl. o. zur Entstehung des Buches (S. 40 f).

Die Anklage der Unwahrhaftigkeit oder Untreue erinnert sachlich an 5,1; das Thema ist für Jeremia charakteristisch.[68] In V. 29 folgt ein Aufruf zur *Qina*, d.h. der Leichenklage. Der Ruf ergeht der Gattung entsprechend an ein Femininum, eine Frau, die ursprünglich bei der Totenfeier das Klagelied anstimmt, hier im übertragenen Sinn an das Volk (Juda) oder die Hauptstadt Jerusalem, „sich zum Zeichen der Trauer die Haare abzuschneiden und Klagelieder anzustimmen, weil Jahwe sein Volk verworfen hat".[69] Das Kollektiv wird als Singular, das Volk als Frau[70], angesprochen. Das Urteil nimmt auf und wiederholt das Schlusswort der wohl ältesten Sammlung Jeremias: „Jahwe hat sie verworfen".[71]

Die (jerdtr) Redaktion nimmt (V. 22 ff) die beiden Stichworte „Brand-, Schlachtopfer" abgewandelt auf, stellt pointiert mit „nicht – sondern" das Opfergebot der beim Exodus ergangenen Gehorsamsforderung, zu „hören" und zu „wandeln"[72], gegenüber, baut so die Anklage in allgemeiner Form aus. Geschichtliche und theologische Aussage-Absicht liegen ineinander. Diese zusätzliche Begründung greift bis zu den „Vätern" des Auszugs zurück, umfasst vergangene wie gegenwärtige Generationen, verbindet Damals, Heute und sogar Morgen.

Mehrfach wird hervorgehoben: Die Angesprochenen, die Väter, ja alle haben *„nicht* gehört". Der redundante Stil wirkt durch Wiederholungen einprägsam-verstärkend. Der Weg des Volkes erscheint geradezu als Geschichte des Ungehorsams, der bereits mit dem Auszug begann[73] und noch anhält. Dabei wird nicht nur das Handeln der Generationen miteinander verglichen (V. 26), sondern auch für die Zukunft das gleiche widerspenstige Verhalten vorausgesagt (V. 27). So klingt der Abschnitt nicht in einer Mahnung oder Forderung aus, vielmehr in einem Schuldaufweis: sie hätten hören können.

Ist auf diese Weise nicht zugleich eine Rechtfertigung Gottes ausgesprochen? Die für die Verheißung „ich euer Gott, ihr mein Volk"[74] genannte Be-

---

[68] Vgl. 5,3; 9,2; o. zu Jeremias Verkündigung (o. S. 17).
Der Wortlaut lässt an das Sprichwort Ez 37,11 (mit 19,5) denken; vgl. auch die Klagen Jer 4,19.31 u.a.

[69] W. Rudolph 59. Zum Ritus des Glatzescherens als Trauerhandlung vgl. 16,6; zum Aufruf zur Trauer 6,26; zur Klage auf den Höhen etwa 3,2; 4,11; auch 9,9 u.a. Die Kennzeichnung des Volkes erinnert an den Kehrvers 5,9.29.

[70] Zuletzt 6,2.23.26.

[71] Jer 6,30 spitzt 2,37 zu; vgl. zur Entstehung des Buches (S. 32).

[72] Denkt die (jerdtr) Redaktion vielleicht (vgl. V. 9) an den Dekalog, der keine Opferbestimmungen enthält?

[73] „Die ganze Geschichte Israels" erscheint „als eine Geschichte des ständigen Ungehorsams" (W. Thiel I, 123.126 f). Das ähnlich 11,7 f ausgesprochene „ungünstige Urteil über die mosaische Generation" ist nach 2,2 f (vor 2,5 ff) „nicht Jeremias Ansicht" (P. Volz 129). Eine anfängliche, vergangene Heilszeit kennt die Redaktion 13,11.

[74] Die sog. Bundesformel (vgl. 11,4 u.a.) findet sich hier zum ersten Male, klingt mehrfach an, könnte innerhalb des Buches einen Sinnzusammenhang bilden: Gottes eigentliche Absicht, die Annahme Israels als Gottesvolk, bleibt bestehen. Da dieses Ziel durch den Ungehorsam nicht verwirklicht werden konnte, wird es auf neue Weise erhofft (24,7; 30,22; 31,33).

dingung (V. 23) ist nicht erfüllt. Weil das Volk[75] in seinem Handeln oder seiner Haltung verharrt, hat es das Gericht selbst verschuldet. Als Begründung bilden V. 30 f („denn") einen Übergang und greifen zugleich einen anderen Aspekt auf.

Das vierte Thema
Die Tophet-Polemik
Jer 7, 30–8, 3 (vgl. 19, 5–7; 32, 35)

30 Denn die Söhne Judas haben getan, was mir missfällt – ist der Spruch Jahwes; sie haben in dem Haus, über dem mein Name genannt ist, ihre Scheusale aufgestellt, um es zu entweihen. 31 Sie haben die Kulthöhe des Tophet[76] gebaut, die im Tal Ben Hinnom ist, um ihre Söhne und ihre Töchter im Feuer zu verbrennen, was ich nicht geboten habe und mir nicht in den Sinn gekommen ist. 32 Darum siehe, es werden Tage kommen – Spruch Jahwes –, da wird man nicht mehr „Tophet" oder „Tal Ben Hinnom"[77], sondern „Mordtal" sagen, weil man im Tophet begraben muss, weil sonst kein Raum mehr ist. 33 Ja, die Leichen dieses Volkes werden den Vögeln des Himmels und den wilden Tieren zum Fraß dienen, und niemand schreckt sie auf. 34 Da lasse ich aus den Städten Judas und aus den Gassen Jerusalems den Klang des Jubels und den Klang der Freude, den Ruf des Bräutigams und den Ruf der Braut verschwinden; denn zur Wüste wird das Land.
8, 1 Zu jener Zeit, ist der Spruch Jahwes, wird man die Gebeine der Könige Judas und die Gebeine seiner Oberen und die Gebeine der Priester und die Gebeine der Propheten und die Gebeine der Bewohner Jerusalems aus ihren Gräbern holen. 2 Man wird sie hinstreuen vor die Sonne, den Mond und das ganze Himmelsheer, denen ihre Liebe galt, denen sie dienten und nachliefen, die sie befragten und anbeteten. Sie werden nicht gesammelt und begraben werden, als Dünger auf dem Acker dienen. 3 Der Tod wird dem

---

[75] Heißt es in der Aufforderung V. 23 „mein Volk" (ʿam), so in der Feststellung des Ungehorsams V. 28 mit Wechsel des Begriff goj „das Volk" – wie distanzierend.

[76] Der Name (LXX: Taphet) meint wohl „Feuerstelle, Herd", ist nach boschet „Schande" oder wie tophet „Abscheu, Pfui" (Hi 17, 6) vokalisiert. Vgl. HAL 1638 f; M. Görg, Tofet, NBL III, 2001, 894 f. Das Wort für „Kulthöhe" ist (wie in 19, 5; 32, 35) als Plural vokalisiert. Vgl. M. Gleis, Die Bamah, BZAW 251, 1997.

[77] „Tal Ben Hinnom" oder „Tal Hinnom" (vgl. Jos 15, 8 a.b). Die Kap. 7 abschließende, mit verschiedenartigen Vergehen begründete, harte Gerichtsansage, wird der Anlass sein, dass ge hinnom, das Hinnomtal (im Süden Jerusalems; vgl. Jos 15, 8; 18, 16; Neh 11, 30), zur Stätte ewiger höllischer Strafe Gehenna wurde (Mt 5, 22 ff; 18, 8 f; Mk 9, 43 ff u. a.). Spielt auch das „Treiben im Tal" Jer 2, 23 auf dieses Tal an?

Leben vorgezogen von allen Überlebenden, die übrigbleiben von diesem
bösen Geschlecht an allen Orten[78], an die ich sie verstoße – ist der Spruch
Jahwe Zebaoths.

Nach der Kritik am Fremdgötterkult (7, 16 ff) und an den Opfern (V. 21 ff)
setzt die Anklage (V. 30 ff) nochmals ein, um gleichsam eine Verbindung von
fremdem und eigenem Kult zu treffen. Gilt die Opfer- bzw. Feuerstätte des
Tophet im Hinnomtal Jahwe in Gestalt Baals (19, 5) oder Moleks (32, 35)?
Dieser letzte Abschnitt bietet eine Steigerung, ja eine unüberbietbare Zuspit-
zung – mit dem Vorwurf des Götzendienstes, erst recht der Kinderopfer. Hat
Gott von Opfern „nichts gesagt" und „nichts geboten" (V. 22), so sind ihm
Menschenopfer nicht einmal „ins Herz" bzw. „in den Sinn gekommen"
(V. 31). Ebenso enthalten die Strafansagen eine Verschärfung – bis über den
Tod und das Grab hinaus.

Anders als den vorhergehenden liegt diesem Abschnitt kein Jeremiawort
zum Thema zugrunde; er ist „ausnahmslos" von der (jerdtr) Redaktion formuliert.[79] Allerdings schließt sie sich in der Gerichtsansage (V. 34) an das Jeremias symbolisches Verhalten deutende Gotteswort (16, 9) an.

Die Polemik wendet sich zunächst gegen die Aufstellung von „Scheusa-
len", d. h. Götterbildern in dem Jahwe geweihten Tempel (V. 30 b = 32, 34).
Wurden nach Josias Reform (vgl. 2Kön 23, 10) bzw. nach seinem Tod neue
Götterbilder errichtet? Oder bezieht sich diese Aussage in Zeitraffung, d. h.
in geschichtlicher Rückschau[80] zum Schuldaufweis, auf eine frühere Situation? Liegt hier ein Blick in die fernere Vergangenheit oder konkreter auf die
nähere Gegenwart vor?

7, 31(–33) stimmt weitgehend wörtlich mit 19, 5(–7) überein; ähnlich lautet
auch 32, 35. Allerdings sind die Bezeichnungen der Stätte, erst recht die Angaben des Adressaten der Handlung verschieden. Nach 7, 31 baute das Volk,
„die Söhne Judas" (7, 30), im Hinnomtal – am Südwest- und Südrand Jerusalems[81] – „die Kulthöhe des Tophet". Die beiden anderen Zeugnisse (19, 5;
32, 35) sprechen demgegenüber von „der Kulthöhe Baals". Die Opferstätte
diente dem Zweck, „ihre Söhne und Töchter im Feuer zu verbrennen".[82] Galt
diese Handlung hier Jahwe, so nach den Parallelen (19, 5) „für Baal" bzw.
(32, 35) „für Molek". Auffälligerweise wird jeweils aber mit einem entsprechenden – jenem innerhalb von Kap. 7 eine Steigerung bildenden – Relativsatz „was ich nicht geboten habe und was mir nicht in den Sinn gekommen
ist" auf Jahwe als Urheber verwiesen.

---

[78] Der hebräische Text wiederholt: „die Übriggebliebenen", was sich kaum auf die Orte beziehen kann, eher eine Dittographie darstellt – hier wohl mit dem Sinn: an die ich sie, die Überlebenden, verstoße.

[79] W. Thiel I, 128.

[80] Ähnlich vielleicht Ez 8, 3.

[81] Vgl. Jos 15,8; 18, 16; Neh 11, 30.

[82] Jer 7, 31; 19, 5; vgl. Dtn 12, 31; 2Kön 17, 31; anders Jer 32, 35: „darzubringen"; vgl. Dtn 18, 10;
2Kön 16, 3; 17, 17; 21, 6; 23, 10.

Auf Grund des dritten Belegs „für Molek" (32,35; mit Lev 20,2–5 u. a.) nahm man nach der griechischen und lateinischen Wiedergabe den berüchtigten Kult des Gottes Moloch[83] an, dem Kinderopfer dargebracht wurden.[84] Wegen der Parallelität „für Baal" (19,5) – „für Molek" (32,35) liegt es nahe, in *mlk* einen Namen oder Titel zu sehen, sei es dass es sich um einen eigenen Gott[85] oder den (für die Gottheit gebrauchten) Titel *melek* „König" handelt. Auch er wird vermutlich nicht ohne Abwertung, nämlich – analog zu *tophet* – mit einer polemisch-entstellenden Punktation nach *boschet* „Schande" wiedergegeben.

Gab es, zumal in der späteren Königszeit, einen entsprechenden Jerusalemer Lokalkult? Bei der Deutung des Geschehens[86] bleiben Vorbehalte und erhebliche Fragen: Wieweit handelt es sich überhaupt um eine Opferung[87], nicht vielmehr um einen Weiheakt?[88] Da hier statt einer sachlichen Beschreibung eine wertend-urteilende, ja scharf ablehnende Darstellung im Rückblick vorliegt, ist der Sachverhalt schwer genau erfassbar und bleibt umstritten.

Nach V. 32 ff wird „der Ort der Sünde zur Stätte des Gerichts".[89] An den „kommenden Tagen" wird, weil wegen der Vielzahl der Getöteten kein Raum zum Begraben der Leichen mehr ist, auch die Kultstätte als Bestattungsplatz gebraucht und dadurch entweiht werden – darum trägt sie den Namen „Mordtal". Ja, die Toten werden so zahlreich sein, dass sie überhaupt nicht mehr bestattet werden können.[90] Dann verstummt alle Freude; Gott macht ihr ein Ende.[91] Das Todeslos wird noch dadurch verschärft, dass weder Klage noch Begräbnis stattfindet.[92]

---

[83] Vgl. die lateinische Übersetzung von Lev 20,2–5; Jer 32,35; schon LXX 39,35 u. a.

[84] Bekannt ist die dichterische Ausgestaltung durch Gustave Flaubert, Salammbo, 1872, die allerdings später in Karthago spielt (vgl. Anm. 87).

[85] Vgl. den Namen des Ammonitergottes Milkom (1Kön 11,5.33), der (in 11,7) als Moloch wiedergegeben wird. Ist mit der Gottheit Adram-melek (2Kön 17,31) eigentlich Adad-melek „König Hadad" (Eigenname Baals) gemeint?

[86] Die Forderung „Den Erstgeborenen deiner Söhne sollst du mir geben" (Ex 22,28; vgl. 13,2), d. h. allerdings auslösen (34,20; 13,13), ist aus verschiedenen Gründen vom Molochkult streng zu unterscheiden: „Die Erstgeborenen werden niemals im Zusammenhang mit dem Molochkult erwähnt. Dem Moloch sollen weibliche und männliche Kinder geopfert werden." (J. Day, RGG⁴ V, 1087 f) Gab es in Ausnahme- bzw. Notsituationen dargebrachte Kinderopfer? Vgl. vom König von Moab 2Kön 3,27; das Gelübde Ri 11,30 ff; vielleicht 1Kön 16,34. Zu bedenken ist auch die in der „Bindung" bzw. „Opferung" Isaaks enthaltene Überlieferung von der Ablösung eines Menschenopfers durch ein Tieropfer Gen 22; die ablehnende Frage Mi 6,7 und Ez 20,25 f. 31.

[87] Wieweit haben im punischen Raum Kinderopfer stattgefunden (vgl. H. P. Roschinski, TUAT II/4, 1988, 606–620)? Auch diese Zeugnisse erlauben verschiedene Deutungen.

[88] Die durch M. Weinfeld (UF 4, 1972, 133–154) angeregte Auffassung (die Handlung erscheint Dtn 18,10; 2Kön 17,17; 21,6 jeweils im Kontext ritueller Bräuche) wird vielfach vertreten. Zur Diskussion: J. Day, Menschenopfer II.1: RGG4 V(2002) 1087 f; U. Rüterswörden, Die Stellung der Deuteronomisten zum alttestamentlichen Dämonenwesen, in: A. Lange u. a. (Hg.), Die Dämonen. Demons, 2002, 197–210 (Lit.).

[89] J. Schreiner 61.

[90] V. 32; vgl. 16,4; 19,7; 34,20; Dtn 28,26.

[91] V. 34 nimmt 16,9 auf. Die folgende Aussage 8,2 stimmt in Teilen mit 16,4.6 überein.

[92] Die bildhafte Wendung „zum Fraß für die Vögel des Himmels und die Tiere des Feldes" kehrt mehrfach wieder (Dtn 28,26; dtr Jer 7,33; 15,3; 16,4; 19,7; 34,20).

8,1 („Zu jener Zeit") setzt neu ein und schließt zugleich an das Vorige an, steigert oder verschärft die Strafe mit Androhung der Gräberschändung noch: Gebeine der schon Bestatteten werden aus der Erde gerissen.[93] So sind nach der ironischen Darstellung der Szene (V. 2) die Gebeine unter offenem Himmel den Gestirnen, welche die Lebenden verehrten, hingestreckt.[94] Verbergen sich in dieser makabren Drohung schreckliche Erfahrungen bei der Zerstörung Jerusalems?[95] Den Schluss- und Höhepunkt bildet die Ankündigung, dass der Tod dem Leben im Exil oder in der Diaspora vorzuziehen ist. Der Name des „Hinnomtals" wirkt als „Gehenna" weiter.

---

[93] Hat man es auch auf Grabbeigaben abgesehen? Diese Absicht spielt hier keine Rolle.

[94] „Die Praxis der Aussetzung der Leichname unter die Gestirne ist in mehreren assyrischen Texten bezeugt." „Das Öffnen der Gräber durch den Feind bildet eine extreme Demütigung, da in Israel und Juda nichtbestattete Tote als verflucht galten (vgl. 1Kön 16,4). Zugleich kommt in dieser Passage eine deutliche Ironie zum Ausdruck: da die Knochen der Verehrer gerade den Himmelskörpern, die sie verehrt hatten, ausgesetzt wurden, entspricht die Strafe genau ihrem Vergehen, der kultischen Verehrung von Sonne, Mond und Sternen; dabei wird die Vergeblichkeit der Gestirnsverehrung dadurch herausgestellt, dass die Himmelskörper, deren Verehrung das Leben dieser Menschen bestimmte, sich nun nicht um deren Schicksal auf der Erde kümmern." (G. Theuer, Der Mondgott in den Religionen Syrien-Palästinas, OBO 173, 2000, 476 mit Anm. 217).

[95] „Die Abfolge der Ereignisse ist so lebendig, dass man darin noch einen Nachhall der Ereignisse von 587 sehen möchte, wenn auch generalisiert." (W. Thiel I, 132).

Das eigentlich Selbstverständliche
Jer 8, 4–7

4 Und sprich zu ihnen: So hat Jahwe gesprochen[1]:
Fällt auch jemand und steht nicht wieder auf,
wer sich abkehrt, kehrt er nicht wieder um?[2]
5 Warum wendet sich dieses Volk ab (Jerusalem)[3],
beharrt auf der Abkehr?
Sie halten fest am Trug,
weigern sich umzukehren.
6 Ich gab acht und hörte hin:
Unwahres reden sie.
Keiner bereut seine Bosheit,
so dass er sagte: „Was habe ich getan?"
Jeder rennt seinen Irrweg weiter[4]
wie ein Ross, das in der Schlacht dahinstürmt.
7 Selbst der Storch am Himmel kennt seine Zeiten,
auch Taube, ‚Schwalbe' und Drossel
halten die Zeit ihres Kommens[5] ein –
aber mein Volk kennt nicht die Ordnung Jahwes.

Nach der Tempelrede mit Abschluss in 8, 1–3 ergeht ein neuer Auftrag mit Botenformel zur Weitergabe von Worten mit anderem Thema in anderer Ausdrucksweise und in poetischer Gestalt. Kap. 8 (V. 4)–9 bzw. 10, 25 stellen gegenüber Kap. 1–6 eine eigene, wohl jüngere Sammlung dar.[6]

Der gesamte Abschnitt (8, 4–23) ist gewiss aus – teilweise ergänzten – Einzelworten zusammengestellt. Über eine Stichwortanknüpfung hinaus will er

---

[1] Durch die Einleitungsformel mit Botenformel ist das Folgende als Gottesrede ausgewiesen (vgl. 19, 11; auch 16, 11 u. a.). Ist die Einleitung, die in der LXX fehlt, später ergänzt? Die LXX kann sie auch weglassen (vgl. 7, 1) und so den Text enger an das Vorige gebunden haben. Nach „Spruch Jahwes …" (8, 3) bedürfte es, um das Wort als Gottesrede auszuweisen, eigentlich keiner neuen Einführung. Eröffnet sie eine eigene Sammlung, die im Kontext als Ergänzung, Fortschreibung erscheint? In jedem Fall schließen sich die folgenden Worte an Vorgegebenes an. Insofern besteht sachlich eine Übereinstimmung mit der Angabe 36, 32 b.
[2] Diese übliche Übersetzung, die Plural (V. 4 a) und Singular (V. 4 b) in gleicher Weise als unbestimmtes „man" versteht, ist allerdings umstritten.
[3] „Jerusalem" ist wohl eine nachträgliche Zuspitzung der allgemeineren Angabe „dieses Volk".
[4] Wörtlicher: Sie alle wenden sich weg in ihrem Laufen.
[5] D. h. wohl: ihrer Wiederkehr.
[6] Vgl. o. zur Entstehung des Buches Anm. 231.

aber wohl einen inneren thematischen Zusammenhang, in dem sich eine Verschärfung vollzieht, bilden, wie mit einigen Strichen angedeutet sei:
    Worin das „Unwahre" oder „Unrechte" (V. 6) besteht, führt V. 10 aus. Die
„(Rechts-)Ordnung Jahwes" (V. 7) wird als „Tora Jahwes" (V. 8) erläutert.
Wie jene nach prophetischem Urteil „nicht bekannt" ist, wird das „Wort Jahwes verworfen" (V. 9). Diese Zurückweisung bringt oder bedeutet Heillosigkeit (V. 11). Sachlich wird in verschiedenen Begriffen von Irrweg (V. 5–7),
Lüge (V. 8 f) und Betrug um des Gewinns willen (V. 10) geredet. Da das
„Volk" (V. 5. 7) fehlgeht, handeln nicht nur die Weisen oder Schreiber, auch
Propheten und Priester (V. 10) falsch. Sie „fallen, stürzen" (V. 12) durch die,
„die über sie kommen" (V. 13); diese werden durch die von Norden andrängenden Rosse (V. 16), d.h. das feindliche Heer, ein wenig näher bestimmt
und lebendig-bewegt ausgemalt. Das Verharren in der Abkehr (V. 5–7) wird
durch die Feststellung der Fruchtlosigkeit (V. 13) bekräftigt. „Kein Heil" (V. 11)
wird durch das „Wir" (V. 15) selbst bestätigt: „nichts Gutes"; ja (V. 14), Gott
will „uns umkommen lassen". So wird die Vergeblichkeit der Hoffnung
(V. 15) bezeugt: „Uns ist nicht geholfen worden" (V. 20). Es gibt kein Heil-
mittel gegen Gottes Willen (V. 14 b. 17). Auf diese Situation antwortet die
prophetische Klage (V. 18 ff), die bei aller Bedrängnis und trotz Gottes be-
fürchtetem Vernichtungswillen (V. 14. 17) auf den einzigen „Arzt" verweist
(V. 19 b. 22).
    So scheint der ganze Abschnitt einen Bogen zu schlagen vom Auftrag „Du
sollst sagen" (V. 4) mit der Ich-Rede „Ich nahm wahr, hörte hin" (V. 6) über
die Schreckensdarstellung (V. 14 ff) zu der persönlichen Reaktion: Ich klage
(V. 18), „trauere" (V. 21), „weine" (V. 23). Kap. 8 bildet wohl eine auf die
Klage zulaufende Komposition. Der innere Zusammenhang scheint noch wei-
terzureichen: Wirkt 9, 1 f – in der vorliegenden Form als Gottesrede – nicht
wie eine Antwort auf die prophetische Klage?
    Nicht unbedingt jedes Einzelwort, aber die Sammlung wird der Katastro-
phe nahe stehen,[7] in ihrem Grundbestand jedoch noch vor diesen tiefen Einschnitt gehören.[8] Handelt es sich um eine Zusammenstellung und Überarbeitung von Jeremiaworten angesichts des näherrückenden Feindes?
    Vermutlich hängen auch die wahrscheinlichen *Zusätze* mit dem von einem
„Wir" gesprochenen Schuldbekenntnis (V. 14 b), dem Eingeständnis der Hoffnungslosigkeit (V. 15) und der begründenden Anklage in Gottesrede (V. 19 b)
zusammen. Diese Ergänzungen setzen die Katastrophe voraus, sind in exilisch-nachexilischer Zeit eingefügt und spiegeln das Selbstverständnis in dieser Situation wider. Klingen gar Elemente eines Bußgottesdienstes nach? Allerdings erbringen solche Beobachtungen keinen sicheren Nachweis; darum
sind die Erwägungen oder Folgerungen mehrfach nur als Frage formuliert.

---

[7] Vgl. 8, 16; 9, 9. 16 ff.
[8] Jer 8, 19. 22; 9, 10; 10, 17 f. 22. Nach diesem tiefen Einschnitt fragt man eher nach der Begründung, als dass man den Untergang nochmals ankündigt; so sind diese Aussagen leichter aus der
Zeit vorher erklärbar.

V. 4 f Nach Einführung
        Gottesrede: Rhetorische Doppelfrage mit Warum-Frage
        Anklage
V. 6 f Prophetenrede (Jahwe in 3. Ps.)
    V. 7 Vergleich mit der Tierwelt

Bei diesem Disputations- oder Diskussionswort[9] geht eine Doppelfrage in ein klagendes „Warum"[10] über, bevor sich die anklagende Feststellung anschließt. Jeremia argumentiert von der Erfahrung her auf zweifache Weise: Das Verhalten „dieses Volkes" steht im Widerspruch 1. zu üblichem Verhalten und 2. zur Tierwelt, ist ebenso un-begreiflich wie un-„natürlich".[11]

Die ersten beiden Beispiele sind menschlichem Leben entnommen. Im Alltag gilt: Wer hinfällt, steht – wenn er kann – wieder auf; wer sich verläuft, wendet sich von der falschen Richtung ab oder kehrt zurück. Diese einem Reflex ähnlichen Reaktionen werden dem unerklärlichen Handeln des Volkes gegenübergestellt. Das eigentlich Selbstverständliche fehlt ihm; uneinsichtig beharrt es bei dem Irrtum.

Auch die Vögel, wohl die Zugvögel, werden mit der von ihnen eingehaltenen *Ordnung*, der Regelmäßigkeit ihres Eintreffens, ihren festen Zeiten, zum „Gegenbeispiel für die Menschen".[12] Vermutlich schon die Form des Disputationsworts, erst recht der Vergleich mit der Natur, hier: der Tierwelt,[13] mit dem Begriff „Ordnung" hat *weisheitlichen* Hintergrund.[14] Phänomene werden beobachtet, Sachverhalte oder eher Vorgänge bzw. Geschehensabläufe aus verschiedenen Bereichen beschrieben und Beziehungen zwischen ihnen aufgedeckt. Die Übernahme des Vergleichs mit der Tierwelt in die prophetische Botschaft in kritischer Absicht ist vorgegeben.[15]

Jeremia fordert zur aufmerksamen Prüfung auf (5, 1), beobachtet selbst (5, 4 f) und wird dazu aufgerufen (6, 9) bzw. als Prüfer eingesetzt (6, 27). Spricht er hier ein Ergebnis aus?

---

[9] Vgl. o. zu den Redeformen.

[10] Die Frage „Warum" (Jer 2, 14. 31; 8, 5. 22; 49, 1) bringt das Erstaunen Gottes über das der Situation widersprechende Verhalten Israels zum Ausdruck (A. Jepsen, Der Herr ist Gott, 1978, 234).

[11] Ein Verhalten „wider die Vernunft und die Natur" (B. Duhm 86). „Die Unabänderlichkeit und unbegreifliche Dauer der Abwendung Israels von Jahwe [...] sind das eigentliche Thema des Propheten." Jeremia verdeutlicht es „in einem doppelten Beweisgang" durch ein Paar rhetorischer Fragen und den Verweis auf die Ordnung der Tierwelt. „Israels Verhalten ist so unbegreiflich, weil alles in Natur und Menschenwelt Umkehr, Wiederkehr kennt, – nur Israel nicht." (W. Schottroff, Jer 8, 4–7: Gottesdienstpraxis. Ergbd. Exegesen, 1982, 173–175, bes. 174 f).

[12] W. Rudolph 61. „Seht die Vögel unter dem Himmel an!" (Mt 6, 26) Zu den Vogelarten vgl. L. Köhler, Kleine Lichter, 1945, 35 ff; O. Keel, Vögel als Boten, OBO 14, 1977, 104 ff; B. Janowski u. a. (Hg.), Gefährten und Feinde des Menschen, 1993; P. Riede, Im Netz des Jägers, WMANT 85, 2000, 305 f; ders., Im Spiegel der Tiere, OBO 187, 2002.

[13] Vgl. etwa Spr 26, 3. 11; schon vor Jeremia auch prophetisch, etwa Jes 1, 3.

[14] Im Kontext (V. 8 f) begegnet nicht zufällig der Terminus „weise". Die „Ordnung" scheint als „Tora Jahwes" gedeutet, näher bestimmt zu werden. So liegt in der Komposition mit dem Stichwortanschluss zugleich ein thematischer Zusammenhang vor.

[15] Etwa nach Jes 1, 2 f gelten Rind und Esel als Vorbild; sie wissen, wo sie hingehören und geborgen sind, während Israel ein solches „natürlich-kreatürliches" Wissen fehlt.

Das mit dem Begriff „Nicht-Rechtes" oder „Nicht-Wahres" angedeutete
Thema Wahrheit bzw. Wahrhaftigkeit weist auf 9, 2–4 voraus und schließt
sich 5, 1–5 an. Die „Rechts-Ordnung" wird dort als „Weg" beschrieben
(5, 4 f). Auch die Einsicht „sie weigern sich umzukehren" ist bereits (5, 3)
ausgesprochen. Ähnlich kommt sie schon im Zitat zum Ausdruck: „Wir
kommen nicht mehr zu dir."[16] Dem Volk wird nicht nur ein einmaliges, vielmehr ein ständiges Handeln vorgehalten; es bleibt, verharrt auf dem Irrweg.[17]
Wie schon in einem weiteren Zitat „Ich habe mich nicht versündigt" (2, 35)
ausgesprochen, fehlt (8, 6) das Schuldeingeständnis, das „Sich-Distanzie-
ren"[18] vom eigenen Verhalten.

Sind solche Worte, die das unverständliche, ja unbelehrbare Verhalten des
Volkes beschreiben, nicht eigentlich paradox? Sie haben das Ziel, Unbegreif-
liches hervorzukehren, und suchen es doch verständlich wie anschaulich-
überzeugend darzustellen.[19]

Zwischen Tier- und Menschenwelt bestehen Analogien. Soll man grund-
sätzlich-allgemein urteilen: Handelt es sich um *eine* Natur und Mensch umgreifende, umspannende „Ordnung"? Jedenfalls dient sie hier der Kritik an
den Hörern. Was „natürlich", „naturgemäß" wäre, fehlt.

Aus der kritischen „Anwendung" der Weisheit wird (V. 8 f) Kritik der Weisen. Warum der Anspruch, „weise" zu sein, – von dem schon in der Spruchweisheit kritisch betrachteten Selbst-Ruhm abgesehen – unangebracht ist,
zeigen darüber hinaus V. 10 ff.

In ihrer Wirkung verfälschte Tora
Jer 8, 8 f

8   Wie könnt ihr sagen: „Weise sind wir
    und besitzen Jahwes Tora (Weisung)"?
    Fürwahr, zur Lüge hat ‚sie' gemacht
    der Lügengriffel der Schreiber[20]!

---

[16] 2, 31; vgl. 2, 19 f. 29 f. 32 u. a.

[17] „Sie stürmen auf der falschen Bahn dahin wie ein wild gewordenes Schlachtross. [...] Hier
hat Jer(emia) deutlich die Hoffnung auf Besserung aufgegeben." (W. Rudolph 61).

[18] H. Simian-Yofre, ThWAT V, 377.

[19] Vgl. zu Jer 5, 21; 6, 10.

[20] Der Wortlaut erscheint zwar gut erhalten („Zur Lüge hat gemacht der Lügengriffel der
Schreiber"), bleibt sachlich aber schwer verständlich. „Schreiber" ist kaum Objekt; „Griffel –
Schreiber" bilden eine enge (Cstr-)Verbindung. Die Übersetzung „Zur Lüge wirkt der Lügengrif-
fel der Schreiber" (F. Crüsemann, Die Tora, 1992, 35 f) entfaltet nur, was in „Lügengriffel" bereits
enthalten ist, bietet gegenüber der üblichen leichten Textänderung sachlich kaum ein leichteres
Verständnis.

9 Zuschanden werden die Weisen,
   bestürzt stehen sie da und werden gefangen.
   Siehe, Jahwes Wort haben sie verworfen.
   Welche Weisheit bleibt ihnen da?[21]

Nach den eindrücklichen, dem Volk insgesamt geltenden Bildworten (V. 4–7)
wenden sich V. 8 f Weisen und Schreibern zu, d. h. wohl einem Stand oder
Ständen. Das zweigliedrige, aus Anklage mit Zitat (V. 8) und Unheilsansage
(V. 9) bestehende Wort nimmt ein schon 2, 8 angeschlagenes Motiv auf: die
Kritik an denen, „die die Tora/Weisung handhaben". Prophetische Kritik an
der Weisheit ist durch Jesaja vorgegeben; bei ihm ist die ähnliche Wendung
„die Tora/Weisung unseres Gottes"[22] belegt. „Lüge" ist ein für Jeremia cha-
rakteristisches Thema.[23] Ein Selbstzitat der Betroffenen begegnet mehrfach
(2, 23. 35 u. a.). Die Ablehnung des Gottes- bzw. Propheten-Wortes ist auch
sonst bezeugt.[24] Ist der nähere Zusammenhang durch das Thema „(Rechts-)
Ordnung Jahwes" (V. 7; vgl. 5, 5) bestimmt, so wird es durch „Tora/Weisung
Jahwes" weitergeführt und erläutert. V. 8 f bilden ein selbständiges Wort, das
wegen des Anklangs an dieses Motiv oder der Übereinstimmung mit ihm hier
angeschlossen ist.[25]
    „Schreiber" ist ein hoher Beamter, Leiter der Hofkanzlei.[26] Hier ist wohl
eine Art Berufsstand gemeint. Die „Weisen" können einen eigenen Stand
(Jer 18, 18 u. a.) bilden. Bezeichnen beide Titel dennoch – teilweise – dieselbe
Gruppe? Sie sind hier zwar nicht ausdrücklich gleichgesetzt, werden sich
aber nahegestanden haben, da die Schreiber der Weisheit bedürfen. Sie beanspruchen (V. 8), weise zu sein, und die Gerichtsansage (V. 9) trifft nur die
Weisen, bezieht die Schreiber damit wohl ein.[27]
    Die Tora/Weisung kann (zumal durch Eltern oder Priester) mündlich erfol-
gen oder wie hier schriftlich niedergelegt sein. Steht das lebendige – aber dann
(Jer 36) auch aufgeschriebene, fixierte – prophetische Wort gegen die Schrift
gewordene Tora? Der Gegensatz besteht eher zwischen dem, was „zur Lüge

---

[21] „Weisheit – was (bleibt) ihnen (noch)?" Die verdeutlichende Ergänzung: „Was hilft ihnen
(dann) ‚ihre' Weisheit?" (W. Rudolph) ist kaum erforderlich.
[22] Jes 1, 10 (8, 16); vgl. 8, 1; 30, 8; „Griffel" (Ps 45, 2); außerdem Hos 4, 6; 8, 12.
[23] Vgl. Jer 5, 2; 9, 2. 4; auch gegenüber der Prophetie 5, 31; bes. 6, 13 = 8, 10 „Lüge machen",
d. h. „Trug üben" u. a.; s. o. zur Verkündigung (Anm. 115).
[24] „Sie sagen zu mir: Wo ist das Wort Jahwes? Es möge doch kommen!" (17, 15) Vgl. zu
Jer 1,(8.)11 f; auch 5, 14 u. a.; erst recht Jer 20; 26 ff. „Zuschanden werden" (6, 15); „verwerfen"
(2, 37; 6, 30; 7, 29).
[25] Darum kann sich im vorliegenden Kontext das Selbstzitat (V. 8 a) auf das Volk (V. 7 b) beziehen; es ist von den Geschehnissen V. 8 f ja mitbetroffen. Zum Zusammenhang vgl. zu 8, 4 ff.
[26] Vgl. 2Kön 18, 18; 19, 2; 22, 3 ff; dazu H. Niehr, ThWAT V, 926 f im Anschluss an U. Rüterswörden, Die Beamten der israelitischen Königszeit, BWANT 117, 1985. Die „Halle des Schrei-
bers" (Jer 36, 10. 20 mit dem Gefängnis 37, 15. 20) bildet wohl den Amtsraum mit Archiv. Hier begegnet der Titel „Schreiber" im Plural; 1Kön 4, 3 weiß von zwei „Schreibern".
[27] Ob man beide Gruppen zugleich als Priester (vgl. Jer 18, 18) näher bestimmen kann, bleibt
unsicher.

gemacht" ist, d. h. wohl der Tora und dem Wort. Wie sich diese – nach dem
Urteil des Propheten gegebene – Entstellung, etwa durch falsche Auslegung,
Ergänzung oder Anwendung, vollzog, bleibt ungesagt. Ist auf diese Weise die
Wirkung der Tora anders als beabsichtigt: Gewährt sie fälschlich Sicherheit?
Das Wort scheint sich gegen das Vertrauen auf die Tora zu richten – ähnlich
wie Jer 7 gegen das Sicherheitsgefühl, das der Tempel gewährt.

In der Unheilsankündigung über die Weisen (V. 9) ist „Jahwes Wort" wohl
nicht mehr „Jahwes Tora" (V. 8), sondern die prophetische Botschaft, die
„verworfen" ist, trotzdem wirksam werden wird.[28] Die Betroffenen sind mit
ihrer Weisheit angesichts des Unheils, der Gefangenschaft, am Ende.

Der Grundgedanke der Verfälschung durch eigene Tätigkeit findet sich in
verschiedener Form bei Jeremia; so beklagt er die Verunreinigung der Gabe
des Landes (2, 5 ff) oder des Grabens von Ersatz-Zisternen (2, 13). Setzt die
Aufforderung, den ursprünglichen „Weg" zu suchen (6, 16), nicht auch einen
Abweg oder Verlust voraus?

„Weise sind wir" gibt wohl nicht in ihrem eigenen Wortlaut unmittelbar
und uneingeschränkt den Selbst-Anspruch der Angesprochenen wieder, stellt
vielmehr (ähnlich 2, 20 ff) die Deutung ihres Selbstverständnisses in Zitat-
form aus prophetischer Sicht dar.[29] Zudem beanspruchen sie die „Weisheit"
nicht von sich aus, sondern auf Grund des Besitzes der Tora.[30]

Weisheitlicher „Rat" kann sich auf die politische Situation beziehen.[31] Dies
Verständnis liegt hier nahe: Auf Grund der Tora meinen sie, die Fähigkeit zu
haben, die Situation – im Grundsatz – zu erkennen und zu erschließen. Eben
darin besteht auch ein oder der Widerspruch gegen die Einsicht des Propheten. So erklärt sich zugleich der Übergang zum folgenden Wort (8, 10 ff) mit
der Bestreitung des „Friedens".

Was ist mit „Tora" gemeint? Man hat etwa an den Dekalog (vgl. 7, 9), an
Rechtssammlungen, wie das Bundesbuch, auch an kultische Gesetze oder
Gottes Willensoffenbarung überhaupt, zumal das Deuteronomium[32] gedacht.
Der Inhalt ist nicht näher bestimmt.

Das Wort enthält in verschiedener Hinsicht nur Andeutungen. Sie machen
eine Identifizierung insgesamt schwer: Die Bezeichnungen scheinen (noch)
nicht eindeutig festgelegt oder genau abgegrenzt zu sein. Die Stände oder
Ämter sind wohl noch nicht im Sinn nachexilischer Zeit[33] zu verstehen. Vom

---

[28] Vgl. Jer 1, 11 f; 5, 14 u. a.

[29] So verbirgt sich im Zitat, zugespitzt gesprochen, bereits ein Urteil: „Wehe denen, die in ihren eigenen Augen weise sind!" (Jes 5, 21 in Verschärfung weisheitlicher Einsicht Spr 26, 12;
21, 30 f; vgl. 20, 24 u. a.; später: 3, 5. 7). Vgl. die Auslegung zu Jer 9, 22 f.

[30] Insofern scheint ein ähnlicher Gegensatz wie zu den Heilspropheten zu bestehen, die ja auf
Grund der Glaubenstradition Jeremia widersprechen (s. o. zur Verkündigung Abs. 11).

[31] 2Sam 16, 23; 17, 14; 1Kön 5, 9–14; vgl. 3, 5 ff; 10, 1–13; auch Jes 19, 11 u. a.

[32] Vgl. das Verb „weisen, lehren" Dtn 17, 10; in eher jüngeren Texten (17, 18 f) wie im späteren
Rahmen (1, 5; 4, 8. 44; 27, 3–33, 10) den Begriff Tora. Liegt hier ein Urteil Jeremias über das – als
Moserede verfasste – Deuteronomium im Rückblick vor?

[33] Wie Esr 7, 6. 11; vgl. Neh 8 u. a.

„Buch der Tora"[34] ist (noch) keine Rede. So bilden V. 8 f kaum ein spätes Zeugnis, lassen sich eher als Vorläufer – für künftige Entwicklung[35] – verstehen.

Deutlich steht das Wort in der Tradition der Kritik der Schriftpropheten, zumal Jesajas, an der Weisheit: „Zugrunde geht die Weisheit der Weisen."[36] Wie Jeremias Kritik (2, 8) diejenigen trifft, die sich mit der Tora befassen, so hier die Schreiber.[37] In jedem Fall handelt es sich um eine ungewöhnlich harte Äußerung.[38]

Nähe des Unheils
Jer 8, 10–17

10 Darum gebe ich ihre Frauen anderen
und ihre Felder Eroberern;
denn vom Kleinsten bis zum Größten
sind sie alle auf Gewinn aus.
Vom Propheten bis zum Priester
üben sie alle Trug.
11 Den Bruch der Tochter meines Volkes heilen sie leichthin,
indem sie sagen: Heil,
und ist doch kein Heil.
12 Sie müssen zuschanden werden,
weil sie Gräuel verübt haben.
Scham haben sie verlernt,
Erröten kennen sie nicht.
Darum werden sie fallen unter den Fallenden,
stürzen zur Zeit ihrer Heimsuchung – spricht Jahwe.
13 ,Will ich ihre Ernte einbringen' – Spruch Jahwes –,
so sind keine Trauben am Weinstock,
keine Feigen am Feigenbaum,
und das Laub ist welk.
So habe ich ihnen bestellt, die über sie kommen.[39]

---

[34] 2Kön 22, 8. 11; 23, 2. 21; Dtn 17, 18 f u. a.

[35] Kündigt sich hier zugleich die spätere Verbindung von Tora und Weisheit an?

[36] Jes 29, 14 (zitiert 1Kor 1, 19); vgl. o. Anm. 29; auch Jes 31, 2 u. a.

[37] V. 8 „bezichtigt den Berufsstand" der Schreiber „der falschen Ausübung seiner Tätigkeit, die eigentlich auf das Verstehen der Tora ziele". Sie „werden analog zu den in Jer 2, 8 genannten [...], die doch Jahwe nicht kennen, beurteilt" (C. Maier 301).

[38] Teilweise vergleichbar der Gottesrede Ez 20, 25: „Ich gab ihnen ungute Satzungen", nicht zum Leben.

[39] Dieser Schlusssatz, im Hebräischen die letzten drei Worte (8, 13 bβ), fehlt in LXX, könnte eine Erweiterung des – für sich lesbaren, vielleicht einmal selbständigen – Bildworts V. 13 darstellen, verbindet es jedenfalls mit dem Folgenden, ist darum in der vorliegenden Komposition nötig.

14 Wozu sitzen wir da? Sammelt euch!
    Lasst uns in die befestigten Städte ziehen
    und dort umkommen;
    denn Jahwe, unser Gott, lässt uns umkommen
    und Giftwasser trinken,
        weil wir gegen Jahwe gesündigt haben.
15   Ein Hoffen auf Heil,
        doch, da ist nichts Gutes,
        auf eine Zeit der Heilung, und siehe da: Schrecken.
16 Von Dan her hört man das Schnauben seiner Rosse;
    vom lauten Wiehern seiner Hengste erbebt das ganze Land.
    Sie kommen und fressen das Land und was darin ist,
    die Stadt und ihre Bewohner.
17 Ja, siehe, ich sende gegen euch giftige Schlangen,
    gegen die es keine Beschwörung gibt,
    und sie werden auch beißen – Spruch Jahwes.

Das Wort V. 10–12 ist mit gewissen Abwandlungen bereits in 6, 12–15 überliefert, dort eher in der älteren Fassung.[40] Wird es wegen der Abweichung
wiederholt? Die Aussage hat über die Stichwortanknüpfung[41] hinaus hier zugleich eine sachliche Bedeutung in der Komposition. Nach dem Vorwurf gegenüber dem „Volk" (V. 5. 7) insgesamt tritt zur Kritik an den Schreibern und
Weisen (wie schon 2, 8) die Anklage von zwei weiteren „Ämtern", Priester
und Prophet (zur Auslegung s. zu 6, 12–15).
    Wie rasch wechseln in dem durch „Spruch Jahwes" gerahmten Absatz
V. 13–17 die Bilder! Wieweit stellt er ursprünglich überhaupt eine Einheit
dar? Etwa die Gottesworte, Anklage und Gerichtsansage (V. 13. 17), nehmen
nicht aufeinander Bezug; V. 17 schließt sich eher V. 14 an.

V. 13	Klagende Anklage Gottes
	V. 13 bβ Gerichtsansage
V. 14 a	Selbst-Aufruf mit Zitat: Bittere Einsicht
V. 14 b–15	Schuldbekenntnis (V. 14 b; vgl. 14, 20 b) des Volkes
	und Klage über Hoffnungslosigkeit (V. 15 = 14, 19 b)
	Vorwegnahme von oder Vorandeutung auf Jer 14 f
V. 16	Wahrnehmung nahenden Kriegsgeschehens
V. 17	Bildhafte Unheilsansage in Gottesrede

---

[40] Vgl. dort. Bei V. 10–12 findet sich die erste große Auslassung in der LXX. Allerdings braucht
sie hier kein Argument für einen späten Nachtrag des hebräischen Textes zu bilden. Wie oft bleibt
das Zeugnis der LXX mehrdeutig: Sucht sie die Doppelung zu vermeiden? Es „ist natürlich, dass
der Übersetzer, der die gleichlautende Stelle nur einmal bringen wollte, sie [...] beim zweiten
(Mal) weglässt" (W. Rudolph 63).

[41] Außer „Zuschanden werden" (8, 9. 12) vgl. das Motiv des Trugs (8, 8. 10).

V. 13 gestaltet ein bereits angeklungenes Motiv aus: Wird Jeremia (6, 9) aufgefordert, Nachlese zu halten, so sucht jetzt Gott selbst[42] vergeblich Früchte, Trauben oder Feigen. Das Verhalten des Volkes entspricht (ähnlich V. 4–7) nicht der Erwartung. „Es fehlt aber nicht bloß an den Früchten; auch die Blätter sind welk, der Baum ist innerlich krank."[43] Muss er nicht „abgehauen" (Lk 13, 7; Mt 7, 16–20) werden? Das Bild wird in der Gottesrede nicht so direkt, vielmehr doppeldeutig weitergeführt: „Die über sie kommen" kann sich sowohl auf ein Handeln an den ertraglosen Gewächsen als auch auf die Bedrängnis durch das Feindvolk beziehen; so wird zugleich ein Übergang zum Folgenden geschaffen.

Das V. 14 angedeutete Geschehen wird V. 16 farbig-bewegt ausgemalt. Der Zeitpunkt rückt näher: Das Unheil zeichnet sich im Norden schon ab; es erklingt bereits der Kriegslärm bei Einbruch des Feindes. Die Angabe „Dan" knüpft an 4, 15, „seine Rosse" an 6, 22 f u. a. an. Sie verkörpern das trotz der Nähe (im Zusammenhang wie in Übereinstimmung mit Kap. 4–6) namenlose, nicht konkret bestimmte Heer, das das Land erbeben lässt, seine Bewohner „frisst" (vgl. 5, 17). Erst recht bleiben die beiden Bilder, Giftwasser[44] und Giftschlangen[45], vage[46], allerdings mit gemeinsamer Intention als Zeichen der Unabwendbarkeit: Es gibt keine heilvolle Aussicht.

Die Aufforderung, in die befestigten Städte zu ziehen, wird wiederholt – aber mit Umkehrung der Absicht (von 4, 5 u. a.), nicht um das Leben zu retten, sondern um dort umzukommen. Wird schon 6, 1 zur Flucht aus ihnen aufgerufen, weil sie keine Sicherheit gewähren, so werden sie hier zum Ort des Untergangs.

Dieser Abschnitt ist durch *zwei* Besonderheiten charakterisiert:

Zum einen finden sich auffällig weit bis in die Ausdrucksweise reichende *Übereinstimmungen;* offenkundig sind (V. 14. 16) Jeremia-Worte in verschiedener Gestalt aufgenommen und abgewandelt, nämlich *zugespitzt,* auf das bittere Ergebnis zugeführt.

Zum andern tritt das *„Wir"*[47] bestimmend hervor, prägt V. 14(f) die ganze Aussage. So klingt die Verschärfung abgründig tief. An die Stelle einer Unheilsansage tritt die Einsicht des Volkes, oder die Unheilsankündigung liegt als Selbst-Einsicht vor.[48]

---

[42] „Ich habe dich als Edelrebe gepflanzt" (2, 21). Weinstock (Hos 10, 1; das Weinberglied Jes 5, 1–7; auch Ps 80, 9 ff) und Feige (Hos 9, 10; Jer 24) dienen auf verschiedene Weise als Bild oder Vergleich.

[43] P. Volz 109. Das Volk wird „nicht nur seiner Bestimmung nicht gerecht, ihm ist durch seine Abkehr auch jegliche Lebenskraft geschwunden" (H.-J. Fabry, ThWAT V, 167).

[44] In fester Sprachwendung „Ich gebe Wermut zu essen und Giftwasser zu trinken" findet sich das Motiv auch 23, 15 und 9, 14. Vgl. auch Bilder wie Am 5, 7; 6, 12; Hos 10, 4. Nach G. Fleischer (ThWAT VII, 286) ist Giftwasser „metaphorisch als Mittel göttlicher Sanktion [...] zu verstehen".

[45] „Nicht der Feind, sondern das Gericht wird mit den Schlangen verglichen", in Hinsicht auf „die Unmöglichkeit der Rettung" (P. Volz 109). Vgl. Num 21, 6; Am 5, 19.

[46] Handelt es sich um Anspielungen „auf dem Volk gut bekannte Geschichten" (R. Preß, ZAW 51, 1933, 127), nämlich Ex 32, 20 bzw. Num 21, 6?

[47] In 4, 5 ist es in die anredenden Aufrufe („Ihr") eingegliedert: „Wir müssen hineingehen"; vgl. Zitate wie 2, 31; 4, 8 u. a.

[48] So lassen sich beide Momente verbinden im Verständnis des Textes „als antizipatorische Klage mit der Funktion der Unheilsankündigung [...]; dadurch, dass der Prophet das Ergebnis, die Folgen kommenden Unheils und mit der (künftigen) Klage die Reaktion darauf vorwegnimmt, gewinnt er sprachliche Fügungen von äußerster Dichte" (H.-J. Hermisson, FS C. Westermann 260).

Wie ist dieser Vorgang von Aufnahme und Abwandlung zu verstehen – als Aktualisierung, Zuspitzung auf die Gegenwart? Vermutlich handelt es sich (wie V. 18 ff) um Worte kurz vor dem Untergang. Entweder ist die Klage (ohne V. 14 b. 15) dem Volk in den Mund gelegt, so dass noch Aussagen Jeremias aus seiner letzten Zeit vorliegen. Oder die Klage nimmt nur seine Sprache auf, um sie auf die bestehende Bedrängnis zu beziehen, so Jeremias Worte wie die eigene Situation zu deuten.

Darüber hinaus ist das Wort der „Wir"-Gruppe *ausgestaltet*, verbindet sich in V. 14 b. 15 im Anschluss an 14, 19 b. 20 mit dem *Schuldbekenntnis*. Nimmt die hiesige Aussage – durch die wörtliche Parallele – die Komposition Jer 14 f vorweg und verweist zugleich auf sie voraus? Zumindest haben beide Texte eine gleiche Aufgabe: Anerkennung eigener Schuld.[49] Vielleicht haben sie auch einen gemeinsamen *Sitz im Leben*: Liegen hier, sei es von vornherein in der Zusammenstellung oder nachträglich, Elemente einer *Bußliturgie* vor? Sind sie mit Jeremias Klage V. 18 ff in den Rahmen eines Bußgottesdienstes, einer exilisch-nachexilische Klagefeier, eingegliedert? Die vorliegende Komposition könnte mit Kap. 14 ein Zeugnis für gottesdienstliche Feiern bieten.

Im näheren Kontext verbirgt sich ein harter Gegensatz, zumindest eine Spannung: Das „Gift" (V. 14. 17) kommt von dem Arzt (V. 22); umgekehrt bleibt, wer das Gift sendet, als Helfer allein zuständig. So scheinen die einander zugeordneten Texte einen inneren Zusammenhang zu bilden.[50]

„Mein Herz ist krank" – „kein Arzt da?"
Jer 8, 18–23

18   ‚Unheilbar' ‚steigt'[51] Kummer in mir auf,
     mein Herz ist krank.
19   Da, horch, das Geschrei der Tochter meines Volkes
     aus dem Land weit und breit:[52]
     „Ist Jahwe nicht in Zion,
     oder ist sein König nicht in ihm?"

---

[49] Vgl. auch 3, 25 und zur Entstehung des Buches (zu Anm. o. S. 40).

[50] Vgl. zu 8, 4 ff. 18 ff.

[51] Das erste, kaum übersetzbare hebräische Wort („meine Heiterkeit"? – verkehrt sie sich in Kummer?) wird nach der griechischen und altlateinischen Übersetzung zweigeteilt: „ohne Heil", „unheilbar" (HAL 174. 514). Sachlich lässt es sich auch als Ende von V. 17 verstehen: Der Schlangenbiss, d. h. das Unheil (vgl. V. 22; sachlich 19, 10; 24, 8; auch 30, 12 f), wie der ihm entsprechende (durch es veranlasste) Kummer (vgl. 15, 18) erscheint „unheilbar". Allerdings wird V. 17 durch „Spruch Jahwes" abgeschlossen. Im zweiten Wort V. 18 verbirgt sich ein Verb.

[52] Vgl. Jes 33, 17; ähnlich in der hier kaum vorliegenden Bedeutung „Ferne" Jer 6, 20; das Exil ist wohl nicht gemeint.

Warum haben sie mich gekränkt durch ihre Bilder,
durch Nichtse aus der Fremde?
20 Die Ernte ist vorüber, der Sommer ist dahin –
uns aber ist nicht geholfen!
21 Wegen des (Zusammen-)Bruchs der Tochter meines Volkes
bin ich gebrochen.
Ich bin bedrückt, von Entsetzen erfasst.
22 Ist denn kein Balsam in Gilead,
ist denn kein Arzt da?
Warum wächst keine Heilung der Tochter meines Volkes?
23 O dass mein Haupt zu Wasser würde
und mein Auge eine Tränenquelle!
Beweinen möchte ich Tag und Nacht
die Erschlagenen der Tochter meines Volkes.

Jesajas Klage (22, 4): „Ich muss bitterlich weinen … über die Verheerung der
Tochter meines Volkes"[53] scheint dieses Wort auf eine andere Situation zu
übertragen und auszugestalten. Ähnlich drückt Jeremia bereits (4, 19 f) den
Schmerz aus: „O mein Leib"; die Trauer reicht bis ins Körperliche. Wieder
(V. 18. 21 b. 23) sind Inneres und Äußeres verbunden. Allerdings führt dieses
Wort insofern weiter, als es das gewichtige Stichwort „(Zusammen-)Bruch"[54]
aufgreift und auf den Propheten selbst bezieht. Seine Worte sind mit denen
des Volkes verwoben:

V. 18   Klage des Propheten
V. 19 a. 20   Klage des Volkes
V. 19 b   Nachtrag: Gottesrede mit Anklage zur Begründung
V. 21–23   Klage des Propheten

Dabei besteht eine doppelte Analogie: Zum einen entsprechen sich das Leiden des Volkes und des Propheten; Symptome ähnlich einer Krankheit erfas-
sen ihn (V. 18) wie die Betroffenen, so dass sie der Heilung bedürfen (V. 22).
Zum andern werden beide mit demselben Wortstamm gekennzeichnet: Wie
das Volk so ist er selbst „gebrochen". Ist es da nicht angebracht, von Solidarität des Propheten mit seinem Volk zu reden[55]? Er bekundet Mitleid als Mit-
Leiden.[56]

---

[53] Die Reaktion des Propheten erinnert zugleich an Jes 1, 4–8.(9) – wohl eins der letzten Worte
Jesajas mit der Beschreibung der Situation um 701 v. Chr.
[54] Jer 4, 6. 20; 6, 1. 14; 8, 11.
[55] Vgl. auch 9, 17: „Unsere Augen".
[56] H.J. Stoebe, Seelsorge und Mitleiden bei Jeremia, WuD, NF 5, 1955, 116–134; ders., Jeremia, Prophet und Seelsorger, 1964, in: Geschichte, Schicksal, Schuld und Glaube, BBB 72, 1989,
184–208.

Das „Hilfsgeschrei" kann, auch wenn es explizit keinen Adressaten hat, gen Himmel aufsteigen.[57] Der eigentlich Angeredete wird sogleich genannt: Jahwe. Gott ist, wie gerade ein Vorwurf (2, 27 f) veranschaulicht, Helfer in der Not, für beides, Krankheit und Heilung, zuständig.[58] „Ihr König" kann der regierende Herrscher sein, bezieht sich aber eher auf Gott selbst.[59]

In diesem Fall wird auch die sich anschließende Gottesrede (V. 19 b) leichter verständlich. Das Thema Bilder und Fremdgötterverehrung ist mit der Ausdrucksweise typisch für redaktionelle Ergänzungen.[60] Der Halbsatz scheint zwei verschiedene Überlieferungen, Kap. 7 (V. 18) und 8, zu verknüpfen und trägt hier zugleich eine Begründung für die Not nach. Deutet er im vorliegenden Buch nicht auch auf das jüngere Kap. 10 hin? Es nimmt den Titel „König" (10, 10) wie das – hier nur kurz angeschlagene – Motiv der Bilder auf, um es breit auszubauen.

In der bedrängenden Situation wird Gottes Gegenwart (V. 19.22) nicht empfunden, nicht als heilvoll erfahren. Diese Einsicht wirkt wie eine Bestätigung der Tempelrede (7, 12. 14): Gott schützt seine Stätte nicht, scheint sie verlassen zu haben, ist fern.[61]

Handelt es sich um eine Hungers- (V. 20) oder um eine Kriegsnot (V. 23)? Die Erwähnung des Hungers ist nicht neu.[62] Das Stichwort „(Zusammen-)Bruch" lässt eher an kriegerische Bedrängnis denken. Unmittelbar zuvor (V. 16) wird die Szene vom heranrückenden Feind gezeichnet; jeweils ist das Land betroffen. Selbst wenn man beide Anlässe wörtlich, nicht nur bildlich, nimmt, brauchen sie sich nicht gegenseitig auszuschließen; Hunger und Krieg gehören eher zusammen.

Wirkt die Schilderung des „Bruchs" nicht wie eine Erfüllung vorhergehender Ankündigungen? Allerdings setzt die Frage V. 19 b wohl voraus, dass Jerusalem zwar in Not, Stadt und Tempel aber noch nicht zerstört sind. Grundsätzlich ergeben sich zwei Möglichkeiten des Verständnisses: Die Worte sind a) vorweggenommene Klage über das angesagte Unheil. Sie wirken b) eher wie eine Schilderung gegenwärtiger Bedrängnis. Dann spiegeln sie schon erlebtes Leid aus den Jahren der Not nahe der Katastrophe wider.

Als Gottesrede wirkt 9, 1 f wie eine Antwort auf Jeremias Klage. Darüber hinaus scheint Kap. 14 (–15, 4) breiter auszuführen, was hier ausgesprochen ist.

---

[57] „Ihr Hilferuf stieg zu Gott hinauf" heißt es in der priesterschriftlichen Darstellung (Ex 2, 23; vgl. 1Sam 5, 12).

[58] Vgl. die Bitte in der Konfession 17, 14; auch 3, 22 („Ich heile"); 30, 17; 33, 6; schon Erzählungen wie 1Kön 14; 2Kön 1;5; dann Ex 15, 26; Gen 20, 17; Jes 30, 26; Ps 103, 3; (verallgemeinert:) 147, 3; Dtn 32, 29; Hi 5, 18 u. a.

[59] In Zion (V. 19 a): Jes 6, 5; (8, 18;) Ps 47, 7; 48, 3; vgl. Jes 43, 15: „euer" König; auch 44, 6 u. a.

[60] Vgl. das Verb „beleidigen, kränken" Jer 7, 18; 11, 17; 25, 6 f; 32, 29 f u. a.

[61] Vgl. o. zur Verkündigung (S. 19). „Dass noch Schreien nach Hilfe laut werden kann", „die Frage nach Jahwe […] geäußert wird, deutet darauf hin, dass die Katastrophe noch nicht eingetreten ist. Immerhin ist aber die Bedrängnis so akut, dass es so aussieht, als hätte Jahwe den Zion […] bereits verlassen." (G. Wanke 102) Ähnlich 9, 1 f.

[62] Vgl. 5, 17. Jer 3, 3 droht den Ausfall des Regens an. Vgl. o. zur Verkündigung (Anm. 128).

Betrug wie bei Jakob. Einer gegen den andern
Jer 9, 1–10

1 O hätte ich doch[1] in der Wüste
ein Nachtlager für Wanderer,
so könnte ich mein Volk verlassen
und von ihnen (weg)gehen;
denn sie alle sind Ehebrecher,
eine Versammlung von Betrügern.

2 Sie spannen ihre Zunge wie ihren Bogen,
Lüge und nicht ‚Wahrhaftigkeit‘ sind mächtig im Land;
denn von Bosheit zu Bosheit schreiten sie,
mich aber kennen sie nicht – Spruch Jahwes.

3 Hütet euch, ein jeder vor seinem Freund,
und vertraut auf keinen Bruder;
denn jeder Bruder betrügt (handelt wie Jakob),
und jeder Freund übt Verleumdung.

4 Und sie täuschen, ein jeder seinen Freund,
und sprechen nicht die Wahrheit.
Sie haben ihre Zunge an das Lügen gewöhnt,
sie handeln verkehrt,
sind nicht mehr imstande ‚umzukehren‘[2].

5 ‚Bedrückung‘ über Bedrückung, Trug über Trug,
sie weigern sich, mich zu kennen – Spruch Jahwes.[3]

6 Darum, so spricht Jahwe Zebaoth,
Siehe, ich schmelze sie und prüfe sie –
wie sollte ich denn (sonst) verfahren
mit[4] der Tochter meines Volkes?

7 Ein ‚tödlicher‘ Pfeil ist ihre Zunge;
Betrug ‚redet man‘ mit seinem Mund.[5]

---

[1] Die erstarrte Wunschformel „Wer gibt mir" (wie 8, 23; Num 11, 29; Hi 14, 13 u.a.), setzt, wörtlich genommen, eine weitere Person voraus, die „gibt", obwohl es sich hier – in der vorliegenden Form – um eine Gottesrede handelt. Der Wunsch entspringt der Klage. Die LXX liest „entferntestes Nachtquartier", unterstreicht so den Inhalt des Wunsches.

[2] Das erste – fälschlich zusammengeschriebene – Wort von V. 5 wird verständlich bei Trennung und zur Hälfte an das Ende von V. 4 vorgezogen; vgl. LXX.

[3] „Spruch Jahwes" fehlt in der LXX, die allerdings (V. 2. 5) die 1. Person „mich nicht kennen" bezeugt. Diese Wendung lässt sich nur auf Gott beziehen. Vgl. 2, 8; 4, 22; 8, 7; 9, 23; bes. 22, 16.

[4] Wörtlich: „angesichts", auch: „wegen" (nämlich des Verhaltens).

[5] Dem Parallelismus (mit LXX) entsprechend: sind ‚die Worte ihres (seines) Mundes‘. MT zieht „mit seinem Mund" zum Folgenden.

Friedvoll redet man mit seinem Freund,
doch in seinem Inneren legt man ihm einen Hinterhalt.

8 Sollte ich diese[6] nicht zur Verantwortung ziehen – Spruch Jahwes –
oder an einem Volk wie diesem nicht Rache nehmen?

9 Über die Berge will ich Weinen und Wehklage erheben,
über die Weideplätze der Steppe eine Totenklage;
denn sie sind angezündet, so dass niemand hindurchzieht,
und man hört nicht mehr den Lärm der Herde.
Von den Vögeln des Himmels bis zum Wild
sind sie geflüchtet, davongegangen.

10 Ich mache Jerusalem zum Steinhaufen,
zur Behausung von Schakalen,
und die Städte Judas mache ich zur Wüste,
ohne Bewohner.

Auf die prophetischen Fragen: „Ist Jahwe nicht in Zion", „kein Arzt da?"
(8, 19. 22) erscheint 9, 1 wie Gottes Antwort: Könnte ich mich doch von meinem Volk weg in die Wüste begeben! Dabei wird V. 1 mit derselben Wendung wie der Schlussvers der vorhergehenden Klage (8, 23) eingeleitet: Tritt ihr Gottes Wunsch entgegen, um ihre Angemessenheit eigentlich zu bestätigen? In der Intention ähnelt die bildhafte Aussage der Tempelrede: Gott möchte sein Heiligtum – hier: sein Volk – verlassen.[7] Bedenkt die Frage „Bin ich denn für Israel zur Wüste geworden?" (2, 31) mit einem vergleichbaren Motiv nicht schon eine ähnlich radikale Möglichkeit?[8] V. 1 stellt eine harte Zumutung dar.

Der Aufbau ist grob dreiteilig (V. 1–6. 7 f. 9 f) mit jeweils zwei Gliedern: Zweimal wechseln sich Schuldaufweis (V. 1–5. 7) und Gerichtsansage (V. 6. 8) ab, um in eine Klage überzugehen (V. 9), auf die nochmals eine Gerichtsansage als Bestätigung erfolgt.

A V. 1–6
V. 1 a   Wunsch (Gottes), das Volk zu verlassen
V. 1 b–2   Schuldaufweis des Volksganzen:
                 Trug, Unwahrheit, Verleumdung
V. 3   Anspielung auf den Ahnherrn Jakob (vgl. Hos 12, 4 f)
                 V. 4   Entfaltung, Ausführung

---

6 Vgl. zu 5, 7 (Anm. 9); 5, 29.

7 Vgl. als Gegensatz etwa Jer 3, 19; auch 2, 7 a. 21 a u. a.

8 Vgl. noch 12, 7 f; 23, 23; auch 15, 18. Wegen des anschaulich-kräftigen Bildes wird 9, 1 gerne auf den Propheten bezogen. Die Annahme einer entsprechenden Vorform erfordert allerdings nicht unerhebliche Texteingriffe. Selbst wenn die Angabe „Spruch Jahwes" jünger sein sollte, verweisen V. 2. 5 „mich nicht kennen" (o. Anm. 3) wie die Einführung von V. 6 auf Gott. Falls es V. 1 eine frühere auf den Propheten bezogene Überlieferungsgestalt gab, bilden hier beide „Ebenen" einen Zusammenhang. Ähnliche Urteile 5, 7–9. 26–29 sind in der gegebenen Überlieferung ebenfalls Gotteswort. Die klagende Frage (14, 8) richtet sich an Gott: „Warum bist du wie ein Fremdling im Land, wie ein Wanderer …?"

V. 5   Zusammenfassung und Zuspitzung: „Bedrückung"
        mit Zitat und (wie V. 2) Aufdeckung
        des „Hintergrunds": Mangel an Gotteserkenntnis
V. 6   Gerichtsansage in Gottes Ich-Rede
        Prüfung: Schmelzen des Volkes (vgl. 6, 27 ff)
B V. 7 f
V. 7   Schuldaufweis in Aufnahme von V. 2–5
V. 8   Gerichtsansage in Gottes Ich-Rede
        als rhetorische Frage (wie 5, 9. 29)
C V. 9 f
V. 9   Klage, Weinen des Propheten
        über wohl vollzogenes Gericht
V. 10   Gerichtsansage in Gottes Ich-Rede
        Zerstörung Jerusalems

Die klagende Anklage mit abschließender Unheilsansage nimmt mit Thema
und Stichworten „Wahrheit", „Wahrhaftigkeit" bzw. „Trug", Treulosigkeit
die Stoßrichtung von Kap. 5 nochmals auf, führt den Zwiespalt im Volk wieder einprägsam oder gar verschärft vor Augen.

Überhaupt steht der Text den in Kap. 2–6 überlieferten Worten sachlich nahe, greift
aus ihnen Motive, leicht verändert, auf. Dabei gehören wieder beide „Ebenen", das
Verhalten zu Gott und im zwischenmenschlichen Bereich, zusammen: „einer – den
andern"[9], Gott „nicht kennen"[10] oder „nicht umkehren"[11]. Der Vorwurf des Ehebruchs wird nochmals (5, 7 f) erhoben. Die Gerichtsansage in Frageform (9, 8) findet sich dort (5, 9. 29), allerdings am Ende einer abgrenzbaren Einheit. Hier folgt
eine (4, 19; 8, 18) ähnlich erklingende Klage (9, 9). Das Motiv „menschenleer" begegnet in verschiedenen Wendungen.[12] Wie erklären sich solche Übereinstimmungen? Der Text scheint hier und da bereits auf die in der ältesten Sammlung (in
Kap. 1–6) bewahrte Überlieferung zurückzugreifen, sie abgewandelt aufzunehmen
und gehört vermutlich zur ersten, frühesten Ergänzung.[13]
    Ähnlich einem Grundbestand von Kap. 8 (V. 16. 19) weist auch 9, 9 f in ein fort-
geschrittenes Stadium nahe der Katastrophe, setzt die Verwüstung des Landes,
aber – zumindest explizit – noch nicht die Zerstörung der Hauptstadt voraus. Fragt
man nach diesem tiefen Einschnitt nicht eher nach der Begründung, als dass man
den Untergang nochmals ankündigt (9, 10)? So ist das Wort leichter aus der Zeit
vorher erklärbar.

---

[9] Vgl. 9, 4. 7 mit 5, 2 f; 8, 6.
[10] Jer 9, 2. 4; im programmatisch zusammenfassenden Einleitungswort 2, 8; auch verbunden
mit sozialen Aspekten (bes. 22, 15 f); sachlich ähnlich 5, 4 f u.a.; vgl. noch 4, 22; 8, 7; schon
Hos 5, 4; Jes 1, 3; s. o. zur geistigen Heimat (zu Anm. 61–62).
[11] Jer 9, 4 f wie 5, 3; 8, 5 u.a.; s. o.
[12] Jer 2, 6 („niemand zieht hindurch"); „ohne Bewohner" 2, 15; 4, 7. 29 b; in 4, 25 verbunden
mit „die Vögel des Himmels geflohen"; s. zu 4, 23 ff Anm. 67.
[13] Mit der Einführung „Und (Weiter) Du sollst sagen …" bilden Kap. 8–9; 10, 17 ff wohl eine eigene Wortsammlung. Vgl. o. zu 8, 4 ff (mit Anm. 1) und zur Entstehung des Buches Anm. 231.

Die Einleitung spricht wieder vom „Volk" mit dem Vorwurf „Sie alle sind Ehebrecher"[14], um dann die Gegenseitigkeit des Verhaltens hervorzuheben: Spiegelt der chiastische Aufbau von V. 3 nicht diese Situation wider? Der übliche Ausdruck für die „Festversammlung" (wie Jes 1, 13) wird hier (V. 1) ironisch-kritisch für das Zusammentreffen bzw. die Gesellschaft der „Treulosen" oder „Betrüger" verwendet. Die Allgemeinheit der Anklage steht der Tempelrede (7, 9) nahe.

Das zwischenmenschliche Miteinander, die Beziehungen zum „Nächsten" und „Bruder" (V. 3 f. 7), sind selbst im engsten Kreis zutiefst gestört, hier mehr durch Worte, „Lüge" und fehlende „Aufrichtigkeit".[15] Die hoffnungslose Lage spiegelt sich in der Mahnung wider, selbst gegenüber dem Freund misstrauisch zu sein. Kann ein solcher Aufruf die Situation ändern und aufheben wollen, nimmt er sie nicht vielmehr verschärft in den Blick?

Lügen ist bereits zur Gewohnheit[16], zum alltäglichen Verhalten geworden, so dass ihr „verkehrtes Handeln" (V. 4; vgl. 3, 21) nicht mehr als Schuld erkannt wird. Mit der „Bedrückung" ist „Betrug" verbunden; die Wortwahl enthält – im Anschluss an Hosea – eine Anspielung auf den Erzvater Jakob.[17] Im Ahnherrn, der das Volk verkörpert, werden Vergangenheit und Gegenwart, hier im Blick auf die Schuld, zusammengesehen.

Unehrlichkeit, fehlende Wahrhaftigkeit gegenüber dem Nächsten kann, zumal vor Gericht, ernste, lebensbedrohliche Folgen nach sich ziehen.[18] So wird verständlich, warum die lügnerische Zunge mit einem Bogen (V. 2) bzw. einem todbringenden Pfeil (V. 7) verglichen wird.

Das Prüfverfahren (V. 6) ist vom Propheten (6, 27 ff) auf Gott übertragen.[19] Sucht er nicht schon zuvor (8, 13) umsonst Früchte?

Mit einer Totenklage[20] beginnt der letzte Unter-Abschnitt: V. 9 f, untereinander durch die Darstellung eines Zustands ohne Menschen verbunden, erscheinen wie eine Entfaltung der Beschreibung von 2, 15[21]. V. 9 beklagt das

---

[14] Der Vorwurf (Hos 7, 4; Jer 5, 7 f; 7, 9; 13, 27) kehrt gegenüber den (Heils-)Propheten (23, 10. 14) wieder. Klingt auch die Hinwendung zu fremdem Kult an? Vgl. Hos 4, 12 ff; Jer 2, 19 ff; 3, 2 f.

[15] Vgl. Jer 5, 1 ff(.27); 8, 6; auch 6, 28; 7, 28; Ez 22, 9; Jes 59, 3 f; Spr 11, 13; 12, 17. 22; 20, 19; Ps 15, 2; 119, 29 f; Lev 19, 16–18; o. zur Verkündigung Abs. 3. Vgl. Jer 7, 4 „Vertraut nicht!" Mi 7 (V. 5) nimmt Jer 9, 1–3 auf.

[16] Zu „lernen" bzw. „lehren" V. 4 vgl. 2, 33; 13, 21. 23.

[17] In Zuspitzung der Vätertradition Gen 25, 26; 27, 36 verfolgt Hosea in seinem Geschichtsrückblick 12,(1–)4 die Schuld des Erzvaters bis in den Mutterleib. Nachwirkungen finden sich außer Jer 9, 3 auch Jes 43, 27; Mal 3, 6.

[18] Im Dekalog spricht das achte bzw. neunte Gebot vom „Lügenzeugen" (Ex 20, 16; ähnlich Dtn 5, 20). Das AT vertritt nicht Wahrheit als absoluten Wert (vgl. etwa Ex 1, 15 ff), verlangt aber den Schutz des Nächsten.

[19] Jer 9, 6; „schmelzen"/„prüfen" 6, 27. 29; vom Metall Sach 13, 9. Vgl. „prüfen" auch Jer 11, 20; 12, 3; 17, 10; 20, 12.

[20] Vgl. 7, 29; 9, 19; die Auslegung zu 9, 16 ff.

[21] Mit Aufnahme der Motive: Städte, Verwüstung, „anzünden", menschenleer.

vom Krieg zerstörte, von Mensch und Tier[22] verlassene, leblose Land. V. 10
kündigt in Übereinstimmung mit einem Michawort[23] der Hauptstadt den
Untergang an – sowie den Städten. „Anstelle der vorherigen Bewohner" haben „Schakale ihre Behausung dort".[24]

Wie ist das Gericht zu verstehen?
Jer 9, 11–15

11 Wer ist (so) weise, dass er dies versteht,
   und was der Mund Jahwes zu ihm geredet hat, dass er es kundtut,
   warum das Land zugrunde ging
   und ausgebrannt ist wie die Wüste, die niemand durchzieht?
12 Und Jahwe sprach: Weil sie meine Weisung verließen,
      die ich ihnen vorgelegt habe
   und auf meine Stimme nicht gehört und darin gewandelt sind,
13 sondern dem Starrsinn ihres Herzens
   und den Baalen folgten, die ihre Väter sie gelehrt haben.
14 Darum so spricht Jahwe Zebaot, der Gott Israels:
   Siehe, ich gebe ihnen, diesem Volk[25], Wermut zu essen
   und Giftwasser zu trinken
15 und zerstreue sie unter die Völker,
   die weder sie noch ihre Väter kannten,
   und ich sende das Schwert hinter ihnen her,
   bis ich sie vernichtet habe.

Die in Prosa gefasste, der (jerdtr) Redaktion zugehörige Einheit ist auf doppelte Weise im näheren Kontext verankert: V. 11 bekräftigt oder bestätigt die
unmittelbar zuvor ausgesprochene Klage mit der in ihr beschriebenen Notsituation.[26] Außerdem nimmt V. 14 das Bild vom „Giftwasser" (8, 14) auf.
Der Abschnitt ist als Gespräch[27] gestaltet:

V. 11   Frage (eines Ungenannten)
V. 12–15   Antwort Gottes
       V. 12 f Begründung

---

[22] Selbst die Vögel sind geflohen. Die hier geschilderte Situation scheint 4, 23–26 (bes. V. 25)
ausgestaltet zu werden.
[23] Mi 3, 12 (vgl. Jer 26, 18); Jes 32, 14; auch Jer 7, 14; 26, 9.
[24] H.J. Fabry, ThWAT VIII, 706. Jer 10, 22 scheint wiederum 9, 10 aufzugreifen.
[25] Diese Erläuterung, die in der LXX fehlt, ist vielleicht Zusatz.
[26] Das Motiv „niemand zieht (mehr) hindurch" führt über 9, 9 bis 2, 6 zurück.
[27] Zum Stil von Frage und Antwort vgl. zu 5, 19; auch 16, 10–13; 22, 8 f.

> Missachtung der Tora „Weisung". Nicht-Hören
> Baal-Nachfolge durch Lehre der Väter
>
> V. 14 f   Gerichtsansage
>   V. 14   bildhaft im Anschluss an 8, 14
>   V. 15   Zerstreuung und „Vernichtung"

Durch eine (V. 11) ähnliche Frage wird das Hoseabuch ausgeleitet; sie blickt auf die prophetische Verkündigung zurück, um die schwierige Aufgabe der Deutung hervorzuheben: „Wer ist (so) weise, dass er dies versteht?"[28] Hier ist die Ausrichtung anders: Statt dem Buch gilt die Frage dem (harten) Schicksal, das als Geschick erkannt und zu ergründen gesucht wird. Zudem könnten zwei Gruppen zur Deutung aufgerufen sein: Weise[29], die „verstehen", und Propheten, mit denen der „Mund Jahwes" geredet hat, so „kundzutun" vermögen.[30] Eher ist an eine Person gedacht, die beides, Einsicht und Offenbarungsempfang, vereint.[31]

V. 12 antwortet mit einer anderen Überlieferung: der Tora „Weisung". Kommt ihr die höhere Autorität zu? Ihre Mißachtung[32] ist der entscheidende Grund. Zwar bleibt der Inhalt der Tora allgemein-unbestimmt, eindeutig ist aber, was hinzugehört oder gar ihr Wesen ausmacht: die Ausschließlichkeit des Glaubens. Der Vorwurf scheint noch über die Auffassung, dass schon die Väter „nicht hörten"[33], hinauszugehen: Die den Eltern aufgetragene, den folgenden Generationen weiterzugebende Glaubensüberlieferung[34] wurde von ihnen verkehrt. Zugleich wird damit ein weiter Bogen zum Buchanfang geschlagen: „Den Baalen nachzugehen" wird in einem ironischen Zitat (2, 23) geleugnet.

Selbst in der Gefangenschaft findet noch „Vernichtung" statt. Die Aussage bleibt hier auffällig unkorrigiert,[35] hat aber ebenfalls Anhalt an den bitteren Erlebnissen der Zeit.[36]

---

[28] Hos 14, 10; vgl. Jes 29, 24; Ps 107, 43; Koh 8, 1; auch Jer 23, 18.

[29] Vgl. zu 8, 8 f; 9, 22; auch 18, 18.

[30] Wird so auch auf Jeremia rückverwiesen? Er ist eingeladen, Gottes „Mund" zu sein (15, 19; dazu 1, 9; bes. Jes 40, 5 u. a.). Vgl. „kundtun" Jer 4, 5; zum Thema auch Gen 41, 38 f; Jes 19, 12 u. a.

[31] Die Verbindung von Weisheit und Prophetie bezeugt etwa 9, 22 f u. a.; vgl. in anderem Zusammenhang Hi 4, 11 ff.

[32] Vgl. mit Varianten 6, 19; 32, 23; auch 26, 4 u. a.

[33] Vgl. etwa 7, 25 f; 11, 7 ff u. a.

[34] Vgl. etwa Ex 10, 2; die sog. katechetische Frage 12, 26 f u. a. Es fand „aus der Perspektive des Textes durchaus religiöses Lehren und Lernen im vorexilischen Juda statt – aber nicht in JHWHs Sinn" (K. Finsterbusch, Weisung für Israel, FAT 44, 2005, 55).

[35] „Vernichtung" kann sonst ausdrücklich – auch durch Texteingriff – bestritten werden; vgl. die Einschränkung 4, 27; 5, 10. 18; auch 46, 28.

[36] Vgl. das Schicksal von Zedekia und seinen Söhnen 52, 8 ff; außerdem 42, 16; 44, 27. Der Text spielt zugleich auf Am 9, 4 an.

Gesteigerte Klage
Jer 9, 16–21

16 So spricht Jahwe Zebaot:[37]
Gebt acht und[38] ruft Klagefrauen, dass sie kommen,
und schickt nach den weisen Frauen, dass sie kommen
17 eilends und eine Wehklage über uns erheben,
dass unsere Augen von Tränen überfließen
und unsere Wimpern von Wasser strömen.
18 Ja, horch,[39] von Zion hört man Klage:
Wie sind wir überwältigt,
höchst beschämt;
denn wir müssen das Land verlassen,
unsere Wohnungen hat man zerstört.
19 Ja, hört ihr Frauen, das Wort Jahwes,
und euer Ohr nehme auf das Wort seines Mundes!
Lehrt eure Töchter die Wehklage,
eine die andere den Totengesang:
20 Ja, der Tod ist durch unsere Fenster gestiegen,
in unsere Paläste eingedrungen,
um das Kind von der Straße wegzuraffen,
die jungen Männer von den Plätzen.
21 Rede: So ist der Spruch Jahwes:
Die Leichen der Menschen liegen wie Dünger
auf der Fläche des Feldes
und wie eine Garbe hinter dem Schnitter –
doch niemand liest sie auf.

Die Einheit schließt an 8, 18 ff sowie an das Trauerlied, die Qina 9, 9, an. Erneut erklingen eine Klage (V. 18) bzw. eine Qina (V. 19 f); wieder ist von Tränen (8, 23: 9, 17) die Rede. Bilden diese Texte eine innere Folge? Jedenfalls gehören sie thematisch zusammen. Auch hier (wie bes. 8, 21) scheint der Prophet mit seinem Volk *solidarisch* zu sein und diese Gemeinsamkeit zu bekunden: „*Unsere* Augen" (9, 17).
Aufforderungen (V. 16–18 a. 19) und Klagen (V. 18 b. 20. 21) wechseln sich ab. So wirkt der Text[40] zweistufig:

---

[37] Die Klage ist mit der Botenformel eingeführt, obwohl V. 19 vom „Wort Jahwes" spricht. Ähnlich wie Am 5, 16 f mag die Härte oder der Umfang des Inhalts der Klage den Verweis auf Gott selbst – als den eigentlichen Urheber – erforderlich machen.
[38] Die einleitende, Achtung gebietende Aufforderung fehlt in LXX und Peschitta.
[39] „Horch!" wie 4, 15; 10, 22. Oder: „Denn eine Stimme von (d. h.: eine laute) Wehklage hört man …"
[40] Wie Jer 2, 10–13 u. a.

I. V. 16–18
V. 16 f. 18 a   Aufruf, Klagefrauen zu holen
V. 18 b   Inhalt der Klage mit Zitat. Situationsbeschreibung
                 Weiterführung und Steigerung:
II. V. 19–20. 21
V. 19   Belehrung anderer
                 mit Aufforderung zur Weitergabe
V. 20   Inhalt der Klage
                 Szene in der Stadt: Tod durchs Fenster
V. 21   (Wie eine Entfaltung:) Szene außerhalb der Stadt

Zeigt sich hier nicht wieder Jeremias lebendiger Stil? Die Klage ergeht kaum
über eine schon eingetretene, vielmehr – gerade in der bildhaft-anschaulichen
Darstellung – über eine künftige, vorweggenommene Situation.[41] Wegen der
Nähe des bedrohlich andringenden, in die Gegenwart hinein ragenden Unheils ist „Eile" (V. 17) geboten.[42]
Die Totenklage, die Qina, wird von Klagefrauen, wohl einem beruflichen
Stand, angestimmt; sie wird vornehmlich, wenn auch nicht ausschließlich,[43]
von Frauen geübt. Dabei bilden die Klagefrauen und die „weisen Frauen"
(V. 16) wohl dieselbe Gruppe. Sie heißen „klug", weil sie sich auf den Umgang mit dem Tod verstehen, der Toten-Klage kundig, d. h. der Musik[44] und
der Sprache[45] mächtig, darum zuständig sind. Wissen sie in der schwierigen
oder gar aussichtslosen Situation, die der Tod einer Person bedeuten kann
und Betroffene verstummen lässt, nicht etwas zu sagen, auch wenn es ritu-
ell-vorgeprägt sein mag? Sie können das Schweigen brechen, den Verlust beweinen. Beklagen sie im täglichen Leben einen bereits eingetretenen Verlust,
eine gegenwärtige Situation, so werden die Klagefrauen hier (wie Am 5, 1 f
u. a.) in den Dienst prophetischer Verkündigung gestellt: Das einschneidende
Ereignis wird vorweggenommen; statt Einzelpersonen[46] werden viele, letztlich das Volk, beklagt.
Der zweite Abschnitt (V. 19 f), in dem die Botschaft ausdrücklich „Wort
Jahwes"[47] heißt, bietet offenkundig eine Steigerung: Wie der Auftrag zur Weitergabe (V. 19) eindeutig macht, werden andere einbezogen. Allerdings wird
der weitere Kreis verschieden bestimmt: Lehren die Klagefrauen ihre Töchter,
so dass eine nächste Generation erfasst ist, die Folgen des Geschehens länger

---

[41] Das Geschehen (V. 18) ist nicht Vergangenheit, „da die Redenden noch in Zion sind, sondern
das Befürchtete steht so unmittelbar bevor, dass es als schon eingetreten vorgestellt wird" (W. Rudolph 68). Vgl. das Wehgeschrei der „Tochter Zion" 4, 31; auch 6, 2 f. 23; 8, 19.
[42] Vgl. für künftiges Geschehen: Jes 5, 19; 8, 1. 3.
[43] Auch von Männern 2Sam 1, 17; Am 5, 16; Jeremia selbst: 7, 29; dazu 16, 5. Vgl. von der
„Tochter meines Volkes" 6, 26.
[44] Vgl. etwa Ex 15, 20; 1Sam 18, 6 f; Jer 31, 4.
[45] Vgl. beispielsweise Ex 15, 21; Ri 5, 1; 1Sam 2, 1. Von magischen Praktiken ist im Text keine
Rede (vgl. Jer 16, 5 ff).
[46] Wie 2Sam 1, 17; 3, 33.
[47] Vgl. 1, 12; 8, 9; 17, 15 u. a.; s. o. zur Verkündigung Abs. 11. Wie hier (9, 19 f) finden sich in
6, 10 f „Wort Jahwes" (auch „hören", „Ohr") und „Kind auf der Gasse"/„Jünglinge" nebeneinander.

nachwirken? Eher sind über die professionell Tätigen hinaus nun die Frauen allgemein[48] angesprochen, um das Lied zugleich einander mitzuteilen.

Über Misshandlung, Zerstörung der Häuser und Exilierung (V. 18) hinaus bedeutet das Unheil explizit: Tod. Er „tritt ein", erscheint wie eine Person,[49] die durch die Fenster in die festen Häuser[50] einbricht. Dahinter verbergen sich wohl mythisch-dämonische Vorstellungen, die hier die Härte der Not eindringlich-bildkräftig darstellen. Das Geschehen (V. 20 b) trifft – wie bei einem Krieg – alle.[51]

Zumindest in der vorliegenden Gestalt ist V. 21 eine Ausgestaltung – vermutlich auf Grund grausiger Erfahrungen bei der Katastrophe.[52]

Sich der Gotteserkenntnis rühmen
Jer 9, 22 f

22 So spricht Jahwe:
„Ein Weiser rühme sich nicht seiner Weisheit,
und der Starke rühme sich nicht seiner Stärke,
ein Reicher rühme sich nicht seines Reichtums,
23 sondern dessen rühme sich, wer sich rühmen will:
Einsicht zu haben und mich zu erkennen,
dass ich Jahwe bin,
der Treue, Recht und Gerechtigkeit auf Erden übt;
denn an solchen (Menschen bzw. Handlungen)
habe ich Wohlgefallen,"
ist der Ausspruch Jahwes.

Aus der Kritik an den Weisen (8, 8 f) und der Anklage mangelnder Gotteserkenntnis[53] wird die positive Wendung in einer Mahnung gezogen. So stellen sich V. 22 f der Frage: Was heißt angemessen Weisheit? und nehmen mit dem Thema Gotteserkenntnis ein Stichwort aus der Umgebung auf.

---

[48] „Nicht die Klageweiber, sondern die Weiber überhaupt" (B. Duhm 96 u.a.). „Das Unheilsgeschehen ist … so umfassend, dass der Kreis der Klagefrauen nicht mehr ausreicht […] Möglichst alle Frauen werden in die Klageriten einbezogen." (G. Wanke 109).
[49] Eine Art Personifikation Jes 5, 14; 25, 8; Hos 13, 14; erst recht später Hi 18, 14: der Tod als „König der Schrecken". Vgl. auch Apk 6, 8.
[50] „Palast, Wohnturm", das „große und feste Wohnhaus" (HAL 86) wie 6, 5; Am 6, 8 u.a.
[51] Entsprechend der Deutung der Vision „alle Bewohner" (1, 14) vgl. bes. 6, 11; auch 5, 17; 13, 19 u.a.
[52] Vgl. Jer 7, 33 ff (Anm. 95).
[53] Jer 9, 2. 5; vgl. 8, 7; im Kontext auch die skeptische Einsicht (9, 11; 10, 23) und die Warnung vor Hochmut (13, 15–17); zum Folgenden o. zur geistigen Heimat.

Sind Weisheit und Prophetie, einmal als zwei Denkbemühungen oder Denk-
bewegungen genommen, nicht im Grunde wesensverschieden? Die Spruchweisheit will Erfahrungen sammeln, nach Lebensregeln suchen, sie verdichtet
in Worte fassen,[54] um Gefahren zu meiden, einen „Rat"[55] zu erteilen. Dabei
stößt sie im Blick auf Unvorhersehbares auf Grenzen menschlicher Einsicht:
„Wie kann der Mensch seinen Weg verstehen?"[56] und warnt vor Überschät-
zung eigener Fähigkeiten, vor Überheblichkeit.[57] Der Prophet kann die Mahnung, sich nicht selbst für weise zu halten, aufnehmen und zur Anklage zuspitzen.[58]

Das Wort gleicht ein Stück weit weisheitlichem Sprachstil.[59] Auch „Recht,
Gerechtigkeit, Gemeinschaftssinn/Treue" sind – allerdings als menschliche
Eigenschaften – in der Weisheit beheimatet.[60] Hier ist wohl an drei mensch-
liche Möglichkeiten und Wirklichkeiten des Eigenruhms gedacht.

Ein „Sich-Rühmen", das zugleich ein „Bauen auf", „Sich-Verlassen auf"[61]
enthält, auf menschliche Fähigkeiten oder Errungenschaften ist ausgeschlossen; entscheidend ist die Erkenntnis Gottes sowie seines Wirkens.[62] Dieses
Handeln soll der Mensch vertrauensvoll anerkennen, sich dessen allein rühmen.

So führen V. 22 f zwar jene im Sprüchebuch zum Ausdruck kommenden
Grundeinsichten weiter, gehen jedoch über sie hinaus, sind schon insofern
prophetisch beeinflusst und mitgeprägt, als sie in der Ich-Rede[63] als Gotteswort[64] – kontrastvoll – gestaltet sind.

Im Kontext, im Rahmen prophetischer Einsicht, ist ein kritischer Klang
mitzuhören; in dieser Hinsicht besteht Übereinstimmung mit Jeremia: In der

---

[54] Dabei kann das AT auch Lebenserfahrungen außerhalb des eigenen Raumes aufnehmen
(Spr 30, 1; 31, 11; Hi 1, 1).

[55] Vgl. den „Rat" des Weisen gegenüber dem „Wort" des Propheten Jer 18, 18.

[56] Spr 20, 24; vgl. 16, 1. 9 („Der Mensch denkt – Gott lenkt").

[57] „Hochmut kommt vor dem Fall" (Spr 16, 18; vgl. 11, 2; 18, 12; 26, 12 u. a.). Die Grenzen der
Selbsteinschätzung sind auch bewusst, wenn das Selbst-Urteil vom Urteil Gottes unterschieden
wird (Spr 16, 2; 21, 2. 30).

[58] „Rühme dich nicht ..." (Spr 27, 1); vgl. Jes 5, 21; 14, 12 ff; 28, 1; 29, 14 (1Kor 1, 19); Ez 28 u. a.

[59] Darauf deuten Vokabeln wie „weise/Weisheit", „verstehen/erkennen" hin. Dem gleichen
Bereich sind „Stärke" (Koh 9, 16), „Reichtum" (Spr 22, 1; 10, 22: Reichtum als Gabe, nicht Leis-
tung; vgl. 11, 28; 16, 16. 32; 28, 11 u. ö.), „sich rühmen" (27, 1 f; 25, 14; 20, 14) nicht fremd.

[60] Spr 21, 3. 21 u. ö. Nahe steht Spr 21, 30 f; vgl. 22, 1 f; auch 1Kön 3, 11 ff.

[61] Vgl. Ps 49, 7 u. a.

[62] Hier (wie Jer 24, 7) begegnet Gott zugleich als „Objekt" („mich erkennen") und Subjekt
(„dass ich ... wirke"). So nimmt „mich" das Subjekt „Ich" des folgenden Satzes vorweg, zieht es
zur Betonung vor; umgekehrt erscheint der folgende „Dass"-Satz wie eine Explikation.

[63] Redet der Weise von Gott in 3. Person (vgl. Anm. 56), so der Prophet – wie hier nach der
sog. Botenformel mit Berufung auf Gottes Autorität und in seinem Namen – von Gott in 1. Person. Ähnlich kann priesterliche Tradition in prophetische Botschaft aufgenommen und umgestaltet werden; vgl. Jer 6, 20 f (mit Anm. 86).

[64] Vgl. vom Erkennen: Jer 22, 15 f. Vom prophetischen Hintergrund her bildet Jer 9, 22 f wohl
das Vorbild für 1Sam 2, 10 LXX; 1Clem 13, 1; aufgenommen 1Kor 1, 31; 2Kor 10, 17; dazu W.
Schrage, Der erste Brief an die Korinther, EKK VII/1, 1991, 212 ff.

Gegenwart erfolgen weder das Erkennen noch das Handeln entsprechend.[65] Solche Aspekte bilden wohl den Grund der Einfügung des Wortes, die Voraussetzung für die Mahnung, dann auch die Hoffnung.[66]

Mit dem Verweis auf Gottes Verbundenheit, Güte oder Treue, auf Recht und Gerechtigkeit verkündigt das Wort Gottes Wirken. Gott erkennen und rechtes Handeln gehören zweifellos zusammen (9, 2. 5; 22, 15 f u. a.); hier wird eher die Erkenntnis oder Anerkennung von Gottes Handeln betont. Ähnlich kann das Alte Testament menschliches und göttliches Tun durch „nicht – sondern" gegenüberstellen: „Nicht uns, Jahwe, nicht uns, sondern deinem Namen gib Ehre!"[67]

Eigentlich Unbeschnittene
Jer 9, 24 f

24 Siehe, Tage kommen, ist der Spruch Jahwes,
        da werde ich alle an der Vorhaut Beschnittenen
        zur Rechenschaft ziehen;
25 Ägypten, Juda, Edom, die Söhne Ammons und Moabs
        und alle mit geschorenen Haarrändern,
           die in der Wüste wohnen;
        denn alle Völker sind – eigentlich – unbeschnitten,
        und das ganze Haus Israel hat ein unbeschnittenes Herz.

Das in Prosa gefasste Wort stammt kaum von Jeremia.[68] Er kennt bereits bildhaften Gebrauch der Beschneidung in kritischer Absicht (6,10): Die Ohren sind unbeschnitten, durch die Vorhaut verschlossen, so zum Vernehmen unfähig. Die Übertragung auf das Herz ist jedoch erst in einem Nachtrag ausgesprochen.[69] V. 24 f sind als Einzelwort zunächst aus sich selbst zu deuten. Allerdings ist es kaum zufällig in diesen Kontext eingeordnet – nach der Aufforderung, sich der Gotteserkenntnis zu rühmen.

---

[65] Vgl. etwa Jer 2, 8; 4, 22; 9, 2. 5; 22, 15 bzw. 5, 27; 9, 2 ff u. a.

[66] Was fehlt, soll erfolgen. Die Erwartung des „gerechten Sprosses" (23, 5 f) hat mit dem Aufruf – zumindest sachlich – Gemeinsamkeiten („klug sein/Erfolg haben", „Recht und Gerechtigkeit", „im Land/auf Erden"). Soll der künftige Herrscher, der Gottes Namen trägt, in Gottes Wirken (9, 23) einstimmen?

[67] Ps 115, 1; vgl. 100, 3; Dtn 7, 7 f; Sach 4, 6; Dan 9, 18 f u. a.

[68] Die Einleitung „Siehe, Tage kommen, Spruch Jahwes" begegnet mehrfach in (jerdtr) redaktionellen Texten, wie 7, 32; 23, 5. 7 u. a.; auch den Völkersprüchen 48, 12; 49, 2; 51, 47. 52.

[69] Vgl. die Auslegung zu 4, 4 (mit Anm. 130).

Warum gerade diese Völker in dieser Reihung genannt sind: Ägypten[70], die
östlichen Nachbarn Edom, Ammon, Moab, die Araber[71] und Juda mitten in
ihnen, wird nicht angegeben. Überhaupt bleiben Fragen offen. Die Völker
sollen Rechenschaft ablegen: Warum und wie vollzieht sich das Gericht? Besteht ein besonderer Grund für das Urteil? Eine Anklage wird nicht oder nur
verhalten erhoben.

Wie können dieselben Völker zugleich als beschnitten (V. 24) und als unbeschnitten (V. 25) gelten?[72] Am nächsten liegt die Erklärung: Die abschließende Näherbestimmung (V. 25 bβ) gilt unausgesprochen bereits vorher:
„Unbeschnitten" (V. 25 bα) wird in diesem Sinne als eigentlich, nämlich am
Herzen, „unbeschnitten" verstanden. Damit wird zugleich eine Antwort auf
die Frage angedeutet, warum das Urteil über diese Völker ergeht, und es ergibt sich eine Steigerung: auch oder erst recht „das Haus Israel".

Fehlt den Völkern (nach V. 22 f) nicht eben die Jahwe-Erkenntnis? Der
Akt der Beschneidung ist gemeinsam, ihre Bedeutung aber nicht. Sie bezeugen mit dem Ritus nicht die Beziehung zu Jahwe. Nach den Völkern wird das
„Haus Israel" deshalb eigens genannt sein, weil nur bei ihm die Beschneidung
die Zugehörigkeit zu Jahwe bekundet.[73] Dann ist einerseits ein innerer Zusammenhang mit V. 22 f gegeben; der räumlichen entspricht eine sachliche
Nähe. Andererseits besteht eine Verbindung zu dem Aufruf 4, 4; er enthält
außer einem entsprechenden Bild eigens die Bestimmung „für Jahwe".

Eine Abwertung oder gar Ablehnung der Beschneidung braucht nicht vorzuliegen. Nicht notwendig ein Gegensatz, wohl aber ist ein Unterschied zwischen Beschneidung der Vorhaut und Beschneidung des Herzens ausgesprochen – mit Achtergewicht, d. h. Betonung des zweiten.[74] Dem Brauch als
äußerer Handlung soll die innere Haltung entsprechen: die Ausrichtung von
Verstand, Vernunft, Willen auf (den einen) Gott mit dem Vertrauen auf ihn.
Im Kontext (V. 22 f) erscheint, allgemein formuliert, Herzensbeschneidung
als (wahre) Gotteserkenntnis und umgekehrt.

---

[70] Vgl. Ez 32, 28 ff und die – etwa bei W. Kornfeld, Beschneidung, NBL I, 276–279 – wiedergegebene bildhafte Darstellung.

[71] „Die am Haarrand Gestutzten", welche die Schläfenhaare abschnitten (auch 25, 23; 49, 32),
der Brauch wird Lev 19, 27 als Trauerritus verboten. Vgl. auch Gen 17, 25 f; 21, 20 f.

[72] Eine diese Frage beantwortende – durch keine Lesart gestützte – Textänderung ist kaum angebracht. Sie würde außerdem zu der weiteren Frage führen: Wie entstand der gegenwärtige Text,
und wie ist er zu erklären?

[73] „Jahwe droht, eine Reihe von die Beschneidung praktizierenden Nationen, unter denen auch
Juda genannt wird, paradoxerweise wegen ‚Vorhautigkeit' heimzusuchen." „Einzig das ‚Haus
Israel' übt die Beschneidung als Zeichen der Zugehörigkeit zu Jahwe. Das Volk ist aber dem Wil-
len seines Gottes [...] verschlossen." (A. Blaschke, Beschneidung, TANZ 28, 1998, 61 f).

[74] D. h.: kaum Beschneidung des Herzens statt der Vorhaut, eher: außer der Vorhaut eben auch
des Herzens – und dies ist das Entscheidende.

Leblose Götzen und der lebendige Gott
Jer 10, 1–16

1 Hört das Wort, das Jahwe zu euch redete, Haus Israel!
2 So spricht Jahwe: „Gewöhnt euch nicht an den Brauch der Nationen!"[1], und vor den Zeichen des Himmels erschreckt nicht, auch wenn die Völker vor ihnen erschrecken! 3 Denn die Ordnungen der Völker[2] – ein Nichts sind sie. Ja, Holz, das man aus dem Wald geschlagen hat, ein Werk von Künstlerhänden, mit dem Schnitzmesser.[3] 4 Mit Silber und mit Gold schmückt man es. Mit Nägeln und mit Hämmern befestigen sie es[4], dass es nicht wackelt. 5 Sie sind wie eine Vogelscheuche ‚im' Gurkenfeld[5] und reden nicht; sie müssen getragen werden, denn sie schreiten nicht. Fürchtet euch nicht vor ihnen! Denn sie tun nichts Böses, aber auch Gutes zu tun vermögen sie nicht.
6 Gar niemand[6] ist dir gleich, Jahwe. Groß bist du, und groß an Macht ist dein Name. 7 Wer sollte dich nicht fürchten, König der Völker? Fürwahr, dir gebührt es; denn unter allen Weisen der Völker und in all ihrem Königreich ist niemand dir gleich. 8 Mit einem (Wort)[7], sie sind dumm und töricht; die Unterweisung der Nichtse – Holz ist sie.

---

[1] Die Übersetzung sucht die auffällige Präposition („zu") wiederzugeben, etwa: „Zum Weg der Völker hin lernt nicht!" Vgl. 9, 13; 12, 16. Das Wort für „Völker" wechselt V. 3, so dass man zur Variation V. 2. 7 (vgl. 9, 25; 10, 25) „Nationen" übersetzen kann. Insgesamt zu dem teils schwierigen Text S. Schroer, In Israel gab es Bilder, OBO 74, 1987, 196 ff; A. Berlejung, Die Theologie der Bilder, OBO 162, 1998, 357 ff.

[2] „Satzungen der Völker", wie es wörtlich heißt, nimmt das Thema „Weg der Nationen" auf. Der Korrektur von W. Rudolph (BHS, HAT) in V. 3 a stimmt R. Hentschke (Satzung und Setzender, BWANT 83, 1963, 89 A 233) zu: „In Jer 10, 3 verlangt der Zusammenhang eine Bezeichnung für die Gottheiten der Völker." Ist die Änderung („Schreck") aber wahrscheinlich? Analog zu „Weg" im Sinne von „Brauch" meinen die „Satzungen" der Völker wohl nicht die ausdrücklich „gesetzten", eher allgemeiner deren – religiös-kultische – Ordnungen, die gewohnten Regeln, Bräuche oder Riten (vgl. 2Kön 17, 8; auch Lev 20, 23).

[3] Vgl. Jes 44, 12; HAL 581 f: Gertel.

[4] Eigentlich Plural, der sich wohl auf die Statuen bezieht. Auch V. 5 wechseln Singular und Plural.

[5] Die Übersetzung (nach Br Jer 69) ist unsicher; vgl. HAL 1617 f.

[6] Gegenüber anderen Unvergleichlichkeitsaussagen (mit *jn* „es ist nicht" wie Ex 8, 6; 1Sam 2, 2; 2Sam 7, 22; 1Kön 8, 23; Ps 86, 8 u. a.) findet sich hier eine doppelte Verneinung, gleichsam zur „Steigerung der Nichtexistenz" (E. König, Syntax, 1897, § 352 x; ähnlich M. Dahood, CBQ 37, 1975, 458 f).

[7] V. 8 zieht das „Fazit" (J. Schreiner 75): „In einem", d. h.: „Mit einem Wort", „Zusammengefasst", „Kurz".

9 Dünngeschlagenes Silber, aus Tarschisch[8] gebracht, und Gold aus Ufas[9], ein Werk des Kunsthandwerkers und der Hände des Goldschmieds. Violetter[10] und roter Purpur ist ihr Gewand. Sie alle sind ein Werk von Kunstfertigen.

10 Aber Jahwe ist in Wahrheit Gott. Er ist der lebendige Gott und ein ewiger König. Vor seinem Grimm erbebt die Erde, und seinen Zorn können die Nationen nicht ertragen.

11 So sollt ihr zu ihnen sagen: Die Götter, die den Himmel und die Erde nicht gemacht haben, sollen von der Erde und unter diesem Himmel verschwinden.

12 (Er ist es,)[11] der die Erde gemacht hat durch seine Kraft, der das Festland gegründet durch seine Weisheit und die Himmel ausgespannt durch seine Einsicht. 13 Wenn er die (Donner-)Stimme ertönen lässt, (entsteht) ein Rauschen des Wassers am Himmel, und er lässt Nebelschwaden aufsteigen vom Ende der Erde, macht Blitze für den Regen und holt heraus den Wind aus seinen Kammern. 14 Dumm steht da jeder Mensch, ohne Erkenntnis, beschämt jeder Schmied wegen des Götterbildes; denn Trug ist sein Gussbild, in ihnen ist kein Geist. 15 Ein Nichts sind sie, ein Spottgebilde. Zur Zeit ihrer Heimsuchung gehen sie zugrunde. 16 Nicht wie diese ist Jakobs Anteil, ist er doch der Bildner des Alls, und Israel ist der Stamm seines Erbteils, Jahwe Zebaot ist sein Name.

Jer 10 entfaltet breit, was in Motiven zuvor, zumal Kap. 2, anklingt: Abgrenzung von anderen Göttern, Gegenüberstellung Jahwes und der „Nichtsnutze" (2, 11), Gottesfurcht (2, 19; 5, 22. 24), „Weg" (2, 17 f. 23 u. a.), auch „Gesetz" (5, 22) – dort mit der Erwähnung „Baals" (2, 8. 23), hier der „Zeichen des Himmels". In als Zusätzen verdächtigen Texten werden die Götter bereits „Hauch, Nichts"[12] genannt. Der kritische Vergleich (2, 10 ff; vgl. 2, 27 f) wird zur Beschreibung der Bilderanfertigung ausgebaut. Dabei wird zugleich der kurz zuvor (9, 22 f) ausgesprochene Gegensatz zwischen eigenen Fähigkeiten und Gottes Wirken („Ich mache") ausgestaltet.

Ist der Autor „ein Gesinnungsgenosse" des Exilspropheten, der „in prächtigen Worten über das Thema die Götzen und Jahwe"[13] schreibt? Bei Deuterojesaja finden sich beide Hauptthemen, der Preis der Anders- oder Einzig-

---

[8] Wohl im westlichen Mittelmeerraum; vgl. Jon 1, 3; dazu M. Görg, NBLIII,785.

[9] Ufas (vgl. Dan 10, 5) ist unbekannt. Schon alte Übersetzungen (Pesch, Targum) korrigieren es – wohl erleichternd – zu dem bekannteren: „Ofir" (1Kön 9, 28 u. a.), aus dem sich der Überlieferung nach schon Salomo Gold beschaffte; die genaue Lage (in Südarabien, Indien oder Afrika) ist allerdings auch umstritten. Vgl. B. Kedar-Kopfstein, ThWAT II, 539; M. Görg, Ofir und Punt, BN 82, 1996, 5–8.

[10] Vgl. HAL 1595 f.

[11] Der letzte, ein Stück weit selbständige Abschnitt V. 12–16 (= 51, 15–19) setzt mit hymnischen Partizipien ein, die sich im Kontext an V. 10 anschließen.

[12] *hbl*: 2, 8 (s. ebd. mit Anm. 42); 8, 19 b; 14, 22.

[13] P. Volz 124.

artigkeit Jahwes und, allerdings in Zusätzen[14], die ironisch-polemische Beschreibung der Herstellung der Götterbilder. Ist der Glaube in exilisch-nachexilischer Zeit durch Bilder übermächtiger Völker angefochten? Ein später Brief Jeremiae[15] nimmt Kap. 10 auf.

Nach feierlichem Aufruf zum Hören des Gotteswortes folgen mehrere Abschnitte aufeinander, die teilweise ihre eigene Geschichte zu haben scheinen:

I. V. 2–5   Abgrenzung von
   a) V. 2–3 a   Himmelszeichen[16]
                  Warnung (V. 2) mit Begründung (V. 3 a)
   b) V. 3 b–5   Götterbildern und ihrer Herstellung
II. V. 6–8   Anrede an den unvergleichlichen Gott (V. 6 f)
                  V. 8   Schlussfolgerung, Summe
III. V. 9   Werk eines Handwerkers (thematisch zu V. 4 f)
IV. V. 10   Bekenntnis zum wahrhaft lebendigen Gott
V. V. 11   (Aramäisch:) Sog. Bannspruch:
                  Im Gegenüber zum Schöpfer
                  Wunsch nach Vergehen der Götter
VI. V. 12–16   (entsprechen 51, 15–19)

Der – gelegentlich (wie V. 5 a. 8 b) schwer übersetzbare – Text wirkt mit seinen unterschiedlichen Redeformen uneinheitlich, dennoch gegliedert. Die Erwähnung der Götterbilder (V. 4 f. 8 f. 11. 14 f) und Jahwes (V. 6 f. 10. 12 f. 16) wechseln sich ab. Dabei stehen sich gegenüber: Kraftlosigkeit (V. 2–5), Macht (V. 6 f), tot (V. 8 f), lebendig (V. 10), ohne Dauer (V. 11), ewig (V. 10), nicht schöpferisch (V. 11), Schöpfer (V. 12 f. 16). Die Verbindung von Weisheit und Schöpfung (V. 7) nimmt der Schlussabschnitt V. 12 auf.

Trotz dem Höraufruf[17] wird die Anrede an das Volk (V. 2) bald verlassen zugunsten allgemeinerer Darstellung (V. 3–5 a; vgl. V. 8 f. 14 f), gar der Anrede an Gott (V. 6 f) oder auch der Rede von Gott in 3. Person (V. 10. 12 f. 16). Zwischendurch wird die 2. Person Plural wieder aufgenommen (V. 5 b. 11 a). Offenkundig hat der Text eine lange, bis in die Spätzeit reichende Geschichte erfahren, da er in der griechischen Übersetzung (LXX) erheblich kürzer,[18] in

---

[14] Die Texte der Götter- bzw. Götzenbilderpolemik (Jes 40, 19 f; 41, 6 f; 44, 9–20; 46, 6 f; 48, 5 u. a.) gelten weithin als Nachträge; vgl. auch Jes 2, 8. 20; Hos 8, 6; Hab 2, 18 f; Ps 115, 4–8; 135, 15–18; Dtn 4, 28 u. a.

[15] Vgl. zuletzt R.G. Kratz, ATDA (Apokryphen) 5, 1998, 77 ff.

[16] Vgl. zum Gestirnkult Anm. 49 zu Jer 7, 16 ff.

[17] V. 1 vielleicht im Anschluss an Am 3, 1; dort (V. 2 a) wird ebenfalls das Verhältnis zu „allen" bedacht.

[18] V. 6–8. 10 fehlen in der LXX. Unter mehreren Handschriften deutet ein Qumran-Fragment (4QJerb) – ähnlich der LXX – auf eine Folge: V. 4. 9. 5. 11. Hier scheinen ebenfalls V. 6–8. 10 zu fehlen. Mit dem Preis von Jahwes Einzigartigkeit zeigen V. 6 f. 10 einen anderen Stil; dieser fügt sich mit der Anrede an Gott (V. 6 f) oder der Rede von Gott in 3. Person (V. 10) zudem schwer zu der Botenformel (V. 2 a) oder dem einleitenden Aufruf (V. 1). So liegt der Schluss nahe, dass die LXX, durch das Qumran-Fragment bestätigt, hier den älteren Textbestand bietet. V. 6–8. 10 sind wohl nachträglich zugesetzt. Auch V. 8 gehört, obwohl er dem V. 5 korrespondiert, zu diesem Abschnitt.

einem Fall (V. 9) auch umgestellt ist.[19] Der in Aramäisch[20] erhaltene sog.
Bannspruch V. 11 mit der Absage an die Gottheiten stellt eine eigene kleine
Einheit dar.[21] Da V. 12 unmittelbar an V. 10 anknüpft, mag V. 11 als vorgege-
bene Größe ebenfalls erst später an sinnvoller Stelle eingefügt oder gar auf
V. 10. 12 hin gestaltet sein.[22]

Von der einleitenden Warnung (V. 2) her scheint der Text allmählich, und
zwar erheblich, gewachsen zu sein. In seiner vorliegenden Gestalt liegt der
Schwerpunkt bei V. 6 f. 10; die Einsicht in Gottes Überlegenheit, ja Unver-
gleichlichkeit wird entfaltet. Den beiden Hauptthemen entspricht eine doppelte Aussage-Absicht: Abgrenzung einerseits, Bekräftigung der „Wahrheit"
des Glaubens (vgl. V. 10), andererseits.[23] Wegen der Verschränkung der Motive werden sie zusammengefasst besprochen.

1. Die einleitende, eindringliche Mahnung „Lernt nicht!" bestimmt überschriftartig das Ganze als Abgrenzung von dem „Weg", d. h. dem „Brauch"
oder der „Lebensweise", der Völker.[24]

1. 1 Konkret gilt die Warnung zunächst den *Himmelszeichen*. Erscheinungen am Himmel konnten auf göttliche Mächte, die auf das Schicksal Einfluss
nehmen, zurückgeführt werden. Das AT berichtet – kritisch – von Verehrung
der Gestirne[25] oder der Himmelskönigin.[26] Die Himmelskörper gelten als
Gottes Schöpfung.[27] Die „Zeichen" sind wohl im Sinne von „Vorzeichen" zu

---

[19] In der LXX steht V. 9 (ohne den Schluss) im Rahmen von V. 5 (nach „sie reden nicht") und
ähnlich in jenem Qumran-Fragment (4QJerb) vor V. 5. Weil sich V. 9 an seiner Stelle sachlich nicht
in den gegenwärtigen Kontext, thematisch jedoch zu V. 4 f fügt, kann er dort seinen ursprünglichen Platz haben. Allerdings scheint die Reihenfolge in der LXX (innerhalb von V. 5) sowenig
wie die im masoretischen Text ursprünglich zu sein, da V. 9 sachlich eher zwischen V. 4 a und 4 b
gehört. Vielleicht war V. 9 zunächst eine Randbemerkung, die einerseits in V. 5, andererseits weniger passend in V. 6–8. 10 eingereiht wurde.

[20] Vgl. (außer Gen 31, 47 a) 2Kön 18, 26; Esr 4, 7; ausführlicher Esr 4, 8–6, 18; 7, 12–26;
Dan 2, 4 ff.

[21] „Die 2. Halbzeile ist die 1. Halbzeile von hinten herein gelesen, nur mit den entsprechenden
Änderungen" (P. Volz 122), „ein in seinem chiastischen Aufbau in sich geschlossenes Stück"
(J. Schreiner 74).

[22] Er ist aber schon in der LXX wie in jenem den wohl älteren Textzustand bewahrenden – aber
nur einen schmaleren Textbestand wiedergebenden – Qumran-Fragment (4QJerb) bezeugt.

[23] Haben bekenntnisartige Sätze, zumal in der Anrede (V. 6 f), oder hymnische Partizipien
(V. 12) wie der Preis Gottes (V. 16) einen gottesdienstlichen Hintergrund? Vgl. o. zur Entstehung
des Buches (S. 40) Dabei finden sich auch weisheitliche Anteile (zumal V. 7. 12).

[24] Vgl. Lev 18, 3; 20, 23; 2Kön 17, 8.

[25] Ez 8, 16; Jes 47, 13; Hi 31, 26 f u. a. Vgl. die Warnung Dtn 4, 15 ff (bes. V. 19); 17, 3. Entsprechende mythische Vorstellungen können – auch zur Aussage des eigenen Glaubens – aufgenommen werden: Die Sonne „wie ein Held" (Ps 19, 5 f; vgl. Jes 14, 12 f; Hi 38, 7). Bildhaft-metaphorisch wird von Gott selbst gesagt: Er „strahlt auf" (Ps 50, 2; vgl. 80, 2; Dtn 33, 2; Hab 3, 3 f;
Jes 60, 1 f. 19; Mal 3, 20).

[26] Jer 7, 18; 44, 17 oder den Verweis auf das Himmelsheer Jer 8, 2; 19, 13.

[27] Vgl. Ps 8, 4; 19, 2 ff; 104; 136, 7 ff; 148, 3 ff. Die Schöpfungsgeschichte (Gen 1, 14–18) meidet
selbst die als Eigennamen (miss-)deutbaren Bezeichnungen „Sonne" und „Mond", spricht ebenfalls von „Zeichen" – für die Unterscheidung der Zeiten.

verstehen: Im Himmel kündigt sich an, was auf Erden bevorsteht, so dass sich der Mensch entsprechend verhalten kann.[28]

1.2 Die Darstellung der *Götterbilder*, obwohl ironisch-polemisch, richtet sich an deren Anfertigung aus – mit wesentlich vier Vorgängen: Im Wald geschlagen, behauen (V. 3 b. 8), verschönt, geschmückt (V. 4 a), in Purpurgewänder gehüllt (V. 9) und auf einem Fundament bzw. Postament befestigt (V. 4 b). Dabei werden (wie Jes 44, 9 ff) verschiedene Werkleute genannt, der Goldschmied[29] und der Kunsthandwerker[30] oder auch Werkzeuge, hier das „Schnitzmesser"[31], „Hammer"[32] und Nägel zur Befestigung. Als – kostbare – Materialien werden etwa Holz[33], und, aus der Fremde eingeführt (V. 9), Gold und Silber[34] genannt.

> Im allgemeinen besteht eine Statue wegen ihrer Größe aus einem hölzernen [...] oder steinernen Kern, der dann mit Edelmetall (Gold, Silber, Elektron, Kupfer) überzogen wird; sind die Statuen kleiner, dann bestehen sie auch aus massivem (Edel-)Metall.[35]

Im Vergleich mit lebenden Personen, die stehen, reden, sich bewegen können, fehlen ihnen, so lautet das Urteil, entscheidende Fähigkeiten: sie bedürfen der Befestigung, um nicht zu wackeln (V. 4), vermögen weder zu reden[36] noch zu gehen (V. 5). Sie können nicht – selbständig – handeln, tun weder Gutes noch Böses, richten so weder Schaden an noch bringen sie Heil, kurz: bewirken nichts. Allerdings klingt selbst in dieser Polemik – die entscheidende Grundeinsicht an: Die Gottheit ist für Heil und Unheil zuständig.[37]

Die Bilder erweisen sich dadurch, dass sie nicht einmal sich selbst, geschweige denn andere, halten können, als unfähig; demgegenüber kann Jahwe die Erde erschüttern (V. 10).[38] Die Aussage – sie tragen nicht, müssen getragen werden (V. 5) – lässt denken an die Gegenüberstellung: Ge-

---

[28] Die Gestirne gelten als göttliche Wesenheiten, als „Ordnungsmächte, von denen die Welt durchwaltet wird und auf die man sich einstellen muss" (H.-J. Hermisson, Deuterojesaja, BK XI/2, 2003, 187 zu Jes 47, 13). Vgl. Jer 27, 9.

[29] V. 9. 14 (vgl. 51, 17); Jes 40, 19; 41, 7; 46, 6; Ri 17, 4.

[30] V. 3. 9; Jes 40, 19 f; 41, 7; 44, 11–13; 45, 16; Hos 8, 6; 13, 2; Dtn 27, 15.

[31] Vgl. Anm. 3.

[32] V. 4; Jes 44, 12; Nägel: 41, 7 mit einem anderen Wort für „Hammer"; bildhaft für Gottes Wort Jer 23, 29.

[33] Jes 44, 14 nennt verschiedene Holzarten.

[34] V. 4. 9; Jes 40, 19; 46, 6; Hab 2, 19; Ps 115, 4; 135, 15; Hos 8, 4; vgl. 13, 2; Ri 17, 4.

[35] M. Dietrich, Das Kultbild in Mesopotamien, in: M. Dietrich/O. Loretz, „Jahwe und seine Aschera". Anthropomorphes Kultbild in Mesopotamien, Ugarit und Israel, UBL 9, 1992, 7–38, bes. 23.

[36] Vgl. Ps 115, 5; 135, 16.

[37] Vgl. 2 Kön 5, 7; Zeph 1, 12 u. a.

[38] „In der Schilderung der Wirkung der Theophanie ist neben das stets wiederkehrende Motiv der bebenden Berge das Vergehen der Völker getreten." (J. Jeremias, Theophanie, WMANT 10, ²1977, 67). Vgl. Ps 114, 3–7; Hi 26, 5 f. 11; Jes 33, 3; Hab 3, 12.

tragen werden – ich trage.[39] Die Götterbilder gelten zusammenfassend als:
„dumm".[40]

Weil sie nichts können, sind oder bedeuten sie auch nichts; so ergibt sich
für die Einstellung und das Verhalten des Menschen: Sie sind nicht zu fürchten (V. 2. 5 b). Genauer stehen sich – als Folge – fehlgeleitete und (dazu im
Gegensatz zu V. 7. 10 b) angemessene, wahre Furcht gegenüber. Sie enthält
Ehrfurcht und Anerkennung – Gottes als des einzigen.

In der Darstellung sind rationale Kritik und Glaube eine Einheit eingegangen. Die
Bestreitung der Bedeutung der Götterbilder vollzieht sich nicht „neutral" beob-
achtend, sondern vom Bekenntnis zur „Wahrheit" Gottes (V. 10) her. Die Beschreibung, in der sich erstes und zweites Gebot zu einer gemeinsamen Ausrichtung
verbinden, möchte zeigen, dass die Götterbilder nicht mehr als handwerkliches Ge-
bilde sind. Die Gleichsetzung von Gott und Gottesbild[41] wird dem Selbstverständnis der Bilderverehrer nicht gerecht; es ist differenzierter. Bei einer Unterscheidung
von Gott und Bild ließe sich das Bild auch als solches betrachten. Ein Aspekt deutet
sich („verschönern" V. 4) höchstens an: Ist das Bild als „Werk von Künstlerhänden",[42] kurz als Kunsthandwerk, nicht mehr als die einzelnen Materialien – durch
die Gestaltung? Kommt ihm bei Bestreitung der religiösen Bedeutung nicht noch
ein ästhetischer Wert zu?

2. In der Gegenüberstellung bestätigt sich, was das *Bekenntnis* ausspricht:
Gottes Macht (V. 6. 12), Wahrheit, Beständigkeit, Ewigkeit[43], Weisheit[44].
Seine Einzigartigkeit wird in 3. Person[45] wie in der Anrede (V. 6 a. 7 b) gepriesen: „Niemand wie du." So ist er eigentlich der Vergleichbarkeit entzogen. Er
ist König[46], lebendig[47], Schöpfer (V. 12. 16). Solche Prädikationen Gottes (zumal V. 10 a) verbinden Altes und Neues Testament; so versteht ein frühes
Zeugnis (1Thess 1, 9) Bekehrung von den Götzen als Wendung „zum lebendigen und wahrhaftigen Gott".

Das Bekenntnis bezieht die Gegenwart bestimmende Momente ein: Der
Schöpfer ist als Herr der „Natur" zugleich Erhalter: Er gibt den Regen.[48] Wie
abschließend (V. 16) bezeugt wird, hat sich der Weltschöpfer, der in der Geschichte wirkt,[49] an das Volk gebunden, ist „Jakobs Anteil".

---

[39] Jes 46, 1 f. 3 f; auch 63, 9; Dtn 32, 11 f.

[40] V. 8; vgl. vom Menschen V. 14 (.21). Klingt hier das Unverständnis des Volkes (5, 21. 23 u. a.),
verallgemeinert, nach?

[41] Vgl. vielleicht schon 2, 27; auch 8, 19 b.

[42] V. 3; vgl. V. 9; auch Dtn 27, 15; Hos 13, 2; 2Kön 17, 8; Lev 20, 23.

[43] V. 10 a. Sie schließt ein: nicht der Zeit, dem Werden und Vergehen, unterworfen, ohne Anfang und Ende (vgl. etwa Ps 93, 2; 102, 26 f), sowie im Wechsel der Generationen gegenwärtig
(vgl. Ps 90).

[44] V. 7. 12; vgl. Spr 3, 19 f.

[45] V. 10. 12 f; vgl. o. Anm. 6.

[46] V. 7. 10. Vgl. Jes 6, 5; 52, 7; Sach 14, 9; Ps 95, 3; 103, 19 ff; 22, 28 ff u. a.

[47] Vgl. Jer 2, 13; Ps 42, 3. 9; 84, 3 u. a.

[48] V. 13; vgl. 3, 2 f; 5, 24; auch Hi 28, 26; 38, 25 u. a.

[49] Von der Redaktion entfaltet; vgl. 27, 5 f.

Aufruf, Wehe und Gebet
Jer 10, 17–25

17 Sammle deine Habe auf von der Erde[50],
   die du in der Bedrängnis sitzt.
18 Denn so spricht Jahwe:
   Siehe, ich schleudere fort diesmal
   die Bewohner des Landes,
   und bringe sie in Bedrängnis,
   damit sie (sie) finden.[51]
19 Wehe mir wegen meines Zusammenbruchs,
   unheilbar ist meine Wunde.
   Und ich sprach: Ach, dies ist meine Krankheit,
      ich will sie tragen.
20 Mein Zelt ist verheert
   und all meine Zeltstricke sind zerrissen.
   Meine Söhne sind von mir fortgegangen
      und sind nicht mehr.
   Niemand ist mehr da, der mein Zelt ausspannt
   und meine Zeltdecken befestigt.
21 Ja, die Hirten waren dumm
   und fragten nicht nach Jahwe;
   darum hatten sie keinen Erfolg[52],
   und ihre ganze Herde wurde zerstreut.
22 Horch, eine Nachricht, sie trifft eben ein:
   Großes Getöse vom Land des Nordens,
   die Städte Judas sollen werden
   zur Einöde, zur Wohnung der Schakale.
23 Ich weiß, Jahwe, dass der Mensch seines Weges nicht mächtig ist[53],
   dass niemand, der geht, seinen Schritt zu[54] lenken vermag.
24 Züchtige mich, Jahwe, doch mit rechtem Maß,
   nicht in deinem Zorn, damit du mich nicht zu gering machst!
25 Schütte deinen Grimm aus über die Völker,
   die dich nicht kennen,

---

[50] D.h. (HAL 461 f): Schnüre dein Bündel! Vgl. zum Folgenden BHS.
[51] V. 18 b ist kaum zuverlässig übersetzbar: „Finden" (vgl. 2, 26) ist in dem Versuch auf die Feinde bezogen (vgl. 16, 16 f; 13, 17).
[52] Oder: handelten sie nicht verständig.
[53] Wörtlich etwa: dass dem Menschen sein Weg nicht gehört.
[54] Vgl. BHS.

und über die Geschlechter,
die deinen Namen nicht anrufen;
denn sie haben Jakob verschlungen[55],
und haben ihn aufgerieben und seine Wohnstatt verwüstet.

Über die anders geartete, jüngere Götterbildpolemik 10, 1–16 hinweg klingt
in dem Aufruf an eine nicht genannte weibliche Gestalt, sei es die Stadt oder
das Volk, das Thema von Kap. 9 wieder an. Die Redeform mit der Beschreibung
von Norden andringender, naher Gefahr fügt sich gut an vorhergehende
Klagen[56] an, um sie abzuschließen.

V. 17	Aufforderung zum Handeln
V. 18	Begründung im Gotteswort: Unheilsansage
V. 19 f	Klage (des Volkes)
V. 21	Zwischenbemerkung:
	Begründung als Urteil im Rückblick
	Vorwurf gegenüber den Führern,
	betroffen das Volksganze
V. 22	(Herolds-)Ruf mit Unheilsansage
V. 23–25	Anrede an Gott im Gebet
V. 23	Weisheitliche Einsicht des „Ich" vor Gott
V. 24 f	Bitten an Gott (wohl Volk als Sprecher)
V. 24	für das eigene Volk
V. 25	gegenüber den Völkern
	(im Anschluss an Ps 79, 6 f)

Ältere Überlieferung und jüngere Zusätze wechseln sich in der Einheit ab:
Dem Grundstock (V. 17 f. 19 f. 22) sind V. 21. 23–25 hinzugefügt; erst dieser
Nachtrag blickt eindeutig (V. 21. 25) auf die Katastrophe zurück. Das Gebet
V. 23–25 bildet vermutlich den Abschluss der 8, 4 einsetzenden Sammlung.[57]
Nur als Möglichkeit lässt sich erwägen: Verweist die Anrede an Gott mit dem
Zitat von Ps 79, 6 f zurück auf einen liturgischen Hintergrund, so dass sich in
V. 23–25 ein Element eines Bußgottesdienst widerspiegelt?
    V. 17 f ähneln in ihrer Struktur, durch Aufruf mit begründender Zukunftsansage,
vorhergehenden Worten (4, 5 f; 6, 1). Sie erfolgt hier (wie 4, 5 f) im
Gotteswort.[58] Gegenüber einer Aufforderung wie „Sammelt euch!" (8, 14) erscheint
die Situation weiter fortgeschritten: Angesichts der Bedrängnis oder
Belagerung ergeht der Aufruf, die Habe, die man mitnehmen kann, zusammenzuraffen,
um das Land verlassen zu müssen. Es gilt, sich auf die – als gewiss
angesagte – Zukunft einzurichten, d.h. sich auf den Weg in die Gefangenschaft
und die Exilierung[59] zu rüsten.

---

[55] Vgl. BHS (Dittographie). Wörtlich: „gefressen"; vgl. Anm. 67.
[56] Vgl. 8, 14 ff. 18 ff; 9, 9. 16 ff.
[57] Vgl. zur Entstehung des Buches Anm. 231 und zum Folgenden dort S. 40.
[58] „Siehe, ich …" wie 5, 14 f; 6, 21; 16, 16 u. a.
[59] „Das Bild von der Schleuder unterstreicht, dass es sich dabei um einen gewaltsamen Akt

„Dieses Mal" (V. 18) enthält wohl eine Steigerung, und zwar gegenüber
schon Erlebtem; allerdings bleibt der Vergleichspunkt undeutlich. Da jetzt
die Allgemeinheit, „die Bewohner des Landes" (1, 14; 6, 12), betroffen ist,
liegt vermutlich ein Rückblick auf die Ereignisse von 597 v. Chr. mit einem
Ausblick auf eine größere, endgültige Katastrophe vor. So wird die Bedrängnis vor 587/6 v. Chr. dargestellt sein.

Die Klage V. 19 nimmt nochmals das für Jeremias Verkündigung gewichtige
Stichwort „(Zusammen-)Bruch"[60] auf. Das „Wehe!" ist (wie 4, 31 dem Zion)
den Betroffenen, dem Volk, in den Mund gelegt. Die Klage ist, auch wenn sie
schon Erfahrung enthält, eher vorweggenommen, im Zusammenhang durch
die Ankündigung veranlasst. Würde das eingetretene Unheil, die Zerstörung
von Tempel und Hauptstadt, nicht anders dargestellt? Eher ist (wie 4, 20) mit
dem hier stärker ausgestalteten Bild vom Zelt und dessen Vernichtung[61] das
Land gemeint.

Herolde bringen die Nachricht (V. 22): Der Feind aus dem Norden ist
nahe[62]; die Verwüstung steht bevor.

Unter den Nachträgen geben V. 21 und V. 23 Gründe zugunsten des hart
getroffenen Volkes zu bedenken, suchen mit einem doppelten Einwand dessen Schuld verständlich zu machen – zum einen (V. 21) durch Hervorhebung
der Schuld der „Hirten" bzw. Führer,[63] zum andern (V. 23) durch generell-
grundsätzliche Einsicht in menschliche Möglichkeit.

V. 21 ist, durch das Bild von den Zelten (V. 20) angeregt, in den älteren Zusammenhang eingefügt, zudem nicht wie V. 23 ff als Anrede gestaltet.

Der rückblickende Vorwurf, die Führer haben „Jahwe nicht gesucht" oder
„gefragt", schließt die Erkundung bei Jeremia[64] ein. Die der Situation gemäße
Auskunft hätten sie bei ihm erhalten können; so haben sie die Lage verkannt.
Im Fortgang des Buches erhält diese Anklage der Uneinsichtigkeit der Führer
ein Gegenstück in der Heilshoffnung, der Erwartung eines künftigen Herrschers, der „Erfolg haben"[65] wird.

Die abschließende Ergänzung V. 23–25 bildet als Gebetsanrede einen Zusammenhang – trotz anderem Charakter von V. 23. Die weisheitliche Reflexion des „Ich" eröffnet das Gebet. Die Einsicht in den eigenen „Weg"
ist begrenzt oder gar dem Menschen entzogen. Kann im undurchsichtigen

---

(vgl. 1 Sam 25, 29) handelt und große Entfernungen eine Rolle spielen." (G. Wanke 117) Jeremias
Voraussicht der Vertreibung (V. 17 f) bezeugt auch 9, 18. Vgl. noch 13, 18 f.

[60] Jer 4, 6. 20; 6, 1; 8, 11. 21 u. a.

[61] Vgl. Jer 49, 29–32; zu bildhaften Darstellungen der Zelte und deren Zerstörung: Th. Staubli,
Das Image der Nomaden …, OBO 107, 1991, bes. 97. 217; P. Riede, Im Netz des Jägers,
WMANT 85, 2000, 60 ff.

[62] V. 22 erinnert an 4, 15; 6, 22–24; 8, 16; 9, 10. Vgl. schon Mi 3, 12; Jes 32, 14.

[63] Vgl. schon 2, 8. Sprachlich nahe steht 23, 1 f („Herde", „zerstreuen"). Jeremias Aussagen
(wie 5, 4 f; 9, 3; erst recht 2, 32 u. a.) erkennen eine allgemeine Schuld.

[64] Vgl. den Exkurs zur Fürbitte; zur Ablehnung schon 6, 16 f; auch Am 2, 11 f u. a.

[65] In der sog. messianischen Weissagung 23, 5 f.

Schicksal Gottes Wirken erkannt werden[66], so fehlt hier der Verweis auf seine Lenkung. Im eigenen Geschick verbirgt sich etwas, was nicht nur undurchschaubar, vielmehr nicht selbst veranlasst ist. Der nicht selbst bestimmte Anteil wird hier, in diesem Zusammenhang von schuldhaftem Handeln, nicht auf Jahwe „zurückgeführt", die Einsicht ihm nur in der Anrede vorgetragen.

V. 24 f geht es um die Frage nach gerechtem, angemessenem Gericht – einerseits bei dem eigenen Volk, andererseits gegenüber den Verursachern. Mit jenen beiden Hinweisen geurteilt: Da das Volk „ver-führt" ist (V. 21) und der Mensch sein Schicksal nur eingeschränkt herbeigeführt hat (V. 23), möge Gott maßvoll, nicht im Zorn handeln, die Strafe begrenzen.

Die Bitte für das eigene Volk richtet sich gegen die bedrückenden Völker, die „gefressen/verzehrt"[67] und „verwüstet" haben. War ihnen das Gericht aufgetragen, so erscheinen sie hier als strafwürdig.[68] Sie erkennen Jahwe nicht, haben Volk und Land zerstört.

V. 25 ist kaum nachzusprechen. Immerhin bleibt das Handeln Gott überlassen; der Tun-Ergehen-Zusammenhang ist ihm anvertraut und wird ihm an die Hand gegeben. Jeremia selbst kennt nicht nur die Fürbitte für die Bedrücker (29, 7). Vor allem wirkt das Gebet 16,(19–)21 wie ein Gegenstück zu dieser Anrede an Gott; es hebt die Voraussetzung – „Völker, die dich nicht kennen" (V. 25) – in der Heilshoffnung auf.[69]

---

[66] Spr 16, 9; 20, 24; vgl. zu Jer 17, 9; 9, 22 f.
[67] Vgl. 2, 3; 5, 17; bes. 8, 16.
[68] Vgl. bildhaft zusammengefasst „Wehe dir, Assur, Rute meines Zorns!" Jes 10, 5 gegenüber 7, 18; 8, 7; 28, 2 u. a.
[69] Vgl. auch 3, 17.

Verkündigung der Worte des „Bundes"
und Feststellung des Bruchs
Jer 11, 1–14

1 Das Wort, das an Jeremia von Jahwe erging:
2 „Hört die Worte dieses Bundes![1]
Rede sie zu den Männern Judas und den Einwohnern Jerusalems 3 und
sage zu ihnen: So spricht Jahwe, der Gott Israels: Verflucht ist der Mann,
der nicht (auf) die Worte dieses Bundes hört, 4 die ich euren Vätern geboten habe, am Tag, als ich sie aus dem Land Ägypten herausführte, aus
dem eisernen Schmelzofen, indem ich sprach: Hört auf meine Stimme und
handelt nach ihnen, nach allem, was ich euch gebiete, dann werdet ihr mir
zum Volk, und ich, ich werde euch zum Gott werden, 5 um[2] einzulösen
den Schwur, den ich euren Vätern geschworen habe, ihnen ein Land zu geben, in dem Milch und Honig fließt, wie es heutzutage[3] ist. Da antwortete
ich und sprach: „Amen (So sei es), Jahwe!"
6 Und Jahwe sprach zu mir: Rufe alle diese Worte in den Städten Judas
und den Gassen Jerusalems: Hört die Worte dieses Bundes und tut sie!
7 Ich[4] habe mich nämlich eindringlich euren Vätern bezeugt, von dem Tag
an, als ich sie aus dem Land Ägypten heraufführte, bis auf diesen Tag, indem
ich mich unermüdlich bezeugte: „Hört auf meine Stimme!" 8 Aber sie
haben nicht gehört, ihr Ohr nicht geneigt, sind – ein jeder – in der Starrheit
ihres bösen Herzens gewandelt. So brachte ich über sie alle Worte dieses
Bundes, die ich zu befolgen gebot, sie aber nicht befolgten.
9 Und Jahwe sprach zu mir: Es fand sich eine Verschwörung unter den
Männern Judas und den Einwohnern Jerusalems. 10 Sie sind zurückgekehrt zu den Sünden ihrer früheren Väter, die sich geweigert haben, auf
meine Worte zu hören. Sie sind anderen Göttern hinterhergelaufen, um ihnen zu dienen. Das Haus Israel und das Haus Juda haben meinen Bund gebrochen, den ich mit ihren Vätern geschlossen habe.

---

[1] Der Höraufruf an eine Mehrheit (V. 2 a) kommt in der Rede an den Propheten mit V. 1. 2 b–5
noch vor dem Auftrag zu früh, bildet „eine Art Überschrift" (P. Volz 129) oder thematische Vorwegnahme. Wer V. 2 a für eine Ergänzung hält, hat eine weitere Änderung vorzunehmen, in der
Aufforderung „rede" das Objekt „sie" zu streichen.

[2] Oder: damit ich den Eid aufrichte, erfülle; vgl. Dtn 9, 5.

[3] Wörtlich: „an diesem Tag"; vgl. V. 7: „bis zu diesem Tag".

[4] Die LXX enthält nicht V. 7–8, abgesehen von den beiden letzten Worten. Sind sie (in MT im
Anschluss an 7, 23–26) zugesetzt? Eher sind sie, etwa wegen der Ähnlichkeit von V. 6 b. 8 b, (in
LXX) weggelassen. Jedenfalls berichten die beiden letzten Worte auch in der LXX bereits die Wir-
kung, den Ungehorsam: „sie taten (befolgten) nicht", und V. 10 bezeugt die Schuld der Väter.

11 Darum – so spricht Jahwe –
     siehe, Unheil bringe ich über sie,
     dem sie nicht zu entkommen vermögen.
     Sie werden zu mir schreien,
     aber ich werde sie nicht erhören.
12 Dann werden die Städte Judas
         und die Einwohner Jerusalems hingehen
     und sie werden zu den Göttern schreien,
         denen sie (Rauch-)Opfer darbringen.
     Sie werden ihnen zur Zeit ihrer Not/ihres Unheils
         gewiss nicht helfen.
13 Fürwahr, wie die Zahl deiner Städte,
         so sind deine Götter, Juda,
     und wie die Zahl deiner Straßen, Jerusalem,
     so viele Altäre habt ihr für Boschet/den Schandgott aufgestellt,
     Altäre, um dem Baal zu opfern.
14 Du aber, bete nicht für dieses Volk
     und erhebe nicht für sie flehentliches Gebet[5];
         denn ich höre sie nicht,
     wenn sie zu mir rufen, wegen ihrer Bosheit[6].

Der Text baut eine Spannung auf, indem er dem thematisch vorangestellten Aufruf zu Hören[7] das Nicht-Hören sowohl der Angeredeten (V. 8. 10) als auch Gottes selbst (V. 11. 14) gegenüberstellt. Die Botschaft hat einen eigenen Charakter: Jeremia wird beauftragt, mit einem Fluch über diejenigen, die die „Worte dieses Bundes" (V. 2 f. 6. 8) nicht befolgen, aufzutreten, allerdings auch eine bedingte Verheißung weiterzugeben. Anders als in metrisch geformten, knappen Versen (zuletzt 10, 17–25) liegt hier – ähnlich Kap. 7 – eine breite, predigtartige, prosaische Darstellung[8] vor.

Die eindringliche Rede an die Bewohner Judas und Jerusalems (V. 2. 9; vgl. V. 6. 13) gehört in die Zeit nach der Katastrophe, setzt aber mit der Gesprächsform oder mit den Verweisen auf „diesen Tag" (V. 5. 7) einen Standort zuvor in Jeremias Situation voraus. Der Text[9] fasst im Rückblick zusammen oder sieht die Geschichte ineinander, bleibt überhaupt, auch im Ausblick auf die Zukunft, auffällig allgemein. Darin kommt die Ab-

---

[5] Wörtlich: Klageschrei und Gebet.

[6] Oder: zu der Zeit, in der sie wegen ihres Unheils zu mir rufen.

[7] V. 2 a; vgl. 3 b. 6 b.

[8] Sie weist „alle Eigenschaften des Predigtstils" (B. Duhm 106 f) auf. Bei Quellenscheidung gehört der Abschnitt der Quelle C an (S. Mowinckel 31; W. Rudolph 71). Er stellt unter anderem Blickwinkel eine von der (jerdtr) Redaktion „gestaltete und formulierte Einheit" dar (W. Thiel I, 140; s. o. zur Entstehung des Buches Abs. 4).

[9] Gewisse Wiederholungen regen zu literarkritischen Aufteilungen an, die allerdings unterschiedlich vorgenommen werden und kaum allgemein überzeugend sind. Die Rede ist zwar in sich gestaffelt, lässt sich im wesentlichen aber als zusammenhängend verstehen.

sicht zum Ausdruck, grundsätzliche Aussagen zu treffen, und zwar über beide Häuser (V. 10 b), so das gesamte Gottesvolk. Der Aufbau ist grob *dreigliedrig*:

	Nach Einführung V. 1
	V. 2 a Höraufruf. Überschriftartige Themaangabe
I. V. 2 b–5	Beauftragung des Propheten
	Nach Botenformel Gottesrede. Ihr Inhalt
	Aufforderung zum Gehorsam gegenüber Gottes Willen
	Bedingter Fluch – bedingte Verheißung
V. 4	Ankündigung/Zukunftsansage
V. 4 b	sog. Bundesformel (vgl. 7, 23 u. a.)
	V. 5 a Verweis in die Gegenwart (vgl. V. 7)
	V. 5 b Antwort: Bekräftigung durch den Propheten
II. V. 6–8	Auftrag zur Weitergabe/Verkündigung im ganzen Land
	(V. 6; vgl. V. 2)
	Schuld der „Väter", früherer Generationen (vgl. 7, 24–26)
	und Strafe
III. V. 9–14	Anrede an Jeremia
	Zuspitzung auf Gegenwart und Zukunft
	V. 9 f Anklage (in 3. Ps.)
	Verschwörung, Schuld wie frühere Generationen
	Übertretung des Ersten Gebots, Bruch des „Bundes"
	V. 11–13 Strafansage (V. 11 f in 3. Ps.)
	V. 13 (2, 27 f in erweiterter Form)
	mit direkter Anrede an Juda:
	Gericht unabwendbar; darum (wie 7, 16; 14, 11):
	V. 14 Verbot der Fürbitte in Anrede an Jeremia

Die Rückfrage nach vorgegebener Überlieferung stößt auf keinen im Wortlaut eindeutig abgrenzbaren Satz, wohl aber auf einzelne Momente. Die Darstellung als Ich- oder Selbstbericht (V. 2. 5 f. 9) im Gespräch mit Gott erinnert in der Struktur an ältere Tradition; eine Antwort Jeremias begegnet bei der Berufung (1, 6) wie den Visionen[10]. Jeremias „Amen" im erzählenden Teil (28, 6) kann einen Anhalt für die Übertragung von Dtn 27 (V. 26) auf den Propheten gegeben haben. Die Anklage: „Es findet sich eine Verschwörung"[11] mag thematisch durch die folgende Konfession, die von Verfolgung und Mordplan berichtet (11, 18 ff), angeregt sein; so steht der Text nicht zufällig an dieser Stelle. Zudem begegnen Motive wie die Schuld der Väter (2, 5 f u. a.), der Vorwurf „sich zu weigern" (8, 4 f) u. a. V. 12 f nehmen Jer 2, 26 f auf, V. 14 (mit 7, 16) wohl 14, 11. Dabei sind durch die *Raffung*, die Zusammenfassung des geschichtlichen Verlaufs oder der Traditionen, manche Aussagen nicht genau bestimmbar, können *offen-mehrdeutbar* bleiben.

---

[10] Jer 1, 11. 13; 24, 3; vgl. 14, 13. Der Auftrag „Rufe/Verkündige!" (V. 6) lässt denken an 2, 2; 3, 12; dann 7, 2 u. a.

[11] Zu „Verschwörung" vgl. Jes 8, 12 (auch Am 7, 10). Wie hier V. 10 sind dort „beide Häuser" (Jes 8, 14) genannt; vgl. Jer 2, 29; 5, 11. 20. Zu „gefunden werden" vgl. 2, 26. 34; 15, 16; auch 5, 26.

Verweist der „*Bund*" auf:

a) den *Sinaibund* (vgl. Ex 34, 28; 24, 7), zumal wegen der engen Verbindung mit der Herausführung aus Ägypten,[12] oder

b) das *Deuteronomium* (vgl. 28, 69; 29, 1 ff; bes. V. 8; 27, 26) sowie den *Bundesschluss* unter *Josia* (2 Kön 23, 3)?[13]

Diese möglichen Rückbezüge stellen hier allerdings keine Alternativen dar; Einzelereignisse werden kaum unterschieden. Die beiden Verpflichtungsakte werden – vielleicht auch, weil sie jeweils den Dekalog (Ex 20; Dtn 5) enthalten – in einem Zusammenhang oder gar als eine Proklamation des *einen* Gotteswillens gesehen. Demgemäß geben V. 4 f den Inhalt des Bundes nur *allgemein-grundsätzlich* wieder, als Aufforderung zum Gehorsam, auf Gottes „Stimme zu hören".

Insbesondere erinnert der *Fluch* über den, der die Bundesworte nicht hört (V. 3), an die Fluchworte Dtn 27[14]. Er wird – nach der Botenformel als Gotteswort – zur prophetischen Botschaft. Entsprechend wird der Schwur, ein Land zu geben, in dem „Milch und Honig" fließen,[15] – nur mit Bedingung, abhängig vom Gehorsam, weitergegeben.[16] Die dortige Akklamation des Volkes mit „*Amen*" (bes. Dtn 27, 26; vgl. 29, 8) übernimmt hier (V. 5 b) der Prophet selbst. Statt des Volkes stimmt er dem Fluch über die Ungehorsamen zu.[17] Was Jeremia bekräftigt, trifft – auf Grund des Verhaltens – ein (V. 8 b).

Jeremia schließt nicht den Bund, fordert vielmehr zur Einhaltung der gegebenen Verpflichtung auf und schärft sie ein. Er scheint so in Moses Nachfolge zu stehen (vgl. Dtn 18, 15. 18 „wie Mose"). Hier bedenkt die deuteronomistische „Schule" das Verhältnis von Tora/Weisung und Prophetie[18] und kommt zu dem Ergebnis, das weithin nachwirkt: Die Propheten gelten als Ausleger des „Gesetzes", entsprechen ihm und führen es bis in die Gegenwart.[19]

---

[12] V. 4; vgl. 7, 22; 31, 32; bes. das Freilassungsgesetz 34, 13(.18); auch Dtn 29, 24; 1 Kön 8, 9. 21.

[13] Frühere Forschung schloss aus der Darstellung von Kap. 11 auf eine Tätigkeit für das Deuteronomium, was bereits P. Volz (130) ablehnt: „Der Gedanke, dass Jeremia eine Werbearbeit für das Deut […] getrieben und etwa als Reiseprediger für die josianische Reform gewirkt habe, lässt sich mit der Originalität und dem Berufsbewusstsein eines Propheten Jahwes nicht vereinigen."

[14] Der sog. Fluchdodekalog mit V. 15. 26 als Rahmen um V. 14–25.

[15] Ex 3, 8; Dtn 6, 3; 11, 9 u. a.; auch Jer 32, 22. Sprachlich als deuteronomistisch bestimmbare Ergänzungen nehmen erst bei der Gestaltung der Mosetradition zu, ab der Berufung Moses (Ex 3), d. h. der für das Deuteronomium schlechthin entscheidenden Person. Vgl. W. H. Schmidt, Exodus, BK II/1, 1988, 137 f. 164 f; ders., Einführung in das Alte Testament, [5]1995, 58.

[16] Ähnlich wird die Natanweissagung in dtr Fassung bedingt ausgesprochen (1 Kön 2, 4; 8, 25; vgl. Ps 89, 31–34; 132, 12 u. a.).

[17] Jeremia selbst kann gegenüber der ihm aufgetragenen Botschaft erheblich zurückhaltender sein: 17, 16; vgl. 15, 10 f.

[18] Vgl. auch Ex 7, 1 f P; dazu (vgl. Anm. 15) Exodus, BK II/2, 1, 1995, 325.

[19] Etwa M. Luther (WADtB VIII, 28) kann die Propheten „Handhaber und Zeugen Moses und seines Amts" nennen. Diese Sicht des Zusammenhangs entspricht kaum dem Selbstverständnis der sog. Schriftpropheten; s. o. zur Verkündigung.

Auch die *Väter*, an die das Gebot erging, werden allgemein-zusammenfassend genannt. Ob sie (V. 4 f) über die den Exodus Erlebenden hinaus auch frühere Generationen (bis zu den Erzvätern mit der Landverheißung) einschließen, lässt sich kaum sicher entscheiden. Vermutlich sind auch hier verschiedene Traditionen verschmolzen. Ähnlich umgreifen im folgenden Urteil über die Vorfahren (V. 7 f) die *Väter* wiederum ohne Differenzierung verschiedene Generationen im Gang der Geschichte – vom Exodus bis zum Gericht.

Zweimal gleitet der Rückverweis in eine bis in die Gegenwart (V. 5. 7) reichende Aussage über, verweist auf einen offenkundigen Sachverhalt. Liegt die Erfüllung der Verheißung „zutage" (V. 5), so ist Gottes Macht offenkundig, Angekündigtes zu verwirklichen, auch den Fluch.

Der zweite Abschnitt, der an die Ich-Rede (V. 5b) zwar lose anknüpfen kann, aber (V. 6 „zu mir") neu eingeführt wird, blickt nochmals zurück, jetzt aber anklagend. Dabei liegt keine *Analyse* der Situation, kein Hinweis auf konkrete Phänomene im Verhalten der Zeitgenossen (wie etwa 5, 1 ff; 9, 1 ff) vor, vielmehr bloß allgemein eine Feststellung der Schuld (V. 8 mit Rückbezug auf 4): „Sie hörten nicht."[20] Diese Reaktion wird nicht als Erfahrung des Propheten geschildert – Jeremia folgte dem Auftrag, fand aber keine Aufnahme –, sondern in das Gotteswort hineingenommen, durch Jahwe selbst „eröffnet"[21].

Nach Gottes unablässigem Bemühen, unermüdlichem Mahnen und Warnen, bleibt „keinerlei Raum für eine Entschuldigung aufgrund von Unkenntnis".[22]

V. 10 greift mit der Feststellung der Rückkehr zur „Schuld ihrer Väter" auf die Darstellung (V. 8) zurück[23], unterscheidet die Väter damit von einer anderen, gegenwärtigen Generation und erinnert insofern an den Vergleich: „Sie handelten schlimmer als ihre Väter."[24] Den „Vätern" wird auch das Gericht (V. 8b) gelten, so dass sich Begründung und Strafe entsprechen; der Vollzug wird wiederum nur in allgemeiner Form mitgeteilt: „Ich brachte über sie" in der Vergangenheit (V. 8) steht in naher Zukunft (V. 11) gegenüber: „Siehe, ich bringe über sie." Da V. 10b beide Häuser nennt, stellt sich die

---

[20] Sachlich in Übereinstimmung mit Jeremia; vgl. Aufruf und Feststellung des Unwillens 6, 16 f; auch 2, 20 ff. 25; 5, 21; 6, 10 u. a. Allerdings weiß das Wort 2, 2 von einer Eintracht zwischen Jahwe und Israel in der Wüstenzeit (vgl. zu 7, 22 f). Die harte Aussage, dass Israel seit Gottes Heilstat (V. 4), dem Auszug aus Ägypten (V. 7; vgl. 7, 24), schuldig wurde, stimmt eher mit der vorliegenden Gestalt der Exodustradition überein, nach der sich Israel schon bei dem Auszug ängstigte (Ex 14, 11 f; vgl. andeutend 4, 1 ff JE; schärfer 6, 9. 12 P) oder bald nach der Rettung vor den Verfolgern (15, 24 u. a.) „murrte".

[21] B. Duhm 109; vgl. Ez 2, 4 ff; 3, 7 f u. a.

[22] Das Verschulden des Volkes wird dreifach in „perfektisch formulierten" Gliedern ausgedrückt. „Diesem Ungehorsam ließ Jahwe […] die vom Fluch (V. 3) her zu erwartende Konsequenz folgen." (F.D. Hubmann, Konfessionen 114).

[23] V. 10 ist, da V. 4 noch keine Anklage enthält, „ein ausdrücklicher Rückbezug auf V. 8 geschaffen und zugleich das Vergehen von V. 8 als vorgängig ausgewiesen" (F.D. Hubmann 115 A 22).

[24] Jer 7, 26; vgl. 16, 12; auch 3, 6 ff.

Frage: Ist bei den „Vätern" nicht die Geschichte des Nordreichs eingeschlossen, so dass mit dem – bereits vollzogenen – Gericht (V. 8) insbesondere das Nordreich getroffen ist?[25] Wo sonst soll „Haus Israel", dessen Nennung innerhalb der Anrede an das Südreich bemerkenswert ist, in der Darstellung einen Anhalt haben? Unter diesen Umständen fällt der Text nicht aus der (vorgestellten) Situation Jeremias heraus und wirkt mit einem durchsichtigen Aufbau einheitlicher: I. Die Botschaft. II. Ihr Ergehen mit Schuldaufweis und ihre Wirkung in der Vergangenheit, III. in Gegenwart und Zukunft. Aus der Anklage der „Väter" und deren Bestrafung erwächst die mit eigener Schuld begründete Gerichtsankündigung.

Der Vorwurf der „Verschwörung" (V. 9) ist dreigliedrig: a) Rückkehr zur Schuld früherer Geschlechter, auf Gottes Stimme nicht „zu hören" (V. 7 f; vgl. V. 4). Dieses Grundgebot wird jetzt nach seiner anderen Seite entfaltet; es schließt b) Abgrenzung ein, das Verbot, „anderen Göttern zu folgen". Als c) insgesamt (auch gegenüber V. 7 f) abschließende „Summe" erscheint: „Bruch" des „Bundes". In diesem letzten Vorwurf liegt gegenüber der Tempelrede[26] zugleich eine Verschärfung: Der Begriff „Bund" begegnet erst hier; mit ihm wird die kaum überbietbare Anklage formuliert: „Bruch" auf Seiten des Volkes. Gottes Abwendung, die Jeremia aussagen kann[27], klingt hier (V. 11. 14) nach: „Ich werde nicht hören."

Im Schlussabschnitt verbinden sich die Unheilsansagen mit Anklagen, die (zu V. 9 f) weitere Nuancen hinzufügen. Der – für die dtr Darstellung charakteristische – Vorwurf der Übertretung des Ersten Gebots wird belegt und illustriert mit der Übernahme von 2, 27 f. Statt Hinwendung vielmehr Abwendung, die keinen „Gewinn" bringt: Wie das Volk einerseits auf Gott nicht „hört", andererseits sich anderen Göttern zuwendet[28] – so wird Gott nicht „hören", und die anderen Götter können nicht helfen. Das Verbot der Fürbitte (V. 14) sagt die Schwere der Schuld, ja die Unabwendbarkeit der Strafe aus.[29]

Im Kontext bestätigt und konkretisiert die Konfession mit der Klage über die Verfolgung das Urteil über das Volk, das „Nicht-Hören" der – durch den

---

[25] Es wird „ein Gericht über die Zeitgenossen Jeremias erst nach Feststellung ihrer Schuld (V. 9–10) in V. 11 f angekündigt"; V. 8 b wird „auf den Untergang des Nordreichs angespielt" (F.D. Hubmann 114).

[26] Das mehrere Themen umgreifende Kap. 7 ist mit dem thematisch einheitlicheren Kap. 11 verknüpft. a) Beide, 7, 1 wie 11, 1 haben dieselbe Überschrift, die statt des „Ergehens" das Wort betont (darüber hinaus weitere Übereinstimmungen). b) Der Vorwurf der Hinwendung zu Fremdgöttern begegnet 7, 6. 9. c) Der Prophet erscheint wie 7, 3–5 als Mahner und Warner. d) Schon 7, 16 wird das harte Verbot der Fürbitte ausgesprochen. e) Ist der Ungehorsam 7, 27 f (vgl. V. 13 rückblickend) angekündigt, so wird er 11, 7 f. 9 f ausgesprochen – als vergangen oder gegenwärtig. Wie der Prophet (7, 27) erhält hier Gott keine Antwort.

[27] Jer 6, 30; 7, 29; in Ich-Rede 16, 5 (mit Aufnahme von Hos 1, 6); auch 9, 1; 12, 7 f; 14, 10. Zu 11, 11 b vgl. Mi 3, 4.

[28] Zu V. 12 „räuchern" vgl. V. 17 (für Baal).

[29] Vgl. zu Jer 14 den Exkurs (S. 265 ff).

Propheten weitergegebenen – „Worte" oder der „Stimme" Gottes[30]. Die Verheißung (31, 31–34) erwartet angesichts der harten Einsicht vom Bundes„bruch" eine tiefe Wende.

Vorbehalt gegenüber Opfer und
Verlust der Schönheit
Jer 11, 15–17

15 Was will mein ‚Liebling' in meinem Haus,
    da sie (nur) Ränke ‚schmiedet'?[31]
    Werden die vielen[32] (Opfer) und heiliges Fleisch
    deine Bosheit[33] von dir ‚wegnehmen'?
    Dann könntest du frohlocken.[34]
16 Einen üppigen Ölbaum von schöner Gestalt[35]
    hat Jahwe dich genannt.
    Ein großes Geprassel[36]:
    Feuer hat er an ihn gelegt,
    so dass seine Äste schlimm aussehen.
17 Und Jahwe Zebaot, der dich eingepflanzt hat, hat Unheil
    über dich beschlossen wegen der Bosheit des Hauses Israel und des
    Hauses Juda, die sie verübt haben, um mich zu
    beleidigen, indem sie dem Baal Rauchopfer darbrachten.

---

[30] Vgl. 11, 7 f. 10 mit 11, 21; 12, 6. In 11, 1 ff. 18 ff wird „Jeremia geradezu als einzig übriger Jahweanhänger dargestellt [...], dem das in seiner Gesamtheit abgefallene Volk [...] gegenübersteht. Diese Polarisierung scheint [...] in 11, 18 ff in der Verfolgung Jeremias einen Höhepunkt zu erreichen." (F.D. Hubmann 167)

[31] Genauer: „sie zu tun – die Pläne/Ränke". Der Text V. 15 ist (schon früh?) so verderbt, dass er unterschiedlich rekonstruiert wird und nur mit Vorbehalt wiedergegeben werden kann. Lehnt sich der Versanfang an das ebenfalls anklagende Weinberglied Jes 5, 1 an? Die Lesart „Geliebte" (LXX) stimmt mit den femininen Suffixformen überein; gemeint ist Juda. Vgl. 12, 7; zum Vorwurf („ ... machen"): 2, 13; 3, 5; 6, 13 u.a.; auch Spr 21, 24.

[32] Vgl. Jes 1, 11 „die Vielzahl" der Opfer. Die sachlich ähnliche Konjektur „fette Tiere" (vgl. HAL 150) stellt parallel zu „heiliges Fleisch" (vgl. Hag 2, 12) eine einheitlichere Aussage her, glättet aber wohl den Text.

[33] „Deine Bosheit" (vgl. 2, 19; 3, 2; 4, 18; auch 22, 22) oder „dein Unheil". Vielleicht ist *ki* „denn/ja" durch Doppelschreibung entstanden.

[34] Statt als potentielle Aussage (vgl. F. Giesebrecht 70) lässt sich der Abschluss von V. 15 in der Bedeutung „Damals jubeltest du" (vgl. Brockelmann, Syntax § 42 a) vielleicht auch zum Folgenden ziehen, als nämlich Gott dich üppigen Ölbaum nannte.

[35] MT bietet: „Fruchtgestalt" (vgl. LXX).

[36] „Geräusch eines großen Lärms"; ähnlich in Ez 1, 24 als „Geräusch eines Lagers" erläutert.

Der Anrede an den Propheten (V. 14) folgt ein zweiteiliges Wort (V. 15 f), das sich – statt an beide Häuser (V. 10) – an Juda richtet: V. 15 f sind durch die Anrede (2. Ps. Sg. fem.) verbunden. Nach der Feststellung des „Bundesbruchs" (V. 10) stellt V. 15 wohl einen weiteren Erweis des Ungehorsams dar, einen Schuldaufweis, V. 16 die Unheilsansage. So wird im Kontext zugleich ein Grund für das Verbot der Fürbitte (V. 14) hinzugefügt.

Einen Anlass, das Wort in diesen Zusammenhang einzuordnen, bildet auch das Stichwort „Bosheit/Unheil" (V. 15), das zuvor (V. 11 ff) mehrfach begegnet und von dem ebenfalls jüngeren (jerdtr) Rahmenwort V. 17 aufgenommen wird. Es verknüpft V. 15 f mit der vorhergehenden Prosarede und redet wieder (wie V. 10) von beiden Häusern. Dabei schließt es an das Bild des Baums (V. 16) an, indem es (mit Aufnahme von 2, 21) an Gottes Heilstat erinnert: „der dich gepflanzt hat", und deutet mit Wechsel der Person (im Anschluss an V. 13) den Kult (V. 15) als Fremdkult.[37]

Der gestörte, schwer verständliche Text lässt sich allerdings nur tastend und ansatzweise auslegen. Im redaktionellen (jerdtr) Kontext scheint sich (wie 7, 21. 29) ein Jeremiawort erhalten zu haben. Überhaupt erinnert V. 15 mit dem Aufdecken eines Fehlverhaltens in Gottes „Haus" an die Tempelrede; das Stichwort „Fleisch" begegnet in der kultkritischen Äußerung 7, 21.[38] Das Thema mit der Form der Frage findet sich auch 6, 20. Eine Antwort wäre eindeutig, wird aber nicht gegeben, sondern dem Hörer oder Leser zum Nachdenken oder zur Einstimmung überlassen.[39]

Das „Sinnen"[40] „in meinem Haus", dem Tempel, erscheint bösartig und soll wohl eine Abkehr von Gott aussagen; die sich unmittelbar anschließende Konfession (V. 18 ff) kann beispielhaft Ränke oder arglistiges Verhalten belegen.[41]

Dabei braucht der Verbundenheit bekundende Ausdruck „Liebling"[42] nicht ironisch gemeint zu sein; die Frage ist eher klagend-anklagend.[43] Will das Volk durch eifrige Opfer Schuld bzw. Unheil abwenden, so von belastender Vergangenheit und Gegenwart oder deshalb drohender Zukunft frei werden?[44]

Wie die Bezeichnung „Liebling" (V. 15) so erinnert das Bild vom üppigen Baum (V. 16)[45] an die guten Anfänge, die allerdings verloren gegangen sind. Er wird vom prasselnden Feuer verbrannt. Gott selbst gilt als Urheber des Gerichts.

---

[37] Vgl. „mich zu reizen/kränken" 7, 18; 2 Kön 22, 17 u.a.

[38] Vgl. Hos 8, 13; zum Thema auch Jer 14, 12.

[39] Vgl. zum Disputationswort o. zu den Redeformen.

[40] Vgl. Spr 12, 2; Ps 37, 7 u.a.

[41] Auch mit der Fortsetzung (12, 7) „mein Haus", „Geliebte meiner Seele" scheint ein Zusammenhang zu bestehen (K.-F. Pohlmann, Ferne 45. 68).

[42] „Liebling" drückt die Zuneigung „und zugleich die den andern Völkern gegenüber geltende Einzigartigkeit Israels" aus; der Bezeichnung haftet „etwas Verpflichtendes" an, da die Zuwendung erwidert werden soll (H.-J. Zobel, ThWAT III, 478). Vgl. thematisch 2, 2 f; 31, 3; auch Dtn 33, 12.

[43] Vgl. Fragen wie 2, 5. 21 und innerhalb der Tempelrede 7, 11.

[44] Vgl. 2, 22.

[45] Vgl. 2, 21; auch 6, 9; 8, 13; 17, 7 f; Ps 1, 3; 52, 10; 92, 13 ff; wohl im Anschluss an Jer 11, 16 gleichnishaft ausgestaltet: Röm 11, 16 ff.

Exkurs
Jeremias Konfessionen

In den Konfessionen spricht Jeremia die äußere und innere Bedrängnis aus, in die er auf Grund seines Auftrags geraten ist. Sie sind von einer tiefen Spannung durchzogen: Jeremia leidet, obwohl er sich selbst (15, 10) nichts vorzuwerfen hat. Er trägt, wie er in der Gebetsanrede (15, 15) formuliert, Verfolgung „um deinetwillen". Den Anfeindungen (11, 18 f u. a.) entsprechen innere Anfechtungen.[1] So sind die Konfessionen geprägt durch: a) das Verhältnis zwischen Gott und Sprecher Du-Ich, die Anrede an Gott wie seine Antwort (15, 19 ff), b) die Form und Ausdrucksweise der Klage, c) mit der äußeren Situation ein soziales Element: die Erfahrung von Nachstellungen, so zugleich eine Ausgrenzung. Auffällig ist, dass Worte, die statt Anrede an die Hörer eher Zwiegespräch mit Gott oder auch Selbst-Reflexionen sind, überhaupt in die Überlieferung aufgenommen sind. Die Betroffenheit, das persönliche Eingebunden-Sein, gehört bei Jeremia als *Folge* eng zu seiner Botschaft hinzu; als *Auswirkung* erhalten sie mit dem menschlich-subjektiven Moment ein Element der Verkündigung.[2]

Die Konfessionen weisen enge Berührungen mit den Psalmen auf, ja sind von der Gattung der *Klagelieder* des Einzelnen in der Form (Anrede, Klage als Situationsschilderung, Bitte, Vertrauensäußerung, auch Unschuldsbeteuerung) wie in Sprache und Motiven abhängig[3], zeigen aber auch eine *Eigenart*.[4] Wegen der auffälligen Übereinstimmung mit den Klageliedern des Psalters nimmt man vielfach an, dass erst Spätere Psalmensprache auf Jeremia bezogen[5]; es lassen sich jedoch verschiedenartige Zusammenhänge beobachten.

---

[1] „Das ihnen Gemeinsame besteht darin, dass sie sich nicht als Gottesrede an die Menschen wenden, sondern ein Niederschlag sind des Gespräches des Herzens mit sich selbst und mit Gott" – urteilt G. von Rad (TheolAT II[4], 209). „Diese Dichtungen zeigen eine Intimität des geistigen Umgangs mit Gott, eine Mündigkeit des Sichaussprechens und eine Freiheit im Eingestehen eigenen Versagens oder widerfahrenen göttlichen Tadels, die wohl als eine Manifestation edelsten Menschentums zu gelten haben." (212).

[2] Bei Jeremia „treten der Prophet und der Mensch stark auseinander, der Mensch in ihm wehrt sich gegen den Propheten". Ähnlich wie P. Volz (XXIV) urteilt etwa G. von Rad (TheolAT II[4], 213): „Bei Jeremia treten Mensch und prophetischer Auftrag auseinander." Allerdings steht das Persönliche nicht neben dem Prophetischen, sondern bricht an ihm auf; der Auftrag bringt Vereinzelung.

[3] Als Subjekt erscheinen entsprechend drei Größen: ich/wir – du – die Feinde. Von Motiven, wie dem Schaf, das zur Schlachtbank geführt wird (Ps 44, 23; vgl. Jer 11, 19; Jes 53, 7), über Anschläge (Jer 21, 12 u. a.), die vertrauensvolle Bitte an Gott, den Rechtsstreit zu führen (Ps 43, 1; vgl. 7, 10 u. a.) bis hin zu Einsamkeit des Beters: „Ich bin meinen Brüdern fremd geworden" (Ps 69, 9; vgl. 27, 10; dazu Jer 20, 8. 10; 15, 17) oder der charakteristischen Frage „Warum" (Ps 22, 2).

[4] „Im großen ganzen sind diese Lieder nach Bau und Wortschatz Psalmen. Erst bei näherem Zusehen stößt man auf die prophetischen Züge. Doch wenn diese formell erst in zweiter Linie kommen, so kommt ihnen dafür wegen ihres Inhalts um so größere Bedeutung zu. Sie sind ausschlaggebend für das Verständnis der Lieder." So die grundlegende Einsicht von W. Baumgartner, 1917, 71.

[5] „Die Konfessionen sind Interpretationen von Jeremias Verkündigung und Person: sie deuten

a) Schon bei *Amos* findet sich innerhalb der als Ich-Bericht bewahrten Visionen eine Grundform des Klage- bzw. Bittlieds (Am 7, 2. 5): „Herr, vergib doch, denn …!" Ebenfalls innerhalb der Vision ruft *Jesaja* ein „Wehe mir!" (6, 5) aus; es erscheint ausgestaltet bei Jeremia (15, 10).[6] Das – die sog. Denk- oder Urschrift (6, 1–8, 18) abschließende, an Psalmenmotive erinnernde – Bekenntnis Jesajas (8, 17) „Ich will harren auf Jahwe, der sein Antlitz vor dem Haus Jakobs verbirgt" gleicht einer Art Selbstreflexion, die man „prophetische Konfession"[7] nennen kann. In einer schlimmen Situation, in der Jerusalem „wie eine Hütte im Weinberg übrig blieb" (1, 8), will sich Jesaja wegen der Größe des Unglücks nicht trösten lassen (22, 4): „Ich muss bitter weinen." Angesichts eines schweren Schlages, der über das Nordreich hinaus Juda und Jerusalem treffen wird, reagiert *Micha* ähnlich: „Klagen muss ich und heulen, barfuß und nackt gehen."[8] So gibt es, obwohl Zeugnisse über persönliche Regungen eher selten sind, bei den prophetischen Vorgängern Vorformen der Konfessionen.

b) Die Einbeziehung der eigenen Person kommt bei Jeremia ausführlicher und tiefer zu Wort; seine Botschaft tritt auch sonst in Form einer *Klage* auf: „O mein Leib, … ich muss mich winden", „Mein Herz ist krank."[9] Betrifft Gottes Verborgenheit nach Jesajas Einsicht[10] das Volk, so kann Jeremia die Ferne Gottes nicht nur dem Volk oder seinen prophetischen Gegnern ansagen, sondern selbst unter ihr leiden.[11] Das bei der Berufung ausgesprochene „Ach" mit der erfahrenen Zusage (1, 6–8) wird in den Konfessionen entfaltet – mit Gottes Antwort (15, 19 ff).

c) Vor allem gibt es einzelne Motive und Aussagen, die in den Klageliedern des Psalters – so – nicht belegt sind. Die Konfessionen gehen über die Psalmensprache hinaus[12]; in ihnen findet eine Zuspitzung statt. Diese Besonderheiten werden durch die Eigenart prophetischer Verkündigung verständlich. So erklären sich Gemeinsamkeiten und Unterschiede.

Jeremias Geschick im Sinne jenes immer schon exemplarischen Ich der Klagelieder", d.h. „Jeremias prophetische Existenz als die Existenz des exemplarisch leidenden und betenden Gerechten" (A.H.J. Gunneweg, Sola Scriptura, 1983, 65 bzw. 78). Ähnlich G. Hölscher (Die Profeten, 1914, 396 ff), E. Gerstenberger, P. Welten, D. Bak, K.-F. Pohlmann u. a.

[6] 'oj Jes 6, 5; Jer 15, 10; vgl. *hoj* in der Botschaft Jeremias 4, 13; 6, 4; 10, 19; 13, 27 u. a.; sachlich die Fluchworte 20, 14 ff; aufgenommen Hi 3. Vgl. auch 1 Kön 19, 4; Jona 4, 8.

[7] So O. Kaiser, ATD 17, 1960 (1–4) 92. 94 (anders [5]1981, 185); H. Wildberger, BK X/1, 1972, 343.

[8] Mi 1, 8; vgl. 3, 1. 8. Nach J. Jeremias wird „die persönliche Klage des Propheten im Ich-Stil unmittelbar mit der ältesten Verschriftung der Michaworte zusammenhängen" (Micha 1: J.F. Diehl u.a. (Hg.) „Einen Altar von Erde mache mir …". FS D. Conrad, KAANT 4/5, 2003, 137–149, bes. 143; vgl. ATD 24/3, 2007).

[9] Jer 4, 19–21 bzw. 8, 18–23; vgl. 13, 17; 14, 17 f; 23, 9; dazu o. zu den Redeformen.

[10] Jes 8, 14. 17; 29, 9 f. 13 f u. a.

[11] Vgl. bes. 15, 18 mit 23, 23. In dieser Zuspitzung liegt eine Besonderheit. Insofern betont N. Ittmann (34) mit Recht, „dass die Konfessionen […] keine Analogien im weiten Bereich der Prophetenliteratur besitzen […] Als entscheidendes, trennendes Merkmal muss die fehlende Konfrontation der verhandelten Problematik mit Jahwe genannt werden."

[12] Etwa Jer 15, 10. 16–18; 17, 16; 20, 7–9. H. Seidel (Das Erlebnis der Einsamkeit, ThA 29, 1969, 90) urteilt: Die Konfessionen können sich wie die Psalmen „der gleichen Kategorien und Bilder bedienen. Dort, wo die Motive das Erlebnis der besonderen prophetischen Einsamkeit nicht mehr zu fassen vermögen […], sucht die Darstellung selbst die ihr eigene, die Psalmsprache sprengende Ausdrucksweise."

d) Die Konfessionen weisen Berührungen bzw. Übereinstimmungen in Motiven mit der Botschaft[13] oder auch dem geschilderten Geschick Jeremias auf.

e) Die Konfessionen bilden auch untereinander einen motivlichen *Zusammenhang*.[14]

f) Schließlich scheinen die Konfessionen eine – zeitlich nahe – *Wirkungsgeschichte* bzw. Rezeptionsgeschichte zu haben: Wohl schon Ezechiel, zumal die Gottesknechtlieder setzen Jeremias Berufungsgeschichte und Konfessionen voraus.[15]

Zudem ist das Exil, das Jeremias Gerichtsansage bestätigt und ihn als „wahren" Propheten erweist, nicht erwähnt. So gehen die Konfessionen im *Kern* höchstwahrscheinlich auf Jeremia selbst und in seine Situation zurück. Aus einem *Grundbestand* sind sie zur vorliegenden Form allmählich gewachsen und enthalten Zusätze, deren Umfang unterschiedlich bestimmt wird.[16] Wie die Nachträge verdeutlichen, liegt eine ältere Überlieferung vor, die kommentiert wird.

Zeigt sich in der vorliegenden Abfolge der Konfessionen ein Weg, wenn auch gewiss keine Lösung? Besteht eine Bewegung vom anfänglichen Vertrauensverhältnis (11, 18 ff) über eine klagende Frage (12, 1 ff) zu dem Vorwurf: Gott als „Trugbach" (15, 18)?[17] Nimmt das „Dunkel" zu? Erscheint die dem Propheten zuteil gewordene Antwort (15, 19 ff) insofern gar als unzureichend, als die Konfessionen kaum weniger eindringlich weitergehen? Sie laufen nicht auf eine Äußerung der Zuversicht zu. Zwar weisen die düsteren Schlussworte 20, 14–18 keine dialogische Struktur mehr auf, lassen sich – schon wegen der Aufnahme des Motivs 15, 10 – von den Konfessionen aber nicht abtrennen.[18] Wie sie endet das vorliegende Buch für Jeremia im Dunkel. Was sie aussagen, ist eher: Heil mit und im Gericht. Ist bereits das Aussprechen einschließlich der kunstvoll poetisch-metrischen Gestaltung, eine Hilfe – mehr als das Gewahr-Werden der eigenen Situation, mehr als Zweifel, ein Zeichen von Abstand, in der Verlassenheit auch Vertrauen?

---

[13] Etwa: wie Feuer (vgl. 20, 9 mit 5, 14; 23, 29); „umkehren/umkehren lassen": 15, 19; 31, 18(.20); vgl. 3, 12; „Wort Jahwes" (sich ereignend): 20, 8 (15, 16); vgl. 1, 4. 9. 11 f u. a.; auch 18, 18 u. a.

[14] Es findet sich „ein dicht geknüpftes Netzwerk von aufeinander bezogenen Bildern, Stichwörtern und Formulierungen, die es ausschließen, dass die Texte unabhängig voneinander entstanden sind" (H.J. Hermisson, FAT 23, 11). Die Texte sind „zwingend miteinander verbunden [...] und nicht eine bloße Zusammenstellung einschlägigen Psalmenmaterials" (15). 20, 12 nimmt die Aussage 11, 20 auf, bezeugt so – zumindest auf der vorliegenden schriftlichen Ebene – den Zusammenhang der Konfessionen.

[15] Vgl. o. zur geistigen Heimat Anm. 66 f.

[16] Zur Sammlung vgl. zur Entstehung des Buches S. 34 f. Die (jerdtr) Redaktion bildete nachträglich größere Kompositionen.

[17] Intensiviert sich das Rache-Motiv (Jer 11, 20; 15, 15; 17, 18)?

[18] „So steht der Leser vor dem beklemmenden Eindruck, dass das Dunkel wächst und sich von Mal zu Mal tiefer in den Propheten hineinfrisst. Es ist wohl kein Zufall, dass die letzten beiden Texte dieser Art zugleich auch den äußersten Grad der Verzweiflung bezeichnen, in die sich Jeremia hinausgestoßen sah." (G. von Rad, TheolAT II4, 211).

Gott „ließ mich" die Nachstellungen „erkennen"
Die erste Konfession
Jer 11, 18–12, 6

18 Jahwe[19] ließ mich erkennen, da erkannte ich.
    Damals ließest du mich ihre Machenschaften durchschauen.
19 Ich aber war wie ein zutrauliches Lamm,
    das zum Schlachten geführt wird,
    und ich erkannte nicht,
    dass sie Anschläge gegen mich planten:
    „Wir wollen den Baum in seinem ‚Saft'[20] verderben
    und wollen ihn ausrotten aus dem Land der Lebenden,
    dass seines Namens nicht mehr gedacht werde."
20 Aber Jahwe Zebaot richtet gerecht,
    prüft Nieren und Herz.
    Ich werde deine Rache an ihnen sehen;
    denn dir habe ich meine Sache anheimgestellt.[21]
21 Deshalb so spricht Jahwe über die Männer von Anatot, die dir nach
dem[22] Leben trachten, indem sie sagen: „Du darfst nicht im Namen Jahwes
prophezeien, sonst wirst du durch unsere Hand sterben."   22 Darum so
spricht Jahwe Zebaot[23]: „Siehe, ich ziehe sie zur Rechenschaft. Ihre jungen
Männer werden durch das Schwert sterben, ihre Söhne und Töchter werden
durch Hunger sterben.   23 Einen Rest von ihnen wird es nicht geben;
denn ich bringe Unheil über die Männer von Anatot, im Jahr ihrer Heimsuchung."
1   Gerecht bist du, Jahwe, wenn ich mit dir rechte;
    dennoch will ich dir eine Rechtssache vortragen:
    Warum ist der Weg der Frevler glücklich,
    sind alle sorglos, die treulos handeln?
2   Du pflanztest sie ein, schon schlugen sie Wurzeln,
    sie wachsen heran,[24] auch bringen sie Frucht.
    Nahe bist du ihrem Mund, fern aber von ihrem Innern.[25]

---

[19] Das einleitende „Und" schließt – jedenfalls im Kontext – an V. 17 an, der entsprechend eröffnet wird.

[20] MT bietet „Brot", „Speise" vielleicht im Sinne von Lebensgrundlage, -unterhalt. Der Text
hat verschiedene Deutungen erfahren.

[21] Wörtlich: „kundgetan", „eröffnet"; oft wird vorgeschlagen: (auf dich) „abgewälzt".

[22] Die 1. Ps. (LXX) ist eher eine Glättung, Anpassung an den Zusammenhang.

[23] Die V. 21 wiederholende, sachlich unnötige Einführung „Darum" mit Botenformel fehlt in
der LXX, bildet vielleicht eine Ergänzung, etwa zur Bekräftigung. Bildet auch „Zebaot" (wie
11, 17) einen Zusatz?

[24] Wörtlich: sie gehen/schreiten voran.

[25] Wörtlich (vgl. 11, 20): „von ihren Nieren".

3 Du aber, Jahwe, kennst mich, durchschaust mich
und prüfst mein Herz, ob es mit dir ist.
Sondere sie aus wie Schafe zur Schlachtung
und weihe sie für den Tag der Tötung!
4 Wie lange soll das Land trauern
und das Grün aller Felder vertrocknen?
Wegen der Bosheit der in ihm Wohnenden
sind Tiere und Vögel dahingeschwunden;
denn sie sagen: „Er sieht nicht ‚unsere Wege‘[26].“
5 Wenn du mit Fußgängern läufst und sie ermüden dich –
wie willst du mit Pferden wettlaufen?
Im friedvollen Land bist du vertrauensvoll –
wie verhältst du dich im Dickicht des Jordan?[27]
6 Fürwahr, auch deine Brüder und dein Vaterhaus,
auch sie sind treulos gegen dich geworden;
auch sie rufen hinter dir her mit voller Kehle.[28]
Traue ihnen nicht, wenn sie freundlich mit dir reden!“

Die sog. Konfessionen, die als Selbstbericht mit einem Rückblick auf eigene
Erfahrungen[29] einsetzen, sprechen die Situation des Propheten aus – auch das
Verletzende, schwer Erträgliche, das ihn als Folge seiner Aufgabe trifft. Hier
wechseln zweimal Propheten- und Gotteswort ab. In den beiden poetischen
Abschnitten folgt auf die neu gewonnene Erkenntnis bedrohlicher Nachstellungen (11, 18 f) ein Rechtsstreit mit Gott; aus der Situation der Verfolgung
erwächst die Anrufung Gottes (12, 1). Innerhalb der beiden Prosateile vollzieht sich deutlich eine Steigerung: Nicht nur die Bewohner seines Heimat-
ortes (11, 21–23), sondern das Vaterhaus, seine Verwandten (12, 6), gehören
zu Jeremias Gegnern.
   Im poetischen Teil bleiben die Personen ungenannt. Weder die Gruppe der
Verfolger noch der Anlass ihrer Pläne mit dem Todesbeschluss (11, 18 f) werden angegeben. Auch die „Frevler“ bzw. Treulosen (12, 1) bleiben zunächst
unbestimmt. In beiden Fällen lösen die Prosa-Abschnitte (11, 21–23; 12, 6)
die Anonymität auf, identifizieren die zuvor Genannten, ja verweisen überhaupt erst auf den prophetischen Auftrag und deuten mit ihm den Grund für
die Verfolgung an. Darum wurden die poetischen Teile in literarischer Form
kaum selbständig überliefert – anders vielleicht in der mündlichen Vorgeschichte. Möglicherweise handelt es sich um zwei ursprünglich selbständige

---

[26] So LXX; MT: „unser Ende“.

[27] Die „Pracht“ ist „der mit üppiger Vegetation bewachsene Uferstreifen im südlichen Teil des
Jordangrabens“, „das Dickicht, in dem wilde Tiere (z. B. Löwen, Sach 11, 3; Jer 49, 19) leben und
das deshalb dem Wanderer gefährlich erscheint“ (D. Kellermann, ThWAT I, 881).

[28] Die Zeile wird unterschiedlich wiedergegeben; eine andere Möglichkeit: Sie rufen hinter dir
her: „Voll!“, d. h.: „Genug, Schluss!“ Vgl. auch L. A. Snijders, ThWAT IV, 884 f.

[29] Vgl. 15, 10(f).16; 17, 16 u. a.

Gebete (11, 18 ff; 12, 1 ff), die bei der Niederschrift miteinander verbunden, durch die überschriftähnliche Einleitung gestaltet und durch die Prosa-Abschnitte erläutert wurden. Strukturell sind die Teile aufeinander bezogen und bilden mit Querverbindungen[30] eine Einheit.

I. 11, 18–20   Klage mit Vertrauensbekundung
      V. 18 f   Klage in Ich-Rede
      V. 18 a   Gottes Handeln (in 3. Ps.) und Wirkung
                  Vom Objekt „mich" zum Subjekt „ich"
      V. 18 b   Anrede an Gott (wieder: „mich")
      V. 19   Vorhergehende Situation. Bildwort
                  Zitat der Gegner (vgl. 18, 18; auch 17, 15; 20, 10)
      V. 20 a   (= 20, 12) Vertrauensäußerung
                  Aussage über Gott in 3. Ps. ähnlich V. 18 a
      V. 20 b   „Ich" (1. Ps.) mit Anrede

II. 11, 21–23   Antwort Gottes
      V. 21   Gerichtsansage mit Identifizierung der Gegner
      V. 22 f   Umkehrung der V. 19 geäußerten Pläne
              Künftige Strafe (wie V. 19 ganz und gar)

III. 12, 1–4   Zwei „Strophen" mit wiederkehrenden Formelementen
              a)
      V. 1 b   Anrede an Gott mit grundsätzlicher Aussage
               Doppelfrage nach dem Grund „Warum"
      V. 2 a   Erfolg als Wirken Gottes
               Anrede an Gott (wie 11, 18 b)
      V. 2 b   Gottes Haltung gegenüber den Frevlern
              b)
      V. 3 a   Anrede an Gott mit grundsätzlicher Aussage
               Unschuldsbeteuerung in Aufnahme von 11, 20
      V. 3 b   Verwünschung der Gottlosen (vgl. 17, 18; 18, 21–23)
               V. 4 a   Doppelfrage nach der Dauer „Wie lange?"
      V. 4 b   Begründung

IV. 12, 5 f   Antwort Gottes
      V. 5   Zwei Gegenfragen
      V. 6   Prosa steigernd (3 × „auch" – im Anschluss an V. 21–23)

Die poetischen Teile hängen in der Ausdrucksweise mit Jeremias Verkündigung[31] zusammen. Es treten sich nicht Frevler und Gerechte gegen-

---

[30] So schließt 12, 3 a an das Bekenntnis 11, 20, zudem 12, 3 b an 11, 19 an. Auch 12, 1 nimmt 11, 20 (*rib* „Rechtssache"), 12, 6 wiederum 12, 1 (*bgd* „treulos sein") auf. Bei Auflösung solcher im Aufbau wie in Motiven gegebenen Zusammenhänge bleiben nur beziehungslose Einzelstücke wie Splitter übrig.

[31] Etwa: „mich schauen lassen" (in der Einführung der Vision 24, 1; auch 38, 21; schon Am 7, 1 ff); „Machenschaften" (4, 18; vgl. Hos 4, 9; 12, 3); „Vertrauter" (Jer 3, 4; 13, 21; hier „zutraulich"); „Pläne planen/schmieden" (18, 18; im Unterschied zu Gottes Plänen in jerdtr Wendungen: 18, 11 u. a.; vgl. das Verb Hos 7, 15; Mi 2, 1; Ps 21, 12 u. a.).

12, 3 schließt sich an Jer 11, 18–20 an – mit dem mehrfach bei Jeremia begegnenden Zusammenhang von „einsehen, verstehen" (2, 19. 23; 5, 1) sowie mit dem Bekenntnis zum „Herzensprüfer".

über.[32] Vielmehr wird eine Gruppe von Frevlern bzw. Treulosen (11, 19;
12, 1 f) von den „Bewohnern" des Landes (V. 4) unterschieden und mit ihnen
verbunden; ihnen steht ein einzelner gegenüber. Entspricht dies nicht Jeremias Situation?

Dabei lässt sich innerhalb prophetischer Überlieferung eine Nachwirkung beobachten: Das Bild vom Lamm, das zum Schlachten geführt wird, wie die Wendung „aus
dem Land der Lebenden (ausrotten/abgeschnitten sein)" (V. 19) werden im vierten
Gottesknechtlied (Jes 53, 7 f) aufgenommen.

Außerdem haben die Prosateile, hier in Ich-Rede, und der später einsetzende Er-
Bericht (B) Gemeinsamkeiten: schon im Hinweis auf den Heimatort Anatot[33], in
der Wendung „im Namen Jahwes prophezeien"[34] und in der Form der Gerichtsansage an Einzelpersonen.[35]

Obwohl die Konfessionen eigentlich Gebet sind, redet die Einführung
(V. 18 a) – vor dem Wechsel zur Anrede (V. 18 b) – in 3. Person von Gott. Ähnlich der Berufungsgeschichte, den Visionen oder Symbolhandlungen wird die
Reihe der Konfessionen eröffnet durch Gottes Handeln. Die eingangs (1, 5 f)
beschriebene Gegenüberstellung von Erkannt-Werden und Erkennen klingt
hier nach.[36] Der Prophet erscheint rezeptiv und daraufhin aktiv. Eine vergleichbare Verbindung von Hinnehmen und Handeln findet sich mehrfach, ja ist charakteristisch.[37] Wie die Botschaft in der Berufungsgeschichte noch nicht näher

---

[32] Schon das Deutewort der Vision 1, 14 spricht von „Bewohnern" (des Landes) in Verbindung
mit dem Wort „Unheil/Bosheit" (vgl. 2, 3. 13. 33 u. ö.). Weitere Stichwörter von 12, 1 ff begegnen
in der sog. Frühzeitverkündigung wie: „Weg" (2, 17 f. 23); „Frevler" (5, 26); „treulos sein"
(12, 1. 6; bes. 9, 1; vgl. 5, 11 u. a.); Gottes „Pflanzen" (2, 21); „losreißen" (*ntq* 2, 20; 5, 5; 6, 29;
22, 24; hier 12, 3 *hi* „aussondern") u. a.

[32] „Das Missgeschick der Klagenden wird, im Unterschied zu den als Parallelen herangezoge-
nen Texten wie Ps 37; 49; 73 […] dem Glück der Gottlosen nicht entgegengehalten" urteilt J. Kiss
(45 nach F.D. Hubmann 144).

[33] Außer 1, 1: 11, 21–23; 29, 27; 32, 7. „Dass gerade in Jer's Geburtsort Anathot sein Leben in
Gefahr war, hat sich schwerlich ein Ergänzer aus den Fingern gesogen." (C.H. Cornill 152).

[34] Dieser – von Gott in 3. Ps. redende – Ausdruck wird „nur für Jeremia (11, 21; 26, 9) und
Uriah (26, 20) verwendet"; bei ihm wird „ausdrücklich die Übereinstimmung mit den Worten Jeremias verzeichnet"; Jeremia wird (26, 9) „wegen seiner Verkündigung mit dem Tod bedroht […]
und Uriah deshalb sogar ermordet" (F.D. Hubmann 65). Die als Gottesrede gestaltete Form „in
meinem Namen prophezeien" (14, 14 f; 23, 25; 29, 9. 21) bezieht sich ausschließlich auf die Tätigkeit falscher Propheten" (ebd. 168).

[35] In den Drohworten an Einzelpersonen kann die Familie mitbetroffen sein: „zur Rechenschaft ziehen, heimsuchen" (*pqd*) 11, 22; an Schemaja 29, 32; Jojakim 36, 30 f. Vgl. 6, 15; schon
Hos 4, 9; 12, 3. Die Wendung „nach dem Leben trachten" begegnet 38, 16 wieder (bei der Verfolgung des Propheten 1Kön 19,10. 14; auch 1Sam 20, 1 u. a.).

[36] Dabei greift 11, 19 das Verb (*jd*ᶜ) in einer Form 1, 6 wieder auf; beide Male lautet die Reaktion auf Gottes Handeln: „Ich wusste nicht." Gottes „Kennen/Wissen" ist ein wiederkehrendes
Motiv; die in den Konfessionen mehrfach ähnlich begegnende Wendung „Du kennst (mich)/weißt
(es)" (12, 3; 15, 15; 17, 16; 18, 23) klingt wie ein Echo auf 11, 18. Vgl.o. zur geistigen Heimat (bei
Anm. 62 f). Wie sich die Einsicht, die Jeremia „auf Jahwes fürsorgliches Wirken zurückführt"
(J. Schreiner 82), vollzog, wird nicht näher beschrieben; auch der Todesplan der Gegner wird
nicht genauer bestimmt.

[37] Vgl. zu 17, 14; 20, 7; auch 15, 19 u. a.; o. zur Verkündigung Abs. 7.

angegeben, erst anschließend entfaltet wird, so wird hier der Inhalt der Erkenntnis nachträglich aufgedeckt. Auch die dort (1, 8) mit dem Zuspruch
„Fürchte dich nicht vor ihnen!" nur angedeutete Gefährdung wird hier – als
weiteres verbindendes Motiv – zum ersten Mal eigens ausgesprochen.

Der wohl mit Absicht überschriftartig vorangestellte Satz trägt Mittei-
lungscharakter, als ob der Beter – mit der Niederschrift – andere an seinem
Gespräch mit Gott teilhaben lassen, seine Erfahrungen einschließlich seiner
Anfechtungen anderen zugänglich oder nachsprechbar machen will.[38] Dabei
schlägt V. 18 ein neues, bisher nicht berichtetes, ja dem Sprecher noch unbekanntes Thema an: Gott deckt auf, offen-bart: feindliches Vorhaben, „lässt"
den Propheten die gegnerischen Machenschaften „durchschauen".

V. 19 greift vor die Wende, die Gottes Eingriff (V. 18) bedeutet, zurück und
stellt jene Situation bildhaft dar. Jeremia ahnte, bevor Gott ihm die Augen
öffnete, nichts von seinen Gegnern: „Der Vergleich mit dem Lamm, das noch
auf dem Weg zum Schlachten nichts fürchtet, zeichnet die Ahnungslosigkeit,
nicht wie Jes 53, 7 die Ergebung in das Verfügte."[39]

Der Arglosigkeit steht das arglistige, in ein Zitat gefasste, dreifach gestaf-
felte Vorhaben der Gegner gegenüber: den Baum abhauen,[40] Jeremia aus dem
Land der Lebenden ausrotten, ja das Vergessen-Werden herbeiführen, als
hätte er nie gelebt; er soll spurlos bleiben. Die Absicht bedeutet Auslöschung
der Person über das Lebensende hinaus auf Dauer, selbst des Namens.[41] Das
AT kennt nicht nur die Feier „zum Gedächtnis"[42] an für die Gemeinschaft
tragende Ereignisse, sondern auch die Erinnerung an den einzelnen, das
Nennen des Namens (Spr 10, 7): „Das Gedenken an den Gerechten bleibt
zum Segen."[43] Dass das Ziel der Gegner, Dasein und Wirkung zu beseitigen,
nicht erreicht wird, Jeremia mit seiner Botschaft[44] nicht der Vergessenheit anheim fällt, bezeugt eben das Buch.

Dem Ausrottungsplan tritt das Bekenntnis (V. 20 a) entgegen, das sich
sinngemäß übertragen lässt: „Aber da ist Jahwe Zebaot, der gerecht richtet"
bzw. „prüft" (20, 12). Wie der einleitende in 3. Person gestaltete Satz von

---

[38] Vgl. Aussagen in 3. Ps. im Vertrauens- oder Danklied (wie Ps 23, 1; 27, 1; 32), die Erfahrungen für andere nachvollziehbar oder auch nachsprechbar macht.

[39] J. Schreiner 82. Vgl. zum Vergleich mit dem Lamm auch Hos 4, 16 und im Gleichnis das persönliche Verhältnis 2Sam 12, 3.

[40] Vgl. nicht bildhaft Dtn 20, 19 f; Jer 6, 6; 10, 3 u. a.; bildhaft ausgestaltet 17, 7 f.

[41] „Wer aus dem ‚Lande der Lebenden' gestoßen ist, dem bleibt kein Name mehr, der genannt
werden kann. Die von den beiden Klagen zitierten Anschläge der Feinde wollen also den Klagenden zu etwas machen, das ist, als sei es nie gewesen, wofür es keinen Namen gibt, mit dem man es
benennen könnte." (W. Schottroff, „Gedenken" im Alten Orient und im Alten Testament,
WMANT 15, ²1967, 276) Die Klage wird Ps 83, 5 ähnlich, auf das Volk bezogen, ausgesprochen;
vgl. auch Ps 34, 17 u. a.

[42] Ex 12, 14; Dtn 16, 3. 12; Ps 111, 4 u. a.

[43] Der Psalter geht darüber hinaus, wenn er das „Gedenken" nicht mehr im Menschen begründet sein lässt: „Was ist der Mensch, dass du seiner gedenkst?" (Ps 8, 5) „Er denkt daran, dass wir
nur Staub sind." (103, 14) Vgl. zu Jer 2, 1.

[44] Vgl. das Zitat der Gegner 20, 10.

Gott in die Anrede übergeht, so folgt hier aus dem allgemeinen Bekenntnis die Anrede, die das eigene Geschick Gott anvertraut. Später nimmt 12, 3 das Bekenntnis selbst als Anrede auf. „Auf Herz und Nieren", heißt, auf verborgene Regungen, wohl in Bezug auf Willen, Absicht und Gefühl, „prüfen".[45] „Rache" meint hier den Vollzug des – von Jeremia angekündigten – Gerichts innerhalb dieses Lebens.[46]

Die Antwort (V. 21–23) bezieht sich auf die Gegner, ergeht aber nicht an sie, sondern an den Bedrohten und Angefochtenen.[47] Die im Zitat (V. 21) ausgesprochene Absicht greift mit der offenen Morddrohung über die geheimen Pläne (V. 19) hinaus. Die harte Ankündigung (V. 22 f) entspricht dem Ausrottungsplan (V. 19), der auf die Täter zurückschlägt: „So wie von Jeremia kein Andenken bleiben soll, so wird auch von den Gegnern niemand übrig sein, der ihren Namen im Gedächtnis bewahren könnte."[48]

12, 1 nimmt aus dem Bekenntnis 11, 20 das tragende Stichwort „Rechtssache"/„rechten" (rib) in der Anrede auf[49] und äußert zunächst – wie dort – Vertrauen.

Die folgende Klage betrifft weniger die eigene Not; vielmehr verlagert sich der Ton: Im Gegensatz zur Verfolgung des Beauftragten bis hin zu seiner Bedrohung mit dem Tod (11, 19. 21) scheint das Wohlbefinden der „Frevler" zu stehen, die unrecht, „treulos"[50] handeln. Das „Pflanzen" des Volkes durch Gott (2, 21) wird hier auf sie bezogen.[51] So klingt die Aussage wie ein Vorwurf: Das Wohlergehen der „Frevler" erscheint im Ursprung oder Grund als Gottes Werk. Diese Spannung ist durch den Klagenden selbst ausgesprochen; so ist seine Anfechtung kaum nur allgemein, sondern in diesem Rahmen auf seine Aufgabe bezogen. Weckt, was vor Augen liegt, nicht Zweifel an Gottes Eingreifen? Sein Wirken erscheint fraglich: Zwar deckt er die Pläne der Gegner auf (11, 18), durchschaut selbst das Innere des Menschen, „pflanzt" aber einerseits selbst und lässt andererseits keine (strafenden) Folgen erkennen. Verhalten und Ergehen der Widersacher fallen auseinander, ja widersprechen sich.

Sie sind Gott nur mit dem Mund, nicht dem Herzen nahe (vgl. Jes 29, 13). Dem tritt die sich anschließende Unschuldsbeteuerung (V. 3)[52] entgegen; sie nimmt 11, 18–20 auf und verbindet so, bestätigt und bekräftigt zugleich, was im Bild des arglosen Lamms angedeutet ist: im Vergleich zu denen, die hinterhältige Pläne schmieden, die Andersartigkeit des Propheten.[53] Über das

---

[45] Jer 17, 10; 20, 12; Ps 7, 10; 26, 2 u. a.

[46] V. 20 b wird von 12, 3 weitergeführt; vgl. zum Thema die Ausführungen zu 15, 15; auch 20, 10. 12.

[47] Vgl. Gottes Antwort 15, 19 ff.

[48] F. D. Hubmann 62. Zum „Rest" (V. 23) vgl. 6, 9.

[49] Vgl. 15, 10; 18, 19; auch 20, 12; zuvor 2, 9 u. a.

[50] Vgl. V. 6 und 9, 1 mit der sich V. 2 ff anschließenden Beschreibung.

[51] Vgl. auch 11, 17.

[52] Später wird betont, dass die Verfolgung nicht selbst verschuldet ist (15, 10. 15 f; 17, 16).

[53] Dass V. 3 den Gegensatz so betont, legt „eine gewisse Beziehung zwischen ihm und diesen Personen nahe" (Hubmann 136).

Bekenntnis „Gott aber sieht das Herz an" (1 Sam 16, 7; vgl. Spr 15, 11) hinaus
wird in der Anrede geäußert: Gott kennt,[54] durchschaut, ja prüft das eigene
Innere mit seinen Strebungen.

Die Verwünschung, die im Kontext auf die vorhergehende Gerichtsansage
(11, 21–23) zurückgreift und auf deren Verwirklichung gerichtet ist, tritt in
der Klage an Stelle einer „Bitte".[55]

V. 4 f bleiben weniger eindeutig. Die abschließende Begründung (V. 4 bβ)
verweist wohl auf V. 3 zurück. Darum bezieht sich das Zitat „Er sieht nicht"
eher – im Widerspruch – auf Gott als auf Jeremia.

Der Großteil von V. 4 bildet vermutlich einen Nachtrag. Im Anschluss an
den drohenden „Tag"[56] nimmt der Zusatz das Thema Zeit als Frage „Wie
lange" auf, sieht in jenem „Tag" ein alle, die „Bewohner", treffendes Ereignis,
bezieht so die „Frevler" in die Allgemeinheit ein und fügt zugleich eine weitere, wiederum allgemeine Begründung („Bosheit") hinzu. Dabei stehen Folgen menschlichen Verhaltens in der Natur (V. 4) vor Augen.[57]

Die beiden in eine Gegenfrage mit Anrede gekleideten Bildworte meinen
wohl: „Wenn Jeremia schon bei einer leichten Aufgabe versagt, wie soll er
dann schwere Aufgaben bestehen?"[58] Sind nicht noch weit schwierigere, ge-
fährlichere Situationen zu erwarten?

Schon die Nachricht 11, 21, erst recht deren Verschärfung 12, 6 wirken wie
eine erzählende Bestätigung oder persönliche Zuspitzung der allgemeinen
Anklage 9, 3 f.[59] Innerhalb engerer oder engster Gemeinschaft ist keine Ver-
trauensmöglichkeit mehr gegeben. Selbst die Verwandten stellen sich Jeremia
entgegen; so steht er einsam da.[60]

„Mein Erbteil" verlassen, das Land verwüstet
Jer 12, 7–13

7 Ich habe mein Haus verlassen, mein Erbteil aufgegeben,
   ich habe den Liebling[61] meiner Seele in die Hand ihrer Feinde
   gegeben.

---

[54] Vgl. o. Anm. 36.
[55] Vgl. zu 17, 18; 18, 21–23.
[56] Zur Zeitangabe vgl. die Auslegung zu 17, 16–18.
[57] Sie werden gelegentlich beschrieben; vgl. 2, 7; 3, 3 u. a.; s. o. zur Verkündigung Anm. 128.
[58] F.J. Stendebach, ThWAT V, 788; vgl. W. Rudolph 86.
[59] Dort (9, 1) findet sich auch „treulos handeln" innerhalb des sozialen Bereichs. Vgl. 5, 11.
[60] Vgl. Jer 15, 17; 16.
[61] Eigentlich: „das Geliebte"; Lutherbibel: „was meine Seele liebt". Ähnlich 11, 15; vgl. Ps 60, 7;
108, 7; auch – statt wie hier auf das Volk, auf die Einzelperson bezogen – den Eigennamen Jedid-Ja
„Jahwes Liebling" (dazu 2 Sam 12, 25).

8 Mein Erbteil ist mir geworden wie ein Löwe im Wald.
  Es hat ihre Stimme gegen mich erhoben, darum hasse[62] ich es.
9 Ist mir mein Erbteil ein bunter Raubvogel[63],
  über den die Raubvögel ringsum (herfallen)?
  Auf, versammelt alle Tiere des Feldes,
  bringt sie zum Fressen herbei![64]
10 Viele Hirten haben meinen Weinberg verwüstet,
   meinen Acker zertreten;
   sie haben mein kostbares Feld zur wüsten Einöde gemacht.
11 Man hat es zur Einöde gemacht:
   verödet trauert es vor mir.
   Das ganze Land ist verödet,
   weil niemand es zu Herzen nahm.
12 Über alle kahlen Höhen in der Steppe sind Verwüster gekommen.
   Denn ein Schwert Jahwes frisst von einem Ende des Landes bis zum
       anderen Ende des Landes; es gibt keinen Frieden für alles Fleisch!
13 Sie haben Weizen gesät und Dornen geerntet;
   sie haben sich abgemüht, nichts ausgerichtet.
   Steht beschämt da mit euren Erträgen[65] –
   vor der Glut des Zornes Jahwes!

Nach der voraufgehenden auf die Anrede an den Propheten ergangenen Antwort Gottes[66] folgt eine Klage Gottes über das verwüstete Land. Weil sich
das Volk auflehnte (V. 8 b), musste Gott es „verlassen" und an Feinde aus-
liefern.[67] Durch die nur allgemein angedeutete Begründung erscheint das
Schicksal als Gericht für Schuld; wieder (4, 6; 5, 15 u. a.) ist Gott der Urheber
des Ungemachs, der „preisgibt". Allerdings bleibt Gottes Zuwendung (zum
„Liebling meiner Seele") der Grund oder Hintergrund, vor dem das Unheil
als Strafe ergeht. Das „Erbteil/Eigentum" verhält sich mit seiner heftigen
Auflehnung wie ein Löwe[68]. So gibt Gott, was ihm teuer ist, in Feindeshand.
Die Aussage ähnelt insofern der Intention von 2, 2[69], als die enge Beziehung

---

[62] Die Wirkungen des Perfekts liegen noch in der Gegenwart (Ges-K § 106 g). Entsprechend
„ich gewann lieb" etwa: „ich lernte zu/musste hassen". Gott „muss hassen, was er doch eigentlich
von Herzen liebt" (B. Duhm 116). Die Regung äußert sich im „Verlassen".
[63] Die Wiedergabe des Tiervergleichs ist umstritten; möglich auch: „ein Raubvogel, eine
Hyäne"; vorgeschlagen: „eine Höhle von Hyänen". Vgl. HAL 772. 936. „Ist mir mein Erbteil zur
Höhle einer Hyäne geworden, dass Raubvögel es umlagern?" (P. Riede, UF 25, 1993, 337).
[64] Oft korrigiert: „Kommt (zum Fraß)!" Vgl. HAL 98; auch Ez 39, 17.
[65] Oder: „Werdet zuschanden …!" (vgl. 2, 36) Der hebräische Text geht abschließend in die
Anrede („eure") über – wohl mit Absicht applikativ. Oft wird korrigiert: „Beschämt stehen sie da
mit ‚ihren' Erträgen."
[66] Wie 12, 1–6 berichtet 12, 7 ff von einer Gegnerschaft, wenn auch anderer, allgemeinerer Art.
[67] Umgekehrt setzt die Verheißung 31, 11 voraus, dass Gott in Feindeshand gab.
[68] Das Bild des Löwen als Umschreibung der Stärke findet sich etwa schon 2, (15.)30; 4, 7; (im
oder vom Wald bzw. Dickicht:) 5, 6; Am 3, 4.
[69] Vgl. die Auslegung zu 2, 2 (mit Anm. 31).

hier in einer Klage zum Ausdruck kommt. Der schon zuvor ausgesprochene Umbruch[70] klingt in Gottes Ich-Rede nach.

Sie wird stellvertretend im Mund des prophetischen Sprechers vorgetragen oder/und (innerhalb der Sammlung der Prophetenworte) niedergeschrieben. Dabei wird die Not so geschildert, als sei sie nicht nur bildkräftig für die Zukunft angesagt, sondern auch schon erfahrene, bereits gegenwärtige Wirklichkeit – kaum aber nach der Zerstörung Jerusalems. Noch ist nur das Land mit den „Höhen" (V. 10–12), nicht, zumindest nicht ausdrücklich, die Hauptstadt betroffen. „Viele Hirten", die nicht näher bestimmt werden,[71] treten, statt behutsam mit dem Land umzugehen, als Zerstörer auf.

„Mein Haus", oft Bezeichnung des Tempels, bedeutet hier das Land[72] – parallel zu „meinem Erbteil", dem Grundbesitz. Dabei sind die Bewohner mitgemeint. Bildhafte Ausdrücke, wie Geliebtes/Liebling, Weinberg oder kostbares Feld, umschreiben das Land[73] und – zugleich schillernd – das Volk (V. 8). Aussagen über Volk und Land gleiten ineinander über – jeweils in ihrer Bezogenheit auf Gott, zumal in Auswirkungen der Schuld wie der Betroffenheit von Unheil und Leid. Gott kann sich von seinem „Haus", „Erbteil" lösen, eingegangene Bindungen aufgeben[74], damit auch seinen Schutz entziehen, so nicht nur nahe, sondern auch fern (23, 23) sein.

Wie zumal in Kap. 2 wechseln die Bilder. Der verschieden gedeutete Tiervergleich (V. 9) ist in der Aussageabsicht eindeutig: Das Volk bzw. Land ist Feinden ausgesetzt. Über die Raubvögel hinaus, die sich auf das Volk stürzen, werden die wilden Tiere herbeigerufen, die sich um die Beute scharen sollen. Diese Aufforderung wirkt wie eine Steigerung. Steckt hinter dem Bild – über das aus den Händen der Nachbarvölker empfangene Unheil hinaus – die Einladung an die mächtigeren, schlagkräftigeren Großreiche?

Die Hirten, die ihr Vieh hindurchtreiben, benutzen „das gepflegte und gehütete Kulturland (Weinberg, köstliches Feld) als Weideland", lassen es zertrampeln. „Das Land ist so zugerichtet, dass es trotz der Bemühung der Bauern keinen Ertrag mehr bringt" oder das Wenige „nur noch Anlass von Beschämung sein kann".[75] So beschreibt „Wüste" die trostlose Lage.

Die „Trauer" (V. 11) vollzieht sich (im Sinn von V. 7) „vor mir", dem Verursacher. Wird die von ihm veranlasste Strafe aber nicht zugleich kummervoll von ihm beklagt?

---

[70] Vgl. den Wandel von 2, 2 f zu 2, 4 ff oder 2, 21 a–b; dazu o. zur Verkündigung Abs. 4.

[71] Sie kommen nicht „von Norden" (4, 5 f u. a.), eher über die „Höhen in der Wüste" (12, 12) von Osten und können dem 2 Kön 24, 2 (um 601/600 v. Chr.) berichteten Einfall der aus den Nachbarländern kommenden Streifscharen entsprechen (bes. W. Rudolph 87 ff). Dies schließt nicht aus, dass man den Text – auch durch Erweiterung in V. 12 f – nachträglich auf die große Katastrophe bezog.

[72] Vgl. schon Hos 8, 1; 9, 15; Jer 11, 15.

[73] Vgl. 2, 7 („mein Land"); auch 3, 2; 12, 4 u. a.

[74] Vgl. schon Hos 5, 15; die Frage Jer 2, 31; die Tempelrede 7; 26 und 9, 1 (mit der Auslegung).

[75] G. Wanke 129.

Wahrscheinlich ist das Wort gegen Schluss (V. 12 aβb–13)[76] ergänzt, nämlich im Raum erweitert und persönlich zugespitzt. Zum einen scheint der Umfang – wohl auf Grund der erfahrenen Katastrophe – auf das Ganze ausgedehnt zu sein: „von einem Ende bis zum andern", so dass „niemand" mehr ausgenommen ist. So bestätigt die Darstellung Jeremias Urteil: „kein Heil/ Friede".[77] Zum andern lenkt der Schluss (V. 13) den Blick von den Verwüstern weg auf die Betroffenen zu – auch mit direkter Anrede. Dabei schließt sich die Gesamtdarstellung an die einleitend bezeugte Spannung an und schlägt einen Bogen von Gottes Liebe (V. 7) zu Gottes „Zorn" (V. 13).

Hoffnung auf Hinwendung der Nachbarvölker zu Jahwe
Jer 12, 14–17

14 So spricht Jahwe über alle meine bösen Nachbarn, die das Erbteil antasten, das ich meinem Volk, Israel, gegeben habe: „Siehe, ich reiße sie von ihrem Boden weg; doch auch das Land Juda reiße ich aus ihrer Mitte."
15 Und es wird geschehen, nachdem ich sie weggerissen habe, werde ich mich ihrer wieder erbarmen und sie zurückbringen, jeden in sein Erbteil, jeden in sein Land. 16 Und es wird geschehen, wenn sie dann bestimmt lernen die Wege meines Volkes, zu schwören bei meinem Namen: ‚So wahr Jahwe lebt', wie sie gelehrt haben, mein Volk beim Baal zu schwören, dann werden sie inmitten meines Volkes aufgebaut. 17 Und wenn sie nicht hören, dann reiße ich jenes Volk aus, um es auszureißen und zu vernichten – Spruch Jahwes.

Zweimal wechseln sich Unheils- und Heilswort ab, zunächst als mit Gewissheit vorgetragene (V. 14 f), dann (V. 16 f) als bedingte Ankündigung. Dabei setzt das zweite Paar das erste voraus, beschreibt eine Folge – mit der genannten Einschränkung.

Das von der Redaktion ergänzte Wortpaar[78] schließt sich an das vorige Wort an. Jene Eindringlinge (V. 10. 12) sind die „bösen Nachbarn", die „angetastet haben". So gibt das zuvor berichtete Geschehen die Begründung für das Urteil ab, aus dem sich (über V. 7–13 hinaus) die Bestrafung ergibt. Von daher ist der Kreis der Völker in der Eingrenzung vorgegeben: entsprechend

---

[76] Möglicherweise ist auch V. 11 bβ, stilistisch V. 12 b ähnlich, umgestaltet; er bestätigt in vorliegender Form V. 8 b.
[77] Jer 6, 14 = 8, 11; vgl. 16, 5. Auch andere Stichworte („Schwert", „fressen", „Zornesglut") lehnen sich an seine Botschaft an (2, 30; 4, 8; 5, 17; 10, 25 u. a.).
[78] Es ist mit ihr schon durch das „Motto" 1, 10 verbunden; vgl. auch zu 18, 7 ff; dann 24, 6.

„meinem Erbteil"[79] auf „meine Nachbarn". Da auch die Struktur von Heil nach dem Unheil[80] sowie die Gegenüberstellung zu Baal[81] aufgenommen werden, enthält die Ergänzung ein Stück Wirkungsgeschichte von Jeremias Botschaft.

Die Botenformel bezieht die Adressaten ein (wie 11, 21) und gleitet in Ich-Rede über. Die Nachbarn und Israel haben dasselbe Geschick: Entfernung der Bevölkerung wie Rückführung. Auch bei den anderen Völkern wirkt Jahwe die Geschichte.[82] Über die Wiederherstellung hinaus wird ihr Bleiben, ein Überleben auf Dauer, abhängig von der Anerkennung Jahwes. Sie sollen wählen zwischen „Lernen" und „Nicht-Hören".[83]

Wird hier die Aufnahme von Fremden, die Eingliederung nicht nur von Einzelnen, sondern auch von Völkern, in das eigene Volk bedacht? Nach Rückkehr in ihr „Erbland" sollen sie eher in ihrer Heimat in Jahwe-Furcht leben.[84] Israel erscheint als Mittler, bei dem man lernen kann, kaum durch sein wenig vorbildhaftes[85] Verhalten überhaupt, vielmehr innerhalb der Lebensweise insbesondere durch die Hinwendung zu Jahwe, die mit dem Schwur beim „Leben" Jahwes zum Ausdruck kommt. Der Eid trägt, öffentlich vollzogen, Bekenntnis-Charakter und bezeugt, auf wen man sich einlässt und wem man sich anvertraut.[86]

Auf die Zuwendung Jahwes zu den Völkern (mit der Rückführung aus Erbarmen) sollen sie mit der Zuwendung zu ihm antworten. Wie sie mit Israel ein gemeinsames Geschick haben, so besteht die Hoffnung auf ein gemeinsames Bekenntnis.[87] Eine solche Zukunftserwartung, die der Vergangenheit gegenübertritt, richtet sich auf einen Wandel aus – eigentlich auch bei dem eigenen Volk, wie er vielfach[88] erhofft wird.

---

[79] V. 7–9. Das dort (V. 7) angedrohte „Verlassen" kommt sachlich in der Gerichtsaussage („ausreißen") zum Ausdruck, auch wenn die enge Zugehörigkeit „mein Volk" (V. 14) wieder bezeugt ist.

[80] Anders die Botschaft Hananjas 28, 2 f.

[81] Jer 2, 8 (.23); 23, 13.

[82] Vgl. schon Am 1 f; 9, 7; Jes 5, 26 ff; 7, 18 ff; Jer 5, 15 u. v. a.

[83] Die Alternative von „Hören" und „Nicht-Hören" stellt sich ähnlich für Israel selbst (7, 23 ff; 11, 2 ff u. ö.).

[84] „Inmitten" Israels ist für die Völker kaum streng gemeint. „Die lernwilligen Völker werden im übertragenen Sinn inmitten des JHWH-Volkes aufgebaut, insofern sie im Kontakt mit Israel lernen und dadurch (wie Israel) lebensfähig bleiben." (K. Finsterbusch, Weisung für Israel, FAT 44, 2005, 62 f).

[85] Nach Jeremias Einsicht: 2, 33 u. a.

[86] Vgl. zu 4, 2; im Jeremiawort 5, 2; auch (16, 14 f =) 23, 7 f.

[87] Den Nachbarvölkern wird „die Teilhabe am Gottesverhältnis angeboten" – „in einer Form, die keine grundsätzliche Degradierung dieser Völker" erkennen lässt (W. Thiel I, 167 f).

[88] Jer 24, 7; 31, 31–34 u. a.

Der verdorbene Schurz (Gürtel)
Jer 13, 1–11

1 So sprach Jahwe zu mir: „Geh, kaufe dir einen leinenen Schurz[1] und lege ihn dir um die Hüften, aber lass ihn (ja) nicht ins Wasser kommen!" 2 Da kaufte ich den Schurz nach dem Wort Jahwes und legte ihn mir um die Hüften.

3 Darauf erging das Wort Jahwes ein zweites Mal an mich: 4 „Nimm den Schurz, den du gekauft, um deine Hüften (gelegt) hast, und mach dich auf, geh zum Euphrat („nach Pharah'[2]) und verbirg ihn dort in einer Felsspalte!" 5 Da ging ich hin und verbarg ihn am Euphrat, wie mir Jahwe befohlen hatte.

6 Nach längerer Zeit sprach Jahwe zu mir: „Mach dich auf und geh zum Euphrat und hol von dort den Schurz, den du auf meinen Befehl dort verborgen hast!" 7 Da ging ich zum Euphrat, suchte (oder: grub) nach und holte den Schurz von der Stelle, an der ich ihn verborgen hatte, und siehe: der Schurz war verdorben, zu nichts mehr tauglich.

8 Darauf erging das Wort Jahwes an mich: 9 „So spricht Jahwe: Ebenso verderbe ich die Herrlichkeit Judas und die große Herrlichkeit Jerusalems[3]. 10 Dieses böse Volk,

das sich weigert, auf meine Worte zu hören, dem Starrsinn seines Herzens folgt und anderen Göttern nachläuft, um ihnen zu dienen und sie anzubeten –

es soll werden wie dieser Schurz, der zu nichts mehr taugt.

11 Denn wie sich der Schurz den Hüften des Mannes anschmiegt, so hatte ich das ganze Haus Israel und das ganze Haus Juda an mir anhaften lassen, – Spruch Jahwes – damit es mir zum Volk, Name[4], Preis und Schmuck sei; aber sie haben nicht gehört."

Der Selbst- oder Ich-Bericht in Prosa ist (I.) aus drei kleinen Einzelszenen (a–c), die mit dem jeweiligen Wechsel von Auftrag Gottes und Ausführung durch den Propheten weitgehend parallel gestaltet sind, sowie (II.) einer abschließenden Deutung aufgebaut:

---

[1] Das oft als „Gürtel" übersetzte Wort bezeichnet (nach HAL 26) das „innerste, zuletzt ausgezogene Kleidungsstück", den auf dem Leib getragenen „Hüftschurz"; vgl. BRL² 186; W. Speyer, Gürtel: RAC 12, 1983, 1232–1266, bes. 1233 f. 1250 f.

[2] Vgl. BHS und die Auslegung.

[3] Oder: den Hochmut Judas und den großen Hochmut Jerusalems. Das Wort „Hoheit" kann „Glanz" wie „Stolz" bedeuten.

[4] Möglich auch: Ruhm.

I. V. 1–7   Symbolische Handlung (in drei Akten)
a)   V. 1–2
            V. 1   Nach Botenformel
                    Auftrag zum Kauf und Anlegen eines leinenen Schurzes
                    Befehl, ihn nicht ins Wasser kommen,
                    so unversehrt zu lassen
            V. 2   Ausführung
b)   V. 3–5
            V. 3 f Nach Wortereignisformel
                    Auftrag, den Schurz in einer Felsspalte zu verbergen
            V. 5   Ausführung
c)   V. 6–7
            V. 6 a Bericht über einen Wortempfang
                    nach Ablauf vieler Tage
            V. 6 b Auftrag, den Schurz wieder zu holen
            V. 7 a Ausführung
            V. 7 b Feststellung des Ergebnisses der Handlung –
                    in zwei Teilen: Verderbtheit und
                    Unbrauchbarkeit des Schurzes (im Gegensatz zu V. 1)

II. V. 8–10. 11   (Zweiteilige) Deutung der Symbolhandlung
            V. 8   Wortereignisformel als Überleitung zum Deutewort
                    mit Botenformel
a)   V. 9   Gerichtsansage gegen Juda/Jerusalem
                    in Gottes Ich-Rede
b)   V. 10   Entfaltung mit Rückbezug zu V. 7 b in 3. Person:
                    „Dieses böse Volk … soll werden …"
                    und Erweiterung (zwei Partizipien
                    mit Narrativ zur Begründung)
c)   V. 11   (Wie schon in V. 10) Erweiterung: Abschließende
                    Begründung des zweiteiligen Drohwortes V. 9 f
                    Schuld Judas und Israels (mit Rückbezug zu V. 1)

Die *drei* je neu eingeführten drei Momente *einer* Handlung haben (anders als
Jer 16, 1–9) nur *ein* Deutewort. In der vorliegenden Form ist es nachträglich
ausgestaltet. In seinem Grundbestand ist der Ich-Bericht eng mit Jeremias
Botschaft verwoben.

Die Einführung „Das Wort Jahwes erging ein zweites Mal an mich" (V. 3;
vgl. 8) begegnet schon in der zweiten Vision (1, 13). Ihr entspricht das Deutewort 13, 9 f auch sachlich, geht über die Unheilsansage allerdings mit der
Feststellung der Untauglichkeit hinaus. Diese erinnert wiederum an die Beschreibung der verdorbenen Feigen in der dritten Vision und zielt wie hier
auf Gottes in Ich-Rede angekündigtes Handeln (24, 2 f. 8). Das entscheidende
Wort „verdorben" (13, 7) findet sich im sog. Töpfergleichnis[5] wieder und bezeichnet den – unter den Händen des Töpfers missratenen – Zustand des Gefäßes, hier des Hüftschurzes. Schließlich ist das Deutewort (13, 9 f) ähnlich

---

[5] Jer 18, 4; vgl. Gen 6, 11 f; Ex 8, 20.

19, 11 (mit dem Vergleich und der Ankündigung in 1. Ps.) zweiteilig; ist der Schurz zu „nichts mehr zu gebrauchen", so kann die Töpferflasche „nicht wieder heil werden". Offenkundig hängen die Kap. 13; 18; 19 in ihrem Kern eng zusammen. Außerdem steht Kap. 13 den Visionen, die mit den Symbolhandlungen schon formal durch ein Deutewort verbunden sind, nahe. So gehört der Ich-Bericht zum älteren Bestand der Überlieferung und geht mit hoher Wahrscheinlichkeit auf Jeremia zurück.

Der einleitende Auftrag (V. 1) ist konkret, bleibt allerdings ohne Angabe der Absicht, so dass Jeremia den eigentlichen Zweck der Handlungsfolge wie sonst gelegentlich (noch) nicht weiß.[6] Der weitere Auftrag, durch „zum zweiten Mal" mit dem ersten verbunden, ergeht – ähnlich der Folge der beiden Visionen (1, 11 f. 13 f) – ohne Mitteilung über den Zeitablauf; so bleibt offen, wie lange Jeremia den Schurz getragen hat. Dagegen ist der dritte Auftrag, sich nochmals an den bekannten Ort zu begeben, um den Schurz aus dem Versteck bzw. der Felsspalte zu holen, mit einer Zeitangabe („nach vielen Tagen") verbunden; sie ist für den Vorgang nötig.

Schon die Feststellung V. 7 ist zweiteilig: „verdorben" wird als „unbrauchbar" entfaltet. Das Deutewort schließt sich formal wie inhaltlich an dieses Ergebnis an und bezieht den Endzustand des Schurzes auf Gottes künftiges Handeln: So weitgehend wie der zunächst neue, unversehrte Schurz verdorben ist, so soll „dieses böse Volk" werden. Die Gerichtsansage im Gotteswort V. 9: „So, wie der Schurz verdorben ist, werde ich den Glanz/Stolz Judas und Jerusalems verderben", ähnelt dem Drohwort bei der Krughandlung (19, 11): „So zerbreche ich dieses Volk und diese Stadt, wie man Töpfergeschirr zerbricht." Wie dort Bild- und Sachhälfte durch „zerbrechen" verbunden sind, so hier durch „verderben"; in beiden Fällen ist durch Gottes Handeln die Allgemeinheit betroffen.

Bezieht sich das Deutewort dort (19, 11) direkt auf Volk und Stadt, so hier allerdings – ein Stück weit gebrochen – auf deren „Herrlichkeit, Pracht" bzw. „Hochmut, Stolz". Das Substantiv (ga'on) umfasst, für sich genommen, beide Bedeutungen. Ist „die große/ganze (rb) Pracht" aber positiv denkbar? Die Beifügung, die wohl schon einen kritischen Aspekt enthält, scheint bei Jerusalem eine Steigerung zu bilden; die Stadt ist in höherem Maße durch „Pracht" und „Stolz" ausgezeichnet als das Volk oder Land.

Auf diese Weise klingt in der Unheilsankündigung V. 9 eine Begründung an; sie ist außerdem durch die Bezeichnung „böses Volk" (V. 10) allgemein angedeutet. Jeremia greift mit dem Thema Hochmut oder Anmaßung die Kritik seiner prophetischen Vorgänger[7] auf, die ihrerseits weisheitliche Ein-

---

[6] Vgl. Jer 18, 1 f; 19, 1 f (mit ähnlicher Satzkonstruktion). Jer 13, 4 f erinnert im Stil an 18, 2 f; 34, 2.

[7] Am 6, 8 als Schwur Gottes: „Ich verabscheue den Hochmut/die Hoffart Jakobs" – wie Jer 13, 9 in Gottes Ich-Rede mit demselben Begriff unter verschiedenen hebräischen Ausdrücken. Vgl. Am 8, 7; Hos 5, 5 u. a. Zumal Jesaja, der Gott „auf einem hohen, erhabenen Thron" sieht (6, 1), wendet sich gegen „Selbstherrlichkeit" (wie 2, 12–17; 3, 16 f. 24; 22, 15 ff; 32, 9–14 u. a).

sichten („Hochmut kommt vor dem Fall" Spr 16, 18 u. a.) aufnehmen und zuspitzen.

Die ausführliche Erläuterung des Schuldaufweises bildet einen *Zusatz*. Die
pluralisch konstruierten partizipialen Wendungen („die sich weigern ...") fallen gegenüber der singularischen Formulierung („Dieses böse Volk ... es soll
werden ...") auf, gehen über die Entsprechung zu V. 9 hinaus und enthalten
anders als der Grundbestand von V. 1–9 (mit „Starrsinn des Herzens" wie im
Zitat 18, 12 und der Weigerung zu „hören"[8]) redaktionelle (jerdtr) Ausdrucksweise und Intention. Der typische Vorwurf, „andere Götter" zu verehren, fügt sich hier nur mühsam zu dem Bild von dem einen Schurz.[9]

Der in V. 11 angefügte Rückblick in die Heilsgeschichte enthält zwei
Aspekte: Er weitet den Blick auf das Nordreich aus, hat die Einheit des Volkes aus Süd- und Nordreich vor Augen (vgl. 11, 10). Außerdem knüpft die
zusätzliche Begründung über das Deutewort V. 9 f hinweg an einen Einzelzug
(V. 1 f) an: Die einleitende Szene, in der Jeremia den Schurz vor Schaden zu
bewahren hat, stellt wohl nur die Voraussetzung und das Gegenbild zur Folgehandlung[10] dar, wird hier von der Redaktion ausgestaltet. Die Verbundenheit des Trägers mit dem Schurz wird mit Hilfe von „anhangen/anschmie-
gen"[11] zum Bild für das von Gott gestiftete Verhältnis zwischen Gott und
Volk. Es gab einen guten Anfang, eine Zeit ungestörter Beziehung, in der
Israel Jahwes Zierde war.[12] Um so weniger verständlich ist der Abfall des ganzen Volkes in seinen beiden Teilen. So betont die Redaktion das schuldhafte
Verhalten und sieht, in der Sache dem Propheten nahe, die Katastrophe nicht
als Schicksal, Zufall oder Willkür, vielmehr als Gottes Strafe.

Trotz der noch erkennbaren Entstehungsgeschichte des Textes ist diese Symbolhandlung umstritten – nicht in ihrer Intention, vielmehr ihrem Wirklichkeitsgehalt.
Stellt Jer 13, 1–11 einen real ausgeführten Vorgang dar?

Kann Jeremia zweimal den Weg zum *Euphrat* zurückgelegt haben (vgl. Esra 7, 9:
Hundert Tage; allerdings bis Babylon)? Das doppelte Hin- und Her, ist nicht
schlechthin unmöglich, aber wenig wahrscheinlich. Es besteht ein „kolossales Miss-
verhältnis zwischen Mittel und Zweck"[13]. Die Angabe „viele Tage" (V. 6) bezieht
sich auf die Zwischenzeit, nicht die Wegstrecke. Welche Bedeutung soll die weite
Reise haben? Sie selbst einschließlich des Ziels spielt im Deutewort keine Rolle.
Abschwächend wird der Bericht auch als Vision[14] oder Gleichnis verstanden; allerdings bietet der Text selbst dazu keinen Anhalt.

---

[8] „Sie hörten nicht" (V. 11 b; wie 7, 24 ff; 18, 12 u. a.).

[9] Entweder setzt der Schluss (V. 10 b: „es aber soll werden wie dieser zu nichts mehr brauch-
bare Schurz") die Ich-Rede Gottes V. 9 fort, oder der Vergleich bezieht sich ursprünglich wie im
vorliegenden Text auf den Anfang von V. 10, der eine schon zuvor von Jeremia benutzte Kennzeichnung („böse" 2, 19 u. a.) aufnimmt: „Dieses böse Volk" (Casus pendens).

[10] Wie oft in Bildworten Hos 11, 1 f; Jes 1, 2; 5, 1 f u. a.

[11] Das Verb *dbq* ist dtr Literatur vertraut (Dtn 10, 20; 13, 5; Jos 22, 5; 23, 8 u. a.).

[12] „Ruhm, Preis, Schmuck" ähnlich Dtn 26, 19; sachlich vergleichbar Jer 2, 1 f. Eine ursprüngliche Verbundenheit erwähnt die Redaktion 7, 22 ff (dort Anm. 73); 11, 7 f nicht.

[13] C. H. Cornill 172.

[14] Eine Einführung (wie 1, 11; 24, 1) fehlt.

Jene Fragen sind beantwortet, wenn der Name *prt* zunächst nicht – wie sonst im AT – den Euphrat[15], sondern, wie man seit langem vermutet, eine ähnlich genannte Quelle in der Nähe von Jeremias Geburtsort Anatot bezeichnet: Fara (vgl. Jos 18, 23; Tal *wadi fara* mit Quelle *ᶜen fara* und Ortschaft), Dieser Vorschlag bietet einen weiteren Vorteil: Eine Symbolhandlung bedarf der Öffentlichkeit oder Augenzeugenschaft (19, 1 u. a.). Sie wird hier zwar nicht ausdrücklich genannt, mit der Botenformel (für die Weitergabe der Botschaft V. 1. 9) und dem hinweisenden „Ebenso" (V. 9) aber wohl angedeutet, und wäre bei einer nahen Ortslage (durch Bekannte) leicht gegeben.

Warum geht Jeremia gerade dorthin? Mag ursprünglich schlicht ein räumlich naheliegendes Gewässer ohne hintergründiges Wortspiel gewählt sein, so kann der Name *prt* auf Grund der wenig später eintretenden Ereignisse durch Bezug auf den Euphrat bald einen tieferen Sinn gewonnen haben. Hat, wie es im vorliegenden Text der Fall ist, erst die Redaktion den Namen Euphrat eingebracht, so aus späterer Sicht die Gegenwartsbedeutung bewahrt oder gar erhöht? Allerdings wird die mögliche Anspielung auf das babylonische Exil nicht eigens ausgesprochen oder gar entfaltet.

Wie der Krug mit Wein gefüllt
so die Bewohner mit Trunkenheit
Jer 13, 12–14

12 **Du sollst zu ihnen[16] dieses Wort sagen: So spricht Jahwe, der Gott Israels: „Jeder Krug wird mit Wein gefüllt." Und wenn sie zu dir sagen: „Wissen wir nicht selbst, dass jeder Krug mit Wein gefüllt wird?", 13 dann sage zu ihnen: So spricht Jahwe: Siehe, ich fülle alle Bewohner dieses Landes – auch die Könige, die auf Davids Thron[17] sitzen, die Priester, die Propheten und alle Bewohner Jerusalems – mit Trunkenheit. 14 Und ich werde sie zerschlagen, einen am anderen, Väter und Söhne zusammen, ist der Spruch Jahwes – ich werde kein Mitleid haben, nicht bekümmert sein, noch mich erbarmen, dass ich sie nicht verderbe.**

Bot eine lebhafte Szene, etwa ein Weingelage, den Anlass für den Wortwechsel? Auf eine Redensart oder einen Trinkspruch folgt – über die Gegenäußerung hinweg: Wir bedürfen hier keiner Belehrung – eine Zukunftsansage. Sie

---

[15] Aquila übersetzt V. 4 statt ‚zum Euphrat' ‚zum/nach Phara', scheint an einen anderen Ort oder ein Gebiet zu denken. Die Angabe *bprt* (V. 5) bietet ein Qumran-Fragment (4QJera) in einer Langform *bprth* (*b* mit *h*-locale). Vgl. J.G. Janzen, Studies in the Text of Jeremiah, HSM 6, 1973, 173 ff; E. Tov, DJD 15, 161.

[16] Die Angabe weist auf V. 1–11 zurück, obwohl eine neue Einheit beginnt. Die folgende Botenformel kommt vor V. 13 zu früh. Die LXX („zu diesem Volk" statt „zu ihnen", ohne Botenformel) belegt kaum die ältere Textform.

[17] Wörtlich: „für/dem David auf seinem Thron sitzen"; vgl. 22, 4; ähnlich (in der oben übersetzten Form) 17, 25; 22, 2 u. a.

kehrt die Situation (mit fröhlicher Stimmung) um: Was selbstverständlich erscheint, das Füllen des Krugs,[18] wandelt sich in eine Unheilsankündigung,
das Füllen mit Trunkenheit. Die Antwort ist als Gotteswort eingeleitet und
verweist auf den Urheber; das Geschehens vollbringt (wie 13, 9 u. a.) Jahwe
selbst. Das Wort (V. 13) greift über die Anwesenden weit hinaus – auf, wie es
schon in der Vision (1, 14 u. a.) heißt, „alle Bewohner des Landes". Dann fügt
V. 14 a im Wortspiel mit der Zerbrechlichkeit des Krugs[19] hinzu: In dem trun-
kenen Zustand wird man sich gegenseitig umbringen.

Das überlieferte Wort wird von der Redaktion ausgebaut: Es wird durch
den einleitenden Rahmen (in V. 12 a) an 13, 1–11 angefügt, so dass die Gerichtsansage (V. 9 f) hier bildhaft veranschaulicht wird. Ergänzt wird außerdem (in V. 13) die Aufzählung der Stände[20]; sie nennt pauschal die in verschiedener Hinsicht Verantwortlichen und alle Jerusalemer. Die abschließende
Ankündigung (V. 14 b) bezieht sich mit dem Verb „verderben" auf das Deutewort der Symbolhandlung (V. 9) zurück: Gott wird mitleidlos-unerbittlich
handeln.[21] Hat man es so in den schrecklichen Ereignissen (587/6 v. Chr.) erfahren?

Hochmut und Erniedrigung
Jer 13, 15–27

15 Hört und merkt auf, seid nicht hochmütig;
       denn Jahwe hat geredet.
16 Gebt Jahwe, eurem Gott, Ehre,
       bevor er es finster macht
       und bevor eure Füße sich an dämmrigen Bergen stoßen
       und ihr auf Licht hofft,
       er es in Finsternis wandelt und zur Dunkelheit macht[22].
17 Wenn ihr es aber nicht hört:
       Im Verborgenen weint meine Seele angesichts des Hochmuts,
       und bitter weinen wird mein Auge und von Tränen fließen;
       denn gefangen weggeführt wird die Herde Jahwes.
18 Sprich zum König und zur Herrin
       Setzt euch tief herunter;
       denn von eurem ‚Haupt‘[23] ist gesunken die Krone eurer Herrlichkeit.

---

[18] Vgl. 1Sam 1, 24; vom Becher: 2Sam 12, 3; Ps 23, 5; bildhaft Jer 16, 7; bes. 25, 15 ff.
[19] Vgl. Jes 30, 14.
[20] Ähnlich schon 1, 18; 2, 26; 8, 1; auch 17, 25 u. a. Anders formuliert etwa 2, 8.
[21] Wie 21, 7.
[22] Vgl. ThWAT VII, 1297.
[23] Vgl. BHS; HAL 596.

19 Die Städte des Südlands sind verschlossen,
   und niemand öffnet.
   Ganz Juda wird gefangen weggeführt,
   vollständig weggeführt.
20 ,Hebe' ,deine' Augen auf²⁴ und ,sieh'
   die da kommen von Norden!
   Wo ist die Herde, die dir gegeben wurde,
      deine herrlichen Schafe?
21 Was wirst du sagen,
   wenn er dich zur Verantwortung zieht²⁵:
   die du selbst (an dich) gewöhnt hast,
   Vertraute als Oberhaupt über dich (setzt)?
   Werden dich nicht Geburtsschmerzen ergreifen
   wie eine Frau bei der Geburt?
22 Und wenn du in deinem Herzen sprichst:
   „Warum ist mir dies widerfahren?"
   Wegen der Größe deiner Schuld
   wird dein Gewandsaum²⁶ aufgedeckt,
   wird deinen Fersen Gewalt angetan²⁷.
23 Verändert etwa ein Mohr²⁸ seine Haut,
   ein Leopard seine Flecken?
   Dann könnt auch ihr Gutes tun,
   die ihr gewohnt seid, böse zu handeln.
24 So werde ich sie zerstreuen wie Spreu, die davonfliegt
   vor dem Wüstenwind.
25 Das ist dein Los,
   dein dir von mir zugemessener Anteil – Spruch Jahwes –,
   weil du mich vergessen
   und auf Lüge vertraut hast.
26 So hebe ich deine Schleppe auf über dein Gesicht,
   so dass deine Schande sichtbar wird.
27 Dein Ehebrechen und dein Wiehern,
   die Schandtat deiner Hurerei
   auf den Hügeln im Land.

---

²⁴ LXX mit Anrede: Jerusalem. Vgl. BHS.

²⁵ D.h.: heimsucht; vgl. die wiederkehrende Frage 5, 9.29; 9, 8. Möglich auch: über dich bestellt. Der folgende Text (V. 21 aβ) ist schwer verständlich; gemeint (vgl. 4, 30 f) ist wohl: Du erhältst die dir vertrauten Freunde als Herrscher.

²⁶ Das Wort bezeichnet den „Saum" (des Mantels; Jes 6, 1 u. a.), hier die weibliche Scham, vgl. V. 26; Nah 3, 5; auch Hos 2, 11 f (HAL 1338).

²⁷ „Ferse" meint – euphemistisch andeutend – entweder das Hinterteil oder die Scham (HAL 826; ThWAT VI, 339), das Verb „Gewalttat leiden" (HAL 316; G. Baumann, Liebe und Gewalt 124 ff); vgl. das Substantiv „Gewalt" (6, 7; 20, 8).

²⁸ Eigentlich: Der (dunkelhäutige) Kuschit oder Äthiopier. Die traditionelle Übersetzung „Mohr" (Maure) sucht hilfsweise den Bildcharakter zu wahren.

Deine Gräuel habe ich gesehen.
Wehe dir, Jerusalem,
die du nicht rein bist – wie lange noch?

An die im Deutewort der Symbolhandlung ausgesprochene Ankündigung
der Bestrafung des Hochmuts (13, 9) schließen sich (V. 15–27) motivlich nahestehende Einzelworte oder Versgruppen an. Vermutlich liegt über mehr-
fachen Stichwortanschluss hinaus eine eigene kleine Sammlung mit einem einleitend genannten Grundthema (V. 15 f) vor. Es wird in den folgenden
Worten, gleichsam „Abschnitten" innerhalb der Reihe, entfaltet: Hochmut
(V. 15. 17) oder Pracht (V. 18. 20) bzw. deren Umkehrung: Erniedrigung, Ent-
thronung (V. 18) oder Entehrung, Entblößung (V. 22. 26).[29] Verbunden mit
dem „Wehe", gleitet der Abschluss (V. 27) in das – schon zuvor (2, 7. 23) anklingende – Thema Verunreinigung über.[30]
    Überhaupt bestehen motivlich mancherlei Beziehungen zu der sog. Früh-
zeitverkündigung Kap. 2–6, etwa: Baal (V. 25) wie 2, 8 (vgl. 3, 24) oder die
Hügel mit ihrem Treiben (V. 27) wie 2, 23 ff; 3, 2. Der „Vertraute" der Jugend
(3, 4; vgl. Spr 2, 17) wird im Plural (V. 21) auf Fremde bezogen. Der Vorwurf
führt das Thema Schönheit für andere (4, 30) weiter; wie dort werden hier
(V. 21) mehrere Freunde (vgl. 3, 1; Baale 2, 28) erwähnt. „Ehebruch" (V. 27)
ist, wie zumal 5, 7 f (vgl. 7, 9; 9, 1) zeigt, doppeldeutig, nämlich zugleich bildhaft für Abfall. Die Beschuldigung zu „huren" (V. 27) wird schon 3, 1 ff; 5, 7
erhoben, auch zu „vergessen" (V. 25) wie 2, 32. Gefangenschaft (V. 17. 19) ist
bereits angekündigt (6, 11; 8, 9). Das Bild der schmerzvoll Gebärenden
(V. 21) ist (aus 4, 31; 6, 24) bekannt.
    Die Worte mögen aus verschiedener Zeit stammen. Die anbrechende,
kaum aber die gesamte Katastrophe scheint vorausgesetzt zu sein: Das Land
mit den Städten des Südens ist schon betroffen (V. 19. 20 f), die Hauptstadt
aber noch nicht. Eine ähnlich zugespitzte Situation spiegelt sich in vorhergehenden Worten (wie 8, 16) wider.
    Die Einführung ist durch mehrfache Gegenüberstellung geprägt: Hören
und Nicht-Hören, Hochmut und Ehrerbietung gegenüber Gott, Licht und
Finsternis.[31] Die Mahnung (V. 15) bzw. Warnung (V. 16 a) geht in die Ansage
(V. 16 b) der Umkehr der Hoffnung durch Gott über und klingt in einer Klage
(V. 17) aus. Sie zeigt, wie wenig Raum angesichts dunkel-düsterer Zukunft
bleibt.

---

[29] Dabei betont V. 22 die Schuld, V. 26 das Gericht mit Gott als Urheber. In seinem Auftrag
handelt das feindliche Volk (4, 5 f u. v. a.).

[30] Einzelnen Worten sind weitere Momente gemeinsam, so Wegführung (V. 17 b. 19 b) bzw.
Zerstreuung (V. 24), auch Ausdrücke wie: *jrd* V. 17 („zerfließen"). 18 („heruntersetzen"); *glh* „ent-
blößen" (V. 19. 22). Wie das Motiv Hochmut hat *lmd* „lernen/lehren" V. 21. 23 (vgl. 2, 33; 9, 4)
wohl weisheitlichen Hintergrund.

[31] „Wie ein Wanderer oder ein Hirt mit seiner Herde in unwegsamem Gelände zur Zeit der Dämmerung plötzlich von Dunkelheit überfallen wird und den Gefahren der Nacht schutzlos ausgeliefert ist, so wird es denen ergehen, die auf die Warnung nicht hören." (G. Wanke 135) Vgl. Ps 91, 12.

In seiner vorliegenden Fassung hat das Wort (V. 15–16 a) grundsätzlich-überschriftartigen Charakter, scheint als Themaangabe in Form einer eindringlichen Warnung vor V. 16 b[32] und V. 17[33] ausgestaltet zu sein. Ähnlich ist der Sammlung der Königsworte (in 21, 11 f) mit dem Aufruf zum Hören des Gotteswortes und dem Thema ein Leitgedanke vorangestellt.[34] Ist die Gegenüberstellung Licht-Finsternis durch Amos[35] vorgegeben, so wirkt das Thema Hochmut (mit angedrohter Erniedrigung) eher jesajanisch.[36] Der Aufruf „Hört!" (V. 15) wird vom Bedingungssatz (V. 17 a) „Wenn ihr aber nicht hört" aufgenommen; umgekehrt ist V. 15 wohl auf V. 17 bezogen. Dabei bleibt die einleitende Aufforderung mit dem Inhalt auffällig allgemein. Was „hat Jahwe geredet"? Es versteht sich nur aus dem näheren oder weiteren Kontext. Die Überheblichkeit scheint sich hier auf Gottes, durch den Propheten weitergegebenes Wort und dessen Geltung zu beziehen. Man gibt oder gäbe Gott die Ehre, indem man auf Jeremias Botschaft hört.

In dem wiederkehrenden Bild der Herde[37] gilt Gott als Eigentümer, der das Volk als Herde „gegeben" oder „anvertraut" hat (V. 20). Die Stadt (als Kollektiv) erscheint verantwortlich, wird nach den Einwohnern oder auch (im Anschluss an V. 19) nach der Umgebung gefragt, hätte Verantwortung oder Fürsorge zeigen sollen, gab aber die zu beschützende Herde auf. Sie wird „gefangen weggeführt" (V. 17). Angesichts der Überheblichkeit und drohender Gefangenschaft zeigt der Prophet innere Anteilnahme: „Die Seele weint."[38]

Das Wort V. 18 wechselt zum Königshaus über, um aber zur Allgemeinheit (V. 19) zurückzukehren. Der „Herrin", „Gebieterin" (2 Kön 10, 13 u. a.), Titel der Mutter des Königs, kommt eine besondere Würde zu, die ihr auch aberkannt werden kann (1 Kön 15, 13). Die Königsmutter scheint nach V. 18 ein Diadem zu tragen und kann auf einem eigenen Thron (1 Kön 2, 19) sitzen.[39] Eben im Gegensatz zum Thronen (Jer 22, 4 u. a.) ergeht die Aufforderung: „Setzt euch tief!"[40]

---

[32] Ungewöhnlich ist die Formulierung „Sich-Stoßen" der „Füße auf Bergen (in) der Dämmerung", wenn auch sachlich ähnliche Aussagen begegnen; vgl. etwa Jer 6, 15. 21; 8, 12; bes. 18, 15. 22 f; auch 20, 11; 23, 12.

[33] Der Hauptteil von V. 17 „Im Verborgenen …" stammt als selbständiges Wort eindeutig von Jeremia (8, 18. 23 u. a.).

[34] Vgl. auch 4, 3 f. Ein verwandtes Thema mit ähnlicher Gegensatzbildung begegnet in weisheitlichen, jüngeren Texten wie Jer 9, 22 f. Vgl. auch Kritik an Weisheit 8, 8 f; dazu 10, 23 u. a.

[35] Am 5, 18–20; vgl. 8, 9; Hi 3, 9.

[36] Vgl. zu Jer 13, 9 (Anm. 7); auch Spr 16, 5; Ez 28, 2 ff; Hos 7, 10 u. a. V. 15 scheint sich dem ebenfalls einleitenden Wort Jes 1, 2 mit doppeltem Aufmerksamkeitsruf sowie „denn Jahwe hat geredet" anzuschließen. Das Stichwort *gbh* „hoch (sein)" findet sich in der Jeremiatradition in der redaktionellen (jerdtr) Wendung vom „hohen Hügel …" 2, 20; 3, 6 u. a.

[37] V. 17. 20; vgl. 23, 1–4; Jes 40, 9–11.

[38] Vgl. das klagende Weinen 8, 21–23.

[39] Vgl. B. Lang, Mutter des Königs, NBL II, 1995, 859 (Lit.).

[40] Vgl. (mit mehreren gemeinsamen Motiven) Jes 47, 1 ff; Jer 48, 17 f; Ez 26, 16; auch Jes 3, 16 ff; 32, 9 ff.

Der Name des Königs wird nicht genannt, insofern bleibt die Angabe unbestimmt. Da die Mutter des Königs in der Überlieferung von Jojachin[41] hervorgehoben ist, liegt es allerdings nahe, die Aussage auf ihn in der kurzen
Zeit seiner Herrschaft zu beziehen – nicht als Begleitung oder Kommentierung des Geschehens der Exilierung, sondern als Ankündigung.[42] Das Land
im Süden ist bereits „verschlossen". So scheint der Feind schon weit vorge-
rückt zu sein. Die allgemeine Charakteristik „Die da kommen" erinnert an
8, 13, wird mit der Herkunftsangabe „von Norden" an die Botschaft (1, 14;
4, 5 ff) angeschlossen, wiederum ohne die Täter (vgl. V. 22) namentlich zu
nennen. Das Volk bleibt wie zuvor noch ohne genaue Identifikation.

Die – historisch schwer verständliche – Näherbestimmung „vollständig"
(V. 19) steht nicht allein da; gelegentlich klingt es ähnlich umfassend. Schon
die zweite Vision (1, 14) nennt ja „alle Bewohner des Landes".[43]

V. 20–22. 25–27 stehen sich motivlich nahe, bilden wohl einen durch
V. 23(f) unterbrochenen Zusammenhang. Mehrere Fragen folgen aufeinan-
der. Die Antworten decken den Sachverhalt auf und ziehen die Folgerung.
Das aus Kap. 2 f vertraute Bild der Stadt als Frau (2. Ps. Sg. f.) wird in beiden
Abschnitten ähnlich ausgestaltet. An die zuvor schon genannte „Schuld"[44]
wird, auch mit dem Hinweis auf „Vertraute", d. h. „Freunde" (3, 1) bzw.
Liebhaber, und die Hügel[45], erinnert. Die demütigende Entblößung der treu-
losen Frau[46] meint kein individuelles Geschehen; vielmehr ist die Entehrung
Metapher für den Angriff auf die Stadt. Die Aufdeckung der Schleppe bzw.
Scham (V. 22. 26) ist bildhaft-gebrochene Darstellung der zu erduldenden
Verletzungen, der harten Gewalt des Krieges, die das als Frau symbolisierte
Volk bzw. die Stadt zu erleiden hat.

Mit dem weiteren Bild der mit Schmerzen Gebärenden deutet die Frage
(V. 21 b) „die Unausweichlichkeit des zu erwartenden Unheils und die Un-
vermeidbarkeit des damit verbundenen Leids an".[47] „Wie lange noch?"
(V. 27) denkt weniger an eine innere Wandlung als (nach V. 26) an das Ende
des Treibens.[48]

---

[41] Jer 22, 26; 29, 2; vgl. 2Kön 24, 8. 12. 15.

[42] „Der Prophetenspruch, der aller Wahrscheinlichkeit nach sich an Jojachin und an seine Mutter
richtet, kann […] nicht wohl verstanden werden im Sinne einer Aussage über das, was im Jahre 597
v. Chr. tatsächlich geschehen ist. Er muss ausgesprochen worden sein, noch bevor Jojachin abgesetzt
war, etwa in der Zeit, als die Kunde vom Herannahen Nebukadnezars sich in Jerusalem verbreitete.
Denn schwerlich hat der Prophet dem schon abgesetzten König noch ein (spöttisches) Drohwort
nachgerufen. Er sieht vielmehr das Unheil kommen." (M. Noth, AblA I, 131).

[43] Vgl. „das ganze Land" (8, 16; dazu 8, 19); sachlich in Übereinstimmung mit 6, 21; 9, 9. 21;
auch „ganz Jerusalem" 2Kön 24, 14.

[44] V. 22; vgl. 30, 14 f; auch im Heilswort 3, 12 f.

[45] V. 27; vgl. 3, 2 f; die Auslegung zu 2, 23 ff. 33; auch 4, 30.

[46] V. 22. 26; vgl. die – ähnlich drastische – Beschreibung des Verhaltens der Männer 5, 7 f, ebenfalls mit der Kennzeichnung „Wiehern".

[47] G. Wanke 138. Vgl. 4, 31 u. a.

[48] Schon Hos 8, 5 ist eine Gerichtsansage („Mein Zorn ist entbrannt") mit der Frage „Wie
lange" verbunden. Vgl. Jes 6, 11; auch Jer 4, 20 f. „In der Schlussfrage: ‚wie lang soll's noch dau-

Eine Besserung ist nicht in Sicht, wie V. 23 hervorhebt. Dieses aus sich verständliche Einzelwort entfaltet im Kontext, das Bild der Frau verlassend, die Antwort auf die Frage (V. 22) „Warum?" nach der „Größe der Schuld" – in allgemeiner Form und verschärft in Übereinstimmung mit zuvor ausgesprochener Einsicht:[49] Die Schuld ist nicht tilgbar.

Nimmt Jeremia den Vergleich mit dem dunkelhäutigen Kuschiten aus Am 9, 7 auf – allerdings mit anderer Intention? Wie sich dort die Zweiteilung in Frage und Folgerung findet, so wird hier die bildhaft gestaltete Frage in der Anrede (2. Ps. Pl.) zugespitzt. Das zweite Bild entstammt der Tierwelt. Verschiedene Phänomene aus Natur- und Menschenwelt mit einer gewissen Ähnlichkeit werden in der Spruchweisheit[50] einander zugeordnet, um zugleich die Erkenntnis der Natur wie des Menschen zu fördern. Der Vergleich von Natur- und Sozialwelt wird von Propheten verschärft; hier wird in beiden Bereichen auf Unveränderliches hingewiesen. Der Mensch beharrt bei seinem Wesen, erscheint unwandelbar: „Wer einmal gewohnt ist, Böses zu tun, der kann nicht mehr davon lassen und sich zum Guten zurückwenden", so dass die Sünde dem Menschen „zur zweiten Natur werden kann"[51] – vielmehr: geworden ist.

Insofern liegt keine anthropologische Aussage über das Wesen des Menschen schlechthin vor, als – in der Anrede – ein Urteil über das Volk gefällt wird. Jedoch kann das Jeremiabuch einerseits solche zugleich situativ und grundsätzlich getroffenen Aussagen verallgemeinern,[52] andererseits der tiefen Einsicht in die Unverbesserlichkeit mit der Erwartung eines verständnisvollen Herzens[53] begegnen.

Das Gerichtswort V. 24 kündigt – über die Wegführung (V. 17. 19) hinaus – in Gottesrede an: „Ich werde sie zerstreuen", scheint damit auf das Bild der Herde[54] anzuspielen, um im Motiv eine Verbindung herzustellen.

---

ern?' schwingt nicht die Erwartung einer schließlichen Bekehrung", sondern ist ein scharfer „Vorwurf ausgesprochen." Kann es – angesichts der Einsicht von V. 23 f – „überhaupt noch heraus, selbst wenn es will?" (W. Rudolph 97). Die Frage „scheint anzudeuten, dass Jerusalem nicht daran denkt, seinen Wandel zu bessern" (G. Wanke 139).

[49] Jer 2, 22. Sprachlich steht 2, 33 mit Stichworten nahe, wie „deinen Wandel an Böses gewöhnt" (vgl. 9, 4[.19]); Gutes tun (auch 1, 12; 4, 22; vgl. Jes 1, 16). Die Bildhaftigkeit wie die rhetorische Frage sind wohlbekannter Stil (2, 11. 13 f. 17. 20 u. a.).

[50] Spr 19, 12; 26, 11; 27, 8; vgl. 1Kön 5, 13. Setzen sie eine gemeinsame, übergreifende Ordnung voraus? Vgl. o. zu Jer 8, 4 ff; auch 23, 28 f.

[51] W. Rudolph 97; vgl. 203. „Die beiden absurden Fragen aus dem Naturbereich (ihre Verneinung bedarf keiner Begründung) werden durch die konstatierende Art des Folgesatzes ironisierend auf das Volk bezogen. Dies hat sich so widerstandslos an das Böse gewöhnt, dass eine Änderung ebenso aussichtslos erscheint wie die Veränderung des Naturablaufs." (N. Ittmann 150).

[52] Wie 17, 9; vgl. o. S. 12. 40.

[53] Jer 24, 7; 31, 33 f.

[54] Vgl. von der Herde Jer 10, 21; 23, 1 f; Ez 34, 5. Die Anrede wechselt zu dem eher distanzierenden „sie".

Volksklage und Fürbittenverbot
Jer 14, 1–15, 4

14, 1 Was als Wort Jahwes an Jeremia erging[1] –
aus Anlass der großen Dürre[2]:

I. A

2 Es trauert[3] Juda,
und seine Tore (d.h. Orte) verschmachten;
sie neigen sich trauernd zur Erde,
und Jerusalems Klagegeschrei steigt empor.
3 Ihre Vornehmen schicken ihre Geringen (Diener)
nach Wasser aus.
Sie kommen zu den Wassergruben,
finden aber kein Wasser,
kehren mit leeren Gefäßen zurück,
(sind bestürzt und enttäuscht und verhüllen ihr Haupt)[4].
4 Wegen des Ackerbodens, der ‚rissig‘[5] ist,
weil es keinen Regen gibt im Land,
sind die Bauern bestürzt, verhüllen ihr Haupt.
5 Selbst die Hirschkuh auf dem Feld lässt,
was sie geboren hat, im Stich;
denn es gibt kein Grün mehr.
6 Die Wildesel stehen auf den kahlen Hügeln,
schnappen nach Luft – wie die Schakale[6].

---

[1] Die LXX (mit ihr die Einheits-Übersetzung) ersetzt die Überschrift – erleichternd – durch die geläufige Wortereignisformel (o. zu den Redeformen). Der vorliegende Text wandelt sie in einer Weise ab, wie sie nur noch in den Fremdvölkersprüchen (46, 1; 47, 1; 49, 34) gebräuchlich ist.

[2] Der Plural ist steigernd; vgl. HAL 143 a.

[3] D.h. unbildhaft: ist ausgetrocknet.

[4] Der eingeklammerte Teil V. 3 bβ nimmt a) V. 4 b vorweg, fehlt b) in der LXX und schießt c) metrisch über. Diese Reaktion der Diener, die Wasser besorgen sollen, ist analog zum Verhalten der Bauern (V. 4 b) wohl später nachgetragen.

[5] Nach der üblichen Bedeutung „zerbrochen, (in anderen Sprachen bezeugt:) zerrissen" (HAL 351; vgl. ThWAT III, 296 ff) oder mit Konjektur (im Anschluss an W. Rudolph HAL 334 b) „ausgebrannt". Vgl. 17, 6.

[6] „Vielleicht ist an den hochgestreckten Kopf und das Aufreißen des Mauls beim langgezogenen Geheul der Schakale gedacht, das wie ein Schnappen nach Luft aussieht." Oder es geht „darum, die Wildesel mit hechelnden Caniden zu vergleichen und ihnen damit ein Verhalten zuzuschreiben, das die dramatische Situation der Dürre unterstreicht." (C. Frevel, ThWAT VIII, 707; vgl. zum Wildesel: H.-J. Zobel, ThWAT VI, 731–735; allgemein zu Jer 8, 7). Der abgekürzte Ver-

Ihre Augen werden matt,
denn da ist kein Kraut mehr.

I. B

7 „Wenn unsere Sünden uns anklagen,
Jahwe, so handle um deines Namens willen;
ja, zahlreich sind unsere Abtrünnigkeiten;
gegen dich haben wir gesündigt.
8 Hoffnung Israels,[7] sein Helfer zur Zeit der Bedrängnis,
warum bist du wie ein Fremder im Land
und wie ein Wanderer[8], der (nur) über Nacht einkehrt?
9 Warum bist du wie ein Mann, der bestürzt[9] ist,
wie ein Krieger[10], der nicht helfen kann?
Du bist doch in unserer Mitte, Jahwe,
und dein Name ist über uns ausgerufen.
Verlass uns nicht!"

I. C

10 So spricht Jahwe von diesem Volk: „So lieben sie es, nämlich hin und
her zu schwanken. Ihre Füße halten sie nicht zurück. Aber Jahwe hat keinen
Gefallen an ihnen; jetzt gedenkt er ihrer Sünden und sucht ihre Verschuldungen heim[11]."
11 Und Jahwe sagte zu mir:
„Bete nicht für dieses Volk zum Guten!
12 Selbst wenn sie fasten, höre ich nicht auf ihr Flehen,
und wenn sie Brand- und Speisopfer darbringen,
habe ich keinen Gefallen an ihnen,
sondern durch Schwert und Hunger und Pest
mache ich mit ihnen ein Ende."

---

gleich fehlt in der LXX. Erscheint er ihr unverständlich, wenig passend, so überflüssig, oder
wurde er – weniger wahrscheinlich – später hinzugefügt?

[7] Einige Handschriften und LXX ergänzen entsprechend V. 7 den Vokativ „Jahwe". Ist die ausdrückliche Erwähnung des Namens außerdem eine Angleichung an 17, 13?

[8] „Wie ein Einheimischer" (LXX; im Hebräischen nur ein Buchstabe zusätzlich) fügt sich nicht
ins Bild. Hat sich die LXX verlesen? Die folgende allgemein wiedergegebene Wendung meint entweder: „(nur) zur Übernachtung (vom Weg) abgebogen ist" oder „zum Übernachten (sein Zelt)
ausgespannt hat"; vgl. HAL 654b; ThWAT V, 1986, 410; auch Jer 9, 1.

[9] HAL 206: „verwirrt". Dachte die LXX („schlafend") an Aussagen wie Ps 7, 7; 44 (= 43),24 f;
121 (= 120),4.

[10] Die blassere Wiedergabe der LXX („wie ein Mann") schwächt eher ab, nimmt dem Parallelismus die Steigerung. Oder soll der Vergleich „wie ein Held" die Situation des Krieges (V. 12 ff)
vorweg andeuten? Vgl. Zeph 3, 17.

[11] Der letzte Satzteil fehlt in LXX. Wurde er nachgetragen, oder streicht sie wegen der Übereinstimmung mit Hos 8, 13?

I. D

13 Da sagte ich: „Ach, Herr Jahwe, siehe, die Propheten sagen zu ihnen:
‚Ihr werdet das Schwert nicht sehen, und der Hunger wird nicht an euch
kommen, sondern beständiges Heil[12] gebe ich euch an diesem Ort.'"
14 Aber Jahwe sagte zu mir: „Lüge weissagen die Propheten in meinem Namen. Ich habe sie nicht gesandt und sie nicht beauftragt und nicht zu ihnen
geredet. Lügengesicht, leere[13] Wahrsagung und Trug ihres Herzens weissagen sie euch.[14] 15 Darum: So spricht Jahwe über die Propheten, die in meinem Namen weissagen, obwohl ich sie nicht gesandt habe, und die sagen:
‚Schwert und Hunger werden nicht in dieses Land kommen': Durch
Schwert und Hunger werden jene Propheten enden.   16 Die Leute, denen
sie weissagen, werden hingestreckt liegen in den Gassen Jerusalems durch
Hunger und Schwert, und niemand wird sie begraben, sie, ihre Frauen, ihre
Söhne und ihre Töchter. So gieße ich ihre Bosheit[15] über sie aus.'"

II. A

17 Und sprich zu ihnen dieses Wort:
    Meine Augen strömen über von Tränen,
    Tag und Nacht und wollen sich nicht beruhigen;
    denn mit großem Bruch
    ist die Jungfrau[16], die Tochter meines Volkes
       zerbrochen –
    ein ganz und gar unheilbarer Schlag.
18 Wenn ich ins Freie gehe,
    siehe, vom Schwert Durchbohrte,
    und wenn ich in die Stadt komme,
    siehe, Hungerqualen (Hungerleidende).
    Selbst Prophet und Priester
    ziehen „im" Land umher[17] – ohne Einsicht.

II. B

19 Hast du Juda gänzlich verworfen,
    oder verabscheut deine Seele Zion?

---

[12] Bzw. „beständiges Wohlergehen", „zuverlässigen Frieden"; vgl. Jer 33, 6.

[13] Vgl. HAL 52 a. 54 a „schwach, nichtig". Bei Streichung von w „und" am Wortanfang ergeben
sich drei Doppelbegriffe.

[14] Gibt der hebräische Text („euch"), der die Anrede V. 13 aufnimmt, in dieser Gottesrede die
Unterscheidung zwischen den Hörern und Jeremia auf und schließt ihn ein? Anders redet V. 16 in
3. Person; die von Handschriften V. 14 bβ bezeugte Änderung „ihnen" greift darauf vor.

[15] Bzw. ihr, nämlich das von ihnen verschuldete, Unheil.

[16] Die Worte „großer (Bruch)" und „Jungfrau" fehlen in LXX.

[17] Vgl. HAL 708 a. Hier scheint nicht das Wegziehen(-Müssen) in ein fremdes, unbekanntes
Land (vgl. Jes 5, 13: „Mein Volk geht in die Verbannung ohne Einsicht"), sondern das ergebnislose
Suchen nach Einsicht gemeint zu sein (vgl. Hos 5, 6?).

Warum hast du uns so geschlagen,
dass es keine Heilung für uns gibt?
Wir hoffen auf Heil,
aber es gibt nichts Gutes,
und auf eine Zeit der Heilung,
aber siehe, Schrecken.
20 Wir erkennen, Jahwe, unser Unrecht,
die Schuld unserer Väter,
dass wir gegen dich gesündigt haben.
21 Verwirf nicht um deines Namens willen!
Verschmähe nicht den Thron deiner Herrlichkeit!
Denke an, brich nicht deinen Bund mit uns!
22 Gibt es unter den Nichtsen (Götzen) der Völker solche,
die es regnen lassen,
oder gibt der Himmel (von sich aus) die Regenschauer?
Bist nicht du es, Jahwe, unser Gott?
So hoffen wir auf dich;
ja, du hast all dies gemacht.

II. C

15, 1 Da sagte Jahwe zu mir:
„Selbst wenn Mose und Samuel[18] vor mich träten,
hätte ich kein Herz (wörtlich: keine Seele) für dieses Volk.
Schicke ‚sie‘[19] aus meiner Gegenwart weg,
dass sie hinausgehen!
2 Und wenn sie zu dir sagen: ‚Wohin sollen wir gehen?‘,
dann sage zu ihnen: ‚So spricht Jahwe:
Was dem Tod bestimmt ist, zum Tode,
und was dem Schwert bestimmt ist, zum Schwert,
und was dem Hunger bestimmt ist, zum Hunger,
und was der Gefangenschaft bestimmt ist, zur Gefangenschaft.‘
3 Ich bestelle wider sie vier Geschlechter – Spruch Jahwes: das Schwert,
um zu töten, die Hunde, um wegzuschleifen, die Vögel des Himmels und
die Tiere des Landes, um zu fressen und zu vertilgen. 4 Ich mache sie zum
Entsetzen für alle Königreiche der Erde um Manasses, des Sohnes Hiskias,
des Königs von Juda, willen wegen dessen, was er in Jerusalem verübt hat.

---

[18] Der griechische Codex Alexandrinus und die arabische Übersetzung ergänzen „und Aaron"
nach Ps 99, 6: „Mose und Aaron waren unter seinen Priestern und Samuel unter denen, die seinen
Namen anriefen. Sie riefen zu Jahwe, und er erhörte sie."
[19] Im Hebräischen ist wohl ein Buchstabe durch Haplographie ausgefallen.

Kap. 14 „wendet sich nirgends in unmittelbarer Anrede an die Öffentlichkeit": „im Wechsel der Szenen" verbirgt sich „dramatisches Leben".[20] In dieser Einheit, die bis 15, 4 (erweitert bis 15, 9) reicht, sind nicht Einzelworte zusammengestellt, vielmehr bilden die Abschnitte eine zusammenhängende
Komposition mit mehrfachem Wechsel der Perspektive: Beschreibung der Situation (14, 2–6. 17 f) – „Wir" der Volksklage (V. 7–9. 19–22) – Rede des Propheten (V. 13–16. 17 f) – Wort Gottes (V. 10–12; 15, 1 f. 3 f). Wegen des Auf-
baus mit einer Abfolge von Gliedern und Personenwechsel spricht man auch
von einer „prophetischen Liturgie". „Die entscheidenden Erkenntnisse dieses Kapitels werden in der Zwiesprache zwischen Gott und Prophet gewonnen";[21] sie erwächst aus der vorhergehenden Notschilderung.

V. 1   Überschrift
                              I.
A) V. 2–6   Poetische Notschilderung
              (ohne Angabe des Sprechers): Dürre
              V. 2 f   Menschen, V. 4 Acker, V. 5 f Tiere
              Situation als Voraussetzung für:
B) V. 7–9   Klage des Volkes („Wir")
              mit Schuldbekenntnis im Gebet
              Anrede an Gott (2. Ps.)
              Einleitungs- und Schlussbitte (V. 7 a. 9 bβ)
              V. 8   ohne Namen
              Doppelte „Warum" – Frage: Du-Klage
              mit vierfachem Vergleich (V. 8 b. 9 a)
              Vertrauensbekenntnis (Erinnerung)
C) V. 10–12   Antwort Gottes auf die Klage: Ablehnung
              V. 10   nach Botenformel zweigeteilt:
              V. 10 a   Anklage, V. 10 b Gerichtsansage
              in 3. Ps. ohne direkte Anrede an das Volk
              V. 11   mit neuer Rede-Einführung
              Anrede an den Propheten
              Verbot der Fürbitte (vgl. 15, 1)
              V. 12 a   Fasten und Opfer ohne Wohlgefallen
              V. 12 b   Ankündigung von drei Plagen
D) V. 13–16   Jeremias reagierendes Wort
              V. 13   Entschuldigung des Volkes
              durch Verweis auf die Heilsprophetie
              mit Zitat
              V. 14–16 Gottes Antwort an Jeremia
              Deutung der Heilsprophetie
              Gerichtsansage gegenüber
              V. 15   den Heilspropheten, V. 16 dem Volk

---

[20] P. Volz 162 f.
[21] W. Rudolph 98.

II.

A) V. 17–18   Nach Redeauftrag an den Propheten
               Klage im „Ich"-Stil
               Notschilderung: Schwert, Hunger, d. h. Krieg
               Ähnlich V. 2–6 mit Verschiebung des Themas,
                 aber anknüpfend: Regen (V. 22)

B) V. 19–22   „Du"-Klage des Volkes als Fragen
               und „Warum" (ähnlich V. 7–9) mit
               V. 20   Schuldbekenntnis, V. 21 Bitte und
               V. 22   Vertrauensaussage

C) 15, 1. 2. 3 f   Antwort Gottes: Abweisung
               Wieder Ich-Bericht
               V. 1   Fürbittenverbot mit Rückgriff
                 auf Frühzeit – verschärft gegenüber 14, 11
               V. 2   Frage und Gerichtsansage
               V. 3 f Deren Entfaltung und Begründung (V. 4 b)

„Fasten" (14, 12 a) deutet mit Opfern und Fürbitte auf eine liturgische Situation hin, einen „Fasttag" (36, 6. 9 u. a.), d. h. einen Buß- bzw. Volkstrauertag. Spiegelt sich in der Struktur von Jer 14 f eine gottesdienstliche Abfolge wider, nämlich eine Volksklagefeier aus Anlass einer Dürre? Das „Fasten" vollzog sich, durch eine aktuelle Notlage ausgelöst, unregelmäßig (vgl. 1Kön 21, 9). Nach den tiefen Einschnitten 587/6 v. Chr. wurde es in exilisch-nachexilischer Zeit zu einem festen, regelmäßigen Brauch, mit dem man die Zerstörung der Stadt und des Tempels beklagte.[22] Bei der Bußfeier trat vermutlich ein *prophetischer Sprecher*[23] auf. Der sog. Kultprophet hatte wohl eine Doppelaufgabe – in der Wendung vom Volk zu Gott und von Gott an das Volk, nämlich in der Fürbitte um Errettung aus der Not[24] und in der Erteilung der Antwort, der erhofften Zusage.

Gegenüber einem etwa Klage, Schuldbekenntnis und Fürbitte umfassenden Verlauf wirkt die Einheit Jer 14 f grundsätzlicher: zum einen ist sie dop-

---

[22] Sach 7, 3. 5; 8, 19; vgl. die Threni bzw. Klagelieder; auch die exilisch-nachexilischen Volksklagepsalmen, wie Ps 44; 74; 79; 85. In der Priesterschrift wirkt die Struktur mit den drei Stadien: Schilderung der Bedrückung (Ex 1, 13 f), Klage (2, 23 ff: „Ihr Hilferuf drang zu Gott empor") und Erhörung durch Moses Beauftragung mit Zusage der Befreiung (6, 2 ff) literarisch nach (vgl. BK II/1, 96. 270). Nach H.E. von Waldow (Anlass und Hintergrund der Verkündigung des Deuterojesaja, Diss. Bonn 1953; vgl. „ … Denn ich erlöse dich", BSt 29, 1960, 9 f. 56 ff) hat der Exilsprophet Deuterojesaja einen Teil seiner Heilsbotschaft im Anschluss an Volksklagefeiern gesprochen (etwa Jes 40, 28 ff nach dem Zitat V. 27; vgl. 1Kön 8, 46 ff).
[23] Vgl. Sach 7, 3; 1Sam 7, 5; Ps (60, 8–10;) 74, 9; 85, 9; in prophetischem Zusammenhang: Mi 7, 8 ff; Joel 1 f; Jes 63, 7–64; auch Jon 3; Klgl 4, 21 f u. a.; dazu H. Gunkel/J. Begrich, Einleitung in die Psalmen, 1931, 117 ff, bes. 120. 137 f; J. Jeremias, Kultprophetie und Gerichtsverkündigung in der späten Königszeit Israels, WMANT 35, 1970, 140 ff; ders., Die Vollmacht des Propheten im Alten Testament, EvTh 31, 1971, 305–322, bes. 309 f; Th. Podella, Som-Fasten, AOAT 224, 1989.
[24] Vgl. Gen 20, 7; 2Kön 3, 11; Jer 27, 18; Ez 13, 5; 22, 30; Ps 99, 6; 106, 23 u. a.; vgl. Anm. 86. Fürbitte und „Befragen" des Propheten, Bitte um Wende und Erkundigung der Zukunft, hängen zusammen (Jer 37, 3. 7; vgl. 21, 2; 42, 2 ff).

pelstufig, zum andern ergeht ein kritisch-ablehnendes Urteil. Es liegt ein *doppelgliedriger* Aufbau in parallel laufenden Redegängen (14, 1–16. 17–15, 4) mit jeweils *drei* Abschnitten im Wechsel vor: Notschilderung (14, 2–6 und V. 17 f als prophetische Klage über Kriegsnot), Volksklage (14, 7–9. 19–22), Abweisung der Klage in der Antwort durch Gott (14, 10–16; 15, 1–4) mit Fürbittenverbot (14, 11; 15, 1).

Die Notschilderung umfasst grob *zwei* Themen: über die Dürre (14, 1–9. 19–22) hinaus auch Krieg (14, 12 ff. 17 f; 15, 2–4). Beide Motive lassen sich weder auf Klage und Gerichtsansage noch auf die zwei Redegänge streng aufteilen, verbinden sich ja auch sachlich leicht.[25] Die beiden „*Szenen*" (I, II) sind kaum ursprünglich selbständig, vielmehr von vornherein aufeinander bezogen. Der zweite Abschnitt 14, 17–15, 4 enthält deutlich eine Steigerung: Innerhalb der prophetischen Texte weitet sich die Not der Dürre V. 7 ff zum Krieg V. 17 f – unter Aufnahme des Themas „Hunger" (V. 18) – aus, und Gottes Antwort 15, 1 verschärft die erste Abweisung 14, 11.

Drei Vorschläge zur Erklärung des Sachverhalts bieten sich an: Zwischen der Annahme 1. einer ursprünglich jeremianischen, alle Teile umfassenden Einheit oder 2. einer insgesamt erst redaktionellen Komposition, d. h. einer nachträglichen literarischen Bildung aus dem Rückblick exilisch-nachexilischer Zeit mit Anlehnung an einzelnes jeremianisches Gut, steht 3. der Versuch einer Rekonstruktion eines alten Kerns (mit der Grundstruktur), der später (vielleicht nicht in einem Akt) ausgestaltet wurde.

Die Komposition ist streckenweise (14, 12 b–16. 19–22; 15, 3 f), aber keineswegs durchgängig von jüngerer (jerdtr) Redeweise mit Beziehungen zu späterer Literatur geprägt. Zumal die einleitenden Abschnitte 14, 2–6. 7–9. 10 sind mit Jeremias Ausdrucksweise verbunden[26], enthalten keine redaktionellen (jerdtr) Sprachanteile.[27] Auch „die im Ich-Stil gehaltene Klage 14, 17 f wird als ein aufgenommener jer. Text betrachtet werden können".[28] „Das Klagelied setzt augenscheinlich den funktionierenden Tempelkult voraus."[29] Zum alten Kern gehört wohl ein Teil der Überschrift, die mit ihrer Angabe „aus Anlass der großen Dürre" (V. 1 b) weit hinter dem folgenden Inhalt zurückbleibt.

---

[25] Etwa Jes 5, 9 f: Zerstörung der Häuser bei feindlicher Eroberung und Ertraglosigkeit der Felder; vgl. Schwert und Hunger Jer 5, 12; 11, 22 u. a.

[26] Wie „trauern", „sich verfinstern" (*qdr* Jer 4, 28; 8, 21; 12, 4. 11); „Höhen" (3, 2. 21; 4, 11; 7, 29); „Schakal" (9, 10; 10, 22); „sich schämen" (3, 3; 8, 12); „Abtrünnigkeit" im Gefolge Hoseas (11, 7; 14, 5) als Name des Nordreichs (Jer 3, 12; vgl. 2, 19; 3, 6 ff; 5, 6; 8, 5 u. a).

[27] Wie etwa schon Jes 6 finden sich in Jeremias Berufungserzählung, Visionen und Symbolhandlungen prosaische, aber Parallelismen oder eine ähnliche Struktur enthaltende Gottesworte; solche gebundene Prosa beginnt hier mit dem die Folge V. 2–6. 7–9 abschließenden, sachlich unentbehrlichen Gotteswort V. 10 a; auch V. 12 a; vgl. 1, 5 a. 7 u. a.

[28] W. Thiel I, 191. Jer 14, 17 f zeigt Jeremias Sprache, etwa „von Tränen fließende Augen" (9, 17; auch 13, 17) oder „Tochter meines Volkes" (4, 11; 6, 26; 8, 11. 19. 21–23; 9, 6) und weist darin Gemeinsamkeiten zumal mit 8, 18–23, wie „(Zusammen-)Bruch" (8, 18), „Hilfeschrei" (8, 19) u. a. oder mit 10, 19 („Bruch"; „unheilbarer Schlag"; vgl. 30, 12) auf. Eine Zweigliedrigkeit begegnet mehrfach (1, 11–14; 2, 10–13; vgl. 5, 20–29 u. a.).

[29] G. Wanke 142.

Jeremia war kaum Priester.[30] In Volksklagefeiern erhofft man eher vom Propheten eine in Gottes Namen zugesagte Antwort. So liegt nach Notschilderung und Klage – von Thema und Situation her – die ausdrückliche Erwähnung der Fürbitte nahe. Darum richtet sich deren Zurückweisung in direkter Anrede an Jeremia.

Das Verbot der Fürbitte 14, 11 wie dessen einmalige Zuspitzung 15, 1 ist kaum in exilisch-nachexilischer Zeit frei, ohne Anhalt an prophetischer Überlieferung, gebildet. Das Exil wird in jüngeren Schichten des Jeremiabuches wie auch außerhalb, zumal im dtr Geschichtswerk, weithin auf die Schuld des Volkes zurückgeführt.[31] Derart harte Aussagen von Gott können zwar auch nachträglich die Unabwendbarkeit der Katastrophe begründen, behalten so in späterer Situation ihren „Sinn"; sie ist aber kaum der Ursprungsort.

Kleiner Exkurs
Zum Verbot der Fürbitte

1. Von der beidseitigen prophetischen Aufgabe wird Jeremia die Wendung in einer Richtung, vom Volk zu Gott, entzogen, so ihm verwehrt, Gott vor oder bei seinem Unheilswirken in den Arm zu fallen. Jeremia wird, bildlich gesprochen, vom Volk weg auf Gottes Seite gestellt (14, 11):
„Du sollst nicht für dieses Volk beten – zum Guten."
Die beiden anderen Belege (7, 16; 11, 14) wandeln diese Formulierung ab,[32] treten zudem in stark redaktionell (jerdtr) geprägten Zusammenhängen auf. Im hiesigen Rahmen ist ein Bezug zur Situation gegeben; es liegt wahrscheinlich die „Grundstelle"[33] für das Verbot vor, in der es in Jeremias Botschaft verankert ist. Erst recht findet sich die verschärfende Weiterführung, der Ausschluss der Fürbitte Moses und Samuels, nur hier. Die beiden charakteristischen Verben begegnen in Jeremias Worten.[34] Außerdem kennt Jeremias Botschaft Gottesaussagen von vergleichbarer Härte.[35]

---

[30] Vgl. o. zu Jeremia als Person.

[31] Vgl. in prophetischem Zusammenhang aber Jes 63, 17; 64, 6; dazu u. Anm. 60.

[32] Beiden anderen Belegen fehlt einerseits die Zielangabe „zum Guten". Sie haben andererseits eine erheblich erweiterte Fortsetzung: „Du sollst nicht für sie Flehen (Klage) und Gebet erheben – sollst nicht in mich dringen –, denn ich werde dich nicht erhören." (7, 16) In 11, 14 fehlt jener Satzteil in Gedankenstrich, und im Anschluss an 11, 12 „zur Zeit ihrer Not" ist ergänzt: „zur Zeit, wenn sie rufen für ihre Not/Bosheit". Demnach kommt in beiden Texten (7, 16; 11, 14) gemeinsam die Wendung hinzu: „das (Fürbitten-)Gebet erheben". Außerdem sind in 14, 11–12 a „Fürbitte" des Propheten und „Flehen" des Volkes unterschieden, dagegen in 7, 16; 11, 14 zusammengezogen: Auch das „Flehen" geht vom Propheten aus.

[33] W. Rudolph 99. „Das Verbot der Fürbitte ist nirgends so begründet wie hier, wo das Volk einen Bittgang machte und vermutlich den Propheten um seine Fürbitte bestürmte […] oder der Prophet […] von selbst dazu getrieben wurde." (P. Volz, Studien zum Text des Jeremia, 1920, 125 f).

[34] Sowohl „Fürbitte tun" (*pll hitp. bʿd* 14, 11 wie im Brief 29, 7), „zum Guten" (wie in der Vision 24, 5; ähnlich 15, 11) als auch „stehen (ʿmd) vor/im Dienst von" (15, 1 wie 15, 19; 18, 20). Vgl. 35, 19; auch „in meinem Rat stehen" 23, 22.

[35] Wie Jer 6, 30; 7, 29; 16, 5; vgl. 8, 4 ff u. a.

2. Faktisch wird schon *Amos* im Verlauf der beiden Visionspaare (7, 1–8; 8, 1–2) die Fürbitte (7, 2. 5) ausgeschlossen; was sich dort implizit ereignet, wird bei Jeremia explizit. Gottes Verweigerung einer Reaktion, sein Nicht-Wahrnehmen oder Nicht-mehr-Wahrnehmen-Wollen, in Ich-Rede ausgesprochen, ist aus der prophetischen Opfer- oder Kultkritik bekannt, die etwa auch Feste oder Musik einschließen kann (Am 5, 22 f): „Ich sehe nicht an …, höre nicht.“[36] Jesaja (1, 15) kann die Ablehnung sogar auf das *Gebet* ausdehnen: „Auch wenn ihr noch so viel betet, höre ich nicht.“ Ähnlich formuliert Jer 14, 12 a: „Euer Flehen höre ich nicht.“[37]

Nach Hos 6 erhält das sog. Bußlied des Volkes (V. 1–3) eine abweisende Antwort (V. 4–6); der Ernst der Gesinnung wird nicht anerkannt. Wird in dieser Abfolge – mit Schuldbekenntnis und Gottes Antwort im Prophetenmund – ein liturgischer Ablauf nachgeahmt? Wie in jenem Lied Hoseas Sprache[38] anklingt, so findet sich in der Klage und Buße Jer 14, 2 ff Jeremias Ausdrucksweise. Stellen V. 7 ff ähnlich ein in Jeremias Sprache entworfenes Schuldbekenntnis dar, in dem der Prophet die Intention des Volkes wiedergibt oder formuliert?

Bei einem Freudenfest der ausgelassenen Stadt (22, 1 f) „ruft“ Jesaja in Gottes Namen „zum Weinen und zur Trauer“, zur Klage und zur Bußfeier (22, 12); die geforderte Besinnung bleibt aber aus.[39] Die Anklagen: „meinen (Gottes) Mund haben sie nicht befragt“ (30, 2), „Jahwe nicht gesucht“ (31, 1; vgl. 9, 12) spielen auf die Gewohnheit an, in der Not Gott um Auskunft und Wende zu bitten.[40]

3. Wie Amos ist Jeremia die Fürbitte nicht von vornherein unmöglich. „Das Verbot zeigt, dass er die Fürbitte versucht hatte; so sehr er sich seit seiner Berufung als Unheilsprophet wusste, suchte er doch im konkreten Fall […] sich fürbittend vor sein geliebtes Volk zu stellen.“[41]

„Gedenke, dass ich vor dir stand;
um zu ihrem Wohl zu reden!“[42]

„Ich bin in dich gedrungen zur Zeit des Unheils.“[43]

In der Anrede an Gott blicken beide Zeugnisse auf Geschehenes zurück, *erinnern* an Jeremias Fürbitten-Tätigkeit. Zwar lässt sich über das zeitliche Verhältnis zum Verbot kaum sicher urteilen; immerhin liegt die Annahme nahe, dass die Fürbitte dem Verbot vorausging.

Später gibt Jeremia, als man bei ihm mit dem Anliegen „Bete/Bitte für uns!“ Gott „sucht“ (37, 3. 7), eine kritisch-ablehnende, bei der Unheilsansage beharrende Ant-

---

[36] Gottes Nicht-Antworten kündet Micha an (3, 4. 7; auch Hos 3, 4). Zur Kultkritik vgl. oben zu Jer 6, 20; 7, 1 ff. 21.

[37] Vgl. 11, 14; auf den Propheten bezogen 7, 16: „Ich höre dich nicht.“

[38] Vgl. „zer- reißen“, „heilen“, „Erkenntnis“ Gottes. „Die Antwort des Volkes […] stellt eine Gesamtdeutung der Möglichkeiten und Absichten des Volkes in der Terminologie des Propheten dar.“ (J. Jeremias, ATD 24/1, 1983, 84)

[39] „In einer Klage über die Verblendung Jerusalems, das sich nicht zur Umkehr aufrufen ließ, verwendet Jesaja […] das Sprachfeld der Einberufung eines Bußtages.“ (H. Wildberger, BK X/2, 1978, 826) Vgl. Jes 22, 4.

[40] Gottes „Mund“, auf den man nicht hört, ist wahrscheinlich der Prophet selbst (vgl. Hos 6, 5). Schon B. Duhm (Das Buch Jesaja, ⁴1922, 215) deutet die Negation „nicht mit meinem Geist“ (Jes 30, 1): „nicht mit Zuziehung meines Propheten“.

[41] W. Rudolph 99.

[42] Jer 18, 20; vgl. o. Anm. 34; zur Gebetsanrede 15, 15: „Jahwe, gedenke mein …“.

[43] Jer 15, 11 b; bei üblicher Textänderung auch 15, 11 a: „‚Wahrlich‘, Jahwe, ‚ich habe dir gedient‘ zum Guten“. Vgl. noch 17, 16 mit der Negation: „nicht gedrängt, nicht herbeigewünscht“.

wort.[44] Anders ist seine Reaktion *nach* der Katastrophe (42, 2 ff. 20), wie er schon im Brief (29, 7) an die Exulanten, die das Gericht bereits erlebt haben und noch erfahren, die Aufforderung zur Fürbitte richtet: „Betet für sie!" Zwar kann Jeremia durch den Ausschluss der Fürbitte das Gericht nicht mehr abwehren; es bildet aber auch die Grenze, nach der das Verbot nicht mehr gilt. Nach oder in dem Gericht ist Fürbitte wieder möglich – sogar zugunsten der Bedrückermacht (29, 7).

4. In beiden Fällen (14, 11 mit V. 12 a; 15, 1 vielleicht mit V. 2) wird das Verbot der Fürbitte *nachträglich ausgestaltet.* In exilisch-nachexilischer Zeit werden Themen entfaltet, auch vertieft (14, 19–21 mit der Frage nach der „Verwerfung") oder neu eingefügt (14, 12 bff). Neben der *Götzenpolemik* (14, 22), die schon Kap. 2 anklingt und später Kap. 10 ausgestaltet wird, kommt das für das Jeremiabuch wichtige, hier erstmals ausführlicher ergänzte Thema *Heilsprophetie* hinzu. Sie verkennt – im Urteil Jeremias oder aus späterer Warte betrachtet – die Realität, täuscht so sich und das Volk, scheint aber auch noch im Exil aktuelle Bedeutung[45] zu haben.

Gibt dieser Grundbestand eine vorexilische, die erweiterte Endform eine exilisch-nachexilische Klagefeier wieder – oder jeweils eine Nachahmung des Ablaufs? Falls Jeremia in einer solchen Klagefeier als prophetischer Sprecher auftrat, dann bewahrte er seine *Freiheit,* wie sie seine Verkündigung auch sonst auszeichnet. Bei dieser Situation sprach er die von ihm eingesehene und vertretene Wahrheit aus.

5. In einigen Texten scheint Jer 14 f *nachzuwirken.* Schon das – später formulierte – Gebet Jer 32, 16 ff könnte sich an Jer 14 f anschließen.[46] Auch Ez 14, 12–23 ist vielleicht Abwandlung von Jer 15, 1 ff[47]. Joel 1 f nimmt – mit der Folge von Notschilderung, Bitte, Gottes Antwort, mit einzelnen Motiven, in ähnlicher Situation (auch Dürre und Krieg) wie vor allem mit der Zweistufigkeit der Szenen – Jer 14 f auf.

Die *Überschrift* „Aus Anlass der großen Dürre" ist eher nachträglich in einen Relativsatz eingefügt. Er versteht einerseits das Folgende trotz wechselnder Redeformen als Offenbarung, „Wort" Gottes, und gibt andererseits den (in V. 2 ff selbst nicht genannten) Sprecher an: „Was als Wort Jahwes an Jeremia erging". Bezieht sich die – im Erzählteil des Jeremiabuchs unübliche – Ausdrucksweise, eng gefasst, auf das bei der angegebenen Gelegenheit ergehende zweiteilige Wort (14, 10–16; 15, 1 ff)? Die Gottesworte (14, 10. 11; 15, 1) haben allerdings eine eigene Einführung. Darum bezieht die Überschrift eher die gesamte Folge ein und wird von dem Teil II der Komposition einleitenden,

---

[44] Wie Jer 21, 1 ff können mit anderen selbst Priester sich an Propheten wenden, um Gott zu befragen (2 Kön 19, 2; 22, 12 ff). Vgl. noch Jer 38, 14 ff; auch Ez 14, 3 ff; 20, 1. 31. Zum Folgenden o. zur Verkündigung (S. 26).

[45] Vgl. Ez 13; Jer 29, 8 f. 15; 23, 9 ff, bes. V. 25 ff u. a.

[46] Gemeinsamkeiten bestehen auch mit dem Gebet 1 Kön 8, 33 ff.

[47] Nach W. Zimmerli (BK XIII/1, 1969, 320) ist Jer 15, 1 „das Vorbild für Ez's Aussage". „In den Ausführungen über die Unabwendbarkeit des Gerichtes, das auch durch drei exemplarische Fromme nicht mehr aufzuhalten ist, meint man den [...] sehr frei abgewandelten Entwurf von Jer 15, 1 zu erkennen. An die Stelle der großen israelitischen Fürbitter Mose und Samuel sind in Ez 14, 14 die drei Gerechten Noah, Daniel und Hiob getreten. Wenn damit dann ganz unmittelbar die kasuistische Abwandlung von vier verschiedenen Gerichtsmöglichkeiten verbunden ist, die in Jer 15, 2 (und 3 f.), wiederum in der Einzeldurchführung abweichend, folgt, so muss man auch hier bei Ezechiel auf eine sehr genaue Kenntnis des Jeremiawortes schließen." (68*; vgl. 318; ders., BSt 62, 1972, 86) Vgl. die Thematik von Gen 18, 22 ff.

wohl ebenfalls ergänzten Redebefehl (V. 17) aufgenommen: Notschilderung und Klage, obwohl Äußerung einer „Wir"-Gruppe (V. 2 ff. 7 ff) gelten als empfangenes (V. 1), durch den beauftragten Sprecher weiterzugebendes (V. 17) Wort. Sie enthalten ja auch seine Ausdrucksweise und entsprechen sachlich der durch sein „Ich" geprägten Klage (V. 17 f). In der älteren Textgestalt werden die Gottesworte durch eigene Einführungsformeln vom Prophetenwort abgehoben; die rahmende Redaktion umgreift diese Unterscheidung insgesamt als „das Wort" Gottes. Spricht sich in der Klage nicht bereits eine Wirkung des Handelns Gottes aus, der die Not (V. 2 ff), wie die Anrede (V. 7 ff) zeigt, herbeigeführt hat?[48]

Eine Dürre hat ganz Juda erfasst, die Landstädte mit den stellvertretend genannten Toren, die Hauptstadt Jerusalem (V. 2) sowie das Ackerfeld (V. 4). Das Tor ist – über die Begrenzung mit „Aus- und Eingang" (vgl. den Segen Ps 121, 8; Dtn 28, 3. 6) hinaus – zugleich Ort und Symbol öffentlichen Lebens. Es dient mit dem freien Raum im Inneren oder davor als Treffpunkt[49], Markt (2 Kön 7, 1), Versammlungsplatz (Neh 8, 1. 3. 16) oder zur Rechtsfindung.[50] Das Land „stöhnt" unter der lastenden Dürre: „Die in V. 2 verwendeten Verben" können „sowohl die Folgen der Dürre als auch Trauer und Klage über die Dürre zum Ausdruck bringen".[51] Das Leid wirkt sich umfassend und gleichmachend aus: Stadt und Land (V. 2), Reich und Arm (V. 3), Mensch (V. 2–4) und Tier (V. 5 f) sind – vom Wassermangel (V. 2 f) und Hunger (V. 3 ff) – betroffen.

Bestehende Sozialunterschiede werden in der Not bedeutungslos. „Adlige", Vornehme haben keinen Vorteil; die von ihnen ausgeschickten Diener kommen ergebnislos zurück. Selbst entfernt liegende Wasserstellen sind leer (V. 3). Das Ackerland kann, ausgedörrt (vgl. 23, 10), nicht bestellt werden. Die Bauern, „statt mit ihrer Ernte hochgeehrt zu werden", schämen sich, verhüllen ihr Haupt.[52] Im Vollzug der Geste äußert sich persönliches Betroffen-Sein durch die Lebens-Not.

Die Tiere kämpfen ums Überleben: „Die zärtlichste Tiermutter, die Hirschkuh, lässt ihr Kälbchen im Stich, weil sie kein Futter findet, und das zäheste und ausdauerndste Tier, der Wildesel, verschmachtet vor Hitze, Durst und Hunger."[53] In dieser Lage, in der sie für die Jungen nicht mehr zu sorgen vermögen, zeigen sie ein unübliches, wider„natürliches", aber eben durch die Unbilden der „Natur" aufgezwungenes Verhalten.

Gottes Wirken wird nicht nur in der Geschichte, sei es einmalig oder je und je, sondern auch stetig erfahren: Er gibt mit dem Regen die Gaben der Natur,[54]

---

48 Vgl. Jer 3, 3; 5, 24; u. Anm. 54 f.
49 Gen 19, 1; 34, 20; 2 Sam 19, 9; Jer 17, 19 f; vgl. Spr 31, 23.
50 Am 5, 10. 15; Jes 29, 21; Rut 4, bes. V. 1. 10 f; Dtn 21, 19 u. a.
51 G. Wanke 141. Vgl. Jer 3, 3; auch 5, 24 u. a.
52 H. Seebass, ThWAT I, 572–580, bes. 575.
53 W. Rudolph 99.
54 Gen 2, 5; 7, 4; 8, 21 f; 19, 24; Ex 9, 18. 23; 16, 4; Jer 5, 24 bis zu Mt 5, 45; 6, 26. 30 u. a.

kann sie aber auch entziehen.[55] Darum richtet sich die Bitte um Wende an ihn, der geben und nehmen kann.

Das AT kennt Klagen, welche die Notsituation in Worte fassen, sich aber nicht ausdrücklich an Gott richten – dennoch gehört werden (wie Gen 21, 16 f). Hier wechselt die Notschilderung in die Anrede mit Bitte über. Das Leid, das Mensch und Tierwelt umgreift[56], wird als Schuld des Volkes („Wir") angesprochen. Das Erkennen vollzieht sich in der Anrede als Bekennen, ist so zugleich Anerkennung Gottes.

Das Gebet kann, aus dem Kontext gelöst, „auf alle möglichen Notsituationen bezogen werden",[57] reagiert hier auf die zuvor geschilderte Bedrängnis. Beide formal verschiedenen Abschnitte hängen sachlich zusammen: Das „Klagegeschrei" (V. 2) konkretisiert sich im Klagelied (V. 7 ff).

Aus dem einleitenden, zunächst in der Form bedingt ausgesprochenen Schuldbekenntnis erwächst die Anrufung Gottes mit der Bitte, „um deines *Namens* willen" (V. 7. 21) helfend einzugreifen. Dabei ist ein Gegensatz mitzuhören: nicht um anderer[58] oder entsprechend dem Schuldbekenntnis nicht einmal um unsertwillen, vielmehr: um deiner selbst willen.

Gottes – aussprechbarer – Name meint seine anrufbare Gegenwart. Mit ihm wird Gottes „Hoheit" (vgl. 14, 21) „ausgerufen", so das Volk wie der Prophet selbst[59] beschlagnahmt, Gott zugehörig, zueigen. Im Rahmen des Schuldbekenntnisses umfasst Gottes Name zugleich seine Barmherzigkeit: „Hilf uns, Gott unseres Heils, um der Ehre deines Namens willen, … vergib unsere Sünden um deines Namens willen!"[60] Auf Gott richtet sich nicht nur, er ist vielmehr, wie die Anrede bekundet, „Israels Hoffnung"[61] – allein „Helfer, Retter"[62]

In einer doppelten „Warum"-Frage wird bildhaft mit vierfach vergleichendem „Wie" (V. 8 f) die Erfahrung von Gottes hilfreicher Gegenwart eingeschränkt. Diese Klage wird ihm aber selbst (wie 15, 17 f) in der Anrede vorgetragen; kommt darin nicht auch Zugehörigkeit oder gar Vertrauen zum Ausdruck? Gott gleicht in seinem eigenen Land einem *Fremden*[63] oder *Wanderer*, der weder ruht noch rastet, nicht mehr stetig bleibt, kommt und geht, dessen Gegenwart nur gelegentlich, nicht bleibend erfahrbar ist. Erscheint

---

[55] Schon Elia 1 Kön 17, 1; vgl. Hos 2, 5 ff; Jes 5, 6; Jer 2; Ps 104, 29 f; Jon 4, 6–8 u. a.

[56] Vgl. Hos 4, 1 ff; Jer 12, 4; auch 4, 28; dann Jon 3 f u. a.

[57] G. Wanke 142.

[58] „Warum sollen die Völker sagen: Wo ist ihr Gott?" Ps 79, 10; vgl. 115, 2; Joel 2, 17 u. a.; vgl. Anm. 59.

[59] Im nahen Kontext: „dein Name ausgerufen" 15, 16 (vgl. dort); 1 Kön 8, 43. Gottes „Name" ist insbesondere über dem Tempel „ausgerufen" („mein Name": Jer 7, 10 f. 14. 30; 32, 34; 34, 15 u. a.), dort gegenwärtig.

[60] So nach der Anrufung von Gottes „Barmherzigkeit" (V. 8) ebenfalls im Volksklagelied Ps 79, 9; vgl. auch 25, 11; 31, 4; 109, 21.

[61] Jer 14, 8; 17, 13; vgl. 50, 7; auch Esr 10, 2.

[62] Vgl. Hos 13, 4; Jes 43, 11.

[63] Vgl. Gen 15, 13; 23, 4; Ex 2, 22; Lev 19, 34; 25, 23 u. a. Verallgemeinert (Ps 119, 19): „Ich bin ein Gast auf Erden."

Gott, der nicht eingreift, nicht wie jemand, der „nicht helfen kann" (V. 9)?[64]
Im Kontext wirkt die Klage über Gottes Ferne wie eine Vorandeutung auf die
folgende Konfession (15, 10 ff), zu der Verbindungen bestehen[65], scheint sich
im Vergleich Gottes mit einem „unzuverlässigen" Gewässer (15, 18) noch zu
vertiefen. Die hier für das Volk ausgesprochene Erfahrung muss Jeremia
selbst machen.

Auf jene klagend-zweifelnden „Warum"-Fragen ergeht kaum eine direkte
Antwort („Darum"). Eher will die Aussage bekräftigen, vergewissern: „Du
bist doch/eigentlich", nicht nur zeitweilig, „in unserer Mitte".[66] Lautet die
einleitende Bitte allgemein „Handle!", so wagt die abschließende Bitte, einem
Aufschrei gleich, nur noch zurückhaltend-negativ zu formulieren: „Lass uns
nicht fahren!" bzw. „Verlass uns nicht!"[67]

Entgegen der ausgesprochenen Erwartung erfolgt keine Erhörung. Jeremia
muss die erhoffte Zusage umkehren: Gott ist nicht zugunsten des Volkes zur
Rücknahme seines Beschlusses bereit. Die – ausdrücklich als Gotteswort eingeleitete – *Antwort* (V. 10 ff) lässt zwar den notvollen Anlass zurücktreten,
nimmt aber das Motiv des Wanderns (V. 8 b. 10) oder das thematische Stichwort „Sünden" (V. 7. 10) auf. Sie ist ähnlich dem üblichen Prophetenwort
zweigeteilt: Beurteilung des Tuns des Volkes bzw. Schuldaufweis und als
Folge die Reaktion Gottes in der Gerichtsansage.

Das Verhalten des Volkes erscheint trotz Klage und Bitte in Gottes Urteil
(wie Hos 6, 4 ff) als unzuverlässig, unstetig, als Ausdruck des „Schweifens"
oder „Schwankens" (vgl. Jes 29, 9), der Ruhe- und Haltlosigkeit. Mit ihr wird
ein Mangel an Zurückhaltung beklagt. Die Art der Handlung wird nicht näher bestimmt. Allerdings wird einerseits die Frühzeitverkündigung „Halte
deinen Fuß zurück!"[68] aufgenommen, andererseits wird im späteren Abschnitt (14, 22) das Thema Fremdgötter aufgegriffen.[69]

Die Gerichtsansage ergeht nicht wie üblich in göttlicher Ich-Rede. Greift
schon das Schuldbekenntnis (mit „Abtrünnigkeit" V. 7) ein Stichwort *Hoseas*
auf, so ist der Wechsel in 3. Person V. 10 b durch Zitat vorgegeben.[70] Es überträgt das von Hosea ausgesprochene Urteil über das Nord- auf das Südreich
und knüpft zugleich an das Bekenntnis an: Gott wird der Sünden (V. 7 a) „ge-

---

[64] Vgl. zuvor Jer 9, 1; 12, 7. Das „Lebensgefühl" der Exilierten kommt in Klagen: „Mein Geschick ist Jahwe verborgen" (Jes 40, 27), „Jahwe hat mich verlassen" (49, 14; vgl. Ez 37, 11) eher
herber und schärfer zum Ausdruck.

[65] Vgl. 15, 11(b) mit der Fürbitte, „stehen vor" 15, 1. 19 oder „in der Zeit der Not" (14, 8;
15, 11).

[66] Die Wendung – in derselben 2. Person formuliert, kaum sekundär – ist wohl vorgegeben.
V. 9 b erinnert an die Ziontradition: „Gott ist in ihrer Mitte" (Ps 46, 6; Mi 3, 11).

[67] Vgl. Ps 138, 8.

[68] Jer 2, 25; vgl. 2, 27: „Mir wenden sie den Rücken zu."

[69] Darum wird B. Duhm (129) sachgemäß erläutern: „Das eine Mal halten sie sich an ihre
Baale, dann wieder gehen sie zu Jahwe, laufen unermüdlich vom einen zum anderen. Mit einem
solchen Volk ist nicht auszukommen."

[70] Von Hos 8, 13 aβb; vgl. 9, 9; auch zu „Lieben" (Jer 14, 10 a) Hos 3, 1 u. a.

denken" und die Verschuldungen (V. 7 b) „heimsuchen".[71] Dabei wird Gottes Urteil „Eure Brandopfer sind mir kein Gefallen" (6, 20; vgl. 14, 12 a) hier – verschärfend – statt auf Opfer auf das Verhalten oder gar auf das Volk selbst bezogen.

Ist die Abweisung der Klage des Volkes nicht eine Stütze für Jeremias „Glaubwürdigkeit" und den Ernst seiner Botschaft? Zugleich scheint das Gotteswort, indem es keine Anrede enthält, etwas offen, noch ungesagt zu lassen. So ergeht Gottes Antwort in *zwei* Teilen – *über* das Volk (V. 10) und *an* den Propheten (V. 11). Dieser Teil der Antwort bekräftigt den ersten; das Urteil ist durch Fürbitte nicht widerrufbar.

Nach der Rede von Gott in 3. Person (V. 10) bedarf es vor der Anrede an den Propheten, zugleich wegen der Härte des Eingriffs in seine Aufgabe, einer ausdrücklichen Berufung auf Gottes Auftrag (V. 11; sinngemäß: „Zu mir aber sprach er"). Dabei redet das Verbot (wie V. 10) vom Volk in 3. Person; die zuvor nur in der Einführung begegnende Wendung „*dieses* Volk" wahrt weiterhin die Distanz.

V. 12 a[72] nimmt V. 10(b) auf und bestätigt ihn. Der Gottesdienst, auch zusätzliches „Fasten", vermag das Heil nicht zu bewahren. Das „Flehen", wohl das vorausgegangene Klagen und Bitten, hilft nicht: Gott „hört" es nicht. Sein „Missfallen" bezieht sich – gegenüber prophetischer Kultkritik (6, 20; 7, 21) zugespitzt – nicht nur auf Opfer, vielmehr im Anschluss an V. 10 wiederum auf das Volk. So erscheint die ablehnende Antwort V. 10–12 a in sich geschlossen.

Innerhalb der eingeschobenen V. 12 b–16 greift V. 13 jeremianische Motive auf.[73] Gegenüber Gottes Urteil erhebt Jeremia einen Einwand, legt (vergeblich) Fürsprache ein, indem er zwischen dem Volk und den Heilspropheten unterscheidet: Sie führen es, wie schon Micha (3, 5) erkannte, in die Irre. Gottes Abweisung erklärt – gleichsam als Konsequenz von Michas Zukunftsansage[74] – die Botschaft der Heilspropheten als selbstersonnen. Sie sind nicht „gesandt" (vgl. 26, 12). Ihre Strafe besteht darin, dass sie von dem allgemein angedrohten Geschick nicht ausgenommen sind.

V. 17 f, die in Jeremias Sprache die voraufgehende Notschilderung (V. 2 ff) zuspitzen, gehören zu den „Ich"-Klagen des Propheten.[75] Wie Nacht und Tag

---

[71] Die beiden vielfach „positiv" verwendeten Verben, in der Grundbedeutung neutral, gewinnen im Kontext durch das Objekt eine „negative" Bedeutung: *zkr* „gedenken" (helfend wie Gen 8, 1 gegenüber Hos 7, 2 u. a.), *pqd* „sehen nach" („sich kümmern um" Jer 23, 2 f; 3, 16; „sich annehmen" Ps 8, 5 gegenüber Hos 8, 13; 9, 9; vgl. etwa Jer 5, 9. 29; 9, 8; 11, 22 f; 29, 32; auch „beauftragen" 15, 3; 40, 5. 7 u. a.).

[72] Die jüngere Sprache (mit der Trias „Schwert, Hunger, Pest") setzt erst V. 12 b ein. V. 12 a wird alt sein, „einen vorgegebenen Spruch" (W. Thiel I, 180) bieten. Lässt die – nicht rückblickende (Jes 43, 22 f), sondern aktuell wirkende – Ablehnung der Opfer nicht auch an die Situation vor der Katastrophe denken?

[73] „Ach, Herr Jahwe" 1, 6 mit ähnlichem Thema wie hier 4, 10; vgl. 5, 12; 6, 14 (= 8, 11); zur Sprache auch Anm. 92.

[74] Jer 3, 6 f; vgl. 23, 9 ff; o. zur Verkündigung (Abs. 7).

[75] Wie 4, 19–21; kurz zuvor 13, 17; vgl. den einleitenden Abschnitt zu den Redeformen.

die Zeit (V. 17), so umfassen Feld und Stadt (V. 18) den Raum. Entsprechend der Überschrift V. 1 deutet der – eher sekundär – vorangestellte Auftrag die Ich-Rede des Propheten („meine Augen", „gehe ich hinaus") als Gotteswort. Erscheint Jeremias Klage so zugleich als Gottes Klage? Das Paar „Prophet und Priester" nimmt Jeremias frühe Auseinandersetzung wieder auf.[76]

Ist V. 17 f – mit dem „Bruch" und den „vom Schwert Durchbohrten", auf dem Feld vom Schwert Getroffenen (?) – eine Vor-Ahnung der Zukunft, „visionäre Vorausschau" (W. Rudolph)? Sie wird in zeitlicher Nähe zum Zusammenbruch[77] schon erste Erfahrungen kriegerischer Ereignisse voraussetzen.[78]

Die Klage mit Schuldbekenntnis und Bitte (V. 19–22) ähnelt Psalmenworten mit der Anrede an Gott im „Wir"-Stil, wie: „Warum verstößt du uns auf Dauer?"[79] und weist so Bezüge zur exilisch-nachexilischen Literatur auf. Zugleich enthält der Abschnitt, etwa mit Gottes „*verwerfen*"[80], bei Jeremia belegte Sprache.

Gegenüber dem Vergleich „*wie*" jemand, der „nicht helfen kann" (V. 9) verschärfen V. 19 ff: „gänzlich verworfen", „ohne Heilung". Allerdings wird nur gefragt, ob die tiefen Einschnitte, Ereignisse mit der Zerstörung des Symbols der Gegenwart Gottes, die „gänzliche Verwerfung" bedeuten.

14, 20 fügt (über V. 7 ff hinaus) dem Schuldbekenntnis den Rückverweis auf die *Väter*[81] hinzu, ohne von der Gegenwart abzulenken: „Wir haben uns dir gegenüber verfehlt."

„Thron deiner Herrlichkeit" (14, 21) ist hier wohl die „Stätte unseres Heiligtums" (17, 12), der Tempel, während die ähnliche Formulierung „Thron Jahwes" (3, 17) – in erweiterter Bedeutung – auf Jerusalem bezogen ist.

Die – der Redaktion angehörenden – Aussagen zu „Bund" stehen in einem theologischen Zusammenhang. Im Anschluss an 11, 10 wird 31, 32 Israels Schuld als Bundes„bruch" verstanden. Auf Gott bezogen wird die Sorge um

---

[76] Vgl. zu 5, 30 f; auch 2, 8 u. a.

[77] Wie Jer 4, 5 ff; zumal 8, 16. 19; 9, 9 f; 13, 17 u. a.

[78] Die Schilderung V. 18 entspricht im vorliegenden Kontext weitgehend der Ankündigung V. 15 f; geschichtlich und literarisch ist es eher umgekehrt: Die Darstellung „hingeworfen", nicht begraben werden (V. 16), führt auf Grund der Realität beim Fall Jerusalems V. 18 aus.

[79] Ps 74, 1; vgl. „verstoßen" 44, 10. 24 f; 60, 3. 12 (= 108, 12); 77, 8; 89, 39; auch 80, 13; Klgl 2 (bes. V. 7); 5, 20. 22; Jes 63, 17 u. a. Sind solche Zeugnisse von Gottes „Verstoßen" oder „Verwerfen", zumal in den Klageliedern, eine Folge der schweren Erfahrungen, die mit der prophetischen Verkündigung gedeutet werden?

[80] *m's* Jer 6, 30; 7, 29; weiter 31, 37; 33, 24. 26. Der Hinweis auf Gottes „Seele" bzw. Empfinden (14, 19) schließt sich wohl 15, 1 an.

[81] Wie Jer 3, 25. Die Väter eingeschlossen: 2, 5; 7, 26; 9, 12 f; 11, 10 u. a. Vgl. Schuldbekenntnisse wie 1 Sam 7, 6; Num 21, 7; Neh 1, 6; 9, 2; Esr 9, 6 f; Dan 9, 8. 16. Zu dem großen Gebet Dan 9: „Nicht im Blick auf unsere gerechten Taten legen wir unsere flehentlichen Bitten vor dich hin, sondern im Blick auf deine zahlreichen Gnadenerweise" (V. 18) formuliert O. Plöger (KAT XVIII, 1965, 138): „Das Israel, das die Gerechtigkeit seines Gottes auch in dem Unheil, das geschieht, anerkennt, kann seine Barmherzigkeit erbitten" – „unter Absehen von jeder Eigenverdienstlichkeit ausschließlich mit der Barmherzigkeit Gottes". Vgl. Neh 9, 32 f.

das Verhältnis in eine Frage „Hast Du etwa verworfen?" in die Bitte gefasst: „Gedenke, brich nicht!"[82] Die Verheißung eines „neuen Bundes" (31, 31–34) bildet eine Steigerung.

Nach allgemeinen Aussagen (V. 19–21) kehrt V. 22 zur Situation der Dürre zurück, schlägt so (zu V. 2 ff) einen Bogen und deutet das nur bildhafte Reden von V. 10 konkret-direkt – in doppelter Abgrenzung, zum einen von den Fremdgöttern, zum andern von der „bloßen Natur". Gibt etwa der Himmel – von sich aus? Vielmehr durch Gott veranlasst; in der Natur ereignet sich Wirken Gottes.[83] Abschließend wird diese Einsicht in einer Anrede an Gott bekräftigt, wie sie ähnlich bei dem Exilspropheten (Jes 45, 7) als Gottesrede begegnet: „Ich, Jahwe, habe all dies getan."

15, 1 greift sachlich – über den hinzugefügten Absatz V. 19–22 hinweg – auf die prophetische Klage V. 17 f zurück. Die Unmöglichkeit oder eher Unwirksamkeit der Fürbitte wird – in Verschärfung des vorangehenden Verbots (14, 11)[84] – im Rückgriff auf die großen Interzessoren der Vergangenheit dargetan: Mose[85] und Samuel[86] können Gottes Willen nicht mehr ändern. Dabei deutet „Stehen vor/im Dienste von"[87] wieder auf die beiden Richtungen prophetischer Tätigkeit: „Fürbitte tun" (14, 11)[88] und „(Gottes) Mund sein" (15, 19). Die erste Aufgabe wird ausgeschlossen.

Das „Wegschicken" des Volkes im Zusammenhang der Erwähnung Moses ist „wahrscheinlich eine ironische Anspielung auf die Entlassung des Volkes aus Ägypten",[89] wie sie im Passa jährlich vergegenwärtigt wurde. „Während in der Auszugsüberlieferung das Ziel des ‚Wegschickens' die Rettung des Volkes aus der Bedrückung und der Gottesdienst in der Wüste ist, ist hier an seine Entfernung aus der Gottesnähe gedacht. Heil wird in Unheil verkehrt."[90]

---

[82] Etwas anders L. Ruppert (*prr:* ThWAT VI, 1989, 773–780, bes. 779): „Die (dtr) Zusage JHWHs von Ri 2, 1, seine *berit* niemals aufzulösen, wird hier gleichsam in der Volksklage beschworen … Der Bruch der *berit* durch Israel ist infolge des Gottesgerichts (vgl. Jer 14, 19 f) als Faktum erkannt, ihre Auflösung durch JHWH wird befürchtet, die neue *berit* von Jer 31, 31–34 ist noch nicht in Sicht, die ja die erste ersetzt."

[83] „Er lässt regnen" usw.; vgl. o. Anm. 54.

[84] Auch die Wendung „meine Seele (mein Verlangen, mein Herz richtet sich) nicht auf dieses Volk" (15, 1) wirkt wie eine Steigerung der ähnlichen (jeweils mit *jn* „nicht sein" gebildeten) Aussage „ich höre nicht" (14, 12 a).

[85] Nach der Überlieferung tritt er schon in der Begegnung mit dem Pharao fürbittend auf: Ex 8, 4 ff. 24 ff; 9, 28 f; 10, 16 f; in vorpriesterschriftlichen (nicht dtr) Zeugnissen für Israel: Ex 5, 22 f; außerdem in jüngeren Texten wie Ex 32, 11 ff; auch Num 11, 2; 12, 13; 21, 4–9 u. a. Hos 12, 14 wird Mose „Prophet" genannt.

[86] 1 Sam 7, 5–11 stellt – mit älterem Überlieferungsgut – Samuel bei einem Fasten- oder Bußgottesdienst als Fürbitter dar; vgl. als jüngere Darstellung 1 Sam 12, 19. 23; dazu P. Mommer, Samuel, WMANT 65, 1991, bes. 36.

[87] Wie schon Elia 1 Kön 17, 1; vgl. 18, 15; 2 Kön 3, 14; 5, 16; auch Jer 15, 19; 18, 20; von den Rechabitern: Jer 35, 19.

[88] Vgl. Gen 18, 22 b vor dem Gespräch Abrahams mit Gott um das Leiden Unschuldiger.

[89] Ex 5, 1 u. a.; 12, 33; vgl. „hinausziehen, weggehen" 12, 31 u. a.

[90] G. Wanke 148. „Moses' task was to get the people out of Egypt; Jrm's task is to get the people out of Yahweh's presence." (W. L. Holladay I, 440).

Liegt zugleich eine Anspielung auf die Vertreibung Adams bzw. Kains[91] vor?

Die Gerichtsansage wird (V. 2) im Frage-Antwort-Stil bekräftigt, indem auf einen möglichen Einwand des Volkes „Wohin sollen wir dann gehen?" ein in der Struktur auffälliger, viergliedriger, ungemein harter Spruch folgt, der aus „Tod – Schwert – Hunger – Gefangenschaft" kein Ausweichen erlaubt. Die über die zuvor (V. 2–9. 17 f) gezeichnete Not hinausgehende Ankündigung der Gefangenschaft klingt bereits in der voraufgehenden, ebenfalls mit „tränendem Auge" (14, 17) angestimmten Ich-Klage (13, 17) an: „Die Herde Jahwes wird gefangen weggeführt." Insofern stimmt der Spruch mit Jeremias Verkündigung überein.[92]

Bildete die Zukunftsansage den Schluss? Wie eine Exegese des wohl vorgegebenen Spruchs V. 2 wirken V. 3, der aus dem Gerichtswort 14, 10 Gottes „Heimsuchen, Aufbieten" (*pqd*) aufnimmt, und V. 4, sowohl mit der Angabe „vier Geschlechter/Arten" als auch mit der Ausgestaltung der Gerichtsankündigung.[93] Die – nach dem tiefen Bekenntnis eigener Schuld (V. 7–9; vgl. V. 20) auffällige, wie eine Einschränkung wirkende – Begründung (V. 4 b) durch Verweis auf die Schuld Manasses in der Vergangenheit entstammt den Königsbüchern.[94] So versteht die exilisch-nachexilische Zeit sich und ihre Situation vom Jeremiawort her, fügt aber ihre Themen in es ein.

„Wehe mir, Mutter!"
Die zweite Konfession
Jer 15, 10–18. 19–21

10 **Wehe mir, Mutter, dass du mich geboren,**
   einen Mann des Streites und Mann[95] **des Haders**
   für alle Welt!

---

[91] Gen 3, 23 a „wegschicken"; 4, 14 „von deinem Angesicht".

[92] Mit der Ankündigung Am 9, 1–4 sind drei Elemente (Tod, Gefangenschaft, Schwert) gemeinsam; vgl. 5, 19 f; Jes 5, 5 f u. a. Nimmt das Wort eine umlaufende Redewendung auf? „Möglicherweise handelt es sich um einen im zeitlichen Umkreis der Ereignisse entstandenen Spruch." (W. Thiel I, 190 f. 295 ff; auch ThWAT VI, 238) Das „für die Redaktion typische" Motiv „Pest" fehlt (A. Graupner, Auftrag 143). Das Wort wird später verkürzt (43, 11) aufgenommen. Das hier zusätzliche Element „Hunger" entspricht der zuvor beschriebenen Notsituation, wie „Schwert, Hunger" durch Jeremias Klage (14, 18; vgl. 5, 12; 11, 22; 18, 21 u. a.) vorgegeben sind.

[93] Zur Wendung „zum Fraß für die Vögel des Himmels und die Tiere des Feldes" Dtn 28, 26; Jer 7, 33 u. a.; zu V. 4 a Dtn 28, 25 b; Jer 24, 9 u. a.

[94] 2 Kön 24, 3; vgl. 23, 26; auch 21, 10–15.

[95] Beim zweiten Mal ist das Wort „Mann", das in der LXX fehlt, kaum zu streichen; eher zieht die LXX zusammen: „Mann des Streites und des Haders". „Für alle Welt" wörtlich: „für das ganze Land".

Ich bin niemandes Gläubiger oder Schuldner,
doch verfluchen mich alle.[96]

11 ‚Wahrlich‘,[97] Jahwe, ich habe dir ‚gedient‘
in guter Absicht (zum Besten),
bin bei dir eingetreten ‚für‘ den Feind
zur Zeit des Unheils und der Not.

12 Zerbricht man Eisen, Eisen von Norden, und Bronze?

13 Deine Habe und deine Schätze gebe ich
der Plünderung preis, ohne Entgelt[98],
wegen aller deiner Sünden
in[99] deinem ganzen Gebiet.

14 Aber deine Feinde lasse ich gehen in ein Land,
das du nicht kennst;
denn ein Feuer ist entbrannt in meinem Grimm,
gegen euch lodert es.

15 Du weißt es.
Jahwe, gedenke mein und nimm dich meiner an,
räche dich für mich an meinen Verfolgern,
raffe mich nicht weg in deiner ‚Langmut‘,
erkenne, dass ich um deinetwillen Schmach trage!

16 Fanden sich Worte von dir, so verschlang ich sie.
Dein ‚Wort‘ ward mir zur Wonne und Herzensfreude;
denn dein Name war über mir ausgerufen, Jahwe Zebaot!

17 Nie saß ich heiter im Kreis der Fröhlichen,
unter dem Druck deiner Hand bleibe ich einsam;
denn mit Zorn hast du mich erfüllt.

18 Warum ist mein Schmerz andauernd
und meine Wunde bösartig? Sie will nicht heilen.
(Wehe?) Du erweisest dich mir wie ein Trugbach,
als unzuverlässiges Gewässer!

---

[96] In V. 10 bβ ist der Konsonantenbestand anders abzutrennen; vgl. Ges-K § 61 h. 94 c Anm. 1.

[97] Der Eingriff in den schwierigen Text (im Anschluss an LXX, Vetus Latina) ist erheblich, aber gut begründbar. MT bietet in V. 11 eine Gottesrede, die bis (zum Einschub) V. 14 reicht. Anders als die übliche Botenformel (hier fehlt das einleitende „So“; vgl. 19, 1) eröffnet die Wendung „spricht Jahwe“ sonst nicht eine Gottesrede. Zudem beschreibt V. 11 *šrt* „dienen/eintreten für“ eher ein Verhalten zu als von Gott; „zum Guten“ bestimmt die Absicht. Umgekehrt ist die vorliegende Textgestalt erklärbar; sie kommt durch den Einschub von V. 12. 13–14 zustande, der Jahwerede ist. V. 11 MT greift zu früh auf ihn (oder Gottes Antwort V. 19 ff) vor. Zu der Lesung „ich habe dir gedient“ (V. 11 a) vgl. die Parallelaussage und V. 19. Möchte die Redaktion (nach 14, 11; 15, 1) gar die Fürbitte vermeiden? Vgl. BHS auch zu V. 11 b–12.

[98] D. h. „ohne Kaufpreis“; vgl. zur Plünderung 20, 5. Der Text wird im losen Anschluss an 17, 3 f gerne geändert durch Streichung der Negation sowie des zweifachen „und“ (W. Rudolph 104): „zum Lohn für alle deine Sünden“. Wieweit sind aber die Abweichungen gegenüber 17, 3 f im hiesigen Kontext beabsichtigt?

[99] Möglich wäre auch die Übersetzung: „und (zwar) wegen deines ganzen Landes“.

19 Deshalb hat Jahwe so gesprochen:
   Wenn du zurückkehrst,
   lasse ich dich zurückkehren,
   Vor mir sollst du stehen.
   Wenn du Edles und nichts Gemeines vorbringst,
   sollst du mir als Mund dienen.
   Dann werden sie sich dir zuwenden,
   du aber sollst dich ihnen nicht zuwenden.
20 Ich mache dich für dieses Volk
   zur ehernen, unbezwinglichen Mauer.
   Sie werden dich bekämpfen,
   aber sie werden dich nicht überwältigen;
   denn ich bin bei dir,
   dir zu helfen und dich zu retten – ist der Spruch Jahwes
21 Ich rette dich aus der Hand der Bösen
   und befreie dich aus der Hand der Gewalttätigen.‟

Zwar ähneln V. 10 ff einem Klagelied des Einzelnen, schon die Einleitung ist
aber ungewöhnlich; der Aufbau ist grob dreiteilig:

I. V. 10 f. 15 a	Beziehung: Prophet – Volk	
V. 10 a	Situationsschilderung in Ich-Klage	
V. 10 b–11	Unschuldsbeteuerung	
	V. 11 b Fürbitte für Gegner (vgl. 18, 20)	
V. 12–14	Einschub	
	Erste Antwort Gottes	
	(wie schon V. 11 MT ohne Textänderung)	
	V. 12 Disputationswort	
	V. 13 f Gerichtsansage gegen das Volk (aus 17, 3 f)	
V. 15 aα	„Du weißt es" Antwort auf V(10–)11	
II. V. 15–18	Beziehung Prophet – Gott	
V. 15(aβb)	Anruf und mehrere Bitten	
	V. 15 b Begründung oder Beteuerung	
V. 16	Reflexion Jeremias über seinen Auftrag	
	(vgl. Ez 2, 8 ff)	
V. 17	Reflexion Jeremias über dessen Folgen	
	(vgl. 12, 6; 16, 1 ff)	
V. 18	„Warum?" Vgl. 20, 18	
	V. 18 b Klagende Anklage über Gotteserfahrung	
III. V. 19–21	Antwort Gottes als Heilszuspruch,	
	eingeleitet (wie Drohwort) durch: „Darum"	
	mit Rückbezug auf Jeremias Klage	
	V. 19 a schließt an V(15 b–)18 an	
	Beziehung: Prophet – Gott	
V. 19 a	Verheißung unter Bedingung	
V. 19 b	Folge	
V. 20	schließt an V. 10 f. 15 a an	

	Beziehung: Prophet – Volk
V. 20 a	Ausgestaltung der Zusage bei Berufung
	ohne Bedingung
	V. 20 aβ (ähnlich 19 b) Folge in 3. Person
V. 20 b	Bekräftigung von 1, 8 (vgl. 1, 18)
V. 21	Explikation von V. 20 b: Konkrete Verheißung

Statt mit einem Anruf Gottes setzt die Konfession überraschend mit einem „Wehe" ein, ursprünglich dem Ruf der Totenklage[100]. Der thematisch ähnliche Abschnitt 20, 14 ff wird mit einem Fluch eröffnet. Wird die Anrede an Gott gemieden? Im Anruf an die *Mutter*, die ihm das Leben gab, wird die eigene Geburt[101] und damit das eigene Dasein beklagt, ja verwünscht, wie viel die Nachkommenschaft, überhaupt das Leben auch gilt.[102] In diesem Ausdruck schmerzhafter Verzweiflung liegt die Verkehrung des Üblichen, „Natürlichen", eigentlich Selbstverständlichen vor. Übernimmt Jeremia die gegnerischen Vorhaltungen, die von ihm zu tragenden Anfeindungen für sich selbst?

Nach der Überlieferung wünschen sich Mose (Num 11, 11 ff) und vor allem Elia (1 Kön 19, 4) angesichts der Schwere oder Erfolglosigkeit ihrer Aufgabe den Tod, ähnlich Jona (4, 8) oder – im Anschluss an Jeremia – wegen seines Geschicks Hiob (3, 1 ff).[103] Wie bei Elia scheint der Todeswunsch ein Scheitern des Propheten auszudrücken; doch ist der Grund jetzt allein die Botschaft. „Hader" und „Streit" geben wohl nicht den Inhalt, sondern eher die *Auswirkungen* von Jeremias Verkündigung wieder; sie entstehen überall, wo er auftritt. Feindschaft ist die Folge seiner Botschaft.

Dem Weheruf über die eigene Person (V. 10 a) schließt sich – wie eine Art Einwand, der sich dem „Wehe" entgegenstellt, ihm ins Wort fällt – eine Unschuldsbeteuerung nach zwei Richtungen, gegenüber den Menschen (V. 10 b) wie gegenüber Gott (V. 11. 16)[104], an. Jeremia hat sich selbst, weder mit Geldverleih noch -entleih[105], etwas zuschulden kommen lassen. Geldsachen, oft Anlass zum Streit, bilden wohl nur eine beispielhafte Konkretion für das Verhalten gegenüber dem Nächsten. Im Kontext hat die Aussage allgemeine Bedeutung: Der Anlass ist nicht durch seine Person gegeben; nicht sein Handeln bietet den Grund der Anfeindung. Damit klingt ein im Hiobbuch ausgeführtes Motiv an. Was die Person trifft, hat sie – zumindest in dem Ausmaß – nicht selbst verschuldet; trotzdem gilt sie als verantwortlich.[106]

---

[100] Vgl. o. zu den Redeformen (Anm. 85).

[101] Wird sachlich an die Berufung vom Mutterleib an (1, 5) angeknüpft? Gegenüber dem „Wehe!" mit Anrede an die Mutter fehlt dem Fluch 20, 14 das „Du".

[102] Vgl. zu 16, 1 ff.

[103] Vgl. Mt 26, 38: „Meine Seele ist zu Tode betrübt."

[104] Nach den möglichen Geld-Schulden wird die mögliche Schuld vor Gott bedacht.

[105] Wie V. 10 b „Weder habe ich noch haben sie mir geliehen" Subjekt und Objekt bei gleichem Verb wechseln, ähnlich in Aussagen über Gott (11, 18; 17, 14; 20, 7; vgl. 15, 19 u. a.). Die Gegenüberstellung „Gläubiger – Schuldner" ist ein Hinweis auf die wirtschaftliche Situation der Gesellschaft (vgl. Ex 22, 24 bzw. 22, 25; dazu R. Kessler 72. 123. 162; auch oben zu 5, 26 ff).

[106] Vgl. etwa Jer 20, 1 f; 26, 11 ff u. a.

Bereits der einleitende V. 10 blickt also über das Ich hinaus, um gegenüberzustellen: ich – sie. Die Gegner werden hier nicht näher bestimmt. Können sonst verschiedene Gruppen genannt werden, so greift „alle" wohl darüber hinaus; in der folgenden göttlichen Antwort (V. 20 f) erscheint ausdrücklich das Volk als Gegenüber, was die Ergänzung (V. 12 f) bestätigt.

„Amen", „Wahrlich" nimmt – gemäß der Textänderung – den Fluch von V. 10 b auf.[107] Dieser Teil der Unschuldsbeteuerung vollzieht sich in Form einer möglichen Selbstverfluchung.[108] Für diese *Feinde* ist Jeremia *fürbittend* eingetreten[109], für sie in Jahwe gedrungen. Jeremia hat seinen „Dienst" treu erfüllt. So haben die Gegner keinen Anlass zur Beschwerde. Allerdings wird die Fürbitte von Jahwe untersagt (14, 11; vgl. 15, 1). Hielt sich Jeremia nicht an das Verbot? Eher ergeht es erst später, eben auf Grund seiner Fürbitte.

Der zweiteilige Abschnitt V. 12. 13–14, der den Zusammenhang stört (V. 15 setzt die Klage fort), ist offenkundig eingefügt. Welchen Grund oder welche Bedeutung kann der Einschub haben? Noch vor dem Wunsch V. 15 antworten V. 13 f mit einer (aus 17, 3 f entliehenen) Gerichtsansage für das Volksganze, einem Gotteswort ohne Einführungs- und Abschlussformel, auf den V. 10 b erwähnten Fluch aller, der so seine Strafe findet. So bekräftigen oder erläutern V. 13 f zugleich die Bitten V. 15.

Zumal V. 13 f sind schwer verständlich. Mit einigen Momenten, wie „aus/ von Norden" (V. 12), Land bzw. Volk, „das du nicht kennst", „Feuer" oder „Grimm" wird deutlich an die Ankündigung des Feindes aus dem Norden (4, 5 ff) angeknüpft; er ist wie noch im näheren Kontext (13, 20 u. a.) nicht namentlich genannt, obwohl Plünderung und Verbannung wohl schon erfolgt sind. In der rhetorischen Frage im Stil des Disputationswortes (V. 12) mögen Eisen und Erz „von Norden" bildhaft die Schwere oder auch Unabwendbarkeit des kommenden Unheils umschreiben.[110] Wird in das das Volk treffende Gericht (17, 3 f) hier Jeremia selbst einbezogen – auf Grund der Erfahrungen, die er (zumal mit der Deportation) machen musste? Die Frage lässt sich kaum eindeutig beantworten.

Jener Beteuerung (V. 11) folgt – ursprünglich unmittelbar, über den Einschub V. 12–14 hinweg – wie eine Art Antwort die Bekräftigung (V. 15 a): „Du weißt es."[111] Dieses Eingeständnis oder Bekenntnis erinnert an die die

---

[107] Vgl. Jer 11, 3. 5 b; Dtn 27, 16–25 mit dem Rahmen V. 15. 28.

[108] „Amen will Jer(emia) zu dem Fluch der Leute sagen und damit den Fluch auf sich nehmen, wenn er ihnen etwas zu Leide getan, wenn er nicht vielmehr immer für die jetzigen Feinde zu Jahwe gebetet hat. Ähnlich beteuert er 17, 16, dass er niemals anderen etwas Böses angewünscht hat." (B. Duhm 134)

[109] Vgl. Jer 18, 20; auch 37, 3; dazu 27, 18; u. Anm. 115. Vgl. auch zu Jer 14 f. Hiob (31, 29) bekennt, keine Freude über das Unglück des Feindes zu haben; vgl. Ex 23, 4 f; Spr 24, 17 f; 25, 21 f u. a.; zumal Mt 5, 44 f; Lk 23, 34.

[110] V. 12 „ist eine in bildhafter Rede vorgelegte Frage, die offensichtlich Jahwe in seinem Handeln recht geben soll" (R. Brandscheidt 252).

[111] Vgl. o. zu 11, 18 ff Anm. 36. Auf die in der Vision gestellten Frage „Können die Gebeine wieder lebendig werden?" antwortet der Prophet: „Du weißt es" (Ez 37, 3), scheint so einerseits die Ohnmacht des Menschen einzugestehen, andererseits Gottes Möglichkeiten anzudeuten. Vgl.

Konfessionen eröffnende Aussage: Gott „ließ mich wissen, so wusste ich"
(11, 18), ja an die bei der Berufung ergehende Designation „ich habe dich
erkannt" (1, 5; jeweils *jd'*). Dennoch kann Jeremia Gott anrufen (V. 15):
„Erkenne!"[112] Auf Grund der Zusage des Beistands bei der Berufung[113] erhält – im Zusammenhang der vorliegenden Überlieferung – Jeremias Bitte
zugleich die Bedeutung, Gott möge zu seinem Wort stehen, für ihn eintreten.

Gott weiß um die Situation und von der Fürsprache, den Gegnern ist sie
unbekannt.[114] Darum wendet sich Jeremia an Gott. Sind Fürbitte und der Gedanke an *Rache* zugleich möglich, stehen sie nicht in Spannung zueinander?
War der Einsatz für die Feinde *umsonst*, wirkungslos? Ihr Verhalten hat sich
jedenfalls nicht geändert. Die Zeit der Fürbitte scheint vorbei zu sein; es wird
an sie erinnert.[115] Angesichts des bedrängenden Gegenübers, in der weiterhin
erfahrenen Nachstellung folgen im Anruf vier Bitten (V. 15) mit demselben
Ziel. „Gedenke mein!" schließt den Wunsch nach Eingreifen[116] ein: „Nimm
dich meiner an!" „Räche dich!" und „Raffe mich nicht dahin!"[117] meinen die
beiden Seiten eines erhofften Vorgangs, der Befreiung von den Verfolgern
und des Endes der Verfolgung. Gott möge sich in seiner Geduld nicht zu
lange Zeit nehmen, so dass Jeremia umkommt.[118]

Greift Jeremia dabei auf eine geläufige Gottesprädikation zurück? Neben
dem auf geschichtliche Taten bezogenen Credo (wie Dtn 26, 5 ff) bezeugt das
Alte Testament mehrfach ein Bekenntnis, das Eigenschaften Gottes, seines
Wesens und Wirkens, nennt: „Barmherzig, gnädig, langmütig …"[119] Gegenüber dieser Reihe sind Einzelformulierungen eher älter. Zwei Elemente des
Bekenntnisses sind bei Jeremia bezeugt: „gnädig" (3, 12) und „langmütig"
(15, 15); vermutlich bilden sie Vorformen der mehrgliedrigen Kette. Da
die Aussage über Gottes den Menschen zugewandte Geduld hier kritisch,

---

noch Ps 40, 10; 69, 20; 142, 4; auch 139, 1 ff. A. Weiser (132) nennt die Antwort ein „Bekenntnis zu
dem allwissenden Gott".

[112] Ähnliche Aufrufe (2, 19. 23; 3, 13) sind an das Volk gerichtet.

[113] Jer 1, 8; vgl. 15, 20 f (mit 1, 18 f) u. a.

[114] „Seine Lage empfindet der Prophet umso schwerer, als der Fluch, den seine Hörer über ihn
sprechen, und die Verfolgungen, denen er ausgesetzt ist, nur eine Seite seiner prophetischen Tätigkeit betreffen: sein Auftreten als Unheilsprophet, während die andere Seite seines Wirkens,
seine fürbittende Tätigkeit, von ihnen gar nicht wahrgenommen wird." (W. Schottroff [zu 11, 18 ff
Anm. 4-1] 189).

[115] Vgl. 18, 20 (o. Anm. 109). Im Exil, also nach oder noch in dem Gericht, das kein Vermeiden,
kein Sich-Vorbei-Stehlen kennt, ergeht allgemein die Aufforderung zur Fürbitte für die Bedrücker
(29, 7). Vgl. den Exkurs o. S. 265 ff.

[116] „Gedenken" meint „das tätige Eingehen Gottes auf den Menschen, die personale Zuwendung, welche die Situation des Menschen, dem sie gilt, ändert, da nun Gott seine Lage überprüft
und Abhilfe schafft". (W. Schottroff [o. Anm. 114] 190).

[117] Zum Verb „hinwegnehmen" vgl. einerseits 1Kön 19, 4; Jon 4, 3; andererseits im Sinn von
„entrücken" Gen 5, 24; 2Kön 2, 3; Ps 49, 16; 73, 24.

[118] Das Treiben der Gegner bis zur Tötungsabsicht stellen dar 11, 18 f. 21; 12, 6. Umgekehrt
wird gegenüber Jeremia der Vorwurf erhoben: Es dauert zu lange; vgl. zu 17, 15.

[119] Die sog. Gnadenformel Ex 34, 6 f; Ps 103, 8 u. a.; Jon 4, 2 gegenüber den Völkern.

ihrer eigentlichen Absicht entgegen, aufgenommen ist: „nicht nach deiner Langmut", setzt Jeremia eine entsprechende Gottesprädikation wohl bereits voraus.[120]

Die „*Rache*"[121] erstrebt Überwindung des Bösen, Aufhebung des Unrechts und des Leidens, Bestrafung der Täter und Rettung des Bedrängten. Zum einen hält das Gebet um „Rache" fest, dass Schuld nicht ungestraft bleibt, sich die Wahrheit oder das Recht – vor dem Tod – in diesem Leben erweisen, Gott mit der Offenbarung seiner Gerechtigkeit dem Bedrängten hilft.[122] Zum andern stellt das Gebet um „Rache" eben als Gebet die Vergeltung Gott anheim,[123] entzieht sie dem Menschen; die Herstellung des Tun-Ergehen-Zusammenhangs liegt nicht in seiner Hand.[124] So enthält die Bitte eine *Selbst-Einschränkung*, einen Verzicht.[125]

Gegenüber der Lage eines zu Unrecht Angeklagten spitzt sich der Sachverhalt für den Propheten noch zu; Jeremia hat „um deinetwillen Schmach zu tragen", befindet sich so in einer widersprüchlichen Situation: Ist der Anlass für die Nachstellungen nicht durch Gottes Auftrag gegeben? Jeremia ist, obwohl er sich gegenüber Menschen nichts Böses vorzuwerfen hat (V. 10 b) und Gottes Wort gerne vernimmt (V. 16), in seiner Person von den Verfolgungen getroffen. Sollte Gott darum nicht die Bestrafung für das, was dem von ihm Beauftragten angetan wird, übernehmen?

Besteht insofern ein Widerspruch in Jeremias Verkündigung, als er zwischen seinen Verfolgern und dem übrigen Volk, so implizit zwischen Ungerechten und Gerechten im Volk unterscheidet?[126] Allerdings „verfluchen" Jeremia „alle" (V. 10), und seine Botschaft trifft sonst alle. Wünschen die Gegner, „unsere Rache an ihm zu nehmen" (20, 10), werden sie nach der Antwort „Meine Verfolger müssen stürzen und siegen nicht!" (V. 11) von dem allgemein angekündigten Unheil getroffen.[127] Die Bestrafung der Verfolger oder Gruppen und die Unheilsansage über die Gesamtheit korrespondieren. So bedeutet „Rache" kaum ein besonderes Einzelgeschehen, viel-

---

[120] Gott „wird nicht ewig zürnen" – so heißt es beschwichtigend 3, 5.

[121] Vgl. auch Jer 17, 18; 18, 21–23; 20, 11 f. Wohl in Aufnahme von Psalmensprache wie Ps (7, 7 f;) 94, 1; auch 58, 11; 79, 10; 149, 7; vom König: 18, 48.

[122] „Der Beter hofft aber, dass sich Gottes Gerechtigkeit, die der Feindschaft des Feindes ein Ende macht, schließlich durchsetzt. Ebenso wie er hofft, dass sich Gottes Zuwendung zu ihm als […] Zu-Recht-Bringung erweist." (B. Janowski, Konfliktgespräche mit Gott, 2003, 125 ff, bes. 131 [Lit.]).

[123] Jer 11, 20; 12, 3; 15, 15; 18, 21 f.

[124] Gegenüber Simson Ri 16, 28 (auch o. Anm. 121) vgl. etwa Spr 20, 22; 24, 29; 25, 21 f; 1 Sam 24, 13; Lev 19, 18 u. a.; auch Röm 12, 19 f; Hebr 10, 30 f.

[125] Die Unterscheidung von Gott und Mensch hat auch für das Handeln Folgen; vgl. ausdrücklich Gen 50, 19 ff.

[126] Die Rachegebete sprechen eine „Sprache, welche die Solidarität im Unheil übertönt und den Gegensatz von Gerechten und Ungerechten aufreißt" (A.H.J. Gunneweg, Sola Scriptura [I, 1983] 79).

[127] In anderem Zusammenhang kann das Wort „Rache" das Strafgericht am eigenen Volk bezeichnen (5, 9.29; 9, 8). Vgl. zu 18, 18 ff.

mehr die Erfüllung der Botschaft, das Eintreten des von Jeremia angesagten Gerichts.[128]

Die Erinnerung an Jeremias Aufgabe (V. 15 „um deinetwillen") führt V. 16 aus. Die inhaltlich gewichtige Aussage lässt sich formal als Unschuldsbeteuerung verstehen, wie (V. 10 b) gegenüber den Menschen auch (wie V. 11) gegenüber Gott – in Gestalt einer Reflexion Jeremias über seinen Auftrag. Sie umschreibt den Offenbarungsempfang, wie die Ausgestaltung des Motivs zeigt: Jeremias bildhafte Rede (Gottes Wort wie Nahrung) wird bei Ezechiel (2, 8–3, 3) als visionäres Erlebnis ausgelegt. Er hört den Auftrag „Tue deinen Mund auf und iss!", sieht eine ausgestreckte Hand mit einer Buchrolle (vgl. Jer 36), die mit Klagen, Ach und Wehe – d. h. den Unheilsankündigungen oder eher deren Wirkungen – beschrieben ist; als er aß, „wurde sie in meinem Munde süß wie Honig". Entsprechend enthält das Gotteswort, das Jeremia zur Freude wurde, gewiss Unheilsdrohungen. Der Wortempfang scheint sich, wie die Wendung andeutet, nicht selbstverständlich oder regelmäßig einzustellen: Das Wort „findet", d. h. ereignet, „sich".[129]

Gottes „Name" ist wie über dem Tempel oder über der Stadt Jerusalem[130] über Jeremia „ausgerufen", damit Gott übereignet, seinem Hoheitsrecht unterstellt. Entspricht diese Eigentumserklärung sachlich nicht der vorgeburtlichen Bestimmung (1, 5)?

Obwohl Jeremia das Gotteswort gerne annimmt, richten sich dessen Wirkungen gegen ihn; es „wurde mir zum Schimpf und Hohn den ganzen Tag" (20, 8; vgl. 15, 15). Diese Folge wird in der Klage (V. 17) kontrastvoll dargestellt: Die Freude am Gotteswort, die Gemeinschaft mit Gott, kann für den Propheten die freundschaftliche Gemeinschaft mit Menschen ausschließen.[131] Das Vertrautsein mit Gott und der prophetische Auftrag, der ihn in Anspruch nimmt, bringen das Ende fröhlicher Unbeschwertheit, Vereinzelung in seinem Volk, Vereinsamung. Zwar lässt sich „Kreis" verschieden konkretisieren, gemeint ist aber wohl: Jeremia kann nicht an der „feierabendlichen Zusammenkunft der erwachsenen Männer"[132] teilnehmen, an der vertrauten, heiteren „Runde", in der man ungezwungen beieinander sitzt, um zunächst die Tagesereignisse zu bereden.

Dabei ist die Einsamkeit, unter der Jeremia leidet, durch keine persönliche Schuld oder Krankheit („Wunde" ist bildlich zu verstehen), vielmehr durch

---

[128] Dieser Rachewunsch hat „nichts anderes zum Inhalt […] als die Unheilsbotschaft des Propheten" (H. J. Hermisson, Studien 18). Darum „geht es offenbar in der Bitte nicht um die persönliche Rache, sondern um die Verwirklichung der Botschaft, die dem Propheten aufgetragen war" (ebd. 19).

[129] Vgl. o. zu Jeremias Verkündigung (Abs. 11).

[130] Jer 7, 10 f. 14. 30; 32, 34; 34, 15 bzw. 25, 29; vgl. vom Volk 14, (7.) 9; zum politisch-rechtlichen Hintergrund der Ausrufung des Namens als Eigentumserklärung, Inbesitznahme 2Sam 5, 9; 12, 26–28.

[131] Vgl. die Überlieferung 1Kön 19, 10. 14. 19 ff.

[132] L. Köhler, Der hebräische Mensch, 1953, 90.

die bezwingende Gewalt, den göttlichen Zugriff[133] veranlasst. Gott hat ihn
mit Grimm, „Verwünschung erfüllt"[134]. Die gesellschaftlichen Konflikte sind
nicht der Auslöser; sie erscheinen erst als Folge. Dieses Selbstzeugnis der
Konfessionen wird durch den unmittelbar benachbarten Bericht von der Jeremia aufgetragenen dreigeteilten symbolischen Handlung (Kap. 16) bestätigt; beides entspricht sich. Spiegelt sich in der persönlichen Bekundung der
Einsamkeit (15, 17) nicht die Auswirkung wider? Der Schmerz ist „auf
Dauer" zu ertragen.

Schon V. 17 geht in Klage über, die über die Warum-Frage (V. 18 a) zur Anklage (V. 18 b) wird. Sie bildet mit dem einleitenden Weheruf (V. 10) als
Schluss- und Höhepunkt den Rahmen der Konfession. Jeremia steht nicht
nur auf Gottes Seite gegen das Volk, ringt vielmehr mit Gott. Weil der Konflikt, in dem Jeremia steht, durch seine Aufgabe hervorgerufen ist, trägt er ihn
auch mit Gott aus. Dem Propheten erscheint in Umkehrung seines eindrücklichen Bildwortes Gott nicht mehr als lebendiger, lebenserhaltender Quell
(2, 13)[135], sondern als im Sommer versiegender, austrocknender Bach, „als
Trugbach, als unzuverlässiges Gewässer". Wird so nicht eine grundlegende
Glaubensaussage in Zweifel gezogen: Gott ist Retter aus der Not?

Diese klagende Anklage bildet gewiss eine der härtesten Aussagen des Alten Testaments. Jeremia ist von tiefen, sein Prophet- wie sein Menschsein
treffenden Anfechtungen bewegt. Er hadert mit Gott, fühlt sich von ihm –
wegen seines Leidens oder auch des Ausbleibens der angesagten Zukunft
(17, 15; vgl. 15, 15) – getäuscht. Erfährt Jeremia nicht mehr, wie die Berufungsgeschichte (1, 8) verheißt, die Gegenwart und den Beistand Gottes in der
Not? Selbst innerhalb der Botschaft *eines* Propheten, erst recht der Prophetie
oder gar des ganzen Alten Testament besteht keine Einheit im Gottes„*bild*"
oder in den Gottesvorstellungen.[136]

Erhebt Jeremia einen ähnlichen Vorwurf wie gegenüber dem Volk? Während es einen Ersatz sucht, „verlässt" (2, 13) Jeremia Gott nicht, wendet sich
vielmehr an ihn. Die – kaum überbietbare – Klage wird Gott selbst vorgetragen. In überraschender Weite des Gebets bleibt Raum für Einwände, Klage

---

[133] Vgl. Jer 20, 7; unter dem Druck von Gottes „Hand" vgl. Jes 8, 11; auch Am 3, 8; u. a.

[134] „Verwünschung durch den strafenden Gott" (HAL 265). „Die Wendung [...] bezieht sich
der Form nach auf das Leiden des klagenden Propheten, aber im jetzigen Kontext wird das Wort
za'am von den umgebenden Gerichtsorakeln gefärbt, so dass es zugleich wie eine Art Zeichenhandlung die Strafe Jerusalems andeutet." (B. Wilklander, ThWAT II, 625) Der Ausdruck scheint
sowohl Gottes Gerichtsernst als auch die bis ins Körperliche reichende Betroffenheit des Propheten zu umfassen.

[135] Aufgenommen 17, 13; vgl. auch Dtn 7, 9; 32, 4.

[136] „Welche Tiefe des Zweifels und der Anfechtung lässt das Alte Testament zu, wenn es ein
solches Wort – wie die Klagen der Psalmbeter oder die Anklagen Hiobs – weitergibt, Späteren
nachsprechbar und nachvollziehbar macht! Kommen darin nicht auch Offenheit und Freiheit des
Alten Testaments zum Ausdruck, den gewohnten Rahmen sprengenden Erfahrungen und Aussagen Raum zu geben? ... So lässt das Alte Testament höchst unterschiedliche Gotteserfahrungen
gelten, die miteinander in Spannung, wenn nicht zueinander im Gegensatz stehen [...]" (W.H.
Schmidt, Vielfalt und Einheit atl. Glaubens II, 1995, 280 A 45).

oder Anklage – soweit mit der Ausschließlichkeit des Glaubens die Ausrichtung gewahrt ist. Der Zweifel an Gottes hilfreicher Nähe, die Verzweiflung oder die Erfahrung der Gottesferne wird im „Du" geäußert, so mit Gott gerungen. Ist mit der bleibenden Anrede in der Anfechtung nicht auch ein Element des Vertrauens verborgen enthalten?[137] Lautet nach vielfältigen Klagen und Anklagen das Urteil über Hiob nicht „recht geredet" (42, 7)?

Auf ein Klagelied kann ein Heilszuspruch erfolgen. Ähnlich ergeht auf Jeremias klagende Anklage Gottes Antwort. Ist der Erhörungszuspruch nach erhaltenen Zeugnissen[138] unbedingt gestaltet, so stellt sich hier Gottes Antwort als eine mit einer Mahnung verbundene, bedingte Heilszusage dar.[139]

Die dichte Aussage verbindet mehrere Aspekte: Jeremia soll oder muss a) zu Gott „zurückkehren", kann dann b) wieder als Gottes beauftragter[140] Bote oder „Mund"[141] auftreten. Gibt er c) unverfälscht die Botschaft Gottes weiter, erfährt er d) weiter Gottes hilfreiche Nähe, so dass er e) wie eine feste Burg unbezwingbar erscheint. Als Folge werden sich f) die Gegner zu ihm wenden, nicht er zu ihnen. Dennoch kann man nach der genauen Bedeutung fragen: Wieweit hat Jeremia Unrechtes vorgebracht? Ist „Edles", was er von Gott empfängt[142], „Gemeines", was Jeremia sagen kann – etwa beeinflusst durch die Volksmeinung oder vielmehr durch eigene Zweifel? Es ist wohl an die unmittelbar vorhergehende Klage (V. 18) über die nicht mehr erfahrene Zuverlässigkeit Gottes gedacht. Dann vollzieht sich „Umkehr" in bewusster Umkehrung einer Auflehnung gegen Gott.[143]

Umkehr meint hier nicht eine Möglichkeit, das Unheil abzuwenden, sondern stellt im Rahmen des prophetischen Auftrags ein Heilsangebot dar. Konnte Jeremia (17, 14) bitten: „Heile mich, dass ich heil werde!", so kann die Antwort diese Struktur von Tun und Lassen, Handeln und Empfangen mit dem Wortspiel „zurückkehren/zurückkehren lassen" aufnehmen.[144] Die Um-

---

[137] Vgl. Ps 22, 2; Mk 15, 34.

[138] Vgl. 1Sam 1,(8 ff.)17; auch Gen 21, 17(ff); 16, 8 ff; Klgl 3, 57; Ps 107, 19 f; aufgenommen Jes 43, 1 ff u. a. Vgl. noch die liturgische Folge Jer 14 f. Möglich ist, vielleicht als Abwandlung, eine Selbst-Antwort (wie im Kehrvers Ps 42, 6. 12; 43, 5; vgl. 130, 5 u. a.).

[139] Ähnlich heißt es – vielleicht als Nachklang von Jer 15, 19 – bei der Einsetzung des Hohenpriesters Josua (Sach 3, 7): „Wenn du in meinen Wegen wandeln und meines Dienstes warten willst, so sollst du mein Haus regieren ..." Vgl. auch Lk 22, 32.

[140] „Stehen vor/dienen" kann die prophetische Aufgabe bezeichnen (1Kön 17, 1; 18, 15; 2Kön 3, 14; 5, 16). Vgl. auch Jer 35, 19.

[141] Vgl. Ex 4, 15; Jer 1, 9; 5, 14.

[142] Sagt Jeremia nicht selbst (V. 16): „Stellten sich Worte (von dir) ein, so verschlang ich sie"? gegenüber dem vergeblichen Versuch (20, 9): „Ich will seiner nicht mehr gedenken"?

[143] „In diesem ersten Teil der Gottesrede ist also ein Zweifaches gesagt: Einmal, dass Jeremia zu weit gegangen ist und deshalb umkehren muss, und zum anderen, dass Jeremia hinsichtlich der Position seiner Gegner ganz sicher auf der richtigen Seite steht und nicht nur keine Wende nötig hat, sondern auch keine machen darf; Umkehr ist vielmehr Gebot der Gegner, und zwar als Hinkehr zur Seite Jeremias." (F. D. Hubmann 289) Sie sind auf dem falschen Weg. Jeremia muss auf seinem Weg weitergehen, „einzig im Vertrauen auf die Zusicherung, dass er auf dem richtigen Weg ist, sein Amt und seine Botschaft allen Anfechtungen zum Trotz tragen" (290).

[144] Ähnlich gegenüber dem Nordreich 31,[4.]18 f; vgl. o. zur Verkündigung Abs. 8–9.

kehr, die der Prophet vollziehen soll, wird zugleich als von Gott geschenkte
Möglichkeit, als eine durch ihn erneuerte Hinwendung begriffen. V. 20 folgt
eine nicht bedingte Zusage, die an die Einsetzung in der Berufungsgeschichte[145] erinnert; wie dort (1, 8) wird Jeremia nicht Bewahrung vor, sondern in der Gefahr zugesagt.[146] Als Zurüstung für die bleibende Aufgabe hat
die Antwort künftiges Wirken im Blick; dennoch ist auffällig, dass sie nicht
das Ende der Reihe bildet, da die letzte Konfession 20, 7 ff die Klage kaum
weniger hart fortsetzt.

---

[145] „Ich setze/mache dich zu" wie 1, 5; auch 6, 27. Die Zusage 15, 20 wird wegen ihrer Bedeutung in der jüngeren Entfaltung der Berufungsgeschichte 1, 18 f aufgenommen; s. dort. Zum Bild
der „ehernen Mauer" vgl. Am 7, 7 f; Ez 4, 3.
[146] Ähnlich gegenüber Ebed-Melech (39, 15–18) oder Baruch (45, 5). Vgl. auch Ez 2, 6; 3, 8;
Jes 50, 7. Die Frage, ob – nach „Spruch Jahwes" als möglichem Abschluss – 15, 21 (als Entfaltung
von V. 20 b) einen Zusatz darstellt, ist sachlich kaum relevant.

Keine Familie, weder Trauer- noch Festgemeinschaft
Jer 16, 1–9. 10–13

1 Es erging an mich das Wort Jahwes[1]: 2 Du sollst dir keine Frau nehmen, weder Söhne noch Töchter haben an diesem Ort. 3 Denn so spricht Jahwe über die Söhne und Töchter, die an diesem Ort geboren werden – und über ihre Mütter, die sie gebären, und über ihre Väter, die sie zeugen in diesem Land: 4 Eines qualvollen Todes[2] werden sie sterben; man wird sie nicht betrauern und nicht begraben
– als Dünger auf dem Acker werden sie dienen, durch Schwert und Hunger ihr Ende finden, und ihre Leichen werden zum Fraß für die Vögel des Himmels und die Tiere des Feldes.

5 Fürwahr[3] so spricht Jahwe: Betritt kein Trauerhaus[4], geh nicht zur Totenklage und bekunde ihnen kein Beileid! Denn ich habe diesem Volk mein Heil entzogen – ist der Spruch Jahwes –, die Gnade und das Erbarmen,
6 Groß und klein werden sterben in diesem Land und nicht begraben werden. Man wird sie nicht beklagen, sich die Haut ritzen oder sich für sie kahl scheren. 7 Man wird keinem ‚Trauernden‘ das ‚Brot‘[5] brechen, um ihn wegen eines Toten zu trösten, ‚ihm‘[6] nicht den Trostbecher reichen wegen seines Vaters oder seiner Mutter.

8 Auch ein Haus, in dem ein Festmahl stattfindet, sollst du nicht betreten, um dich zum Essen und Trinken ‚zu ihnen‘ zu setzen! 9 Denn so spricht Jahwe – Zebaot, der Gott Israels –: Siehe, ich mache an diesem Ort

---

[1] Die LXX lässt V. 1 aus, fügt eine ähnliche Aussage („spricht der Herr, der Gott Israels") in V. 2 ein, schließt so Kap. 16 noch enger an die Konfession Kap. 15 an: Die Gottesrede 15, 19 ff geht weiter, und sachlich besteht Übereinstimmung mit 15, 17 f. Hier verfolgt die LXX in der Textgestaltung wieder deutlich interpretatorische Absicht. Vgl. auch zu 7, 1–2 a.

[2] Der schwierige Ausdruck, oft „an tödlichen Krankheiten" übersetzt, meint wohl „qualvolle Todesarten" (HAL 1582 a), „besondere Umstände des Sterbens" (K. Seybold, Das Gebet des Kranken im AT, BWANT 99, 1973, 22).

[3] Oder: Denn, Außerdem.

[4] Das – vom westlichen Mittelmeer bis Ugarit, Petra und Palmyra verbreitete – Wort (vgl. Am 6, 7) oder diese Institution meint eine Kultfeier, im vorliegenden Zusammenhang ein Gemeinschafts- bzw. Genossenschaftshaus (Vulg.: domum convivii), in dem ein Kultmahl stattfindet – hier das Trauermahl, die Trauerfeier (vor V. 8 nicht: Jubel, Freude). Vgl. etwa HAL 599; H.J. Fabry, ThWAT V, 11–16; O. Loretz, in: Mesopotamica – Ugaritica – Biblica, FS K. Bergerhof, AOAT 232, 1993, 93–144 (Lit.).

[5] Vgl. jeweils BHS. Statt „ihnen" (lhm) ist wahrscheinlich mit leichter Änderung des Konsonantentextes (lchm) „Brot" zu lesen: Analog zu „den Trostbecher reichen" ergibt sich ein Trauerritus: „das (Trauer-)Brot brechen".

[6] MT hat „ihnen" – bezogen auf „groß und klein"?

vor euren Augen und in euren Tagen dem Ruf des Jubels und dem Ruf der
Freude, dem Ruf des Bräutigams und dem Ruf der Braut ein Ende.
10 Wenn du diesem Volk alle diese Worte kundtust und sie dich fragen: „Warum droht uns Jahwe all dieses große Unheil an? Was ist unsere
Schuld und was unsere Sünde, die wir gegenüber Jahwe, unserem Gott,
begangen haben?", 11 so antworte ihnen: „Weil eure Väter mich verließen – ist der Spruch Jahwes –, anderen Göttern nachfolgten, ihnen dienten und sie anbeteten, damit mich verließen und meine Weisung nicht
befolgten. 12 Ihr selbst habt es noch schlimmer getrieben als eure Väter. Seht, jeder von euch folgt dem Starrsinn seines bösen Herzens, ohne
auf mich zu hören. 13 So schleudere ich euch aus diesem Land fort
in das Land, das euch und euren Vätern unbekannt war. Dort werdet
ihr andern Göttern dienen, Tag und Nacht, weil ich euch keine Gnade
(mehr) schenke.

Der Bericht dieser tief in Jeremias Leben eingreifenden drei Symbolhandlungen ist der Konfession 15, 10 ff zugeordnet. So sind zwei verschiedene Überlieferungen im Ich-Stil miteinander verbunden. Die Klage „nie heiter, unter
dem Druck deiner Hand einsam" (15, 17) findet in dem von Gott ergehenden
Auftrag (16,1 ff) ihre Begründung und Entfaltung. Im Kontext bestätigt er zugleich ihr Recht und ihre Wahrheit. Mit seinem „unerfindlichen Inhalt" (W.
Rudolph), seiner ungemein harten Aussage in den Gottesworten, die einschneidende Folgen für den Propheten wie für das Volksganze haben, ist der
Text zweifellos ein Kernstück der Jeremia-Überlieferung.
    Auf die schon die Berufungserzählung wie das Visionspaar einleitende,
auch in Symbolhandlungen bezeugte Wortereignisformel[7], die einen Selbstbericht einführt, folgen drei Aufträge (I.–III.) an den Propheten mit jeweils
(durch begründendes „denn") anschließender Unheilsankündigung. Diese
Deuteworte sind in Umfang und Gestalt unterschiedlich:

I.	V. 1. 2–4	Erste Symbolhandlung:
		Ehe- und Kinderlosigkeit
	V. 1	Wortereignisformel (mit 1. Person)
		als Einleitung zugleich zum Ganzen
	a) V. 2	Auftrag, keine Familie zu gründen
	b) V. 3. 4 a	Durch „denn" eingeleitete Deutung
		Schon an die Öffentlichkeit gerichtetes
		Gotteswort (in 3. Person): Gerichtsansage
	V. 4 b	Nachträgliche Erweiterung der Ankündigung
II.	V. 5–7	Zweite Symbolhandlung:
		Keine Beileidsbekundung
	a) V. 5 a	Auftrag, nicht an Trauerbezeugungen teilzunehmen
	b) V. 5 b–7	Durch „denn" eingeleitete Deutung
		Gerichtsansage

---

[7] 1, 4. 11. 13; 13, 3. 8; 18, 5; 24, 4 u. a.

V. 5 b   Gottes Ich-Rede
V. 6 f   Folge und Entfaltung (in 3. Person)

III. V. 8–9   Dritte Symbolhandlung:
              Keine Teilnahme an einer Feier
a) V. 8   Auftrag, festliche Geselligkeit zu meiden
b) V. 9   Durch „denn" eingeleitete Deutung
          Gerichtsansage in Gottes Ich-Rede mit Anrede
          („vor euren Augen, in euren Tagen")

IV. V. 10–13   Abschließender, erweiternder Anhang
               mit verstärkender Begründung
               im Schuldaufweis des Volkes
V. 14 f   Ergänzung: Heilsansage wie 23, 7 f

Den Grundbestand von V. 1–9 hat die (jerdtr) Redaktion in ihrer Sprache
und Absicht deutlich in V. 4 b[8] und im Anhang (V. 10–13), der die Schuld wieder in der Übertretung des ersten Gebots sieht, erweitert.

Die in den einzelnen Szenen enthaltenen Überlieferungen waren möglicherweise einmal selbständig,[9] wurden vielleicht erst bei der Niederschrift
miteinander verbunden. Im vorliegenden Zusammenhang bilden sie eine Einheit, gehören *literarisch* schon durch die ähnliche Erzählstruktur in Ich-Rede
zusammen. Nach der Wortereignisformel (V. 1) ist der zweite Auftrag (V. 5)
mit der Botenformel[10] eingeleitet, der dritte Auftrag (in V. 8) überhaupt ohne
eigene Einführung.[11] Auch *sachlich* besteht eine Gemeinsamkeit: Alle drei
Szenen prägen ein Gesamtverhalten, unterbrechen zeichenhaft menschliche
Gemeinschaft. Von der ersten Symbolhandlung ist der Prophet in seinem eigenen, „privaten" Leben betroffen, von der zweiten und dritten in seinem
Umgang mit anderen. In der ersten Szene ist mehr die folgende, dann die

---

[8] Nach dem nötigen knappen einleitenden Satz umfasst die Ergänzung, wie durch die Gliederung der Übersetzung angedeutet, genauer V. 4 aβb. Die Ankündigung „weder betrauert noch begraben werden" gehört wohl noch zum ursprünglichen Text, wird in V. 6 f entfaltet, anscheinend
(im jerdtr Rahmen) 8, 2 abgewandelt. Vgl. Anm. 11.

[9] Die I. Szene hat eine gewisse Eigenständigkeit, während die beiden folgenden Szenen durch
das Gegenüber von Leid und Freude thematisch enger verbunden sind. Die Zusammenfassung
der Einzelhandlungen zu einer dreiteiligen Folge oder auch die Verknüpfung zweier Ich-Darstel-
lungen (15, 17; 16, 1 ff) scheint schon früh erfolgt zu sein; vgl. o. zur Entstehung des Buches
(Abs. 2).

[10] Die Botenformel (V. 3. 5. 9) findet sich V. 3 und 9 vor dem Deutewort bzw. der Gerichtsansage, die an die Hörer weiterzugeben ist, hat also gegenüber der sich an den Propheten richtenden
Wortereignisformel eine andere Situation (mit den Adressaten) im Blick. Die Botenformel, die
V. 5 mit einem den Aufbau eher störenden einleitenden „denn" vor dem Befehl begegnet, würde
man gerne vor die Unheilsansage V. 5 b versetzen, die das prophetische Handeln für die Öffentlichkeit verständlich macht. Vielleicht ist die Stellung im vorliegenden Kontext der drei zusammenhängenden Handlungen auch bewusst so gewählt.

[11] V. 3 greift auf V. 6 f vor – mit der über den Auftrag V. 2 hinausgehenden Erwähnung der Eltern. Bildet sie eine Hinzufügung? Mütter und Väter können als eine von der Trauer hart betroffene Gruppe eigens einbezogen sein. Außerdem sind so wie V. 4 a (s. Anm. 8) die I. und II. Szene
miteinander verzahnt.

gleichzeitige Generation im Blick. Dabei zielen die drei Szenen auf das abschließende dritte Deutewort (V. 9) mit persönlicher Zuspitzung in der Anrede.[12]

Der Bericht über die Ausführung der symbolischen Handlungen fehlt, ist (wie 19, 1 f. 10 f u. a.) als selbstverständlich in die Anweisung verschlungen. Jeremias Lebensweise – die Ehelosigkeit, das Fernbleiben von trauernden und festlichen Gemeinschaften – kann nicht verborgen bleiben; die Öffentlichkeit ist ohnehin gegeben.[13] Falls man Jeremia nach dem Grund seines unüblichen oder gar anstößigen Verhaltens fragt, erhält er Gelegenheit, seine Botschaft weiterzugeben, und kann sich zugleich von dem naheliegenden Vorwurf mangelnden Gemeinsinns entlasten.

Das Verbot der Heirat trifft Jeremia am ehesten in seinen jüngeren Jahren (vgl. 1, 6). Die Darstellung nimmt Stichworte auf, die in seiner Frühzeit anklangen, wie „Trauer" oder „klagen".[14] Die bereits geäußerte Einsicht „kein Schalom/Heil, Friede" (6, 14; 8, 11. 15) wird hier weitergeführt. In der Ausdrucksweise und Intention besteht eine gewisse Nähe zu den Worten über Könige, Josias Söhne (22, 10. 18 f). Auch bleibt das „Wie" des Unheils insofern noch unbestimmt, als nicht gesagt ist, durch wen es herbeigeführt wird.[15]

Gegenüber den Einzelaktionen mit alltäglichen Gegenständen (Jer 13; 19) betrifft diese dreiteilige Symbolhandlung seine Person und dauert lebenslang. Wie Jesajas (7, 3; 8, 3) tragen schon *Hoseas* (1, 6. 9) Kinder ständig Namen, die der Verkündigung des Vaters entsprechen. Überhaupt findet sich eine gewisse *Vorform* bei Hosea (Kap. 1), ebenfalls in einer Folge von Symbolhandlungen, die das familiär-persönliche Leben des Propheten einbeziehen und ihren Höhepunkt im abschließenden Deutewort (1, 9) haben. Zudem erinnert Jer 16, 5 an Hoseas Namengebung (1, 6). Auch die Ankündigung des Endes der Feste (Hos 2, 13) ist bei ihm belegt.[16] Hier liegt deutlich eine Verschärfung vor; der Prophet selbst ist mit seiner Lebensführung „Zeichen".[17]

Das *Verbot* zu *heiraten* schafft eine höchst unübliche Situation. Ehe- und Kinderlosigkeit nimmt man nicht von sich aus, etwa als Askese, auf sich, er-

---

[12] Vgl. Jer 18, 6; auch Hos 1, 9. Darf man die literarische zugleich als zeitliche Abfolge der Szenen verstehen? Wie etwa bei den Visionen Jer 1, 11 f. 13 f ist wenig erheblich, ob die Form einen historischen Ablauf wiedergibt oder verschiedene, auseinanderliegende Vorgänge wegen ihres sachlich-thematischen Zusammenhangs zusammenrafft.

[13] Wird die Einsamkeit nicht auch durch die Konfession (15, 17 „allein") bestätigt?

[14] Jer 6, 26 (auch 9, 16 ff) bzw. 4, 8 (auch 22, 18).

[15] Wie in anderen Symbolhandlungen (13, 9; 19, 11) oder auch in Kap. 4, 5–6 werden die Babylonier nicht als Gottes Gerichts-Werkzeug genannt. Erst die redaktionelle Ergänzung (16, 13) macht rückblickend nähere, aber immer noch allgemeine Angaben.

[16] Mit dem Verb *šbt hi* „beenden lassen" Hos 1, 4; 2, 13; Jer 16, 9. Das Thema der Anklage von Hos 1, 2 begegnet ähnlich Jer 2.

[17] Vgl. Jes 20, 3 mit 8, 18. Trotz verschiedenem Anlass finden sich im ebenfalls symbolischen Nicht-Handeln Ezechiels (24, 15 ff) ähnliche Züge: Mit der Ankündigung des Todes seiner Frau erhält er das Verbot des Klagens, Weinens und der Trauerbezeugungen. Besteht ein Überlieferungszusammenhang? Die Ankündigung Ez 24, 21 (.25) entspricht Jeremias Tempelrede; vgl. zu Jer 7.

scheint vielmehr als schweres, bedauernswertes Schicksal[18], das die Aussicht auf Zukunft abschneidet.[19] Erlaubt das Kriegsgeschehen weder Trauer noch Bestattung, so gilt auch Nicht-Begraben-Werden (V. 4. 6) als hartes Los oder Strafe.[20]

Die drastische Beschreibung „Dünger" und „Fraß" für die Tiere (V. 4 b) enthält bei metaphorischem Gebrauch möglicherweise eine historische Erinnerung, könnte die – verschiedentlich als schrecklich geschilderten[21] – Verhältnisse bei der Zerstörung Jerusalems 587/6 v. Chr. widerspiegeln.

Was ist der *Sinn* dieser auffälligen Symbolhandlung? Sie dient nicht, etwa mit dem Ruf zur Umkehr, der Abwehr der Gefahr. Grund der Ehelosigkeit ist „das drohende allgemeine Todeslos [...] So ist Jer's Zölibat ein memento mori [...] für seine Volksgenossen."[22] Gott mutet Jeremia zu, als einzelner in der Gegenwart mit seinem Leben vor-abzubilden, was später alle treffen wird. Der Prophet bereitet die Zukunft nicht vor, wirkt bei deren Ausführung nicht mit, nimmt zeichenhaft in seiner Person und Situation das auf das Volk hereinbrechende Unheil vorweg.

Die *zweite* Symbolhandlung betrifft Jeremias Verhältnis zu Mitmenschen, Bekannten oder Nachbarn. Er soll an keinen Trauerbezeugungen teilnehmen, sich so außerhalb des gesellschaftlich Üblichen[23] stellen – ohne Angabe einer zeitlichen Begrenzung. Gibt das gewiss höchst anstößige Verhalten nicht die letzte Gemeinschaft, die dem Menschen angesichts des gute wie böse Beziehungen beendenden Todes noch möglich ist, ein Mindestmaß an Menschlichkeit, auf?[24]

„*Trauern*" meint „zunächst die rituelle Totenklage", Gesten und Worte.[25] V. 6 f erinnern an Motive der Qina bzw. Leichenklage. Gilt sie dem Tod eines

---

[18] Vgl. etwa 1Sam 1, 5 ff; Gen 18, 9 ff; 30, 1 f; auch Lk 1, 7 ff. Nach der jüngeren Priesterschrift erhält die Menschheit den Schöpfungssegen (Gen 1, 28): „Seid fruchtbar und mehret euch!" Umgekehrt ist der Tod der Kinder eine ungemein harte Strafe (Am 7, 17; Jer 11, 22 f; 15, 7. 9; 18, 21; bes. 22, 30; 36, 30).

[19] Vgl. Rut 4, 10. 15; „Gedächtnis": Spr 10, 7; Ps 112, 6; die Errichtung eines Denksteins als Ersatz 2Sam 18, 18.

[20] Jer 22, 19; 36, 30; auch 1Kön 14, 11; 16, 4; 21, 23 f.

[21] Vgl. 7, 33; 19, 7 u. a.

[22] So (im Anschluss an P. Volz 177) W. Rudolph 111. Jeremia „bildet im voraus ab, was alle dereinst erleiden müssen" (110). Demgegenüber verlagert die Auskunft, „die große Aufgabe" vertrage „keine Sorge um und Fürsorge für eine Familie" (111), den Ton.

[23] Trauerriten haben „den Charakter einer unbedingten Verpflichtung"; es scheint „ebenso unerlässlich, vorschriftsmäßig beklagt als richtig begraben zu werden" (H. Jahnow, Das hebräische Leichenlied: BZAW 36, 1923, 8). „Die einzige legitime Tröstung, die im Bereich des Menschen liegt, ist jene, die sich in Gesten der Trauer zeigt" (H. Simian-Yofre, ThWAT V, 382). In solchem Verhalten äußert und gestaltet sich zugleich innere Anteilnahme oder Mitgefühl; vgl. etwa 4, 19.

[24] Beispielhaft bringen Hiobs Freunde zunächst (2, 11 ff) dem vom Schicksal hart Getroffenen Klage und Trost entgegen.

[25] J. Scharbert, ThWAT V, 901. Der auffällige Wechsel der Verbformen V. 6 f mag sich ein Stück weit so erklären: Die Plurale nennen Bräuche der Gemeinschaft, die Singulare „führen die allgemeine Trauer [...] ins einzelne" (P. Volz 179).

Verstorbenen, so kündet Jeremia für die Zukunft an: Es wird keine Klage mehr geben können. V. 6 f zählen geübte *Trauerbräuche* auf, wie klagen[26], sich Einschnitte machen[27], sich eine Glatze scheren[28], Trauerbrot brechen[29], einen Trostbecher den Leidtragenden reichen. Beruhen solche Riten auf magischen Vorstellungen, verbinden sich mit Totenversorgung oder -verehrung?[30] Diese Riten wenden sich – zumindest in der vorliegenden Form – nicht am Grab an den Bestatteten, bezeugen keinen Totenkult, haben vielmehr, wie die Näherbestimmung ausdrücklich macht, die Aufgabe: „wegen des Toten trösten".

Über „Söhne und Töchter" (V. 3) hinaus trifft das Geschick ohne Unterschied des Standes „Große und Kleine". Das Paar, wie etwa alt und jung, umschreibt bildhaft Umfang und Härte des Gerichts, hier nicht im strengen Sinn „alle"[31]. Wie wären sonst die genannten Trauerbräuche möglich? In der angekündigten, ausführlich beschriebenen Reaktion (den Folgen V. 4. 6 f in 3. Person) kommt wie in Jeremias zeichenhafter Vorwegnahme das Geschehen zum Ausdruck.

Die – über V. 3 hinausgehende – Begründung (V. 5 b), die Mitte des Textes, bietet in der Tiefe der Einsicht eins der härtesten von Jeremia oder den sog. Schriftpropheten überhaupt weitergegebenen Gottesworte. Es schließt sich an Hosea (1, 6): „Ich will mich nicht mehr erbarmen" an, stellt dem Stichwort *„Erbarmen"* aber zwei weitere Begriffe voran. Gott entzieht – in Übereinstimmung mit Jeremias früher Erkenntnis (6, 14 u. a.) – *Schalom* „Heil, Friede" wie die *„Gnade"* („Güte"), nimmt seine heilvolle Nähe oder Zuwendung zurück.[32] Auch die Wendung *„dieses Volk"* wirkt gegenüber dem Gemeinschaft bezeugenden „mein Volk" eher distanzierend.[33]

Die *dritte* Symbolhandlung führt sachlich kaum weiter, bekräftigt eher, schließt als Folge der Trauer auch die Freude aus.[34] Dieser Auftrag untersagt Jeremia, ein „Festhaus", einen Raum für ein Festmahl, zumal bei der Hochzeit, zu betreten. Im Essen und Trinken kann sich Gemeinschaft bilden und

---

[26] Vgl. zur Situation und Sprache 22, 18; auch 9, 16 f; 34, 5.

[27] Vgl. 41, 5; 47, 5.

[28] Vgl. 48, 37; 7, 29; 47, 5; auch Jes 3, 24; 22, 12; Mi 1, 16 u. a.

[29] Vgl. Hos 9, 4; Ez 24, 22.

[30] Erinnern sie an fremdreligiöse Bräuche? Vgl. das „Sich-Ritzen" der Baal-Propheten 1Kön 18, 28. Weil die Bräuche zumindest missverständlich erscheinen, werden sie teilweise in Dtn 14, 1 f (vgl. 26, 14; Lev 19, 27 f; 21, 5; auch 20, 6. 27) verboten. Hier gelten sie nicht als verdächtig: Jeremia „sagt lediglich, dass in der Not der großen Katastrophe diese Bräuche nicht mehr geübt werden, ohne sich über ihre Erlaubtheit zu äußern" (W. Rudolph 111). Allerdings können Gesten verschiedenen Sinn gewinnen. Gegenüber der Deutung als apotropäische Riten betont E. Kutsch („Trauerbräuche" und „Selbstminderungsriten", Kleine Schriften zum AT, BZAW 168, 1986, 78–95) wohl mit Recht den Aspekt der Selbst-Einschränkung, Selbst-Demütigung.

[31] Vgl. 6, 13; 8, 10; auch 31, 34.

[32] Vgl. in den Symbolhandlungen Jer 13, 9; 19, 11; auch 6, 30; 7, 29.

[33] Vgl. zu Jer 8, 5; auch 19, 11 u. a. schon Jes 8, 6 u. a.

[34] Jeremia scheint sich wieder an ein Hoseawort (2, 13) anzulehnen: „Ich will fortnehmen all ihre Freude, ihr Fest … all ihre Feiertage."

äußern.[35] So wird wiederum im gewohnten Leben eine mögliche soziale Verbindung unterbrochen: statt Geselligkeit Einsamkeit.

Das Deutewort V. 9 bestätigt die vorhergehenden Drohworte, sagt ihre Verwirklichung als Werk Gottes an: „Siehe, ich …“ „Freudenrufe und Jubel, wie sie am Hochzeitstag … erklingen, werden verstummen.“[36] Die Szenenfolge läuft auf dieses letzte Deutewort zu; es spitzt die Ankündigung in doppelter Weise auf die Hörer und die Zeit zu. Der Wechsel (nach V. 3 f. 5 in 3. Ps.) in die unmittelbare Anrede hat – entsprechend der einführenden Botenformel – ähnlich 18, 6 die Situation bei Weitergabe des Wortes, wohl zunächst in mündlicher Verkündigung, im Blick. Jeremia erwartet das Geschehen in nächster Zukunft: „vor *euren* Augen und in *euren* Tagen“.

Die Deuteworte (wie etwa 19, 11) enthalten keinen Schuldaufweis. Die schwere Warum-Frage beantwortet der redaktionelle (jerdtr) Anhang (10–13) in der Art eines katechetischen Frage-Antwort-Stils[37] mit dem Abfall schon der Väter[38] und dem Ungehorsam gegenüber der Tora, der „Weisung“. Die Strafe besteht in der Exilierung und – nach dem Tun-Ergehen-Zusammenhang – in der Fremde im Dienst an fremden Göttern. Der Schlusssatz hält in Übereinstimmung mit dem von Jeremia weitergegebenen Gotteswort (V. 5) an der Heillosigkeit der Situation fest: „Ich schenke euch keine Gnade mehr.“

Diese allein schwer zu ertragende Unheilsansage wird (V. 14 f) durch einen heilvollen Ausblick weitergeführt; die aus 23, 7 f (s. dort) aufgenommene Verheißung bildet einen Kontrast zur Ansage des Gerichts, will es allerdings nicht aufheben, mit der Erwartung einer Zeit danach aber ergänzen.

Jer 16 und der Brief an die Exulanten 29, 5–7

Über die dreigliedrige Symbolhandlung führt Jeremia selbst hinaus. Scheint er deren Intention im Brief 29, 5–7 nicht umzukehren? Seine *Verkündigung ist nicht widersprüchlich*, vielmehr in sich stimmig. Der Zuspruch hebt die Unheilsansage nicht auf, sondern führt sie weiter. Der Brief setzt einerseits die Einsicht der Tempelrede Jer 7 mit der Unterscheidung von Gott und heiligem Ort voraus und betritt andererseits (in Übereinstimmung mit der Vision 24, 5) den Raum, den Jer 16 freilässt.

1. Die Symbolhandlung Jer 16 wie der Brief an die Exulanten 29, 5–7 benennen Grundphänomene des Lebens, beziehen sich – zunächst – auf den *familiären* Lebensumkreis, das nähere Umfeld persönlicher Beziehungen, allerdings mit Ausstrahlung auf das Volk.[39]

2. Die Angabe vom Tod „in *diesem Land*“[40] wirkt – zumindest nachträglich – wie eine Einschränkung: Die Heilsansage im Brief an die außerhalb des Landes Exi-

---

[35] Meint keine Hochzeitsfeier auch keine Elternschaft? Gegenüber der ersten hat diese dritte Szene im Ausschluss der Freude einen anderen Schwerpunkt.

[36] J. Schreiner 105. Die Redaktion entlehnt die bildhafte Wendung (7, 34; 25, 10; vgl. 33, 10 f).

[37] Vgl. 5, 19; 9, 11–13 u. a.

[38] Vgl. im Anschluss an 2, 5 schon 7, 25 f; 11, 7 f; auch 2 Kön 22, 13 u. a.

[39] Erklärt sich durch diesen ähnlichen Rahmen auch ein gewisser gemeinsamer Wortbestand? Vgl. 16, 2 mit 29, 5.

[40] Jer 16, 6; vgl. V. 2 f „an diesem Ort“; schon 1, 13 f: „Bewohner des Landes“.

lierten, „sich Frauen zu nehmen, Söhne und Töchter zu zeugen" (29, 5–7), ist so nicht ausgeschlossen.

Die Verbote Jer 16 ergehen zwar ohne ausdrückliche *zeitliche* Begrenzung, sachlich haben sie mit dem Eintreffen des Gerichts aber die für ihre Situation bestimmte Intention, die zeichenhafte Vorwegnahme des Kommenden, erreicht. So können nach oder in dem Gericht die Lebensvollzüge wieder in Kraft gesetzt werden.[41] Darum besteht durch den anderen *Adressatenkreis* kein Widerspruch: Die Exilierten haben das Gericht bereits erfahren oder erleben es noch.

3. So scheint Jer 16 geradezu den Kontrasthintergrund für den Brief 29, 5–7 zu bilden: *Schalom* „Heil/Friede", das Gott hier (16, 5) entzieht, gewährt er den Exilierten – fern von Jeru-salem und so auch in Übereinstimmung mit der Tempelrede – wieder (29, 7).

Fischer und Jäger fassen zu
Jer 16, 16–18

16 Siehe, ich schicke nach vielen Fischern – Spruch Jahwes –, dass sie sie fischen. Danach schicke ich nach vielen Jägern, dass sie sie jagen von jedem Berg und von jedem Hügel und aus den Felsspalten.
17 Denn meine Augen sind auf alle ihre Wege aus. Sie sind vor mir nicht verborgen, und ihre Schuld ist vor meinen Augen nicht versteckt.
18 Doch zuerst werde ich ihre Schuld und ihre Sünde doppelt vergelten, weil sie mein Land mit den Leichnamen ihrer Scheusale entweihten und ihre Gräuel mein Erbteil füllten.

Nach der einleitenden Ankündigung von Gottes baldigem Einschreiten lässt er das Gericht durch andere vollziehen, die er (wie 5, 15 u. a.) holen lässt; so verbirgt sich in dem Geschehen Gottes Wirken. Die Beurteilung mit der Begründung (V. 17) nimmt er selbst vor.

Das Gericht wird – ohne Angabe von Namen – nur bildhaft, aber bildkräftig angesagt: Herbeigerufen werden Fischer und Jäger; sie sollen je in ihrem Bereich zufassen. Das Nacheinander („danach") ist wohl so zu verstehen: Was die Fischer übrig ließen, die verbliebenen Flüchtenden werden von den Jägern an entlegenen Orten aufgespürt; mögliche Verstecke werden genannt. Kein Raum bleibt ohne Durchsuchung, niemand kann entkommen.[42] Erst

---

[41] Im Deutewort der Symbolhandlung 32, 15 eröffnet die Verheißung, die aber in der Situation – mit Absicht – nicht als Anrede („ihr"), sondern allgemein ergeht, einen vergleichbaren Horizont für familiäre Lebensräume, sagt für die Zeit nach oder in dem Gericht künftiges Heil auch im Land zu.

[42] Das Ziel des Fangens und Zusammentreibens wird hier nicht ausdrücklich angegeben: zur Deportation; vgl. 10, 17; 13, 18 f; hier nur in der Ergänzung (16, 13; vgl. V. 15).

recht ist vor Gottes Augen kein Versteck möglich.[43] Ihnen entgeht nichts; sie verfolgen aufmerksam den Wandel des Volkes.

Der Zusatz V. 18, der an V. 10–13 anschließt,[44] erläutert die Begründung und gestaltet dabei den 2, 7 erhobenen Vorwurf der Entweihung, Verunreinigung des Landes aus. Die Schuld wird wie oft von der Ausschließlichkeit des Glaubens her bestimmt: Wie menschliche Leichname (V. 4. 6) erscheinen die Götterbilder als unlebendig, tot.[45] Die „doppelte" Vergeltung deutet wohl den V. 16 beschriebenen zweifachen Vorgang und wird dabei zugleich den Verlauf der Geschichte mit den beiden einschneidenden Hauptereignissen im Blick haben.[46] „Zuerst" bezieht sich auf die (aus 23, 7 f eingefügte) Heilsansage 14 f zurück. Demnach vollzieht sich die Zukunft in zwei Phasen von Gericht und Heil.

Hoffnung auf Gotteserkenntnis der Völker
Jer 16, 19–21

19 Jahwe, meine Stärke und meine Burg
und meine Zuflucht am Tage der Not!
Zu dir werden Völker kommen von den Enden der Erde
und sagen: Nur Trug(bilder) besaßen unsere Väter,
Nichtse, die nichts nützen.
20 Kann (denn) ein Mensch sich Götter machen?
Das sind doch keine Götter!
21 Darum, siehe, ich bringe sie zur Erkenntnis,
diesmal bringe ich sie zur Erkenntnis
meiner Macht und meiner Kraft,
und sie werden erkennen, dass mein Name Jahwe ist.

Nach der bitteren Unheilsansage V. 16–18 ist Heil im Blick; dabei wird der Kreis der Betroffenen (auch gegenüber V. 15) breit ausgeweitet. Schon zuvor (3, 17; 12, 16) finden sich Zeugnisse für die Erwartung einer Teilnahme der Völker am Heil.

---

[43] Vgl. 23, 24; Am 9, 3; auch Ps 139 u. a.

[44] Beide Begriffe „Schuld", „Sünde" begegnen V. 10.

[45] „Scheusal" Jer 4, 1; 7, 30; auch 2Kön 23, 11. 13; „Gräuel" Jer 7, 10. In anderem Zusammenhang stehen dem lebendigen Gott (10, 10) die leblosen Götterbilder (10, 5) gegenüber.

[46] Vielleicht sind „die beiden Bilder des Prophetenspruchs, die eigentlich die Totalität [...] veranschaulichen wollen, vom Bearbeiter als zwei getrennte Akte verstanden worden"; möglicherweise ist auch an die beiden Deportationen von 597 und 587 v. Chr. gedacht (G. Wanke 161 im Anschluss an B. Duhm u. a.).

V. 19 a   Vertrauensaussage, Lobpreis in der Anrede an Gott
          Anrufung und Bekenntnis zugleich
V. 19 b   Ankündigung der Zuwendung der Völker
          Selbst-Einsicht im Zitat – verallgemeinert:
V. 20   Grundsätzliche Einsicht in Frage mit Antwort
V. 21   Gotteswort: Verheißung der Erkenntnis
          der Macht und des Namens Gottes

Die kleine Einheit ist insofern in sich gerundet, als V. 21 b mit anderen Worten das Thema von V. 19 a aufgreift: Die Völker sollen die Wahrheit der einleitend von einer Einzelperson getroffenen Aussage erkennen. Der Betende
bleibt ungenannt. Die Folge von Gebet, erhofftem Bekenntnis („unsere Väter") und Gotteswort erinnert an eine liturgische Form: Hat im Gottesdienst
auch eine Heilserwartung für die Völker Raum?
    Der Gottesname eröffnet das Gebet. Es spricht das Vertrauen zu Gott in
bildhaften Wendungen aus; sie sind zumal aus den Psalmen bekannt[47] und
begegnen wie hier auch in der Anrede. Die Völker werden keineswegs genö-
tigt, ihre Religionen aufzugeben, „kommen" vielmehr freiwillig[48] und geste-
hen ein, dass sie sich bisher nach Unzuverlässigem, ja Trug ausgerichtet haben. Die Einsicht wird V. 20 allgemein-grundsätzlich als rhetorische Frage
formuliert und im Anschluss an Kap. 2 beantwortet: „Sie sind keine Götter."[49] Der Wirkungslosigkeit der „gemachten" Götter, die „nichts nützen",
nicht helfen können (2, 27 f), steht das Wirken Gottes gegenüber. Dem Umbruch in der Erkenntnis, der Ab-wendung (V. 19 b–20), soll die Zu-wendung
(V. 21) entsprechen. Die Völker sollen anerkennen: Die Macht liegt bei dem
Gott, dessen Namen sie erfahren.[50] Er macht für sie eine Anrufung möglich,
damit für alle eine Einstimmung in das einleitend (V. 19 a) ausgesprochene
Vertrauensbekenntnis.

---

[47] „Meine Stärke/Kraft" (Ex 15, 2; Ps 28, 7 f; 46, 2; Jes 49, 5), „Feste/Burg" (Ps 27, 1; 31, 3. 5);
„Zuflucht" (Ps 59, 17; vgl. Jer 17, 17). Dabei können mehrere Metaphern nebeneinander stehen:
2 Sam 22, 2 f u. a.
[48] Wie 3, 16; vgl. Jes 2, 2–4; Mi 4, 2 ff; auch Jon 1, 5. 16 u. a.
[49] Jer 2, 11; vgl. V. 5. 8. 28. Im vorliegenden Buch wirken V. 19 f zugleich wie eine Erinnerung an
Kap. 10 und können auch an den unmittelbar vorhergehenden V. 18 anknüpfen. Ist „diesmal"
(V. 21) auch kritische Aufnahme (10, 18) mit Umkehrung ins Heil?
[50] Die Kundgabe des Gottesnamens hebt die 10, 25 vorausgesetzte Situation – „Völker, die dich
nicht kennen" – in der Heilshoffnung auf.

Tief eingegrabene Sünde
Jer 17, 1–4

1 Die Sünde Judas ist aufgeschrieben mit eisernem Griffel,
  mit diamantener Spitze[1] eingegraben
  auf die Tafel ihres Herzens
  und auf die Hörner eurer[2] Altäre.
2 Wie sich ihre Söhne erinnern[3]
  an ihre Altäre und ihre Ascheren,
  neben einem grünen Baum[4]
  auf den hohen Hügeln,
3 ‚den Bergen‘[5] im Gefilde.
  Dein Vermögen, alle deine Schätze gebe ich zur Beute,
  deine Höhen ‚wegen der Sünde‘ in allen deinen Gebieten.[6]
4 Und du musst ‚fahren lassen‘ deinen Erbbesitz,
  den ich dir gegeben habe –
  und ich werde dich deinen Feinden dienen lassen,
  in dem Land, das du nicht kennst,
  denn ein Feuer habt ihr in meiner Nase angezündet,
  für immer ist es entbrannt.

Kap. 17 besteht aus mehreren in sich selbständig lesbaren Einheiten. Sie sind teilweise durch gemeinsame Stichworte verknüpft; zunächst erscheint (jeweils im einleitenden V. 1. 5. 9 f) „Herz" wie ein Leitwort. Der Aufbau von V. 1–4 ist grob zweiteilig:

---

[1] Wohl die Spitze „an einem Griffel od(er) Meissel aus Eisen" (HAL 983. 1445 f). Vgl. Hi 19, 24; zum Griffel auch Jer 8, 8.

[2] Der auffällige Wechsel in die 2. Ps. Plural, meist geändert in „ihre Altäre", will wohl in der Anrede zuspitzen und zugleich zu V. 3 f (Sg., V. 4 b Pl.) überleiten.

[3] Der schwierige, in der vorliegenden Form kaum ursprüngliche Anfang von V. 2 lässt sich mit Buchstabenumstellung deuten: „als Denkzeichen gegen sie" und an das Ende von V. 1 ziehen (P. Volz, W. Rudolph; vgl. BHK; HAL 259 a). Möglicherweise war dies die ältere Textgestalt, die bei Einfügung des folgenden Großteils von V. 2–3 aα geändert wurde. Die Erwähnung der „Söhne" kann durch den Kontext (16, 2 ff) angeregt sein. Sie meinen die einzelnen Glieder des Volkes; beziehen sie in der vorliegenden Textgestalt die folgende Generation ein? Vgl. C. Frevel, Aschera und der Ausschließlichkeitsanspruch YHWHs, BBB 94/1, 1995, 406 ff.

[4] Möglich auch Plural: „neben grünen/üppigen Bäumen".

[5] „Mein Berg" (im Singular) wäre auf den Jerusalemer Tempel zu beziehen, eventuell mit der folgenden Gerichtsansage zu verbinden (vgl. G. Fischer 548): Gibt Gott – analog zu Jer 7 – das Heiligtum „preis"? Dazu fügt sich schwer: „im Gefilde". Da der Kontext (V. 2; vgl. „Hügel im Feld" 13, 27) an lokale Kultstätten denken lässt, liegt der Plural „Berge" näher.

[6] Vgl. zu V. 3 b und 4 a BHS; dazu HAL 1441 a.

a) V. 1 f   Schuldaufweis des Volkes (in 3. Ps.; V. 1 bβ 2. Ps. Pl.)
     V. 2 (–3 aα) Konkretisierung der Anklage
b) V. 3 f   Strafansage in Anrede (2. Ps. Sg.)
     Knapper wiederholt in 15, 13 f
     Androhung des Exils (V. 4 b 2. Ps. Pl.)

Der Text ist (zumal am Anfang von V. 2 und 3) schwer verständlich und
wahrscheinlich beschädigt. Die Störung hängt vermutlich mit der späteren
Einfügung von 2*–3 aα[7] zusammen; sie veranschaulicht mit der Aufzählung
der Kultobjekte die Anklage und bestimmt sie dabei näher als Übertretung
der Ausschließlichkeit.

Die Sünde des Volkes ist nicht abwaschbar[8] – diese Einsicht Jeremias[9] wird
hier bekräftigt. V. 1 bezeugt die Untilgbarkeit der Schuld, die das tiefe Innere[10] prägt, und so die Unveränderlichkeit des Volkes.[11] Judas Vergehen
sind „eingemeißelt", insofern auch wahrnehmbar. Die „Hörner der Altäre"
an den Altar-Ecken gelten als Ort der Sühne, der mit dem Blut des Opfer-
tiers bestrichen[12] wird. Gerade ihn versteht Jeremia als Ort oder Zeichen der
Sünde.

Das „Herz", Sitz des Willens, des Verstands oder des Gefühls, scheint hier
insbesondere als Ort des Gedächtnisses verstanden zu werden. „Gedenken"
meint „die innerliche, vertrauliche Anteilnahme".[13] Sie gilt nach dem Einschub allerdings – statt Gottes Taten[14] – vielmehr Altären, Ascheren, d. h.
Kultbäumen oder Kultpfählen, üppigen Bäumen, hohen Hügeln. Der Höhenkult wird – möglicherweise auch gegen das Selbstverständnis der Teilnehmer – gedeutet als Fremdgötterkult.[15] Die „Söhne" bewahren im Gedächtnis,
„vergegenwärtigen sich" die Kultgegenstände. Läuft der Kult auf den Höhen
gleichsam im Herzen weiter? Hier liegt vielleicht „eine Anspielung auf die

---

[7] „Ihre Altäre und ihre Ascheren …" (V. 2*–3 aα) bilden eine spätere – der jerdtr Redaktion nahestehende – Erweiterung. Da schon 2, 22 in der Sache an 17, 1 erinnert, ist die Nähe von V. 2 zu
2, 20 und auch zu 3, 6. 10 kaum zufällig. Vgl. dazu Dtn 12, 2 f; 16, 21 (auch 7, 5); 2 Kön 17, 10;
1 Kön 14, 23 u. a. Die an den Höhenkult erinnernde Wendung begegnet in verschiedenen Formen,
hier stark abgewandelt.

[8] Jer 2, 22; vgl. 13, 23; auch 4, 22. Jer 17, 1 ist wohl im Anschluss an Hosea (10, 8; auch 8, 11;
10, 2 u. a.) formuliert.

[9] Wenn die literarische Schichtung (P. Volz u. v. a.) richtig erkannt ist, setzen die redaktionellen
Ergänzungen a) einen älteren Text voraus. Dieser Grundbestand stimmt b) sachlich mit anderen
Worten Jeremias überein. c) Das Weisheitswort V. 9 verallgemeinert V. 1.

[10] Zur „Tafel des Herzens" vgl. Spr 7, 3; dazu 3, 3; 6, 21. Es ist „die gesamte innere Einstellung
der Menschen gemeint" (G. Wanke 163). Steht die Aussage im Gegensatz zu den am Sinai gegebenen „Tafeln" (Ex 24, 12; 31, 18; 32, 15 f. 19; 34, 1. 4. 28 u. a.)?

[11] Die Sünde „ist nicht ein leichter Firnis, der sich ohne Mühe entfernen lässt, so dass darunter
der von Natur gute und brave Mensch zum Vorschein kommt, sondern sie hat sich … tief einge-
fressen" (W. Rudolph 113).

[12] Vgl. Lev 16, 18 mit 4, 7 ff; 8, 15 u. a.

[13] W. Schottroff, „Gedenken" (s. Anm. 41 zu 11, 18 ff) 146. Das „Herz und die Gedanken des
Volkes hängen" an den Kulten (A. Weiser 145).

[14] Wie Ps 77, 12 f; 105, 5; 106, 7; 143, 5 u. a. Jer 2, 2 redet einführend von Gottes „Gedenken".

[15] Vgl. die Auslegung zu 2, 20 ff; 3, 2 f.

Erfolglosigkeit der Reform des Königs Joschija"[16] vor. Eben mit dem Treiben auf den Höhen (3, 6) ist Juda „nicht mit ganzem Herzen umgekehrt" (3, 10).

Als Motiv, das die Einheit von Anfang bis Ende umspannt und so zusammenhält, erscheint die Beständigkeit, der Charakter der Dauer – in Gegenwart und Zukunft: Wie die Schuld ein- oder festgeschrieben ist, so ist entsprechend Gottes Zorn „nicht bloß eine augenblickliche Wallung" (P. Volz), erscheint hier „ewig" – d. h. auf Dauer.[17]

Wie zuvor (seit 4, 5 ff) wird die Strafe als Krieg durch ein namentlich nicht genanntes Feindvolk, „dessen Sprache du nicht kennst" (5, 15), angesagt; es führt in ein „Land, das du nicht kennst" (V. 4). In direkter Anrede ergeht eine unbedingte Zukunftsansage (V. 3): „Ich gebe preis." Die Strafe[18] bringt einen dreifachen Verlust:

a) des Besitzes mit der Plünderung des Vermögens
b) des Landes: ein „Loslassen"-müssen des „Erbes"
c) und der Freiheit: mit der Exilierung die Knechtschaft

Die harte Erkenntnis von V. 1 nimmt V. 9 in allgemein-grundsätzlicher Form auf. Auch die Verheißung, Gottes Willen ins menschliche Herz zu legen (31, 33; vgl. 24, 7), scheint auf diese Schuldeinsicht zu antworten, um sie zu überbieten: Was der Mensch selbst nicht herbeiführen kann, wird durch Gottes Tat als tiefgreifende Wende erwartet.

Fluch und Segen
Vertrauen auf Menschen und auf Gott
Jer 17, 5–8

5 **So spricht Jahwe:**[19]
Verflucht der Mann, der auf Menschen vertraut,
Fleisch zu seinem Arm macht
und dessen Herz sich von Jahwe abwendet.

---

[16] G. Wanke 164. Aus dieser vermuteten Textgeschichte lässt sich die schwierige Textgestalt ein Stück weit erklären: Das Jeremiawort wurde nachträglich zu einem Urteil über den Höhenkult, an den man „sich erinnert", und d. h. wohl über die Reform (vgl. 2 Kön 23, 12 ff) ausgeweitet.

[17] Ein Ablassen des Zorns ist hier nicht im Blick. Diese Aussage kann jedoch von der Verheißung durchbrochen werden; vgl. o. zur Verkündigung (Abs. 9).

[18] Ähnliche Ankündigungen, zumal die Ansage der Deportation, finden sich schon bei den prophetischen Vorgängern wie Am 5, 27; 7, 11. 16 f; Hos 9, 3; 11, 5; 12, 10: Jes 5, 13; auch 6, 12 u. a.

[19] Die für menschliches Leben gravierende Einsicht gilt als Gotteswort, obwohl von Jahwe in 3. Person die Rede ist – anders erst V. 10 Gottes „Ich". Die in der LXX fehlende Botenformel ist wohl hinzugefügt.

6 Er wird sein wie ein Wacholder[20] in der Steppe;
  nicht erlebt er, dass Gutes kommt,
  sondern steinigen Boden in der Wüste muss er bewohnen,
  salziges Land, das nicht bewohnbar ist.
7 Gesegnet der Mann, der auf Jahwe vertraut
  und dessen Zuversicht Jahwe ist.
8 Er wird sein wie ein Baum, gepflanzt am Wasser,
  an einen Wasserlauf streckt er seine Wurzeln aus;
  er fürchtet sich[21] nicht, dass Hitze einbricht;
  sein Laub bleibt grün.
  In einem trockenen Jahr ist er unbesorgt
  und lässt nicht ab, Früchte zu bringen.

In seiner Botschaft urteilt Jeremia vielfach über das Volksganze und beklagt dabei auch verfehltes „Vertrauen"[22]. In den Konfessionen steht er seinen Verfolgern gegenüber[23] – als Einzelner einer Gruppe, wie es in Psalmen, etwa in Ps 1 mit der Unterscheidung des „Gerechten" von der Gemeinschaft der „Frevler", der Fall ist. Auch ein Vertrauensbekenntnis findet sich in der Konfession wie: „Meine Zuflucht bist du."[24] Eine entsprechende Situation scheint hier verallgemeinert zu sein; im Nachdenken über das Schicksal des einzelnen werden prophetische Einsichten und Erfahrungen in anderer Form als für das Leben überhaupt gültig verstanden.[25] Die Aussage vom „Herzen", das „von Jahwe abweicht" (V. 5) kann sich thematisch an den Schuldaufweis V. 1 f anlehnen.[26]

Zwei „Charaktere", genauer: verschiedene Lebensausrichtungen mit den entsprechenden Folgen stehen sich gegenüber:

  I. V. 5   Fluch mit drei Bestimmungen oder Bedingungen
      V. 6   Bildhafte Entfaltung
  II. V. 7   Segen mit einer zweigliedrigen Bestimmung
      V. 8   Bildhafte Entfaltung[27]

---

[20] Die Bestimmung ist unsicher; vgl. HAL 840. G. Fischer (nach Ps 102, 18) „wie ein nackter (Strauch)".

[21] Oder: „er sieht nicht". Diese Lesart (Qere) scheint die Aussage zuzuspitzen. Sie stellt wohl „eine Angleichung" an „V. 6 dar, wobei das den Gartenbaum erwartende Heil in unzulässiger Weise über die Naturgegebenheiten gesteigert wird", er „sieht", d. h. „er erlebt keine Hitze mehr!" (W. Schottroff, Der altisraelitische Fluchspruch, WMANT 30, 1969, 130 ff, bes. Anm. 2).

[22] Jer 2, 37; 5, 17; 7, 4; 9, 3; vgl. 28, 15; schon Jes 31, 1. Was dort für die Allgemeinheit bestritten wird (vgl. zuvor Jer 17, 1), stellen V. 5 ff als Möglichkeit des einzelnen dar.

[23] Schon 11, 18 ff. „Wege der Frevler" (12, 1).

[24] Jer 17, 17; vgl. 17, 14.

[25] Die Einschaltungen (V. 5–8.9–11) sind „wohl durch die folgende ‚Konfession' 17, 14–18 veranlasst", legen sie „allgemein auf menschliches Ergehen hin" aus (G. Wanke 165).

[26] Vgl. 5, 23 sowie im Folgenden 17, 13. Ein Fluch, obwohl keine übliche prophetische Redeweise, begegnet 20, 14 f (auch 11, 3). „Unbewohnbar" ist ein in verschiedenen Fassungen wiederkehrendes Motiv (2, 6 u. a.). Vgl. noch „grün", „Baum" (17, 2. 8).

[27] Sind die Bedingungen des Fluchs breiter als die auf eine Grundaussage verdichtete Bestimmung des Segens dargestellt, so ist – zur Betonung – die Entfaltung in V. 8 ausführlicher als V. 6.

Beide Wege werden zwar begangen; aber nur eine Möglichkeit, das Leben zu führen, ist empfehlenswert oder gar tragend: Vertrauen auf Gott gegenüber dem Sich-Verlassen auf „Fleisch", d. h. auf Menschen. Die Gewächse haben verschiedenen Standort; der „Grund", auf dem sie stehen, ist anders. Wer sich auf Menschen verlässt, gleicht einem – eher kahlen – Strauch in steiniger Steppe, führt in unwirtlicher Gegend ein kümmerliches Leben, ohne sich entfalten zu können. Wer auf Gott vertraut, gleicht dem Baum am Wasser, der selbst bei Dürre Frucht trägt.

Der Text, der neben psalmenähnlichen Motiven weisheitlichen Hintergrund[28] aufweist, scheint eine Vor- wie eine Nachgeschichte zu haben, die sich ein Stück weit erschließen lässt.

Einerseits findet sich innerhalb der älteren Spruchweisheit ein Wort, das bereits entscheidende Kennzeichen, wie die Gegensatzbildung, das Verb „vertrauen" und den Vergleich mit einem Gewächs (wie „Laub"), enthält[29] und Jer 17, 5 ff wohl vorgegeben ist. Gegenüber der Erkenntnis:

„Wer auf seinen Reichtum vertraut, wird fallen,
aber wie (frisches) Laub sprossen die Gerechten"[30]

gestaltet Jer 17, 5 ff bildlich wie sachlich aus, wirkt grundsätzlicher.

Andererseits hängen Jer 17, 5–8 und Ps 1 durch die Gegensatzbildung mit dem Vergleich „wie ein Baum, gepflanzt" am Wasser[31] offenkundig zusammen.

1. Jer 17, 5 ff verwendet das Bild vom Baum zweifach, während Ps 1 wechselt. Mit dem andern Bild (V. 4: verwehte Spreu) wie der direkten Aussage (V. 5) wird das Geschick der Frevler verschärft: Sie haben nicht nur einen dürftig-kärglichen Lebensraum, sondern sind unbeständig.

2. Jer 17 beschreibt einen „natürlichen" Vorgang mit dem sich aus den verschiedenen Lebensraum wie von selbst ergebenden Folgen. Das Handeln wirkt sich in der eingeschlagenen Richtung aus. Allerdings wird es schon durch den Vertrauensakt, andeutend durch Fluch und Segen,[32] verstärkt durch die einleitende Botenformel auf Gott bezogen.

---

[28] Der Vergleich zweier Menschen„typen" jeweils mit einem Baum ist durch die ägyptische Lebenslehre des Amenemope (V. 20 ff) vorgegeben. Sie stellt den Heißen, Hitzigen und den Schweiger oder Stillen (wie ein Baum im Sonnenlicht: „er grünt und verdoppelt seine Früchte") gegenüber. Vgl. F.W. von Bissing, Altägyptische Lebensweisheit, 1955, 81; RTAT 75 ff, bes. 77 f; TUAT III/2, 230; H. Brunner, Die Weisheitsbücher der Ägypter, 1988, 240. 476; auch o. zu Jer 11, 15 ff Anm. 45.

[29] Die Antithese, zumal der Vergleich mit der Natur, ist weisheitlich (s. o. zu 8, 4 ff; bes. 9, 22 f mit dem Gegensatz „nicht – sondern"); charakteristisch ist auch der Tun-Ergehen-Zusammenhang (vgl. 17, 10).

[30] Spr 11, 28; vgl. 16, 20; 28, 25; 29, 25; auch 3, 5; zum Reichtum Jer 17, 11; dazu Ps 40, 5; 56, 5. 12; 146, 3; bes. 118, 8 f.

[31] Ps 1, 3 spricht statt vom Baum am Wasser von „Wassergräben/-rinnen" (vgl. Ps 46, 5; 65, 10; Ez 47, 12). Heißt das: in einem Baumgarten mit (künstlichen) Wassergräben?

[32] Der Text entfaltet „den Fluch und den Segen nicht eigentlich im Hinblick auf konkrete, aus dem Fluch wie dem Segen sich ergebende Unheils- bzw. Heilsfolgen, sondern verdeutlicht die bestimmten Weisen menschlichen Verhaltens ‚naturnotwendig' immanenten unheilvollen oder heilvollen Folgen. Damit ergibt sich aber eine nicht unbeträchtliche Spannung", da Fluch und Segen das Ergehen „durch Zuspruch von Unheil oder Heil erst setzen wollen" (W. Schottroff 133).

Über den „natürlich" erscheinenden Tun-Ergehen-Zusammenhang geht Ps 1 hinaus und bezeugt ausdrücklich Gottes Einwirken: Der Weg der Frevler läuft zwar wie von selbst in die Irre, „vergeht",[33] um den „Gerechten" „weiß" jedoch Gott – in fürsorglicher Absicht.

Zudem wird nach Ps 1 die Beziehung zu Gott im Verhalten zur Tora konkret; sie tritt in den Mittelpunkt. So ist Ps 1 mit seiner hervorgehobenen Stellung als Eingang des Psalters[34] eher jünger, und innerhalb der drei Texte steht Jer 17, 5 ff in der Mitte.

Im Rahmen prophetischer Überlieferung ist der Text insofern auffällig, als Jeremia selbst andere Erfahrungen machen muss. Sein eigenes Geschick scheint zu widersprechen.[35] Erreichen V. 5–8 mit ihrer Darstellung des Tun-Ergehen-Zusammenhangs nicht die Tiefe seiner Einsichten und seines Erlebens? Oder enthalten V. 7 f auch einen Widerspruch zum Augenschein, um mit einer im Vertrauen bekundeten Geborgenheit eine nicht offenkundige, von außen unmittelbar erkennbare Wirksamkeit auszusprechen?

Das für Menschen undurchschaubare Herz
Jer 17, 9–11

9 Trügerisch ist das Herz, mehr als alles,
  und heillos ist es – wer kann es verstehen?
10 Ich, Jahwe, erforsche das Herz,
  prüfe die Nieren,
  ,um' zu geben einem jeden nach seinem Wandel,
  nach der Frucht seiner Taten.
11 (Wie) ein Rebhuhn, das brütet, ohne gelegt zu haben,
  ist, wer Reichtum erwirbt, aber mit Unrecht;
  in der Mitte ,seiner Tage' muss er ihn lassen,
  und an seinem Ende steht er als Tor da.

V. 9 knüpft über V. 5 hinweg zugleich an die bildhafte Darstellung tiefer Schuldverfallenheit des Herzens V. 1 an, verallgemeinert jedoch die prophetische Erfahrung zu weisheitlich-grundsätzlicher Einsicht. Sie steht Aussagen der Sprüche nahe, ist aber eher schärfer. Zu weisheitlichem Nachdenken

---

[33] Gott lässt sie ihren Weg gehen; vgl. Röm 1, 24: Gott „gab sie dahin".
[34] Verbunden mit dem folgenden Königspsalm ist Ps 1 den Davidpsalmen vorangestellt. „Wohl/Heil!" (Ps 1, 1) wird nach Ps 2, 12 b aufgenommen, bezieht sich auf Gott und schließt beide Psalmen zusammen. In einer Lesart von Apg 13, 33 wird Ps 2 als Ps 1 zitiert.
[35] Jer 15, 17 f u. a. Der Fluch gilt ihm selbst (20, 14 f). Vgl. demgegenüber das 12, 2 dargestellte Leben seiner Gegner.

gehört es, um Grenzen menschlicher Erkenntnis, zumal bei dem Thema „Herz"[36], zu wissen. Die Regungen des Herzens bleiben verborgen; so erscheint es abgründig.[37] Wieweit vermag der Mensch selbst, da ihm der Einblick ins Herz (V. 5) verwehrt ist, überhaupt zwischen den beiden V. 5–8 gegenübergestellten Gruppen zu unterscheiden? V. 9 schließt mit einer rhetorischen Frage, die keiner Antwort bedarf – dennoch (V. 10) eine erhält: Jahwe kann das Innere, das sonst niemand kennt, durchschauen, wie das Bekenntnis zu Gott als Herzensprüfer[38] ausspricht. Ihm ist der Zusammenhang von Verhalten und Ergehen[39] anvertraut. So verbirgt sich in dem Lebenserfahrung reflektierenden Wortpaar ein Vertrauensmoment, das hier von Gewissheit getragen ist.

An einem Beispiel wird (V. 11) gezeigt, wie sich die Wirkung des Handelns erst im Laufe des Lebens einstellt: Am Bild des Rebhuhns, das anscheinend bebrütet, was es nicht gelegt hat (und verliert), wird veranschaulicht: „Wer Reichtum mit unrechten Mitteln erwirbt, wird ihn wieder verlieren und am Ende mit leeren Händen dastehen."[40] Er erweist sich, wie das abschließende Urteil lautet, als Tor.

„Thron der Herrlichkeit" – „Hoffnung Israels"
Jer 17, 12 f

12 „Ein Thron von Herrlichkeit[41],
    eine Höhe von Anbeginn,
    (ist) die Stätte unseres Heiligtums.
13 (Du) Hoffnung Israels, Jahwe –
    alle, die dich verlassen, mögen zu Schanden werden!

---

[36] Wie Spr 16, 1. 9; auch 21, 30 u. a. Vgl. die Auslegung zu Jer 9, 22 f; dazu 10, 23. Gottes „Ich" (17, 10) findet sich in prophetisch-weisheitlichem Kontext 9, 23.

[37] Zu „heillos, unheilbar" vgl. 15, 18.

[38] Vgl. zu 11, 20; in den Konfessionen noch 12, 3; 20, 12; in der Spruchweisheit (Spr 17, 3; 25, 3) wie in Klagepsalmen (Ps 7, 10; 17, 3; 26, 2 u. a.); dazu 1Sam 16, 7.

[39] Vgl. Spr 21, 2; bes. 24, 12. Kommen nicht schon Jeremia (12, 1 f) Zweifel an der Geltung oder Wirksamkeit dieses Zusammenhangs? Eine Antwort stellt das Bekenntnis (12, 3) dar.

[40] K. Koenen, Heil den Gerechten – Unheil den Sündern!, BZAW 229, 1994, 193 (mit Erwägungen über verschiedene Deutungen des Bildes). Vielleicht „ist die Schutzlosigkeit des Rebhuhns u. seiner Jungen gemeint, die mit der falschen Sicherheit des Toren verglichen wird" (HAL 1056).

[41] Möglich auch: „Ein herrlicher Thron". Vgl. Jer 3, 17; 14, 21. Die drei gleich konstruierten Wortverbindungen (V. 12) lassen sich außer als Aussagesatz (vgl. Ps 48, 2 f) auch – ähnlich dem dreifachen „Der Tempel Jahwes …" (Jer 7, 4) – als Ausruf verstehen. Weniger wahrscheinlich stellen sie schon – bildlich – Vokative, Anrufungen Gottes, dar; mit V. 13 wechselt das Bild.

Die von mir weichen,
werden auf die Erde aufgeschrieben[42]**;**
denn sie haben verlassen den Quell lebendigen Wassers, Jahwe[43]**."**

Preist V. 12 den Raum, die Stätte von Gottes Gegenwart, so wendet sich in
der Anrede V. 13 direkt an Gott. Es folgt eine Gerichtsansage mit Begründung. Die drei gleich geformten Wortverbindungen (V. 12)[44] bilden aus Tra-
ditionselementen eine Art Bekenntnisaussage; sie spricht aus, was für grundlegend gehalten wird. Wie das betonte Schlusswort „unser Heiligtum" zeigt,
spricht eine „Wir"-Gruppe, die Gemeinde. Formal wie inhaltlich erinnert
V. 12 an die Zionspsalmen (Ps 46; 48), die Vertrauenslieder des Volkes darstellen. Mit V. 13 geht die Vertrauensaussage (analog zur folgenden Klage
V. 14b. 17) in die 2. Person über.
Über den Tempel hinaus heißt die „Höhe", „die Stätte" des Heiligtums,
d. h. der Berg Zion, und in noch weiterem Sinn (3, 17) die Stadt Jerusalem
Gottes „Thron".[45] Von der Grundbedeutung „Schwere, Gewicht" aus weist
das mit „Herrlichkeit" übersetzte Wort *Kabod* verschiedene Nuancen auf,
etwa auch Glanz oder Ehre. Mit der Aufforderung an die „uralten Pforten",
sich zu erheben, greift Ps 24, 7 ff ebenfalls in die ferne Vor- oder Frühzeit zurück, um den „König der Ehre/Herrlichkeit" zu preisen.[46] Gottes „Thron
steht fest sei je"[47]. Jeremias Aufforderung 2, 10-13, nach der Gott selbst
„Ehre, Ruhm" heißt (V. 11), ist das Bild „Quelle lebendigen Wassers" mit
dem Vorwurf, Gott zu „verlassen" (V. 13), entlehnt.[48]
Hier ist es (einschließlich seiner kritischen Bedeutung) in die Anrede an
Gott, der „Hoffnung Israels", übertragen. Dabei erfolgt allerdings eine charakteristische Verschiebung. Anders als dort Jeremia bezieht dieser Text das

---

[42] „Auf die Erde (d. h. in den Staub) schreiben" – im Gegensatz zu Ps 139, 16; Jes 4, 3; Ex 32, 32;
Dan 12, 1; auch gegenüber: „einritzen" Jer 17, 1. Vgl. Joh 8, 6. 8. Andere verstehen „Erde" als „Un-
terwelt" (vgl. THAT I, 230). Zu V. 13 vgl. H. Graf Reventlow, Liturgie 229 ff; W. Rudolph 116;
McKane 406 ff.
[43] Der Gottesname ist zur Erläuterung des Bildworts wohl hinzugefügt.
[44] Die drei Nominalverbindungen bilden „einen Parallelismus membrorum, sind aufeinander
bezogen, sind Synonyma und interpretieren einander." „Für die ursprüngliche Eigenständigkeit
des V. 12 spricht dessen formale und poetische Struktur." (M. Metzger, „Thron der Herrlichkeit",
1991, in: Schöpfung, Thron und Heiligtum, BThSt 57, 2003, 152–187, bes. 153 f).
[45] Vgl. mit wechselnden Nuancen etwa Ps 47, 9; 48, 2 f; 11, 4; 26, 8; Klgl 2, 1; Ez 43, 7; auch
Jes 60 (V. 13) u. a.
„In exilischer und nachexilischer Zeit wird es von Bedeutung, dass nicht allein das Heiligtum,
sondern der gesamte heilige Bezirk und der Gottesberg Thron bzw. Fußschemel Jahwes sind;
auch nach der Zerstörung des Tempelgebäudes bleibt der heilige Bezirk [...] auf dem Gottesberg
[...] weiterhin der Thron bzw. der Fußschemel Jahwes." (M. Metzger, a.a.O. 176).
[46] Vgl. Ps 29 (V. 1 f. 9 f); 99, 5. 9; 145, 11 u. a.
[47] Ps 93, 2; vgl. auch Mi 5, 1.
[48] V. 13, aus „Entlehnungen zusammengesetzt" (B. Duhm 147), verwendet „keine eigengepräg-
ten Formulierungen", fügt „vielmehr vorgeprägte Sätze gleichsam zitierend mosaikartig zusammen" (M. Metzger 154).

„Abweichen" oder „Verlassen" kaum mehr auf das Volksganze,[49] sondern eher auf eine Gruppe. Wird Jeremias Einsicht damit nicht eingegrenzt und zugleich über seine Situation hinaus als „grundsätzliche Erkenntnis" verallgemeinert?[50]

V. 2 ist mit der Tempelrede, die ja auffordert, nicht auf den Tempel zu vertrauen (7, 4), schwerlich vereinbar, ist daher kaum jeremianisch, zumal V. 13 Jeremiaworte abwandelt. So bilden V. 12 f eher ein Gegengewicht, wenn nicht eine Art Einschränkung von Jeremias Einsichten.

Die Prädikation des Zion mit dem Heiligtum, die Anrufung Gottes, die Beziehung zur Liturgie Kap. 14[51] lassen sich am ehesten verstehen, wenn V. 12 f aus dem Gottesdienst stammen. Sie sind mit Absicht der folgenden Klage vorangestellt, bilden als ihre Einleitung einen deutenden Rahmen, verbinden die individuelle Äußerung so stärker mit der Glaubenstradition und nehmen Jeremias Konfession in das gottesdienstliche Geschehen der Gemeinde[52] hinein.

„Heile mich, damit ich heil werde!"
Die dritte Konfession
Jer 17, 14–18

14 Heile mich, Jahwe, dass ich geheilt/heil werde,
   hilf mir, so ist mir geholfen;
   denn du bist mein Lobpreis.[53]
15 Siehe, sie sagen zu mir:
   „Wo ist das Wort Jahwes? Es treffe doch ein!"
16 Ich aber habe dich nie gedrängt wegen des ‚Unheils',[54]
   den unheilvollen Tag[55] nie herbeigewünscht!

---

[49] Etwa als Schuldbekenntnis: „Wir haben verlassen"; vgl. 3, 25; 14, 7. 20.

[50] Nicht nur Jeremias Verfolger (17, 18), sondern „alle", die Gott „verlassen", sollen „beschämt/zu Schanden werden". Was Jer 2, 13 „Anklage gegen ein von Jahwe abgefallenes Volk war, ist in der Reflexion zu einer grundsätzlichen Erkenntnis über Jahwes richtende Gewalt geworden. Diese aber braucht nur der zu fürchten, der sich von Gott abwendet." (R. Brandscheidt 272). Ähnlich von der Einzelperson im Weisheitswort 17, 5 f.

[51] Beide Texte sind doppelt verbunden: „Thron deiner (der) Herrlichkeit" (14, 21), „Hoffnung Israels" (14, 8).

[52] Vgl. Jer 20, 13; dazu o. zur Entstehung des Buches (S. 40).

[53] Oder: „mein Ruhm"; vgl. Ps 109, 1; 22, 4; 71, 8.

[54] Der hebräische Text bedeutet etwa: „vom Hirte sein hinter dir" (vgl. Am 7, 15?). Das vorhergehende Verb („drängen auf"; HAL 23 a) wird auch wiedergegeben: „mich nicht (weg)gedrängt" (G. Fischer 541. 543). Ist gemeint: Hat sich Jeremia der Aufgabe des Hirten nicht entzogen? Er selbst heißt nie Hirte (vgl. vielmehr die Kritik Jer 2, 8 u. a.). Zur Lesung „zum Bösen" vgl. BHS; dazu Jer 15, 11; 18, 20.

[55] „Tag des Unheilbaren/Heillosen"; vgl. 15, 18; 30, 12 u. a.

Du weißt, was über meine Lippen kam –
es liegt offen vor dir.[56]
17 **Werde mir nicht zum Schrecken,**
   meine Zuflucht bist du am Unheilstag.
18 **Mögen meine Verfolger beschämt sein**[57]**,**
   aber nicht ich möge beschämt sein,
   mögen sie erschrecken, aber nicht ich möge erschrecken!
   Bringe über sie den Unheilstag,
   und mit doppeltem Schlag schlage sie!

Im vorliegenden Kontext schließt sich die Bitte V. 14 lose an die Anrede
„Hoffnung Israels, Jahwe" (V. 13 a) an. Der Zusammenhang ist allerdings
durch V. 13 b unterbrochen, und die Bindung an den Zion tritt nicht mehr
hervor. So sind V. 14 ff aus sich verständlich und tragen die Form des individuellen Klagelieds, das sich an Gott als „Zuflucht" (V. 17) wendet:

V. 14	Bitte und Anrufung Gottes
	V. 14 b wie V. 17 Vertrauensäußerung in Anrede
V. 15	Anlass der Klage. Situationsbeschreibung
	„Sie". Vorwurf der Gegner im Zitat.
	Vgl. 11, 19; 12, 4
V. 16 a	„Ich". Unschuldsbeteuerung
V. 16 b	Gott als Zeuge. Sein „Wissen"
	Vgl. 11, 18; 12, 3; auch 15, 15; 18, 20
V. 17	„Negative Bitte"
	Wie V. 14 b Motiv des Vertrauens, der Zuversicht
V. 18	„Sie" – „ich". Zweigliedrig (vgl. 18, 19):
	Wunsch nach Gericht über die Gegner,
	nach Schutz für ihn selbst

Setzt die Bitte um Heilung nicht eine Situation der Anfechtung oder gar Ge-
brochenheit voraus? Eine Antwort könnte lauten: „Wegen des Zusammenbruchs der Tochter meines Volkes bin ich zerbrochen."[58] Jeremia ist selbst getroffen von der Botschaft, die er auszurichten, und den Folgen, die er zu
tragen hat. Er kann Gott gegenüber daran erinnern (15, 15): „Erkenne, dass
ich um deinetwillen Schmach trage!" Kann für ihn selbst Gott gar „zum
Schrecken" werden?[59] Seine „Wunde" erscheint „unheilbar" (15, 18). Den-

---

[56] Wörtlicher: „Was aus meinen Lippen hervorging, war/ist vor deinem Angesicht."

[57] Vgl. Jer 2,(26.)36; 6, 15; 9, 18. Andere Übersetzung: „zu Schanden werden".

[58] Jer 8, 21. Das 17, 18 mit „schlagen" übersetzte Verb „zerbrechen/zerschlagen" ist ein wichtiges Stichwort 2, 20; 5, 5; 19, 10 f u. a. Innere Not und äußere Erscheinungen sind verbunden (4, 19;
8, 18. 23). So braucht es sich nicht um eine eigene Krankheit oder eine besondere Verwundung zu
handeln.

[59] V. 17; vgl. 15, 18; 20, 7; dazu o. zur Verkündigung Abs. 7. V. 17 enthält wie 18, 23 eine „negative Bitte"; so C. Westermann, Lob und Klage in den Psalmen, ⁶1983, 142. Formal ähnlich:
„Verbirg nicht dein Angesicht!", „verlass mich nicht!" (Ps 27, 9 u. a.).

noch wird die Bitte um Heilung wie um Hilfe ausgesprochen; sie ist aus den Psalmen vertraut[60] und wird hier durch den Parallelismus mit dem gleich zweifachen Wortspiel, dem Doppelgebrauch desselben Verbs,[61] verstärkt. Der Prophet ist zugleich Objekt und Subjekt.

Die Situation der Anfechtung kommt auf doppelte Weise zum Ausdruck – zunächst im spöttischen Zitat.[62] Außerdem ist, was zuvor (V. 13) wie eine Regel erscheint, hier (V. 18) nur ein Wunsch: die Bestrafung der Gegner.[63] So ist die Bitte „das Ergebnis der Anfechtung eines Menschen, der die Spannung zwischen der im Jahwewort angekündigten Wirklichkeit und zwischen der ihr widersprechenden eigenen Gegenwart aushalten muß".[64] Diese Frage nach der Wirksamkeit des Wortes, der Vorwurf der Verzögerung bzw. Nicht-Erfüllung prophetischer Zukunftsansage wird nicht nur Jeremia gestellt.[65] Schon zuvor (15, 15) wird Gottes „Langmut" beklagt; vor allem begegnet das Motiv „Wort" auch in anderen Konfessionen.[66]

Jeremia wird verdächtigt, das Unheil herbeizuziehen, es gleichsam zu „berufen" (B. Duhm), was er jedoch abweist. Er hat Gott nicht bedrängt, kurz: das Gericht zwar angekündigt, aber nicht herbeigewünscht. Ähnlich unterscheidet bei der Begegnung mit Hananja die Erzählung zwischen der Zukunftsansage (27, 11 f) und dem Wunsch, dass Heil eintrete (28, 5 ff).

Wie schon V. 15 f ist V. 18 (vgl. 18, 19) durch das Gegenüber „sie – ich" bestimmt, und zwar gleich zweimal; die Wiederholung zeigt die Härte der Betroffenheit. Die Nachstellung ist schon in der ersten Konfession (11, 18 ff) ein Hauptthema; mit ihm ist die Unterscheidung zwischen „Verfolgern" (V. 18; vgl. 15, 15; 20, 11) und Verfolgtem bzw. Leidendem gegeben. Dabei ist Jere-

---

[60] Ps 6, 3. 5; 41, 5 u. a. Das Wort „heilen" begegnet im Vorwurf an die Propheten (Jer 6, 14; 8, 11), „leichthin zu heilen"; vgl. 15, 18; zu „helfen" 15, 20; zum Thema zu 8, 22.

[61] Vgl. Jer 11, 18 a; 15, 19; 20, 7; 31, 4. 18 f; ähnlich 15, 10; unmittelbar darauf 17, 18 u. a.

[62] Zumal im Vergleich von V. 15 mit V. 13: „Im jetzigen Textzusammenhang bezieht sich das Pronomen" (sie) auf diejenigen (V. 13), „die Jahwe verlassen und von ihm weichen. Dass sie alle zuschanden werden, das ist die Überzeugung des Sprechers in V. 13. Dem widerspricht die Verspottung in V. 15 b, die offenbar auf dem gegenwärtigen Wohlergehen und auf dem falschen Sicherheitsgefühl [...] beruht." Vgl. Jer 12, 4. Das „Ausbleiben des erwarteten Unheils" ist „vorausgesetzt" (D.H. Bak 154).

[63] „Die Vernichtung der von Jahwe Abgefallenen sieht V. 13 als allgemein gültigen Grundsatz an, der die Gewissheit einer notwendigen Konsequenz in sich trägt", wird in V. 18 dagegen „als ein Wunsch formuliert, der an eine Erfüllung nur zögernd denkt" (N. Ittmann 50).

[64] G. Wanke 169. Dies eben ist die prophetische Situation. Indem die Spanne zwischen Ankündigung und Eintreffen des Gerichts ausgesprochen oder gar niedergeschrieben wird, trägt die Klage eine „Tendenz" in sich, auf diese Zukunft hin „tradiert zu werden" (F. Ahuis 116 f). Der Text kann, etwa im Gottesdienst (vgl. 17, 12 f) verlesen, nachträglich allgemein-exemplarische Bedeutung erhalten.

[65] Schon Jesaja (5, 19) muss sich gegen einen ähnlichen Einwand wehren. Vgl. Ez 12, 25 und oben zur ersten Vision Jer 1, 11 f (S. 59). Das Jes 5, 19 begegnende Verb „kommen, eintreten" (Jer 5, 12; 28, 9; Dtn 18, 22) ist charakteristisch. Eine ähnliche Auseinandersetzung bezeugt Jer 5, 12–14; vgl. 6, 10.

[66] Jer 15, 16; 20, 8 f; s. o. zur Verkündigung Abs. 10.

mia gegenüber den Mitmenschen schuldlos (15, 10); Gott gegenüber hat er seines „Amtes" gewaltet, seine Aufgabe[67] übernommen.

V. 18 geht über eine Bitte um Schutz hinaus: „Was Jer(emia) in V. 16 f unter Anrufung von Jahwes Zeugnis von sich abweist, gerade das thut V. 18, er wünscht den bösen Tag herbei" (B. Duhm). Allerdings besteht ein zweifacher Unterschied: Zum einen gehört die Fürbitte der Vergangenheit[68] an, zum andern bezieht sich das „Nicht-Herbeiwünschen" – entsprechend seiner Botschaft (1, 14 u. a.) – auf das Volk als ganzes, während Jeremia hier wie in anderen Klagen hofft, dass das Geschick nicht alle gleich trifft. Er erbittet Gottes Eingreifen; er möge gleichsam zwischen Tätern und Opfer (vgl. 11, 19) unterscheiden.

Die Verfolger werden – als Teil des Volkes – in das allgemein angekündigte Geschick einbezogen.[69] Wie Jeremia Einzelpersonen zusagen kann, dass sie aus dem Gericht ausgenommen sind, ihm entrinnen werden,[70] und die Verheißung der Bewahrung erhält („sie werden dich nicht überwältigen" 15, 20), so bittet er hier – entsprechend oder gar sachlich übereinstimmend – selbst.[71]

Der „Tag" wird mit verschiedenen Wendungen bezeichnet. Schon zuvor finden sich wechselnde, allgemein-bildhafte Zeitangaben,[72] hier (17, 16–18) der „heillose", unheilvolle „Tag". Versteht man sie, was bei dem „Jahr ihrer Heimsuchung"[73] naheliegt und bei der „Zeit deines Zorns" (18, [21–]23) deutlich ist, als Hinweis auf das von Jeremia angekündigte Gericht, so wirkt die Botschaft weit stärker in sich geschlossen.

Der „Tag Jahwes" soll die Verhältnisse offenlegen, die Wahrheit an den Tag bringen. Mag der Wunsch schwer oder nur mit Vorbehalt nachvollziehbar sein: Das Schicksal bleibt, wie die Klage ausspricht, Gottes „Sache". Ihm wird das Handeln („Raffe mich nicht weg" 15, 15; „Bringe über sie" 17, 18) überantwortet; er ist für das Geschick zuständig.

---

[67] Vgl. Gen 20, 7 und o. zu Jer 14 f mit Exkurs zur Fürbitte.

[68] Vgl. insgesamt, auch zum Folgenden, die Auslegung zu 18, 18 ff, bes. zu V. 20.

[69] Auch in der Verkündigung kann Jeremia Gruppen in die Gerichtsansage integrieren, wie 6, 13.

[70] Wie Jer 45, 5; s. o. zur Verkündigung zu Anm. 150.

[71] „Nicht selbstsüchtige Rachewünsche bilden den Hintergrund seiner Bitte, sondern die Hoffnung, dass Jahwes Gerechtigkeit, die das Volk als Ganzes strafen wird, dem Jahwetreuen und dem Frevler in einer je anderen Weise erfahrbar werde: ersterem zum Heil, letzterem zum Unheil." (R. Brandscheidt 271) Dabei wäre „Heil" zu erläutern als Verschonung im Gericht.

[72] Wie 11, 23; 12, 3; 15, 11.

[73] Jer 11, 23; vgl. „heimsuchen" 5, 9. 29; 9, 8; auch 6, 15 u. a.

Heiligung des Sabbats
Jer 17, 19–27

19 So hat Jahwe zu mir gesprochen: Geh und stelle dich in das Tor der Angehörigen des Volkes, durch das die Könige Judas ein- und ausgehen, und in alle Tore Jerusalems 20 und sage zu ihnen: „Hört das Wort Jahwes, ihr Könige Judas und ganz Juda und alle Einwohner Jerusalems, die ihr durch diese Tore kommt! 21 So spricht Jahwe: Hütet euch bei eurem Leben, eine Last am Sabbattag zu tragen und durch die Tore Jerusalems hereinzubringen! 22 Auch sollt ihr am Sabbattag keine Last aus euren Häusern herausbringen und keinerlei Arbeit verrichten, ihr sollt den Sabbattag heiligen, wie ich euren Vätern geboten habe. 23 Sie aber haben nicht gehört und ihr Ohr nicht geneigt, vielmehr ihren Nacken verhärtet, um nichts zu hören und keine Zucht anzunehmen. 24 Es wird geschehen, wenn ihr wirklich auf mich hört – Spruch Jahwes – so dass ihr am Sabbattag durch die Tore dieser Stadt keine Last hereinbringt und ihr den Sabbattag heiligt, indem ihr an ‚ihm‘ keinerlei Arbeit verrichtet, 25 dann werden durch die Tore dieser Stadt Könige und Oberste einziehen, die auf dem Thron Davids sitzen, die mit Wagen und Pferden fahren, sie und ihre Obersten, die Männer von Juda und die Einwohner von Jerusalem, und diese Stadt wird für immer bewohnt sein. 26 Dann werden kommen aus den Städten Judas, aus der Umgebung Jerusalems, aus dem Land Benjamin, aus der Niederung, aus dem Gebirge und aus dem Negeb (Menschen), die Brandopfer, Schlachtopfer, Speisopfer und Weihrauch bringen und die Dankopfer darbringen im Haus Jahwes. 27 Wenn ihr aber nicht auf mich hört, den Sabbattag heilig zu halten, keine Last am Sabbattag zu tragen und nicht durch die Tore Jerusalems am Sabbattag zu kommen, dann will ich Feuer an seine Tore legen, das die Paläste Jerusalems verzehrt und nicht verlischt.

Das Thema der in sich geschlossenen „Predigt" in Prosa ist im Jeremiabuch auffällig, ja singulär: die Heiligung des Sabbats. Dennoch weist der Abschnitt Beziehungen zum Kontext auf: Bieten V. 19 ff nicht „ein gutes Sonderbeispiel für den Vorwurf von 16, 11 f", die Tora übertreten[74] zu haben? Schon 17, 5–8 stellt zwei Möglichkeiten des Verhaltens gegenüber; dabei wirken V. 19 ff wie eine Konkretisierung: Das Sich-Halten an Gott bekundet sich in der Heiligung des Sabbats. Die Konfession (17, 15) und V. 20 sind durch „Jahwes Wort" verbunden. Die Feststellung der Hartnäckigkeit oder tiefen Sündhaftigkeit des Volkes (V. 23) entspricht der zuvor (V. 1 u. a.) geäußerten Einsicht. Zum Schluss (V. 27) klingt das Motiv „Feuer" (V. 4) wieder an. Darum ist der Abschnitt wohl erst in diesem Zusammenhang so formuliert.

---

[74] W. Rudolph 119.

V. 19 f   Einleitung in Gestalt eines Selbstberichts
           Botenformel mit Anrede an den Propheten
           Auftrag zur Aufstellung am Tor zur Verkündigung
           Aufruf zum Hören an Könige und Jerusalemer
V. 21 f   Einführung der Rede mit Botenformel
           Verbot, am Sabbat Lasten zu tragen
           entsprechend (V. 22) dem Sabbatgebot
           Innerhalb der Anrede (nach Rückverweis V. 22 bβ):
V. 23   Rückblick in die Vergangenheit
           auf den Ungehorsam der Väter in 3. Ps.
           Vgl. 7, 24 ff; 11, 7 f
           Entfaltung von V. 21 f in V. 24. 27
           Alternative
V. 24–26   Positiv: Im Fall des Gehorsams Heilszusage
V. 27   Negativ: Im Fall des Ungehorsams Gerichtsankündigung

Wie schon bei der Aufforderung, den „Worten des Bundes" (11, 2 ff) zu folgen, wird der Gehorsam gegenüber Gottes „Wort" mit dem Leitwort „hören" (17, 20. 23 f. 27) dargestellt. Wie dort (11, 8) wird hier (V. 23) im kritischen Rückblick das „Nicht-Hören" der Väter festgehalten.[75] Der allgemeine Aufruf, zu „hören" auf „Jahwes Wort" (V. 20), ist vorgeordnet; das Thema (V. 21) erscheint wie eine inhaltliche Ausführung.

Die „Predigt" vollzieht sich wie die Tempelrede „am Tor", in das Jeremia „treten" (7, 2) soll. Eine noch engere Verbindung durch einen Motivzusammenhang besteht mit Jer 22, 1–5.[76] Von der Sprachgestalt wie dem Aufbau, der Struktur der Alternative[77] her, steht der Abschnitt der jerdtr Bearbeitungsschicht zumindest nahe oder ist ihr zugehörig.[78] Darüber hinaus stimmen gewisse Wendungen mit dem Dekalog überein, scheinen ihn aufzunehmen[79] und

---

[75] Die Schuld der Väter, die nach 11, 7 f mit einem Gericht („ich brachte über sie") beantwortet wird, wird hier (wie 7, 24 ff) nur festgestellt. Sind dort (11, 10) beide „Häuser" einbezogen, bleibt der Kreis der Angeredeten hier innerhalb Judas.

[76] Etwa: Einführung mit Botenformel (vgl. 13, 1 „zu mir"; 19, 1) und Auftrag – Aufstellung am Tor – Aufruf: „Höre/t Jahwes Wort!" – „die durch diese Tore einziehen" (auch 7, 2) – „sitzend auf Davids Thron", „die mit Wagen und Pferden fahren" – Könige und Volk, Alternative mit einer Verheißung für die Könige.

[77] Zum Aufbau der sog. Alternativpredigt vgl. W. Thiel I, 290–295. Das „durchgängige Ich der Jahwerede ist kein eigentliches Predigtelement" (42).

[78] Die Übereinstimmungen zumal mit Jer 22, 1–5 sind größer. So erscheinen diese Beziehungen enger und gewichtiger als das (sonst) erst Jer 13,15 ff bezeugte Motiv des „Last-Tragens"; es ist dort mit anderen, auch auf die aktuelle Situation bezogenen Themen verbunden. Deuteronomistische Redaktion kann, wie der Eingang des Sacharjabuchs (1, 1–6) nahelegt, bis in die Anfänge persischer Zeit reichen; Nachwirkungen oder Einflüsse sind auch später spürbar. Möglicherweise nimmt Neh 13, 15 ff in der vorliegenden Form auch Jer 17, 19 ff auf.

[79] Vgl. „jegliche Arbeit nicht tun/keinerlei Arbeit verrichten" (V. 22. 24); „heiligen" (V. 22. 24. 27) mit Ex 20, 10; Dtn 5, 12 ff (auch Ex 12, 16 u. a.). Gemeinsamkeiten im Wortlaut gibt es nur mit dem Kern des Gebots; die – vielleicht späteren – in beiden Fassungen des Dekalogs verschiedenen Begründungen klingen hier nicht an.

machen so die Allgemeinheit der Forderung verständlich. Auf ihn spielt wohl auch der Rückverweis an: „wie ich euren Vätern geboten habe"[80].

In exilisch-nachexilischer Zeit erhielt der Sabbat als „Zeichen"[81] des Glaubens und der Identität, als Unterscheidungs- und Bekenntnismerkmal, herausragende Bedeutung, ist aber älter.[82] Ist die hier vorliegende Ausgestaltung des Themas, diese Art der Einhaltung des Sabbats bereits im Exil oder erst zur Zeit Nehemias (13, 15 ff) möglich?[83]

Die Einleitung erinnert an Selbstberichte; den Ungehorsam der Väter kann auch Jeremia (wie 2, 5) hervorheben, wie er etwa den Vorwurf „keine Zucht annehmen" kennt.[84] Insofern wird dieses Thema in seine Erfahrungen eingefügt, so seiner Autorität zugeordnet. Wie bei den „Worten des Bundes" ist er nicht Urheber, aber Künder des Gebots. Allerdings liegt dem Verbot jeder Tätigkeit am Sabbat kaum ein von Jeremia selbst gesprochenes Wort zugrunde.[85] Jedoch ist der Text aus Jeremias möglicher Sicht und Situation entworfen: Der Untergang steht bevor.[86]

Wie etwa „die Worte des Bundes" (11, 2 ff) auffällig unbestimmt bleiben, so fällt hier eine allgemeine Redeweise auf. Will schon der Name „Tor der Söhne (d. h. der Angehörigen) des Volks"[87] auf die Gültigkeit für das ganze, dann angeredete „Volk" hindeuten? Jedenfalls wird die Angabe anschließend erweitert oder ausdrücklich betont: „alle Tore".[88] So können – dem generell geltenden Gebot entsprechend – alle Passanten erreicht werden.

Ebenfalls zusammenfassend werden Judas „Könige" genannt. Wie erklärt sich der Aufruf an eine Mehrzahl? Die Sammlung der Königssprüche (21, 11 ff) nennt eine Reihe von Königen, und in diesem Kontext findet sich jenes mo-

---

[80] V. 22; vgl. Dtn 5, 12 „wie Jahwe geboten hat".

[81] Vgl. (in einem jüngeren Text) Ex 31, 13. 17.

[82] Schon Am 8, 5 verweist anklagend auf Handel am Sabbat. Der Text, auch wenn er der „Amosschule" angehört, stammt aus vorexilischer Zeit. Ist für den Handel nicht Tragen erforderlich? Hos 2, 13 setzt mit dem Wortspiel, den Feiern mit dem Sabbat „eine Ruhe/ein Ende zu bereiten", wohl die Verbindung von Sabbat mit dem Verb *schbt* „aufhören, ruhen" voraus. Vgl. außerdem in der älteren Elisa-Tradition 2Kön 4, 23 und im klagenden Rückblick gemeinsam mit Festtagen Klgl 2, 6. Von der Forschung wird der Sabbat in vorexilischer Zeit auch als Vollmondtag angesehen. Wie in jenen prophetischen Zeugnissen (und Jes 1, 13) sind Neumond und Sabbat noch in nach-exilischer Zeit (Jes 66, 23) zusammen genannt. So sind beide wohl als die in regelmäßigem – monatlichem bzw. wöchentlichem – Abstand gefeierten, die Jahreszeiten durchwandernden Ruhetage verbunden.

[83] Es ist – unabhängig von der in der Datierung umstrittenen Darstellung – nicht näher bekannt, welcher Handlungen man sich z. Z. des Exils am Ruhetag enthalten musste.

[84] Jer 2, 30; 5, 3; von der jerdtr Redaktion schon 7, 28.

[85] Ein Anhalt bei Jeremia ist angesichts von Jer 6, 20; 7, 14. 21; 11, 15; 14, 12 u. a. auch wenig wahrscheinlich.

[86] V. 27; vgl. die Auslegung zu Kap. 11.

[87] Das Tor (V. 19) ist nicht genauer bestimmbar; der Name begegnet sonst nicht. Ist er für die hier beschriebene Situation bewusst allgemein formuliert? Vgl. „die Gräber der Söhne des Volkes" (26, 23).

[88] V. 19: vgl. V. 21 ff: „die Tore". Außerdem erwähnt. V. 22: „aus euren Häusern". Konkreter vorgestellt (W. Thiel I, 205): „Damit ist offenbar das Herbeischaffen von Waren durch die umwohnenden Bauern und die in der Stadt ansässigen Handwerker zum Verkauf auf dem Markt gemeint."

tivlich eng verwandte Wort 22, 1–5. So lässt sich auch diese Anrede aus der (vorgestellten) Situation Jeremias verstehen.[89]

Nach der Rückschau in die Vergangenheit entfaltet die Alternative die Möglichkeit von Heil und Unheil im Blick auf die Zukunft. Das Wort spielt gleichsam in zwei Zeitebenen – dem Wortlaut nach in Jeremias Situation, zugleich unausgesprochen in der Zeit nach der (schon eingetretenen) Katastrophe; jedoch fehlt ein Verweis auf die Zeit jenseits des Gerichts.

So kommt die Erwartung („Es wird geschehen, wenn ...") nur verhalten zum Ausdruck. Bei Gehorsam wird eine heilvolle Zukunft für Staat (vgl. 22, 4) und Kult[90] mit dauerhaftem Bewohnen der Stadt in Aussicht gestellt. Dabei umschreibt V. 26 den Umfang Judas in einer sowohl landschaftlich-geographischen[91] wie politischen (Benjamin, Jerusalem, Städte Judas) Gliederung. Jeremias eigene, nicht bedingt ergehende Heilsansage richtet sich kaum auf Könige und Kult, wohl aber auf ein eher schlichtes Leben.[92]

Die Alternative ist noch offen. Allerdings bleibt die Heilszukunft leicht zerbrechlich, von Ungehorsam und Gericht bedroht. Die Ankündigung[93] des möglichen Verlusts steht am Schluss. Wohl und Wehe, Heil oder Unheil des Volkes hängen am „Hören" oder „Nicht-Hören" auf Gottes Stimme, am Gehorsam oder Ungehorsam, hier konkret an der Einhaltung des Sabbats, d.h. wohl an dem im Dekalog geoffenbarten Willen Gottes.

---

[89] Vgl. 22,(2.)4; auch in der (wohl zeitlich nahen, ebenfalls exilischen) priesterschriftlichen Darstellung die Verheißung Gen 17, 6.

[90] Die übliche Zurückhaltung deuteronomistischer Denkrichtung gegenüber dem Kult kann hier insofern durchbrochen oder eingeschränkt werden, als der Dekalog die Einhaltung des Sabbats fordert, sich auch die „Heiligung" dieses Tages im Kult äußern kann. Das „Hören" ist überhaupt „die Voraussetzung (V. 24) für die Heilszusage. Unter dieser Bedingung kann" die jerdtr Redaktion „die Wiederaufnahme des Opferkults erwarten" (W. Thiel I, 206).

[91] Judäisches Gebirge, die Schephela, d.h. das westliche, sich zur Küstenebene neigende Hügelland, und im Süden der Negeb, das regenarme Trockenland. „Die Reihe ‚Gebirge, Schephela, Negeb' ist [...] etwa zur Zeit der deuteronomistischen Geschichtsbearbeitung zu einer stehenden Formel für die einzelnen Teile des judäischen Landes geworden" (M. Noth, AblA I, 198). Vgl. Jer 32, 44; 33, 13.

[92] Vgl. 32, 15; auch 29, 5–7; dazu o. zur Verkündigung. Ob die Verheißung 23, 5 f von Jeremia stammt, ist umstritten.

[93] Sie lehnt sich an die Gerichtsansage in Amos' Völkersprüchen (Am 1, 14; vgl. 1, 4 ff; 2, 2), die schon im Amosbuch (2, 5) auf das Südreich übertragen wird, und im Kontext an Jer 17, 4 an. Vgl. in der Beschreibung Neh 2, 13. 17; zu unauslöschlichem Feuer auch Jer 7, 20; 2 Kön 22, 17.

Der Gang zum Töpfer
Jer 18, 1–12

1 Das Wort, das von Jahwe an Jeremia erging:
2 „Mach dich auf und geh hinab zum Haus des Töpfers! Dort will ich dir
meine Worte kundtun." 3 Da ging ich zum Haus des Töpfers hinab, und
siehe, er war gerade bei der Arbeit an der Töpferscheibe. 4 Missriet das
Gefäß, das er aus (dem) Ton machte, in der Hand des Töpfers, so machte er
daraus wieder ein anderes Gefäß, wie es in den Augen des Töpfers gut
dünkte, es zu machen. 5 Da erging des Wort Jahwes an mich:
6 „Kann ich nicht wie dieser Töpfer mit euch verfahren,
Haus Israel? Spruch Jahwes.
Siehe, wie (der) Ton[1] in der Hand des Töpfers
so seid ihr in meiner Hand, Haus Israel.
7 Das eine Mal rede ich über ein Volk oder ein Reich, es auszureißen, nie-
derzureißen und zu vernichten; 8 kehrt aber jenes Volk, über das ich geredet habe, von seiner Bosheit um, so lasse ich mich des Unheils gereuen,
das ich ihm zu tun gedachte. 9 Das andere Mal rede ich über ein Volk oder
ein Reich, es zu bauen und zu pflanzen; 10 tut es aber, was in meinen Augen böse ist, ohne auf meine Stimme zu hören, so lasse ich mich des Guten
gereuen, das ich ihm zu erweisen zugesagt habe.
11 Und nun sprich zu den Männern von Juda und den Bewohnern Jerusalems: So spricht Jahwe: Siehe, ich bereite[2] Unheil über euch und fasse gegen euch einen Plan. Kehrt um, ein jeder von seinem bösen Weg und bessert
euren Wandel und eure Taten! 12 Sie aber werden sagen: Umsonst! Vielmehr unseren Plänen wollen wir folgen und ein jeder nach der Verstocktheit seines bösen Herzens handeln!

Die gehobene Einführung redet – gegenüber der sog. Wortereignisformel
„Und es geschah das Wort Jahwes an mich" (V. 5) – von Jeremia in 3. Person,
stellt „das Wort" betont voran und scheint weniger ein Geschehen zu erzäh-
len als rückblickend zu konstatieren: „Das Wort, das an Jeremia von Jahwe
erging".[3] Die Redaktion des Buches verwendet diese Überschrift als Gliede-
rungsprinzip, um – über die beiden durch das Motiv „Töpfergeschirr" ver-

---

[1] Ist „der" soeben bearbeitete Ton oder allgemeiner der Stoff bzw. das Material gemeint? Das
Hebräische benutzt den Artikel häufiger, zumal bei Vergleichen (Ges-K § 126, 3).
[2] Eigentlich: forme, bilde; vgl. Anm. 32.
[3] Jer 7, 1; 11, 1; 18, 1; wieder 21, 1; 30, 1; vgl. 14, 1. Dabei steht „Wort" wie in der sog. Wortereignisformel im Singular statt V. 2 Plural „meine Worte"; vgl. 1, 9.

bundenen Berichte hinaus – die drei Kap. 18–20 mit ihren unterschiedlichen Teilen zu übergreifen und zusammenzufassen.[4] Die Szene 18, 1–12 ist aus drei in sich gegliederten Abschnitten aufgebaut. Zwischen V. 6 und 7 liegt ein für das Verständnis entscheidender Umbruch.

V. 1   Überschriftartige Einführung in 3. Ps.
                 als „Wort" Gottes (wie 7, 1; 11, 1 u. a.)

I. V. 2–6   Wahrnehmung einer symbolischen Handlung
                 als Ich-Bericht mit dreiteiliger Grundstruktur:

a) V. 2   Gotteswort mit
                 a) Auftrag
                 b) Ankündigung weiterer Gottesworte
                 ohne Angabe von deren Inhalt

b) V. 3 f   Ausführung des Auftrags
                 und Beobachtung der Handlung

c) V. 5 f   Nach Einführung (V. 5) Gotteswort
                 mit dreifacher Intention:
                 1. Eintreffen der Ankündigung V. 2 b
                 2. Deutung der Beobachtung: „wie – so"
                 3. Rhetorische Frage
                 Ausblick auf die Situation der Angeredeten „Ihr"

II. V. 7–10   Erläuterung
                 Wort Gottes über sein Handeln an den Völkern
                 in zweierlei Weise:

a) V. 7 f   Bei Buße eines Volkes Gottes Reue
                 über seinen Unheilsbeschluss (vgl. Jona)

b) V. 9 f   Bei Bosheit eines Volkes Gottes Reue
                 über seine Heilsabsicht

III. V. 11–12 Neue Anrede Gottes (mit Anknüpfung an V. 2 ff)
                 Zweiter Auftrag. Anwendung auf das Volk.

a) V. 11   Unheilsankündigung und Bußruf
                 für Judäer und Jerusalemer

b) V. 12   Ablehnung durch das Volk –
                 im Zitat vorweggenommen als Wort Gottes

Da V. 6 auf V. 2 zurückgreift, bilden V. 2–6 eine Einheit mit einem eigenen Gedankengang; sie bedarf einer Einleitung[5], aber keiner Fortsetzung. Die Handlung (V. 3 f) ist vom Wort (V. 2. 5 f) umgeben. Dieser Kern der Erzählung wird auf Jeremia selbst[6] zurückgehen. Der Ich-Bericht weist mit Auf-

---

[4] Kap. 18–20 sind ähnlich aufgebaut: Gerichtspredigt (18, 11 ff; 19, 3 ff), Verfolgung (18, 18; 20, 1 ff) und Klage (18, 19 ff; 20, 7 ff) des Propheten. Vgl. zu Kap. 19.

[5] Sie mag (V. 5 entsprechend) die Wortereignisformel oder auch (wie 13, 1) die Botenformel gewesen sein. Die ältere Überlieferung (V. 2–6) hat wohl bei Zufügung von V. 7 ff bzw. bei der Zusammenstellung von Kap. 18–20 den (in 18, 1) ausgestalteten Rahmen in 3. Ps. erhalten.

[6] V. 2–6 sind ohne Spuren jüngerer redaktioneller Sprache, und die Beschreibung „verdorben" verbindet Kap. 18 (V. 4) mit 13, 7. „So legt sich von der Verwendung der Gattung (Symbolhandlung) und vom Gebrauch des Motivs (Umgang des Töpfers mit Ton) in diesem Rahmen her nahe,

trag, Ausführung und Deutewort die charakteristische Dreigliederung der Symbolhandlungen auf. Der Unterschied besteht jedoch „darin, dass in diesen der Prophet die Handlung selbst vollzieht, während er hier der Handlung eines Anderen beiwohnt. Außerdem fehlt der Handlung das Außergewöhnliche, Aufsehenerregende."[7] Die Wahrnehmung eines alltäglichen Vorgangs gewinnt symbolische Bedeutung.

Mit dem Auftrag, sich zum Töpfer zu begeben, erhält Jeremia die Zusage, dort werde ihm ein Gotteswort zuteil. So unterscheidet V. 2 von der gegenwärtigen eine künftige Anrede an den Propheten, von der gegebenen Situation Ort und Zeit eines späteren Wortempfangs, bei dem Gott „sich hören lässt". Der Prophet muss warten, auf ein Gotteswort gespannt sein, scheint es also nicht jederzeit „bereit" zu haben – was das Jeremiabuch auch sonst voraussetzt.[8] Dabei bleibt die Ankündigung der „Worte" (V. 2 b) auffällig allgemein, was an die Berufungserzählung 1, 9 und ähnlich die erste Vision 1, 11 f (vgl. 36, 2) erinnert.

Nicht aus eigenem Antrieb, sondern – wie bei den Visionen oder den Symbolhandlungen – auf Gottes Veranlassung geht Jeremia zum Töpfer, gehorcht anscheinend ohne jeden Zweifel am Eintreten des Angesagten: „geh – und ich ging" (18, 2 f). Der Prophet sieht zu, wie der Handwerker und Künstler[9] auf der Doppelscheibe[10] arbeitet. Misslingt das Gefäß, das er herstellen will, scheint seine Absicht nicht eigentlich zu sein, es umzugestalten, vielmehr formt er mit dem Ton „ein anderes Gefäß", das ihm gefällt.

Entdeckt Jeremia auf den Anstoß (V. 2) hin in der üblichen Erfahrungswelt eine tiefere, theologische Dimension? Als er das Wirken des Töpfers beobachtet, ergeht das angekündigte Wort, bestätigt damit die Vorhersage und deutet die Wahrnehmung. Der alltägliche Vorgang in der Töpferwerkstatt, in dem sich Regelmäßiges abspielt, wird zum Bild, dient als Vergleich („wie – so") für Gottes Verhalten zum Volk.

---

wenigstens den Selbstbericht 18, 2–6 dem Jeremia zuzusprechen und ihn in die zweite Tätigkeitsperiode, die Regierungszeit Jojakims, zu datieren, zumal für die gleiche Periode Berichte über symbolische Handlungen als Selbstberichte unheilkündender Funktion vorliegen." (G. Wanke, Jeremias Besuch beim Töpfer: Prophecy, FS G. Fohrer, BZAW 150, 1980, 151–162, bes. 161 f).

[7] W. Thiel I, 213. Der Bericht enthält Elemente, die sich auch in der Vision finden, wie die Einführung „siehe, er" (V. 3; Am 7, 1. 4; Sach 2, 5). Vielleicht besteht ein Zusammenhang zwischen der besonderen Form und der Intention: Kann Kap. 18, 2–6 deshalb als Wahrnehmung gestaltet sein, weil die Symbolhandlung nicht direkt auf eine Zukunftsansage, sondern zunächst auf Erkenntnis von Gegenwärtigem, auf eine allgemeine Einsicht (und erst in und mit ihr auf eine Ankündigung) zielt?

[8] Jer 28, 5 ff; 42, 7; vgl. oben zu 1, 11 f; auch in der Bileamerzählung Num 22, 8. 19 u. a.

[9] Vgl. das bildhaft verwendete Motiv von Töpfer und Ton (außer u. Anm. 12) Hi 10, 9; 33, 6 oder als Schöpfungsaussage Gen 2, 7. 19; Jer 1, 5; 10, 16 (= 51, 19); Ps 104, 26; 103, 14 u. a. So steht Jer 18, 6 der Schöpfungsterminologie nahe; im strengen Sinne ist hier von Erschaffung des Menschen (1, 5) oder gar der Welt (in Zusätzen, wie 10,12; 27, 5) aber nicht die Rede.

[10] Das hebräische Wort bildet einen Dual. Die Doppelscheibe wird zunächst mit der Hand, wohl erst seit hellenistischer Zeit mit dem Fuß bewegt; vgl. JSir 38, 29; dazu BRL, [2]1977, 345 f; R.H. Johnston, The Biblical Potter, BA 37/4, 1974, 86–106; NBL III, 2001, 893 f.

Das Gotteswort (V. 6) ist zweistufig; zwischen beide Teile tritt die Formel „Spruch Jahwes". Ist die Frage in Ich-Rede „Kann ich nicht …?"[11] gehalten, so ist die durch „Siehe" eingeführte Folgerung „so seid ihr …" (wie 7, 11; 13, 23) als Anrede gestaltet. Wie der Töpfer mit dem Ton so „kann" Gott mit den angeredeten Hörern, „mit euch verfahren". Die Szene öffnet sich auf die Zukunft hin, in der Jeremia das Wort weitergibt. Wie im Auftrag V. 2 die Situation der gegenwärtigen und der künftigen Anrede an den Propheten unterschieden wird, so enthält das Deutewort V. 6 eine zweifache Situation – bei dem Töpfer und vor dem Volk. Adressaten sind nach dem Propheten das „Haus Israel", d. h. die Einwohner Jerusalems und des Südreichs. Demnach ist die nur von Jeremia erlebte Handlung von vornherein auf Öffentlichkeit ausgerichtet (vgl. 16, 9). Das Wort ist – seiner Struktur entsprechend – weiterzugeben und wurde weitergegeben, wie ja der vorliegende, in das Buch eingegangene Bericht zeigt.

Dies Wort meint mit der immerwährend-allgemeingültigen zugleich eine zeitbezogene Einsicht, als jederzeitiges auch ein künftiges Handeln Gottes. Nicht selten wird das Deutewort als trostvolle Verheißung einer Erneuerung verstanden – gewiss zu Unrecht:

1. Im Rahmen der – bildhaften – Handlung (V. 4) besteht das Werk des Töpfers nicht in einer „Um-Formung" oder Ausbesserung des auf der Scheibe entstandenen Gebildes; nicht das Gefäß, der Werkstoff bleibt bewahrt. Kontinuität besteht bei Auflösung der Form im Material. Kann die Gestaltung einer „anderen", neuen Form nur Heil bedeuten?
2. Die Nachinterpretation (V. 11 f), eine Art Kommentar zum Prophetenwort, sieht in dem Bild eindeutig eine Gerichtsansage: „Ich forme Unheil wider euch."
3. Im Kontext vergleichbare Zeichenhandlungen Jeremias (13, 7. 9; 19, 10 f) deuten auf Unheil.[12]

Käme eine Gerichtsdrohung[13] aber nicht klarer zum Ausdruck, wenn das Volk mit dem Gefäß verglichen würde, während das „Haus Israel" dem Ton gleichgestellt wird? Die – rhetorische – Frage verrät Auseinandersetzung mit den Hörern. Hier liegt ein Diskussions- oder Disputationswort[14] vor, mit dem der Prophet seine – längst ausgesprochene – Gerichtsbotschaft gegenüber Einwänden verteidigt und Einverständnis sucht.[15]

---

[11] Wie schon Am 9, 7; Jer 2, 31; vgl. 5, 9. 29; 9, 8.

[12] G. Wanke (FS G. Fohrer, 160) stützt die Deutung durch Untersuchung des Bildmotivs vom Ton, das überwiegend (Jes 29, 15 f; 45, 9 f; vgl. 64, 7) „zur Einsicht in verkehrtes Verhalten und damit in unheilvolles Geschick" dient.

[13] „Jahwe wird an seinem Volk so handeln wie der Töpfer an dem missratenen Gefäß. Eine Art Zuspruch […] enthält die Symbolhandlung nicht." (S. Böhmer, Heimkehr 40) „Erlebnis und Wort laufen auf Gericht und Strafe hinaus." (J. Schreiner 113).

[14] Vgl. o. zu Jeremias Redeformen (S. 14 f).

[15] Bereits Amos argumentiert mit einem Disputationswort (3, 6) für Gottes – auch im Verhältnis zu seinem Volk bleibende – Freiheit zum Unheil; vgl. Am 9, 7. Sachlich kann Jeremia auch sonst ausführen und so bestätigen, dass Gott die Freiheit hat, Heilsgaben zurückzunehmen (etwa Jer 16, 5 oder 7, 4. 12; 26, 6 gegenüber Ps 46; 48 u. a.).

Eine solche symbolische Demonstration oder gar Rechtfertigung der Macht und Freiheit Gottes ist keineswegs zu allgemein oder ohnehin jedermann selbstverständlich, sondern hat in der Auseinandersetzung mit dem Widerspruch der Hörer einen Anlass und eine konkrete Absicht. Die Beziehung Gott – Volk ist anders, als die Zeitgenossen annehmen. Die uneingeschränkte Verfügungsmacht Gottes, die die Hörer einsehen sollen, schließt die Möglichkeit (oder gar das Recht) des Gerichts ein. Diese Einsicht entspricht zumindest im Blick auf das Volksganze nicht den Erwartungen. Wäre andernfalls die Botschaft der sog. Heilspropheten[16] denkbar? Insofern hat das Bekenntnis zur Souveränität Gottes deutlich einen drohenden Unterton.[17] Die Unheilsansage bildet nicht unmittelbar den Sinn dieser Symbolhandlung, steht aber im Hintergrund. Später erneuert Jeremia gegenüber „Propheten" seinen Einspruch (23, 23).

An den Selbstbericht (2–6) schließen sich bedeutsame *Erweiterungen* (V. 7–10 mit Applikation V. 11 f) an – als eine entfaltende Exegese mit erheblicher Tonverlagerung.

    1. Die Einsicht in Gottes Freiheit gegenüber Israel (V. 6) weiten V. 7–10 zu grundsätzlichen, allgemeingültigen Reflexionen über Gottes universales Geschichtshandeln, sein Verhalten in Gericht und Heil gegenüber „einem Volk" oder „einem Königreich" aus. In Fortführung der göttlichen Ich-Rede ergehen V. 7–10 (in breiterem Stil) in 3. Person; Gott redet „über" die Völker.[18]
Trotz Übergang zum Bild vom Bauen führen V. 7–10 die Szene insofern weiter, als sie das Wirken des Töpfers (V. 4) als zweiseitig erläutern. Die gleichsam spiegelbildlich formulierten Sätze ziehen aus dem durch Jeremia oder die Schriftpropheten überhaupt ergangenen Gotteswort und dem faktischen Geschichtsverlauf durch Verallgemeinerung die Folgerung.[19] Gottes Wirken in Israels Geschichte erscheint als Beispiel und Maßstab seiner Weltherrschaft. Innerhalb dieser gleichsam lehrmäßigen Überlegungen ist von einem Vorrang eines Volkes keine Rede.[20] Allerdings bildet Gottes Handeln an Israel den Ausgangspunkt (V. 6) und bleibt das Ziel (V. 11 f) der Reflexion.

---

[16] Vgl. oben zu 5, 12–14 mit dem Zitat „Kein Unheil wird … kommen!"; 6, 14; 8, 11; auch 7, 4; 23, 16 f u. a.

[17] Ähnlich C. Brekelmans (Jeremiah 18, 1–12 and Its Redaction, in: Le livre de Jérémie, 343–350, bes. 346): „The meaning of the original saying [...] would be: Yahweh who is planning disaster for his people is able to do so, because he has the power, just like the potter can do so with his clay whatever he likes [...] The symbolic action [...] seems to have been directed against such members of the people who were doubting that Yahweh would ever carry through what the prophet announced."

[18] Wie schon 1, 10 gegenüber 1, 5 („für"). Sowohl der Begriff „Volk" mit der universalen Ausrichtung wie das Bild vom Bauen u. a. erinnern an das „Motto" 1, 10.

[19] Ein (ebenfalls dtr) Zusatz Am 3, 7 reflektiert aus dem Rückblick das Auftreten der Propheten und nimmt dabei in Gottes Wirken eine gewisse Regelhaftigkeit wahr.

[20] „Auf irgendeine Prärogative Israels wird mit keinem Wort Bezug genommen. Letzten Endes scheinen die Völker in derselben Lage gesehen zu sein wie das Gottesvolk, nachdem es das Gericht erfahren hat." (W. Thiel I, 216).

2. Gottes Wirken umfasst Gutes und Böses; Heils- und Unheilshandeln werden „auf einer Ebene betrachtet".[21]. D. h. Gott scheint nicht *eine* Absicht, sei es zum Gericht oder zum Heil (im Gericht), zu haben; sein Handeln ist vielmehr *„zwei-polig"*. Gott kann „töten und lebendig machen".[22] So kann die Geschichte in ih-rer Zwiespältigkeit als sein Werk verstanden werden.

3. Das Geschick der Völker, die wie ein Einzelwesen handeln, wird wesentlich durch ihr Verhalten bestimmt. Anders als der Ton in der Hand des Töpfers kann jedes Volk mitwirken. Tun und Ergehen entsprechen sich,[23] das Ergehen aber ist Tat Gottes.

4. Angesagtes Unheil kann auf Grund von *Umkehr* zurückgenommen werden.[24] Die Möglichkeit wird jedem Volk gewährt, wie ihm auch Gottes „Reue" gilt. Je-des Volk kann an Gottes Heilsplan teilhaben und aus ihm herausfallen.[25]
Wie können die Völker Gottes Willen kennen, dass sie auf Gottes *„Stimme hö-ren"* bzw. durch „Gutes tun" seinen Willen erfüllen können? Ist vorausgesetzt, dass die Völker die Tora (etwa die im Deuteronomium enthaltene Weisung) ken-nen? Oder gilt hier eine allgemein vorausgesetzte ethische Grundeinstellung, schlicht mitmenschliches Verhalten in elementaren Lebensbedingungen?[26] Eher ist an Kundgabe durch einen Propheten gedacht.[27]

5. Zwischen Unheils- bzw. Heilsplan und Unheils- bzw. Heilswirken Gottes steht die *„Reue"*, d. h. der Willenswandel Gottes, der jeweils menschlichem Tun, der Wendung zum Guten wie Bösen entspricht. Gott, dessen drohendes oder ver-heißendes Wort die Situation eröffnet, lässt sich auf Grund (geänderter) mensch-licher Voraussetzungen beeinflussen.[28]

---

[21] J. Jeremias, Die Reue Gottes, BSt 65, 1975 und BThSt 31, ²1997, 83 ff, bes. 84.

[22] 1Sam 2, 6; vgl. Dtn 32, 39; 2Kön 5, 7; Zeph 1, 12; dann Jer 1, 10; auch Lk 1, 51 f u. v. a. Jene Bekenntnisformel weist in der Abfolge beider Verben ein Gefälle zum Leben hin auf, deutet eine Richtung an. Hier ist die Abfolge umgekehrt.

[23] Das Wort *raʿah* ist doppelsinnig: Das Volk bekehrt sich von (V. 8) bzw. tut (V. 10) „Bosheit"; „angesagt" und von Gott „bereut" wird aber (V. 8) das „Unheil". So ist im Begriff ein ‚Tun-Er-gehen-Zusammenhang" enthalten; nach der Aussage wird der „Zusammenhang" allerdings erst durch Gottes Wirken herbeigeführt.

[24] Das Verb *schub* wird aus V. 4 („wieder tun") aufgenommen, jedoch in anderem Sinn („um-kehren" V. 8; auch V. 11) verwendet. Im Zusammenhang möglicher Abwendung angekündigten Unheils findet sich der Bußruf bei Jeremia selbst wohl nicht, jedoch im Rahmen der Heilsansage 3, 12; auch 15, 19 u. a.; s. o. zur Verkündigung, bes. Abs. 8–9.

[25] Eine gewisse Parallele stellt wohl der Text Ez 18 dar, der nach Ergehen des Gerichts das Han-deln Gottes gegenüber der Einzelperson bedenkt.

[26] Vgl. Gen 20, 11; auch 9, 6; 39, 8 f; Ex 1, 17 ff; Am 2, 1 u. a.; dann Röm 2, 14 ff.

[27] Vgl. Jer 27, 2 ff. Ist der Prophet in der Gottesrede 18, 7–10 nicht unausgesprochen als Mittler mitgedacht, der Gottes Ich-Rede, Drohwort (V. 7) wie Verheißung (V. 9), weitergibt (vgl. 1, 10)? Das Jonabüchlein mit der prophetischen Botschaft, die Unheil ansagt und auf Umkehr zielt, ist eine ausgeführte Beispielerzählung für die V. 7 f niedergeschriebene Erkenntnis.

[28] „Jahwe fasst also seine Beschlüsse, nach denen er seinem Volk Heil oder Unheil zuteilt, nicht endgültig: er ändert seinen Willen, sofern sich das jeweilige Volk wandelt. Indem dieses Wort klare Alternativen aufrichtet, ruft es einerseits zur Umkehr vom bösen Weg und bietet Heil an, an-dererseits warnt es vor falscher Sicherheit, als habe ein Volk dauernden und ungefährdeten An-spruch auf Jahwes heilvolles Tun." (S. Böhmer, Heimkehr 41).

Setzt nicht auch die Fürbitte[29] die mögliche Änderung von Gottes Verhalten voraus und bezeugt so Gottes Menschlichkeit? Auffällig ist die – der Geschichte abgelauschte – Regelhaftigkeit dieses Verhaltens; Gott scheint zu reagieren, und zwar auf erkennbare Weise. Sagt das Wort, das Gottes Freiheit wahren will, damit nicht eher eine voraussehbare „Regelmäßigkeit" in seinem Handeln[30] aus? Zugespitzt geurteilt, scheint nicht der Mensch, wohl aber Gott bestimmt zu sein oder sich bestimmt zu haben.[31] Erst im Nachhinein wird erkennbar, dass sich Gott mit seinem Geschichtshandeln so binden kann. In V. 7 ff denken Spätere über das prophetische Wort und das Ergehen des Volkes nach, verstehen ihre andere Situation vom Propheten her, gehen dabei aber über ihn hinaus.

V. 11 f[32] vollziehen den Schritt zurück von den Völkern zum Volk, wenden auf es die allgemeinen Grundsätze mit einführendem „Und nun" – und der Beauftragung des Propheten – in zuspitzender persönlicher Anrede („euch") an.[33] Die von jedem beliebigen Volk erwartete Reaktion bleibt hier aus, auch von den Einzelpersonen: „ein jeder".[34]

Erhebt V. 11 angesichts der allgemein formulierten Gerichtsdrohung mit Ernst den Aufruf zur Buße und zur Besserung, so stellt V. 12 – zusammenfassend – fest: Umsonst! Ein fingiertes kritisch wertendes Zitat bringt eine Einsicht der Hörer zum Ausdruck, die sich selbst der „Hartherzigkeit" bezichtigen. Sachlich, in der Feststellung des Nicht-Hörens, stimmt das Urteil mit der Einsicht der Propheten[35] überein. Mit der Wirkungslosigkeit prophetischer Botschaft wird die Situation nach oder in dem Gericht gedeutet. Über sie geht der Schlusssatz – trotz der zuvor (V. 7 f) angedeuteten Möglichkeit – nicht mit einem hoffnungsvollen Ausblick hinaus. V. 12 leitet vielmehr zu der – wieder von Jeremia stammenden – Anklage V. 13 ff über.

---

[29] Jer 18, 20; vgl. 15, 11; 17, 16; 29, 7; auch das Verbot 14, 11; 15, 1.

[30] Dieser „Abschnitt will auf die Freiheit Jahwes in seiner Geschichtslenkung hinweisen […], wobei dann wider Willen doch beinahe mehr eine Gesetzlichkeit als eine Freiheit im Walten Jahwes sichtbar wird." (G. von Rad, TheolAT II⁴, 206) Wäre der Text mit der Feststellung einer „Berechenbarkeit" Gottes aber nicht über-interpretiert?

[31] Jeremia deutet in zugespitzten Aussagen weder Israels Verhalten so veränderbar (2, 21 f; 13, 23 u. a.) noch Gottes (Re-)Aktion weiterhin so beeinflussbar (16, 5 u. a.).

[32] V. 11 f nehmen aus dem Töpferbild (V. 2–6) das Verb „formen, bilden, zubereiten" auf, allerdings in übertragenem Gebrauch. Zugleich greifen sie das Verb „umkehren" (V. 8; vgl. V. 4) auf und übernehmen aus V. 7–10: „Böses", „Unheil", „planen", „Gutes tun" (wie 36, 3).

[33] Darum liegt kaum eine zweistufige, eine universale (V. 7–10) und eine partikulare (V. 11 f) Redaktion vor. Beide Absätze gehören eher zusammen. V. 7–10 sind in Ausdrucksweise (wie „das Böse bereuen", „böse in meinen Augen", „auf meine Stimme hören") und Alternative der (jerdtr) in sich vielfältigen Redaktion zumindest nahe.

[34] Vgl. 26, 3; 36, 3. 7; auch wieder Ez 18. Zum Adressatenkreis „Mann Judas und Bewohner Jerusalems" vgl. Jer 4, 4; 11, 2. 9; 17, 25.

[35] Jes 28, 12; 30, 9. 15; Jer 2, 25; 6, 16 f; 8, 4 ff u. a. Sie wird von der dtr Literatur weithin übernommen: 2Kön 17, 13 f; Sach 1, 4; vgl. Jer 11, 10; 13, 10; 25, 7 u. a.

Aufruf zum Vergleich
zur Wahrnehmung des „Unnatürlichen"
Jer 18, 13–17

13 Darum, so spricht Jahwe:
   Fragt doch unter den Völkern, wer je so etwas gehört hat!
   Ganz Abscheuliches hat getan die Jungfrau Israel.
14 Schwindet je vom Fels des Feldes
   der Schnee vom Libanon,
   oder ‚versiegen' die aus der Fremde kommenden
      Wasser, die kalten, strömenden?[36]
15 Mein Volk aber hat mich vergessen,
   den Nichtigen opfern sie,
   die sie straucheln lassen[37] auf ihren Wegen,
   den Pfaden der Vorzeit,
   um (wilde) Pfade gehen zu müssen, ungebahnten Weg,
16 so dass sie ihr Land zum Entsetzen machen,
   zu einem ewigen Gepfeife;
   jeder, der daran vorbeikommt,
   wird sich entsetzen und sein Haupt schütteln.
17 Wie der Ostwind zerstreue ich sie vor dem Feind.
   Den Rücken und nicht das Gesicht werde ich ihnen
   ‚zeigen'[38] am Tag ihres Unglücks.

Das selbständig lesbare Wort[39] greift die im Anschluss an Hosea erhobene Anklage, Gott „vergessen" zu haben[40], auf. Strukturell wie inhaltlich schließt es sich an den Aufruf (2, 10 ff) an – mit a) dem universalen Horizont, dem Einbezug der Völker, b) der Aufforderung, selbst Erkundigungen einzuzie-

---

[36] Die Übersetzung des schwierigen, auf verschiedene Weise korrigierten Textes V. 14 ist umstritten; vgl. BHS; HAL 953. 691; G. Barbiero, ZAW 114, 2002, 376–390. Mit dem (das Feld bzw. Land weit) überragenden „Fels" ist vermutlich der Hermon gemeint. Möglich wäre auch: „der ‚Stein' vom Feld". V. 14 enthält aber wohl nur zwei Vergleiche. Sie hängen inhaltlich zusammen: Das kalt fließende Wasser „kommt nämlich aus der Schneeschmelze" (G. Barbiero 378).

[37] Das „Haltlose", „Nichtige" ist im Sinne eines Plurals zu verstehen: die Nichtigen (Gottheiten/Götzen). Möglich wäre auch mit LXX: so dass sie ‚straucheln werden'.

[38] „Ich will sie ansehen … nicht (mit) dem Gesicht". Ist der hebräische Text nicht eher strenger?

[39] Es ist durch das Stichwort „Volk", im Hebräischen ein Wortspiel („Verstocktheit" V. 12 – „Abscheuliches" V. 13) und das einleitende „Darum" mit dem vorigen Abschnitt verbunden, so kaum zufällig in diesen Zusammenhang eingefügt. Die Botenformel leitet eine Aufforderung ein, die in eine Gottesrede (V. 15. 17) übergeht.

[40] Jer 2, 32; vgl. 3, 21; Hos 2, 15 u. a. „Jungfrau" dort (Jer 2, 32) im bildlichen Vergleich, hier als Bezeichnung des Volkes (vgl. Am 5, 2; Jer 31, 4. 21; auch 14, 17).

hen, um die Unvergleichbarkeit oder Einmaligkeit einzusehen[41], sowie der
rhetorischen Frage und c) dem Vorwurf der Abkehr von Gott.[42] So besteht
eindeutig ein Zusammenhang mit der sog. Frühzeitverkündigung.

Das Wort ist grob zweigliedrig:

I. V. 13–15 a   Schuldaufweis
        V. 13 a   Aufruf zu eigener Erfahrung mit Frage
        V. 14   Bildhafte rhetorische Doppelfrage
        V. 13 b. 15 a   Anklage
II. V. 15 b–17   Ungemach als Folge
        a) V. 15 b–16   Verhängnisvolle Auswirkungen
        b) V. 17   Gottes Gerichtsansage in Ich-Rede

Mit seinen beiden Bildern ist V. 14 textlich schwer verständlich, sachlich aber
eindeutig: Ein in der Natur höchst unwahrscheinlicher Fall oder gar ein wi-
dernatürlicher Vorgang[43] wird zum Thema und Ausgangspunkt gemeinsamer
Erkenntnis. Es wird Übereinstimmung in der Wahrnehmung, damit Einverständnis gesucht vor der – unerwarteten, keineswegs allgemein anerkannten –
Folgerung. So dient die Frage als Gegenbild zu V. 15 a. Wieder (zumal 8, 4 ff)
soll das unbegreifliche Verhalten einsichtig gemacht werden. Gegenüber den
gleichbleibenden Erscheinungen in der Natur vollzog sich ein Wechsel in
Israels Verhalten; es gab das Bewährte in Untreue auf.

Da das Volk Gott „vergessen" hat, liegen die Beziehungen zurück. So sind
die „Pfade der Vorzeit" wohl die rechten Wege,[44] die aber verlassen wurden,
insofern zum „Straucheln" führen. „Abscheuliches, Schauderhaftes" kann
vornehmlich den Abfall, die Übertretung der Ausschließlichkeit, meinen.[45]
Die „trügerischen", „wesenlosen" Gottheiten[46] bringen zu Fall, erscheinen
als Urheber des Ungemachs. Demnach sind sie nicht „wirkungslos", bewirken aber nur Negatives, richten Unheil an. Die Zuwendung an das „Nichtige" führt zu Schmach und Elend.[47] Die Landesbewohner gerieten auf unge-
bahnte, leicht in die Irre führende Pfade, in die Weg- oder Richtungslosigkeit.
Ihr Ergehen ruft bei den Völkern Schauder oder Entsetzen hervor, das sich
auch in einem – vermutlich abwehrend gemeinten – Pfeifen oder Zischen
äußert.

---

[41] Auch die zunächst allgemeine Formulierung des Geschehens („wie dieses" 2, 10; „wie diese"
18, 13) vor dem konkreten Vorwurf findet sich wieder. Vgl. zum Disputationswort o. zu den Redeformen. Innerhalb des Zusatzes 17, 12 f scheint sich auch das Bildwort 17, 13 an 2, 13 anzuschließen.

[42] An Kap. 2 erinnert auch das Stichwort „Weg" oder eine sprachliche Wendung mit dem Hinweis auf die Zeit des Unglücks bzw. der Not (2, 27).

[43] Vgl. 8, 4. 7; dort zum weisheitlichen Hintergrund.

[44] Entsprechend 6, 16; vgl. auch 2, 2 f vor 2, 4 ff.

[45] Jer 5, 30 f; vgl. 23, 14 (von der Lebensführung); Hos 6, 10; auch Jer 2, 12 f.

[46] Vgl. Anm. 37.

[47] Liest man V. 15: „sie werden straucheln", zieht sich das Volk als Folge seines Verhaltens seine
Lebens-Einschränkungen noch deutlicher selbst zu; vgl. zu 17, 5 f. Die Verderbnis des Landes
schildern auch 2, 7; 3, 2 f; vgl. 5, 25; 12, 4.

Als Steigerung steht am Schluss eine Zukunftsansage. Nach prophetischer
Einsicht kehrt sich das Volk ab (2, 27): „Mir wenden sie den Rücken, nicht
das Gesicht zu." Wohl in Aufnahme und Umkehrung dieser Anklage scheint
hier Gott auf das Verhalten des Volkes zu antworten.[48] Er wendet sich nicht
zu, vielmehr ab. Mit ähnlichem Bild kann Gottes Verborgenheit[49] oder
„Ferne" (Jer 23, 23) ausgesagt werden.

„Gedenke, wie ich vor dir stand!"
Die vierte Konfession
Jer 18, 18. 19–23

18 Da sprachen sie: „Auf, lasst uns Pläne gegen Jeremia schmieden; denn
    nicht geht Weisung dem Priester, Rat dem Weisen und Wort dem Pro-
    pheten aus. Auf, lasst uns ihn mit der Zunge schlagen und auf all seine
    Worte nicht achtgeben!"[50]
19 Gib acht, Jahwe, auf mich
    und höre auf das Reden meiner Rechtsgegner![51]
20 Soll denn Gutes mit Bösem vergolten werden?[52]
    Denn sie haben meiner Seele[53] eine Grube gegraben.
    Gedenke, dass ich vor dir stand,
    um Gutes über sie zu reden,
    um deinen Zorn von ihnen zu wenden!
21 Darum gib ihre Kinder dem Hunger preis
    und liefere sie der Gewalt des Schwertes aus,
    so dass ihre Frauen kinderlos und Witwen,
    ihre Männer Opfer des Todes,
    ihre jungen Männer im Krieg vom Schwert erschlagen werden!

---

[48] „Er wird sich genauso wenig um sie kümmern, wie sie es vorher ihm gegenüber getan haben." Die Zuwendung mit dem Gesicht „bezeichnet ein wohlwollendes, hilfreiches Verhalten" (J.
Reindl, Das Angesicht Gottes im Sprachgebrauch des Alten Testaments, EThSt 25, 1970, 125).

[49] Jes 8, 17; Jer 33, 5; vgl. Ps 27, 8 f u. a.

[50] Im Anschluss an Peschitta und LXX liest man gelegentlich (so W. Rudolph): „Auf, lasst uns
ihn mit der eigenen Zunge schlagen und auf jedes seiner Worte acht geben!" Dann sollen Jeremias
Worte selbst ihm zum Fallstrick werden.

[51] „Meine Rechts- bzw. Streitgegner" vgl. Ps 35, 1. LXX u. a. lesen „meines Rechtsstreits" –
eine Art Leitwort der Konfessionen (11, 20; 12, 1; 15, 10 u. a.).

[52] Andere Übersetzung: Darf man anstelle von Gutem Böses erstatten/vergelten?

[53] Oder: meinem Leben, d. h.: mir. Die Beschreibung der Not nimmt V. 22 b vorweg, der die
Aussage leicht abgewandelt aufgreift.

22 Klagegeschrei soll man hören aus ihren Häusern,
   wenn du plötzlich die Streifschar über sie kommen lässt.
   Denn sie haben eine Grube gegraben, um mich zu fangen,
   und meinen Füßen haben sie versteckt Fallen gestellt.
23 Du aber, Jahwe, weißt
   alle ihre Pläne gegen mich, mich zu töten.
   Vergib nicht ihre Schuld
   und ‚tilge‘[54] nicht ihre Sünde vor deinem Angesicht!
   Gestrauchelte sollen sie sein vor dir,
   zur Zeit deines Zorns handele an ihnen!

Diese Konfession steht im Schatten der anderen, bezeugt einerseits nicht die
Spannung im Verhältnis Prophet – Gott mit der Tiefe der Selbst-Einsicht (wie
15, 10. 18; 20, 7 ff), wirkt andererseits durch die ungemein harten Bitten er-
schreckend.[55] Dennoch gehört diese Klage in die Reihe, bezeugt wiederum
die Not der Verfolgung, ja hilft zum Verständnis der Konfessionen überhaupt. Gerade hier tritt der Zusammenhang mit der Verkündigung hervor;
die „Zeit deines Zorns" ist das angekündigte Gericht.

Die Darstellung der Szene der Widersacher (V. 18) ist nicht wie sonst
(11, 19; 12, 4) in die Klage eingebunden, sondern ihr – in Prosa – wohl nachträglich vorangestellt.[56] V. 18 bestimmt die in der Konfession nur allgemein
genannten Gegner näher, gibt sachlich aber richtige Auskunft.[57] Die Gegner,
„eben diese drei Gruppen" (W. Rudolph), verbindet nicht nur persönliche
Feindschaft gegen Jeremia. Sie bilden selbst Autoritäten, die auf Grund der
für sie weiterhin gültigen Tradition von anderen Grundvoraussetzungen ausgehen, nicht Jeremias kritische Einsicht in die Situation[58] teilen.

Drei „Stände" oder „Berufs"gruppen mit ihren verschiedenen Ausdrucks-
formen, je ihrem für sie charakteristischen, ihre Tätigkeit kennzeichnenden
Begriff werden genannt: die *Tora* „Weisung", auch „Auskunft" des Priesters,[59] der *Dabar*, das „Wort" des Propheten – sei es empfangen oder weiter-

---

[54] Vgl. HAL 537 f.

[55] Die Bitte geht weiter als 11, 20; 12, 3; 15, 15; 17, 18, übertrifft „Gebete dieser Art an Schärfe"
(A. Weiser 158).

[56] Damit wird die Konfession zugleich in den Erzählkontext eingefügt, wohl auch ein Bogen zu
18, 11 f geschlagen. Da V. 18 und 19 durch das Verb „aufmerken/acht geben" verknüpft sind, ist
V. 18 wohl für diesen Zusammenhang gebildet.

[57] Der Gegensatz ist auch sonst belegt: zu Priestern und Propheten (etwa 2, 8), zu Weisen
(8, 8 f). Eine ähnliche Konstellation schildert für die Propheten schon 5, 12–14 (5, 12 wie 18, 21 f
„Hunger", „Schwert", „kommen/lassen"). Allgemein kann vom Volk geurteilt werden, dass es
„nicht wahrnimmt" (6, 10. 17. 19 u. a.). Vgl. auch jüngere Texte wie 2, 26 b; 4, 9.

[58] Vgl. 6, 14 = 8, 11. Durch Jeremias Verkündigung ist zudem die „Autorität" der geistigen Führer des Volkes „erschüttert"; so sind sie „zu einer gemeinsamen Front gegen den Propheten ver-
einigt" (A. Weiser 157).

[59] Hag 2, 10 ff; Lev 10, 10; 11, 47. Sie unterscheidet etwa zwischen rein und unrein, heilig und
„profan", entscheidet aber auch über Opfer (vgl. zu Jer 6, 20; 7, 21), vielleicht den Zutritt zum
Gottesdienst (Ps 15; 24, 3 ff).

gegeben[60] – und der „Rat" des Weisen.[61] Wird gegen Jeremia daran festgehalten, dass Weisung, Wort und Rat ja (weiterhin) ergehen[62], wird er, sei es indirekt durch seine Botschaft oder direkt, behauptet haben: Gott redet nicht mehr durch Priester, Propheten und Weise, oder eher: Sie reden nicht mehr auf rechte, der Situation angemessene Weise. Bei ihnen erhält man keine Orientierungshilfe mehr für das – gegenwärtige – Leben.

Sachlich stehen sich V. 18 und 19 gegenüber: Da Jeremia „nirgends Freundschaft besaß, sondern nur Feinde ringsum", gab es „für ihn keine Zuflucht als seinen Gott".[63] Das individuelle Klagelied ähnelt in seinen Bestandteilen (Bitte mit Anrufung – Klage über Feinde – Erinnerung an die Fürbitte – „negative" und positive Bitte), wenn auch nicht in derselben Abfolge, und in Motiven (wie „Du weißt") der vorigen Konfession (17, 14–18), bietet dabei in den Wünschen gegen die Feinde eher eine Steigerung.

V. 19	Anrufung Gottes
	Doppelte Bitte um Gottes Aufmerksamkeit –
	für den Beter und die Gegner
V. 20 a	Frage nach der Gerechtigkeit:
	Vergeltung von Gutem durch Böses?
	V. 20 aβ Begründung
V. 20 b	Statt einer Unschuldsbeteuerung
	Bitte um Gottes Gedenken (wie 15, 15)
	Erinnerung an die Fürbitte (vgl. 17, 16;
	„vor mir stehen" 15, 1. 19)
V. 21–23	Bitte mit „Darum" eingeführt
	Anders als die einleitende Bitte V. 19 (und 17, 18)
	nur auf das Ergehen der Gegner bezogen
	V. 20 aβ.22 b (vgl. V. 23 a) Klage über Feinde:
	Schilderung der Not und zugleich Anklage
V. 23	Bekenntnis zu Gottes Wissen
	Zwei „negative Bitten" (vgl. 17, 18)
	(Positive) Bitte

Die Gott vorgetragene Bitte, „achtzugeben" und „hinzuhören", ist aus den Psalmen vertraut.[64] Gott möge einerseits dem Beter gegenüber den „Streitgegnern" helfen, auf ihre Rede achten (vgl. Jer 8, 6), die Worte der Widersa-

---

[60] Die Parallele (Ez 7, 26) spricht von „Vision, Gesicht", denkt damit eher an den Empfang als die Weitergabe der Offenbarung. Zu „Wort" vgl. o. zur Verkündigung Abs. 11.

[61] Bzw. Ältesten (Ez 7, 26). Wie sich der Stand der Ältesten und der Weisen zueinander verhielten, ist kaum eindeutig zu bestimmen. Vermutlich gab es keine klare – oder auch eine im Laufe der Zeit wechselnde – Abgrenzung. Der „Rat" kann auch politische Beratung einschließen (2Sam 16, 23; 17, 14; vgl. 1Kön 5, 9 ff; 3, 5 ff; Jes 19, 11 u. a.).

[62] Die Gegner wollen Jeremia „nicht beachten" bzw. hören; „denn sie haben ja, was sie brauchen: Weisung, Rat und Wort." Es handelt sich „um den Versuch, den Unheilsverkünder mundtot zu machen" (R. Brandscheidt 275).

[63] W. Rudolph (125). „Der von seinen Zuhörern ausgestoßene Prophet soll nun bei seinem Auftraggeber Jahwe Gehör finden." (D.H. Bak 170).

[64] Ps 17, 1; 61, 2 u. ö.; vgl. auch Jer 8, 6.

cher hören.[65] Objekt ist andererseits nicht die Äußerung des Sprechers, sondern er selbst: Gott möge nicht nur auf das Wort, sondern auf die Person des
Beters achten.[66] In dieser Zuspitzung ist die Bedrängnis von der Einführung
der Konfession an vorausgesetzt; in ihr spiegeln sich die dann auch ausgesprochenen Lebensumstände der Verfolgung, die erfahrene Nachstellung
wider.

In der rhetorischen Frage nach der Vergeltung von Gutem durch Böses
„geht es um die Klage des Beters über die Wirklichkeit, die dem ‚natürlichen
Gerechtigkeitsempfinden' des Menschen widerspricht. Wer von einem andern eine Wohltat empfangen hat, von dem wird die entsprechende gute Tat
erwartet. Seine Erwiderung mit einer Übeltat wird zum Anlass der Klage."[67]
Unausgesprochen klingt dabei die Frage nach Gottes Gerechtigkeit mit, so
zugleich ein Moment der „Appellation" an Gott.[68]

Entsprechend wendet sich die anschließende Bitte an ihn, er möge „gedenken", was der Sprecher – mit Aufnahme des im Gegenüber von „gut" und
„böse" gefallenen Stichworts – „Gutes" vortrug. Er hat Fürbitte geübt, ist für
das Volk zu dessen Wohl eingetreten, suchte geahntes, drohendes Unheil abzuwenden.[69] Die Aussage erinnert an Jeremias Tätigkeit. Hätte Amos im Rückblick auf die ersten beiden Visionen (7, 2. 5) nicht ähnlich sprechen können?
Die Zeit der Fürbitte ist vorbei, wie ja die harte Verwünschung bekräftigt.

Wie erklärt sich dieser Umschlag oder Wechsel? Blieb die Fürbitte insofern
folgenlos, als sie keineswegs zur Verbesserung, sondern eher zur Verschärfung der Lage, zu weiterer Verfolgung, führte? Ist nach dem Spott über das
Gotteswort (17, 15) und heimtückischem Verhalten (18, 22), das Jeremia nach
dem Leben trachtet (vgl. schon 11, 21; 12, 6), keine Fürbitte mehr angebracht?
Oder erreicht sie gleichsam Gott nicht mehr? Ist das Verbot (14, 11; vgl. 15, 1)
sachlich vorausgesetzt? Beide Möglichkeiten, die Einsicht in die bedrängende
Situation und das Verbot, schließen sich nicht gegenseitig aus, gehören vielmehr zusammen und können zugleich gelten. Nicht mehr in der Gegenwart,
aber in der Zukunft, nach oder in dem Gericht, kann Jeremia (29, 7) allgemein zur Fürbitte aufrufen.

Würde Jeremia mit einer unablässigen Bitte um Vergebung nicht seiner
Verkündigung widersprechen? Jedenfalls stimmen seine Wünsche offenkun-

---

[65] Vgl. die Zitate oder Pläne 11, 21; 12, 4; auch 18, 18. 23.

[66] „Gedenke meiner und nimm dich meiner an!" (15, 15; vgl. 17, 14).

[67] D.H. Bak 172 mit Zitat von J. Scharbert: Schon Jer 12, 2 deutet eine Störung der Ordnung
an.

[68] „Gottes Gerechtigkeit wäre in Frage gestellt, wenn Gott seine Gegner bei ihrem Mordplan,
der hier unter dem gebräuchlichen Bild der Jagd beschrieben wird, gewähren ließe." (A. Weiser
158) „Die noch offene Situation des Klagenden" lässt V. 20 a als „Frage nach dem Ausgang des
Rechtsstreites verstehen", erweist sich so als „Appellation an JHWH bzw. an seine Gerechtigkeit"
(J. Kiss 195).

[69] Damit werden andere Zeugnisse bestätigt, wie 17, 16; vgl. 15, 11; auch die Auslegung zu
Jer 14 f; zur Wendung „stehen vor", d.h. „im Dienst von" (15, 1. 19 [mit Anm. 140]). Vgl.
Ps 106, 23; 109, 4 ff.

dig mit der ihm aufgetragenen Unheilsankündigung überein.[70] Die Bitten
„sind nur vor dem Hintergrund des prophetischen Gerichtswortes an das
Volk verständlich".[71] Schon von der Form her sind sie in doppelter Weise auffällig: Ungewöhnlich sind sie mit „Darum", der üblichen Einführung prophetischer Strafansage, eingeleitet, erscheinen so bis in die sprachliche Gestalt
wie die Einstimmung in ein Urteil.

Dabei wirken die Bitten wie eine Entfaltung von 17, 17 f: der dort ausgesprochene Doppelwunsch für ihn selbst und die Feinde ist hier – einseitig –
nur auf die Gegner bezogen. Das gilt ebenso im Vergleich mit der einleitenden zweigliedrigen Bitte (V. 19). Auch auf diese Weise sind V. 21 ff stärker der
Gerichtsankündigung angeglichen, scheinen sie in der Not, zum Hilferuf abgewandelt, zu wiederholen.[72] Hier meint man noch deutlich die Situation der
Anfechtung angesichts der Gegnerschaft vor dem Eintreten der Katastrophe
zu spüren.

Die Bitten sind gleichsam die Umkehrung der Fürbitte – nicht Befreiung
von Schuld, sondern Behaftung bei ihr, nicht Abwendung, sondern Bekräftigung des angesagten Unheils, es angesichts des Verhaltens der Gegner auch
eintreten zu lassen. Der Tun-Ergehen- oder Handlungs-Schicksal-Zusam-
menhang könnte durch Vergebung unterbrochen werden[73]; hier soll er den
Unterschied aufzeigen, so die Wahrheit ans Licht bringen.

Über verleumderische Rede (wie 17, 15) hinaus beklagt der Vorwurf
(20. 22) gemeinsames Handeln: „Sie haben mir eine Grube gegraben". Er
wird in der (V. 18) vorgeordneten Anklage entfaltet: Die geistigen Führer des
Volkes erscheinen als Jeremias Gegner. Wie die Verfolger als Teil des Volkes in
die Fürbitte einbezogen waren, so werden die Gegner durch die Verwün-
schungen ausdrücklich in das Gericht einbezogen.

Dabei ist der Kreis der vom Unheil Betroffenen größer als die Handelnden – ist dies nicht eine Erfahrung in jedem Krieg? Entspricht der geschichtliche Verlauf bei tiefen, katastrophalen Einschnitten nicht dieser harten Einsicht?[74]

In eindringlicher Beschreibung (V. 22) sowie im Verweis auf das Sinnen
und Trachten der Widersacher (V. 23 a) wird die Situation der Not dargelegt.
Beklagt nicht schon 15, 15 Gottes Geduld? Selbst die harte Bitte, die Schuld
„nicht zu vergeben", entspricht Jeremias bereits allgemein ausgesprochener

---

[70] Vgl. Jer 6, 11 f; 9, 20 f; 11, 21 f; 15, 2. 7 f u. a.

[71] F. Ahuis 120. Es geht „nicht um die persönliche Rache, sondern um die Verwirklichung der
Botschaft, die dem Propheten aufgetragen war" (H.-J. Hermisson, Studien 19).

[72] V. 21 ff setzen Unheilsworte „in Bitten um. Dabei wird der Blick von den eigentlichen Gegnern abgelenkt und auf das Volk als ganzes gerichtet". Die Bitten „beabsichtigen, Jahwe dazu zu
bewegen, die Verkündigung des Propheten, nämlich Jahwes eigenes Wort, ins Recht zu setzen"
(G. Wanke 178).

[73] Vgl. etwa Spr 16, 6. Schuld wird nicht vergeben: Jes 22, 14 gegenüber 6, 7; auch Neh 3, 37.

[74] Solche Texte (6, 11 f; 11, 21 ff; 18, 21 ff) schildern die geschichtliche Wirklichkeit oder greifen
auf sie voraus, wie Am 7, 16 f den Priester mit seiner Familie in das – dem Volk angedrohte (7, 11
u. a.) – Geschick einbezieht.

Einsicht[75] Übernimmt er sie für die Verfolger – angesichts von Gottes „Zorn" (V. 20. 23)?

Im Zusammenhang der Verkündigung und in der Situation der Verfolgung kann man das Anliegen verstehen, wenn auch die Bitten nicht zustimmend nachsprechen. Allerdings nimmt das Bekenntnis zu Gottes „Wissen" (V. 23) die Bitte (V. 19 b) auf, weiß das Geschehen bei Gott aufgehoben. So überlässt auch dieser Wunsch Gott, ihm vertrauend, das Geschick.

---

[75] Jer 2,22 (.33. 35); vgl. 13, 23; auch das Bild 17, 1.

Zerbrechen eines Krugs vor Zeugen
Jer 19

1 So spricht Jahwe ‚zu mir'[1]: „Geh, kaufe dir einen ‚irdenen' Krug[2], und ‚nimm' einige von den Ältesten des Volkes und von den Priestern ‚mit dir'. 2 a Und geh hinaus zum – Tal Hinnom am – Eingang des Scherbentors!

2 b Dort rufe die Worte aus, die ich zu dir rede,

3 und sprich: Hört das Wort Jahwes, Könige Judas und Bewohner Jerusalems, so spricht Jahwe Zebaot, der Gott Israels: Siehe, ich bringe Unheil über diesen Ort, dass jedem, der davon hört, die Ohren gellen, 4 weil sie mich verließen, diese Stätte[3] entstellten und an ihr anderen Göttern opferten, die weder sie noch ihre Väter noch die Könige Judas gekannt haben, und diese Stätte mit dem Blut Unschuldiger anfüllten 5 und dem Baal eine Kulthöhe[4] bauten, um ihre Söhne – als Brandopfer dem Baal – im Feuer zu verbrennen, was ich nicht befohlen und geäußert habe und was mir nie in den Sinn gekommen ist. 6 Darum siehe, es kommen Tage, ist der Spruch Jahwes, da wird man diese Stätte nicht mehr Tophet oder Hinnomtal, sondern Mordtal nennen. 7 Dann vereitle ich den Plan Judas und Jerusalems an (wegen?) diesem Ort und lasse sie vor ihren Feinden durchs Schwert fallen und durch die Hand derer, die ihnen nach dem Leben trachten, und gebe ihre Leichen den Vögeln des Himmels und den (wilden) Tieren des Feldes zum Fraß. 8 Ich mache diese Stadt zum Entsetzen und zum Gespött[5]; jeder, der an ihr vorübergeht, wird sich entsetzen und spotten über all ihre Schläge. 9 Ich lasse sie das Fleisch ihrer Söhne und das Fleisch ihrer Töchter essen; einer wird das Fleisch des andern essen in der Drangsal und Bedrängnis, mit der ihre Feinde und die, die ihnen nach dem Leben trachten, ihnen zusetzen werden.

10 und zerbrich den Krug vor den Augen der Männer, die mit dir gehen! 11 a und sprich zu ihnen: So spricht Jahwe Zebaot: „Ebenso zerbre-

---

[1] So einige hebräische Handschriften und LXX. Sie bezeugen wohl die ursprüngliche Lesart. Wie die Überlieferung anderer Symbolhandlungen nahe legt (bes. mit der Botenformel 13, 1; vgl. 27, 2; 18, 2 u. a.), liegt Kap. 19 ursprünglich ein Selbstbericht zugrunde. Seine Verbindung mit der Erzählung Kap. 20 (V. 1) oder der Gesamt-Komposition (vgl. 19, 14 f) erklären die Umwandlung in die 3. Person. Zur Sammlung der älteren Symbolhandlungen vgl. o. zur Entstehung des Buches (Abs. 2).

[2] „Krug eines Tongeschirrbildners" (so MT) – wohl unter Einfluss der Töpferhandlung Kap. 18; vgl. 19, 11. Zu den Änderungen in V. 1 vgl. BHS.

[3] Vgl. HAL 661.

[4] MT bezeugt wie 7, 31 einen (Extensiv-)Plural; vgl. 32, 35.

[5] Eigentlich: zum – abwehrenden – Gepfeife oder Gezische; vgl. 18, 16.

che ich dieses Volk und diese Stadt, wie man Töpfergeschirr zerbricht, so dass es nicht mehr heil werden kann."

11 b Im Tophet wird man begraben (müssen), weil sonst kein Platz zum Begraben ist. 12 So werde ich verfahren mit diesem Ort – ist der Spruch Jahwes – und mit seinen Bewohnern, um diese Stadt dem Tophet gleichzumachen. 13 Die Häuser Jerusalems und die Häuser der Könige Judas werden ‚unrein werden'[6] wie die Stätte des Tophet, alle Häuser, auf deren Dächern man dem ganzen Heer des Himmels Rauchopfer dargebracht und anderen Göttern Trankopfer gespendet hat.

14 Als Jeremia vom Tophet, wohin Jahwe ihn zum Prophezeien gesandt hatte, kam, trat er in den Vorhof des Hauses Jahwes und sprach zum ganzen Volk: 15 „So spricht Jahwe Zebaot, der Gott Israels. ‚Siehe, ich bringe über diese Stadt und alle ihre Städte all das Unheil, das ich ihnen angekündigt habe; denn sie haben ihren Nacken verhärtet, um meine Worte nicht zu hören.'"

Die Darstellung der Symbolhandlung, im Kern ein ehemaliger Ich-Bericht, ist mit starken Erweiterungen in einen größeren Zusammenhang zu einer Szenenfolge mit mehrfachem Ortswechsel ausgebaut. Innerhalb von Kap. 19 finden sich zwei „Ebenen" (I.–II.).

A) Öffentliche Verkündigung Jeremias

19, 1–13
    I. V. 1. 2 a*. 10–11 a (Ich-)Bericht in zwei Teilen
       über die symbolische Handlung:
       a) Auftrag
       einen Krug zu erwerben
       und ihn in Begleitung von Zeugen (V. 1)
       am Scherbentor (V. 2 a) zu zerschlagen (V. 10)
       b) Deutewort
       V. 11 a Gerichtsankündigung über Volk und Stadt
    II. Mit der V. 2 a eingefügten Ortsangabe „Tal Hinnom"
       V. 2 b–9. 11 b–13   Predigt über Tophet-Gräuel (7, 31 ff)
       V. 3 b   Allgemeine Gerichtsansage
       V. 4 f   Begründung im Schuldaufweis
       V. 6   Erneute Gerichtsansage. Umbenennung
       V. 7–9. 11 b–13   Ausmalung des Gerichts
19, 14 f Übergang vom Tal zum Vorhof des Tempels:
       Wiederholung der Predigt vor dem Volk

B) Ablehnung von Jeremias Verkündigung

20, 1–6 Erzählender Er-Bericht
20, 1–2 Bestrafung Jeremias durch den Priester Paschhur

---

[6] Vgl. BHS.

C) Bekräftigung der Verkündigung
   mit Zuspitzung auf die Einzelperson

20, 3–6 Gerichtsansage gegen Paschhur, Stadt und Land

D) Konfession Jeremias in Ich-Rede 20, 7 ff

Der Bericht über die Symbolhandlung enthält nur Auftrag mit Deutewort. Jeremia soll einen Tonkrug erwerben und ihn in Gegenwart rechtsfähiger Zeugen,[7] vor Ältesten und Priestern, zerschlagen und dabei das Deutewort sprechen. Die Befolgung der von Gott erteilten Anweisung gilt wieder (wie Kap. 16) als selbstverständlich. Lässt sich der Vorgang nicht nur als öffentlicher Akt verstehen und überliefern? Zudem setzt die Reaktion, die Jeremia erfahren muss, die Ausführung voraus.

Der Vorgang ist nicht selbst-wirksam, will nicht ähnlich einer Zauberhandlung das Ereignis herbeiführen. Wie das – menschliches und göttliches Handeln, Gegenwart und Zukunft unterscheidende – Deutewort (V. 11 a) klar zu erkennen gibt, ist das künftige Geschehen allein Gottes Werk, auf das Jeremias Akt nur verweist. Sachlich stimmt die Ankündigung mit der – ja nur vom Propheten erfahrenen – Vision (1, 13 f)[8] oder der öffentlichen Symbolhandlung (13, 9 f; 16, 5) überein, ergeht a) unbedingt und uneingeschränkt, ohne Wenn und Aber, b) auch ohne nähere Begründung („Warum"), bleibt c) dabei insofern unbestimmt, als weder das Wann noch das Wie angegeben wird und betrifft d) alle, Volk und Stadt.

Wie nach Kap. 13 geht die Symbolhandlung von einem alltäglichen Gebrauchsgegenstand aus. An den Schurz (oder Gürtel) erinnern auch die ähnliche Feststellung „unbrauchbar"[9] bzw. „unheilbar", der Vergleich und das Deutewort in Gottes Ich-Rede (13, 9 f): „Ebenso verderbe/zerbreche ich."

Die sog. *Tophet-Predigt* unterbricht a) den Zusammenhang der Zeichenhandlung vor den Ältesten V. 1–2 a*.10 f, nennt nach der Überleitung b) als Adressaten (V. 3) Könige[10] und Jerusalemer, und hat c) mit einem anderen Ort, dem wohl nahe gelegenen *Hinnomtal*[11], zugleich d) ein eigenes Thema. Dabei spielt die Darstellung mit dem Verb „verwüsten, vereiteln" (*bkk* V. 7) auf „Flasche" (*bakbuk* V. 1. 10) an, setzt also V. 1 (.10) voraus. Diese Predigt – ohne eigene Einführung – bildet keine selbständige Einheit, sondern ist ein Einschub, der vielfältig Übereinstimmungen mit anderen jerdtr Reden zeigt[12] und vornehmlich eine Begründung der Strafansage nachträgt.

---

[7] Vgl. Jes 8, 2; zu den Ältesten der Priester: 2Kön 19, 2; Jes 37, 2.

[8] Über die allgemeine Ansage „von Norden" kommenden Unheils hinaus ist hier „die Stadt", Jerusalem, betroffen.

[9] Jer 13, 7; vgl. die Darstellung der Feigen 24, 2 f. 8; auch 18, 4.

[10] Vgl. zu 17, 19 f; auch 22, 4.

[11] Das „Scherbentor" (V. 2) „führte wohl zum städtischen Müllplatz und ist deshalb vielleicht identisch mit dem Misttor (Neh 2, 13; 3, 13 f) bei der Einmündung des Stadttals ins Kidrontal, unweit dem Eingang ins Hinnomtal" (W. Rudolph 124). Vgl. E. Otto, ThWAT VIII, 385 ff, bes. 388.

[12] „Anerkanntermaßen liegt hier ein übereinstimmend herausgestellter älterer, offenbar in sich vollständiger und abgerundeter Text in einer dtr Bearbeitung vor, die deutlich den älteren Text vo-

Nach einer allgemeinen Unheilsansage über „diesen Ort" (V. 3) werden Opferstätte und Stadt in der Entfaltung (V. 6–9. 11 b–13) angesichts des Gerichts zusammengeschlossen. Die Anklage erhebt wieder den Hauptvorwurf, die Übertretung des ersten Gebots (V. 4), um dann die Polemik gegen die Feuerstätte (7, 31–33) aufzunehmen.[13] Wie bei der Erwähnung der Vögel auf dem Schlachtfeld (V. 7; 7, 33) wird man bei dem V. 9 angeführten Thema[14] zu erwägen haben: Versteckt sich in der grausamen Angabe eine Erinnerung an die Situation der Belagerung? Kam es in der schrecklichen Not (2 Kön 25, 3) zu „Unnatürlichem" oder Unmenschlichem? Die Ausmalung der Zukunftsansage könnte bei der Katastrophe Erlebtes widerspiegeln. Außerdem nimmt die jerdtr Redaktion (V. 13) nochmals eine doppelte Begründung auf: Opfer für das Himmelsheer (8, 2) und andere Götter (7, 18 b).

Dann verlagert sich (V. 14 f) das Geschehen vom Hinnom-Tal in den *Vorhof des Tempels*. Diese Ortsangabe hat eine doppelte Aufgabe: Sie leitet a) zu der älteren, der Redaktion vorgegebenen Erzählung 20, 1 ff über, die von Jeremias Gefangenschaft bei dem Tempel berichtet, und die knappe Rede ermöglicht b) mit Erweiterung des Adressatenkreises von V. 3 ff die Botschaft „zu allem Volk". Jeremia wiederholt seine eingangs gesprochene Gerichtsansage (V. 3. 15) „Siehe, ich bringe Unheil" über „diese Stadt", weitet sie dabei auf „alle ihre Städte" aus. Situation und Aussage erinnern an die Tempelrede (7–8, 3); darum sind die verschiedenen Anspielungen und Übereinstimmungen nicht zufällig.[15] Wiederholungen sollen einprägend wirken. Allerdings muss Jeremia wiederum (7, 26; 17, 23) die Unwilligkeit der Angeredeten erfahren.

---

raussetzt und auf ihn hin gestaltet ist [...] So darf der Text 19, 1–13 [...] als Musterbeispiel nicht nur für die Legitimität, sondern geradezu für die Notwendigkeit der redaktionsgeschichtlichen Erklärung der im Buche Jeremia vorliegenden Textverhältnisse bezeichnet werden." (W. Thiel I, 225 f) Schon W. Rudolph (127) erwog, den Verfasser der (dtr) Quelle C „für den Interpolator" zu halten.

[13] Vgl. die Auslegung zu 7, 30 ff. Hier wird die Darbringung der Kinder, obwohl von Jahwe nicht geboten, als „Brandopfer für Baal" – d. h. vielleicht für Jahwe in Gestalt Baals – bezeichnet; vgl. 32, 35.

[14] Vgl. Klgl 2, 20; 4, 4; auch Dtn 28, 52 ff; Lev 26, 29; Ez 5, 10.

[15] Gegenüber dem Aufruf 7, 6 verschärft die Anklage 19, 4 (vgl. 2 Kön 21, 16; 24, 4), ähnlich durch die Nennung Baals (19, 5 gegenüber 7, 31 f).

Jeremias Bestrafung durch Paschhur
und Gerichtsansage gegen ihn
Jer 20, 1–6

1 Es hörte aber der Priester Paschhur, der Sohn Immers – er war Ober-aufseher im Haus Jahwes – Jeremia diese Worte prophezeien. 2 Da ließ Paschhur den Propheten Jeremia schlagen und ihn in den Block legen, der sich im oberen Benjamintor am Haus Jahwes befand. 3 Als am nächs-ten Tag Paschhur Jeremia aus dem Block entließ, sprach Jeremia zu ihm: „Nicht Paschhur nennt Jahwe deinen Namen, sondern ‚Grauen ringsum'. 4 Denn so spricht Jahwe: ‚Siehe, ich gebe dich dem Grauen preis, dich und alle deine Freunde[1]; sie werden durch das Schwert ihrer Feinde fallen, und deine Augen werden es mit ansehen.

Ganz Juda aber gebe ich in die Hand des Königs von Babel; er wird sie nach Babel wegführen und mit dem Schwert schlagen. 5 Und allen Besitz dieser Stadt, all ihren Erwerb und all ihre Kostbarkeiten[2] und alle Schätze der Könige von Juda gebe ich in die Hand ihrer Feinde, dass sie sie plündern und mitnehmen und nach Babel bringen.

6 Du aber, Paschhur, und alle Bewohner deines Hauses, ihr werdet in Gefangenschaft gehen: Nach Babel wirst du kommen und dort sterben und dort begraben werden –
du und alle deine Freunde, denen du lügnerisch geweissagt hast.'"

Mit diesem Abschnitt 20, 1–6, der die Folgen von Jeremias zuvor (19, 1–2 a. 10–11 a) geschilderter Symbolhandlung beschreibt, setzt eine andere Überlieferungsweise ein – ein Bericht über Jeremia in 3. Person. Der Erzähl-stoff ist wohl der sog. Baruch-Biographie (B) entnommen.[3] Charakteristisch ist die Bezeichnung (V. 2) „der Prophet Jeremia".[4] Da der Anlass der Bestra-fung nicht genannt wird, ergibt sich die Begründung der Handlung nur aus dem Zusammenhang. „Diese Worte" (V. 1) beziehen sich ausdrücklich auf jene Szene zurück. So knüpft der Abschnitt an die vorhergehende Darstel-lung an, bietet keine eigenständige, für sich lesbare Erzählung. An zwei Stel-len ist eine Erweiterung erkennbar.

---

[1] Wörtlich (auch V. 6 bβ): „alle, die dich lieben".
[2] Die LXX lässt die Wiederholung weg und kürzt im Folgenden.
[3] Sie wird hier eröffnet und in Kap 28 f; 36–43 fortgesetzt; s. o. zur Entstehung des Buches (S. 35 f).
[4] Jer 28, 5 ff; 29, 1; 36, 8; 37, 3 u. ö.

V. 1–2 (–3 a) Paschhurs Handlungen
             Bestrafung Jeremias: Inhaftierung, Schläge, Folterblock
V. 3 b–6   Jeremias Botschaft
     V. 3   Seine Freilassung und Unheilsankündigung
             Umbenennung Paschhurs mit Deutung des neuen Namens:
     V. 4 a Unheilsansage im Gotteswort „Ich gebe dich"
             und Folge in 3. Ps. „sie – du" (vgl. V. 6 a)
             Gericht über Paschhur und die, die er liebt
     V. 4 b. 5 Zusatz: Verallgemeinerung der Unheilsansage
             Entfaltung von Gottes Eingreifen „Ich gebe"
         V. 4 b Gericht über das Volk „ganz Juda"
         V. 5   und über Jerusalem: Plünderung
     V. 6 a Gerichtsansage an Paschhur: „Du" und deine Familie
     V. 6 bβ Zusatz:
             Einbeziehung Paschhurs in die Lügenpropheten

In verschiedener Hinsicht erinnert die Darstellung an die ebenfalls im Er-Stil erzählte Szene Am 7,10–17: mit dem Gegenüber von Priester (als Aufsichtsperson) und Prophet, der Ausweisung bzw. Bestrafung des Propheten und dem anschließenden Gerichtswort, das den Priester mit seiner Familie in das Geschick des Volkes einbezieht und ebenfalls Deportation androht.

Dabei begegnet gegenüber der im Buch bisher wiedergegebenen Überlieferung zweifach etwas Neues: Jeremia muss „zum ersten Mal auch körperlich für seinen prophetischen Beruf leiden: er bekommt von Amts wegen Schläge und wird für eine Nacht in den Block gesteckt". Zudem nennt er hier (V. 6) „erstmals ausdrücklich Babel als das Exilland", so als die beherrschende Großmacht.[5]

Der Priester Paschhur[6] muss von Jeremias „Worten" erfahren haben.[7] Als Oberaufseher[8] hat er die Befugnis, Jeremia zu bestrafen. Dabei wird der Ort, an dem sich der Block[9] befindet, angegeben: Das (obere) Benjamintor liegt in der Nordmauer des Tempels, hier zugleich an der Stadtgrenze.[10]

---

[5] W. Rudolph 128 bzw. 129. Möchte man den Zeitraum des Geschehens eingrenzen, liegt die Vermutung nahe: nach der Tempelrede, „später als die Ereignisse von Kap. 26, aber wohl noch vor denen von Kap. 36" (ebd.).

[6] Das AT kennt mehrere Träger dieses Namens. Er ist zu unterscheiden von Paschhur, Sohn Malkijas (Jer 21,1; 38,1), der kein Priester war. Der Vatername „Immer" ist später (Esr 2,37; Neh 7,40) auch als Name des Ahnherrn eines aus Babylon nach Jerusalem zurückgekehrten Priestergeschlechts bezeugt.

[7] Im vorliegenden Zusammenhang bereitet 19,1 auch 20,1 ff vor: In der genannten Priestergruppe waren Zeugen, oder war Paschhur gar selbst anwesend?

[8] Sind ihm weitere „Aufseher" (29,26) unterstellt? Vgl. in der Sache nochmals Am 7,10 ff.

[9] Der Block dient „zum Krummschließen von Gefangenen" (HAL 524b). Vgl. 29,26; 2Chr 16,10; Apg 16,(22–)24; zur Bestrafung durch Schläge Dtn 25,1 ff; 2Kor 11,24.

[10] Vgl. Jer 37,13; 38,7; Sach 14,10; wohl identisch mit dem Schaftor (Neh 3,1.32; 12,39; Joh 5,2). E. Otto (ThWAT VIII, 386) bestimmt genauer: „Das Benjamintor liegt in der Nähe des Tempelbezirks. Ihm gegenüber liegt im Stadtinneren das obere Benjamintor [...] als Nordeingang des Tempelbezirks [...], das mit dem ‚oberen Tor des Tempels' [...] des Königs Jotham (2Kön 15,35) zu identifizieren ist."

Nach Jeremias Freilassung am Morgen ergeht sein Gerichtswort an Paschhur und die, die ihm lieb sind. Es besteht zunächst in einem auffälligen, ja erschreckenden Namen „Grauen ringsum".[11] Er passt schwer zu einer Einzelperson.[12] Dennoch ist die Umbenennung im Kontext von Jeremias Verkündigung einsichtig: „Grauen ringsum" ist ein Stichwort seiner Verkündigung (6, 25), das von Hörern (nach 20, 10) aufgenommen wird. Indem es auf eine Einzelperson übertragen wird, ist sie in das alle treffende Geschick einbezogen; an ihr vollzieht sich exemplarisch, was allen droht. So deutet der Name hintergründig die Identität des Gerichts an.[13]

Die Umbenennung vollzieht sich in einem Prophetenwort, das von Gott in 3. Ps. redet. Was der Name für den Träger und die, die ihm nahe stehen, besagt, wird – vergleichbar der Deutung der Namen in der Symbolhandlung Hos 1 – durch ein Gotteswort in Ich-Rede entfaltet. In ihm stehen sich ursprünglich die beiden Worte unmittelbar gegenüber: Du wirst wahrnehmen (V. 4 a) und: Du selbst aber wirst erleben (V. 6 a).[14] Paschhur wird mit den Seinen ausgeliefert; sie werden, wie er mitansehen muss, durch das Schwert umkommen. Sein eigenes Los wird sein: Deportation mit seiner Familie, dort im Ausland Tod und Begräbnis. Mit der für ihn bestimmten Strafe teilen Paschhur und sein Haus das Geschick der Exulanten.

Was zunächst nur indirekt angedeutet ist, wird im Rückblick in breiterer Prosa (V. 4 b–5) direkt ausgeführt; in ihr wird diese Zugehörigkeit zum allgemeinen Schicksal ausdrücklich hervorgehoben und – auf Grund der harten Erfahrungen – entfaltet. Es erfasst über die Genannten hinaus „ganz Juda", das Volk und die Hauptstadt. Dabei geht auch der über lange Zeit angesammelte und zu bewahrende Besitz einschließlich der Schätze[15] verloren.

Schließlich wird die Zukunftsansage um einen weiteren Anklagepunkt (V. 6 bβ) ergänzt – um den Vorwurf lügnerischer Prophetie, die zu falschem Vertrauen verleitet. Da Jeremia wegen seiner Unheilsankündigung eingesperrt wird, legt sich durch Umkehrschluss der hier nachträglich erhobene Vorwurf nahe, den Priester, der ja von dem weiterhin bestehenden Heilszustand ausgeht, zu den (Heils- oder) Pseudo-Propheten zu zählen.[16]

---

[11] In der LXX fehlt „ringsum". Diese Lesart findet öfter Zustimmung, zumal die Erläuterung V. 4 nur „Grauen" aufnimmt. Allerdings könnte der – bei einer Einzelperson schwierige – Name von der LXX gekürzt sein. Sollte dagegen „ringsum" in V. 3 nachträglich auf Grund von V. 10 eingefügt sein, kann die Ergänzung kaum eine andere Intention haben als eben die Integration des Namensträgers in Jeremias Gesamtbotschaft. Vgl. zu 20, 10.

[12] „Ringsum" passt etwa zur Belagerung einer Stadt, wie sie bildlich Jer 5, 6 beschreibt. Ps 139 bekennt, dass Gott den Beter allseits umgibt.

[13] Ein Wortspiel mit dem Namen Paschhur braucht nicht vorzuliegen, bleibt jedenfalls letztlich undeutlich.

[14] Ohne V. 6 a bliebe Entscheidendes, das Geschick des eigentlichen Täters, offen. Erst recht kann die Erzählung nicht mit V. 3 schließen, da erst das Gotteswort die Namensänderung erläutert.

[15] Vgl. Jer 15, 13; 17, 3; 2 Kön 20, 14 ff.

[16] Paschhur wird „vom Bearbeiter des Drohwortes in die Gruppe der schärfsten Gegner Jeremias, unter die falschen Propheten eingereiht" (J. Schreiner 121). Hier und 29, 31 weitet die Redaktion „den Begriff des Pseudopropheten auf Personen aus, die durch ihr Verhalten […] der Bot-

„Du bist mir zu stark geworden"
Die fünfte Konfession
Jer 20, 7–13

7   Du hast mich betört, Jahwe,
    und ich ließ mich betören,
    du bist mir zu stark geworden
    und hast obsiegt.[17]
    Nun bin ich zum Gelächter geworden den ganzen Tag,
    jeder spottet meiner.

8   Ja, so oft ich rede, muss ich schreien,
    ‚Gewalttat und Unterdrückung' rufen;
    denn Jahwes Wort wurde mir
    zum Schimpf und Hohn den ganzen Tag.

9   Dachte ich aber: Ich will seiner nicht mehr gedenken
    und nicht mehr in seinem Namen reden,
    da war's in meinem Herzen wie brennendes Feuer,
    verhalten in meinen Gebeinen;
    mühte ich mich, es zu ertragen,
    ich kann es nicht.

10 Ich hörte ja das Gerede der Vielen:
    „Grauen ringsum!
    Zeigt ihn an! Wir wollen ihn anzeigen!"
    Alle mir Befreundeten
    lauern auf meinen Fall.
    „Vielleicht lässt er sich betören,
    so können wir ihn überwältigen
    und Rache an ihm nehmen."

11 Aber Jahwe ist mir wie ein gewaltiger Held.
    Darum straucheln meine Verfolger
    und gewinnen nicht,
    kommen schmählich zu Schanden,
    haben keinen Erfolg[18] –
    in ewiger, unvergesslicher Schmach.

12 Aber Jahwe Zebaot, der du gerecht[19] prüfst,
    Nieren und Herz durchschaust,

---

schaft des Propheten entgegentraten" (W. Thiel I, 228). Der Schlussteil V. 6 bβ greift von V. 4 a
„alle deine Freunde" auf; entspricht er damit dem ihnen dort „durch das Schwert" angedrohten
Schicksal?

[17] Oder: Du bist überlegen.
[18] Möglich auch: keine Einsicht.
[19] Oder (im Hebräischen ohne Artikel): den Gerechten; vgl. 11, 20.

lass mich deine Rache an ihnen sehen;
denn dir habe ich meine Sache anvertraut.

13 Singt Jahwe, lobt Jahwe,
    denn er hat das Leben des Armen gerettet
    aus der Hand der Übeltäter!

Nach und trotz dem Angebot der Umkehr (15, 19) folgt ein Höhe- oder eher
Tiefpunkt der Konfessionen: In noch tieferes Dunkel, „den äußersten Grad
der Verzweiflung"[20], führt die letzte Konfession, die mit einer Klage in der
Anrede an Gott beginnt und zumindest in der vorliegenden Fassung mit einem Fluch auf den eigenen Geburtstag (V. 14 ff) endet.

In der Struktur entspricht der Text weitgehend den Gattungsmerkmalen
des individuellen Klage- oder Bittlieds; inhaltlich sind die Aussagen im Blick
auf Auftrag und Leiden des Propheten zugespitzt.

I.)   V. 7–10   Klage
      V. 7 a   Anrede an Gott oder klagende Anklage Gottes
                      mit Anrufung des Gottesnamens
                      Sog. Du-Klage: „Du – mich". Beauftragung
      V. 7 b–10   Als Folge: Notschilderung in 1. Person
      V. 7 b–9   Sog. Ich-Klage
                      V. 8 a   Verkündigung
                      V. 7 b. 8 b Reaktion der Hörer
      V. 9   Entfaltung der inneren Not mit Selbstzitat
      V. 10   Sog. Feind-Klage: „Ich – sie"
                      Entfaltung von V. 7 bβ „Jeder spottet meiner"
                      Mit Zitat der Gegner

II.) V. 11   Antwort auf V. 10:
                      Bekenntnis der Zuversicht

III.) V. 12   Antwort auf V. 10 b
                      Wohl Zusatz aus 11, 20
      V. 12 a   Vertrauensäußerung mit hymnischen Partizipien
                      V. 12 bα   Wunsch gegen die Feinde
                      V. 12 bβ   Begründung

IV.) V. 13   Wohl Ergänzung:
                      Aufruf zum Lob an die Gemeinde (V. 13 a)
                      und Begründung bzw. Durchführung (V. 13 b)

Nicht aus eigenem Entschluss tritt Jeremia auf. V. 7 a wirkt wie ein Rückblick
auf den Auftrag zur Verkündigung oder gar die Berufung, die das „Erkannt"-Werden voranstellt[21], V. 8 a („So oft ich rede …") wie eine Reflexion
auf den Vorgang der Verkündigung. V. 7 b und 8 b beschreiben jeweils die Re-

---

[20] G. von Rad, TheolAT II, ⁴1965, 211. „In ihrer äußeren Abfolge zeichnet sich ein Weg ab, der
Stufe um Stufe in eine immer tiefere Verzweiflung führt." (212).
[21] Jer 1, 5–7; vgl. 11, 18; auch 26, 12.

aktion der Hörer. Jeremia erlebt die Beauftragung als Überredung oder bezwingende Gewalt.[22] Richtet er seine Botschaft auch gegen eigenen Widerstand aus? Die Konfession geht weit über die Berufungsgeschichte hinaus und ist in dieser Zuspitzung – wie etwa im Bild vom „Trugbach" (15, 18) – ohne Vorbild in den Klageliedern des Psalters. Die Begegnung mit Gott erscheint unerbittlich – ohne Möglichkeit der Ausflucht. Die Sprache spiegelt den Widerfahrnischarakter wider. Jeremia kann seine Situation in wortspielhaften Wendungen einfangen, die Aktives und Passiv-Rezeptives, Tun und Lassen gegenüberstellen, denselben Vorgang, in dem er zugleich Objekt und Subjekt ist, als Handeln Gottes und Geschehen-Lassen des Menschen, beschreiben („du-ich ließ").[23] Wechseln im ersten Wortpaar „Du" und „Ich" ab, so wird dann das „Du" beherrschend (zweimal „du"). Zwar erwartet man nach Gottes Tat eine Folgehandlung des „Ich", jedoch bezieht sich auch das vierte Verb auf Jahwe: Er übernimmt die ganze Tat![24] So kommt schon syntaktisch die Übermacht Gottes zum Ausdruck, der sich Jeremia beugen muss.

Er leidet gleichsam doppelt: unter dieser Nötigung und der Reaktion auf seine Botschaft. Der Spott der Hörer, das Gelächter der Zeitgenossen (V. 7 b), ist für ihn (V. 8 b) eine Folge des Gotteswortes. Es wandte sich gegen ihn selbst. Trotz unfreiwilliger Übernahme seiner Aufgabe wird Jeremia als verantwortlich angesehen und hat die Folgen zu tragen.

Zunächst oder auch zugleich nimmt Jeremia das Gotteswort gerne an. Obwohl es ihm „zur Freude" (15, 16) wurde, richten sich die Wirkungen – wohl wegen der Unheilsdrohungen – gegen ihn: Es „wurde mir zum Schimpf und Hohn den ganzen Tag." (V. 8; vgl. 15, 15: „Erkenne, dass ich um deinetwillen Schimpf/Schmach trage!") Dabei meinen „Schimpf und Hohn" ähnlich „Hader" und „Streit" (15, 10) kaum unmittelbar die Botschaft selbst, sondern eher die Reaktion auf sein Auftreten. Der Auftrag bringt Vereinzelung, das Vertrautsein mit Gott führt zur Vereinsamung. Die Freude am Gotteswort, die Gemeinschaft mit Gott, kann für den Propheten die freundschaftliche Gemeinschaft mit Menschen, fröhliche Unbeschwertheit ausschließen, wie die Klage (15, 17 f) ausführt.

Es bleibt für Jeremia aber – ohne Zweifel an seiner Sendung oder gar an Gott selbst – „Wort Jahwes", dessen „Ergehen" (V. 8 b) er erfährt. Die Formulierung erinnert an die häufige Wendung „Es erging an mich das Wort Jahwes".[25] Die in der Jeremiatradition fest verwurzelte, schon zuvor in der Konfession (17, 15; vgl. 15, 16) anklingende Rede vom „Wort Jahwes" kann (im

---

[22] Vgl. 15, 17 „von deiner Hand gebeugt"; schon Am 3, 8; Jes 8, 11; erzählerisch ausgestaltet in Jonas Versuch der Flucht (1, 3); von Paulus: 1Kor 9, 16; auch Phil 3, 12. Das Verb *pth* kann auch „verführen" (Ex 22,15) bedeuten; eine böse Absicht ist V. 7 jedenfalls nicht gemeint.

[23] Mit demselben Verb; vgl. Jer 11, 18; 17, 14 u. a.

[24] Vgl. die Abwandlung der sog. Bundesformel („ich will euer Gott – ihr sollt mein Volk sein") allein in Gottes Wirken: „Ich will euch als Volk annehmen ..." (Ex 6, 7P).

[25] Wie Jer 1, 9. 11. 13; 2, 1 u. a.; s. o. zu Jeremias Verkündigung Abs. 11.

Singular oder Plural wie 1, 9) zugleich die Verkündigung zusammenfassend bezeichnen. Jeremia empfindet es persönlich: Es „vollzog sich", „wurde" zu Spott und Hohn für ihn selbst. Mit diesem Motivzusammenhang von „Wort" und „Schmähung/Spott" knüpft die Konfession an den Schuldaufweis (6, 10 f) an.[26] Die Erfahrung der Ablehnung, die jeweils im Hintergrund steht, wird hier ausführlicher bedacht.

Gegenüber dem Einspruch bei der Berufung (1, 6) reagiert Jeremia jetzt erheblich schärfer. V. 9 enthält im Selbstzitat ein offenes Eingeständnis: „Ich will nicht mehr gedenken", d. h. vergessen, mein prophetisches Amt aufgeben! Aus dem Dilemma – von Gott erfahrenem Zwang und von den Menschen erlittenem Spott – sucht Jeremia auszubrechen. Jedoch will der Versuch, sich des Auftrags zu entziehen, das Gotteswort abzuschütteln, nicht gelingen, bringt vielmehr unerträgliche Schmerzen. Die Spannung ist zu groß; auch so zeigt sich die Macht des Wortes. Es erscheint unbezwingbar-„verzehrend". Der Vergleich wandelt ein vertrautes Bild ab: Worte, in Jeremias „Mund gelegt" (1, 9), werden in seinem „Mund zu Feuer" (5, 14; vgl. 23, 29); es brennt als „fressendes Feuer" auch in ihm selbst.[27] Geistliches und Leibliches können wie Innen und Außen zusammengehören; mit dem einen ist zugleich das andere getroffen.

Nach der persönlichen Äußerung („Gott-ich") bezieht die Klage V. 10 (wie 15, 10. 15 a) die Feinde ein, die ihn anzeigen wollen (18, 18). Sie gehört insofern hierher, als sie die Folge seines Wirkens ist: Die Anfeindung gilt eigentlich nicht Jeremia als Person, etwa wegen seines Verhaltens (vgl. 15, 10 b), vielmehr dem Propheten (15, 15: „um deinetwillen"); er erfährt sie aber als Mensch.

V. 10 bildet ein Bindeglied: Er schließt sich einerseits an die Eröffnung der Konfession an, überträgt, was V. 7 von Gott („betören", „überwältigen") sagt, auf das Vorhaben und Unternehmen der Feinde.[28] Indem V. 10 deren Absicht „Rache/Vergeltung" nennt, schlägt er andererseits ein Motiv an, das später (V. 12) wiederaufgenommen wird.

Auf V. 7 b. 8 b folgt eine weitere, schärfere Reaktion der Zeitgenossen, diesmal als *Zitat* – wie zuvor im Eingeständnis Jeremias, jetzt in Äußerungen Fremder. Ein Vergleich kann die Situation erhellen. In einem Wort Jesajas (5, 19) wird als Echo auf seine Botschaft die Stellungnahme der Hörer ebenfalls in einem Zitat spürbar: Sie nehmen Schlagworte seiner Verkündigung („Werk", „Rat" Gottes) im Spott über seine Zukunftsansage auf.[29] Der Prophet vermag sich gegen den Widerspruch nicht anders zu wehren, als dass er

---

[26] „Ich mühte mich" es zu ertragen, zurück- bzw. auszuhalten, bezieht sich dort auf den Zorn (s. zu 6, 10 f).

[27] V. 9 legt nahe, dass „das Wort Jahwes wie ein lebendiger Fremdkörper im Herzen des Sprechers wirkt und ihn zur Verkündigung zwingt" (D.H. Bak, 197).

[28] Vgl. auch V. 7. 10: „überkommen/überwältigen/beikommen".

[29] Vgl. auch die Reaktion im Zitat Jes 30, 11: „Lasst uns mit dem Heiligen Israels in Ruhe!"; dazu 28, 9; Hos 9, 7; Ez 12, 21 ff; Jes 53, 1 u. a. Zitate finden sich in der Jeremiatradition öfter; s. o. zu den Redeformen.

diese Reaktion wiederum dem „Wehe" (Jes 5, 18) seiner Gerichtsbotschaft unterstellt. Ähnlich halten die Hörer Jeremia (17, 15) entgegen: „Wo ist das Wort Jahwes? Es treffe doch ein!" Hier (20, 10) nehmen sie, um ihn anzuzeigen, ein Stichwort Jeremias auf: „Grauen ringsum". Es fängt in gedrängter Form seine Botschaft ein, deutet das von allen Seiten drohende Gericht an.[30]

Enthält V. 10 noch das „Ich" des Beters, so vollzieht sich V. 11 ein Umschwung: statt Klage vielmehr Vertrauensgewissheit in der Anfechtung. Angesichts jener Situation spricht V. 11 ein Bekenntnis der Zuversicht aus, sei es als Nachwirkung der göttlichen Antwort 15, 19 ff (in Übereinstimmung mit 1, 8) oder als Selbstzuspruch des Beters. Beides braucht sich nicht gegenseitig auszuschließen: In Vergegenwärtigung der Zusage kann sich der Beter vergewissern. Wohl Gott (V. 7), nicht aber die Gegner überwinden den Propheten.

Dabei ist die Ausdrucksweise in V. 11–13 stärker durch Psalmensprache vorgeprägt,[31] insofern weniger individuell. Darum können leichter Zweifel aufkommen, ob und wieweit Ergänzungen zum ursprünglichen Wortlaut vorliegen. Verharrt die Klage ohne die Vertrauensäußerung V. 11 nicht im Dunkeln?

Formgeschichtlich und sprachlich werden V. 7–12 zusammengehalten; auch fehlt ohne V. 12 ein Kernstück des Klagelieds, die Bitte.[32] V. 12 wirkt wie eine Entfaltung von V. 11: „Aber Jahwe …" und nimmt, leicht abgewandelt, die Aussage 11, 20 auf. So schlägt V. 12 einen Bogen, bezeugt den Zusammenhang der Konfessionen – zumindest auf der vorliegenden schriftlichen Ebene. Ist V. 12 bei der Niederschrift als Umkehrung von V. 10 b hinzugefügt? Jedenfalls ist die Intention unmissverständlich: Die „Rache", d. h. das Gericht, liegt bei Gott – nicht bei den Feinden (V. 10).[33] Ihm ist der „Rechtsstreit anvertraut".

Eindeutig ist wohl erst V. 13, der die Folgerung aus V. 11 zu ziehen scheint, mit dem Wechsel des Adressaten eine Ergänzung gegeben. Die Anrede im Plural wie die allgemeine Psalmen-Sprache, ohne ausdrücklichen Bezug zum Vorhergehenden, legen die Vermutung nahe, dass V. 13 als Abschluss zugesetzt ist. Fordert er die *Gemeinde*, der die prophetische Überlieferung – wohl im Gottesdienst – verlesen wird, zum Dank auf, dass Jeremia aus der Not errettet wurde? Diese Erfahrung gibt V. 13 als allgemein-gültig weiter und bekräftigt damit das Vertrauen. Zugleich integriert er die theologisch auffälligen Konfessionen in die Sprache des Gottesdienstes und der Glaubenstradition.

---

[30] Vgl. zu 6, 25 (mit Anm. 97). Das Zitat verbindet hier zwei verschiedene Überlieferungsweisen: Er-Erzählung (20, 3; vgl. die Auslegung mit Anm. 11–12) und Konfession (V. 10). Es erscheint – selbst wenn es aus der Unheilsansage gegen Paschhur (20, 3 f) entnommen wäre – als knappe, vielleicht ironische Wiedergabe von Jeremias Botschaft durch die Gegner. Handelt es sich um eine umgangssprachliche Redewendung? Die Übereinstimmung mit Ps 31 (V. 14), der verschiedene Traditionen aufgreift, kann sich durch Nachwirkung erklären: „Das Zitat der Menge ,Grauen ringsum' greift ein Schlagwort der Unheilsansage Jeremias auf." (F.-L. Hossfeld[/E. Zenger], NEB I, 1993, 198) Vgl. noch Klgl 2, 22.

[31] Diese „Elemente des Vertrauensmotivs" bilden „gebundene Redestücke". „Sie sind imstande, auch Jeremia aus Verlassenheit, Einsamkeit und Elend herauszuhelfen." (S. Wagner, Verbindungslinien. FS W.H. Schmidt, 2000, 408).

[32] V. 12 setzt V. 11 voraus, passt, als Bitte verstanden, eher vor als nach V. 11.

[33] Vgl. zu 11, 20 und 15, 15.

Fluch dem eigenen Geburtstag
Jer 20, 14–18

14 Verflucht der Tag, an dem ich geboren,
   der Tag, an dem meine Mutter mich gebar, sei ohne Segen!
15 Verflucht der Mann, der meinem Vater verkündete:
   „Ein Knabe ist dir geboren",
   ihn damit hoch erfreute!
16 Es ergehe jenem Mann[34] wie den Städten,
   die Jahwe mitleidlos zerstörte.
   Er höre Hilfeschreie am Morgen
   und Kriegslärm um die Mittagszeit,
17 weil er mich nicht schon ‚im' Mutterleib[35] tötete,
   so dass meine Mutter mir zum Grab geworden
   und ihr Schoß ewig schwanger geblieben wäre.
18 Warum musste ich den Mutterleib verlassen,
   nur um Mühsal und Kummer zu erleben
   und meine Tage in Schmach zu enden?

Im krassen Gegensatz zu dem – wohl hinzugefügten – Danklied V. 13 setzen V. 14–18 mit einem doppelten Fluch neu ein. Er gilt nicht den Feinden, die Jeremia nachstellen (V. 10), sondern kommt in der Verwünschung des eigenen Geburtstages einer Selbstverfluchung nahe. Eigentlich gehört zum Geburtstag der Glück- oder Segenswunsch (Ps 127, 3–5; Rut 4, 14 f); hier wird er ausdrücklich in „Fluch" verkehrt und negiert: Der Tag „sei nicht gesegnet"!

V. 14 f   Doppelter Fluch – in paralleler Struktur
V. 16   Entfaltung (von V. 15): Inhalt des Fluchs
V. 17   Begründung
V. 18   Warum-Frage zur Rechtfertigung des Fluchs
          mit Übergang zur Klage

V. 14–18, die in der Reihe der Konfessionen den Schlusspunkt bilden, wirken insofern wie eine eigene Einheit, als sie zwar durch das persönliche Ich geprägt sind, sich aber nicht in der Anrede des Gebets an Gott wenden, auch kein Vertrauensbekenntnis (wie V. 11) oder eine Bitte enthalten. Die Verbindung besteht aber nicht nur literarisch in der vorliegenden Komposition,

---

[34] Manche streichen „der Mann", so dass sich „jener" auf „der Tag" bezieht, oder ändern in: „der Tag", da ein Fremder kaum das Kind töten kann und V. 16 b das Thema Zeit weiterführt. Der Vorschlag ist aber ohne Anhalt an der Textüberlieferung. Zudem lässt sich der – schwierige – Vergleich mit der Zerstörung der Städte eher auf eine Person als den Tag beziehen.
[35] Nicht mit dem hebräischen Text „vom (= nach dem)", sondern mit LXX u. a.: „im Mutterleib", da der Schoß zugleich das Grab bilden sollte.

sondern auch sachlich. Thematisch stimmt der Abschnitt mit der Einleitung der Konfession 15, 10 überein: „Wehe mir, Mutter, dass du mich geboren!" und schlägt einen Bogen zur Berufungsgeschichte.[36] So gehört er wohl seit je in diesen Zusammenhang. Die Konfessionen setzen mit einer Todesdrohung (11, 18 f) ein und schließen mit dem Wunsch, nie gelebt zu haben, das Dasein sei nie gewesen. Erinnert der Abschluss der Konfessionen nicht zugleich – in Entsprechung zum Ausklang des Berichts von Jeremias Ergehen (Kap. 38–45) – an das bittere Ende des erzählten Lebenslaufs und umgekehrt?

Er ist vergleichbar der Einführung des Hiob-Dialogs mit der Klage (Kap. 3), in der die Freude über die Geburt auf Grund der schicksalhaft-unerklärbaren Lebenserfahrungen in Verwünschung verkehrt[37] wird. Dabei nimmt das Hiobbuch Motive der Jeremia-Überlieferung auf, gestaltet sie in anderem (weisheitlichem) Kontext aus, erkennt so in der besonderen prophetischen Erfahrung Allgemein-Menschliches.

Dem Verbot des Elternfluchs (Ex 21, 17; vgl. Lev 20, 9) bzw. – allgemeiner formuliert – dem Gebot der Elternehrung (Ex 20, 12) entsprechend werden nicht die Eltern vom Fluch getroffen. Vielmehr weicht Jeremia in doppelter Hinsicht aus: Als Feind gilt gleichsam der eigene Geburtstag, dann der Bote. Dabei ist weniger die Person als die Botschaft gemeint.[38] Auch sonst kann sich der Fluch nicht auf den eigentlich Betroffenen richten, sondern abgelenkt werden.[39]

V. 16 gleitet vom Hauptthema Geburt/Leben ab, um das vorhergehende Fluchwort mit zwei Bildern zu veranschaulichen: der sprichwörtlichen Zerstörung, des „Umsturzes", von Sodom und Gomorrha[40] und dem Kriegslärm.[41]

Die – ohne Anrede an Gott geformte – Frage, die mit „Warum" die Sprache des Klagelieds[42] aufgreift, wirkt nach der heute gängigen Auffassung wie die

---

[36] V. 17 f erinnern an die Berufungsgeschichte „aus dem Mutterschoß hervorkommen" (1, 5) wie V. 16 b an ein Motiv aus der Schilderung des Feindes aus dem Norden (4, 19; 6, 4). Vermutlich reichte eine frühere Form der Jeremia-Überlieferung (mit der Sammlung der Konfessionen) einmal bis Kap. 20. Dann wäre die Korrespondenz von Anfang und Ende Kap. 1–20 erst recht deutlich. Vgl. o. zur Entstehung des Buches.

[37] Vgl. die Auslegung zu 15, 10. Auch ein Vergleich mit der Ankündigung 16, 9 drängt sich auf: Erwartet sie ein Ende der „Stimme der Freude", also der ausgesprochenen Freude, so wird sie hier nachträglich verwünscht.

[38] „Nicht dass dieser in seiner persönlichen Existenz den Fluch tragen soll, sondern gemeint ist der die spezielle aktuelle Funktion ausübende Mann im Augenblick der Mitteilung. Eigentlich steht der Inhalt der Botschaft unter dem Fluch dieses Tages." (S. Wagner, Verbindungslinien. FS W.H. Schmidt, 2000, 406 f).

[39] In dem Strafwort Gen 3, 17 ergeht der Fluch statt auf den Menschen nur auf das Arbeitsfeld, den Acker; erst der Mörder (4, 11) ist unmittelbar betroffen.

[40] Gen 19, 21 ff; Dtn 29, 22; Am 4, 11; Jes 13, 19; auch Jer 50, 40 u. a.

[41] „V. 16 entfaltet den zweiten Fluchspruch. Er vergleicht das Geschick des Boten zum einen mit Städten […], die dem erbarmungslosen Gericht Jahwes verfallen sind, und zum andern mit Menschen die den Schrecken eines Kriegsgeschehens ausgeliefert sind." (G. Wanke 188).

[42] Vgl. Ps 10, 1; 22, 2; 42, 10; 88, 15 u. a.; auch Jer 15, 18.

Frage nach dem „Sinn" des Lebens.[43] Es erscheint – angesichts des vereinsamenden Auftrags – als Qual.

Diese Fluchworte erhalten keine Antwort (wie 15, 19 ff) mehr, zeigen keinen Ausweg, enden für den (von Geburt an) Berufenen vielmehr im Dunkeln. Soll der Todeswunsch der Zusage der vorgeburtlichen Erwählung korrespondieren, so dass Kap. 1 und 20 aufeinander bezogen sind? G. von Rad[44] nimmt mit seinem einfühlsamen, nachdenklich stimmenden Urteil die Abfolge der Texte ernst: „Dass Gott das Leben seines getreuesten Boten in eine so entsetzliche und durchaus unbegriffene Nacht hinausgeführt und aller Wahrscheinlichkeit nach dort hat zerbrechen lassen, das ist Gottes Geheimnis."

Da das Ende der Konfessionen an die Berufungsgeschichte erinnert, erscheint Band I der Auslegung in diesem Rahmen ein Stück weit in sich geschlossen.

---

[43] „Warum lebe ich?" (Gen 25, 22; 27, 46).
[44] TheolAT II[4], 214. Die Selbstverfluchung ist zu verstehen als „die äußerste und letzte dem Propheten verbliebene Möglichkeit", „den aufreibenden Zwiespalt zwischen Leben und Auftrag zu überwinden" (W. Schottroff [o. zu Jer 17, 5 ff Anm. 21] 78).

Das Alte Testament
Deutsch

Jörg Jeremias

Die Propheten
Joel, Obadja,
Jona, Micha

ATD 24,3

Vandenhoeck & Ruprecht in Göttingen

Das Alte Testament Deutsch,
Band 24,3.

2007. X, 232 Seiten mit
1 Abbildung und 1 Tabelle,
kartoniert
ISBN 978-3-525-51242-5

Jörg Jeremias

Die Propheten Joel, Obadja, Jona, Micha

Nach den Büchern Amos und Hosea werden
die Kommentare zur ersten Hälfte der soge-
nannten »Kleinen Propheten« von Jörg
Jeremias vervollständigt.

Der renommierte Alttestamentler bespricht
die Bücher Joel, Obadja, Jona und Micha. Aus-
gehend von eigenen Übersetzungen spannt
Jeremias thematische Bögen innerhalb der
Abschnitte.

Jeremias vermittelt Anregungen für die wissen-
schaftliche Arbeit ebenso wie für die vertiefte
Predigtvorbereitung. In der Darstellung der
einzelnen Bücher erfährt der Leser mehr zur
Gestaltung der Perikopen und ihren intertex-
tuellen Bezügen.

Etwa die Hälfte des Kommentars nimmt die
Besprechung des Buches Micha ein, das u.a.
durch die Messiasankündigung in 5,1 eine
lange Rezeptionsgeschichte aufweist.

Vandenhoeck & Ruprecht

Literatur, Religion und Geschichte des Alten Testaments

V&R

Sebastian Grätz /
Bernd U. Schipper (Hg.)
Alttestamentliche Wissenschaft in Selbstdarstellungen

UTB 2920 S
2007. IX, 310 Seiten mit 22 Abbildungen, kartoniert
ISBN 978-3-8252-2920-7

Die vielen komplexen Ansätze, die die alttestamentliche Wissenschaft in den letzten Jahrzehnten vorgestellt hat, machen die heutige Forschungssituation extrem unübersichtlich und schwer zu fassen. Der mehrfache Paradigmenwechsel scheint vor allem Studierenden den Blick auf die gegenwärtige Forschung zu versperren.

Dieser Band bietet Orientierung und Struktur. Die maßgeblichen Forscher (Otto Kaiser, Rolf Rendtorff, Klaus Koch, Rudolf Smend, Werner H. Schmidt, Jörg Jeremias u.a.) kommen hier selbst zu Wort. Ihre autobiographischen Skizzen schreiben ein Stück lebendige Wissenschaftsgeschichte.

Jan Christian Gertz (Hg.)
Grundinformation Altes Testament

Eine Einführung in Literatur, Religion und Geschichte des Alten Testaments

In Zusammenarbeit mit Angelika Berlejung, Konrad Schmid und Markus Witte.
UTB 2745 M
2., durchgesehene Auflage 2007. 557 Seiten mit 16 Abbildungen und zahlreichen Tabellen, kartoniert
ISBN 978-3-8252-2745-6

Das Lehrbuch eröffnet ein vertieftes Verständnis des Alten Testaments für Studium und Praxis. Beginnend mit der Erläuterung der Quellen des Alten Testaments und der verschiedenen Methoden ihrer Untersuchung, werden Geschichte und Religionsgeschichte des antiken Israels ausführlich nachgezeichnet. Der zweite Teil des Buches widmet sich der Literatur des Alten Testaments: Die einzelnen Bücher werden durch eine bibelkundliche Erschließung, eine literar- und forschungsgeschichtliche Problemanzeige, ihre Entstehungs- und Wirkungsgeschichte sowie ihre Theologie eingehend vorgestellt. Abschließend werden Grundfragen einer Theologie des Alten Testaments geklärt.

Das Lehrbuch definiert elementare Begriffe und enthält zahlreiche Tabellen, Karten, Abbildungen, ausführliche Literaturhinweise sowie ein Glossar.

Vandenhoeck & Ruprecht